Akademie der Wissenschaften Österreich

Denkschriften der kaiserlichen Akademie der Wissenschaften

23. Band

Akademie der Wissenschaften Österreich

Denkschriften der kaiserlichen Akademie der Wissenschaften

23. Band

Inktank publishing, 2018

www.inktank-publishing.com

ISBN/EAN: 9783747761830

DENKSCHRIFTEN

DER

KAISERLICHEN

AKADEMIE DER WISSENSCHAFTEN.

PHILOSOPHISCH-HISTORISCHE CLASSE.

DREIUNDZWANZIGSTER BAND.

WIEN, 1874.

IN COMMISSION BEI CARL GEROLD'S SOHN

BUCHHÄNDLER DER KAIS. AKADEMIE DER WISSENSCHAFTEN.

INHALT.

ÜBER DIE

MUNDARTEN UND DIE WANDERUNGEN

DER

ZIGEUNER EUROPA'S. III.

VON

Dr. FRANZ MIKLOSICH,

WIRKL. MITGLIEDE DER KAIS. AKADEMIE DER WISSENSCHAFTEN.

VORGELEGT IN DER SITZUNG AM 21. FEBRUAR 1873.

Zweiter Theil.

Die Wanderungen der Zigeuner.

A. F. Pott hat sich in seinem grundlegenden Werke über die Zigeuner in Europa und Asien I. XV. über Sprache und Herkunft dieses Volkes in folgender Weise ausgesprochen: ,1. Die Zigeuner-Mundarten sämmtlicher Länder, von so vielen uns — leider oft überaus spärlich — eine Kunde zukam, erweisen sich, trotz der unendlich bunten und mächtigen Einwirkung fremder Idiome auf sie, in ihrem tiefinnersten Grunde einig und gleichartig. 2. Man kann unmöglich darin eine besondere, mit den Gaunersprachen oft verwechselte, davon jedoch völlig verschiedene Volkssprache misskennen; und 3. diese wurzelt unwiderleglich, nicht etwa im Aegyptischen, noch irgendwo sonst als in den Volksidiomen des nördlichen Vorderindiens, so dass sie, ungeachtet ihrer ungemeinen Verbasterung und Verworfenheit, doch zu dem im Bau vollendetsten aller Sprachen, dem stolzen Sanskrit, in blutsverwandtem Verhältnisse zu stehen, ob auch nur schüchtern, sich rühmen darf.'

Es wird demnach aus der Sprache der Zigeuner auf ihre Heimat geschlossen und als diese Indien erkannt. Und diess mit vollem Recht. Denn die Sprache der Zigeuner ist nicht nur eine arische, sie lässt sich auch, trotz aller Verschiedenheit, von den arischen Idiomen der heutigen Bewohner Indiens nicht trennen, und wir sehen uns zur Annahme genöthigt, dass die Sprache der Zigeuner sich in keinem andern Lande gebildet hat, als gerade in demjenigen, wo auch die übrigen neuindischen Sprachen entstanden sind.

Freilich ist durch diese Feststellung unsere Wissbegierde bei weitem nicht befriedigt; wir möchten vor allem darüber belehrt werden, aus welchem Theile des unermesslichen Indien die Zigeuner ausgezogen und welchem von den zahlreichen indischen Völkern sie zunächst verwandt sind.

Die Betrachtung des Wortschatzes, so wie der Laute und der Grammatik der Sprache der Zigeuner scheint gegen eine nähere Verwandtschaft dieses Volkes mit irgend einem der genannten Völker und eher dafür zu sprechen, dass die Zigeuner den arischen Stämmen des heutigen Indien zu coordiniren und ihre Sprache den sieben indischen — so viel zählt ihrer J. Beames in seiner vergleichenden Grammatik der heutigen arischen Sprachen Indiens, nämlich Hindî, Marâṭhî, Pandžâbî, Sindhî, Gudžarâṭî, Bangâlî, Oṛija — als achte auzureihen sei.

Die verschiedenen von Pott I. 26—51 aufgezählten Namen, mit denen die Zigeuner bezeichnet werden, sind wenig geeignet, das ihren Ursprung uns verhüllende Dunkel aufzuhellen. Auch das Vorkommen einzelner Stämme in Indien, deren Namen an den Namen ‚Zigeuner' anklingen, fördert uns nicht, so lange uns nähere Mittheilungen über die Sprachen dieser Stämme fehlen. Die Ähnlichkeit des Namens und der Lebensweise genügt nicht zum Beweise der Verwandtschaft. Wir denken hiebei an die Tchangar im Pandžâb und die Singaḍu in Südindien. Auf die ersteren hat Dr. E. Trumpp in einer in den Mittheilungen der anthropologischen Gesellschaft in Wien, II. Band. 1872, abgedruckten Abhandlung: ‚Die heutige Bevölkerung des Panjâb, ihre Sitten und Gebräuche' Seite 294 hingewiesen, sich über sie in folgender Weise aussprechend: ‚Der einzige heimatlose Stamm, der ziemlich zahlreich an den Ufern der grossen Ströme und in den sie umgebenden wüsten Landstrichen herumzieht, ist der der Tschangars. Sie bauen sich temporäre Hütten aus Rohr und liegen in roh construirten Booten dem Fischfang und der Alligatoren-Jagd ob. Sie sind aber keine Eingebornen des Fünfstromlandes, sondern, wie ihre Sprache bezeugt, aus dem unteren Induslande (Sindh) heraufgewandert. Merkwürdig sind sie darum für uns, weil sie viel Ähnlichkeit mit unsern Zigeunern haben; auch ihr Name Tschangar erinnert sehr lebhaft an Zingaro, Zingano und das deutsche Zigeuner. Es ist jedoch keinem Zweifel unterworfen, dass sie Arier sind, da sie alle ohne Ausnahme entweder reines Sindhi oder einen mit dem Pandžâbi vermischten Dialekt sprechen. Ich bin selbst einmal an den Ufern des Tschenab mit einer solchen Horde zusammengetroffen und habe Gelegenheit gehabt, sie mir etwas näher anzusehen. Sie sind etwas menschenscheu und verbergen sich in ihren niedrigen Hütten vor Fremden, da sie allgemein als unreine Menschen gemieden und verabscheut werden, daher sie auch die Nachbarschaft von Städten und Dörfern meiden. Es ist schwer zu sagen, wie sie in diesen degradirten Zustand, in welchem sie fast nur Fische, Alligatoren u. s. w. oder auch Aas verzehren, gekommen sind, da sie selbst darüber nichts anzugeben wissen: sie sind weder Sikhs, noch Hindus, noch Muhammedaner, sondern scheinen ohne alle religiöse Gebräuche zu leben. Es ist bekannt, dass sie tief bis nach Persien hinein wandern, was ihre Übersiedelung nach Europa leicht erklären würde.' Über die Singaḍu m., Singi f. und Erukalavâḍu m., Erukaladi f., wie ein den Zigeunern ähnliches Volk nach einer Mittheilung des Herrn Prof. E. Tesa in Pisa bei den Telinga heisst, bemerkt Brown Folgendes: ‚This tribe of fortunetellers speak a peculiar jargon or cant: and when they pitch their camps near towns, they herd swine'. Teluga dictionary.

Was die Frage anlangt, wann die Zigeuner aus ihrer asiatischen Urheimat ausgezogen seien, so fehlt uns zu ihrer Beantwortung jede historische Grundlage. Wenn Manche geneigt sind, diese Auswanderung in eine sehr frühe Zeit, etwa an den Anfang unserer Zeitrechnung oder gar vor dieselbe zu setzen, so möchte gegen eine solche Annahme der Umstand eingewandt werden können, dass die Sprache der Zigeuner hinsichtlich der

Grammatik sich an die heutigen arischen Sprachen Indiens so nahe anschliesst, dass man annehmen darf, dass alle diese acht Sprachen sich unter gleichen Umständen, d. h. doch wol in demselben Himmelsstriche entwickelt haben. Es schwebt mir hier vornehmlich die Declination vor. Die heutigen arischen Sprachen Indiens haben sowie die Sprache der Zigeuner die altindischen Casussuffixe meist aufgegeben und andere, allerdings nach Verschiedenheit der Sprachen verschiedene angenommen, die jedoch in allen acht Sprachen — das Zigeunerische als achte angenommen — nicht an das Thema, sondern an davon abgeleitete Formen antreten: diese Form lautet für das Masculinum im Singular im Zigeunerischen auf es, im Hindî auf ê aus: rakles und larkê neben dem nom. raklo und larkâ Knabe; das wahre Thema lautet auf a aus. Der Genetiv wird durch ein Adjectiv ersetzt: zig. raklés-koro m. rakléskori f. des Knaben und hindî larkê-kâ m. larkê-kî, wobei zu bemerken ist, dass einige zig. Mundarten das Suffix ko statt koro annehmen: so sprechen die rumun. Zigeuner romesko statt romeskoro, die englischen kralesko statt kraleskoro. Das Adjectiv nimmt die Casussuffixe im Zig. so wie in den neuindischen Sprachen nur dann an, wenn es als Substantiv auftritt; sonst geht es im Sing. masc. auf e, ê aus: zig. kale von kalo schwarz, hindî aččhê von aččhâ gut. Das Zig. stimmt demnach mit den neuindischen Sprachen in Hinsicht der Declination nicht blos im Princip, sondern theilweise wenigstens in den Mitteln überein, und ich vermuthe aus diesem Grunde, dass der Auszug der Zigeuner aus Indien erst dann stattgefunden hat, als die neuindischen Sprachen bereits gebildet waren, zu einer Zeit also, wo in Folge des lautlichen Verfalls, der bereits im Mittelindischen (Pâli, Prâkrit) grosse Dimensionen angenommen hatte, die altindische Declination aufgegeben war. Diess fand um das Jahr 1000 unserer Zeitrechnung statt. Vergl. Beames 1. 113. Garcin de Tassy, Rudiments de la langue hindoui. 1. 3. Um diese Zeit, nicht vor derselben erfolgte demnach der Auszug der Zigeuner aus Indien. Es ist diess eine Hypothese, gegen die sich zweierlei einwenden lässt. Vor allem kann dagegen das Dunkel angeführt werden, das die Sprachengeschichte Indiens umgibt, und die Möglichkeit einer viel früheren Entstehung der neuindischen Sprachen. Eine solche Möglichkeit kann allerdings zugegeben werden, wenn auch Chand (Čand), der zu Ende des zwölften und zu Anfang des dreizehnten Jahrhunderts lebte, in einer Sprache schreibt, in welcher die neuindische Sprachform noch bei weitem nicht zur völligen Herrschaft gelangt ist. ‚The old synthetical structure', sagt Beames I. 114, ‚has been broken up and thrown into confusion, but not quite lost, while the modern auxiliary verbs and prepositions are hardly fully established in their stead.' So viel dürfte wohl zuzugeben sein, dass in keinem Falle der Auszug der Zigeuner in die Zeit Herodot's versetzt werden kann. Es kann ferners gesagt werden, dass die Zigeuner in einer der Feststellung der neuindischen Sprachen vorhergehenden Zeit, etwa in der mittelindischen Periode ihre Heimat verliessen und den Keim der Zersetzung, die Tendenz nach einer analytischen Sprachform mit sich tragend fern von ihren Stammgenossen ein den anderen neuindischen Sprachen ähnliches Idiom entwickelt haben, wie etwa im Kreise der neulateinischen Idiome das mit seinen Schwestersprachen seit Jahrhunderten in keiner Berührung stehende Rumunisch einen jenen Sprachen analogen Entwicklungsgang eingeschlagen hat. Allein diese Analogie möchte ich nicht zugeben und darauf hinweisen, wie in der rumunischen Declination theilweise ein den anderen neulateinischen Sprachen unbekanntes Princip waltet. Man vergleiche rumun. ъn zile-le redže-luj Irod mit fz. au temps du roi Hérode und rumun. unde este redže-le Iudei-lor?

1*

mit fz. où est le roi des Juifs? Der Exponent des genetivischen Verhältnisses ist im Frz. die Praeposition de, während im Rumun. bei dem bestimmten Artikel im Sing. das auf illuic zurückzuführende luj, im Plur. das aus illorum entstandene lor dem gleichen Zwecke dient (Diez 2. 77.) Schwerlich bestünde dieser Unterschied, wenn sich das Rumun. nicht in weiter Entfernung von den anderen romanischen Sprachen gebildet hätte. Der Drang nach einer analytischen Sprachform ist allerdings vorauszusetzen; er hat jedoch das Rumun. nicht gehindert, in manchen Punkten seine eigenen Wege zu gehen.

Hinsichtlich des Weges, den die Zigeuner auf ihrer Wanderung eingeschlagen haben, ist zwischen den Zigeunern Asiens und denen Europa's zu unterscheiden. Wenn uns die Mundarten der Zigeuner Asiens wenigstens in dem Masse bekannt wären, als diess bei denen der europäischen Zigeuner der Fall ist, so wäre es wohl möglich, die Wege zu verfolgen, die sie bei ihrem Auszuge eingeschlagen haben, um in ihre jetzigen Wohnsitze zu gelangen. Davon sind wir jedoch weit entfernt, und so müssen wir diese Frage unbeantwortet lassen.

Was jedoch die europäischen Zigeuner anlangt, so ist es möglich, mit Hilfe der Sprache die Etappen ihres Marsches in Asien und Europa mit einiger Sicherheit zu fixiren. Die persischen und armenischen Elemente in den Mundarten der europäischen Zigeuner berechtigen nämlich zur Annahme nicht nur, dass sie durch Persien und Armenien gezogen sind, sondern auch, dass sie in beiden Ländern Halt gemacht haben. Da die persischen Wörter in den Mundarten der europäischen Zigeuner bei Pott verzeichnet sind, so will ich hier nur die armenischen anführen, deren Nachweisung ich der Güte des Herrn Prof. Müller verdanke: arm. grast, zig. gra, grai, grast Pferd; arm. kotor: kotor, koter Stück; arm. morth: morthi, morthin Leder; arm. phoši: poši Staub, Sand; arm. thagavor: takar König; arm. vogi: voďi, vodi, vogi Seele; arm. vuš: vuš Flachs.[1])

Bevor ich die Wanderungen der Zigeuner in Europa nachzuweisen unternehme, will ich jenes Land, oder vielmehr jenes Volk zu bestimmen versuchen, in dessen Mitte sie lebten, nachdem sie den Boden unseres Welttheiles betreten hatten. Dieses Land ist Griechenland, richtiger ein Land, in welchem die griechische Sprache herrschend war. Diess geht daraus hervor, dass in den Mundarten aller in Europa zerstreuten Zigeuner, ohne irgend welche Ausnahme, griechische Elemente nachweisbar sind, welche weiter unten bei der Darstellung der Wanderungen der einzelnen Zigeunergruppen angeführt werden.

Das Resultat meiner Studien unterscheidet sich einigermassen von den Ergebnissen, die Paul Bataillard und Karl Hopf gewonnen haben. ‚Il paraîtrait même, sagt der erstere, chose remarquable que c'est dans les pays situés à l'ouest de la mer Noire, à savoir, dans la Turquie, la Valaquie, la Moldavie et la Hongrie orientale, qu'ils affluèrent d'abord.“ Bibliothèque de l'École des Chartes. V. 442. Und K. Hopf schliesst seine werthvolle Schrift mit der Bemerkung, es sei ihm zunächst darum zu thun gewesen, die Balkan-Halbinsel als das Land nachzuweisen, in welchem die Zigeuner schon über anderthalb Jahrhunderte lang sassen und schweiften, bevor sie 1417 ihre Plänklerhorde gegen den Occident vorschickten und dann 21 Jahre später massenhaft in die germanischen und romanischen Länder einwanderten.‘ J. G. Eccard (Dissertatio de usu et praestantia studii

[1] Vergl. Mordtmann in den Verhandlungen der XXII. Versammlung deutscher Philologen und Schulmänner in Meissen. Leipzig. 1864. Seite 71.

etymologici cap. I.) suchte in Polen die europäische Urheimat der Zigeuner: ‚Cingaros primum in Poloniam transiisse ex ipsorum apud Minsterum relatione (was freilich ein Irrthum ist) coniicio, postea Valachiae Transilvaniaeque sese inferunt.'

Die zweite Frage, die sich hier aufdrängt, betrifft die Zeit, wann die Zigeuner in Europa eingewandert sind. Diese Frage ist oft dahin beantwortet worden, es sei diess im zweiten Jahrzehent des fünfzehnten Jahrhunderts geschehen: meist wird das Jahr 1417 angenommen. Obgleich nun nicht bestritten werden kann, dass um jene Zeit die Zigeuner in Mitteleuropa, in Deutschland zum ersten Mal auftauchen, so ist es doch unzulässig anzunehmen, sie seien erst zu jener Zeit in Europa eingewandert; es ist vielmehr gewiss, dass sie geraume Zeit vor jenem Jahre in Europa waren. Dafür spricht vor allem der Umstand, dass die Mundarten aller in Europa zerstreuten Zigeunergruppen eine tiefgehende Einwirkung der griechischen Sprache zeigen, die nur durch einen langen Verkehr dieses Volkes mit Griechen erklärbar ist. Hieher gehört der Auslaut vieler Nomina masculina os (prahos); der Artikel o, i (ὁ, ἡ), der nicht nur den neuindischen Sprachen, sondern auch den Mundarten der asiatischen Zigeuner unbekannt ist; die den heutigen indischen Sprachen fremde Ersetzung des Infinitivs durch eine finite Form in Verbindung mit der Conjunction te; die weite Verbreitung der auf dem griech. Aorist beruhenden Verbalbildungen; wobei von einer langen Reihe von in allen Zigeunermundarten vorkommenden griechischen Wörtern abgesehen wird, unter denen die Numeralia für sieben, acht und neun und andere eine hervorragende Stelle einnehmen. Dafür spricht ferners eine nach Pott's und Bataillard's Ansicht nur auf die Zigeuner beziehbare Nachricht des Franciscaners Simon Simeonis aus dem Jahre 1322, die folgendermassen lautet: ‚Ibidem (in Creta) et vidimus gentem extra civitatem ritu graecorum utentem et de genere Chaym (für Cham) se esse asserentem, quae raro vel nunquam in loco aliquo moratur ultra triginta dies, sed semper, velut a deo maledicta, vaga et profuga post trigesimum diem de campo in campum cum tentoriis parvis, oblongis, nigris et humilibus ad modum Arabum de caverna in cavernam discurrit, quia locus ab his habitatus post dictum terminum efficitur plenus vermibus et immunditiis, cum quibus impossibile est habitare.' Simon Simeonis, von Bryant 393 aus Itineraria Simonis Simeonis et Wilhelmi de Worcester, Cantabrigia, 1778, bekannt gemacht. Dafür, dass hier Zigeuner gemeint sind, spricht die auf diese vollkommen passende Beschreibung des Volkes. Dass sie von Manchen für Nachkommen des Chus, des Sohnes Kain's (richtig Cham's, Gen. 10, 6.) gehalten werden, führt auch Sancho de Moncada in seiner Rede an Philipp III. von Spanien an. Unter diesen Umständen können wir den Namen des Volkes entbehren und werden bei der so vielfach bezeugten Bereitwilligkeit der Zigeuner, sich der Religion des Landes äusserlich anzubequemen, auch daran keinen Anstoss nehmen, dass sie in Creta dem griechischen Ritus folgen. Diese Erklärung der Nachricht steht mit der Ansicht, dass die Zigeuner von Griechenland aus in die übrigen Länder Europas vorgedrungen sind, in vollstem Einklange. Vergl. jedoch dagegen Hopf 9. 10.

Hopf 17. 18. macht es wahrscheinlich, dass unter den Vageniti von Korfu, die in einer Urkunde der Kaiserin Katharina von Valois († 1346) erwähnt werden, Zigeuner zu verstehen sind, welche auch später, namentlich 1370 und 1373, vom Festlande her in Korfu einwanderten und gegen Ende des XIV. Jahrhunderts den Kern eines Lehens ausmachten, das 1386 als feudum Acinganorum bezeichnet wird. Im Jahre 1386 wäre demnach der Name der Zigeuner nachweisbar.

Wenn das in der Urkunde von Stefan Dušan etwa aus dem Jahre 1348 vorkommende cıngarie von J. Šafarik in Chrisovula cara Stefana Dušana pag. 56 und von B. Petriceicu-Hajdeu in Archiva istorica a Romaniei (Bucuresci. 1867. III. pag. 191) durch ‚Zigeuner‘ erklärt wird, so ist diess unrichtig. Die Urkunde enthält an der betreffenden Stelle die dem Kloster der hl. Erzengel Michael und Gabriel zugewiesenen Handwerker: šьvci svitnii Schneider; uzdarije Riemer; kovačije Schmiede und cьngarie Schuster, welches Wort, wie schon G. Daničić, Rječnik 3. 454, gesehen hat, sowie cegarъ aus dem Griechischen entlehnt ist: τζαγγάρης, bei Ventoti τζαγγιάρης cordonnier; vergl. σαγγάριος σκυτεύς Hesych. τσαγγάρης cordonnier; τσάγγια bottes Somavera. ὑποδήματα μέχρι εἰς γόνυ φοινικοῦ χρώματος, ἃ δὴ βασιλέα μόνον Ῥωμαίων τε καὶ Περσῶν ὑποδεῖσθαι θέμις, ἃ καλοῦνται τζαγγία, καὶ ὁ ταῦτα ποιῶν τζαγγᾶς Duc. Wort und Sache sind daher vielleicht ursprünglich persisch. Über die Zuweisung von Handwerkern an Klöster findet man eine Notiz in meiner Abhandlung: Die slavischen Ortsnamen aus Appellativen. I. pag. 14. Die Stelle in der Urkunde von Stefan Dušan, die, um richtig verstanden zu werden, ganz gelesen werden muss, lautet wie folgt: a se šьvci svitni: Miroslavъ, Stapnikъ, Radь, Desislavъ Petrovikь, Petrъ Prikljukovikь, Bojko Stanovikь, Kulêbikь Kosta, Hranovikь Dobroslavъ, Kalugjerovikь Dragomirь. a se cьngarije: protomajstorь Rajko, Bojko Zlatarevikь, Vasilь Prêsetičikь, Sokolь Sukijasovikь, Kosta Gonьšinь zetь, Gjurko Dimanovь bratь. i trii uzdarije: Janь, Radь, Dobroslavъ. i Lalьinь bratъ Andreja (sь) zetemь svoimь Kalojanjemь da daje vsako godište četiri deseti konь pločь. Ivanko samь tretii z bratomь da daju za godište trii kožuhe lisiče. a se kovačije u. s. w.

Ein Denkmal, in dem sich der Name Zigeuner findet, ist die Urkunde vom Jahre der Welt 6895, 1387 nach Christi Geburt, durch die Johann Mirča, Wojwode und Herr von Ungrovlachien (Io. Mirča voevoda, milostią božieą gospodinъ vsei Uggrovlahii), die dem Marienkloster in Tismena, so wie die dem Kloster des hl. Antonius na Vodici gemachten Schenkungen bestätigt: er erwähnt vor allem die Stiftungen seines Vaters Johann Radul für das Kloster Tismena, das von ihm gegründet wurde: potvrъždamъ priloženaa otъ svjatopočivšago roditelê gospodstva mi Io. Radula voevodą: selo Kumanskyi brodъ u. s. w.; führt dann die Schenkungen seines Bruders Johann Dan, gleichfalls für Tismena, an: kъ simъ potvrъžda gospodstvo mi, elika svêtopočivšii bratъ gospodstva mi Io. Danъ voevoda priloži u. s. w., worauf Mirča seine eigenen Schenkungen an Tismena aufzählt: kъ simъ priloži gospodstvo mi prêdrečennomu monastirju prêstvêtyą bogorodicą selo zovemoe Žarkovci i selište Stančištorъ u. s. w.; derselbe schliesst mit den Schenkungen seines Oheims, des Wojwoden Vladislav, für das Kloster des hl. Antonius na Vodici: kъ simъ potvrъžda gospodstvo mi i elika svêtopočivši stricъ gospodstva mi Vladislavъ voevoda priloži svêtomu Antoniu na Vodici: selo Židovštica sъ potokomъ i otъ srêdnii virъ na Dunavê vesь na Ljutêhъ i otъ osmъ vrъšištь dohodъkъ i (na) Dunavê otъ orêhovy padiny do gornigo mostišta, golêma Vodica po oboju stranu sъ orêšiemъ i sъ livadami sъ Bahnina selišta i vodênice u Bistrici i acigani. m. čelêdei. sia vsa prilaga i potvrъžda gospodstvo mi sъ vsêkymъ povelêniemъ i utvrъždeniemъ, da bądątъ nepodvižna i neprêložna i sela svobodna otъ vsêkyhъ rabotъ i dankovъ i dohodъkъ gospodstva mi. kъ simъ povelêvatъ gospodstvo mi samovlastnomъ byti vъ oboju monastirju inokomь u. s. w. Mirča bestätigt demnach dem Kloster des hl. Antonius na Vodici die demselben von seinem Oheim Vladislav geschenkten 40 Zigeunerfamilien. Der hier erwähnte Vladislav ist der in den ungrischen Quellen Layk, Lasco, Laczk, Ladislaus genannte Sohn Alexanders; jener hat die Wojwodschaft schwerlich früher als 1369 angetreten. (R. Rösler, Die Anfänge des walachischen Fürstenthums. Besonders abgedruckt aus der Zeitschrift für die öster. Gymnasien 1867. 21. Zur Frage von dem ältesten Auftreten der Zigeuner in Europa. Ausland. 1872. 406.) Es ist demnach das Vorhandensein der Zigeuner in der Walachei, die in der Urkunde vom Jahre 1387 genannt werden, etwa anderthalb Jahrzehnte vor dem angeführten Jahr nachweisbar. Die Urkunde Mirča's ist abgedruckt in Archiva istorica a Romaniei de B. Petriceicu-Hajdeu. III. Bucuresci. 1867. 191. Diese Urkunde wird im Jahre 1458 von Johann Vlad bestätigt: sela monastirska ili blata ili hotari ili vodenica ili lozia ili cigani. J. Venelin, Vlaho-bolgarskija ili dako-slavjanskija gramoty 91. Zigeuner heisst demnach slav. aciganinъ und ciganinъ.

Um das Jahr 1398 bestätigte der venetianische Statthalter der griechischen Colonie Nauplion den dortigen Zigeunern, lat. Acingani, die von seinen Vorgängern ihnen verliehenen Privilegien. Sie mussten also damals schon längere Zeit im Peloponnes ansässig sein. Hopf 11.

Wir finden demnach die Zigeuner vor dem Schluss des vierzehnten Jahrhunderts in Europa auf Creta im Jahre 1322, auf Korfu vor 1346, in der Walachei um das Jahr 1370, in Nauplion 1398. Es braucht nicht besonders bemerkt zu werden, dass durch diese Daten die Frage, wann sie in die genannten Länder eingedrungen sind, nicht beantwortet ist.

Aus den zahlreichen griechischen Elementen, welche in allen Zigeunermundarten Europa's nachgewiesen werden können, folgere ich, dass sie ehedem alle unter Griechen gelebt haben, dass ein von Griechen bewohntes Land die europäische Urheimat aller der Zigeunergruppen ist, die in Europa zerstreut sind. Dieses Land ist kein anderes als Griechenland selbst: an Macedonien und Thracien zu denken verbietet die bei dieser Annahme eintretende Schwierigkeit, in verhältnissmässig später Zeit die gewaltige Einwirkung des Griechischen auf die Zigeuneridiome zu erklären. Ausserdem gestatten die slavischen Elemente dieser Idiome keinen vollen Beweis dafür, dass die Zigeuner dieselben aus der Sprache der Slaven Macedoniens und Thraciens, das ist der Bulgaren, entlehnt hätten, denn jene Elemente entbehren meist ein specifisch bulgarisches Gepräge. Aus dem tief gehenden Einflusse des Griechischen auf die Zigeunersprachen folgere ich, dass die Zigeuner geraume Zeit, ich möchte glauben durch Jahrhunderte, griechischem Einflusse ausgesetzt waren.

Wie uns bei Bestimmung der europäischen Urheimat der Zigeuner Europa's die Sprache geleitet hat, so versagt sie uns ihren Dienst auch bei der Frage nicht, welche Wege die verschiedenen Zigeunergruppen eingeschlagen haben, um aus Griechenland in ihre jetzigen Wohnsitze zu gelangen. Denn wenn auch allen europäischen Zigeunermundarten ein auf Indien weisender Kern zu Grunde liegt, wenn auch in der Grammatik, noch mehr aber im Lexikon aller Zigeunersprachen Europa's griechische Elemente vorliegen, so ist ebenso richtig, dass diese gemeinsamen Bestandtheile in jedem einzelnen Zigeuneridiom sich mit Elementen von der buntesten Mannigfaltigkeit vereinigt finden. Diese Elemente sind nun die zur Beantwortung der bezeichneten Frage zu verwerthenden Thatsachen. Denn wenn wir beispielsweise finden, dass in der Sprache der nordrussischen Zigeuner neben indischen und griechischen Elementen südslavische (bulgarische oder serbische), rumunische, magyarische, deutsche und polnische vorkommen, so werden wir daraus folgern, dass die gegenwärtig im Norden Russlands lebenden Zigeuner ehedem unter jedem einzelnen jener Völker gewohnt haben, die die angeführten Sprachen reden, weil wir wissen, dass sich uncultivirte Völker Wörter einer fremden Sprache nur im lebendigen Verkehre, nicht etwa aus Büchern aneignen. Auf diese Weise bestimmen wir die Etappen, welche die Zigeuner auf dem langen Wege aus Griechenland nach dem Norden Russlands gemacht haben. Wenn wir ferner bei der Analyse der Sprache der Zigeuner Spaniens in derselben neben den allen gemeinsamen indischen und griechischen Elementen slavische und rumunische entdecken, so werden wir daraus schliessen, dass die spanischen Zigeuner auf ihrem Marsche aus dem Südosten nach dem Südwesten unseres Welttheils weniger Etappen gemacht haben als die nordrussischen. Diesen mit Hilfe der Sprache gewonnenen Ergebnissen widerspricht nirgends die auf Urkunden basirende Geschichte. Auch diese weiset auf Griechenland als das Land hin, wo die Zigeuner um die Mitte des vierzehnten Jahrhunderts wohnen; auch diese kennt sie etwas später in den von Rumunen bewohnten Ländern; sie erzählt, wie sie im zweiten Decennium des fünfzehnten Jahrhunderts nach dem Westen und dem Norden Europa's wandern; sie erzählt, dass die polnischen Zigeuner aus Deutschland stammen; und wenn sie berichtet, die sie 1512, also ungefähr ein Jahrhundert nach ihrem ersten Erscheinen an den Grenzen Deutschlands, in Schweden einziehen, so steht diess in vollem Einklang mit der Anzahl von Völkern, aus deren Sprachen die Mundart der schwedischen Zigeuner Worte entlehnt hat. Wir werden es begreiflich finden, dass jene Zigeuner, die schon 1447, also 30 oder 11 Jahre nach dem angegebenen Zeitpunkte, je nachdem man von 1417 oder von 1438 ausgeht, in Barcelona einziehen, nicht Zeit hatten, auf ihrem Zuge aus Griechenland bei allen den zwischen diesem Lande und ihrer neuen Heimat wohnenden Völkern Halt zu machen.

Was hat die Zigeuner auf die Wanderschaft aus ihrer indischen Urheimat nach dem Westrand unseres Welttheils und Afrika's und sogar jenseits des atlantischen Oceans getrieben? Was sie aus Indien aufgescheucht hat, das ist ein Räthsel, und wir haben kaum Hoffnung, den Schleier dieses Räthsels je zu lüften. War es jener dunkle Wandertrieb, der zur Zeit der grossen Völkerwanderung einen Theil der Menschheit mit unwiderstehlicher Gewalt ergriff? In Europa gesellten sich zu diesem wohl kaum ganz zu läugnenden Triebe andere Ursachen: der Zigeuner wanderte weiter, sobald eine Gegend keine Ausbeute mehr gewährte, weil die Bevölkerung die eigentliche Natur dieser unheimlichen Gäste kennen gelernt hatte und sich ihrer zu erwehren bedacht war; sie ergriffen den Wanderstab, wenn die öffentliche Gewalt ihre Waffen, allerdings in gar vielen Fällen mit geringem Erfolg gegen sie kehrte, um sich eine Classe von Menschen vom Halse zu schaffen, welche ihr Dasein in den seltensten Fällen durch erlaubte Mittel fristete. Nicht uninteressant ist die Beobachtung, mit welchen Völkern sich der Zigeuner mehr oder weniger leicht verträgt. Während er dem Türken, wie es scheint, ziemlich indifferent gegenüber steht, ist ihm der gewaltthätige Albanese entschieden antipathisch. Eher findet er dem Griechen gegenüber einen modus vivendi. Heimisch fühlt er sich unter Rumunen und Magyaren (die wahre Magyarenstadt Debreczin ist zugleich der Hauptsitz der Zigeuner. Ausland 1864. 880), in geringerem Grade unter Slaven und noch viel weniger unter Deutschen. Unter den slavischen Völkern dürfte er den Polen und den Kleinrussen den Vorzug geben. Feindlich begegnete ihm der Franzose und es ist bei dieser Stimmung des Volkes der Regierung leicht gelungen, von ihrem Gebiete die Zigeuner bis auf etwa 700 unter Basken lebende Individuen zu vertreiben, und diejenigen, welche die Deutschen in Lothringen vorgefunden haben. Anders ist es in Spanien, wo bei einer gewissen Vorliebe des Volkes für diese Gäste selbst die energischesten, ja entschieden grausamen Massregeln der Regierung so wenig fruchteten, dass Spanien heutzutage über 50.000 Zigeuner zählt. Auf diese Verhältnisse muss man achten, um die relative Verbreitung der Zigeuner in unserem Welttheile einigermassen zu begreifen.

Man würde sehr irren, wenn man jenen Wandertrieb auch heutzutage beim Zigeuner voraussetzte, vielmehr hat er jetzt eine sichtliche Abneigung, das Land, das seine Voreltern vor Jahrhunderten betraten, für immer zu verlassen. So wird der nicht ansässige ungrische Zigeuner zwar dem Vagabundiren in Ungern nicht leicht entsagen; er wird aber kaum je aus seiner Heimat auswandern ohne die Absicht, dahin zurückzukehren. Einwanderung in ein früher verlassenes Land kam auch in früherer Zeit kaum vor, da es sonst nicht erklärbar wäre, warum beispielsweise in der Sprache der griechischen Zigeuner kein nachweisbar daco-rumunisches, in der der polnischen kein russisches Wort vorkommt.

Nach den oben gemachten Bemerkungen wird es Niemand befremden, zu beobachten, dass der Kreis, in dem sich der Zigeuner bewegt, nicht durch den Staat, sondern durch die Nationalität bestimmt wird. Diese Gebundenheit gestattet die Eintheilung aller Europa bewohnenden Zigeuner in folgende dreizehn Gruppen: I. die griechischen Zigeuner, II. die rumunischen, III. die ungrischen, IV. die mährisch-böhmischen, V. die deutschen, VI. die polnisch-litauischen, VII. die russischen, VIII. die finnischen, IX. die skandinavischen, X. die italienischen, XI. die baskischen, XII. die englisch-schottischen, XIII. die spanischen.

Im Nachfolgenden wird nun der Versuch gemacht, mittelst der Analyse der Sprache den Weg zu bestimmen, den jede einzelne der angegebenen dreizehn Gruppen eingeschlagen hat, um aus dem Südosten Europa's in ihre jetzige Heimat zu gelangen.

Was das Material anlangt, dessen ich mich bei dieser Arbeit bediene, so glaube ich dafür einstehen zu können, dass es den für diesen Zweck genügenden Grad von Zuverlässigkeit hat. Die Mehrzahl der Wörter, die meiner Arbeit zu Grunde liegen, ist von Leuten aufgezeichnet worden, die der Sprache der Zigeuner und der zunächst verwandten Idiome ganz und gar unkundig waren; Veränderungen, in der Absicht unternommen, um irgend welche Voraussetzungen zu stützen, sind daher wohl selten anzunehmen. Ich bin jedoch weit entfernt, bei der Benützung der zigeunerischen Vocabularien die Nothwendigkeit der Kritik und der Controle des einen durch die anderen in Abrede zu stellen: so glaube ich nicht an das Vorhandensein der aind. trimûrti (trimurtí f. trinidad. quirisindia trimurtí Mayo.) in der Sprache der spanischen Zigeuner; ich stelle das spanische venta für caupona bei den polnisch-litauischen und ebenso lada Venus Vaillant bei den rumunischen in Abrede und Ähnliches mehr. Desto zahlreicher sind unabsichtliche, namentlich durch ein ungeübtes Ohr veranlasste Entstellungen, wie die Vocabularien auf jeder Seite zeigen; gegen Irrthümer, die aus dieser Quelle entspringen können, schützt die für die allermeisten Fälle mögliche Controle durch Vergleichung anderer Aufzeichnungen. Allerdings wird namentlich bei gar vielen von Engländern überlieferten Wörtern die wahre Aussprache kaum genau festgestellt werden können. Allein darum handelt es sich in diesem Falle nicht, da daran nicht gezweifelt werden kann, dass zum Beispiel paupeenie goose und wautheriz bed Simson 305 mit griechisch πάπια und slavisch odrъ zusammenhangen, Wörter, welche fast in allen Zigeunermundarten in derselben Bedeutung und in einer nicht allzu unähnlichen Form können nachgewiesen werden, abgesehen davon, dass in anderen gleichfalls von Engländern herrührenden Sammlungen die angeführten Wörter in der Form papin und vadras neben woodrous vorkommen.

Mit der auf sprachlichen Thatsachen beruhenden Nachweisung, dass die in unserem Welttheile zerstreuten Zigeuner aus Griechenland stammen, und der Darlegung des Weges, den sie eingeschlagen haben, um in ihre jetzige Heimat zu gelangen, verbindet sich die Untersuchung, in welcher Zeit diess geschehen, und eine kurze Übersicht der Geschichte jeder einzelnen Gruppe oder vielmehr der Grundsätze, nach welchen die verschiedenen Regierungen die Zigeuner behandelten. Diese Grundsätze bilden einen dunklen Punkt in der Geschichte der meisten europäischen Gesetzgebungen. Ausserdem finden sich bei der Darstellung der Mehrzahl der Gruppen Sprachproben, die bestimmt sind, die unendliche Verschiedenheit der Zigeunermundarten zur Anschauung zu bringen, zu zeigen, dass die Sprache der Zigeuner fast alle möglichen Stufen der Entartung durchgemacht hat. Unter den dreizehn Mundarten nimmt die Sprache der griechischen Zigeuner den ersten Rang ein; ihr zunächst steht, abgesehen von der Accentuation, die magyarisch ist, die Sprache der ungrischen Zigeuner; etwas weiter entfernt sich die der rumunischen. Die übrigen Mundarten sind sehr entartet. Die letzte Stelle nimmt, mit Ausschluss von einigen nur fragmentarisch bekannten Idiomen, die Mundart der spanischen Zigeuner ein, deren Grammatik fast ganz und gar spanisch geworden ist. Die Mundarten der Zigeuner Asiens sind zu lückenhaft bekannt, als dass man über ihre Integrität oder Entartung urtheilen könnte. Einzelnheiten lassen bezweifeln, ob alle die Mundarten, die als zigeunerisch aufgeführt werden, mit denen unserer europäischen Zigeuner zu einem Ganzen gehören und nicht vielmehr Sprachen von Stämmen sind, die, mit unseren Zigeunern nicht stammverwandt, mit ihnen nur die Lebensweise gemein haben.

I. Die griechischen Zigeuner.

Wir bezeichnen die in den verschiedenen Theilen des türkischen Reiches lebenden Zigeuner als griechisch nach dem Volke, das auf sie den grössten Einfluss geübt hat. Nicht zu den griechischen Zigeunern zu rechnen sind die in den Donaufürstenthümern lebenden, die mit den siebenbürgischen, einem Theil der serbischen und mit den südrussischen zusammen eine Gruppe für sich bilden. Woher die griechischen Zigeuner zunächst eingewandert sind, ist ungewiss: gegen die Einwanderung aus Aegypten spricht, ungeachtet des neugriech. Namens γύφτος, der Umstand, dass ihre Sprache nichts enthält, was dafür angeführt werden könnte. Statistische Daten über die Anzahl dieser Zigeuner existiren nicht: was darüber in bekannten Büchern steht, ist blosse Vermuthung. Nur über die zigeunerische Bevölkerung des Kaza von Tatar-Pazardžik besitzt man in St. Zahariev's Opisanie na Tatar-Pazardžiškъ-tъ kaazъ. Wien. 1870. 19. einige verlässliche Angaben. Auf eine Bevölkerung von etwa 107.080 Individuen kommen ungefähr 2.600 sesshafte Zigeuner, die circa 100 Häuser in der Stadt und 360 Häuser auf dem Lande bewohnen: die vagabundirenden Zigeuner sind nicht gezählt. Das Ungefähre der Daten beruht darauf, dass die Türken bei der Volkszählung die Personen weiblichen Geschlechts nicht zählen.

In Serbien gibt es zwei Arten von Zigeunern, muhammedanische und christliche. Von den ersteren ist ein Theil in den Städten, meist in eigenen Quartieren — ciganska mahala — sesshaft, treibt einige Handwerke, trägt sich wie die Bosnier und spricht serbisch wie diese. Diese Zigeuner sind ihrer eigenen Sprache unkundig. Sie werden turski cigani, türkische Zigeuner, genannt. Ein anderer Theil der muhammedanischen Zigeuner lebt in Zelten, trägt sich anders als die türkischen Zigeuner und spricht das Serbische minder gut. Sie heissen gurbeti. Es ist wahrscheinlich, dass sie ihre eigene Sprache haben. Sie sind wenig zahlreich, da die serbische Regierung vor acht Jahren dem Wanderleben der Zigeuner energisch und mit Erfolg entgegentrat. Die christlichen Zigeuner, die die Mehrzahl ausmachen, haben wie ein Theil der türkischen dem Wanderleben entsagt; sie verfertigen Tröge und Löffel. Auch sie sprechen das Serbische schlecht. Man nennt sie karavlaški cigani und koritari, walachische Zigeuner und Trogmacher. In Serbien lebten nach einem genauen statistischen Ausweise vom Jahre 1866 — 24.693 Zigeuner, von denen sich 19.955 zum Christenthum, 4.738 zum Islam bekannten, 19.564 Handwerke, 5.129 Ackerbau trieben. Von den ersten waren die meisten — 8.855 — Trog- und Löffelmacher, 8.396 Schmiede, wobei die sämmtlichen Familienglieder gezählt werden u. s. w. Am zahlreichsten waren die Zigeuner im Kreise Požarevac, 4.277; Šabac, 2.843; Smederevo, 2.498; Valjevo, 2.479; Krajina, 2.472; Belgrad, Kreis und Stadt, 2.227 u. s. w. Diese die serbischen Zigeuner betreffenden Daten verdanke ich Herrn Stojan Novaković, zur Zeit Unterrichtsminister in Serbien.

Sprachprobe.

a. Sprache der sesshaften Zigeuner.

Jek dakár terélas trinén raklén, diniás e khurdés šel hiliádes ghróša,
Quidam rex habebat tres filios, dedit minimo-natu centum milia grossorum,
diniás e barés ta e maskaritnés. Ufkinó tar o khurdó, lias o baró drom,
dedit maximo et medio. Profectus est minimus, iniit magnam viam,
kárin t' arakélas čoré, délas lové, akaríng okoríng diniás len, khaliás
ubicunque inveniebat pauperes, dabat pecuniam, hac illac dedit eam, expendit
o lové. Po baró pral geló, beré kerďá kerďás. lové te kazan-
pecuniam. Eius maximus-natu frater abiit, naves facere fecit, pecuniam ut sibi-
dízela. T'o maskaredér geló, dujén kerďá kerďás. Alé tar pe dadéste. So
faceret. Et medius abiit, tabernas facere fecit. Venerunt ad suum patrem. Quid
kerďán, mo rakló? Kerďóm beré. Katár k'o maskaredér: tu so kerďán? *me*
fecisti, mi fili? Feci naves. A medio tu quid fecisti? ego
kalé čorés arakliόm, diniόm les lové, ta čorikané rakliá kerďóm léngoro
quem pauperem inveni, dedi ei pecuniam, et pauperibus puellis feci eorum
biáv. O dakár pendʼás: mo khurdó rakló kama-dikel lačés e čoré, le ta
nuptias. Rex dixit: meus minimus filius curabit bene pauperes, accipe
šel hiliádes páli.
centum milia iterum.

b. Gemischte Sprache.

Isás ovoklé divesénde jek phuró, isás léskoro keré lovéstar, ta e phuriákoro
Erat illis diebus quidam senex, erat eius domus e-sale, et vetulae
keré moméstar. O phuró pendás: mukh man, phuríe, k'o umblál k'o kašt. Pendás i
domus e-cera. Senex dixit: mitte me, vetula, ad titionem ad lignum. Dixit

2*

phurí: naš atár, phuréja. O dudúm konardás, o phuró ta i phurí umbladás
vetula: i hinc, senex. Cucurbita dirupta est, senex et vetula suspenderunt
les opré k'i porikín. Purdás i balvál, peló o dudúm, niglisté andrál katár
eam in pomo. Afflavit ventus, cecidit cucurbita, exierunt foras e
k' o dudúm čavé ta čajá. I dái kerélas bokolí, o čavé alé tar, manghénas
cucurbita pueri et puellae. Mater faciebat placentam, pueri venerunt, petebant
bokolí: de man, mi dái, bokolí. Todás o phuró o kakái k'i jak, te
placentam: da mihi, mea mater, placentam. Posuit senex cortinam ad ignem, ut
táttiol o pái, linás o usturás, te muravél e čavé. Čindás léngere šeré,
calefieret aqua, prehendit novaculam, ut tonderet pueros. Abscidit eorum capita,
mukhlás donén čavén, gerávdile telál k'i šulávka, našté, gelé andé k'
reliquit duos pueros, absconditerunt se sub scopa, abierunt, iverunt in
o voš. Ka-činél len léngoro dat. Léngere šerénde umbladás o dudúm.
silvam. Occisurus-est eos eorum pater. Eorum capitibus appendit cucurbitam.
Mukhlás e čavén andé k' o voš. Liás pes, pendás pe čavénge: ka-čalavél
Reliquit pueros in silva. Profectus est, dixit suis filiis: percutiet
tumén o tovér, ka-činél tumén.
vos securis, occidet vos.

c. Sprache der nomadischen Zigeuner.

K'o phurané divesénde isás deš u dúi pralá, ta o jek pral, o baró,
In antiquis diebus erant duodecim fratres, et unus frater, natu-maximus,
o dulgér, Manóli, kerélas i duritní purt; jek rik kerél, jek rik perél.
faber-aedium, Emmanuel, faciebat longum pontem; unum latus facit, unum latus corruit.
O deš u dúi pralá terénas jek dukaniá, ta piriavénas la saré, khujázenas
Duodecim fratres habebant unam amicam, et amabant eam omnes, appellabant
la: dukaní borïe. Lákere šeréste isás i siniá, lakere vasténde isás čavó.
eam: amata sponsa. In eius capite erat tabula, in eius manibus erat infans.
Káskeri romní avilí avrjál, kam-avél andé k' o deš u dúi pral. E Manoléskeri
Cuius uxor venit foras, veniet . ad duodecim fratres. Emmanuelis
romní, i Lénga, kam(a)-vel andé k' o deš u dúi breš. Penélas léskeri romní,
uxor, Lenga, veniet intra duodecim annos. Dicebat eius uxor:
mandó in khalán mándža, so ulinó túke, ta na khása mándža mandó? mi
panem non edisti mecum, quid fuit tibi, quod non edis mecum panem? meum
angrustí peravdóm andé k' o pái, te džas, te nikavés mi angrustí. Lákoro
annulum sivi-cadere in aquam, i, ut eximas meum annulum. Eius
rom pendás: me inkaláv la, ti angrustí, andál k' o pái. Dži k' o dúi
maritus dixit: ego eximam eum, tuum annulum, ex aqua. Usque ad duas
čučiénde o pái aviló tar k'e burdžiákoro k' o khor.
mammas aqua venit in loci profunditate.

Aus Paspati, Études sur les Tchinghianés Seite 600, 616, 620. Von jeder der drei Erzählungen ist nur der Anfang aufgenommen.

Statt *po (baró pral geló)* eius frater abiit erwartet man *léskoro*, denn *po* ist suus. Die sehr verworrene dritte Erzählung beruht, wie es scheint, auf dem weitverbreiteten Glauben, dass die Einmauerung eines Menschen das Gebäude vor Einsturz sichert. Dieser

Glaube bildet den Gegenstand eines der schönsten serbischen Volkslieder: Zidanje Skadra; er liegt auch dem neugriechischen Volksliede: Die Brücke von Arta, abgedruckt in N. Tommaseo's neugriechischen Volksliedern 174 und dem rumunischen: Das Kloster Ardžiš zu Grunde. Alecsandri 186. Auch in diesem letzten heisst der Baumeister Manoli.

II. Die rumunischen Zigeuner.

In der Mundart der rumunischen Zigeuner unterscheidet man ausser rumunischen Bestandtheilen griechische und slavische: hinsichtlich beider ist zu bemerken, dass ein Theil derselben von den Zigeunern nicht unmittelbar aus dem Slavischen und Griechischen, sondern aus dem Rumunischen entlehnt worden ist. Namentlich gilt dies von den slavischen Wörtern. Das Vorhandensein der wenig zahlreichen magyarischen Elemente ist theilweise aus der Freizügigkeit zwischen den von Magyaren und den von Rumunen bewohnten Ländern zu erklären. Zu den rumunischen Zigeunern rechne ich ausser den in der Walachei, Moldau, Bessarabien und in der Bukowina wohnenden auch einen Theil der serbischen, die in Bêlgorod in Russland angesiedelten, über welche uns ein Bericht Zuev's aus den Jahren 1781, 1782 vorliegt, und die in der Gegend von Taganrog angeschriebenen, über die wir durch Herrn W. von Köppen Kunde erhielten. Hinsichtlich der siebenbürgischen Zigeuner bin ich zweifelhaft, ob sie den rumunischen oder den ungrischen beizuzählen seien: das Letztere erweist sich aus mehreren Vocabularen als das Richtigere. Die Bêlgoroder Zigeuner sind, abweichend von den im Norden Russlands ansässigen, unmittelbar aus rumunischen Gegenden eingewandert; was von den Bêlgorod'schen, gilt auch von den ostgalizischen: Beweise für diese Behauptung bietet das Vocabular mit seinen griechischen und rumunischen Elementen durch den Abgang von magy. u. s. w. Die Sprache der rumun. Zigeuner haben zum Gegenstande die Vocabularien I. pag. 24. *Bess.* II. pag. 29. *Bêlg.* III. pag. 33. *Buk.* IV. pag. 36. *Gal.* I. XII. pag. 79. *Mezz.* XIII. pag. 82. *Tag.*

I. Griechisch.

γέννημα: *gennima* naissance Vaill. Lex.

δρόμος: *drûm* chemin Vaill. 85. *drum* Lex. *drumos* 78. *drumao* je chemine; *drumaki* passant Lex. *drom* Bess.

δρόσος: *drosin* Thau Bêlg.

ζουμί: *zami, zemi* soupe Vaill. 67.

θεμέλιον: *temel* sol, terrain, base Vaill.

καιρός: *širo* temps, durée Vaill.

κάλτζα: *kalьči* Hosen Bêlg. *kalca* Gal. I.

καραβίδα: *karabdí* Krebs Bess.

καρφί: *korfin* clou Vaill. Lex. *karfín* Gal. I. vergl. *karf* ceinturon Vaill. Lex.

καυμένος: *kaime: sam kaïme* je suis perdu Vaill. 60.

κλειδί: *klidi* clef Vaill.

κόκαλον: *kokalo* os Vaill. *kókal* Bess.

κόκκος: *kuké* Korn Bess.

κόρη: *kora* jeune fille Vaill.

κυριακή: *kurke* dimanche; *kurken* semaine Vaill. *kurke, kurkê* semaine Vaill. 62.

λείπω, ἔλειψα: *lipsil* il manque Vaill. 62.
μακάριος: *makari* grands, bons, devanciers, ancêtres Vaill.
μαργαριτάρι: *margariktári* Perle Bess.
μάρτυρας: *martûr* témoin Vaill. 68.
μῆλον altgriech.: *milaï* agneau (printemps) Vaill. 63.
μολύβι: *molis* plomb, lourd Vaill. *moliŭ* Bess.
ὀπωρικόν Obst: *porik* Beere Bêlg.
ὀρθός: *orta: is orta* c'est juste Vaill. 58. *horto* juste, vrai, clair Vaill. *ortáŭ* gerade Bess. *vorto va* die rechte Hand Bêlg.
πάγος: *paos* glace; *pai paosaïles* l'eau est gelée Vaill. 63.
πανί tela: *panos* linge, pagne Vaill.
πάππια anas: *papini* oie Vaill. *papín* Bess. Bêlg. Gal. I.
πάτος: vergl. *pató* Bett Gal. I.
πέταλον: *pétal* fer de cheval; *petalo* ferré; *petal(i)sar(a)o* je ferre Vaill. *pétalo* Pasp. 123. *pétała* Gal. I.
πλύμα: *pleme* flot Vaill.
πόρη Duc.: *pûri* f. oignon Vaill. rumun. pur.
ῥαβδί: *rovli* canne Vaill. 76. *roli* Lex. *roulí* Bess.
ῥαπάνι: *repani* raifort Vaill.
σαπούνι: *sapûi* savon Vaill. 76. *sabun* Lex.
σκαμνί: *skamin* siège, escabeau Vaill. *skamínd* Tisch Gal. I.
σκιάδι: *stagi* bonnet; *stagikero* bonnetier; *staghi ratiaki* bonnet de nuit; *staghi* casquette; *stagin* chapeau Vaill. 54. 55. 75. Lex. *stadi* Mütze Bêlg. *stagí* Gal. I.
σπανός: *spen* imberbe Vaill.
σφυρί: *sivrin* marteau Vaill.
συρτάρι: *syntári* Koffer Bêlg.
σωστά: *susté* Unterhosen Gal. I.
φόρος: *foro* bourg, ville Vaill. 81. Lex. *fóro* Gal. I.
χαντάκι Grube: *chŭing* Brunnen Bess. Vergl. jedoch aind. khani Mine.
χαρά, χάρις: *kara* bonté, beauté; *karali* grâce de dieu Vaill.
χάρκωμα: *harkum* cuivre Vaill. *árkoma* Bess.
χολή: *cholí* Zorn Bess.
Dazu kommen *efta, okto* neben *okta, enia* neben *eia* und *tranda* neben *trideš* Vaill. *eftá, ochtó, ynъja, tránda* Bess. *eftá, ochtó, jenjá, trjánda* Bêlg. *jeftá, októ, innié* Gal. I.

II. Slavisch.

Die slavischen Worte in der Sprache der rumunischen Zigeuner sind sehr zahlreich; wenn ich sie aufzuzählen unterlasse, so bestimmt mich dazu der Umstand, dass diese Worte für die Bestimmung der früheren Heimat der rumunischen Zigeuner desswegen nicht entscheidend sind, weil sie grossentheils auch im Rumunischen vorkommen, daher auch daraus entlehnt werden konnten.

III. Magyarisch.

csattogás Knallen: *četogaš* tonnerre Vaill.
domb: *dombo* dos de montagne Vaill.

gond: *gand* idée, pensée Vaill.
kép: *kipi* image Vaill.
látor: *lotro* maraudeur Vaill.
okosság: *ošag* prévoyance Vaill.
óriás: *uriaš* géant Vaill.
ölyv, ölü: *uligay* faucon Vaill. *ulóu* Bienenfalke Bess.

Die Zigeuner sind demnach in das Gebiet des rumunischen Volkes aus Ländern eingewandert, wo Griechisch die herrschende Sprache war. Eine analoge Folgerung gestatten die ungleich zahlreicheren slavischen Elemente nicht.

Zigeuner gab es in der Walachei um das Jahr 1370; wann sie den Boden dieses Landes betraten, ist nicht auszumitteln. Wie in Polen, so unterscheidet man auch in der Walachei zwei Zigeunerracen: die tiefer stehende heisst netocĭ, Plural von netot mancus, mente captus. Les Nétotsi ou athées, sagt J.-A. Vaillant, Les Romes 319. 322, demi-sauvages et demi-nus, toujours errant sans but, ne vivant que de rapines, servant parfois dans les bâtisses, se nourissant de chiens et de chats, de rats et de souris, de toutes choses immondes, couchant sur la terre, s'abritant dans les ruines; c'est à eux que les Rôm-muni doivent les cruelles persécutions auxquelles ils ont été en butte si longtemps. Leurs cheveux, trop crépus, s'épaississent comme un bourrelet. Vergl. Paspati, Memoir 148.

Die Zahl der Zigeuner in den Donaufürstenthümern soll 200.000 betragen: sie sind durch das Gesetz vom 3. März 1856 frei geworden.

Zu den rumunischen Zigeunern rechne ich nach Sprache und Zusammengehörigkeit auch einen Theil der serbischen, die siebenbürgischen, die in der Bukowina lebenden, die ostgalizischen und die südrussischen.

Nach einem mir von Herrn Professor I. Szaraniewicz mitgetheilten amtlichen Ausweise lebten in dem Jahre 1800 in der Bukowina 627 Zigeunerfamilien, bestehend aus etwa 2.500 Individuen. Sie werden als Holzarbeiter, Löffelmacher, Siebmacher, Schmiede, Schuster und Musikanten bezeichnet. Sie standen unter einem Zigeunerrichter, welchem Bulubaschen untergeordnet waren: er hatte die kaiserliche Steuer einzuheben und seine Stammgenossen zur Frohne anzuhalten. Schon damals scheinen sie alle sesshaft gewesen zu sein.

Von glaubwürdiger Seite wird mir mitgetheilt, dass derjenige, der Zigeunerrichter in der Bukowina werden soll, seine Stammgenossen in anderen Ländern, in der Türkei und Kleinasien, zu dem Ende zu besuchen pflegt, um die Rechtsgewohnheiten derselben kennen zu lernen und sich so auf seinen Beruf vorzubereiten. Es beweist dieser Umstand die ausserhalb des Kreises wohl wenig hervortretende Bedeutung des Zigeunerrichters, die Abgeschlossenheit des Stammes und das zähe Festhalten an alter Sitte, Dinge, die durch die auf Vorurtheilen beruhende Haltung der Bevölkerungen aller Länder gegen die Zigeuner aufrecht erhalten werden. Ein spanischer Dichter und eine bekannte Oper haben die mit eigenen Kindern reich gesegneten Zigeuner in den Verdacht des Kinderraubes gebracht. Und in unseren Tagen sind sie der Gegenstand allgemeiner Erbitterung und der Hetze der ganzen mitteleuropäischen Polizei geworden, weil — in Pommern ein Kind vermisst wurde. Die Thatsachen haben zwar die Unschuld der Zigeuner in diesem Falle vollständigst dargethan; ob aber die sonst so kritische europäische Menschheit nicht im nächsten Jahre wieder der Novelle des Cervantes Glauben schenkt, möchte schwer zu verneinen sein.

Sprachprobe.

I.

Dádi amaró, kaj san and o čerí, sfincít pi to nau, avél ъmpъrъcija
Pater noster, qui es in caelis, sanctificetur tuum nomen, veniat regnum

urí, avení ti voja sarso and o čerí kadej pe phu; amaró manró and e
tuum, fiat tua voluntas sicut in caelo ita in terra; nostrum panem in

ekon des de, deula, ades, jertésar, deula, amáre bezéχa, pe sar jertisarás amí
omni die da, deus, hodie, remitte, deus, nostra debita, sicut remittimus nos

amáre bezéχa; n' an indr' amé ъn kale de ispitъ, izbovisar amé de amaró
nostra debita; ne ducas intro nos in viam tentationis, libera nos a nostro

žungalimós. Amín.
malo. Amen.

Mitgetheilt aus der Bukowina von Herrn Professor Leon Kirilowicz in Czernowitz. Dunkel ist mir einigermassen *sfincit pi*, sanctificetur; *avení* fiat; *nánin dramé* habe ich aufgelöst in: *n'* (d. i. *na* für *ma*) *an indr* (durch den Einfluss des rumun. ъntru für *andré*); *izbovisarava* ist rumun. izbъvesk aus asl. izbaviti. Über die Bildung dieses Verbum, sowie über die von *jertisarava* aus rumun. jertŭ vergl. man II. pag. 5 des Separatabdruckes.

II.

Še devleski, rogi ma mandi tuti, des ma saores, te rogi ma,
Clementia divina, precor ego mihi te, da mihi omnia, quae precor ego,

kêki san i laši, i bari, i tari. Hala des, ti čorao i raki, i isali,
quoniam es bona, magna, potens. Si concedis, ut furer rattum, adustum,

i jagali, îk kakni, îk papini, îk bakrini, îk bališi, îk goruni, te dao tuti
liquorem, gallinam, anserem, ovem, suem, vaccam, dabo tibi

ik mûmeli bari. Kala čorao iš, n' avel i gadži mandi, ti dikel, so
cereum magnum. Si furor quid, non veniunt homines ad me, ut videant, quid

čorao, ti na i džal ti motol o raj, ta ni diken kanš, tuti dao dûi
furer, et non eunt et dicunt domino, et non vident quidquam, tibi dabo duos

mûmeli bari. D' avel čorokli andr o kër, te, niš kanš diklindoi, jap tar
cereos magnos. Si veniunt custodes in domum, et, nihil invenientes, eunt

avri, te dao tuti tri mûmeli barî. Këki san i bari i trinimi.
foras, dabo tibi tres cereos magnos. Quoniam es magna trinitas.

Aus: Grammaire u. s. w. par J.-A. Vaillant. pag 89. Wie bei allen von Vaillant herausgegebenen Texten, ist mir auch hier Manches grammatisch räthselhaft.

III. Die ungrischen Zigeuner.

In der Mundart der ungrischen Zigeuner findet man ausser magyarischen griechische, slavische und rumunische Bestandtheile. Von den zahlreichen slavischen ist ein grosser

Theil unmittelbar aus dem magyarischen entlehnt. Hieher gehören die Vocabulare V. pag. 37. *Ung.*: es enthält auch die bei Bornemisza verzeichneten Wörter. VI. pag. 62. *Ungh.* VII. pag. 64. *Mündl.*

I. Griechisch.

ἀμόνι, ἀκμόνι (ἄκμων): *amonji, manji* f. Ambos Ung. *ámonja* plur. Müller 156.

ἀρμιά, λαχαρμιά: *ármin* m. Kraut Born. 87. 90.

δρόμος: *drom* m. Weg Ung.

ζουμί (ζωμός): *zumi, zumin* f. Suppe Ung. *zúmi* Müller 157. *zumin* f. Born. 89. 99. *zumin* Ungh.

καιρός: *ciro* m. Zeit Ung.

κάλτζα tibiale: *kálciss* Anzeigen 94.

καραβίδα: *karavdi* Mündl. *karodin* m. *karabin* m. Krebs Ung. *karodi* Anzeigen 94.

καρφί: *karfóra* Nägel Pott, Zeitschr. 3. 334. *karfint* Nagel an der Wand Heufl. 51.

κλειδί: *klidin* f. Schloss, Hängeschloss Ung.

κόκαλον: *kokálo* m. Knochen Ung. *kokal* m. Born. 88.

κυριακή: *kurke* m. Sonntag, Woche Born. 88. *angle jekh khurkheste* 96.

ὀξυλάβη eine Art Zange altgriech.: *silabi, sulavi* f. Zange Ung.

πάππια Ente: *papin, papinja* f. Gans Ung. *papin* f. Born. 88. *papinj* Ungh.

πάππος Grossvater: *papus* Ung.

παραμύθι Fabel: *paramisi* Bright XCI. *paramisi* f. Erzählung Ung.

παρασκευή: *paraštjo* m. Freitag Ung. *parast'ûri, parašt'ûri* m. Feiertag Born. 88. 121.

περούνι: *piron* m. Gabel Born. 88. it. dial. pirun. Die Fremdwörter in den slav. Sprachen 46.

πέταλον: *patola* f. Hufeisen Ung. *petala* m. Born. 88.

πόρη: *purum* m. Zwiebel Born. 88.

ῥεπάνι, ῥαπάνι: *ropaj* Rübe Mündl. aus *repáni* f. Wrat. 107.

σαλιβάρι: *selevâri* m. Zaum Born. 89.

σκαμνί: *skami* Bright LXXXIV. *skamin* Stuhl Mündl. *skami* f. Bank, Schemmel Ung. Born. 89. *skaurnin*, vielleicht *skamnin*, Stuhl Anzeigen 94. *skamint* Ungh.

σκιάδι: *stádin* f. *stádik* m. Hut Ung. *stâdik* Müller 163. *stadik* f. Born. 87.

σύρμα: vergl. *sirimi* Riemen Ung.

σφυρί: *sfiri* f. Hammer Ung. *sfîri* Müller 156.

σωστά: *sosten* Unterhose Born. 84. Vergl. franz. juste.

ταχύ der Morgen: *taho* morgen Born. 118. *pâle tâheste* übermorgen 96. *pâle taheste* 118.

τηγάνι: *tigaja'* Pfanne Mündl.

φόρος Markt: *foro* m. Markt, Stadt Ung. *forê* Stadt Heufl. 51. *fôro* m. Born. 88.

χάρκωμα, χάλκωμα: *harkum* Kupfer Bright LXXXIV. *harkum* m. Born. 88. Ung. *galbeno harkum* Messing, eigentlich gelbes Kupfer Mündl.: *hart'a* m. Born. 88. *hartjali* m. Kupferarbeiter Ung. hangen gleichfalls mit χαλκός zusammen.

χολή: *holi* f. Galle, Zorn Ung. *hõli* Zorn Müller 154.

Man füge hinzu *efta*, *ofta*, *enja* Ung. *îfta*, *ohtô*, *injâ* Mündl. *trianda* dreissig Ung. *efta*, *ofto*, *enja*, *trianda* Born. 105. *efta, okto, echnya* und *enya, tranda* Ausland. *ephta, ochto, enya, tranda, baranda* für *saranda* Anzeigen 95. *efta* neben *sat; htowo* neben *āt; neja* neben *no; dranda* neben *tis; zaranda* neben *tschalis* Heufl. 51. 52. *trito* der dritte Ung.

II. Slavisch.

Auf das um den Balkan gelegene Land weiset *duma* Sprache Mündl., bulg. dumъ und *želto* gelb, bulg. žlъt; eben so *mesoli* Tisch bulg. mesal Handtuch: der Begriff Tischtuch vermittelt beides.

III. Rumunisch.

čerjŭ: *čiri* Firmament Mündl. *čeros* (*cserosz*) im Vater Unser bei Grellmann 316.

galbin gelb: *galbeno harkum* Messing Mündl.

jert: *ertitza amare bezecha* vergib (uns) unsere Schulden im Vater Unser bei Grellmann 316. *igiertiszara amore beszecha* 315. *ertine* remitte; *ertinaha* remittimus 316. Bei den rum. Zigeunern *ertisa* pardon; *ertisao* je pardonne Vaill.

kopač: *kopač* Baum Mündl. Bei den rum. Zigeunern *kopak* Vaill. Lex. *kopač* 84.

kъrčumъ: *kirčima* Schenke Mündl.

linte: *lindja* Linse Mündl.

lume Welt: *lume* regnum Grellmann 316.

mie: *myllya* Anzeigen 95: l überrascht.

nêmc: *njamco* Deutscher Mündl.

oare: *vare* in *vare ko* jemand; *vare so* etwas u. s. w. Ung.

putêre: *putyere* Macht Grellmann 316.

skriŭ: *iskiri* ich schreibe Mündl. Bei den rumunischen Zigeunern *skrisas* écrivons, *skrisaidem* j'ai écrit Vaill. 83.

vъnъt: *vineto* gelb Ausland.

ъntreg: *intreg* ganz Mündl.

Die Zigeuner sind demnach in Ungern eingewandert, nachdem sie unter Griechen und Rumunen gelebt hatten. Die sehr zahlreichen slavischen Elemente lassen eine analoge Folgerung kaum zu.

Dass die Zigeuner um das Jahr 1417 in Ungern waren, lässt sich nicht bezweifeln; wann sie jedoch eingewandert sind, das ist unbekannt. Wie in andern Ländern, so sind auch in Ungern die Grundsätze bei der Behandlung der Zigeuner erst in der zweiten Hälfte des achtzehnten Jahrhunderts unter Maria Theresia und Josef II. mit den Principien der Menschlichkeit einigermassen in Einklang gebracht worden. Dabei ist zu beachten, dass nach einem a. h. Rescript vom 22. Juli 1755 ‚die Annehm- und Tolerirung deren Zigeunern nicht allgemein war, sondern lediglich einer jeden Grundobrigkeit freistand.'

Die hier abgedruckte, stellenweise dunkle Urkunde vom Jahre 1698 lässt einen Einblick in die Art gewinnen, wie die Zigeuner zu Ende des siebzehnten Jahrhunderts in Slavonien behandelt wurden.

Sacratissimae caesareae regiaeque maiestatis domini domini nostri clementissimi ad noviter acquisitas Hungariae, Sclavoniae Bosniaeque regnorum partes delegatae commissionis nomine egregio Vukassino Makzanovich, Orahovicensi capitaneo, per praesentes insinuandum.

Ad demissam ipsius instantiam super inde locis a debitis perceptam informationem caesareo-regium supra pharaicam, alias intra Dravum, Savum, Colapim et Unnam hinc inde vagabundam atque sine officiali dilapsam vulgo zingaricam gentem directoratus officium ipsi benignissime collatum, eundemque Makzanovich subsequentibus modis et conditionibus ita pacatis et .... attactae genti zingaricae praesentium vigore ea quidem cum facultate praefectum esse, quatenus *primo* incultam hanc et aliunde vagam nationem intra certos ab inspectione camerali Sclavoniae eidem assignandos limites in bona disciplina coërcere nec non ad ordinatum vitae statum redigere, secus autem iuxta quam committeret leviorum delictorum culpam civili ..... seu mulcta pecuniaria mediante corrigere atque corripere possit ac valeat, in gravioribus vero delinquentes ad praefatam cameralem inspectionem, cuius iurisdictioni saepe mentionata gens zingarica immediate subsit, pro condigna patrati criminis poena subeunda statim remittere et sistere debeat; ac praeterea *secundo* pro iam fati directoratus officii honorisque et emolumenti, talis qualis fuerit, eidem annexi fruitione praementionatus director, prout sub omnium bonorum suorum mobilium et immobilium, ubivis reperibilium in hypothecatione ad hoc se obligat, ex propriis suis mediis annuatim ducentos florenos rhenenses et quidem singulis mediis annis centum florenos semper anticipate saepius dictae camerali inspectioni Sclavoniae ad aerarium caesareo-regium persolvere teneatur; et si quidem *tertio* cuilibet toties fatae nationis pharaicae patrifamilias praeter unicam domum vel habitationem suam pariter octo iugera sed non plus terreni pro necessaria sui alimentatione scilicet ..... terrae arabilis et tria foenilium iugera per officiales cameraticos assignanda possidendi facultas concessa, talis vero quivis paterfamilias ad sex florenos rhenenses a praedicto fundo robatharum aliorumque publicorum onerum ab inde praestandorum loco suae sacratissimae caesareo-regiae maiestatis aerario annuatim rite pendendo sit obligatus. *quarto* crebro nominatus director praespecificatum annualem censum a fundis debitum ubicunque locorum exacte colligendi defectusque sine omni ... ad caesareo-regiae cameralis inspectionis Sclavoniae cassam transferendi, quam assumpsit incumbentiam fideliter peragat: casu autem, quo *quinto* nonnulli eiusdem pharaicae vel zingaricae gentis cuiuscunque sexus homines certis in locis eiusmodi fundis et glebis affixi neque alias stabiliti cum gravissimis regni incolarum damnis solum furti rapinarumque habendarum causa per provincias divagarentur, hos ipsos omnes et singulos ad primum caesareo-regiae cameralis inspectionis mandatum praelibatus director, prout hisce obligatur, abigat, exterminet et a districtuum suorum confiniis omnino proscriptos in posterum arcere satagat. caeterum *sexto* tota natio et gens pharaica, alio nomine zingarica, eo locorum hisce constituto suprafato pro directore debitam paritionem praestet; ipse director vero quoad hoc officium, ratione cuius foro suo alias militari coram expresse resignavit, a toties fata caesareo-regia inspectione camerali sclavonica, cui in omnibus condecenter obsequi et occurrentia quaevis officii necessarias ordinationes exspectare tenebitur, immediate dependeat. quod ipsum prouti in omnibus et singulis antelatis punctis utrinque conventum, ita quoque subsecuta haecce resolutio saepius nuncupato Vukassin Makzanovich pro sua assecuratione et ulteriori directione praesentibus intimandum et extradandum erat. quo super et ipse consuetum homagiale iuramentum summae titulatae suae sacratissimae caesareo-regiae maiestati coram eiusdem hacce delegata commissione depromere noverit. Veroviticzae die vigesima quinta mensis Maii anno domini millesimo sexcentesimo nonagesimo octavo.

3*

Ferdinandus Carolus S. R. I. Comes Caraffa de Stiglevo, S. C. nec non R. M. camerarius, camerae aulicae consilarius actualis et pro tempore commissarius principalis. L. S.

Andreas Theobaldus de Majeren S. C. R. M. cameralis aulicae consiliarius actualis et pro tempore conconsiliarius. L. C.

Fridericus Fürstenbusch.

Cum vero originali comportata ac etiam correcta per me Georgium Ioannem Stupech incl. comit. Posegani.

(A tergo) Egregio Vukassino Maksinovicz, capitaneo Orahoviczensi.

Acta Capituli Zagrabiensis fasc. 99. nro. 84.

Sprachprobe.

Amaro dad, ko sl'äl and o nebo, t' ovel sentno tro alav, t' avel k'
Noster pater, qui es in caelo, sit sanctum tuum nomen, veniat ad

amende tro svito, t' ovel tro phenipe, sar and o nebo, auka upr i phuv,
nos tuum regnum, fiat tuum verbum, uti in caelo, ita in terra,

dê amenge upr o sako dîve amaro mâro, prostin, so vitind'am, sar
da nobis in quolibet die nostrum panem, remitte, quae peccavimus, sicuti

taj amen prostinas, so vitindê avre amenge, ma ledš amen and o kiširteto,
etiam nos remittimus, quae peccarunt alii nobis, ne inducas nos in tentationem,

de muk andar o bjengipe. âmen.
sed libera a malo. amen.

Aus Bornemisza J., A' czigány nyelvről pag. 119.

IV. Die mährisch-böhmischen Zigeuner.

In der Mundart der mährisch-böhmischen Zigeuner tritt zu den bei den ungrischen Zigeunern nachweisbaren griechischen und rumunischen Elementen, abgesehen vom čechischen und deutschen, das magyarische hinzu.

I. Griechisch.

ἀμόνι: *amoňis* Amboss Puch. 35.

ἅρμη salsugo; λαχαναρμία salsugo oleris albi Duc.: *armin* f. Kraut Puch. 35. Pott 2. 58.

δρόμος: *drom* Puch. 38.

ζουμί: *zumin* f. Suppe Puch. 50.

ἱερός: *gēro* selig: *mro gēro dad* mein seliger Vater Puch. 39.

καμπάνα: *gambāňa* f. plur. Sackuhr Puch. 39.

καρφί: *karfin* f. Nagel Puch. 41.

κλειδί: *klid'i* f. Schloss neben *klēja* f. Schlüssel Puch. 42.

κόκαλον: *kokalos* m. Bein Puch. 42. *kokalos* m. *kokalis* f. Bein Wrat. 94. 122.

κόρακας Rabe: *korákos* m. Dohle Wrat. 126.

λεχούσα: *legusica* f. Wöchnerinn Wrat. 95.

ὀξυλάβη, ξυλάβιον: *silabis* m. *silabičkos* demin. Zange Puch. 47.

πάγος: *pagi* f. *págo* m. Eis Wrat. 101. 128.

πάππια: *papin* f. Gans Puch. 45.

παραμύθι: *paramisa* f. Fabel, Erzählung Puch. 45.

παρασκευή: *parašt'ovin* f. Freitag Puch. 45. *parast'ovin* m. Samstag neben *parast'ovin jekto* Freitag, eigentlich erster Samstag Wrat. 101.

πέταλον: *petalos* m. Hufeisen Puch. 45.

πλύμα Spülwasser: *pleme* f. Welle Wrat. 165: die Bedeutungen stimmen allerdings nicht.

πόρη: *purum* Zwiebel Puch. 46.

πώγων: *pahuńis* m. Bart; *pahuńičkos* demin. Puch. 45.

ῥεπάνι: *repáni*, *rapáni* f. Rübe Wrat. 151.

ῥινί: *jerńi* f. Feile Puch. 41.

σαποῦνι: *sapūńis* m. Seife Puch. 47.

σκαμνί: *skamin* m. Tisch Puch. 47.

σκιάδι: *stād'i* f. Hut Puch. 48.

σφυρί: *sviri* f. Hammer Puch. 48.

τσαμπούνα: *čambóna* f. Schalmei Wrat. 85.

τσουκνίδα, τσικνίδα: *cukńida* f. Nessel; *cukńidka* demin. Puch. 37.

φόρος: *foros* m. Stadt; *foričkos* demin. Puch. 39.

χαμνίζομαι: *hamzinav* ich gähne; *hamzińiben* m. das Gähnen Puch. 40. Pasp. 7.

χάρκωμα: *charkom* Kupfer Puch. 40. Vergl. *hart'as* Schmied ibid.

χολή: *chōli* f. Galle Puch. 41.

Dazu kommen die Numeralia *efta*, *ochto*, *eńa*, *trianda* Puch. 39. 45. 49.

II. Slavisch.

Dumъ: *duma* Sprache Puch. 39.

olovina: *lovina* f. Puch. 43.

III. Rumunisch.

čerjü: *čeros* m. Himmel Wrat. 86.

jaskъ Zunder, Schwamm: *ješka* f. Schwamm Wrat. 154.

lunkъ Au: *lunka* f. Rasen Wrat. 96.

oare in: oare čine jemand, oare če etwas u. s. w.: *vare ko* jemand, *vare so* etwas u. s. w. Puch. 50. Bei den rumun. Zigeunern *or: or sao* quiconque Vaill. Auch *sasos* m. Deutscher dürften die Zigeuner von den Rumunen entlehnt haben.

IV. Magyarisch.

arpa: *jarpos* m. Gerste Puch. 41. Pott 2. 58.

balog: *balogno* link Puch. 36.

békó: *bikovi* f. Eisen, Fusseisen Puch. 36.

bocskor Bundschuh: *pučkuri* f. Socke Wrat. 106.

bogár Käfer: *bugaris* Spinne Puch. 37.

csak: *čak* nur Puch. 37.

csaplár, csapláros: *čaplaris* m. Wirth Puch. 37. *čapláro* m. Aufwärter Wrat. 120.

domb: *dombos* Hügel Puch. 38. Pott 2. 106.

fagy: *fad'inav* ich erfriere Puch. 39.

garas: *garašis* m. Groschen Puch. 39.

gelyva: *gel'va* f. Kropf Puch. 39.
hangya: *hand'a* f. Ameise Puch. 40.
harang: *harangos* m. Glocke; harangoz: *harangozinav* ich läute Puch. 40.
igen: *igen* adv. sehr Puch. 41.
haszon: *hasno* adj. tauglich Puch. 40.
hegedű: *hegeduva* f. Geige Puch. 40.
hely: *helos* m. Ort Puch. 40.
hiába: *hijaba* adv. umsonst Puch. 40.
hintó: *hlintova* f. *hlintovička* f. demin. Kalesche Puch. 40. neben *hintova* f. Wrat. 91. Pott 2. 176.
kerék: *kereka, kareka* f. Rad Puch. 41.
kereszt: *kerestos* m. Kreuz Puch. 42.
köpenyeg: *kepeńegos* m. Mantel Puch. 42.
kötő bindend: vergl. *ketovos* m. Quaste Puch. 42.
mag: *mogos* m. Obstkern Puch. 44.
mindjárt: *mind'ar* adv. gleich Puch. 44.
soha: *šoha* nie Puch. 48.
ťalp: *talpa* f. Sohle Puch. 49. u. s. w.
Das nur aus dem Pol. erklärbare *telentos* m. Kalb Puch. 49 ist befremdend.

V. Deutsch.

Dass sich auch nicht wenig Deutsches findet, ist natürlich.
bravinta f. Brantwein Wrat. 83.
bucha f. Buch Wrat. 125.
frantšoftos m. Verwandtschaft, Freundschaft Wrat. 89.
funtos Pfund Puch. 39.
hafurt beständig, eig. in einem fort. Wrat. 91.
harfos m. Harfe Wrat. 91.
hita f. Hütte Wrat. 91.
kaisáris m. Kaiser Wrat. 93.
kostin verkoste imperat. Puch. 55.
krichel kriechen Wrat. 95.
mištos m. Mist Wrat. 98.
pokos m. Bock Wrat. 105.
šogoris m. Schwager Wrat. 111.
taicho m. Teich Wrat. 112.
ungridko adj. ungrisch Wrat. 114.
Vereinzelt sind franz. *lizarda* f. Eidechse Wrat. 96. und it. *libro* m. Buch und Pfund Wrat. 96. Der Verfasser beschränkte sich nicht auf Mähren und Böhmen.

Die Zigeuner sind demnach in die mährisch-böhmischen Länder eingewandert, nachdem sie unter Griechen, Rumunen und Magyaren gelebt hatten.

Die in čechischer Sprache geschriebenen Annalen erzählen zum Jahre 1416 vom Auftreten der Zigeuner in Böhmen, ohne dieses Volk als etwas früher nie Gesehenes zu bezeichnen: Také toho léta (1416) vláčili se cikáni po české zemi a lidi mámili. Scriptores rerum bohem. III. Prag. 1829. 30. Dieselbe Quelle erwähnt 223. 462 der Zigeuner zu den Jahren 1481 und 1523. Um 1416 mögen sie auch in Mähren und Schlesien zuerst erschienen sein. Woher sie kamen, wird nicht angegeben: nach einer Mittheilung von 1711 aus Mähren nannten damals die Zigeuner ihre Sprache zigeunerisch und ägyptisch; ein Knabe nannte sie kroatisch (charvatský), d'Elvert 131, was auf Kroatien als die frühere Heimath der mährischen Zigeuner hindeuten möchte. 1538 beschlossen die Stände Mährens, dass die Zigeuner binnen zwei Wochen aus dem Lande zu jagen seien, und wiederholten die Beschlüsse gegen sie 1539, 1549, 1550, 1576, 1579, 1580. Nach einem Beschlusse vom Jahre 1599 sollen die nach einmaliger Ausweisung zurückkehrenden Zigeuner mit dem Tode bestraft werden. Neue Beschlüsse wurden 1607, 1611 gefasst. Nach einer Aufzeichnung vom letzteren Jahre behauptete einer, sein Vater sei aus Klein-Aegypten gewesen: z malého Egyptu; ein anderer gab an, die Zigeuner hätten Klein-Aegypten wegen der Unfruchtbarkeit des Landes verlassen: že by v malém Egyptu žádná ouroda ne rostla; ein dritter erzählte, ihr Oberhaupt lebe in Salzburg, welchem von jedem erwachsenen Zigeuner jährlich 10 fl. gezahlt würden; ein anderes Oberhaupt habe kein bestimmtes Einkommen, es beziehe blos die Beträge, die die zu Geldstrafen verurtheilten Zigeuner zahlten; sie seien gezwungen sieben Jahre zu wandern, nach welcher Zeit andere aus Klein-Aegypten geschickt würden. Die Zigeuner sollten in Böhmen und Mähren ‚völlig ausgerottet und vertilgt werden' und Kaiser Leopold I. ordnete am 20. September 1701 an, dass sie ‚nochmahlen per patentes für vogelfrei erklärt und dass bei deren Wiederbetretung an Leib und Gut nach aller Schärfe wider sie verfahren werden soll'. In Folge dessen kamen wirklich manchmal Hinrichtungen vor an Zigeunern, ‚die sich durch ihren ganzen Lebenslauf theils von dem ihnen freiwillig gegebenen heiligen Almosen, theils von dem, summo respectu zu melden, umbgestandenen Vieh ernähret und also Niemand das geringste entfremdet oder gewaltthätigerweise entnommen haben'. In Osová Bityška wurden 1721 ein Zigeuner und fünf Zigeunerinnen wegen unbefugter Rückkehr ‚justificirt'. Nach der Verordnung des Kaisers Karl VI. vom Jahre 1726 sollen von den in Mähren ergriffenen Zigeunern die erwachsenen Mannspersonen ‚mit dem Strang vom Leben zum Tode hingerichtet', den ‚Buben' unter 18 Jahren so wie allen erwachsenen Weibsbildern in Böhmen das rechte, in Mähren und Schlesien das linke Ohr abgeschnitten, dieselben mit Staupenschlägen belegt und dann gegen einen geschworenen Halsrevers aus allen Erbländern auf ewig verwiesen werden; sollten sie zurückkehren, so ist ihnen auch das andere Ohr abzuschneiden, die Erwachsenen hingegen sind ‚mit der Strafe des Schwertes anzusehen'. Um das Jahr 1740 scheint sich eine menschlichere Ansicht in Betreff der Zigeuner geltend gemacht zu haben: gegen jene, die ‚ihrer Nahrung willen im Lande herumbgegangen, soll wegen Übertretung des a. h. Verbotes, reflectendo ad priora, mit einer arbitrarischen Strafe fürgegangen werden'. Noch entschiedener brach mit der barbarischen Tradition Kaiserinn Maria Theresia, und Kaiser Josef II. befahl jenen Weg einzuschlagen, der, früher betreten, der Regierung manchen Akt der Grausamkeit erspart hätte: es ist der Weg der Erziehung durch Religion und Unterricht. Die am 15. April 1784 ad decanos Hunnobrodensem et Hradischtiensem ergangene Weisung lautet: Tenore adiacentis copiae missivae gubernialis resolvit sua sacratissima maiestas, quod cingarorum familiae in dominiis Hunnobrodensi et Ostroviensi existentes ibidem porro tolerari debeant, ea tamen lege, ut tam suavibus quam acrioribus remediis ad civiliorem vitae consuetudinem invitentur, ad frugem reducantur et in utilia statui politico membra transformentur, praecipue vero eorundem liberi religione, bonis moribus et virtute imbuantur. hanc clementissimam resolutionem proinde admodum reverenda, perillustris et eximia dominatio vestra, respectu alterius ipse, omnibus et singulis totius dominii Hunnobrodensis, Hradischtiensis animarum curatoribus et scholiarchis nomine nostro eo fine insinuabit, ut reducendis ad vitam morigeram dictorum cingarorum familiis omnem operam solerter impendant, praecipue eorundem liberos religione, pietate, bonis moribus ac virtute imbuere satagant, obstaculum, si quod observaverint, officio dominicali renuncient, seque in hocce etiam negotio tales exhibeant, ut de negligentia nullo unquam tempore redargui possint'.

Sprachprobe.

Jekch manuš geľas Jeruzalematār Jerichoste, peľas maškar čor, have les
Quidam homo ivit ab Jerusalem in Jericho, incidit inter latrones, qui eum

čorde; kana les marde, gele okia. paš džides les mukle.
despoliaverunt; postquam eum mulcarunt, abierunt, semivivum eum reliquerunt.

Talinďas pes, kaj jekch rašaj geľas oda dromeha; kana les dikľas, geľas okia.
Accidit, ut quidam sacerdos iret ea via; cum eum videret, abiit.

Nina the jahnos, kana ehas paš oda helos, dikľas les, the nina les
Similiter etiam diaconus, cum esset prope eum locum, vidit eum, et similiter eum

mukľas. Samaritanos geľas dromeha, avľas kia leste, the dikľas les, lāče jīleha
reliquit. Samaritanus ivit via, venit ad eum, et vidit eum, bono corde

ehas čalado. Avľas kie leste, pchandľas leskre daba, čuďas olejis the mol,
erat commotus. Venit ad eum, alligavit eius vulnera, infudit oleum et vinum,

diňas les pre pesko grast, ligeďas les andre krčma, has leske vaš leste
posuit eum in suo equo, duxit eum in cauponam, erat ei pro eo

starosťa. Aver ďives liľas duj love. diňas gadžeske, the pchenďas: te avel tuke
cura. Altera die sumsit duos numos, dedit cauponi, et dixit: sit tibi

vaš leste starosťa; so pro odova tchoveha, až me man lisarava pale, me
pro eo cura; quae super haec impendes, cum ego redibo ego

tuke pocinava. Ko ode trinendar tuke hi suno te avel lāčo manuš odeleske,
tibi solvam. Quis horum trium tibi videtur esse bonus homo illi,

havo peľas maškar čor? Jov pchenďas: odov, havo kerďas lāčo jīlo pre leste.
qui incidit inter latrones? Ille dixit: ille, qui fecit bonum cor ei.

Pchenďas leske Ježišos: dža, the ker tu akaďa.
Dixit ei Iesus: vade, et fac tu ita.

Aus A. J. Puchmayer Románi Čib. pag. 78—80. Luc. 10. 30—37. In der Quelle steht einmal maskar; pas; kane; avlas; léste (lēste); olegis; ode leske; peľat, wofür ich maškar, paš, kana, avľas, leste, olejis, odeleske, peľas schreibe.

V. Die deutschen Zigeuner.

In der Mundart der deutschen Zigeuner kann man griechische, slavische, rumunische, magyarische und romanische Elemente nachweisen.

I. Griechisch.

ἀκόμι: *kommi* adhuc Pott 2. 90.

δρόμος: *drom (trom)* Weg Lieb. *(tromm)* Bisch.

ζερβός: *zervo (serwo)* adj. link Lieb. *zerves (serwes)* adv. Bisch. Lieb. *sarwo* Pott 2. 254.

ζουμί: *zumin (zummin)* Brühe, Suppe Bisch. Lieb.

καιρός: *čiro, čiro (tsîro, tschîro)* Zeit, Wetter Lieb.

καμπάνα: *gampána* Uhr, Taschenuhr Bisch. *gampâna* Glocke, Uhr Lieb.

καραβίδα: *garedîni* Krebs Lieb. Bisch.

καρφί: *grafni (graffni)* Nagel, Stift Bisch. *grafja (graffja)* Zwecke Bisch.

κλειδί: *glitin* Schlüssel Lieb.

κόκαλον: *kokâlo, gogâlo* Knochen Lieb. *gogalia (gogallia)* Knöchel Bisch.

κόρακας: *korâko* Rabe, Krähe, Dohle Lieb. *korakko* Rabe Bisch. *gorakko* Dohle Bisch.

κρίσις: *krisni* Gericht Bisch. *grisni* Lieb.

κούκλα: *gukki* Puppe Lieb. *gukkia* Bisch.

λεχοῦσα: *leahusa (lêachùssa)* Kindbetterinn Bisch. *lehusica (leachusítza)* ibid. *legüsica* Lieb.

μολύβι: *molivo (molìwo)* Blei Bisch.

πάγος: *pago*, *pagi (pagho*, *paghi)* Eis Lieb.

πάππια: *pâpin* Gans Lieb. *papin* Bisch.

πάππος: *papo* Grossvater Lieb.

παραμύθι Fabel: *barmíso (barmìsso)* Räthsel Bisch.

παρασκευή: *paristóvin (pârìstôwin)* Fasttag; *jekto pârìstôwîn* Freitag, eigentlich der erste Fasttag; *sparestòwin* Samstag Bisch.

πάχνη: *páchni* Thau Bisch.

περιστέρι: *pillstêri, pinstêri* Taube Lieb. *pinnestéhra* Bisch.

πέταλον: *pêdälôs* Hufeisen; *pedaléngéro* Hufschmied Lieb. *pèttälàngro* Bisch.

πλύμη: *pleme* Welle Bisch. *plîmevâva (plîmewâwa)* ich schwimme Lieb. Pott 2. 361.

ῥαπάνι: *rapanjia*, *rapanja* Rübe Pott 2. 274.

σαπούνι: *sâpûni* Seife Lieb. *saponi* Bisch.

σκαμνί: *skamin (skammin)* Stuhl, Bank Lieb. *stammen* Bisch.

σκιάδι: *stadi* Hut Bisch. *stâtin* Lieb.

στεφάνι: *cefâni (zephâni)* Kranz Lieb. Vergl. *skino* aus Zinn Pott 2. 195.

στουπί: *stóppin* Flachs Bisch. Pott 2. 146.

τσαμπούνα: *tschambona* Tabakspfeife Rotw. Pott 2. 193.

τσέφλι Hülse; τσόφλον Schale von Eiern, Nüssen: *čéfja (tschéffja)* Kartoffelschale Bisch.

ὑαλί: *vâlin (wahlin)* Glas Bisch.

φόρος: *foro* Stadt Bisch.

φοῦντα: *funda* Quaste Bisch.

χαντάκι: *handákko* Wassergraben Bisch.

χάρκωμα: *jarskom* Kupfer Bisch.

χολή: *cholin* Galle Lieb. *chh'olin* Zorn; *gholin* Ärger Bisch.

Dazu die Numeralia *efta, ochto, ennia, trianta* Lieb.

II. Slavisch.

bêlъ: *biâlo* weiss, bleich Lieb.

blavatъ: *blavado* blau Lieb. Bisch.

bobъ: *bobo* Bohne Lieb.
božištь: *boschízza* Weihnachten Lieb.
buda Fremdw. 8: *budikka* Laden Bisch.
cêlъ: *zêlo* ganz Lieb.
čoha: *tschócha* Weiberrock Bisch. *socha* Lieb.
čuvikъ: *tschuwíkka* Eule Bisch.
divij: *diwío* wild, toll Bisch. *diwio* wild Lieb.
duhъ: *túcho* Athem Bisch Lieb. *tucho* Lunge Bisch.
ględêti: *glendêri* Spiegel Lieb.
godьnъ: *hoino* anständig Lieb.
gorьkъ: *kerki* Brantwein Pott 2. 109.
grêhъ: *grecho* Sünde Lieb.
grъkljanъ, serb. grkljan Luftröhre: *gurkljanko* Schlund Bisch.
grъkъ serb. grk: *kirko* bitter Lieb.
grъlo: *gerrlo* Gurgel Bisch.
guša: *guhscha* Kropf Bisch.
holeva: *ch'ollob* Beinkleider Bisch. *cholib* Lieb.
izba: *isma* Stube Bisch. Lieb.
jedva: *ewe* kaum Bisch.
ključь: *glitschin* Schlüssel Bisch. *erio glitschin* Dietrich Bisch., eigentlich: böser Schlüssel.
košьnica: *gotschnitscha* Korb Bisch. *gottschnizza* Lieb.
kralь: *kráhli* Fürst Bisch.
krъčьma: *kertschimma* Schenke Lieb. *gertschĕmtha* Bisch. *gertschomári* Wirth; *gertschomarízza* Wirthinn Bisch.
liška čech: *lischka* Lieb.
ljuby: *lublin* Hure Bisch. *lubni* Lieb.
lьgъkъ: *lôkes* still, gelassen Lieb. *lókin* Gulden Bisch.
mačьka: *matschka* Katze Bisch.
makъ: *máko* Mohn Bisch. *makko* Lieb.
mêrica: *meritscha* Achtel Bisch. Scheffel Lieb.
moča: *môdscha* Tabaksaft mit Tabaksasche gemengt Lieb.
močilo: *geráf motschĭa* ich gerbe Bisch.
mostъ: *most* Fussboden Bisch.
mrazъ: *morása* Eiszacke Bisch. *mohraso* Eis Bisch. *morĕso* Eiszapfe Lieb.
okno: *wochnin* Fenster Lieb. *wôchnin* Bisch.
olovina: *lowína* Bier Bisch. *lowina* Lieb.
palьcь: *pallscho* Daumen, Zehe Bisch.
perьnica: *pernízza* Federbett Lieb.
plahta: *plachta* Betttuch Bisch.
plaštь: *plahschta* Weibermantel Bisch. *plaschda* Mantel Bisch. *blaschda* Mantel Lieb.
plugъ: *plugo* Pflug Bisch.
pokoinъ: *pôkonŏ* ruhig, still Lieb.
prahъ: *próchos* Sand Lieb.
prositi: *prisseraf* beten Bisch. *prisserpa* Gebet Bisch.

prostiti; *prosseraf* erlauben Bisch.
puška: *puschka* Büchse, Flinte Lieb. *buschka* Bisch.
rêca: *retza, retschka* Ente Lieb.
sênь tentorium; čech. síň atrium: magy. szín atrium: *sihna* Küche Bisch.
sila: *silâwa, silĕrâwa* ich zwinge Lieb. Pott 2. 240.
sivъ: *siwo* grau Lieb.
skornja: *schkornia* Stiefel Bisch. *skornia* Lieb.
stajnja: *steinia* Stall Lieb.
stąpiti: *stappiáf* schreiten Bisch.
surъ: *sûro* grau Lieb.
svêtъ: *schwetto* Welt Lieb.
svętъ: *schwendo* heilig, katholisch Lieb.
sъmętana: *schmengtàna* Rahm Bisch.
trêba: *trebôla* es bedarf Lieb.
trêmъ: *dremmò* Vorsaal Lieb. *drèmmo* Hauserden Bisch.
truna, trumna pol.: *trùna* Sarg Bisch.
trupъ: *trupo* Leib Lieb. Bisch. *trupèskro* Camisol Bisch.
turьnъ: *törno* Thurm Bisch.
vêverica: *weweritzka* Eichhörnchen Lieb. Bisch.: falsch *bewĕritschka* etwa für *pijavička* Blutigel Bisch.
voditi: vergl. *woida* Lenkseil Lieb.
vьsakъ: *hàkko* jeder Bisch. *hakko* Lieb.
zelenъ: *selleno, sennelo* Pott 2. 254. *sennĕlo* grün Lieb.
žaba: *dschampa* Frosch Bisch. *dschámpa* Lieb.
žila: *džila (dschille)* Ader Pott 2. 233.
žlъtъ: *schelto* gelb Bisch. *dscheldo* Lieb.

III. Rumunisch.

jaskъ: *jèschka* Feuerschwamm, Zunder Bisch. *jêschka* Lieb.
jepure: *jebro* Hase Pott 2. 67.
lunkъ: *lunka* Wiese, Aue, Gras Bisch. Rasen Lieb.
milъ: *miga* Meile Bisch. *myja, miga* Pott 2. 454. Bei den rumun. Zigeunern *miga* Vaill.
pljaj: *pljai* Berg Bisch.
sas: *sasso* Deutscher Lieb.
vъnъt: *wyneto* blau Bisch.

IV. Magyarisch.

csaplár Schenkwirth: *dschaplâro* Aufwärter Lieb.
domb: *domba* Berg Lieb. *dumba* Bisch.
ezer: *isêro, iserô* tausend Lieb.
felhős wolkig: *fĕlesmodi* Wolke Bisch.
hegy: *hedjo* Berg Bisch.
kor Zeit: *kora* Stunde Lieb. *kòhra* Bisch. Pott 2. 110.
köd: *koeto* Nebel Bisch.
oroszlán: *oroschlàna* Löwe Bisch.

4*

V. Romanisch.

Die aus dem Französischen und Italienischen stammenden Worte sind ziemlich zahlreich. Sie deuten auf Einwanderung von Zigeunern aus Frankreich und Italien, wo sie härter als in Deutschland behandelt wurden.

Über die Schicksale der deutschen Zigeuner findet man Notizen in J. H. Zedler's Universallexikon. LXII. 520—544 und in vielen anderen Werken.

Sprachprobe.

Čakervela i rani rajes peskere balensa.
Tegit domina dominum suis crinibus.

‚I gadže pal o vuter tarde,
Homines post ianuam stant,

kamena te dikena me,
volunt ut videant me,

ho gerena kettené.
quid faciamus una.‘

‚Me mukkava tut nit,
Ego non dimitto te,

kostela es gleich miro marapenn,
etiamsi stet mea morte,

te hi tut efta prāla,
si sunt tibi septem fratres,

te kellela miro dzi
si saltat mea vita

ap o lengĕro charo,
in eorum gladio,

tu hal miri, te ačaha miri.
tu es mea, et manebis mea.‘

Aus R. Liebich's Buch: Die Zigeuner. Leipzig 1863. Seite 101.

Für *gerena* erwartet man *geraha*: *gerena* ist die II. und III. plur. In der Mundart der russ. Zigeuner wird *maresa* für die I. und II. plur. angewandt.

VI. Die polnisch-litauischen Zigeuner.

In der Mundart der polnisch-litauischen Zigeuner unterscheidet man griechische, rumunische, magyarische und deutsche Elemente.

I. Griechisch.

δρόμος: *drom* via Narb.
ἔντερον: *wendery* hepar Narb.
ζερβός: *zerwo* sinister Narb.
κλειδί: *kłydyn* clavis Narb. *klije* Gal.
κόκαλον: *kokały* os Narb.
κυριακή: *kurko* dominica Narb.
μολύβι: *muliwa* plumbum Narb.

πάππος: *papas* avus Manusc.
πάππια: *papin* anser Narb. Gal.
παραμύθι: *paramisie* fabula Narb.
παρασκευή: *parasciewin* dies veneris Narb.
πέταλον: *pedałys* solea Narb.
πιπέρι: *peperis* piper Narb.
πλύμα: *dełapłyma* natare, eigentlich natat Narb.
πόρη: *purum* cepa Narb.
ῥαπάνι: *repanis* rapa Narb.
σάβατον: *sawata* sabbatum Narb.
σαλιβάρι: *sawaris* frenum Narb.
σαπούνι: *sapunis* sapo Narb.
σαράντα: *saranda* falsch für triginta Manusc.
σημάδι: *symadytchowawa* pignus, eigentlich *symady thowawa* pignus pono Narb.
σκαμνί: *skamin* mensa Narb.
σκιάδι: *stady* pileus Narb. *stagi* Gal.
ὑαλί: *balun* vitrum Narb.
φόρος: *foros* urbs Narb. Gal.
χολή: davon *choliso* ira; *cholisowała* irasci für *cholisowawa* irascor.
Dazu kommen die Numeralia *efta, ochto, enia* und *tryenda* Narb.

II. Rumunisch.

jarbъ herba, planta: *jarbe* brassica Narb.
masъ, plur. mese mensa: *mess* mensa Narb.
roatъ: *rota* rota Narb.

III. Magyarisch.

buborka: *bobirka* cucumis Narb.
foly fliessen: vergl. *fołahara* fons Narb.
szállás: *szałas* taberna Narb. pol. sałasz.

IV. Deutsch.

Bank: *bankos* scamnum Narb.
Berg: *berga* mons Narb.
Brantwein: *brawinta* aqua vitae Narb.
Bürde: *birda* pondus Narb.
Fenster: *fensztra* fenestra Narb.
Häring: *heryngo* halex Narb.
Henker: *henkaris* carnifex Narb.
Markt: *markos* mercatus Narb.
Schlitten: *szłyta* traha Narb.
Stiefmutter: *sztyfday* noverca Narb.
Stiefvater: *sztyfdad* vitricus Narb.
Stunde: *sztunda* hora Narb.
Wiese: *wiza* pratum Narb.

Zinn: *czyno* stannum Narb. pol. cyna. Man beachte die Nachricht einer allerdings jungen Quelle: cygane ljudi vъ Polьšê a priidoša otъ Nêmecъ Lexicon palaeoslovenico-graeco-latinum s. v.

V. Litauisch.

Litauisch ist nach Narbutt *baystrukos* spurius.

Die Zigeuner sind demnach in die polnisch-litauischen Länder eingewandert, nachdem sie unter Griechen, Rumunen, Magyaren und Deutschen gelebt hatten.

Befremdend ist *wenta* caupona Narb.

Wahrscheinlich unter Władysław Jagiełło eingewandert, werden die Zigeuner in Polen erst unter König Alexander 1501 erwähnt, der dem Wasil, woyt cygański, einen Freiheitsbrief ausstellte (swoboda obraszczenia w zemlach naszych). Der Reichstag von 1557 ordnete die Vertreibung der Zigeuner aus dem Lande an. Dieser Befehl ward 1565, 1578, 1607, 1618 erneuert, bei der Schwäche der Regierung jedoch und bei der Sympathie, die die Zigeuner beim Volke fanden, nicht ausgeführt. 1791 versuchte man sie sesshaft zu machen; der Versuch gelang grossentheils. Sie standen unter ihrem eigenen Oberhaupte, das den stolzen Titel König führte, und das, von seinen Stammgenossen gewählt, in Polen vom Könige, in einem Theil von Litauen von dem Fürsten Radziwiłł bestätigt wurde. In späterer Zeit war krolewstwo cygańskie ein Amt, das polnischen Edelleuten verliehen wurde, die die Zigeuner bedrückten: diess geschah schon vor dem Jahre 1731. Der letzte von Karol Stanisław Radziwiłł 1778 bestätigte König der litauischen Zigeuner war Jan Marcinkiewicz, der um das Jahr 1790 starb. Er hatte die Streitigkeiten unter den Zigeunern zu schlichten und die Steuer unter ihnen einzuheben (cyhanow suditi i wszelakije meždu nimi spory rozsužati heisst es im Diplom Alexanders, dań roczną pobierać sagt das von Stanisław August 1780 dem Jakub Znamierowski ausgestellte Diplom). In Congress-Polen gab es 1830 nach Narbutt 15.000, in Litauen 10.000 Zigeuner: dass diese Ziffern zu hoch sind, möchte man daraus schliessen, dass Narbutt aus Sympathie für die Zigeuner überhaupt geneigt ist. die Zahl derselben zu hoch anzusetzen: so zählte er in Bessarabien 100.000 Zigeuner, wo, wenigstens 1834, nur 18.738 lebten; dass nach ihm Galizien deren 16.000 beherbergte, wo heutzutage nur sehr wenige zu finden sind. Das, wie es scheint, in Litauen gesammelte Vocabular Narbutt's stellt auch die Sprache der polnischen Zigeuner dar. Präfixe kommen hier wie in der Sprache der russischen Zigeuner vor: *vydžava* evehi, richtig evehor. Von der Sprache der litauischen Zigeuner besitzen wir eine Probe in einem von Narbutt 115 bekannt gemachten Gedichte, das die weitaus beste zigeunerische Dichtung ist, die man kennt, nur Schade, dass sie nicht volksthümlich ist, obgleich Narbutt bemerkt: ‚jest to piosnka, śpiewana u cyganow litewskich, ktorą często lubią powtarzać, że im przypomina dawne błogie czasy i krolow naszych uwielbiane imiona'. Narbutt 115. Czacki 3. 299.

Die in Polen lebenden Zigeuner zerfallen in zwei Classen: die deutschen und die polnischen. Jene stammen aus Deutschland, sprechen polnisch und deutsch und können meist lesen und schreiben; diese sind, wie man sagt, polnischen Ursprungs, stehen viel tiefer als jene und nicht viel höher als das Vieh. C. Goehring, Polen unter russischer Herrschaft. Leipzig. 1843. I. 26. 30. Pott 1. VIII. Einen Unterschied kennt auch Narbutt, indem er 23. sagt: ‚Oni sami dziś mają między sobą dwie jakoby osobne kasty: jedni są z rodu szlachetnego, nazywają się more, z ktorego wodzowie, hrabiowie, wojewodowie, krolowe cygańscy obieranymi bywali; drudzy są podlejszego niby urodzenia, niższego stanu. Rożnicę tę stanow nie łatwo kto rozpozna, ponieważ każdy się przed obcym człowiekiem za more udaje; ale się sami pomiędzy sobą dość postrzegają ściśle." Die Zigeuner der zweiten Classe sind wahrscheinlich unmittelbar aus rumunischen Ländern in Polen eingewandert, was ihre Rohheit erklärt. Der Unterschied der beiden Zigeunerkasten ist auf denselben Ursprung zurückzuführen

Sprachprobe.

Giły romanes.
Cantilena cingarice.

Pe syvone gresty gjejja
In albo equo ivit
Terno rom, džała kje čaj;
iuvenis cingarus, it ad puellam;
Urnian, urnian dyja sygno,
volabat, volabat sagitta velox,
Dyves šłubnos soveł te łeł.
dies sponsalium venit.

Spodkiskirde łes łurde:
Occurrerunt ei milites:
Jač, jač, terno čavo!
siste, siste, iuvenis puer!
Dža mance p'o marybe,
veni nobiscum in pugnam,
Marase amen vaš dadčyzne.
pugnamus pro patria.

Mande nane dadčyzne tumance,
Mihi non est patria vobiscum,
Bo joj sy dur and'o durotuno tchem.
nam ea est procul in longinqua terra,
Bo joj sy pašły pałe grajo džyłe;
nam ea est prope post graecum mare;
Je miry kamły odoj użukirłe.
mea amasia ibi exspectat.

Dža duredyr, syvo graj,
Vade protinus, albe eque,
Łydža man the miry kamły.
fer me ad meam amasiam.
Jačem tame, łurde, sastaveste
Manete vobis, milites, sani
Tamare dadčyzna, marybasa.
cum vestra patria, pugna.

Jač, jač, amar terno raje,
Siste, siste, noster iuvenis domine,
Džasa, the maras umen pał Zygmuntoste,
imus, ut pugnemus pro Sigismundo,
Kie jou sy pšał Aleksandroskera,
nam ille est frater Alexandri,
Dad, opjekunos sare svetoskere.
pater, patronus totius populi.

Jač deułesa, miry kamły!
Mane cum deo, mea amasia!
Džava, the marau men pał Zygmuntoste:
eo, ut pugnem pro Sigismundo:
Jou sy kamłedyr vassarov,
ille est carior omnibus rebus,
Jou sy dad sare romingjero.
ille est pater omnium cingarorum.

Aus T. Narbutt, Rys historiczny ludu cygańskiego. pag. 115—117. Manches ist mir dunkel: v. 4. ist *sovełteleł*, von Narbutt durch: venit nadchodził übersetzt, wahrscheinlich *soveł te łeł* zu theilen, wörtlich: iuramentum (matrimonium) ut capiat. v. 8. *marase amen.* v. 18. *maras umen (amen)* ist: wir schlagen uns, v. 22, *marau men* ich schlage mich. v. 15. *ja čem tame* ist wohl: *jačen* manete: *tame* ist ein dat. *tumen* v. 23. *kamłe dyr* ist der comparat. *kamłedyr*. Dem mir dunklen *vasserov* entspricht pol. nad wszystko; dass *saro* ‚alles' darin steckt, ist klar: der erste Theil ist vielleicht *vaš*.

VII. Die russischen Zigeuner.

In der Mundart der russischen Zigeuner bemerken wir griechische, bulgarische oder serbische, rumunische, magyarische, deutsche und polnische Elemente.

I. Griechisch.

ἅρμα arma: *harmi* neben *latesъ* lorica, thorax Alter 183.

βάλανος: *balanomako* quercus Alter 131. Pott 2. 424: *mako* ist wahrscheinlich magy. makk Eichel, die Übersetzung daher wohl unrichtig

δρόμος: *drom* Böhtl. 21.

καιρός: *tciro* tempus Alter 96.

κόκαλον: *kokalo* Böhtl. 262. *kokalosъ* Alter 44.

κούνια: *kunó* Wiege Böhtl. 262.

πάγος: *paho* glacies Alter 86.

πάππια: *papi*, *papinь* anser Alter 162.

πάππος: *pápo* Grossvater Böhtl. 264.

πέταλον: *petálo* Hufeisen Böhtl. 265.

πλύμα: *pleme* fluctus Alter 101.

πόρτα: *pórty* Pforte Böhtl. 265. *porta* Alter 196.

σκαμνί: *skamín* Tisch Böhtl. 22.

τσέφλιον Hülse: *tsefinakro* piscis Alter 144, eigentlich squamosus Pott 2. 255. Im Vocab. petrop. mit einem Fragezeichen.

φόρος: *forjusъ* urbs Alter 171.

χαριτώνω: *te charatunés* den Liebenswürdigen spielen Böhtl. 263.

χολιάζω ich ärgere: *te choljasós pe* sich ärgern Böhtl. 263. *te choljakordés* betrüben.

Man füge hinzu *fte, üfta; ochto; enija* Alter Seite 161. 162. 163. *evtá; ochtó; enjá; triénda* Böhtl. 10.

II. Bulgarisch oder Serbisch.

blato: *blata* lutum Alter 105.

grk: *kirko* bitter Böhtl. 19.

kralj: *králi* Böhtl. 262.

krastavica: *grastavica* Böhtl. 263.

Unrussisch ist auch *me mrazyjom* ich bin erfroren Böhtl. 16.

III. Rumunisch.

čerjü: *čeros* coelum Alter 2. Bei den rumun. Zigeunern *čero* Vaill.

koamъ: *koma* Mähne Böhtl. 262.

olovinъ, olъvinъ aus dem slav.: *lovinó* eine Art Bier Böhtl. 267.

roatъ: *rota* Rad Böhtl. 267.

IV. Magyarisch.

arpa Gerste: *arpa* neben *givъ* frumentum Alter 140.

csattogás Knallen: *četogaš* tonitru Alter 200. Vocab. petrop.: *čegotaš*.

domb: *dombo* collis Alter 108.

felhős wolkig: *felhešine* neben *malnosъ* Blitz Alter 84.

hegy: *hedju* mons Alter 106.

jég: *êko* glacies Alter 86.

verem: *vermo* neben *gere* fovea Alter 119. Pott 2. 81.

V. Deutsch.

Acker: *akra* Alter 138.

Berg: *berga* Berg, Erdkluft Böhtl. 265.

Borke: *borka* cortex Alter 135.

Brantwein: *bravínta* vinum Alter 180. *bravín* Böhtl. 23.

Feld: *felda* Alter 138.

Stube: *štuba* Böhtl. 25.

Zelter: *coldári* Passgänger Böhtl. 266.

VI. Polnisch.

beczka: *bečka* cadus Alter 174. russ. bočka.

brona: *brona* Egge Alter 167. russ. borona.

dąb, dębu: *dembosъ* quercus Alter 131. *démbyco* Böhtl. 264. russ. dubъ.

długi: *dlugo* longitudo Alter 117. richtig longus. russ. dolgy.

dziura, dziurka: *dzirka* foramen Alter 118. russ. dira, dirka.

dziw: *dzivo* miraculum Alter 125. russ. divo.
gołąb': *golumbosъ* columba Alter 164. *golúmbo* Böhtl. 20. russ. golubь.
sęk: *senkosъ* ramus Alter 137. russ. sukъ.
trzewik: *trivíka* Schuh Böhtl. 20. russ. čerevikъ.
vinograd: *vinogrodosъ* vitis Alter 143. russ. vinogradъ.

Von den von Alter zusammengebrachten Wörtern — sie stammen bekanntlich alle aus den Vocab. petrop. — sind mehrere auf ausserrussische Quellen zurückzuführen: sie alteriren das Resultat nicht.

Die russischen Zigeuner haben, dem Zeugnisse ihrer Mundart zufolge, ehedem unter Griechen, Bulgaren oder Serben, Rumunen, Magyaren, Deutschen und Polen gelebt. Doch gilt diess nur von den nordrussischen Zigeunern: die Sprache der südrussischen Zigeuner enthält weder magyarische, noch deutsche, noch endlich polnische Elemente.

Über die Geschichte der russ. Zigeuner in älterer Zeit ist nichts weiter bekannt, als dass sie zum Theile aus Polen eingewandert sind. Vor dem Beginn des sechszehnten Jahrhunderts dürften sie den Boden Russlands nicht betreten haben: diess ergibt sich aus ihrer durch die Sprache bekundeten längeren Wanderung aus Griechenland. A. Russov hat Zigeuner in Wolynien um das Jahr 1501 gefunden. Volynskija zapiski. St. Petersburg. 1809. Heutzutage scheinen sie, einem energischen Gebot der Regierung zufolge, das Vagabundiren so ziemlich aufgegeben zu haben. Sie wurden schon unter Katharina II. auf den Krongütern mit der Zusicherung vierjähriger Steuerfreiheit angesiedelt: als letzter Termin dazu ward später der 1. Jänner 1841 festgestellt. Die Kronzigeuner erhalten Pässe nur im Einvernehmen mit den Gemeinden, jedoch nur Einzelne, nie ganze Familien. Wer das Gut verlässt, wird wie dessen Unterstandgeber bestraft. Den nicht sesshaften Zigeunern werden keine Pässe ausgestellt. In Russland scheinen die Zigeuner menschlich behandelt worden zu sein. Das Reich zählte 1834 in seinem ganzen Umfange — ausgeschlossen ist das Königreich Polen — 48.247 Zigeuner, von denen 18.738 auf Bessarabien, auf Taurien 7.726, auf Woronesch 2.586, auf Cherson 2.516, auf Kursk 1.200, auf Moskau ebensoviel, auf Charkov 1.116 u. s. w. entfallen. P. von Köppen im Bulletin de la classe historico-philologique de l'Académie Imp. des Sciences de St. Pétersbourg. IX. 1852. Nr. 24.

Sprachprobe.

Me dčáva čoróro!
Ego ambulo misellus!
me kindyjóm, me mrazyjóm,
ego madefactus sum, ego frigore penetratus sum,
me bokchaló e trušaló.
ego esuriens et sitiens.
pripasijóm pr'e kóčkica,
acclinavi me in tumulum,
barí dúma dumiskirdjóm:
graves cogitationes cogitavi:

ne kaj mánge čororéske
non est ubi mihi misello

mre šeroró priklonîti.
meum caput acclinem.

Priklonju me mre šeroró
Acclinabo ego meum caput

k' o zéleno k' o démbyco.
ad viridem ad quercum.

E barvalorí šumiskírla,
Aura susurrat,

e strachorí čororés pošibdítъ.
horror misellum perstringit.

Aus O. Böhtlingk, Über die Sprache der Zigeuner in Russland, pag. 16.

VIII. Die finnischen Zigeuner.

Ungeachtet von der Mundart der finnischen Zigeuner nur sehr wenig bekannt ist, so ist doch Griechisches und Slavisches nachweisbar. Bugge, Beiträge 1. 145. 147.

I. Griechisch.

σκιάδι: *stadi* Hut.

τζαμπούνα Schalmei: *samuna.* Wenn Bugge gegen Pott bemerkt, es begreife sich schwer, wie ein italienisches Wort nach Finnland komme, so hat er übersehen, dass das auf symphonia zurückzuführende italienische zampogna, sampogna als τζαμπούνα in das Neugriechische, und aus diesem in das Zigeunerische Eingang gefunden hat.

II. Slavisch.

skonja: *skorvi* für *skorni* Stiefel.

In Finnland sind die Zigeuner spätestens zu Anfang des sechzehnten Jahrhunderts eingewandert, da wir sie 1512 schon in Schweden finden.

IX. Die skandinavischen Zigeuner.

In der Mundart der skandinavischen Zigeuner finden wir griechische, slavische, deutsche, speciell niederdeutsche und finnische Elemente. Eilert Sundt, Beretning. Christiania. 1852. Bugge, Beiträge 1. 149. 154. 155.

I. Griechisch.

δρόμος: *dromm* Weg.

ζουμί: *summin* Suppe.

ἱερός: *gern* der Gekreuzigte. Die Zusammengehörigkeit ist zweifelhaft.

κάκκαβος, κακκάβι: *kakkavé* Kessel.

κάλτζα: *kalsing* Schuh.

καμπάνα: *kambana* Glocke, Uhr.

καρακάξα Elster: *kakkeraska* Adler.

κόρακας Rabe: *krakus* Krähe.

κυριακή: *korko* Sonntag.

μολύβι: *mollavis* Zinn.

ὀρθός: *horta, hortalo* richtig, gut.

5*

πάππια: *papja, pappant* Gans.
ῥαπάνι: *reppani* Rübe.
σαλιβάρι: *salvaria* Zaum.
σημάδι: *simaló* Pfand.
σκαμνί: *skamlon* Bank.
σκιάδι: *stadi, stadig* Hut.
τζαμπούνα: *sambuna, sambona* Pfeife.
φόρος: *foro* Stadt.
ὑαλί: *ali, valo* Glas.
Dazu kommen die Numeralia *okto, engja.*

II. Slavisch.

buinъ: *buno* stolz.
čoha: *čoka (tjokka)* Frauenkleid.
dosta: *doschta* genug.
grêhъ: *grikka* sündigen; *grikko* Sünder; *grik'alo* sündig; *grikkipa* Sünde.
gromъ: *gurmin* Donner.
holeva: *kolliva* Strümpfe.
istъba, izba: *hisp* Stube.
ključь: *klissin* Schlüssel.
kralь: *krali, kralo, krajo* König.
lice: *litscho* Antlitz.
ljuby: *lubni* Hure.
lьgъkъ: *lokke* Thaler.
mačьka: *maschkan* Katze.
mrazъ: *brasa* frieren.
nynê: *ninna* nun.
odrъ: *vaddro, voldro* Bettgestell, Bett.
olovina: *lovina* Bier.
skornja: *skorn* Stiefel.
sъmętana: *smettani* Rahm.
šćeka: *schoka* Wange.
trupъ: *truppo* Körper.
vьsakъ: *svakko* jeder.

III. Deutsch.

Bauer: *bura.*
denken: *denkra.*
dienen: *dinra.*
scheinen: *schinra.*
schmecken: *smekra.*

IV. Finnisch.

ala-kuu der abnehmende Mond: *alako* Mondgott.

kurja hässlich, kura link: *kirja* hässlich; *kirja vascht* die linke Hand; *keria* hässlich, liederlich.

musta schwarz: *mosta, monsta, monšta, mostapiben, muftapiben* Kaffee.

rokous Bitte, Gebet, Zauberei: *ragusta* Zauberei.

sarvi: *sarvi* Horn, Nagel.

seppä Schmied: *sippan* Schmiede.

seitemen: *sytt* sieben. Vergl. *seize* in der Sprache der liefländischen Zigeuner aus dem ehstnischen seitze. *efta* ist den skandinavischen Zigeunern unbekannt.

Die Zigeuner haben daher vor ihrer Einwanderung in Skandinavien unter Griechen, Slaven, Deutschen und Finnen gelebt.

In Schweden drangen nach der neuesten vollständigen Ausgabe von Olai Petri Chronik die Zigeuner 1512 ein: sie selbst geben an, durch Finnland eingewandert zu sein. Bataillard 1. 42; 5. 534. In Schweden bestimmte 1662 eine eine frühere ähnliche Massregel voraussetzende Verordnung, dass die Zigeuner überall, wo sie sich zeigen, ergriffen und über die nächste Reichsgrenze gebracht werden sollen, mit dem Zusatze, dass sie, wenn sie zurückkehren, hingerichtet werden. Auch die Könige von Dänemark und Norwegen scheinen im sechzehnten Jahrhundert, wie fast alle Herrscher Europa's, die Ausrottung der Zigeuner für eine der wichtigsten Staatsangelegenheiten gehalten zu haben. 1536 befahl

Christian III., dass die Zigeuner in drei Monaten das Reich zu verlassen haben; 1561 erneuerte Friedrich II. diesen Befehl mit harten Zusätzen. Die Schicksale der Zigeuner in Norwegen und Schweden behandelt E. Sundt, Beretning om Fante eller Landstrygerfolket i Norge. Christiania 1852 mit vier Fortsetzungen. Die Geschichte der Zigeuner in Dänemark hat F. Dyrlund dargestellt: Tatere og Natmandsfolk i Danmark. Kjöbenhavn 1872.

Sprachprobe.

Devel har tji dela mander pu at kjera pre; saa maa mander
Deus non dedit mihi terram ad laborandum in ea; ita debeo ego

kjera med möien for at le kaben til tjavoane meros.
laborare ore ad sumendum cibum pro liberis meis

Aus E. Sundt 167; auch abgedruckt in A. von Etzel, Vagabondenthum 72.

X. Die süditalienischen Zigeuner.

In der Mundart der süditalienischen Zigeuner, die uns durch Ascoli bekannt geworden ist, lassen sich griechische und slavische Elemente unterscheiden. Deutsch ist wohl nur *glas*.

I. Griechisch.

ἀνεψιός: *nispió* Neffe Ascoli 137.
δρόμος: *drom* Weg Ascoli 131.
κλειδί: *klid* Schlüssel Ascoli 134.
φορά: *fora* Mal Ascoli 134.
φόρος: *for* Markt Ascoli 131.
Ausserdem *fta, hto, nja, triánda* Ascoli 132.

II. Slavisch.

grъlo: *garló* Hals Ascoli 129.
ljuby: *lubnia* plur. Huren Ascoli 138.
odrъ: *(u)odr* Bett Ascoli 139.
vęšte, serb. već: *(a)vekj* mehr Ascoli 134.

III. Deutsch.

Glas: *glas* Ascoli 134.

Die Zigeuner haben demnach vor ihrer Einwanderung in Italien unter Griechen und Slaven gelebt.

Die Zeit der Einwanderung dieser Zigeuner entzieht sich genauerer Bestimmung.

Sprachprobe.

Sukári čái, ka si i ruž k'o breke,
Pulchra puella, cui sunt rosae in sinu,

dé manë jek, pr' tut isjóm muló.
da mihi unam, pro te sum mortuus.

Aštiéla lakr' dad 'tar u (u)odr:
Subsilit eius pater a lecto:

ta kamésa i ruž,
si vis rosas,

dža ke t'a túke, la k'o buštán.
vade tibi, sume in horto.
Na kamáv i roz dal giardin,
Nolo rosas ex horto,
ma kamáv i roz katár tro brek.
sed volo rosas a tuo sinu.

Aus G. J. Ascoli, Zigeunerisches. Halle 1865. 139. 140.

XI. Die baskischen Zigeuner.

In der Mundart der unter den Basken Frankreichs lebenden Zigeuner unterscheiden wir von fremden Elementen, abgesehen von den baskischen und französischen, griechische und slavische. Meine Quellen sind Francisque-Michel und A. Baudrimont, von denen der erstere 107, der letztere 245, beide zusammen 352 Wörter bieten, unter denen jedoch mehrere Doubletten. A. Baudrimont verdankt seine Wörtersammlung seinen Nachforschungen in der Gegend von Saint-Palais.

I. Griechisch.

δρόμος: vergl. *drômia* forêt, montagne Baud. mit abweichender Bedeutung.
ζουμί: *sumin (soumin)* soupe Mich.
κακκάβι: *kakabi* chaudron Mich. Baud. Vergl. *kakabia* cruche Baud.
κόκαλον: *kokaluac* os Baud.
πάππια: *papin* oie Mich. *papina* Baud.; *papin tino* canard Mich., eig. kleine Gans.

II. Slavisch.

bati, batjo der ältere bulg.: *bato*, *batu* père Mich.
bobъ: *bobi* fevè Mich.
čoha: *soha (soχa)* jupe Baud. *soka* Mich.
holeva: *hobeliac* pantalon Mich. Baud.: Versetzung von Buchstaben findet auch in *grata* neben *draka* raisin Mich. und in *potosi* poche Mich. neben *positi* Tasche Puch.: ac dient wie im Baskischen dem Plural.
ključь: *glicini* clef Mich.: *kilcina* clef wird mit bask. gilza in Verbindung gebracht.
košьnica: *konica (conitça)* panier Mich. Baud.
krъčьma: *kuerčinia (kuertchinia)* auberge Mich.
mrъha: *marchea* cheval Mich.
plaštь: *plasta* couverture Mich.
puškka: *püška (pushka)* arme Baud. *puska* fusil Mich. *püska* Baud. *tino puska* pistolet Mich.
reca: *erraca (erratça)* canard Baud.: e wird im Baskischen dem anlautenden r vorgesetzt. Was die Zahlen anlangt, so heisst es bei Baudrimont: ‚Ils ont oublié jusqu'aux noms des nombres. Quelques-uns s'en rappellent cinq; d'autres prétendent qu'il n'y en a jamais eu plus de deux.' Was über zwei hinausgeht, bezeichneten die Frauen, die Baudrimont ausfragte, durch *buter* viel.

Die Mundart der baskischen Zigeuner beweist, dass sie ehedem unter Griechen und Slaven gelebt haben.

Wann die Zigeuner zuerst den Boden des Baskenlandes betraten, findet sich nirgends angegeben. Vor dem Jahre 1538 werden sie nicht erwähnt. Die Ansicht, dass sie aus Spanien kamen, aus welchem Lande sie 1492 (richtig 1499) ein Gesetz verbannte, findet in ihrer Sprache keinerlei Bestätigung: wahrscheinlich haben sich die aus Frankreich durch verschiedene königliche Ordonnanzen, unter denen die von 1539 und 1560 die ältesten sind (Bataillard, Bibliothèque de l'Ecole des chartes V. 529—533), verbannten Zigeuner in die Pyrenäen geflüchtet. Von 1538 an sind die Stände des Königreichs Navarra unausgesetzt damit beschäftigt, sich dieser gefährlichen Menschenclasse zu entledigen. Vom Jahre 1575—1710 werden häufig strenge Massregeln gegen sie angeordnet, auf ihre Einbringung Preise gesetzt, jedoch mit so geringem Erfolge, dass 1710 nach einem officiellen Ausdruke ‚le royaume est inondé des Bohèmes'. Die Hetze wird im achtzehnten Jahrhundert fortgesetzt, bis zu Anfang dieses Jahrhunderts ein entscheidender Schlag gegen sie geführt wurde, indem nach einer Verordnung des Préfet des Basses-Pyrénées vom 22. November 1802 die in zwanzig Ortschaften der Arrondissements von Bayonne und Mauléon wohnenden Zigeuner in der Nacht vom 6. December wie in einem Netze gefangen (enveloppés comme dans un filet) und in irgend ein Dépôt oder auf Schiffe gebracht wurden, die sie an der Küste von Afrika ausschifften. ‚Depuis ce momen't, sagt Francisque-Michel, Le Pays Basque 137, les Bohémiens du Pays Basque n'ont plus de classification sociale, ni même d'association réelle.' Heutzutage soll die Anzahl der Zigeuner im französischen Baskenlande etwa 700 betragen. Bataillard, Bibliothèque de l'Ecole des Chartes V. 465.

Das Vorhandensein von Zigeunern auf französischem Boden mit Ausnahme des Baskenlandes ist in Abrede gestellt worden, jedoch mit Unrecht, indem sie in Lothringen in den Gemeinden Bärenthal, Wiesenthal und Götzenbruck kleine Colonien bilden. Illustrirte Zeitung 1872. 22. September. 211.

XII. Die englisch-schottischen Zigeuner.

In der Mundart der englisch-schottischen Zigeuner lassen sich griechische, slavische, magyarische, deutsche und französische Elemente nachweisen. Das Französische stammt aus irgend einem Dialekte dieser Sprache. Das Fehlen rumunischer Elemente befremdet.

I. Griechisch.

δρόμος: *drom* road Bryant. Sim. 297. road, way Bath. Vergl. *podrum* road, path Bryant. *podrom* path Bath. *adrom* away Bath. und *dromo* desert Bryant.

ἔντερα: *vendery* a gut, the intestine; *vendror* plur. entrails Bath.

ζουμί: *zimin* broth Bright LXXXII. *siman, samin* Harriot 538. *zimmen* Bath.

θέμα: *tem* country; *temengro* countryman; *temescry* appertaining to the country Bath.

καιρός: *chairus, cheerus* time; *venesto chairos* winter time Bath.

κάκκαβος, κακκάβι: *kekkavvy, cavvy* a kettle Bath.

κάλτζα: *calshes* breeches Sim. 300.

καρφί: *krafny, crafny* a button Bath.

κλειδί: *clerin* key Bryant. Vergl. *stari* neben *stadi* aus σκιάδι Pott 2. 243.

κόκαλον: *kukalis* bone Harriot 539. *cockkoolos* Bath.

κρέμβαλον: vergl. *crambrookos* a drum Bath.

μολόβι: *molous* lead Bryant. Bath.

πάππια: *papin*, *pepin* duck Harriot 545. *pappin* goose Bryant. *paupeenie* Sim. 305. *pappeny* turkey or goose Bath.

πάππος: *pappus* grandfather Bryant.

πέταλον: *petul* horse-shoe; *petulengro* one of the ‚Smith' gang Bath.

πόρη: *poorrimy* onion Bath.

σκαμνί: *skamin* chair Harriot 541. *skammin* Bath.

σκιάδι: *stadi* hat Bright LXXXII. *scaf* Sim. 295. 315. *stāri* Harriot 548.

σαλιβάρι: *salaveris*, *solovaris* Harriot. In Spanien *solibari*; *solivingro* bridle Bryant. *solivengro, solovardo* bridle Bath: *solivingro* ist eig. der Zügelmacher.

σαπούνι: *sapanis, sappin* soap Bath.

σημάδι: *simmer* to pawn; *simmering boodega* pawn shop Bath.

φόρος: *foroose* city Bryant. *forrus* market-town Bath.

ὑαλί: *wallin, vallin* bottle Bath.

φυλακή: vergl. *fillissin* mansion, or gentleman's hall Bath.

χολή: *colee* anger Bryant. *honi hono* angry Harriot 537.

χάρκωμα: vergl. *careoben* copper Bryant.

ὥρα: *hora* glock, watch Harriot 543. *yek ora* ibid. *yacorah* d. i. *yac orah* hour Bryant. *yorra* clock, hour; *hoora, yorra* watch.

Dazu kommen die Numeralia *afta*, *oitoo*, *enneah* Bryant. Bath. Vergl. *luften* acht Sim. 328.

II. Slavisch.

bobъ: *bobi*, *babi* pea Harriot 552. *bobies* peas Sim. 297. *booby* pea Bath.

boginje: *boogenyus* small-pox Bath.

čoha: *choho* broad cloth Harriot 541. Vergl. *chockwan* coat Bryant. *chaho* coat Bryant. *shuha* Sim. 328. *shuccha* 297. 300.

dosta: *dasta* plenty, enough Harriot 522. *doosta* Bath.

grъlo: *karlo* throat Harriot 556. *carlie* neck Sim. 305.

holeva: *holaves* stockings Harriot 554. *hoolavers, oulavers* Bath.

ključь: *klissen* to lock Bath.

komora: *kamora* chamber Bath.

kralь: *kralis* king Harriot 550. *crallis* Bath. *crellis* Bryant. *crallisy* queen Bath. *crellis escochare*, richtig *crellisesco chare* palace, richtig regia domus Bryant. *cralleska care* Bath.

krъčьma: *kichema* alehouse Harriot 537. *kitschimma* public house, inn Bath. *kirchimo* inn: das hinzugefügte *podrum* ist wol ein synonymum. Vergl. serb. podrum tabulatum inferius, cella vinaria.

kusъ: *koossy* a little (of any thing) Bath.

ljuby: *ludni* whore Harriot 557. *loudnie* Sim. 296. *luvny, loodny* Bath.

mačьka: *machka* cat Harriot 543. *matchka, matchkur* Bath. *matchian* Bryant. *matchka* Sim. 300.

mêsalъ: *misali* table Harriot 556. *missali* Bryant. *missaly* Bath.

odrъ: *vadras* bed Harriot 538. *badras* couch, bed Bright 542. *woodrous* bed Bryant. *wautheriz* Sim. 304. *woodrus, vooderus* Bath.

olovina: *levina* beer Harriot 539. *lavanah* Bryant. *levenangro* brewer Harriot 540. *livenah, vini* beer Bath. *livenengro* brewer Bath.

plaštь: *pelashta* cloak Harriot 543. *plarshta* Bath.
podъ: *preapodus* second story of a house Harriot 555.
prahъ: vergl. *barraw* sand Bryant.
rêca: *retsy* duck Bath.
ruža: *ruzho*, *rush* flower Harriot 546. *rogeo*, *roseo* Bryant. *rosaly* Bath.
skornja: *scony* boot Bath.
staja: *stanya* stable Bath.
sъmętana: *smenting* cream Bath.
šuba: *shoobba* gown Bath.
toporъ: *tofer* hammer Bath.
trupъ: *troopo* body, corpse; *troopus* stays (of woman's dress) Bath.
tuga: *toognus* sorry; *toogno* grieved Bath.
veriga: *verriglo*, *werriglo* chain Bath.
žvegla Pfeife, Schalmei: *swaggler* pipe Bath.

III. Rumunisch.

mie tausend: *mea* a mile Bath.
oare in oare če aliquid: *worrisso* anything Bath.

IV. Magyarisch.

asszony Frau: *assogne*, *assoinee* girl Bryant.
domb: *dumbo* mountain Bryant. hill, moutain Bath. Vergl. *cumbee*, *cumboo* hill; *cumbo* mountain Bryant.
kök: vergl. *yack* blue Bryant.
kor Zeit, Alter: vergl. *korra* hour Bath.
szappan: *sapa* soap Harriot 554.
vala in valaki: vergl. *iasia vallacai* to command Bryant.

V. Deutsch.

Burg: vergl. *burgau* town Bryant.
Esel: *aizel* ass Sim. 293. 297. 300. Gehört nach Andern dem Cant an.
Stief: *stiffo-pal*, *stiffy-pen* brother, sister in law Bath.
Von: *fon* from Bath.

VI. Französisch.

balance: *balance* a pound (in money) Bath.
boutique: *boodega*, *boorica* shop Bath.
coiffe: *coofa*, *hoofa* a cap Bath. Vergl. rumun. koif Helm.
épingle: *spingu* pin Harriot 552. *spingle*, *spinger* Bath.
grange: *graunzie*, *graunagie* barn Sim. 314.
tête: *test* head Sim. 328.
ville: *vile* village Sim. 300.

Die Zigeuner sind in England und Schottland eingewandert, nachdem sie unter Griechen, Slaven, Magyaren, Deutschen und Franzosen gelebt hatten.

In England erscheinen sie nicht vor der Mitte des fünfzehnten Jahrhunderts. 1531 wurde die erste Verordnung gegen sie erlassen. Bataillard V. 534.

Sprachprobe.

Mook 's jal adrey acovvo kitchemma for choommenny to pee. Covvo moosh
Muk 's džal adre akovo kičema for čumeny to pi. Kovo muš
Lass uns gehen in diese Schenke um etwas zu trinken. Dieser Mann

is a gryengro. Besh tooky lay dye, and mook mandy jaw to mong a
is a grajengro. Beš tuky le, daj, and muk mandi dža to mong a
ist ein Pferdehändler. Setze dich nieder, Mutter, und lass mich gehen zu betteln um

bit of hobben. A bairengro del'd the moosh a corlo yok and a
bit of hoben. A berengro del'd the muš a korlo jok and a
etwas Nahrung. Ein Matrose gab dem Manne ein schwarzes Auge und einen

poggerdo sherro. Mook 's jal to woodrus.
pogerdo šero. Muk 's džal to wudrus.
gebrochenen Kopf. Lass uns gehen zu Bette.

Aus Bath C. Smart, The dialect of the English Gypsies pag. 80—84.

XIII. Die spanischen Zigeuner.

In der Mundart der spanischen Zigeuner lassen sich griechische, slavische und rumunische Elemente nachweisen.

I. Griechisch.

ἀκμόνι: *amiñí* f. Amboss Borr.

ἀρτηρία: *ardoria* f. Ader Borr.

ἄρτος: *harton* m. Brot Campuz.

ἀρτοφόριον Duc.: *artifero* m. Brotbäcker, Brotverkäufer Campuz.

ἀσπάζεσθαι: *aspasar* vb. grüssen Mayo.

βοθρίον: *butron* m. Abgrund Borr. Campuz.

διδάσκαλος: vergl. *discoli* Schüler Borr. Durch Einfluss des span. discípulo.

δρόμος: *dron*, *drun* m. Weg Borr. *drun* Mayo. *druné* Campuz. Mayo. *drun* bedeutet auch Klugheit Campuz. und erinnert in dieser Bedeutung an serb. put. *dromális* pl. Säumer, Reisender Borr.

ἕτερος: vergl. *jetro* ein anderer Borr.: der Anlaut stimmt nicht.

ζουμί: *sumí* f. Suppe Borr. Mayo. *zumí* m. Campuz.

κάθε: vergl. *cata* jeder Borr. span. cada.

καιρός: *chiró* m. Wetter Bright. *chiro*, *chiros* m. Zeit Borr. *chiró* Campuz. Mayo.

κακκάβι: *cacabi* f. Kessel Borr.: vergl. *cascarabí* f. Campuz.

κάλτζα: *calcó*, *calcorro* m. Schuh, beschuht Mayo. Die Oxytonirung weiset auf nicht-span. Ursprung. *calcos*, *calcorros* Campuz.

καρφί: *cafi* f. Nagel Borr.

καύσιμον das Brennen: vergl. *casinoben* m. Hölle Borr. *casinoven* Campuz.

κόκαλον: *cocál* m. body, richtig bone Bright. Knochen Borr. Campuz. *cocal*, *cocale* Mayo.

κοντάρι Lanze: *condari* f. Balken Borr. Campuz.

κόρακας: *curraco* m. Rabe Borr. *currucó*, *currucú* Mayo. *currucú* Campuz.

κυριακή: *cúrque*, *culco* m. Sonntag Borr. *curcó* pl. *curqués* Mayo. Campuz.

μακάριος: vergl. *majaro* adj. heilig Borr. *majaró* heilig, *majaré* gerecht Dicc. *manjaró* santo, beato Mayo. *majaró*, *manjaró* Campuz.

μάραθον, μάραθρον: *maramfios* m. Fenchel Borr. Man beachte f aus ϑ.

μαργαριτάρι Perle: vergl. *mericlen* m. Koralle Mayo. *merriclen* Campuz.

μάρτυρ: *machiró* m. Zeuge Campuz.

ντίγλα: *andingla* f. Gürtel Borr. Pott 2. 60. Pasp. 7.

πάππια: *papí* f. *papín* m. Gans Mayo.

περιστέρι: *ballestéro* m. *ballestéra* f. Taube Borr.

πέταλον: *petalí* f. Hufeisen Borr. *petal* f. Campuz. *petal*, *petul* m. Hufeisen. *petaloró* m. Hufschmied Mayo.

πλόμμα: *plumí* f. Wolle Mayo. Vergl. *pluma* f. Ruder Dicc.

πουλί: *pulia* f. Vogel Mayo. Campuz.

πρωτόβολος: *protobolo* m. Pfarrer Mayo. Campuz.

πρῶτος: *brotobo*, *brotoboró*, *brotor* adj. erster Mayo. *brotochindó* adj. erstgeboren Mayo. *brotomuchó* m. *brotomuchí* f. primo-hermano, prima-hermana Campuz.

ῥαπάνι: *rapañí* f. Rübe Borr. *repaño* m. Campuz.

ῥουθούνι: *rotuní* f. Mund Borr. Mayo. *rotuñí*, *retuñí* Campuz.

σαλιβάρι Duc.: *solibar* m. Zaum Mayo. Dicc. *solibarí* f. Mayo. *solibári* f. Borr.

σαπούνι: *sampuñí* f. Seife Borr. Mayo. Campuz.

σημάδι: *simache*, *simachi* m. Zeichen Borr. *simachí* f. Mayo. *simáche* f. *simaché*, *simachí* Dicc. *simachá* f. Campuz. *ensimacha* f. enseña. *azimache* Borr.

σκαμνί: *escami* Treppe Borr. Die Bedeutungen sind allerdings verschieden.

σκιάδι: *estache* m. Hut Borr. Campuz. Mayo.

φόρος: *foro*, *foros* m. Stadt Borr. *foró* Mayo. *foro* Strasse Campuz.

φοῦρνος: *furnia* f. cueva Höhle, Keller, Grube Campuz.

φυλακή: *felichá* f. Thurm, Kerker Borr.

χολή: *jollín* m. Zorn Borr.

Ferners *efta*, *ostor* und *otor*, *eñia* und *triánda*.

II. Slavisch.

bati, batjo der ältere Mann. bašta Vater bulg.: *bato*, *batu*, *batico* m. Vater. *bata* f. Mutter Mayo. *pasbatu* m. Stiefvater, eig. Halbvater. *batorré* m. Taufpathe Campuz.

bobъ: *bobes* pl. Bohnen Borr. *bobi* f. Bohne Mayo. Campuz.

brêgъ: vergl. *brejí* m. Feld, Berg Borr.

burja: *buro* m. Sturm Mayo.

cajna nsl. Korb Vergl. Fremdw. 8: *zaino* m. grosser Beutel Dicc.

činъ: *chino*, *chinel* m. Beamter Borr.

čoha: *chojí*, *chojinda* f. Unterrock Borr. *chojíndia* f. Mayo. Campuz.

črêšnja: vergl. *quirsijimí* f. Kirsche Mayo.

dosyta, dosta: *dosta* adv. genug Borr. Mayo.

duhъ: *ducó* m. Geist Mayo.

grêhъ: *greco* m. Sünde. *grecar* vb. sündigen. *grecaró* adj. sündhaft Mayo. *greco*, *grejostre* m. Sünde. *grecó* m. Sünder. *grecaores* pl. Sünder Dicc. *grecadores* pl. Campuz. *crejete* pl. Sünden Borr. *crejete* m. Sünde. *crejetaró* adj. sündhaft. *crejetar* vb. sündigen Mayo. *crejeatores* (*crejetaores*) pl. Dicc.

6*

grъlo: *querlo* m. Hals, Nacken Borr. Mayo. *garlo* m. Dicc. *garlon* m. geschwätziger Mensch. *garló* habló Dicc.

holeva: *olibias* pl. Strümpfe Borr.

izba: *isba* f. Schlafzimmer Mayo.

ključь: *clichí* f. Schlüssel Borr. Mayo. Campuz. Vergl. *clisé m.* Schlüsselloch Mayo. *clisos* pl. Dicc.

komora: *cumorra* f. Kammer Borr.: griech. καμάρα, span. cámara.

košьnica: *cornícha* f. Korb Borr. *cornicha* f. *cornicho*, *corniche* m. Mayo.

kralь: *crallis* m. König. *crallísa* f. Königinn Borr. *crally* Campuz. *ocray* Dicc. *ocrayisa* f. Königinn Dicc. *crally*, pl. *crallises*. *crallisa*. *ocray*. *ocrayisa* Mayo. In den beiden letzten Worten ist der Artikel mit dem Nomen verschmolzen wie in *ocan* Sonne. Der pl. *crallises* deutet auf Entlehnung aus dem Neugriech.: κράλης.

krъčьma: *cachimani* f. Schenke Borr. *cachima* f. Kaufladen. *cachiman* m. Dicc. *cachimaní* f. Mayo.

ljuby: *lumi*, *lumia*, *lumiaca* f. Hure Borr. *lumí*, *lumica* f. Mädchen, Kebsweib Mayo.

mačьka: *machico*, *machican* m. Katze Borr. *machicai*. *machicañí* f. *machicó*, *malchican* m. Mayo.

mêrica: *merícha* f. Scheffel Borr.

mêsalъ: *mensálle*, *almensálle* f. Tisch. *mensallé* m. Mayo. Dicc. *mensallé*, *sallé* Campuz.

mlъnij: *malunó* m. Blitz Borr. Mayo. Campuz. Dicc.

perьnica: *pernicha* f. Decke. *pernicharó* m. albardon. *pernichabeo* m. Mayo. *pernichá* f. Dicc.

plajvaz: *poibasí* f. Bleistift Mayo. Wann mag dieses, wie es scheint, auf dem aus dem deutschen ‚Bleiweiss' gebildeten serb. beruhende Wort nach Spanien gekommen sein?

plaštь: *plasta*, *plata*, *plastamí* f. Pilgrimsmantel (span. esclavina mhd. slavîne grober Pilgerrock Diez, Wörterb. 398). *plastamó* m. Mayo. Campuz.

platiti: *platisarar* vb. zahlen Mayo. Vergl. *plasarar*. *plasarí* f. Bezahlung. *plasardí* f. Lohn Mayo.

prahъ: *pracó* m. Staub Campuz. Mayo.

puška: *pusca* f. Flinte, Büchse Borr. Campuz. *puscatero* m. Mayo. Enstellt *pruscá* f. Pistole. *pruscatiñí* f. Flinte Mayo. *pruscatiñé* f. Pistole Campuz.

rabica: *rabiza* f. muger de mancebía de las mas abandonadas y tenidas en poco Dicc. muger de mancebía Campuz.

rakъ: *raco* m. Krebs Borr. Entstellt *rascó* m. Mayo. Dicc.

rogъ: *rogó* m. Horn Mayo. *rogo* Dicc. Campuz.

ruža: *rují* f. Rose Mayo. *rujia* Borr. Vergl. unten žarъ und rumun. ažun Faste.

sila: *sila* f. Stärke. *posiláti* adv. mit Gewalt: po silê. *silnó* adj. stark Borr. *sila* f. *silnó*, *silné*, *silaró* adj. Mayo. *silnó*, *silné* Dicc. *silmo*, *silmé* adj. Campuz. Vergl. *sisla* f. Borr. *sislá* f. Dicc. Campuz. *sislí* f. *sisló*, *sistiló* adj. stark. *esilen*, *esisten* m. Anstrengung Mayo. *sisló* adj. Dicc.

skornja: *cornes* pl. Halbstiefel Borr.

stanъ: *stano* neben *sistano* m. Lage eines Ortes, Platz Mayo. *stano* Ort Dicc. *benguistano* m. Hölle Mayo., eig. Wohnung des Teufels. Hinsichtlich des *sistano* vergl. *sistar* neben *star* vier Mayo. *sistar* neben *ostar* Dicc.

svêtъ: *suéti* f. Welt, Leute Borr. *sueti* f. Mayo. *sueti* f. gente, lugar que está poblado de gente Dicc. Vergl. serb. mnogo svijeta beaucoup de monde. Man findet auch *sueste* m. Mayo. f. Dicc. Pott 2. 233.

trupъ: *trupo*, *drupos* m. Körper Borr. *trupo, drupo* Mayo. Dicc.

turьnъ: *turno* m. Schloss Borr. Vergl. *turní, turnia* f. cueva Höhle, Keller Mayo. *turní, turnin, turnica* Dicc.

ugorъkъ: *boborque* m. Gurke Mayo.

ulica: *ulícha, olícha* f. Gasse Borr. *ulicha* Mayo. Dicc.

veriga: *beriga* f. Kette Borr. Mayo. Dicc. Campuz.

vêverica: *berberincha* f. eine Art Eidechse salamanquesa Borr. Mayo. Dicc. Die wahre Bedeutung ist nach Borrow Eichhörnchen, die er jedoch aus dem neugr. βερβερίτζα erschlossen hat. Damit vergleicht Borrow *piribícho* m. Eidechse.

žaba: vergl. *dambu* f. Frosch Mayo.

žarъ: *jar* m. Hitze Borr. Mayo. Damit vergl. *ajerizar* vb. prägeln Campuz. serb. žariti.

Ternc, ternejal adj. muthig, eig. jung, erinnert an serb. junak Held, eig. Jüngling.

III. Rumunisch.

ažun Faste: *ajoró* m. Freitag Mayo. Dicc.

ažut: *ajilar* vb. helfen Mayo. Dicc.

čerjü: *charó* m. Himmel Mayo. Dicc.

iert: *ertinar* vb. verzeihen Mayo. iert setzt ein lat. libertare voraus, das sich im Span. vorfindet.

lume Welt: *lume* m. Reich Mayo.

plaju semita per alpes, excubiae in alpibus: *plaí* f. Berg. *plajista* Schmuggler Borr. *play* m. Berg. *playa* f. Hügel Mayo. Bei den rumun. Zigeunern *plaï* Hügel. *play* Berg. *playeš* Bergbewohner.

germó m. Grube Mayo erinnert an magy. verem. Bei *varda* f. Wort Mayo. *vardá* f. Wort, Versprechen Dicc. fällt einem lit. vardas ein, so wie man bei *fulcheró* médico, facultativo und bei *yusmitó* herrador Mayo unwillkürlich an Feldscherer und Hufschmied erinnert wird.

Die Zigeuner Spaniens haben demnach vor ihrer Einwanderung in ihre jetzige Heimat unter Griechen, Slaven und Rumunen gelebt.

Im Jahre 1447 zog die erste Zigeunerbande in Barcelona ein. Woher das Volk kam, erwähnt der Bericht nicht; dass auch nur ein Theil der spanischen Zigeuner aus Ägypten eingewandert wäre, dafür bietet wenigstens die Sprache keinen Anhaltspunkt. Nicht unwichtig ist, dass die Constitutionen von Catalonien die Zigeuner auch Griechen nennen, Passa 337, und dass nach ‚El estudioso cortesano' von Lorenzo Palmireno noch um die Mitte des sechzehnten Jahrhunderts einige Zigeuner in Spanien griechisch verstanden. A learned person, in the year 1540, spoke to them in the vulgar Greek, such as is used at present in the Morea and Archipelago; some understood it, others did not. Borrow 2. 110. Pott 2. 524. Im Jahre 1499 wurde die erste Verordnung erlassen, durch die sie angewiesen werden, sich innerhalb sechzig Tagen in Städten und Dörfern niederzulassen oder aus dem Lande zu wandern. Ähnliche Verordnungen wurden 1539, 1586, 1619 gegeben. 1633 verbot Philipp IV. den Zigeunern, sich Gitanos zu nennen, ihre Sprache zu reden, sich von ihrem Domicil zu entfernen u. s. w., alles unter Strafe der Sclaverei, und ergänzte diese Verordnung in den Jahren 1661 und 1663. Karl II. verbot gleichfalls den Gebrauch der Zigeunersprache, trug den Zigeunern auf, sich nur dem Ackerbaue zu widmen, schloss sie vom Besuch der Märkte aus u. s. w., alles unter Galeerenstrafe. Derselbe Herrscher gab später ein umfassendes Gesetz gegen die Zigeuner, in welchem die früheren Verbote durch neue vermehrt werden. Philipp V., erstaunt, dass alle Gesetze so wenig gefruchtet hatten, dass sogar sein Hof voll von Zigeunern war, vertrieb sie aus Madrid und erneuerte die alten strengen Vorschriften gegen sie, in der Hoffnung, wie er sagt, diese Race zu vertilgen. 1745 verurtheilte derselbe Herrscher alle Glieder herumziehender Banden zum Tode. Karl III., der erkannte, dass mehr als hundert königliche Befehle keinen anderen Erfolg hatten als den, die Zigeuner zu gefährlichen Feinden der Gesellschaft zu machen, erliess, den Ideen seiner Zeit Rechnung tragend, 1783 eine umfangreiche Pragmatik, in welcher er unter strengen Strafen verbietet, irgend Jemand Gitano oder Neucastilier zu nennen und anordnet, dass alle jene, die der Zigeunersprache (gerigonza), dem Vagabundiren und der Zigeunertracht entsagen, zu allen Beschäftigungen und Corporationen zugelassen werden sollen.

Sprachprobe.

Bato nonrió, sos suscabas on ler otalpes, manjarificao quejesa tute acnao,
Pater noster, qui es in coelis, sanctificatum sit tuum nomen,
abilla nos on tucue chim, quere se tute oropéndola andiá on la chen sata on
veniat nobis in tuo regno, fiat tua voluntas ita in terra ut in
or otalpe. Or manré nonrió de cala chivel diña lo sejonia, y estormena nos
coelo. Panem nostrum de quolibet die da eum hodie, et remitte nobis
nonriás bisauras andial sata jaberes estormenamos á nonrios bisauraores, y ne nos
nostra debita ita ut nos remittimus nostris debitoribus, et ne nos
muces petrar on la bajambañí, bus listrába nos de panipen. Anaraniá.
sinas cadere in tentationem, sed libera nos a malo. Amen.

Aus: Vocabolario del dialecto jitano. Augusto Jimenez. II. ed. Sevilla. 1853. pag. 98. In der Quelle steht: *or manré nonró; gaberes: jaberés, javerés* ist das *javér* bei Pasp.: der Ausdruck ist dem span. nosotros nachgebildet; *ne nes muces;* dem *abilla nos on tucue chim* entspricht span. venga nos en tu reino, richtig: *qu' abillele tiro chim* bei Borrow, The Zincali 263.

Berichtigungen und Zusätze.

Zu Seite 8. Das von den polnischen Zigeunern gesagte gilt nur von einem Theile derselben: vergl. Seite 30. Statt schwedische sollte es skandinavische heissen.

Zu Seite 10. In der Accentuirung folgt die Sprache der Zigeuner der Bukowina der der griechischen Zigeuner, wie ich aus den von Herrn Prof. Leon Kirilowicz mir mitgetheilten, in mehr als einer Beziehung höchst werthvollen Sprachproben ersehe.

Zu Seite 16 ist für *sfncit-sfncil* zu lesen.

Zu Seite 44. Borrow. The Zincali 264, führt *fulcheri* und *poivasis* aus der Sprache der ungrischen Zigeuner an.

ÜBER JAPANISCHE ARCHAISMEN.

VON

D^r^. A. PFIZMAIER.

WIRKLICHEM MITGLIEDE DER KAISERLICHEN AKADEMIE DER WISSENSCHAFTEN.

VORGELEGT IN DER SITZUNG AM 16. OCTOBER 1872.

In den japanischen Wörterbüchern, unter welchen jedoch nur die von Japanern verfassten für das Verständniss der Bücher von erheblichem Nutzen sind, findet sich die alte Sprache sehr unvollständig vertreten. In dem besten dieser Werke, dem chinesisch geschriebenen und von den Herren v. Siebold und Hoffmann herausgegebenen *Wa-kan-won-seki-sio-gen-zi-kô* sind obsolete Wörter in bedeutender, aber nicht genügender Anzahl enthalten. So kommen bei dem Studium des *Man-jeô-siû* (der Sammlung der zehntausend Blätter) in den Fällen, wo nicht Wörterschrift, sondern Sylbenschrift angewendet wird, häufig Ausdrücke vor, die selbst mit dem oben genannten Hilfsmittel unverständlich bleiben. Herr Prof. Dr. Hoffmann in Leiden, gegen den ich mich hierüber äusserte, hatte die Güte, mir das 格 字 假 古 尙 *Inisije-wo tattomu ka-na kaku* ‚die das Alterthum schätzenden Muster geborgter Schriftzeichen', ein zwar kleines und unscheinbares, aber werthvolles Werk zu übersenden, in welchem ich nebst der Erklärung einiger Wörter des *Man-jeô-siû* noch eine Anzahl anderer, von dem japanischen Verfasser aus alten Werken zusammengestellter Wörter und Formen fand. Die von dem genannten Werke gebrachten Aufzeichnungen legten den Grund zu dieser Abhandlung, für deren Zustandekommen ich hauptsächlich Herrn Hoffmann Dank schulde.

Das hier gelieferte Verzeichniss, nach den Classen des *Irofa* geordnet, enthält solche Wörter, die ehemals durch Sylbenschrift ausgedrückt wurden. Dieselben stehen in Sylbenschrift Firokana, während bei jeder Classe die früher einzig üblichen Zeichen der Sylbenschrift *Ma-ga-na* (unveränderte chinesische Zeichen) vorgesetzt werden. Die weitere Anordnung geschieht nach der Sylbenzahl und, mit wenigen Ausnahmen, zugleich alphabetisch. Den Wörtern wird gewöhnlich der entsprechende chinesische Ausdruck und häufig auch eine Erklärung in Firokana und Pflanzenschrift beigefügt. Beides wird in dieser Arbeit wiedergegeben. Das Verständniss der Erklärungen war nicht immer leicht, da das Werk zu denjenigen gehört, die theilweise, und gerade hier an den wichtigsten Stellen, bis zur Unlesbarkeit klein und schlecht gedruckt sind. Bisweilen erscheint ein chinesisches Zeichen, das überdiess Pflanzenschrift ist, als ein schwarzer Fleck, dessen Entzifferung bei dem ersten Anblick unmöglich schien, nach langem Nachdenken und grosser Anstrengung der Augen aber dennoch gelang. Da die Zeichen der Pflanzenschrift in der Druckerei nicht vorhanden sind, wurden, wenn die Setzung der Wörterschrift nicht aus Rücksichten der Deutlichkeit geboten war, diese Erklärungen nur in einer Umschreibung mit lateinischen Buchstaben mitgetheilt.

Bemerkt werde noch, dass ich in das hier gebrachte Verzeichniss nur diejenigen Wörter aufnahm, welche in den Wörterbüchern, namentlich dem *Wa-kan-won-seki-sio-gen-zi-kō*, fehlen, folglich ganz unbekannt sind. Es enthält nämlich das *Inisije-wo tattomu kana kaku* auch vieles, das allgemein bekannt ist und in jedem Wörterbuche vorkommt. Wurde bisweilen eines dieser bekannten Wörter in das Verzeichniss aufgenommen, so geschah es der nothwendigen Erklärung willen, die in den übrigen Quellen fehlt. Zahlreiche schon in den alten Zeiten gebrauchte Wörter sind chinesischen Ursprungs. Dieselben weichen häufig von den jetzt üblichen mehr oder minder bedeutend in der Aussprache ab und können, wenn sie in Sylbenschrift vorkommen, nicht verstanden werden. Sie wurden, wo dieses der Fall ist, ebenfalls in das Verzeichniss aufgenommen. Bemerkenswerth ist ferner, dass manche Wörter und Formen, die gegenwärtig der gemeinen oder Umgangssprache eigenthümlich sind, auch in den alten Werken angetroffen werden.

Das mehrmals genannte Werk ist übrigens nichts weniger als vollständig, indem viele mir in alten Schriften vorgekommene Ausdrücke darin vermisst werden. Bei dem gänzlichen Mangel anderweitiger Quellen muss jedoch auch das hier Gebotene willkommen sein und als eine wesentliche Erweiterung der Lexicographie betrachtet werden. Ein anderes ebenfalls von Herrn Prof. Hoffmann mir zum Gebrauche geliehenes Werk, das 集 竹 吳 歌 和 *Wa-ka-kure-take-atsüme* ‚Sammlung der grossen Bambusstauden des japanischen Liedes', ein Wörterbuch der poetischen Sprache der Japaner, ist zwar durch die vielen von ihm gebrachten poetischen Ausdrücke und deren Erläuterungen durch Beispiele äusserst schätzbar und merkwürdig, trägt aber kaum etwas zur Kenntniss der obsoleten Wörter bei. Wo es diese jedoch erläutert, ist es gewöhnlich sehr gründlich.

Die altjapanischen Ausdrücke weichen in Bezug auf Verbindung und Zusammensetzung bisweilen von den jetzt geltenden Regeln der Grammatik ab. Es möge vorläufig genügen, nur Einiges, das leicht die Quelle von Missverständnissen werden kann, an diesem Orte zu besprechen.

Die einer Trübung fähigen Silben sind manchmal getrübt, wo sie in der neueren Sprache klar sind. So:

Jebi-kadzura ‚die trunkene Schlingpflanze', d. i. der Weinstock, statt *jei-kadzura.*

Ama-no gawa, ‚der Fluss des Himmels, die Milchstrasse', statt *ama-no kawa.*

Fito-tsü bi, ‚eine Fackel', wörtlich: ein einzelnes Feuer. Statt *fito-tsü fi.*

Fito-tsü basi, ‚die einzelne Brücke', ein japanischer Geschlechtsname. Statt *fito-tsü fasi.*

Furu-koto-no basi, ‚die Leiter der alten Wörter', der Name eines Buches. Statt *furu-koto-no fasi.*

Wenn Adjective dem Substantiv vorgesetzt werden, enden sie nach den Regeln der Grammatik auf die der Wurzel angehängte Sylbe *ki*, selten auf *no*. Enden sie auf *si* ohne Substantiv, so sind sie das adjective Verbum am Schlusse des Satzes. In zusammengesetzten Wörtern steht die Wurzel allein. Bei den einsylbigen Adjectivwurzeln *to*, *jo* und *na* findet sich jedoch in manchen Zusammensetzungen die Sylbe *si* eingeschaltet, wodurch dieselben in der Form mit dem am Schlusse des Satzes gebrauchten adjectiven

Verbum identisch werden. Das Wahrscheinlichste ist, dass die auf diese Weise entstandenen Sylben *tosi, josi, nasi* eigentlich *tosi-no, josi-no, nasi-no* lauten sollten und dass das *no* ausgelassen worden.

Tosi, ‚schnell‘, wurde nur in dem Eigennamen *Tosi-ma* beobachtet. Derselbe ist so viel als das sonst übliche *toki muma,* ein schnelles Pferd. Nach der Regel sollte *toki muma* zu *to-muma* abgekürzt werden, was aber noch unverständlicher sein würde.

Josi, ‚gut, glückbringend‘, steht für *jo* in den Eigennamen *josi-da*, ‚das glückbringende Feld‘, *josi-wi*, ‚der glückbringende Brunnen‘, *josi-mine*, ‚der gute Berggipfel‘, u. s. f., ferner in *josi-asi*, ‚Gutes und Schlechtes‘. Hier würden ebenfalls Verbindungen wie *jo-da, jo-wi*, *jo-asi* noch weniger verständlich sein. In *josi-mi*, ‚Freundschaft‘, hat jedoch *josi* die Bedeutung 因ヨシ *josi*, ‚von etwas ausgehen, sich an etwas halten‘, und der Ausdruck besagt: der Leib, an den man sich hält. In *jo-mi-sü*, ‚auf gutem Fusse stehen‘, scheint *jo* als Wurzel gebraucht zu sein.

Nasi, ‚nicht vorhanden, ohne‘ für *na*, wird verhältnissmässig oft beobachtet. Die folgenden Beispiele sind geeignet, die Bedeutung dieses Wortes ausser Zweifel zu stellen.

指ユビ 無ナシ 名ナ *Na-nasi-jubi*, der namenlose Finger, d. i. der Ringfinger. Die hier gesetzten chinesischen Zeichen sind auch in China in derselben Bedeutung gebräuchlich. *Na-na-jubi* würde mit *nana-jubi*, ‚sieben Finger‘, Aehnlichkeit haben und das getrennte *na-naki* an *na-naki-me*, ‚das den Namen singende Weib‘, den weiblichen Fasan erinnern.

籠カツマ 目マ 無ナシ *Ma-nasi-katsüma.* ‚Ein augenloser Korb‘, ein Korb ohne Lücken, in welchem der Meergott den Gott *Fo-wori-no mikoto* in das Meer versenkte. *Ma-na-katsüma* würde für ‚Fischkorb‘ gehalten werden.

Ne-nasi-gusa, ‚die wurzellose Pflanze‘, eine Art Schmarotzerpflanze. Das *Wa-ka-kure-take-atsüme* sagt: *Ne-nasi-gusa* 根 *ne-naki* 草 *kusa nari.* ‚*Ne-nasi-gusa* ist eine Pflanze ohne Wurzel.‘

Ne-nasi-goto. Ein eitles, unbegründetes Wort.

Koto-nasi-fu. Kure-take sagt: *Koto-nasi-fu* 事 *naki sama-ni i-i-nasu nari.* ‚*Koto-nasi-fu* heisst: etwas in gegenstandloser Weise vorbringen.‘ *Fu* steht für *furi*, Weise. In dem Verzeichnisse steht *koto-nasi-bi* und als Erklärung *koto-nasi-buri*. Die Verbindung *koto-nasi* allein hat übrigens mit Zugrundelegung von 別 *koto* auch die Bedeutung ‚ununterschieden‘.

鞍クラ 無ナシ 海ウミ *Umi-nasi-gura.* Ein Sattel ohne Meer. In dem *Sio-gen-zi-kô* unter den Geräthen angeführt, aber nicht erklärt.

Tana-nasi-wo-bune. Ein kleines Schiff ohne Verdeck, ein Kahn. Mehreres kommt in den Erklärungen des Verzeichnisses vor.

In einigen Zusammensetzungen bleibt die Wurzel *na*. So in *kami-na-dzüki*, ‚der götterlose Monat‘, *mi-na-dzüki*, ‚der wasserlose Monat‘.

In *ada-si* ist *si* ein Expletivum, da *ada*, ursprünglich ‚Feind‘, dann ‚unwahr, vergänglich‘, kein eigentliches Adjectivum, sondern ein Substantivum ist und als solches nicht gebogen werden kann. Die Wörter, in denen es beobachtet wurde, sind:

Adasi-goto. Eine eitle Rede. Sonst *ada-koto.*

Adasi-gokoro. Ein feindliches oder falsches Herz. Sonst *ada-gokoro.*

Adasi-no. Das feindliche Feld, ein Ortsname.

Adasi-gami. Fremde Götter.

Adasi-jo. Eine andere Welt.
Adasi-guni. Ein fremdes Reich.
Adasi-bito. Ein fremder, ein anderer Mensch.

Ein Verzeichniss bisher unbekannter Archaismen.

Classe 以 *I.*

伊 *i,* 以 *i,* 怡 *i,* 異 *i,* 易 *i,* 已 *i,* 移 *i,* 夷 *i,* 肄 *i,* 意 *i.* Laute.

寢 *I,* in der Schlafstätte schlafen. 眠 *I,* schlafen. 宿 *I,* übernachten. 膽 *I,* Galle. 射 *I,* mit Pfeilen schiessen. 五 *I,* fünf. Lesungen.

五十 *I. Ni-zi itsi-in.* ‚Zwei Zeichen, Ein Laut.' Fünfzig.

馬聲 *I. Ni-zi itsi-in.* ‚Zwei Zeichen, Ein Laut.' Die Stimme des Pferdes.

Eine Sylbe.

い 網 *I.* Ein Netz. *Kumo-no ami-wo iû.* ‚Das Netz der Spinne.'

Zwei Sylben.

いゝ 唯ゝ *I-i. Wô-tai-no kotoba nari.* ‚Ein Wort der Bejahung und Zustimmung.'

いと 痛 *Ito.* ‚Schmerz.' *Mata fanafada.* ‚Auch sehr' (in hohem Grade).

いか 五十日 *I-ka.* ‚Fünfzig Tage.'

いづ 稜威 *Idzû.* ‚Das hohe Ansehen, die Macht.'

いね 去 *Ine.* ‚Das Ergehen.' *Ge-dzi-no kotoba nari.* ‚Ein Ausdruck für Erlass, Kundmachung an Niedere.' Steht für *ini,* Wurzel von *inuru,* weggehen.

いで 欲得 *Ide.* ‚O möchte doch!' *Mono-wo kô kokoro nari.* ‚Bezeichnet die Bitte um etwas.'

いで 咄哉 *Ide.* ‚Wohlan!' *Fats-go nari.* ‚Ein die Rede eröffnendes Wort.'

いき 行 *Iki.* ‚Gehen.' Sonst ein dialectisches Wort der neueren Sprache für *juki.*

いめ 夢 *Ime.* ‚Ein Traum.' So viel als *jume.*

いで *Ide. Zoku-ni ija-mô-to iû-ni onazi.* ‚Mit dem gewöhnlichen *ija-mô* (nicht doch) gleichbedeutend.' Das Wort *ija-mô* fehlt in den Wörterbüchern.

いし 倚子 *I-si.* ‚Eine Lehne.'

いひ 樋 *I-fi.* ‚Eine Schleusse.' Sonst *i-tsu* und *fi.*

いも 妹 *Imo.* ‚Jüngere Schwester.‘

いり 沃 *Iri. Midzŭ-wo sosogi-kakuru-wo iû.* ‚Fortwährend mit Wasser besprengen.‘

いろ *Iro. Kin-ziki-wo jurusaruru-wo iû.* ‚Die Gestattung einer verbotenen Farbe.‘

いひ 鵁鶄 *Ifi.* ‚Ein der Aente ähnlicher Vogel, der sein Nest auf Bäumen baut.‘

いう 優 *I-u. Jasasi-ku sitojaka-naru kokoro.* ‚Ein Wort im Sinne von weichlich und ungekünstelt.‘

Drei Sylben.

いろは 家母 *Iro-fa.* ‚Die Hausmutter.‘ Zusammengezogen aus *iro-fawa,* die eintretende Mutter. *Iro* steht für *iru,* eintreten.

いろせ 家兄 *Iro-se.* ‚Der ältere Bruder in einem Hause.‘ *Mata iro-ne-to-mo.* ‚Man sagt auch *iro-ne,* älterer Bruder, ältere Schwester.‘ *Iro* wie oben für *iru,* eintreten. *Se* wird durch 背せ *se* ‚Rücken‘ erklärt. *Ne* steht für *ane,* ältere Schwester.

いろひ *Iroi. Zoku-ni tori-atsukai-to iû-ni onazi.* ‚Mit dem im gemeinen Leben üblichen *tori-atsukai* ‚besorgen, behandeln‘ gleichbedeutend.‘

いはみ 石見 *Iwa-mi.* ‚Der Name einer Provinz.‘

いはゐ 岩井 *Iwa-wi.* ‚Felsenbrunnen.‘

いとま *Itoma.* 服忌 *Imi-buku-no* 忌 *imi-nari.* ‚Ist das *imi* (Vermeidung) in *imi-buku* (die Kleider der Vermeidung, die Zeit der Trauer).‘

いちひ 赤檮 *Itsi-bi. Ki nari.* ‚Der Name eines Baumes.‘ Sonst bedeutet *itsi-bi* auch die japanische Brennessel.

いちめ 市女 *Itsi-me.* ‚Eine Beschwörerin.‘ Wörtlich: ein Weib des Marktes.

いをめ 肬目 *Iwo-me.* ‚Ein Hühnerauge.‘ Sonst auch *ibo-no me* ‚ein Warzenauge‘ und *iwo-no me,* ein Fischauge. Syn. *i-fi-bo.*

いはけ 驚騃 *Iwake. Wosanaki-wo-mo mata mono-koto-ni dzi-je-naki-wo-mo iû.* ‚Bedeutet sowohl jung als auch unerfahren.‘ Für ‚jung‘ steht sonst auch *iwage-nasi.*

いがた 鎔 *I-gata.* ‚Eine Form zum Giessen.‘ Für dieses Wort steht sonst *i-kata.*

いかし 嚴 *Ikasi.* ‚Streng.‘

いがひ 貽貝 *I-gai.* ‚Eine übersandte Muschel.‘

いかし *Ikasi. O-oki-no kokoro.* ‚Steht im Sinne von gross.‘

いかけ 沃懸地 *I-kake.* ‚Das Angegossene.‘ Die goldene oder silberne Verzierung an der Mündung eines Gefässes. *Zoku-ni i-tsu kake-to iû.* ‚Im gemeinen Leben sagt man *i-tsu kake.*‘ Syn. *I-kake-dzi.*

いかう 一向 *I-kau. Fita-sura-no kokoro-nari.* ‚Steht im Sinne von *fita-sura*, durchaus.‘ Sonst *ikkò*, in der neueren Sprache bisweilen auch wie oben *i-kau, i-kò.*

いよゝ 弥 *Ijo-jo.* ‚Immer mehr.‘ Steht für das gewöhnliche *ijo-ijo.*

いよす 伊豫簾 *I-jo-su.* ‚Eine Thürmatte aus dem Reiche *I-jo.*‘

いたし *Itasi. Sugurete joki-wo fomuru kotoba.* ‚Ein Ausdruck, durch den man das Gute ausnehmend preist.‘

いたみ *Itami. Itasa-ni nari. Kaze-ga kitsusa-ni nado iû.* ‚So viel als *itasa-ni* (mit Schmerz, auch mit Stärke). Man sagt: ‚Der Wind weht mit Heftigkeit‘ und Aehnliches.‘

いそし 功勳 *Isosi.* ‚Verdienstvoll.‘

いそぢ 五十 *I-so-dzi.* ‚Fünfzig.‘ *Dzi* entspricht dem den Grundzahlen unter zehn angehängten *tsû*. S. Hoffmanns Grammatik S. 139.

いづみ 泉 *Idzû-mi.* ‚Quelle.‘ *Idzuru-midzu-no kokoro.* ‚Hat den Sinn: hervorkommendes Wasser.‘ Dieses sonst bekannte Wort wurde hier verzeichnet, um dessen Ableitung zu verdeutlichen. Es ist die Abkürzung von *idzu-midzu*, das hervorkommende Wasser.

いづも 出雲 *Idzû-mo*, der Name einer Provinz. Dieses Wort ist die Abkürzung von *idzû-kumo*, die hervortretenden Wolken.

いづべ 嚴瓮 *Idzû-be.* ‚Ein irdener Krug.‘ Im *Sio-gen* wird *itsu-be* geschrieben.

いなき 稲城 *Ina-ki.* ‚Die Feste der Reispflanzen.‘ Ein Werkzeug zum Aufhängen der Reisgarben.

いなり *I-nari. Ikari-nari-no kokoro. Zoku-ni iû unaru nari.* ‚Im Sinne von: zornige Töne hervorbringen. Im gemeinen Leben sagt man *unaru.*‘

いなや *Ina-ja. Zoku-ni ija-mô-to iû kokoro.* ‚Im Sinne des im gemeinen Leben üblichen *ija-mô* (nicht doch! o nein!).‘ Wurde hier zur Erklärung des in den Wörterbüchern fehlenden *ija-mô* angeführt.

いなや *Ina-ja. Ija-ka dô-dzia-to toi-kakuru kotoba nari.* ,Der fragende Ausdruck *ija-ka dô-dzia-to,* ist es nicht so?'

いむき 蜅 *Imu-ki. Ko-gani nari.* ,Ein kleiner Krebs.' Sonst *umu-ki*, *umu-gi* und *unki*, das aber die Flügelmuschel bedeutet. Uebrigens hat das hier gesetzte chinesische Zeichen auch zwei Bedeutungen: kleiner Krebs und Flügelmuschel.

いむべ 忌盆 *Imu-be.* ,Ein Gefäss der Vermeidung.' Ein Opfergefäss bei Trauerfeierlichkeiten.

いむぢ 印地 *Imu-dzi.* Ein Schnellkäulchen.' Steht für *in-dzi.*

いぐし 五十串 *I-gusi.* ,Die fünfzig Speiler.' Ein unbekanntes Wort, wahrscheinlich ein Ortsname.

いうし 猶子 *I-û-si.* ,Der Neffe.' Sonst auch *Jû-si.* Mit *woi* gleichbedeutend.

いくそ *Iku-so. Nani-fodo do-no kurai kagiri-mo naki kokoro nari.* ,Hat den Sinn von *nani-fodo-no kurai* ,von welcher Stufe', *kagiri-mo naki*, unbegränzt.'

いやめ *Ija-me. Namida-gumi-taru me tsuki-wo iû-to-zo.* ,Bezeichnet den Ausdruck des Auges, das Thränen vergossen hat.'

いまは 今限 *Ima-wa.* ,Die gegenwärtige Grenzscheide.' Der Zeitpunkt des Todes. *Wa* steht für *kiwa.*

いまし 乃 *Imasi.* ,Also, da.' *Sunawatsi-no kokoro.* ,Im Sinne von *sunawatsi* dann, da.' Sonst auch ヒシマイ *imasi-i.*

いこじ 掘 *Ikosi.* ,Graben.' Scheint für *ugatsi*, ,graben', zu stehen.

いぶき 氣噴 *I-buki.* ,Die Luft von sich blasen.'

いでは 出羽 *Ide-wa.* ,Der Name einer Provinz.' Sonst *de-wa.*

いでゐ 出居 *Ide-i.* Herausgehend weilen.'

いでき 出來 *Ide-ki.* ,Herauskommen.'

いさち 哭 *Isatsi.* ,Wehklagen.'

いさな 勇魚 *Isa-na.* ,Der tapfere Fisch.' *Kuzira-wo iû.* ,Bedeutet den Walfisch.' *Isa-na* steht für *isamu-na.*

いざめ *I-zame. Ne-zame-to onazi.* ,Ist gleichbedeutend mit *ne-zame*, aus dem Schlaf erwachen.' *I-zame,* zusammengezogen statt *ine-zame.*

いしゐ 石井 *Isi-wi.* ,Steinbrunnen.' *Iwa-i-ni onazi.* ,Gleichbedeutend mit *iwa-i* (Felsenbrunnen).'

いひぼ 肬目 *I-fi-bo.* ,Ein Hühnerauge.' Scheint die Dehnung von *Ibo* ,Warze' zu sein. Syn. *iwo-me.*

いもひ 齋 *Imoi.* ,Das Fasten und Beten.' Ist die Dehnung von *imi* und steht statt *imai*, wobei *ma* in *mo* verwandelt wurde.

いもせ 妹脊 *Imo-se.* ,Jüngere Schwester und älterer Bruder.' Steht für Weib und Mann.

いもせ *Imo-se. Kore-wa onazi-jena-no (dô-bò-no) koto-wo ijeri.* ,Dieses bezeichnet die Eigenschaft leiblicher Geschwister.'

いしび 石樋 *Isi-bi.* ,Eine steinerne Wasserröhre.'

いきり 熱 *Ikiri.* ,Heiss sein.' *Zoku-ni-wa ikireru-to iû.* ,Im gemeinen Leben sagt man *ikireru,* heiss, dunstig sein.'

いびら 杏葉 *Ibira. Kura ba-gu.* ,Der Sattel und das Pferdegeschirr.'

Vier Sylben.

がみ 紙 いろ 色 *Iro-gami.* ,Farbiges Papier.'

いろそふ *Iro-sofu.* ,Einen Zusatz von Farbe erhalten. ,*Mono-koto-no kasanaru-kuwawaru-wo iû.* ,Bezeichnet, dass Dinge wiederholt einen Zuwachs erhalten.'

くさ いろ *Iro-kusa. Iro-iro kusa-gusa-no kokoro.* ,Im Sinne von *iro-iro kusa-gusa*, mancherlei und mehrerlei.'

ふし いろ *Iro-fusi. Fare-naru-wo iû.* ,Glänzend, ruhmvoll.'

めき いろ *Iro-meki. Iro-konomi-meku nari.* ,Das Aussehen eines dem Vergnügen ergebenen Menschen haben.' In diesem Sinne sonst *iro-mekasi.*

くさ 草 いは 石 *Iwa-kusa.* ,Die Felsenpflanze' (eine Art Flechte). *Kusa nari.* ,Der Name einer Pflanze.' Sonst *iwa-koke*, das Felsenmoos.

齋瓮 いはひべ *Iwai-be.* ‚Ein Gefäss zu gottesdienstlichem Gebrauche.‘

絡石 いはつな *Iwa-dzuna. Kusa-nari.* ‚Der Name einer Pflanze.‘ Wörtlich: das Felsentau.

家楡 いへにれ *Ije-nire. Kusa-nari.* ‚Der Name einer Pflanze.‘ Wörtlich die Hausulme.

糸冰魚 いとひを *Ito-fi-wo.* ‚Der Fisch des Fadeneises.‘ Der Name eines Fisches. Zusammengezogen aus *ito-fi-iwo.*

傯 いとなし *Ito-nasi.* ‚Traurig und erschöpft.‘

糸水 いとみづ *Ito-midzŭ.* ‚Das Fadenwasser.‘ *Noki-ba-no tama-midzu nari.* ‚Ist das Edelsteinwasser der Dachtraufe.‘

いとゆふ *Ito-jufu.* 綿 木 絲 *Ito-jû-no kokoro nari.* ‚Hat den Sinn von Baumseide in Fäden.‘ Zum Unterschied von dem gewöhnlichen *ito-jû*, Staub im Sonnenschein vom Winde aufgewirbelt.

逸物 いちもち *Itsi-motsi.* ‚Ein schnelles Wesen.‘ Eine Benennung von Falken und Jagdhunden. Sonst *Itsi-mots.*

いりたち *Iri-tatsi. Zoku-ni iri-komu-to iû.* ‚Im gemeinen Leben sagt man *iri-komu*, eintreten.‘

入綾 いりあや *Iri-aja.* ‚Eingewebte Sarsche.‘ *Mai-no te nari.* ‚Ist eine Hand (Weise) des Tanzes.‘

入汐 いりしほ *Iri-siwo.* ‚Die eintretende Fluth des Meeres.‘

いりもみ *Iri-momi.* ‚Eintretende rothe Seide.‘ *Momi-ni somu kokoro nari.* ‚Im Sinne von: wie rothe Seide gefärbt sein.‘

煎炭 いりずみ *Iri-zumi.* ‚Glühende Kohlen.‘

いりほが *Iri-foga. Koto-waza-ni towo-zakari-taru kokoro.* ‚Sprichwörtlich im Sinne, dass man sich weit getrennt hat.‘

簡 いりかせ *Iri-kase. Juru-kase-to onazi.* ‚Mit *juru-kase* ‚nachlässig, unaufmerksam‘ gleichbedeutend.‘

闘 いぬくひ *Inu-kui. Inu-no koto nari.* ‚Kämpfen, einander beissen, von Hunden.‘

沃懸地 いかけぢ *I-kake-dzi.* ‚Die goldene oder silberne Verzierung an der Mündung eines Gefässes.‘ Syn. *I-kake.*

いよだち *Ijodatsi. Mi-no ke koto-gotoku tatsi-wo iû-nari.* ‚Bezeichnet, dass die Haare des Leibes sämmtlich zu Berge stehen.‘ Sonst *jodatsi.*

いよよか 森こ *Ijojoka.* Gerade und hoch. *Mata ijojaka-to-mo.* ‚Es heisst auch *ijojakä.*‘

いたはり 劳 *Itawari.* ‚Sich bemühen.‘ *Kokoro-wo motsi-ite dai-zi-ni suru kokoro-nari.* ‚Hat den Sinn, dass man Aufmerksamkeit zuwendet und eine Sache für wichtig hält.

いたはり *Itawari. Jamai-ni wadzurô-wo iû.* ‚An einer Krankheit leiden.‘

づら いた 徒 *Itadzüra. Zoku-ni mu-da fu-jô mata fima-to iû-ni onazi.* ‚Mit dem im gemeinen Leben üblichen *mu-da* (eitel, unnütz), *fu-jô* (unnütz), ferner mit *fima* (Musse, Müssiggang) gleichbedeutend.‘

づら いた *Itadzüra. Kore-wa sinuru koto-wo iû.* ‚Dieses bedeutet das Sterben.‘

いたづき 劳 *Itadzüki. Jamai-wo i-i mata mi-wo rô-süru koto-ni-mo ijeri.* ‚Bedeutet Krankheit. Ferner bedeutet es seinen Leib anstrengen.‘

づき いた *Itadzüki. Dai-zi-ni süru kokoro nari itadzüki-kasidzüku nado iû.* ‚Steht im Sinne von: für wichtig halten. Man sagt *itadzüki-kasidzüku* ‚hochschätzen, in Ehrenhalten‘ und Aehnliches.‘

いたづき 平題箭 *Ita-dzüki.* ‚Ein Pfeil ohne Spitze, dessen man sich beim Spielen bedient.‘

ぶね 舟 いた 板 *Ita-bune.* ‚Ein Breterschiff.‘

いたかひ 櫪 *Ita-kai.* ‚Eine Krippe.‘ 飼板 *ita-kai-no kokoro nari-to-zo.* ‚Im Sinne von: durch ein Bret ernähren.‘ Sonst *fumi-ita* und *siki-ita.*

ごめ 籠 いれ 入 *Ire-gome.* ‚In einen Raum einschliessen.‘ Mit *komuru* gebildet.

ひも 紐 いれ 入 *Ire-fimo.* ‚Ein eingelassenes Band.‘

もじ 文字 いれ 入 *Ire-mo-zi.* ‚Eingeschaltete Schriftzeichen.‘

ぶり 振 いそ 石 *Iso-buri.* ‚Das Zittern der Felsen.‘ *Mi-ne-no nami-wo iû.* ‚Bedeutet die wie Berggipfel sich erhebenden Wellen.‘ *Iso* steht für *isi.*

いはしか *Itsü-si-ka. Itsü-no ma-ni-ka-to iû kokoro.* ‚Im Sinne von *itsu-no ma-ni-ka,* zu irgend einer Zeit.‘

いつしか *Itsū-si-ka.* ‚Zu welcher Zeit immer.‘ *Koko-wa itsū-ka faja-baja-to matsū kokoro.* ‚Dieses hat den Sinn, dass man zu irgend einer Zeit frühzeitig wartet.‘

いつゝし *I-tsū-tsū-si. I-wa fats-go. Tsūtsūmasi-ki kokoro nari-to-zo.* ‚*I* ist ein die Rede eröffnendes Wort. Das Ganze hat den Sinn von *tsūtsūmasi-ki*, was man verdecken möchte, dessen man sich zu schämen hat.‘

稲長 いなをさ *Ina-wosa.* ‚Der Aelteste der Reispflanzen.‘

いなのめ *Ina-no me. Aka-tsūki-wo iū.* ‚Der Tagesanbruch.‘

髻 いなだき *Inadaki.* ‚Der Haarschopf.‘ Ist in der alten Sprache auch für ‚Scheitel‘ vorgekommen.

いらなし *Iranasi. Koto-goto-siki sama nari-to-zo.* ‚Ist die übertriebene Weise.‘

いらゝぎ *Iraragi. Zoku-ni iū tsūppari-taru kokoro nari. Ira-ragi-taru fana nado aru-wa zoku-ni iū si-si-bana-no koto naran mata an-ni iraragi-taru kawo-to aru-wa zoku-ni tori-fada tatsū-to iū-ni onazi.* ‚Im Sinne des im gemeinen Leben üblichen *tsūppari-taru*, ‚zurückgestossen sein‘. Wo *iraragi-taru fana*, ‚eine zurückgestossene Blume‘ und Anderes vorkommt, wird es etwas wie das im gemeinen Leben übliche *si-si-bana*, ‚eine erstorbene Blume‘ sein. Wahrscheinlich ist auch, wo *iraragi-taru kawo*, ‚ein zurückgestossenes Angesicht‘ vorkommt, dieses mit dem im gemeinen Leben üblichen *tori-fada-tatsu*, ‚das Ueberlaufen einer Gänsehaut‘ gleichbedeutend.‘

齋事 いむごと *Imu-goto.* ‚Die Sache der Vermeidung, des Fastens oder Betens.‘ *Ziū-sai-sūru-wo iū.* ‚Bedeutet: eine Zurechtweisung von den Göttern erhalten.‘

遊獵 いうれふ *I-u-refū.* ‚Auf die Jagd gehen.‘ Sonst *jū-reō.*

いうそく *I-ū-soku. Subete mitsi-ni akiraka-naru fito-wo iū.* 職有 *Iū-sioku-to iū mon-zi-wo mede-taru-wa obo-tsūka-nasi.* ‚Bezeichnet im Allgemeinen einen Menschen, der in Sachen des Weges erleuchtet ist. Ob man dabei für die Zeichen *Iū-sioku* (Inhaber eines Amtes) eine Vorliebe hatte, lässt sich nicht ergründen.‘

今ゝ いまく *Ima-ima.* ‚Jetzt, gleich.‘ *Zoku-no ima-ni ima-ni dziki-ni dziki-ni nari.* ‚Ist das im gemeinen Leben übliche *ima-ni ima-ni*, *dziki-ni dziki-ni* (jetzt, jetzt, gleich, gleich).‘

いまく *Ima-ima. Kore-wa fajaku-fajaku mô-ka-mô-ka-no kokoro.* ‚Dieses hat den Sinn von *fajaku-fajaku mô-ka-mô-ka*, schnell, schnell! Wird es? Wird es?‘

いまいま *Ima-ima.* ‚Jetzt, jetzt.‘ *Kore-wa sinuru kiwa-ni toki-wo matsu kotoba ima-wa-to iû kotoba-ni onazi.* ‚Dieses ist ein Ausdruck, der bezeichnet, dass man in der Todesstunde die Zeit erwartet. Es ist mit dem Ausdrucke *ima-wa* ‚die gegenwärtige Grenzscheide‘ gleichbedeutend.‘

いまやう *Ima-jau.* ‚Die gegenwärtige Weise.‘ *Zoku-ni ima-tô-sei-to iû.* ‚Im gemeinen Leben sagt man *ima-tô-sei* ‚das gegenwärtige Zeitalter.‘

いまやう *Ima-jau.* ‚Die gegenwärtige Weise.‘ *Kore-wa utai mono nari.* ‚Dieses sind (neuartige) Lieder.‘

いまめき *Ima-meki.* ‚Ein neuartiges Aussehen haben.‘ *Zoku-ni tô-sei-meku-to iû.* ‚Im gemeinen Leben sagt man *tô-sei-meku*, das Aussehen des gegenwärtigen Zeitalters haben.‘

いけるよ *Ikeru-jo.* ‚Das Zeitalter, in dem man lebt.‘ *Iki-te aru wori-no kokoro.* ‚Im Sinne von: die Zeit, in welcher man am Leben ist.‘

活鯉 いけごひ *Ike-goi.* ‚Lebendige Karpfen.‘ *Iki-site takuwaje-oku-wo iû.* ‚Bedeutet: indessen man lebt, anhäufen und aufbewahren.‘

いふいふ *Ifu-ifu.* *Zoku-no i-i-i i-i-nagara nari.* ‚Ist das im gemeinen Leben übliche *i-i-i* ‚sagen‘, *i-i-nagara*, indess man sagt.‘

いぶかし *I-bukasi.* *Sinobasi-ku jukasi-ki kokoro nari.* ‚Im Sinne von: in Gedanken herbeigewünscht, ersehnt.‘ Dieses Wort hat sonst die Bedeutung: unbekannt, nicht zu erforschen.

鬱悒 いぶせし *I-buse-si.* ‚Düster, trübsinnig.‘ *Zoku-ni fusagu-to iû-ni onazi.* ‚Mit dem im gemeinen Leben üblichen *fusagu* ‚verschliessen‘ (für verschlossen) gleichbedeutend.‘ In Bezug auf das hier angeführte *fusagu* ist zu bemerken, dass es im Sinne des Neutrums *fusagaru* ‚verschlossen sein‘ steht. Man sagt *kokoro-no fusagu*, das Verschliessen, d. i. das Verschlossensein des Herzens.

いでいで *Ide-ide.* ‚Ei!‘ *Zoku-ni iû dore-dore-to onazi.* ‚Mit dem im gemeinen Leben üblichen *dore-dore* (eine Interjection der Verwunderung) gleichbedeutend.

いできえ *Ide-kije.* ‚Hervortretend zerschmelzen.‘ *Sasi-idete miru-ni faje-naki nari.* ‚Indem man sich hervordrängt und hinblickt, keinen Ruhm haben.‘

出汐 いでしほ *Ide-siwo.* *Sasi-siwo-nari.* ‚Die vordringende Fluth des Meeres.‘

いざとし *I-zatosi.* ‚Im Schlafe leicht erwachend.‘ *I-wa ine-nari. Zoku-ni iû me-zatoki nari.* ‚*I* ist so viel als *ine*, schlafen. Das Wort ist das im gemeinen Leben übliche *me-zatosi.*‘

小井 いさらゐ *Isara-wi.* ‚Ein kleiner Brunnen.‘

いざかし *Iza-kasi.* ‚O möchte doch!‘ *Iza-to iû kotoba-ni kasi-wo soje-taru nari.* ‚Dem Worte *iza* ‚wohlan!‘ wurde *kasi* ‚o möchte doch!‘ angeschlossen.‘

御幸 *Ide-masi.* ‚An einen Ort hinaustreten.' In Bezug auf den Kaiser gebraucht.

齋 *Imawari.* ‚Beten oder Fasten.' *Imo-wo nobe-taru kotoba-nari.* ‚Ein Wort, in welchem *imi* (vermeiden, beten) gedehnt wurde.'

息出 *Iki-ide.* ‚Hervorkommen, von dem Athem.' *Jomi-gajeru-to onazi.* ‚Mit *jomi-gajeru* ‚wieder lebendig werden' gleichbedeutend.'

息緒 *Iki-no wo.* ‚Die Schnur des Athems.' *Inotsi-wo iû.* ‚Bezeichnet das Leben.'

いきまき *Iki-maki.* ‚Ausser Athem sein.' *Mune-no fotobasiri iki-no mizikaku naru-wo ije-ba* 卷 息 *iki-maki-no kokoro naru-besi.* ‚Da es das Ueberwallen der Brust und das Kurzwerden des Athems bedeutet, kann es im Sinne von *iki-maki* (das Zusammenrollen des Athems) stehen.'

息觸 *Iki-bure.* ‚An den Athem stossen.' *Ima iû fumi-ai-no kegare nari.* ‚Ist das jetzt übliche *fumi-ai-no kegare* ‚die Verunreinigung der gemeinschaftlichen Tretung.'

氣調 *Iki-zasi.* ‚Den Athem aussenden, athemlos werden.' *Zoku-ni mono-gosi-to iû.* ‚Im gemeinen Leben sagt man *mono-gosi* ‚überschreiten, durchsetzen.'

石占 *Isi-ura.* ‚Das Wahrsagen aus Steinen.'

射目人 *I-me-bito.* ‚Ein Mensch des Auges des Schiessens.' *Kari-ba-no i-te-wo iû.* ‚Bezeichnet einen Schützen der Jagdflur.'

言 *I-i-i.* ‚Sagen.'

言殺 *I-i-sosi.* ‚Im Reden tödten.' *I-i-sûgosu kokoro-ka.* ‚Ob im Sinne von *i-i-sûgosu* ‚im Reden übertreiben?' *Sosi* steht für *sassi,* tödten.

言事 *I-i-goto.* ‚Der Gegenstand des Gespraches.' *Zoku-ni i-i-gusa-to iû.* ‚Im gemeinen Leben sagt man *i-i-gusa.*'

いひさし *I-i-sasi.* ‚Aufhören zu sprechen.' *Sasu-wa sûbete nakaba-nite jameru-nari.* ‚*Sasu* ist im Allgemeinen so viel als inmitten einer Sache aufhören.'

いもうと *Imo-uto.* ‚Die jüngere Schwester.' *Kore-wa ane-no koto-wo ijeri.* ‚Dieses wird von der Sache der älteren Schwester gesagt.'

不覺 *I-sûzûki.* ‚Hat den Sinn von *sûzûro-ku* ‚unmerklich, unfreiwillig.'

灼然 *Ija-tsiko.* ‚Klar, deutlich.' So viel als *itsi-zirosi.* *Tsiko* scheint für ウカチ *tsikau* ‚nahe' gesetzt zu sein.

8*

Fünf Sylben.

岩隠 *Iwa-gakure.* ‚Sich unter den Felsen verbergen‘ (von dem Ableben der ersten japanischen Gottheiten). *Iwa-gake-no mitsi-wo iû.* ‚Bezeichnet den Weg des Anhängers an die Felsen.‘

Iware-tari. ‚Es ist gesagt worden.‘ *Zoku-ni iû tokoro motto-mo dzia-to iû kokoro.* ‚Im Sinne des im gemeinen Leben üblichen *iû tokoro motto-mo dzia* ‚was gesagt wird, ist recht.‘

Ije-ba je-ni. ‚Nicht sagen dürfen.‘ *Ije-ba* 得 = 不 = *je-ni-no kokoro-nite je-iwarezu-to iû kokoro.* ‚Im Sinne von *ije-ba je-ni* ‚wenn man es sagt, darf man nicht.‘ Dieses im Sinne von *je-iwarezu* ‚es darf nicht gesagt werden.‘ *Ni* ist die Wurzel der als Hilfszeitwort betrachteten Negativ-Partikel *nu.*

家刀主 *Ije-tou-zi.* ‚Die Vorgesetzte des Messers in dem Hause.‘ *Tsüma-wo iû.* ‚Bedeutet die Gattin.‘

Ije-dzükasa. ‚Der Vorsteher des Hauses.‘ *Ije-goto-wo tsükasa-doru fito-wo iû.* ‚Bezeichnet einen Menschen, der den Angelegenheiten des Hauses vorsteht.‘

家風 *Ije-no kaze.* ‚Die Gewohnheiten des Hauses.‘

幼 *Itoki-nasi.* ‚Jung.‘ Sonst *itoke-nasi.*

嚴捷 *Itsi-fajasi.* ‚Streng.‘ *Zoku-ni kibisi-i mata fagesi-i-to iû kokoro nari.* ‚Im Sinne des im gemeinen Leben üblichen *kibisi-i* ‚streng‘ und *fagesi-i* ‚heftig.‘

灼然 *Itsi-zirosi.* ‚Deutlich.‘ Sonst *itsi-zirusi.*

犬走 *Inu-fasiri.* ‚Das Hundelaufen.‘ *Rei-tsi-to fori-to-no aida-wo iû.* ‚Bezeichnet den Raum zwischen dem Boden des Heiligthums und dem Graben.‘

Ika-ni sen. ‚Wie es sein wird.‘ *Zoku-ni dô-seô-to iû-ni onazi.* ‚Mit dem im gemeinen Leben üblichen *dô-seô* ‚wie es sein wird‘ gleichbedeutend.‘

I-ka-fo-kaze. No-siû I-ka-fo-no kaze-wo iû. ‚Bedeutet die Gewohnheiten von *I-ka-fo* in *No-siû.*‘

伊賀専 *I-ga-tau-me.* ‚Das ausschliessliche Weib (d. i. das alte Weib) von *I-ga.*‘ *Kitsüne-wo iû.* ‚Bedeutet den Fuchs.‘

Itadzüra-ne. Koi-süru fito-no fitori ne-süru-wo iû. ‚Bedeutet, dass der liebende Mensch allein schläft.‘

稲 いな 席 むしろ *Ina-musiro.* ‚Eine Matte von Reisstroh.‘

いづて ぶね *I-dzüte-bune.* *Itsu jagura-wo tateru fune-wo iû-to-zo.* ‚Bedeutet ein Schiff mit fünf Thürmen.‘ *I,* fünf. *Dzüte* steht für *tsütaje,* überliefern.

蚱 いな 蜢 ごまろ *Ina-gomaro.* ‚Reiswürmer.‘

いら〳〵し *Ira-ira-si.* *Zoku-ni sekaku-süru-to iû kokoro.* ‚Im Sinne des im gemeinen Leben üblichen *sekaku-süru* ‚grosse und vergebliche Mühe anwenden.‘ Das hier angeführte クカセ heisst richtig クカツセ *sekkaku.*

郎姫 いらつひめ *Iratsü fime.* Nach dem Wortlaute der entlehnten Zeichen: ein ärgerliches Fräulein. Nach dem Wortlaute der chinesischen Zeichen: ein Fräulein, das Leibwächterdienste versieht.

印地 いんぢ 打 うち *In-dzi-utsi.* ‚Schnellkäulchen schlagen.‘

苟 いや しくも *Ija-siû-mo.* ‚Einstweilen, vorläufig.‘ *Kari-some-to iû kokoro.* ‚Im Sinne von *kari-some* ‚einstweilen, vorläufig.‘ Wird sonst durch *ija-siku-mo* ausgedrückt.

禁忌 いま〳〵し *Ima-ima-si.* ‚Was zu vermeiden ist, unheilvoll.‘ *Imi-imi-si nari.* ‚Ist *imi-imi-si* ‚unheilvoll.‘

今 いま 参 まゐり *Ima-ma-iri.* ‚Jetzt in die Gesellschaft kommen.‘ *Atarasi-ma-iri nari.* ‚Ist *atarasi-ma-iri* ‚neu in die Gesellschaft kommen.‘

御 いま 座 そかる *Imasü-karu.* *Imasu-ni mazi.* ‚So viel als *imasu* ‚wohnen‘, von dem Himmelssohne gesagt.‘ Der Sinn von *karu* ungewiss. Mag für *imasü-wo karu* ‚das Wohnen entlehnen‘ oder *imasü-ni karu* ‚im Wohnen jagen‘ gesetzt sein.

いさ しらず *Isa-sirazü.* *I-i-ja siranu-no kokoro nari.* ‚Hat den Sinn von *i-i-ja siranu* ‚ei ich weiss nicht!‘

潦 いさら みづ *Isara-midzü.* ‚Ein kleines Wasser. Ein über den Weg laufendes Wasser.‘

いぎたなし *I-gitanasi.* *Zoku-ni iû ne-goki nari.* ‚Das im gemeinen Leben übliche *ne-goki* ‚schlaftrunken.‘ Aus *i* für *ine* ‚schlafen‘ und *kitanasi* ‚unrein‘ zusammengesetzt.

いしな とり *Isi-na-tori.* *Isi-no te-dama asobi-wo iû.* ‚Das Spiel der Handkugeln der Steine.‘ Das Spiel des Steinewerfens. Sonst auch *isi-nago.* Der Sinn sowohl von *na-tori* als von *nago* ist nicht klar. Das letztere mag die Zusammenziehung von *nage-ô* ‚gemeinschaftlich werfen‘ sein.

石帯 いしのおび *Isi-no obi.* ‚Ein steinerner Gürtel.‘ Ein starker Ledergürtel.

流矢 いたやぐし *Ita-ja-gusi.* ‚Ein fliegender Pfeil.‘ Ist nach einer anderen Erklärung so viel als *itami-ja-gusi,* der Speiler des schmerzhaften Pfeiles.

内子鮭 いれこざけ *Ire-ko-zake.* ‚Der Aufsatzlachs.‘ *Imâ iû* 籠子 *ko-gomori nari.* ‚Derselbe heisst gegenwärtig *ko-gomori.*‘

Sechs Sylben.

いはとがしは *Iwa-to-gasiwa. Isi-wo iû-to-zo. Isi tokiwa-no kokoro naru-besi.* ‚Bezeichnet den Stein. *Isi* ‚Stein‘ wird im Sinne von *tokiwa* ‚der beständige Fels, d. i. ewig‘ stehen.‘ Sonst ist *iwa-to-gasiwa* der Name einer Pflanze.

五百代小田 いほしろをだ *I-wo-siro-wo-da.* ‚Das kleine Feld der fünfhundert Stellvertreter.‘ Der Name einer Oertlichkeit.

いたづらいね *Itadzûra-ine. Omô fito-ni-mo awade fitori ne-suru-wo iû. Mata mi-noranu ine-wo-mo ijeri.* ‚Mit dem Menschen, den man liebt, nicht zusammentreffen und allein schlafen. Es bezeichnet auch Reispflanzen, die keine Frucht tragen.‘

いたづらびと *Itadzûra-bito. Jô-ni tatanu fito-wo iû.* ‚Bezeichnet einen Menschen, der von keinem Nutzen ist.‘

貸稲 いらしのいね *Irasi-no ine.* ‚Geliehene Reisähren.‘ *Irasi-wa mono-wo fito-ni kasu koto nari-to-zo. Sare-ba iresimuru ine-to iû kokoro-ka. Irasi* heisst: den Menschen eine Sache leihen. Also hat das Wort wohl den Sinn von Reisähren, die man einführen lässt.

入帷 いれかたびら *Ire-katabira.* ‚Ein hereingebrachtes Zelt oder ein Vorhang.‘

いつきむすめ *Itsûki-musûme.* ‚Ein begünstigtes Mädchen.‘

稲舂蟹 いなつきがに *Ina-tsûki-gani.* ‚Der die Reisähren zerstossende Krebs.‘ Eine Art Krebs.

いやとこしへ *Ija-toko-si-je. Ijo-ijo nagaku fisasi-ki-no kokoro.* ‚Im Sinne von: immer mehr, von ewiger Dauer.‘

いまや〳〵 *Ima-ja-ima-ja. Zoku-ni mò-ka-mò-ka-to iû kokoro.* ‚Im Sinne des im gemeinen Leben üblichen *mò-ka-mò-ka* ‚Wird es?‘

いふかひなし *Iû-kai-nasi.* ‚Nutzlos, wenn man sagte.' *I-i-gai-nasi-to onazi.* ‚Ist mit *i-i-gai-nasi* gleichbedeutend.'

いさらをがは *Isara-wo-gawa. Asaki kawa-wo iû-to-zo.* ‚Bedeutet einen seichten Fluss.'

いささけわざ *Isasake-waza. Isasaka-naru waza-to iû kokoro.* ‚Hat den Sinn von *isasaka-naru waza* ‚eine unbedeutende Sache.'

Sieben Sylben.

戴餅 いたゞきもちひ *Itadaki-motsi-i.* ‚Ein auf dem Haupte getragener Kuchen.' Eine Art Kuchen. *Motsi-i* steht für *motsi*, Kuchen.

いそのたちそき *Iso-no tatsi-soki.* ‚Der Zurückweichende des Meerufers.' *Saru-no kotonaru na nari-to-zo.* ‚Ist ein anderer Name für den Affen.'

Classe 呂 *Ro.*

呂 *Ro.* 侶 *Ro.* 路 *Ro.* 露 *Ro.* 稜 *Ro.* 魯 *Ro.* 盧 *Ro.* 樓 *Ro.* 漏 *Ro.* 廬 *Ro.* Laute.

Drei Sylben.

緑礬 ろうは *Rô-fa.* ‚Eisenvitriol.' Sonst *Roku-fa.*

六位 ろくゐ *Roku-wi.* ‚Die sechs Rangstufen.'

緑衫 ろうさう *Rou-sau, rô-sò.* ‚Ein grüngelbes Hemd.' *Roku-i-no fusûma nari.* ‚Der Mantel der sechs Rangstufen.' Steht für *roku-san.*

Sieben Sylben.

六衛司 ろくゑのつかさ *Roku-e-no tsûkasa.* ‚Der Vorsteher der sechs Leibwachen.'

Classe 波 *Fa.*

波 *Fa.* 破 *Fa.* 簸 *Fa.* 半 *Fa.* 判 *Fa.* 絆 *Fa.* 巴 *Fa.* 播 *Fa.* 幡 *Fa.* 皤 *Fa.* 薄 *Fa.* 八 *Fa.* 方 *Fa.* 鉢 *Fa.* 藐 *Fa.* 槃 *Fa.* 飜 *Fa.* 番 *Fa.* Laute.

伐 *Ba.* 婆 *Ba.* Trübe Laute.

羽 *Fa*, Flügel. 葉 *Fa*, Blatt. 早 *Fa*, frühzeitig. 速 *Fa*, schnell. 石 *Fa*, Stein. 歯 *Fa*, Zahn. Lesungen.

Zwei Sylben.

報 はう *Fau. Kua-fò-no kokoro nari.* ‚Steht im Sinne von *kua-fò*, Belohnung, Verdienst.'

ふぱ 弭 *Fazū.* ‚Die Enden des Bogens, an welchen die Sehne befestigt wird.‘ Sonst auch *fadzū.*

ふえ 婆庾 *Fa-je. Minami-kaze-wo iû-to-zo.* ‚Bedeutet den Südwind.‘

Drei Sylben.

ふにふ 埴生 *Fani-fu.* ‚Eine Lehmhütte.‘

を 魚 ふり 針 *Fariwo.* ‚Der Nadelfisch.‘ *Zoku-ni sajori-to iû.* ‚Heisst im gemeinen Leben *sajori.*‘ Sonst *fari-uwo.*

ふたへ 二十重 *Fata-je.* ‚Zwanzigfach.‘

ほ 穗 ふつ 初 *Fatsū-fo.* ‚Die ersten Kornähren.‘

ふねぱ 唐棣花 *Fanezu.* ‚Die Blüthen des Mehlbeerbaumes.‘

や ふひ 塚 *Fai-ja.* ‚Ein Grabhügel.‘ 屋 灰 *Fai-ja-no kokoro.* ‚Im Sinne von *fai-ja*, ein Aschenhaus.‘

て 入 ふひ 匍 *Fa-iri.* ‚Eintreten, hineintreten.‘ Zusammengezogen aus *fai-iri*, kriechend eintreten.

ふ 粉 ふふ 白 *Fa-funi.* ‚Weisse Schminke.‘ Sonst *faku-fun.*

わ 輪 ふに 埴 *Fani-wa.* ‚Ein Rad von Thonerde.‘

ふうし 拍子 *Fau-si.* ‚Der Tact in der Musik.‘ Sonst *feô-si.*

ふひも 僞荀 *Fai-mo.* ‚Aus Falschheit vorläufig oder in geringem Maasse.‘ Mag von *fai* ‚kriechen‘ abgeleitet sein.

ふかう 八講 *Fa-kô.* ‚Die acht Erklärungen der Bonzen.‘ Sonst *fakkô.*

は ふな 塙 *Fana-fa. Tsūtsi takaki nari.* ‚Bedeutet ‚hoch‘ in Bezug auf das Erdreich.‘

ばうざ 病者 *Bau-za.* ‚Ein Kranker.‘ Sonst *biô-zia.*

ふひえ 延枝 *Fai-je.* ‚Kriechende Zweige.‘

Vier Sylben.

掃墨 *Fai-zŭmi.* ‚Gefegte Kohle.‘ Eine schwarze Schminke.

陪膳 *Fai-zen.* ‚Speisen austheilen.‘

蠅虎 *Faje-tori. Musi nari.* ‚Ist ein Insect.‘ Sonst *fai-tori-gumo*, eine fliegenfangende Spinne.

葬 *Faufuri.* ‚Begraben.‘ Sonst *fômuri.*

白癩 *Faku-rai.* ‚Ein weisser Aussatz.‘ *Fito-wo nonosiri-te iû kotoba nari.* ‚Ein Wort, mit welchem man die Menschen schmäht.‘

半靴 *Fau-kua.* ‚Ein halber Schuh, eine Art Pantoffel.‘ Steht für *fan-kua.*

匜 *Fani-zafŭ.* ‚Eine Waschkanne.‘ Steht für *fan-zô.*

走井 *Fasiri-wi.* Der Name einer Oertlichkeit in Kô-siû.

半月 *Fani-wari.* ‚Zur Hälfte getheilt.‘ Der halbe Mond. Steht für *fan-wari.* Sonst auch *fan-gets.*

牛縻 *Fana-dzŭra.* ‚Ein Nasenring.‘ *Usi uma-wo tsunagu nari.* ‚Rinder und Pferde anbinden.‘ Sonst auch *fana-dzŭna*, ein Nasenseil.

方角 *Fô-gaku.* ‚Die vier Gegenden und die vier Winkel.‘

半額 *Fan-kau.* ‚Die halbe Stirne.‘ Sonst auch フカンハ *fan-kafu.*

昆虫 *Fô-musi.* ‚Kriechende Insecten.‘

放免 *Fau-men.* ‚Loslassen oder freisprechen.‘

焙烙 *Fau-roku. Mono-wo iru utsŭwa nari.* ‚Ein Gefäss, in welchem man Gegenstände röstet.‘

梔弓 *Fazi-jumi.* ‚Ein Bogen von dem Holze des Mehlbeerstrauches.‘

拜禮 はいらい *Fai-rai.* ‚Die Verehrung, die Anbetung.' Sonst *fai-rei.*

廢朝 はいてう *Fai-teû.* ‚Ein abgesetzter Hof.'

半蔀 はじとみ *Fa-zitomi.* Ein halbes Schutzdach.'

褒貶 はうへん *Fau-fen.* ‚Erhebung und Herabsetzung.' Sonst *fou-fen.*

はすなは *Fasŭ-nawa. Kusa-no na.* ‚Der Name einer Pflanze.'

芭蕉 はせをば *Fa-se-wo-ba.* ‚Die Banane.' Sonst *ba-se-wo.*

Fünf Sylben.

白拂 はえばらひ *Faje-barai.* ‚Ein Bannen mit Glanz.' Ein ausgezeichnetes Bannen des Uebels.

促織 はたおりめ *Fata-ori-me.* ‚Die Weberin.' *Musi nari.* ‚Der Name eines Insectes.'

百和香 はくわかう *Faku-wa-kau.* ‚Der Wohlgeruch der hundert Einklänge.'

大角 はうのふえ *Fau-no fuje.* Eine Art Flöte.

判官 はうぐわん *Fau-guan.* ‚Ein Richter.' Sonst *fan-guan.*

鎮花祭 はなじづめ *Fana-zitsüme.* ‚Das Opfer des Versenkens der Blumen.'

葉蘰 はねかづら *Fa-ne-kadzüra.* Eine Art Schlingpflanze.

花鬘 はなかづら *Fana-kadzüra.* ‚Eine Blumenperrücke.' Ein weiblicher Kopfputz.

花柑子 はなかうじ *Fana-kau-zi.* ‚Eine Blumenorange.' Eine Orangenart.

花宴 はなのえん *Fana-no jen.* ‚Das Blumenfest.'

傍官 はうぐわん *Fô-guan.* ‚Eine nebenstehende Obrigkeit.' *Zoku-ni fô-bai-to iû-ni onazi.* ‚Mit dem im gemeinen Leben üblichen *fô-bai* ‚der Genosse im Amte' gleichbedeutend.'

Sechs Sylben.

蓮 はちすの はひ *Fatsisu-no fafi.* ‚Der Glanz der Wasserlilie.' Der in dem Schlamme befindliche weisse Theil an dem Stamme der Wasserlilie.

放 はう 生會 じやうゑ *Fô-ziô-e.* ‚Die Zusammenkunft, bei der man gefangenen Thieren die Freiheit schenkt.'

放 はう 鷹樂 ようらく *Fô-jô-raku.* ‚Die Freude des losgelassenen Falken.' *Kots-ziki teô-nai.* ‚Das eingerichtete Innere des Bettlers.'

Sieben Sylben.

權 はかりの 衡 おもし *Fakari-no omosi.* ‚Das Gewicht der Wage.' Für *omosi* steht sonst *omori.*

外 はゝかたの 祖母 おば *Fawa-kata-no oba.* ‚Die Grossmutter von mütterlicher Seite.'

舅 はゝかたの をぢ *Fawa-kata-no wodzi.* ‚Der Oheim von mütterlicher Seite.'

從 はゝかたの 母 をば *Fawa-kata-no woba.* ‚Die Muhme von mütterlicher Seite.'

斑犀 はんさいの 帶 おび *Fan-sai-no obi.* ‚Ein Gürtel von gestreifter Rhinoceroshaut.'

Acht Sylben.

外 はゝかたの 祖父 おほぢ *Fawa-kata-no o-odzi.* ‚Der Grossvater von mütterlicher Seite.'

Neun Sylben.

從 はゝかたの 舅 おほをぢ *Fawa-kata-no o-o-wodzi.* ‚Der Oheim von mütterlicher Seite.'

Classe 仁 *Ni.*

邇 *Ni.* 爾 *Ni.* 你 *Ni.* 二 *Ni.* 仁 *Ni.* 耳 *Ni.* 而 *Ni.* 珥 *Ni.* 貳 *Ni.* 尼 *Ni.* 柔 *Ni.* 兒 *Ni.* Laute.

煮 *Ni,* sieden. 丹 *Ni,* mennigroth. 荷 *Ni,* Last. 似 *Ni,* ähnlich sein. Lesungen.

9*

Zwei Sylben.

にわ 場 *Niwa.* ‚Ein freier Platz.‘ *Mitsi-niwa-no niwa nari. Zoku-niwa ba-to nomi iū.* ‚Ist das *niwa* ‚freier Platz‘ in *mitsi-no niwa*, der freie Platz des Weges. Im gemeinen Leben sagt man blos *ba*.‘ *Niwa* hat sonst die Bedeutung: Vorhof.

にわ *Niwa. Kai-ziō-no nodoka-naru-wo iū.* ‚Ruhiges Wetter zur See.‘

Drei Sylben.

にほひ 餘光 *Niwoi.* ‚Der zurückgebliebene Glanz.‘

にひ 新 葉 は *Ni-i-ba.* ‚Neue Blätter.‘

にせ 似 画 ゑ *Ni-se e.* ‚Ein nach dem Leben gezeichnetes Bildniss.‘ *Zoku-ni iū ni-gawo-e nari.* ‚Ist das im gemeinen Leben übliche *ni-gawo-e*, eine Abbildung der Gesichtszüge.‘

Vier Sylben.

漿 に おもひ *Ni-omoi. Nomi-mono nari.* ‚Ein zubereitetes Getränk.‘

にふ 入 梅 ばい *Niū-bai.* ‚In die Pflaumenbäume dringend.‘ Die Regenzeit.

にぎ 和 栲 たへ *Nigi-taje.* ‚Die als Opfer dargereichten Stücke Papier.‘ Sonst *nigi-te*, wobei *te* die Abkürzung von *taje*.

によい 如意 輪 り *Nio-i-ri.* ‚Das Rad an einem Schlägel.‘ *Ri* steht für *rin*, Rad.

にのまひ 二舞 *Ni-no mai.* ‚Der Tanz Zweier.‘ *Mai jori ide-taru kotoba-nite nani-ni te-mo fito-ni sasi-tsūdzūki-te onazi koto-wo sūru-wo iū.* ‚Ein von *mai* ‚Tanz‘ herstammender Ausdruck. In Bezug auf Menschen bedeutet er: eine und dieselbe Sache thun.‘

Fünf Sylben.

にぎ 饒 ゝ し *Nigiwawasi.* ‚Ansehnlich, übermässig voll.‘ Sonst *nigiwasi.* Von *nigiwō* abgeleitet.

にょべ 女別 當 たう *Nio-be-tau.* ‚Eine zugetheilte Vorsteherin des Tempels.‘ Sonst *nio-bets-tō.*

にん 人 長 ぢやう *Nin-dziō.* ‚Ein Aeltester der Menschen.‘ *Kami-waza-no mai-bito bei-ziū nado-no wosa-wo iū.* ‚Bezeichnet einen Vorsteher der bei dem Gottesdienste beschäftigten Tänzer, Spielleute und anderer Menschen.‘

にひ 新 參 まゐり *Ni-i-ma-iri.* ‚Neu in die Gesellschaft treten.‘ *Zoku-ni iū sin-zan nari.* ‚Ist das im gemeinen Leben übliche *sin-zan*‘ (von der nämlichen Bedeutung).

Sechs Sylben.

庭訓 にはのをしへ *Niwa-no wosije.* ‚Die Belehrung des Vorhofes.'

女春宮 にょとうぐう *Nio-tô-gû.* ‚Der östliche Palast der Tochter.' Die anstatt des Sohnes zur Nachfolge bestimmte Tochter des Kaisers.

女官 にょうくわん *Niô-kuan.* ‚Eine weibliche Obrigkeit.' Sonst *nio-kuan.*

Classe 保 *Fo.*

富 *Fo.* 本 *Fo.* 菩 *Fo.* 蕃 *Fo.* 品 *Fo.* 褒 *Fo.* 寶 *Fo.* 朋 *Fo.* 費 *Fo.* 報 *Fo.* 裒 *Fo.* 保 *Fo.* 栒 *Fo.* 方 *Fo.* 奉 *Fô.* Laute.

凡 *Bo.* 煩 *Bo.* 乏 *Bo.* Trübe Laute.

太 *Fo*, gross. 帆 *Fo*, Segel. 穗 *Fo*, Kornähre. 日 *Fo*, Tag. Lesungen.

Zwei Sylben.

布衣 ほい *Fo-i.* ‚Ein Tuchkleid.' *Kari-ginu-wo ijeri.* ‚Bedeutet ein Jagdkleid.' Sonst das Kleid des niederen Angestellten.

Drei Sylben.

布衣 ほうい *Fou-i.* ‚Ein Tuchkleid.' *Fo-i-wo nobete ijeri.* ‚Die gedehnte Aussprache von *fo-i.*'

上枝 ほづえ *Fodzü-je.* ‚Die oberen Zweige eines Baumes.' Sonst auch *fozü-je.*

反故 ほうぐ *Fô-gu.* ‚Altes Papier.' *Mata fô-go-to-mo.* ‚Es heisst auch *fô-go.*' Sonst auch *fon-go.*

ほきぢ *Foki-dzi. Jama soba-no aja-uki mitsi-wo iû.* ‚Ein gefährlicher Weg zur Seite der Berge.'

穗末 ほずゑ *Fo-zü-e.* ‚Die Aehrenspitze.'

糒 ほしい *Fosi-i.* ‚Getrockneter gekochter Reis.' Sonst auch *fosi-i-i.*

Vier Sylben.

酸漿 ほゝづき *Fo-o-dzüki.* ‚Die Judenkirsche.' Sonst auch *fou-dzüki* und *fou-züki.*

菩提樹 ぼだいじゆ *Bo-dai-zü.* ‚Der Baum Bodai's.' Eine Art Linde. Sonst *bo-dai-ziû.*

ほん たい *Fon-tai.* 体本 *Fon-tai-nite fon-rai-no siû-sei-no kokoro naru-besi.* ‚Ist *fon-tai* ‚der eigene Körper‘ und mag in dem Sinne von *fon-rai-no siû-sei* ‚die ursprüngliche Gemüthsbeschaffenheit‘ stehen.‘

本宮 ほんぐう *Fon-gû.* ‚Der eigene Palast.‘

本才 ほんざい *Fon-zai.* ‚Die eigene Begabung.‘

牡丹 ぼうたん *Bou-tan.* ‚Die Pfingstrose.‘ Sonst *bo-tan.*

捧物 ほうもち *Fô-motsi.* ‚Ein dargereichter Gegenstand.‘

ほふ もん *Fofû-mon.* 文經 *Kiô-mon-wo iû.* ‚Bedeutet den Text der mustergiltigen Bücher.‘ Dem Worte liegt eigentlich 文法 zu Grunde.

外人 ほかうど *Foka-udo.* ‚Ein auswärtiger Mensch.‘

榾柮 ほたぐひ *Fota-gui.* ‚Ein Baumstumpf.‘ *Zoku-ni iû kiri-kabu nari.* ‚Ist das im gemeinen Leben übliche *kiri-kabu.*‘ Mit *kui* ‚Pfoste‘ zusammengesetzt.

朋友 ほういう *Fô-iû.* ‚Freunde.‘ Sonst *fô-jû.*

本情 ほんじやう *Fon-ziô.* ‚Die Gemüthsart, die angeborene Eigenschaft.‘ *Zoku-ni umare-tsûki-to iû kokoro.* ‚Im Sinne des im gemeinen Leben üblichen *umare-tsûki*, die angeborene Eigenschaft.‘ Sonst *fon-siô.*

ほふ け づき *Fofû-ke-dzûki.* 付氣法 *fofu-ke-dzûki-no kokoro.* ‚Im Sinne von Anschliessung an den Geist der Vorschrift.‘

法華經 ほけきやう *Fo-ke-kiô.* ‚Die mustergiltigen Bücher der Secte *Fokke.*‘

Sechs Sylben.

細冠者 ほそくわじや *Foso-kua-zia.* ‚Der Träger einer dünnen Mütze.‘

法華經 ほくゑきやう *Fo-ku-e-kiô.* ‚Die mustergiltigen Bücher der Secte *Fokke.*‘

Classe 邊 *Fe.*

幣 *Fe.* 閇 *Fe.* 平 *Fe.* 反 *Fe.* 返 *Fe.* 敝 *Fe.* 弊 *Fe.* 鷩 *Fe.* 遍 *Fe.* 覇 *Fe.* 陛 *Fe.* 佩 *Fe.* 背 *Fe.* 沛 *Fe.* 杯 *Fe.* 鼈 *Fe.* 邊 *Fe.* Laute.

便 *Be.* 辨 *Be.* 別 *Be.* 倍 *Be.* Trübe Laute.

甕 *Fe*, Krug. 缶 *Fe*, Schüssel. 重 *Fe*, Fach. 經 *Fe*, vorübergehen. 家 *Fe*, Haus. 戸 *Fe*, Thüre. 部 *Fe*, Abtheilung. Lesungen.

Zwei Sylben.

べい *Bei. Beki-wo on-ben-ni ijeri.* ‚So sagt man in bequemer Aussprache für *beki*, können.‘ Ebenso in der Sprache des gemeinen Lebens.

捉 へ 緒 を *Fe-wo.* ‚Die Schnur an dem Fusse des Falken.‘ *Taka-ni iû.* ‚Wird in Bezug auf den Falken gesagt.‘ *Fe* hat ursprünglich die Bedeutung ‚vorübergehen.‘

Drei Sylben.

竈 へつゐ *Fetsŭ-i.* ‚Ein Herd.‘ Sonst *fetsŭtsŭ-i.*

Vier Sylben.

屏 へい 幔 まん *Fei-man.* ‚Ein Vorhang.‘

へじぐち *Fe-zi-gutsi. Fe* 字 *zi* 口 *gutsi-no kokoro-ka.* ‚Vielleicht im Sinne von *fe-zi-gutsi*, der Mund, die Oeffnung des Schriftzeichens *fe.*‘

遍 へん 照 ぜう *Fen-zeô. Fito-no na.* ‚Der Name eines Menschen.‘

變 へん 化 ぐゑ *Fen-gu-e.* ‚Sich verändern und verwandeln.‘ Sonst *fen-kua.*

別納 べちなふ *Betsi-nafŭ.* ‚Besonders einbringen.‘ Steht für *bets-nafŭ.*

Fünf Sylben.

屏 へい 重門 ぢもん *Fei-dzi-mon.* ‚Das Thor in einer Mauer.‘ Sonst *fei-dziû-mon.*

平 へい 綾 りよう *Fei-rijou.* ‚Glatter Taffet.‘ *Koromo-no na.* ‚Der Name eines Kleides.‘

豹 へう 皮 のかは *Feû-no kawa.* ‚Ein Leopardenfell.‘

陪 べい 從 じゆう *Bei-zijû.* ‚Spielleute.‘ 下地 *Dzi-ge-no gaku-nin-wo iû-to-zo.* ‚Bezeichnet die Spielleute der Angestellten von der niedrigsten Rangstufe.‘ Sonst *bei-ziû.*

Classe 止 *To.*

登 *To.* 斗 *To.* 刀 *To.* 等 *To.* 土 *To.* 苔 *To.* 覩 *To.* 都 *To.* 藤 *To.* 得 *To.* 徳 *To.* 渡 *To.* 妬 *To.* 屠 *To.* 東 *To.* Laute.

杜 *Do.* 圖 *Do.* 杼 *Do.* 奴 *Do.* 弩 *Do.* 怒 *Do.* 特 *Do.* 迺 *Do.* 耐 *Do.* 度 *Do.* 騰 *Do.* 鷹 *Do.* Trübe Laute.

跡 *To*, Spur. 常 *To*, beständig. 十 *To*, zehn. 鳥 *To*, Vogel. 飛 *To*, fliegen. 止 *To*, stillstehen. 迹 *To*, Spur. 砥 *To*, schleifen. 利 *To*, scharf. 礪 *To*, schleifen. 外 *To*, auswendig. Lesungen.

Zwei Sylben.

え 磐 と 常 *To-wa.* ‚Beständig dauernd.' Zusammengezogen aus *toko-iwa,* die beständig dauernden Felsen.

とう 疾 *Tô.* ‚Schnell.' *Toku-no on-ben-nari.* ‚Ist die bequeme Aussprache von *toku.*

とう 頭 *Tô.* ‚Das Haupt.' *Foka-no-wa kami-to iû kura-udo-no tô-ni kagiri-te tô-to iû.* ‚Heisst sonst *kami.* Mit Beschränkung auf das Wort *kura-udo-no tô* ‚das Haupt der Wächter des kaiserlichen Vorrathshauses' sagt man *tô.*'

どう 筒 *Dô.* Eine Röhre.' *Sugo-roku-no tsûtsû-wo iû.* ‚Bedeutet die Röhre für das Puffspiel.'

どうどう 轟 *Do-u. Mono-no koje-nari. Do-u-to otsû nado ijeri.* ‚Der Ton eines fallenden Gegenstandes. Man sagt *do-u-to otsû* ‚mit einem Schall zu Boden fallen' und Aehnliches.' Sonst *tô-tô.*

じ 自 と 刀 *To-zi. Fu-zio-no tsû-siò nari.* ‚Eine allgemeine Benennung der Weiber und Mädchen.' Ehemals eine Angestellte des Palastes, welche für die Lebensmittel zu sorgen hatte.

Drei Sylben.

ゐ 栖 とり 雞 *Tori-i.* ‚Die Hühnerstange.' Eine Art Geländer vor einem Tempel.

とをを 撓 *Towo-wo.* ‚Gebogen, gesenkt.' Sonst *Tawa-wa.*

を とび 鰩 *Tobiwo.* ‚Ein fliegender Fisch.' Statt *tobi-iwo.*

とこひ 詛 *Tokoi.* ‚Verwünschen, fluchen.'

だえ と *To-daje.* 絶 跡 *Ato-daje-no kokoro.* ‚Hat den Sinn von spurlos.'

め とぢ *Todzi-me.* 目 結 *Jui-me-no kokoro.* ‚Bedeutet die Stelle, wo etwas geknüpft ist.'

へ 重 との 外 *To-no fe.* ‚Die äussere Schichte.'

ろ 籠 とう 燈 *Tou-ro.* ‚Ein Korb als Laterne.' Sonst *tou-rou.*

づき と *Todzûki. Ima iû todoki-ni onazi.* ‚Ist mit dem jetzt gebräuchlichen *todoki* ‚sich erstrecken' gleichbedeutend.'

Vier Sylben.

くえり 回 と 鳥 *To-kajeri.* ‚Zurückfliegen.' *Taka-ni iû.* ‚Wird von dem Falken gesagt.' Steht für *tori-kajeri* oder *tobi-kajeri.*

なげ 射 とを 遠 *Towo-nage.* ‚Weit werfen oder schiessen.'

しへ とこ 長 *Toko-si-je.* ‚Lange während, ewig.' Sonst *toko-si-naje.*

非時 ときじく *Toki-ziku.* ‚Zur Unzeit.'

銅盞 とうさん *Tô-san.* ‚Ein kupferner Becher.' *Sakadzuki nari.* ‚Ist der Weinbecher.'

十依 とをより *Towo-jori. Tawami-joru kokoro nari.* ‚Steht im Sinne von *tawami-joru*, sich biegen, sich senken.'

眠猪 とこづい *Toko-dzüme.* ‚Ein Bettnagel.' Ein Geschwür vom Aufliegen. *Zoku-ni toko-züre-to iû.* ‚Im gemeinen Leben sagt man *toko-züre*, von dem Bette aufgerieben.'

屯食 とんじき *Ton-ziki.* ‚Angehäufte Speise.'

伴緒 とものを *Tomo-no wo.* ‚Die Schnur der Gefährten.' Die Reihe der Gefährten.

等倫 とうりん *Tô-rin.* ‚Die geordneten Menschenclassen.' *Fito-nami-to iû kokoro.* ‚Im Sinne von *fito-nami*, die Leute, die gewöhnlichen Menschen.'

等身 とうじん *Tô-zin* ‚Der ordnungsmässige Leib.' *Fotoke-no zô-wo mi-no take-to fitosi-ku tsükuru-wo iû.* ‚Bedeutet: das Bild Buddha's im Ebenmaasse in Bezug auf die Höhe des Leibes verfertigen.'

Fünf Sylben.

因人 とらへびと *Toraje-bito.* ‚Ein Gefangener.' Sonst *toraware-bito.*

とをしろし *Towo-zirosi.* 明鮮 *Itsi-zirosi-no katatsi.* ‚Der Zustand der Klarheit und Deutlichkeit.'

諧 ととのをり *Totonowori.* ‚Einrichten, ordnen.' Sonst *totonai.*

時杭 ときのくひ *Toki-no kui.* ‚Die Pfosten der Zeit.'

時奏 ときまうし *Toki-mausi.* ‚Die Zeit melden.'

どうしゆく *Dou-sijuku. Fito-tsü-ni woru bô-zü-wo iû.* ‚Bedeutet einen alleinwohnenden Bonzen.' Wahrscheinlich statt des übrigens nicht vorgekommenen 宿獨 *doku-siûku* ‚allein übernachten'.

Sechs Sylben.

遠江 とほつあふみ *Towo-tsü afumi.* Der Name einer Provinz. Sonst *tôtômi.*

Sieben Sylben.

十反花 とかへりのはな *To-kajeri-no fana.* ‚Die zurückfliegende Blüthe.' *Matsü-ni iû.* ‚Bezieht sich auf die Fichte.'

Classe 知 Tsi.

知 *Tsi.* 智 *Tsi.* 池 *Tsi.* 馳 *Tsi.* 陳 *Tsi.* 稚 *Tsi.* 致 *Tsi.* 恥 *Tsi.* 笞 *Tsi.* Laute.

遅 *Dzi.* 治 *Dzi.* 地 *Dzi.* 尼 *Dzi.* *Dzi.* 泥 *Dzi.* 膩 *Dzi.* Trübe Laute.

市 *Tsi*, Markt. 乳 *Tsi*, Milch. 千 *Tsi*, tausend. 血 *Tsi*, Blut. Lesungen.

Eine Sylbe.

ぢ 持 *Dzi.* ‚Festhalten.' *Katsi-make-naki-wo iû.* ‚In der Bedeutung: weder Sieg noch Niederlage.'

ぢ 柱 *Dzi.* ‚Ein Pfeiler.'

Zwei Sylben.

ちい 釣 *Tsi-i.* ‚Gleichförmig.' 法 注 *Ziû-fô nari.* ‚Mit der Vorschrift übereinstimmend.'

ちへ 千重 *Tsi-je.* ‚Tausendfach.'

ちえ 千枝 *Tsi-je.* ‚Tausend Zweige.'

ぢし 地子 *Dzi-si.* ‚Der Sohn der Erde.' *Zoku-ni ije-sitsi-to iû.* ‚Heisst im gemeinen Leben *ije-sitsi,* das Pfand des Hauses.'

ぢん 帔 *Dzi-sû.* ‚Eine Binsenmatte.' *Sû-no kokoro.* ‚Steht im Sinne von *sû*, Matte.'

Drei Sylben.

ちのわ 茅輪 *Tsi-no wa.* ‚Ein Rad von Riedgras.' Ein Geräthe des Gottesdienstes.

ちおも 乳母 *Tsi-omo.* ‚Eine Amme.' Sonst *uba.*

ちだう 地道 *Tsi-dô.* ‚Ein Weg unter der Erde.'

ぢもく 除目 *Dzi-moku.* ‚Ein Gesetzartikel.'

Vier Sylben.

ちりぼひ *Tsiri-boi. Zoku-ni otsi-bure-taru-wo iû.* ‚Ist das im gemeinen Leben übliche *otsi-bure-taru,* verarmt sein.'

Fünf Sylben.

げん 間 ちゆう 中 *Tsijû-gen.* ‚Mitten und dazwischen.' *Idzu-kata-ni-mo tsûkazu fasita-naru kokoro nari-to-zo.* ‚Hat den Sinn, dass man, ohne irgendwohin zu gehören, überzählig ist.'

Sechs Sylben.

褌 ちひさきもの *Tsi-isaki mono.* ‚Beinkleider.' Wörtlich: ein kleiner Gegenstand.

Sieben Sylben.

長奉送使 ちやうぶそうし *Tsiò-bu-so-si.* ‚Ein immerwährend darreichender, begleitender Angestellter.'

幗 ちきりかうぶり *Tsikiri ka-uburi.* ‚Eine Mütze des Weberbaumes.' *Fu-zin-no imi-kaburi nari.* ‚Ist eine Trauermütze der Weiber.'

道饗祭 ちあへのまつり *Tsi-aje-no matsüri.* ‚Das Wegopfer von Speisen.'

Classe 利 *Ri.*

理 *Ri.* 利 *Ri.* 唎 *Ri.* 梨 *Ri.* 黐 *Ri.* 里 *Ri.* 離 *Ri.* 隣 *Ri.* 驪 *Ri.* Laute.

Vier Sylben.

林檎 りうこう *Riû-kô.* ‚Ein Apfel.' *Tsi-isaki mi zoku-ni rin-go-to iû.* ‚Eine kleine Frucht. Dieselbe heisst im gemeinen Leben *rin-go.*'

Fünf und sieben Sylben.

律令 りつりやう *Rits-rijau.* ‚Gesetzartikel und Erlässe.' Sonst *rits-rei.*

りやう〳〵し *Riò-riò-si.* ゝ 良 *Riò-riò-nite jorosi-ki kokoro-ka.* ‚Ist vielleicht *riò-riò* ‚sehr vortrefflich' und hat den Sinn von *jorosi-ki* ‚angemessen, gut'.

Classe 奴 *Nu.*

奴 *Nu.* 怒 *Nu.* 濃 *Nu.* 努 *Nu.* 農 *Nu.* Laute.
沼 *Nu*, Teich. 寐 *Nu*, schlafen. Lesungen.

Zwei Sylben.

虹 ぬじ *Nuzi.* ‚Der Regenbogen.' *Mata nizi-to-mo.* ‚Heisst auch *nizi.*'

Drei Sylben.

拭 ぬごひ *Nugoi.* ‚Abwischen.' *Mata nugui-to-mo.* ‚Es heisst auch *nugui.*' Sonst auch *nogoi.*

蘇 ぬかえ *Nuka-je. Asa-no tagui.* ‚Eine Art Hanf.'

10*

Classe 留 *Ru.*

琉 *Ru.* 流 *Ru.* 留 *Ru.* 瑠 *Ru.* 類 *Ru.* 纍 *Ru.* 盧 *Ru.* 蘆 *Ru.* 屢 *Ru.* 樓 *Ru.* 瞀 *Ru.* Laute.

るゐ 類 *Ru-wi.* ‚Die Art.‘ Sonst *rui.*

Classe 乎 *Wo.*

袁 *Wo.* 遠 *Wo.* 乎 *Wo.* 呼 *Wo.* 弘 *Wo.* 烏 *Wo.* 塢 *Wo.* 怨 *Wo.* 越 *Wo.* 叫 *Wo.* 惋 *Wo.* 廻 *Wo.* 惡 *Wo.* Laute.

陽 *Wo*, das Yang. 男 *Wo*, Mann. 夫 *Wo*, Mann. 士 *Wo*, Kriegsmann. 丁 *Wo*, Kriegsmann. 雄 *Wo*, männlich. 牡 *Wo*, männlich. 尾 *Wo*, Schweif. 小 *Wo*, klein. 少 *Wo*, klein. 緒 *Wo*, Schnur. 絃 *Wo*, Saite. 麻 *Wo*, Hanf. 苧 *Wo*, Hanf. 峯 *Wo*, Berggipfel. 岑 *Wo*, Berggipfel. 岡 *Wo*, Berghöhe. 丘 *Wo*, Erdhügel. 侵 *Wo*, plündern. 矣 *Wo*, zu Ende sein. Lesungen.

Eine Sylbe.

を 唯 *Wo.* ‚Ein Wort der Bejahung.‘

Zwei Sylben.

をい 唯 *Wo-i.* ‚Ein Wort der Bejahung.‘ Mit *wo-wo* gleichbedeutend.

をへ 終 *Woje.* ‚Enden.‘ Sonst *wowari.*

をど 小門 *Wo-do.* ‚Eine kleine Thüre.‘

をぢ 老翁 *Wodzi.* ‚Ein Greis.‘ Sonst *wowodzi.*

をち 遠 *Wotsi.* ‚Fern.‘

をち *Wotsi. Woi-taru mono-no futa-tabi waka-gajeru-wo iû mata fototogisû-ni wotsi-kajeri-naku-to iû-wa iku-tabi-mo tatsi-kajeri-to iû kokoro nari.* ‚Bedeutet, dass ein alter Mensch noch einmal jung wird. Ferner hat es in dem auf den Kuckuck bezüglichen Ausdrucke *wotsi-kajeri-naku* (er ruft mehrmals wieder) den Sinn von *iku-tabi-mo tatsi-kajeri* ‚mehrmals wieder anheben.‘ Das *wotsi* in dem letzteren Ausdrucke wird indessen auch durch 千チ 百ヲ *wo-tsi* ‚hunderttausend‘ wiedergegeben, wobei zu bemerken, dass *wo* oder *fo* ‚hundert‘ sonst niemals im Anfange gesetzt wird.

をだ 小田 *Wo-da.* ‚Ein kleines Feld.‘

をそ 獺 *Woso.* ‚Eine Fischotter.‘

をそ 嘯 *Woso.* ‚Pfeifen.‘ Sonst *uso* in *uso-fuku.*

をの 小野 *Wo-no.* ‚Eine kleine Ebene.‘

をし 鴛鴦 *Wo-si.* ‚Die Fächerānte.‘ Sonst *wo-si-dori.*

をし 食 *Wosi.* ‚Essen.‘

をま 牡馬 *Wo-ma.* ‚Ein männliches Pferd.‘

をえ 瘁 *Woje.* ‚Mager, abgezehrt.‘

をし 司 *Wosi.* ‚Als Vorsteher leiten.‘ *Zoku-ni kuni-wo rei-zuru-wo iû.* ‚Bedeutet das im gemeinen Leben übliche *kuni-wo reô-zuru*, einem Reiche vorstehen.‘

をき 招禱 *Woki.* ‚Eine Gottheit anrufen.‘

Drei Sylben.

をがさ 小笠 *Wo-gasa.* ‚Ein kleiner Regenschirm.‘

をつゝ 現 *Wotsütsü.* ‚Das Sichtbare, die Wirklichkeit.‘ *Mata utsütsü-to-mo.* ‚Es heisst auch *utsütsü.*‘

をぐな 童男 *Woguna.* ‚Ein Knabe.‘

をぐろ 小畔 *Wo-guro.* ‚Ein kleiner Feldrücken.‘

をうと 夫 *Wo-uto.* ‚Ein Mann, ein Gemahl.‘ *Zoku-ni wotto-to iû.* ‚Im gemeinen Leben sagt man *wotto.*‘

をぶさ 緘 *Wo-busa.* ‚Ein Hanftuch.‘

をさぎ 兎 *Wosagi.* ‚Ein Hase.‘ *Mata usagi-to-mo.* ‚Man sagt auch *usagi.*‘

をじま 小嶋 *Wo-zima.* ‚Die kleine Insel.‘ Der Name eines Districtes.

をしき 折敷 *Wo-siki.* ‚Eine Schüssel.‘ Steht für *wori-siki.*

をぼね 尾株 *Wo-bone.* ‚Der Stumpf des Schweifes.‘

をゝし 雄畧 *Wo-wosi.* ‚Eine männliche, starke Leitung.'

をゝり *Wowori. Tawami-nabiku katatsi.* ‚Gebogen und zur Seite geneigt sein.'

をきゑ 招餌 *Woki-e.* ‚Die Lockspeise.'

をざし 建 *Wo-zasi.* ‚Zu seiner Zeit Einrichtungen treffen.' 指尾 *wo-zasi-no kokoro.* ‚Im Sinne von *wo-zasi*, auf den Schweif, auf das Ende zeigen.'

をくび 衽 *Wo-kubi.* ‚Der Brustlatz eines Kleides.' *Wo-kubi-no kokoro nari.* ‚Im Sinne von *wo-kubi*, der kleine Hals.'

をもの 粮 *Wo-mono.* ‚Mundvorrath.' 物 食 *wosi-mono-no kokoro nari.* ‚Im Sinne von *wosi-mono*, Esswaare.'

をなじ 項 *Wonazi.* ‚Hals.' *Mata unazi-to-mo.* ‚Es heisst auch *unazi*.'

をしね 稲 *Wosine.* ‚Später Reis.' *Wo-wa fats-go nari.* ‚*Wo* ist ein Anfangspartikel.' *Sine* ist bedeutungslos. Richtiger als Abkürzung von *oso-ine* ‚später Reis' zu betrachten. Aehnlich *oso-sakura*, die Spätkirsche.

Vier Sylben.

をい〱 *Woi-woi. Naku koje nari.* ‚Ist der Laut des Weinens.'

をゐ〱 *Woi-woi. Fats-go-no woi-wo kasanete ijeri.* ‚Ist die Wiederholung der Anfangspartikel *woi*.'

をとゝひ 前日 *Wototoi.* ‚Vorgestern.' Sonst *wototsu-i.*

をりまつ 折松 *Wori-matsu.* ‚Die zerbrochene Fichte.' 那 松 *Matsu-na-no tagui.* ‚Der Name einer Pflanze, einer Art *matsu-na*.'

をたけび 雄詰 *Wo-takebi.* ‚Sich erzürnen.'

をう〱 *Wou-wou. Umeku toki-no koje nari.* ‚Der Ton beim lauten Rufen oder Stöhnen.'

をむなめ 妾 *Womuna-me.* ‚Ein Nebenweib.'

女 をむな 子 ご *Womuna-go.* ‚Ein Mädchen.‘ Sonst *wonago.*

をそごと *Woso-goto.* ‚Eine Lüge.‘ *Sora-goto-to onazi.* ‚Mit *sora-goto* gleichbedeutend.‘

恡 をのの ぎ *Wononogi.* ‚Bangigkeit empfinden.‘ Sonst *wononoki.*

朣 をぐらし *Wo-gurasi.* ‚Dick oder fett sein.‘ Sonst in der Bedeutung ‚düster‘ gebräuchlich.

小山 をやま 田 だ *Wo-jama-da.* ‚Das kleine Bergfeld.‘

をこづき *Wokodzüki.* *Fito-wo azakeru-wo iû.* ‚Bedeutet: einen Menschen verspotten.‘

韋 をし がは *Wosi-gawa.* ‚Leder.‘

食 をす 國 くに *Wosü-kuni.* ‚Das Reich, welches man besitzt.‘

時 をり 延 ふえへ *Wori-faje.* ‚Das Kriechen der Zeit.‘ Das langsame Fortschreiten.

誘 をこ づり *Woko-dzüri.* ‚Ueberreden, verführen.‘

搖 をご かし *Wogokasi.* ‚Bewegen.‘ Sonst *ugokasi.*

蠢 をご めき *Wogomeki.* ‚Fortkriechen, wie Insecten.‘ Sonst *ugomeki.*

招 をき 索 なは *Woki-nawa.* ‚Eine herbeiwinkende Schnur.‘ *Taka-ni iû.* ‚Bezieht sich auf den Falken.‘

懦 をち 弱 なし *Wotsi-nasi.* ‚Kraftlos und schwach.‘

をせなか *Wo-senuka.* *Senaka-no tawami-magareru-wo iû.* ‚Bedeutet einen gebeugten und krummen Rücken.‘

楓 を かつら *Wo-gatsüra.* ‚Eine Art Ahorn.‘

瓿 をが はら *Wo-gawara.* 瓦 牡 *Wo-gawara nari.* ‚Ein männlicher Ziegel.‘

Fünf Sylben.

茵 をか 芋 つゝじ *Woka-tsütsüzi.* ‚Die Azalea der Berghöhen.‘ Eine giftige Pflanze.

納 をさめ 殿 どの *Wosame-dono.* ‚Die Vorhalle der Lenkung.‘

小忌衣 をみごろも *Wo-mi-goromo.* ‚Ein kleines Trauerkleid.‘

童 をのわらべ *Wo-no warabe.* ‚Ein Knabe.‘

諸絃 をさゆづる *Wosaju-dzüru.* ‚Die niedergehaltenen Bogensehnen.‘

軓制 をさ〱 *Wosa-wosasi. Naga-nagasi-ki nari.* ‚Bedeutet *naga-nagasi-ki,* überaus lang.‘

眇 をちかため *Wotsi-kata-me. Zoku-ni suga-me-to iû.* ‚Ist das im gemeinen Leben übliche *süga-me*, kurzsichtig.‘

Sieben Sylben.

治部省 をさむるつかさ *Wosamuru tsŭkasa.* ‚Ein Vorsteher der Lenkung.‘

蒼朮餅 をけらのもちひ *Wokera-no motsi-i.* ‚Ein Kuchen aus weisser Distel.‘

Neun Sylben.

修理職 をさめつくるつかさ *Wosame-tsŭkuru tsŭkasa.* ‚Ein lenkender und ordnender Vorsteher.‘

Von den in dem japanischen Werke verzeichneten, hier aber, weil sie in anderen Quellen angeführt werden, ausgelassenen Wörtern gehören die folgenden, die sonst häufig in die Classe *O* eingereiht werden, zu der Classe *Wo*:

Woba, die Muhme.
Wodzi, der Oheim. Von *wodzi* ‚Greis‘ in der Bedeutung verschieden.
Wotsi, der Name einer essbaren Pflanze.
Wori, wohnen.
Wori, zerbrechen.
Wo-wo, ein Wort der Bejahung.
Woka, der Bergrücken.
Wono, die Axt.
Wo-ke, ein länglicher Korb von Hanf.
Woke, ein Zuber.
Wo-ko, leider!
Wosa, ein Aeltester.
Wosa, das Rohr der Webe.
Wogi, ein kleines Schilfrohr.
Woi, ein Neffe.

Wosa, ein Dolmetscher.
Worotsi, eine Schlange.
Wowari, der Name einer Provinz.
Wo-bana, eine Art langen Grases.
Wowari, enden.
Wotoko, Mann.
Wotome, Mädchen.
Wo-tori, das Weibchen eines Vogels.
Wo-dori, ein Lockvogel.
Wodori, tanzen.
Wokasi, lächerlich.
Wogami, sich verbeugen.
Wokasi, ein Gesetz übertreten.
Wo-gāsa, ein Regenschirm.
Wo-no fe, die Seite eines Berggipfels.
Wojami, das Aufhören des Regens.
Wo-bune, ein kleines Schiff.
Wosame, lenken.
Wo-zasa, kleiner Bambus.
Womina, ein Weib.
Wosimi, Leid empfinden.
Wosije, lehren.
Wo-zika, ein männlicher Hirsch.
Wo-gutsū, ein Hanfschuh.
Wogori, stolz sein.
Womeki, laut rufen.
Wototosi, das vorige Jahr.
Wotsi-wotsi, verschiedene Abzweigungen.
Wotsi-kotsi, nahe und fern, hier und da.
Wori-fusi, ein Zeitabschnitt.
Wo-damaki, Hanfring, der Name einer Pflanze.
Wono-no je, der Stiel der Axt.
Wo-guruma, der kleine Wagen, Alant.
Wosanasi, jung, jugendlich.
Wosa-wosa, grossentheils, vielleicht.
Wo-kemono, ein männliches Thier.
Womina-besi, der Name einer Pflanze, Baldrian.
Wo-ziro-no uma, ein Pferd mit weissem Schweife.

Classe 和 *Wa*.

和 *Wa*. 丸 *Wa*. 倭 *Wa*. 王 *Wa*. 渦 *Wa*. Laute.

囘 *Wa*, sich drehen. 轉 *Wa*, sich umdrehen. 廻 *Wa*, sich drehen. 輪 *Wa*, ein Rad. Lesungen.

Drei Sylben.

わかかへ 變若 *Wa-kaje.* ‚Wieder jung werden.' *Zoku-ni waka-gajeru kokoro.* ‚Im Sinne des im gemeinen Leben üblichen *waka-gajeru*, wieder jung werden.' Steht für *waka-kaje.*

わたう 和黨 *Wa-tò.* ‚Der japanische Gefährte.' Ein Pronomen der zweiten Person. *Zoku-ni ki-sama-to iû kokoro.* ‚Im Sinne des im gemeinen Leben üblichen *ki-sama*, die theure Weise.'

わぎへ 吾家 *Wagije.* ‚Mein Haus.' Steht für *waga ije.*

わわく 誑惑 *Wawaku.* ‚Belügen und täuschen.' *Zoku-ni iû wajaku nari.* ‚Ist das im gemeinen Leben übliche *wajaku.*' Sowohl *wawaku* als *wajaku* steht für *wò-waku.*

わわく *Wawaku. Kimono itaku jarete miru nado tori-tsüke-taran jò naru-wo iû.* ‚Bezeichnet, dass ein Kleid sehr zerrissen ist und das Aussehen hat, als ob Seegras und ähnliche Dinge daran befestigt wären.

Vier Sylben.

わいだて 股楯 *Wai-date.* ‚Eine Beinschiene.' Sonst auch für ‚Brustharnisch' gebraucht. *Wai* steht für *waki*, die Rippengegend.

わいだめ 辨 *Wai-dame.* ‚Unterscheidung, Scharfsinn.' *Wai* steht für *waki*, das so viel als *wake*, theilen. Sonst *wakimaje.*

わたづみ 海神 *Wata-dzümi.* ‚Der Meergott.' Sonst auch *wata-no kami.*

わたらひ 渡會 *Watarai. Ise-no kowori-no na.* ‚Der Name eines Districtes des Reiches Ise.' Steht für *watari-ai*, vereint übersetzen.

わらはげ 童氣 *Warawa-ge.* ‚Ein jugendliches kindisches Benehmen.' *Zoku-ni wotona-ge-naki sama-wo iû.* ‚Im gemeinen Leben sagt man *wotona-ge-naki sama*, das Benehmen eines Unerwachsenen, ein kindisches Wesen.'

わびうど 侘人 *Wabi-udo.* ‚Ein armer unglücklicher Mensch.' Sonst auch *wabi-bito.*

わたらひ 渡相 *Watarai.* ‚Hinübersetzen.' *Wataru-wo nobete kaku iû.* ‚So sagt man mit Dehnung von *wataru*, übersetzen.'

機巧 わかづり *Wakadzūri.* ‚Kunstfertigkeit.'

忘井 わすれゐ *Wasūre-i.* ‚Der vergessene Brunnen.' Der Name eines Districtes des Reiches Ise.

忘緒 わすれを *Wasūre-wo.* ‚Die vergessene Schnur.' Der Name eines Districtes des Reiches Ise.

Fünf Sylben.

分明 わい〳〵し *Wai-wai-si.* ‚Klar und deutlich.' *Wai* steht für *waki,* das so viel als *wake.*

Sechs Silben.

王家統 わかんどほり *Wa-kan-dowori.* Der Name einer Würde.

黄鐘調 わうじきでう *Wau-ziki-deu.* ‚Die Harmonie der gelben Glocke.'

若苗色 わかなへいろ *Waka-naje-iro.* ‚Die Farbe junger Sprossen.' *Koromo-no iro nari.* ‚Eine Farbe der Kleider.'

王女御 わうにようご *Wau-niô-go.* ‚Ein königliches Nebenweib.'

和哥髓脳 わかのずゐなう *Wa-ka-no zui-nau.* ‚Das Mark und das Gehirn des japanischen Liedes.'

わづきもしらず *Wadzūki-mo sirazu. Zoku-ni wakatsi-mo sirazu-to iû-ga gotosi.* ‚Ein Wort gleich dem im gemeinen Leben üblichen *wakatsi-mo sirazu,* keinen Unterschied kennen.'

Classe 加 *Ka.*

加 *Ka.* 迦 *Ka.* 訶 *Ka.* 甲 *Ka.* 可 *Ka.* 伽 *Ka.* 何 *Ka.* 哿 *Ka.* 架 *Ka.* 嘉 *Ka.* 河 *Ka.* 荷 *Ka.* 珂 *Ka.* 舸 *Ka.* 軻 *Ka.* 歌 *Ka.* 甘 *Ka.* 間 *Ka.* 箇 *Ka.* 介 *Ka.* 汗 *Ka.* 柯 *Ka.* Laute.

賀 *Ga.* 何 *Ga.* 我 *Ga.* 俄 *Ga.* 蛾 *Ga.* 峨 *Ga.* 餓 *Ga.* 鵝 *Ga.* 雅 *Ga.* Trübe Laute.

鹿 *Ka,* Hirsch. 蚊 *Ka,* Mücke. 香 *Ka,* Wohlgeruch. 日 *Ka,* Tag. Lesungen.

11*

Zwei Sylben.

かい 山梨 *Ka-i.* ‚Die Holzbirne.'

かい 蚧 *Kai.* 虫白寸 *Sün-baku musi nari.* ‚Eine kleine Grille.'

かわ 秡者 *Ka-wa.* ‚Trockenes Getreidestroh.' *Kare-fa nari.* ‚Trockene Blätter.' Ist die Abkürzung von *kare-fa.*

かぢ 穀 *Kadzi. Jû-ki nari.* ‚Ist der Baumseidenbaum.'

かひ 蛺 *Ka-i.* ‚Ein Schmetterling.'

かひ 山間 *Ka-i. Jama-no ma nari.* ‚Eine Gegend zwischen Bergen.'

かひ 穎 *Ka-i.* ‚Eine Kornähre.'

かひ 殼 *Ka-i.* ‚Eine Muschelschale.' *Kara-to onazi.* ‚Ist mit *kara* ‚Muschelschale' gleichbedeutend.'

かひ 甲斐 *Ka-i.* Der Name eines Reiches.

かひ 桜 *Ka-i.* Der Name eines Baumes.

かう *Ka-u. Tori-no koje.* ‚Die Stimmen der Vögel.'

Drei Sylben.

かいな 黄草 *Kaina.* ‚Die gelbe Pflanze.' *Some-kusa nari.* ‚Ist die Färberpflanze.'

かはべ 肌 *Kawa-be.* ‚Die blosse Haut.'

かはわ 川曲 *Kawa-wa.* ‚Die Krümme des Flusses.'

かはち 酺頬 *Kawatsi.* ‚Die Wange.'

かへる 鳺 *Kajeru.* ‚Der Name eines Vogels, der seine Farbe wechselt.'

かへし 耕 *Kajesi.* ‚Ackern.'

かがひ 燿歌 *Kagai.* ‚Die Lieder der südlichen Barbaren.'

かたわ 殘廢篤 *Kata-wa.* ‚Krüppelhaft, verstümmelt.' 翅片 *Kata-wa-no kokoro.* ‚Im Sinne von *kata-wa*, ein einziger Flügel' (indem der Flügel der anderen Seite fehlt).

かたわ *Kata-wa.* Mit dem obigen gleichbedeutend. 輪片 *Kata-wa-no kokoro.* ‚Im Sinne von *kata-wa*, ein einziges Rad' (indem das Rad der anderen Seite fehlt).

かだい 勾引 *Kadai.* ‚Etwas herbeiziehen.'

かれひ 餉 *Kare-i.* ‚Dargereichte Speise.' Sonst *kare-i-wi.*

かづけ 授 *Katsŭke.* ‚Etwas übergeben.'

かうじ 勘事 *Kô-zi.* ‚Die Sache eines Vergehens.' *Zoku-ni sekkan-si-sikaru-wo iû.* ‚Im gemeinen Leben sagt man *sekkan-si-sikaru*, zurechtweisen und ausschelten.'

かうら 高欄 *Kau-ra.* ‚Ein hohes Geländer.' Steht für *kau-ran.*

かむじ 甘橘 *Kamu-zi.* ‚Eine süsse Orange.' *Zoku-ni kô-zi-to iû.* ‚Im gemeinen Leben sagt man *kô-zi.*'

かやゐ 高陽院 *Ka-ja-i.* ‚Der Palast des hohen Yang'. Steht für *kau-jau-win.*

かふし 合子 *Kafu-si.* ‚Eine Schachtel.' Sonst *gô-si.*

がふか 合歡 *Gafu-ga.* ‚Der Name eines Baumes.' *(Mimosa arborea).* ガウガ *gau-ga-to kaki-sama warosi.* ‚Die Schreibweise *gau-ga* ist schlecht.'

かふち 河内 *Kafutsi.* ‚Der Name einer Provinz.' Sonst *kawatsi.*

かみゑ 紙画 *Kami-e.* ‚Ein Gemälde auf Papier.'

がうな 寄居 *Ga-una.* ‚Der Name eines Schalthieres' (der Einsiedlerkrebs). Sonst *gafu-na.*

かじり 咒詛 *Kaziri.* ‚Verwünschen, fluchen.'

かじき 轌 *Kaziki.* ‚Schneeschuhe.' *Mata kanziki-to-mo iû. Kita-no kuni-nite juki fukaki toki-ni faku mono nari.* ‚Man sagt auch *kanziki.* Das, was man in den Reichen des Nordens zur Zeit, wenn der Schnee tief ist, an den Füssen trägt.'

かたほ *Kata-fo. Ma-na-ni mukaje-taru kotoba nari. Mono nado okonò-ni mada joku-mo totonawanu jò-no mukaje-ni iû.* ‚Ist in wahren Schriftzeichen das Wort *mukaje-taru* ‚begegnet‘. Man sagt es von dem Begegniss, dass bei der Verrichtung von Dingen noch nicht gut Anordnungen getroffen worden.‘

かうじ 考詞 *Kau-zi.* ‚Die untersuchenden Worte.‘

Vier Sylben.

かいとり 典鑰 *Kai-tori.* ‚Der Schlüsselbewahrer.‘ *Moro-moro-no tsûkasa-ni sita-ni aru fi-sen-no mono nari.* ‚Ein den Vorstehern untergeordneter gemeiner Mensch.‘ Steht für *kagi-tori.*

かはむし 烏毛虫 *Kawa-musi.* ‚Eine schwarze Raupe.‘

かはほね 骨蓬 *Kawa-fone.* ‚Der Name einer Wasserpflanze.‘

かはぶえ 皮笛 *Kawa-buje.* ‚Eine lederne Flöte.‘

かはかは かは *Kawa-kawa. Mono-no koje nari.* ‚Ist der Ton eines Gegenstandes.‘

かほばな 貌花 *Kawo-bana.* ‚Eine Antlitzblume.‘ Eine schöne Blume überhaupt.

かへさひ 復 *Kajesai.* ‚Jemandem etwas zurückgeben.‘ *Si-ite zi-tai-sûru kokoro nari.* ‚Im Sinne von *si-ite zi-tai-sûru* ‚etwas mit Gewalt ablehnen.‘

かんがへ 考 *Kaganaje.* ‚Untersuchen.‘ 並屈 *kuppei-no kokoro.* ‚Auch im Sinne von *kuppei,* unterjochen.‘

かよわし 弱 *Ka-jowasi.* ‚Schwach.‘

かたこひ 片戀 *Kata-koi.* ‚Einseitig lieben.‘

かうなぎ 巫 *Kònagi.* ‚Ein Beschwörer.‘ Sonst *kannagi.*

かうかう *Kò-kò. Zoku-ni ka-jò-ka-jò-to iû-ga gotosi.* ‚Ein Wort gleich dem gewöhnlichen *ka-jò-ka-jò*, so, so.‘

麹 かむだち *Kamudatsi.* ‚Sauerteig.‘ *Zoku-ni-wa kòdzi-to iû.* ‚Im gemeinen Leben sagt man *kòdzi.*‘ Sonst auch *kandatsi.*

かくさひ *Kakusai.* ‚Verbergen.‘ *Kakusi-wo nobete kaku iû.* ‚So sagt man mit Dehnung des Wortes *kakusi.*‘

馨 かぐはし *Kaguwasi.* ‚Wohlriechend.‘ Sonst *kòbasi.*

碎領 かじかみ *Ka-zikami.* ‚Ein schiefes, verzerrtes Gesicht.‘

舫 かいろぐ *Kairogu.* ‚Schaukeln wie ein Schiff.‘ *Fune-no jasu-karazu nari.* ‚Bedeutet, dass ein Schiff nicht ruhig ist.‘

霹靂 かみおと *Kami-otsû.* ‚Der Donnerschlag.‘

夾纈 かうけち *Kò-ketsi.* ‚Geblümter Flor.‘ Sonst *kò-ketsû.*

樏子 かれいひげ *Kare-i-ge.* ‚Ein Bambuskästchen mit trockenem gekochten Reis.‘ *Zoku-ni iû* 予破 *wari-go.* ‚Das, was im gemeinen Leben *wari-go* genannt wird.‘ Sonst *kare-i-i-ge.* Mit 笥 *ge*, ein Bambuskästchen zum Aufbewahren von Speisen.

神主 かうぬし *Kò-nusi.* ‚Der Vorsteher bei dem Opfer für die Geister.‘ Sonst *kannusi.*

告文 かうぶん *Kau-bun.* ‚Eine meldende Schrift.‘ Ein Gegenstand des Gottesdienstes. Sonst *kou-bun.*

嘉祥 かぢやう *Ka-ziò.* ‚Ein Fest am sechzehnten Tage des sechsten Monats.‘ *Mata* 定嘉 *ka-dziò-to-mo iû, sara-ba ka-na-wa ka-dzijau-to kaku-besi.* ‚Man sagt auch *ka-dziò.* Man soll also mit geborgten Schriftzeichen *ka-dzi-ja-u* schreiben.‘

片生 かたおひ *Kata-oi.* ‚Einseitig oder unvollständig wachsen.‘ *Mata kata-nari-to-mo. Musume-no mada warawabe gotoki-wo iû.* ‚Man sagt auch *kata-nari,* einseitig entstehen. Es bedeutet, dass ein Mädchen noch keinem erwachsenen Mädchen gleichsicht.‘

警策 かうさく *Kò-saku.* ‚Die ermahnenden Schrifttafeln.‘ Eine gesetzliche Kundmachung.

栢梨 かへなし *Kaje-nasi.* ‚Pistazie und Birne‘. *Butsû-miò-no aki sô-ni sûsûmuru sake-no i-miò nari.* ‚Ein verschiedener Name des Weines, den man im Herbste des Namens Buddha's den Bonzen darreicht.‘

浮石 かろいし *Karo-isi.* ‚Bimsstein.‘ Sonst *karu-isi.*

格勤 かくごん *Kaku-gon.* ‚Eine Sache erfassen und sich bestreben.‘

如此様 かうやう *Kò-jò.* ‚Auf diese Weise.‘ *Zoku-ni ka-jò-to iû.* ‚Im gemeinen Leben sagt man *ka-jò.*

かいなで *Kai-nade. Osi-nabe-to onazi.* ‚Mit *osi-nabe* ‚im Ganzen, im Allgemeinen' gleichbedeutend.'

顴杖 かほづゑ *Kawo-dzū-e.* ‚Ein Gesichtsstab.' *Tsūra-dzū-e-to onazi.* ‚Mit *tsūra-dzū-e* ‚Gesichtsstab' (das Gesicht auf Hand und Ellenbogen stützen) gleichbedeutend.'

Fünf Sylben.

劇草 かいつばた *Ka-itsūbata.* ‚Eine Art Schwertlilie.' *Kaki-tsūbata-wo ma-na-ni kaku ijeri.* ‚So heisst *kaki-tsūbata* (Schwertlilie) in wahren entlehnten Schriftzeichen.'

蝶 かはびらこ *Kawa-bira-ko.* ‚Ein Schmetterling.'

擲倒 かへりうち *Kajeri-utsi.* ‚Das Zurückwerfen.' *Zō-gei-no na.* ‚Ein Name für verschiedene schöne Künste.'

鞅掌 かかづらひ *Kakadzūrai. Kakari-tsūranaru kokoro-ni-ja.* ‚Vielleicht im Sinne von *kakari-tsūranaru,* in Reihen angehängt sein.'

方違 かたたがへ *Kata-tagaje.* ‚Von dem seitwärts Befindlichen an Grösse verschieden.' Sonst *kata-tagai.*

高祖 かみおほぢ *Kami-o-o-dzi.* ‚Der Ahnherr.'

桔槹 かなづるゐ *Kana-dzūna-i.* ‚Eine Winde.' *Zoku-ni iû fane-tsūrube nari.* ‚Ist das im gemeinen Leben übliche *fane-tsūrube,* ein Brunneneimer.'

貝覆 かひおほひ *Kai-o-oi.* ‚Die Ueberdeckung der Muscheln.' 合貝 *Kai-awase-to onazi.* ‚Mit *kai-awase* ‚die Vereinigung der Muscheln' (einem Spiele kleiner Mädchen) gleichbedeutend.'

定考 かうぢやう *Kō-dziō.* ‚Festsetzen und dergleichen.' 考定 *Dziō-kō kaki-be kajesama-ni kō-dziō-to jomu-wo ko-zitsi-to su.* ‚Dass man *dziō-kō* schreibt und es auf verkehrte Weise *kō-dziō* ausspricht, ist ein alter Gebrauch.'

返哥 かへしうた *Kajesi-uta.* ‚Ein entgegnendes Gedicht.'

脚病 かくびやう *Kaku-biō.* ‚Eine Krankheit der Füsse.'

改元 かいぐゑん *Kai-gu-en.* ‚Den Namen des Zeitraumes verändern.' Sonst *kai-gen.*

還任 かへりなり *Kajeri-nari.* ‚Das Amt wieder antreten.'

Sechs Sylben.

堅魚煎 かつをいろり *Katsŭwo-irori.* ‚Gerösteter Thunfisch.'

轉筋 からすなへり *Karasu-najeri.* ‚Ein Krampf.' *Zoku-ni komura-gajeri-to iû.* ‚Im gemeinen Leben sagt man: *komura-gajeri* ‚ein Wadenkrampf.'

還饗 かへりあるじ *Kajeri-aruzi.* ‚Ein wiederholtes Opfer.'

Sieben Sylben.

顱 かしらのかはら *Kasira-no kawara.* ‚Der Dachziegel des Hauptes.' Die Hirnschale.

Classe 與 *Jo.*

余 *Jo.* 用 *Jo.* 與 *Jo.* 豫 *Jo.* 餘 *Jo.* 容 *Jo.* 欲 *Jo.* 譽 *Jo.* 庸 *Jo.* 遙 *Jo.* Laute. 齒 *Jo*, Zähne. 四 *Jo*, vier. 世 *Jo*, Geschlechtsalter. 夜 *Jo*, Nacht. 代 *Jo*, Zeitalter. 節 *Jo*, Abschnitt. Lesungen.

Zwei Sylben.

夜居 よゐ *Jo-i.* ‚In der Nacht sich aufhalten.'

夜寐 よい *Jo-i.* ‚In der Nacht schlafen.'

Drei Sylben.

よろひ *Joroi.* *Sonawari-taru-wo iû.* ‚Hat die Bedeutung: vorbereitet und gewachsen sein.' Sonst hat dieses Wort die Bedeutung: den Panzer anziehen.

夜川 よかは *Jo-kawa.* ‚Der Nachtfluss.' 川鵜 *U-kawa-ni iû.* ‚Wird in Bezug auf *u-kawa* (der Wasserrabenfluss) gesagt.'

針魚 よろづ *Jorodzŭ.* ‚Der Nadelfisch.' *Zoku-ni sajori-to iû.* ‚Im gemeinen Leben sagt man *sajori.*' *Jorodzŭ* hat sonst die Bedeutung: zehntausend.

膕 よほろ *Joworo.* ‚Die Kniekehle.' Sonst *joboro.*

Vier Sylben.

四絃 よつのを *Jotsu-no wo.* ‚Vier Schnüre oder Saiten.' *Bi-wa-wo iû.* ‚Bedeutet die Laute.'

容面 ようめへ *Jô-mei.* ‚Das Angesicht, die Gesichtszüge.‘ *Mei* steht für *men.*

吉葛 よさづら *Josadzūra.* ‚Der Weinstock.‘ Zusammengezogen aus *josi-kadzūra*, die glückliche Schlingpflanze.

Fünf Sylben.

吉哉 よしゑやし *Josi-e-ja-si.* ‚Wie glücklich!‘ Eine Interjection.

悦 よろこぼひ *Jorokoboi.* ‚Sich freuen.‘ *Jorokobi-wo nobete kaku ijeri.* ‚So sagt man mit Dehnung von *jorokobi.*‘

Classe 太 *Ta.*

多 *Ta.* 當 *Ta.* 他 *Ta.* 哆 *Ta.* 丹 *Ta.* 柁 *Ta.* 稻 *Ta.* 黨 *Ta.* 太 *Ta.* Laute.
陀 *Da.* 馱 *Da.* 娜 *Da.* Trübe Laute.
田 *Ta*, Feld. 手 *Ta*, Hand. Lesungen.

Zwei Sylben.

栲 たへ *Taje.* 機物 *Fata-mono nari.* ‚Bedeutet den Webstuhl.‘

妙 たへ *Taje.* ‚Wundervoll.‘

鶴 たづ *Tadzū.* ‚Ein Storch.‘ Sonst *tatsū.*

たは *Tawa.* ‚Ein Haarbusch an dem Hinterhaupte.‘ *Kami-no makura-ni osarete tawami-fuku-dami-taru-wo iū zoku-ni tabo-to iū kore nari.* ‚Bedeutet das zu einem Polster niedergedrückte, sich niederbiegende und aufgeblasene Haupthaar. Es ist das, was man im gemeinen Leben *tabo* nennt.‘

衲 たひ *Ta-i.* *Sô-bò-no sonaje.* ‚Ein Geräthe buddhistischer Klöster.‘ Ein Bonzenkleid.

Drei Sylben.

舵 たひし *Tai-si.* ‚Das Holz in der richtigen Mitte des Schiffes.‘ *Fune-no wo nari.* ‚Ist der Schweif des Schiffes.‘

丹波 たには *Tani-wa.* ‚Der Name einer Provinz.‘ Sonst *tan-ba.*

但馬 たぢま *Tadzi-ma.* ‚Der Name einer Provinz.‘ Sonst *tazi-ma.*

立枝 たちえ *Tatsi-je.* ‚Ein aufrecht stehender Zweig.‘

たをり 岸 *Tawori. Jama-no tawameru tokoro nari.* ‚Die Stelle, wo ein Berg sich biegt.'

たわわ *Tawa-wa. Towo-wo-to onazi. Tawamu kokoro nari.* ‚Ist mit *towo-wo* gleichbedeutend. Steht im Sinne von *tawamu*, sich biegen, sich senken.'

たなは 手縄 *Ta-nawa.* ‚Das Handseil.' *Fasi-bune-ni iû.* ‚Wird von einem Lustschiffe gesagt.'

たうべ 給 *Taube.* ‚Zum Geschenk erhalten.' Sonst *tabe*, das in der neueren Sprache für ‚essen' gebraucht wird.

ただへ 比 *Tadaje.* ‚Vergleichen.' Sonst *tatoje.*

たまひ 歐吐 *Tamai.* ‚Sich erbrechen.'

たふれ 倒 *Tafure.* ‚Zu Boden fallen.' Sonst *tawore.*

たふげ 嶺 *Tafuge.* ‚Eine Bergstrasse.' Sonst *tôge.*

たまひ 田舞 *Ta-mai.* ‚Der Tanz auf dem Felde.'

たゆひ 田結 *Ta-jui* ‚Das Knüpfen auf dem Felde.'

だいす 大咒 *Dai-su.* ‚Eine grosse Verwünschung.'

たいめ 對面 *Tai-me.* ‚Von Angesicht gegenüber.' Steht für *tai-men.*

たうめ 專 *Tô-me.* ‚Ausschliesslich.' Eine Benennung für ein altes Weib.

Vier Sylben.

大德 だいとこ *Dai-toko.* ‚Die grosse Tugend.' Ein Wort für die Anrufung Buddha's. Steht für *dai-toku.*

大曲 だいこく *Dai-koku.* ‚Das grosse Gekrümmte.' *Koto-ni iû.* ‚Wird von der Harfe gesagt.'

大乘 だいぞう *Dai-zô.* ‚Eine grosse Fahrt.' Sonst *dai-ziô.*

大悲者 だいひさ *Dai-fi-sa.* ‚Ein Mensch, der grosse Trauer empfindet.'

戯 たはぶれ *Tawabure.* ‚Scherzen, tändeln.' Sonst *tawamure* und *tawôre.*

作 劇 *Tawazire.* ‚Zum Scherze thun.‘

手 業 *Tawa-waza.* ‚Ein Handwerk.‘ Sonst *te-waza.*

たをやぎ *Tawojagi. Tawojaka-to onazi.* ‚Mit *tawojaka* ‚zarthändig, anmuthig‘ gleichbedeutend.‘

たをたを *Tawo-tawo.* Mit dem Obigen gleichbedeutend.

傀 偉 *Tatawasi.* ‚Wunderbar, ungewöhnlich.‘

田令 *Ta-dzŭkai.* ‚Ein Vorsteher der Aecker.‘

女 貞 *Tadzŭ-no ki.* ‚Der Name eines Baumes.‘ Sonst *fime-tsŭbaki.*

手巾 *Ta-nogoi.* ‚Ein Handtuch.‘ Sonst *te-nogoi* und *te-nugui.*

玉豆志 *Tama-dzŭ-si. Dzŭ-dzŭ-dama nari.* ‚Ist so viel als *dzŭ-dzŭ-dama*, die Frucht der Wasserlinsen.‘

筍 *Taka-una.* ‚Bambussprossen.‘ Sonst auch *taka-muna.*

Tô-jaku. 藥丹高 *Taka-tan-jaku-wo jomi-kuse-nite kaku iû.* ‚So pflegt man, in Folge einer schlechten Gewohnheit, das Wort *taka-tan-jaku* (das hohe mennigrothe Arzneimittel) zu lesen.‘

手 抉 *Ta-kuziri.* ‚Eine hörnerne Spitze zum Lösen der Knoten.‘ Sonst auch *kuziri.*

驚却貌 *Tadziroki.* ‚Erschrocken zurückweichen.‘ *Tatsi-noki-no kokoro.* ‚Im Sinne von *tatsi-noki*, auf der Stelle zurückweichen.‘ Ist die Synäresis von *tatsi-odoroki.*

手 童 *Ta-warawa.* ‚Ein Kind, das auf den Händen getragen wird.‘

探 韵 *Tan-in.* ‚Nach Endlauten oder Reimen suchen.‘

立石 *Tate-isi.* ‚Eine Gedenktafel von Stein.‘ *Zoku-ni* 山巢 *sŭ-jama-to iû.* ‚Im gemeinen Leben sagt man *sŭ-jama.*‘

Fünf Sylben.

たいたいし *Tai-tai-si. Tami-tami-si nite joko-sama-ni jugamuru jô-no kokoro-ni kikoju.* ‚Ist so viel als *tami-tami-si* und steht, wie es heisst, im Sinne von *joko-sama-ni jugamuru jô*, das schräge Biegen.' Das in der Erklärung gesetzte *tami-tami-si* ist von *tami*, dem Intransitivum von *tameru* ‚gerade biegen' abgeleitet.

大 だい 床子 ざうし *Dai-zô-si.* ‚Ein grosses Bett.'

たわやすし *Tawa-jasusi. Ta-jasûsi-to onazi.* ‚Ist mit *ta-jasûsi* ‚leicht, gemächlich' gleichbedeutend.'

多 た 寶塔 ほうたふ *Ta-fau-tafu.* ‚Die Pagode der vielen Kostbarkeiten.'

徘 た 徊 もとほる *Ta-motoforu.* ‚Hin und her gehen.' Steht für *tatsi-motôru.*

疊 たゝう 紙 がみ *Tata-u-gami.* ‚Gefaltetes Papier.' Steht für *tatami-gami.*

立 たゝ 住 ずまひ *Tata-zûmai.* ‚Seinen Aufenthalt nehmen.' Steht für *tatsi-sûmai.*

層 たふ のこし *Tafu-no kosi.* ‚Die Stockwerke einer Pagode.'

風流 たはれ 嶋 じま *Taware-zima.* ‚Der Name einer Insel in Figo.'

たづたづし *Tadzû-tadzû-si. Tadori-tadori-siki nari.* ‚Bedeutet *tadori-tadori-siki* ‚tappend.'

達智 だてい 門 もん *Da-tei-mon.* ‚Das Thor der Verständigkeit.'

Sechs Sylben.

たとしへなし *Tatosije-nasi. Tatoje-gataki josi nari.* ‚Bedeutet eine Sache, die sich schwer mit einer anderen vergleichen lässt.'

硃 たびし 瓦 がはら *Tabisi-gawara.* ‚Der Zinnoberziegel.' *Subete ijasi-ki fito-wo iû.* ‚Bedeutet im Allgemeinen einen niedrigen, verächtlichen Menschen.'

躊躇 たちいざよひ *Tatsi-izajoi.* ‚Bald vorwärts, bald zurück gehen.‘

Neun Sylben.

丹後 たにはのみちのしり *Taniwa-no mitsi-no siri.* ‚Der Name einer Provinz.‘ Sonst *tan-go.*

たかむなのうはかは *Taka-muna-no uwa-kawa.* ‚Die äussere Haut der Bambussprossen‘

Classe 礼 *Re.*

礼 *Re.* 例 *Re.* 戻 *Re.* 黎 *Re.* 連 *Re.* 聯 *Re.* 憐 *Re.* 烈 *Re.* 麗 *Re.* Laute.

Drei Sylben.

れん〳 *Ren-si.* 練 *Neri-nari.* ‚Ist so viel als *neri,* läutern.‘

僚試 れう〳 *Re-u-si.* ‚Den Amtsgenossen prüfen.‘

冷泉 れいぜい *Rei-zei.* ‚Eine kalte Quelle.‘ Steht für *rei-zen.*

蓮花 れんぐゑ *Ren-gu-e.* ‚Die Blüthen der Wasserlilie.‘ Steht für *ren-ge.*

Classe 曾 *So.*

曾 *So.* 蘇 *So.* 宗 *So.* 層 *So.* 僧 *So.* 所 *So.* 泝 *So.* 祚 *So.* 且 *So.* 祖 *So.* 則 *So.* 諸 *So.* 鐏 *So.* 増 *So.* 愴 *So.* Laute.

叙 *Zo.* 鋤 *Zo.* 俗 *Zo.* 賊 *Zo.* 茹 *Zo.* 序 *Zo.* 存 *Zo.* 社 *Zo.* Trübe Laute.

十 *So,* zehn. 衣 *So,* Kleid. 其 *So,* sein. Lesungen.

追馬 *So.* ‚Das Pferd des Verfolgers.‘ *Ni-zi itsi-in.* ‚Zwei Zeichen, Ein Laut.‘

Zwei Sylben.

そへ *Soje. Sore-jo-to iû kokoro-ni motsiû.* ‚Wird in dem Sinne von *sore-jo* ‚dieses ist es‘ gebraucht.‘

鴗 そひ *Soi.* ‚Der Eisvogel.‘ Sonst auch *soni.*

陰頼 そひ *Soi.* ‚Was man im Busen trägt, die innere Neigung.‘

酘 そひ *Soi.* ‚Wein, in den zweimal ein Gährungsstoff gegeben wurde.‘

ぞう 族 *Zo-u.* ‚Ein Seitengeschlecht.' Sonst *zoku.*

Drei Sylben.

そばえ *Sobaje. Zoku-ni sobajeru-to iû.* ‚Im gemeinen Leben sagt man *sobajeru*, zur Höhe ragen, wie ein Berg.' Sonst *sobijeru.*

そほづ 案山子 *Sofodzŭ.* ‚Eine Vogelscheuche.' *Zoku-ni kagasi-to iû.* ‚Im gemeinen Leben sagt man *kagasi.*'

そうぶ 勝負 *Sô-bu.* ‚Sieg und Niederlage.' Sonst *sijo-u-bu.*

そほに 赭 *So-fo-ni.* ‚Rothe Erde.' 丹 火 小 *so-fo-ni-no kokoro nari.* ‚Steht im Sinne von *so-fo-ni*, das kleine Mennigroth des Feuers.'

そぎへ *Sogi-je.* 方 退 *Soki-fe-no kokoro nari-to-zo.* ‚Steht im Sinne von *soki-fe*, die Seite des Zurückweichens.'

Vier Sylben.

そほぶね 曾明舟 *So-fo-bune.* ‚Eine Art Schiff.'

そくらう 續勞 *Soku-rau.* ‚Fortgesetzte Arbeit.'

ぞうぶん 處分 *Zô-bun.* ‚Die Theilung an einem Orte.'

Fünf und sieben Sylben.

おぼれ 然 そら 惘 *Sora-obore.* ‚Von Sinnen, ausser sich.'

たつ ぞき そう *Sô-zoki-tatsŭ.* 立 束 装 *Siò-zoku-tatsŭ-no kokoro nari-to-zo.* ‚Hat den Sinn von *siò-zoku-tatsŭ*, geschmückt dastehen.'

がひ たか そゑの *So-e-no taka-gai.* 養 鷹 衛 諸 *Sio-e-no taka-gai-no kokori-ni-ja.* ‚Steht vielleicht in dem Sinne von *sio-e-no taka-gai*, der Falkenwärter sämmtlicher Leibwachen.'

Classe 川 *Tsŭ.*

都 *Tsŭ.* 通 *Tsŭ.* 追 *Tsŭ.* 兎 *Tsŭ.* 菟 *Tsŭ.* 鬪 *Tsŭ.* 屠 *Tsŭ.* Laute.
逗 *Dzŭ.* 豆 *Dzŭ.* 途 *Dzŭ.* 圖 *Dzŭ.* 徒 *Dzŭ.* 頭 *Dzŭ.* Trübe Laute.
川 *Tsŭ*, Fluss. 津 *Tsŭ*, Hafen. Lesungen.

Drei Sylben.

ご 孫 つ 玄 *Tsüdzü-go.* ‚Der Ururenkel.‘ *Tsüdzüki-go-no kokoro.* ‚Im Sinne von *tsüdzüki-go*, der in Reihen fortgesetzte Sohn.‘

づふり *Dzü-furi. Mono-wo midzü-ni nage-ire-taru toki-no koje nari.* ‚Ist der Laut, der entsteht, wenn etwas in das Wasser geworfen wird.‘

び 尾 つる 孳 *Tsürubi.* ‚Sich paaren.‘ *Zoku-ni tsürumu-to iû.* ‚Im gemeinen Leben sagt man *tsürumu.*‘

Vier Sylben.

ひぢ 墻 つい 築 *Tsü-i-fidzi.* ‚Eine Mauer.‘ Sonst auch *tsü-i-gaki.*

つくりゑ 彩色画 *Tsükuri-e.* ‚Ein Gemälde.‘

いし つみ *Tsümi-isi.* ‚Aufgehäufte Steine, eine steinerne Grundlage.‘ *Mata iwaku isi-dzü-e.* ‚Man sagt auch *isi-dzü-e.*‘

をり 頭衣 つぼ 纒 *Tsubo-wori.* ‚Das Topfgewebe. Ein an den Kopf schliessendes Kleid.‘

そう 從 つゐ 追 *Tsü-i-so-u.* ‚Jemanden verfolgen, ihm nachsetzen.‘ Sonst *tsü-i-sijou.*

Fünf Sylben.

らい じ つき 觝 *Tsuki-zirai.* ‚An etwas stossen.‘

じろひ つき *Tsüki-ziroi. Kata fiza nado tsüku-wo iû.* ‚Mit der Schulter, den Knien und anderen Theilen an etwas stossen.‘

Sechs Sylben.

いた ひぢ つい 牏 *Tsü-i-fidzi-ita.* ‚Das Bret der Mauer.‘ *Tsüi-gaki mizikaki nari.* ‚Ist eine kurze Mauer.‘

Classe 祢 *Ne.*

泥 *Ne.* 尼 *Ne.* 禰 *Ne.* 年 *Ne.* 佞 *Ne.* 涅 *Ne.* 然 *Ne.* Laute.

本 *Ne*, Stamm. 根 *Ne*, Wurzel. 莫 *Ne*, nicht. 子 *Ne*, das erste der zwölf cyclischen Zeichen. 音 *Ne*, Laut. 寝 *Ne*, schlafen. Lesungen.

Zwei Sylben.

ねえ 埴 *Neje.* ‚Lehm.‘ *Neba-dzütsi nari.* ‚Ist eine klebrige Erde.‘

Drei Sylben.

掘 ねこじ *Ne-ko-zi.* ‚Ausgraben, mit den Wurzeln ausgraben.'

念珠 ねんず *Nen-zü.* ‚Ein·Rosenkranz.' Sonst *nen-ziju.*

Vier Sylben.

根蓴 ねぬなは *Ne-nunawa.* ‚Das wurzelnde Nunawa.' Der Name einer Pflanze.

ねう〳〵 *Ne-u-ne-u. Neko-no koje.* ‚Die Stimme der Katze.'

年星 ねんざう *Nen-zau.* ‚Der Jahresstern.' Steht für *nen-sei.* Sonst *zai-sei*, der Planet Jupiter.

寝愕 ねおびれ *Ne-obire.* ‚Schlaftrunken sein.'.

Sieben Sylben.

棟 ねずみもちのき *Nezümi-motsi-no ki.* ‚Der Name eines Baumes.'

騅馬 ねずみげのうま *Nezümi-ge-no uma.* ‚Ein Pferd von der Farbe des Rattenhaares.'

Classe 奈 *Na.*

那 *Na.* 奈 *Na.* 南 *Na.* 難 *Na.* 儺 *Na.* 娜 *Na.* 乃 *Na.* 男 *Na.* Laute.
名 *Na*, Name. 字 *Na*, Schriftzeichen. 七 *Na*, sieben. 去 *Na*, weggehen. 菜 *Na*, Gemüse. 魚 *Na*, Fisch. 莫 *Na*, nicht. Lesungen.

Drei Sylben.

懐 なづき *Nadzüki.* ‚Im Busen tragen, innig lieben.' 付馴 *nazimi-tsüki-no kokoro-ni-ja.* ‚Vielleicht im Sinne von *nazimi-tsüki,* in Freundschaft anhänglich sein.'

名簿 なづき *Na-dzüki.* ‚Eine Tafel mit dem Namen.'

煩 なづみ *Nadzümi.* ‚Beunruhigt sein.' *Nadzümi* hat sonst die Bedeutung: an einer Sache fest hängen.

汝 なむぢ *Namudzi.* ‚Du.' Sonst *nandzi.*

澤瀉 なまゐ *Nama-i.* ‚Der Name einer Pflanze.'

なでふ *Nadefu. Nani-to iû-wo tsŭdzŭmete kaku iû.* ‚So sagt man zusammengezogen für *nani-to iû*, was man auch sagt.‘

蹇 *Naje-gi.* ‚Lahm.‘ ‚Sonst *naje* und *naje-asi.*

名折 *Na-wori.* ‚Unehre, Schande.‘ *Zoku-ni na-wore-to iû.* ‚Im gemeinen Leben sagt man *na-wore* (von Namen gebrochen).‘

Vier Sylben.

Nawajaka. ‚Schlank.‘ *Najojaka-to onazi.* ‚Ist mit *najojaka* gleichbedeutend.‘

蚱蟬 *Nawa-semi.* ‚Eine Grillenart.‘

鯆魚 *Nawa-saba.* ‚Eine Makrelenart.‘

直會 *Naworai.* ‚In Gemeinschaft wiederherstellen.‘ Steht für *nawori-ai.*

憖 *Nama-zi-i.* ‚Ungern und indem man sich zwingt.‘ Im Anfange des Satzes als Adverbium: im Gegentheil. 强生 *nama-si-i-no kokoro.* ‚Steht im Sinne von *nama-si-i*, roh und mit Gewalt.‘ Sonst *nama-zi-i-ni.*

准 *Nadzŭrai.* ‚Gleichförmig machen, nachahmen.‘ Sonst *nazorai* und *nazoraje.*

なづさひ *Nadzŭsai. Nadzŭmu-ni onazi.* ‚Ist mit *nadzŭmu* ‚an einer Sache fest hängen‘ gleichbedeutend.‘

昵近 *Nadzŭsai. Kore-wa nazimu tsŭruru kokoro.* ‚Dieses hat den Sinn von *nazimu* ‚vertraut, freundschaftlich sein‘ und *tsŭruru* ‚der Begleiter sein.‘

なげかひ *Nagekai. Nageki-wo nobete kaku iû.* ‚So sagt man mit Dehnung des Wortes *nageki*, beseufzen, beklagen.‘

直人 *Nawo-bito.* ‚Ein gerader, ein gewöhnlicher Mensch.‘ Sonst *tada-bito.*

内宴 *Nai-jen.* ‚Ein Fest im Inneren.‘

なえらか *Najeraka.* ‚Schwach, weich.‘ *Koromo-no momete jawaraka-ni nari-taru-wo iû.* ‚Bezeichnet, dass ein Kleid durch Abreiben weich geworden ist.‘

Fünf und sechs Sylben.

なをなをし *Nawo-nawo-si. Nawo-zari-to onazi.* ‚Ist mit *nawo-zari* ‚gleichgiltig‘ gleichbedeutend.‘

歷易 なまづはたえさ *Namadzū-fata. Kasa-no tagui nari.* ‚Ist eine Art Ausschlag.‘

内教坊 ないけうばう *Nai-ke-u-bô.* ‚Ein Tempel der inneren Lehre.‘

Sieben und acht Sylben.

鳴鳥合 ないとりあはせ *Nai-tori-awase.* ‚Die Vereinigung des singenden Vogels.‘

中弁 なかのおほともひ *Naka-no o-o-tomo-i.* Scheint für *naka-tomi* ‚Diener der Mitte‘ gesetzt zu sein.

Classe 良 *Ra.*

羅 *Ra.* 良 *Ra.* 浪 *Ra.* 邏 *Ra.* 邏 *Ra.* 欏 *Ra.* 樂 *Ra.* 朗 *Ra.* 落 *Ra.* Laute. 荒 *Ra,* wüst. 浦 *Ra,* Bucht, 卜 *Ra,* Wahrsagung. 等 *Ra,* Classe. Lesungen

Zwei und drei Sylben.

労 らう *Ra-u.* ‚Arbeit, Mühe.‘

櫑子 らいし *Rai-si.* ‚Ein mit Schnitzwerk versehener Weinbecher.‘

労氣 らうげ *Rau-ge.* ‚Mühe, Anstrengung.‘ *Zoku-ni* 労所 *sio-rô-to iû.* ‚Im gemeinen Leben sagt man *sio-rô.*‘

臈 らふたし *Rafu-tasi. Zoku-ni ai-rasi-to iû gotosi.* ‚Ein Wort gleich dem im gemeinen Leben üblichen *ai-rasi,* zärtlich geliebt.‘ Sonst auch *rau-tasi* und *rô-rô-siki.*

諒闇 らうあん *Rau-an.* ‚Die Zeit der Trauer um den Kaiser.‘ Sonst *riô-an.*

亂聲 らんざう *Ran-za-u.* ‚Unordentliche Töne in der Musik.‘ *Za-u* steht für *sei.*

Fünf Sylben.

雷鳥 らいのとり *Rai-no tori.* ‚Der Donnervogel.‘

らうがはし Rô-gawasi. 亂 Ran-gawasi-ki kokoro nari. ‚Steht im Sinne von *ran-gawasi-ki*, unordentlich.'

らふらふし Rafu-rafu-si. Mono-no ko-sia-naru kokoro nari. ‚Steht in dem Sinne, dass Jemand geschickt oder erfahren ist.'

Classe 武 *Mu.*

牟 *Mu.* 武 *Mu.* 无 *Mu.* 謀 *Mu.* 鵡 *Mu.* 務 *Mu.* 霧 *Mu.* 夢 *Mu.* Laute.

六 *Mu*, sechs. Ein Laut.

牛鳴 *Mu.* ‚Die Stimme der Rinder.' *Ni-zi itsi-in.* ‚Zwei Schriftzeichen, Ein Laut.'

Drei und vier Sylben.

むだう 無道 *Mu-dau.* ‚Ohne Weg, ohne Gesetz.'

むらい 無禮 *Mu-rai.* ‚Unartig.' Sonst *bu-rei.*

むやひ 舫 *Mujai.* ‚Ein Doppelschiff.' Sonst *mojai.*

むじん 無心 *Mu-zin.* ‚Ohne Herz, mit Widerstreben.' Sonst *mu-sin.*

むながひ 胸懸 *Muna-gai.* ‚Der Brustriemen.'

むかひめ 嫡 *Mukai-me.* ‚Die rechtmässige Gattin.'

むかへを 向峯 *Mukaje-wo.* ‚Ein gegenüber stehender Berggipfel.'

むしあを 虫襖 *Musi-awo.* ‚Insektengrün.' *Fusüma-no iro-ni iû.* ‚Wird von der Farbe des Mantels gesagt.'

Fünf Sylben.

ばら 腹 むかひ 當 *Mukai-bara.* ‚Leiblich, von Söhnen.'

およひ 拇 むつ 駢 *Mu-tsü ojobi.* ‚Die grosse Zehe.' Wörtlich: sechs Finger, in dem Sinne, dass zwei Zehen zusammengewachsen sind. *Ojobi* steht für *jubi*, Finger. Sonst *mu-tsü jubi.*

をひ 孫 むまご 離 *Muma-go-woi.* ‚Der Neffe des Enkels.‘

Classe 宇 *U.*

宇 *U.* 汙 *U.* 于 *U.* 紆 *U.* 烏 *U.* 有 *U.* 雲 *U.* 禹 *U.* 羽 *U.* Laute.

諾 *U,* ja. 得 *U,* erlangen. 卯 *U,* ein cyclisches Zeichen. 兎 *U,* Hase. 倦 *U,* müde. Lesungen.

Zwei Sylben.

うぢ 宇治 *U-dzi.* ‚Der Name eines Districtes in Jamasiro.‘

うづ 珍 *U-dzū.* ‚Kostbar wie ein Kleinod.‘ Sonst auch *idzū.*

うづ 欝華 *Uzū.* ‚Eisenhut.‘ Sonst *udzū.*

うづ 雲珠 *Uzū. Kura ba-gu.* ‚Sattel und Pferdegeschirr.‘

Drei Sylben.

うがは 鵜川 *U-gawa.* ‚Der Wasserrabenfluss.‘

うたゑ 歌画 *Uta-e.* ‚Eine Zeichnung mit einem Liede.‘

うなゐ 髫髪 *Una-i.* ‚Das herabhängende Haupthaar eines Kindes.‘

うらへ 卜定 *Uraje.* ‚Wahrsagen.‘ Ist so viel als 合卜 *ura-aje.*

Vier Sylben.

うちはへ 打延 *Utsi-faje.* ‚Stark wuchern, wie Pflanzen.‘

うづなひ 諾 *Udzūnai.* ‚Zustimmen, bejahen.‘

うまぐは 馬把 *Uma-guwa.* ‚Eine Pferdehaue.‘ Ein Geräthe des Ackerbaues.

薄冰 うすらひ *Usŭra-bi.* ‚Dünnes Eis.'

番息 うまはり *U-mawari.* ‚Eine in der Nacht umhergehende Wache.' Sonst *jo-mawari.*

Fünf Sylben.

褞 うはおそひ *Uwa-osoi.* ‚Ein äusseres gefüttertes Kleid.'

集 うごなはり *Ugonawari.* ‚Sich versammeln.'

うずまり *Usŭzŭmari. Udzŭkumari-to onazi.* ‚Mit *udzŭkumari* ‚hocken' gleichbedeutend.'

Sechs Sylben.

海老 うみのおきな *Umi-no okina.* ‚Der Greis des Meeres.'

Sieben, acht und neun Sylben.

紫貝 うまのくぼがひ *Uma-no kubo-gai.* ‚Die hohle Pferdemuschel, die purpurne Muschel.'

雅樂寮 うたまひのつかさ *Uta-mai-no tsŭkasa.* ‚Der Vorsteher des Gesanges und Tanzes.'

刑部省 うたへただすつかさ *Utaje-tadasŭ-tsŭkasa.* ‚Der anklagende und richtende Vorsteher.'

Classe 爲 *Wi* oder *I.*

韋 *Wi.* 爲 *Wi.* 委 *Wi.* 萎 *Wi.* 位 *Wi.* 威 *Wi.* 偉 *Wi.* 渭 *Wi.* 謂 *Wi.* Laute.

井 *Wi,* Brunnen. 居 *Wi,* weilen. 座 *Wi,* Sitz. 處 *Wi,* wohnen. 猪 *Wi,* Schwein. 豬 *Wi,* Schwein. 豕 *Wi,* Schwein. 亥 *Wi,* cyclisches Zeichen. 藺 *Wi,* Schilf. 率 *Wi,* an der Spitze stehen. 藍 *Wi,* Indigo. Lesungen.

Zwei Sylben.

艘 ゐる *Wiru. Fune isago-ni tsŭki te jukazu nari.* ‚Bedeutet, dass das Schiff auf den Sand geräth und nicht weiter geht.'

Drei Sylben.

井筒 ゐづつ *Wi-dzŭtsŭ.* ‚Das Brunnenrohr.'

ぐひ 橛 ゐ 堰 *Wi-gui.* ‚Der Pfosten eines Dammes.'

ゐやひ 禮 *Wijabi.* ‚Artigkeit.' Steht für *ijamai.*

ねう 繞 ゐ 圍 *Wi-ne-u.* ‚Eingeschlossen, umzingelt.'

がさ 笠 ゐ 藺 *Wi-gasa.* ‚Ein Regenschirm von Schilfrohr.'

くら 坐 ゐ 居 *Wi-kura.* ‚Der Sitz, der Rang.'

Vier Sylben.

あし 複 ゐの 織 *Wi-no asi. Fata-no kinu-wo maku-wa nari.* ‚Dasjenige, wo an dem Webstuhl die Leinwand zusammengerollt wird.'

ゐやゝか *Wijajaka. Ogosoka-naru kokoro nari.* ‚Hat den Sinn von *ogosoka-naru*, streng, genau.'

しろ 代 ゐや 禮 *Wija-siro.* ‚Der Stellvertreter bei den Gebräuchen.'

Fünf Sylben.

がう 剛 ゐこん 藺金 *Wi-kon-gō.* ‚Sohlen von Schilfrohr.'

ふたぎ 韵 ゐん 掩 *Win-futagi.* ‚Die Endlaute oder Reime verschliessen.' *Futagi* steht für *fusagi.*

Classe 乃 *No.*

能 *No.* 乃 *No.* 迺 *No.* Laute.

楉 *No*, Pfeilschaft. 之 *No*, eine Partikel. 野 *No*, freies Feld. Lesungen.

Drei Sylben.

のばへ *Nobaje.* 延 *Nobi-wo nobete kaku iû.* ‚So sagt man mit Dehnung von *nobi*, sich dehnen.'

のがひ 野飼 *No-gai.* ‚Im freien Felde nähren oder hüten.'

のらへ *Noraje.* 告 *Nore-wo nobete kaku iû.* ‚So sagt man mit Dehnung von *nore*, verkündet werden.'

のせう *No-se-u.* ‚Der Name einer Schlingpflanze.' Sonst *no-u-se-u* und *no-u-sen-kadzūra.*

Vier und fünf Sylben.

肉刺 のいずみ *No-i-zŭmi.* ‚Ein Leichdorn.'

吭 のむどぶえ *Nomudo-buje.* ‚Die Kehle.' Sonst *nomido* und *nondo.*

Classe 於 *O.*

淤 *O.* 意 *O.* 隱 *O.* 於 *O.* 億 *O.* 飫 *O.* 憶 *O.* 乙 *O.* 應 *O.* Laute.
大 *O*, gross. 忍 *O*, ertragen. Lesungen.

Zwei Sylben.

忙怕 おぢ *Odzi.* ‚Bangigkeit empfinden.'

痴鈍 おそ *O-so.* ‚Blödsinnig.'

白貝 おふ *O-fu.* ‚Eine weisse Muschel.'

息 おき *Oki.* ‚Athem.' *Mata iki-to-mo.* ‚Man sagt auch *iki.*'

隱岐 おき *O-ki.* ‚Der Name einer Provinz.'

忍 おし *Osi.* ‚Bedauerlich.'

臣 おみ *Omi.* ‚Ein Diener oder Minister.'

鼠弩 おし *Osi.* ‚Eine Rattenarmbrust.' Ein Jagdgeräthe.

おゝ *O-o. A-a-to tsŭ-zite samajô koje nari-to-zo.* ‚Wird für *a-a* ‚ach! leider!' gebraucht und ist ein Laut des Seufzens.'

愚 おれ *Ore.* ‚Dumm.' Sonst *oroka.*

Drei Sylben.

蘿蒿 おむぎ *Owagi.* ‚Der Name einer Pflanze.' *Mata uwagi-to-mo.* ‚Man sagt auch *uwagi.*'

大黄 おほし *O-osi.* ‚Die Rhabarber.'

莞 おほゐ *O-o-wi.* ‚Das grosse Schilfrohr.'

おほぢ 大路 *O-o-dzi.* ‚Der grosse Weg.‘

おわさ 大神 *O-o-wa.* ‚Der grosse Gott.‘ Eigentlich: das grosse Rad. *Mi-wa-no mið-zin-wo iñ.* ‚Bezeichnet den glänzenden Gott des Berges der drei Räder.‘

おとど 殿 *Otodo.* ‚Eine Vorhalle.‘

おがみ 龗 *Ogami. Kaze-wo tsŭkasa-doru futari-no kami.* ‚Die beiden dem Winde vorstehenden Götter.‘

およな 老女 *Ojona.* ‚Ein altes Weib.‘ Sonst auch *womuna* und *o-una.*

および 指 *Ojobi.* ‚Der Finger.‘ Sonst *jubi.*

おだひ *Odai.* 穏 *Odajaka-to onazi.* ‚Ist mit *odajaka* ‚still, ruhig‘ gleichbedeutend.‘

〃 おざ *Odasi.* ‚Ist mit dem Obigen gleichbedeutend.‘

〃 おぞ *Ozosi. Osoruru kokoro nari.* ‚Steht im Sinne von *osoruru,* sich fürchten.‘

おらび 叫 *Orabi.* ‚Laut rufen, schreien.‘

おとね *Oto-ne.* 乙 *oto* 子 *ne notsi-no* 子 *ne-no fi-wo iñ.* ‚Bedeutet den auf *oto* und *ne* folgenden Tag *ne.*‘

おどけ *O-doke.* 大 *O-o-jð-no kokoro nari.* ‚Steht im Sinne von *o-o-jð,* die grosse Weise‘ im Allgemeinen.‘

おきび 燠 *Oki-bi.* ‚Ein in einer Schüssel brennendes Feuer.‘

おもひ *Omoi.* ‚An etwas denken.‘ *Oja-no mo-wo iñ.* ‚Bedeutet die Trauer um die Eltern.‘

おもひ 篤疾 *Omoi.* ‚Schwer krank sein.‘

おもと 御許 *O-moto. Zoku-ni iñ kosi-moto nari.* ‚Ist das im gemeinen Leben übliche *kosi-moto* Aufwärterin.‘

おうな 嫗 *O-una.* ‚Ein altes Weib.‘ Sonst *womuna.*

おそば 齵歯 *Oso-ba.* ‚Die späten Zähne.‘ *Fa-no kasanete ôru nari.* ‚Die wiederholt wachsenden Zähne.‘ Sonst *osoi-ba.*

Ofosi. 生 令 *Fajasi-no kokoro nari.* ‚Hat den Sinn von *fajasi,* wachsen lassen.' Steht für *ofusi.*

首 *O-bito.* ‚Haupt.' Der Name eines Geschlechtes.

翈 *Osi-ba. Mizikaki fa nari.* ‚Die kurzen Federn an den Flügelwurzeln.'

Ozūsi. Ozosi-to onazi. ‚Ist mit *ozosi* (sich fürchten) gleichbedeutend.'

御 寢 *O-jori.* ‚Schlafen.' *Zoku-ni iû-to onazi.* ‚Ist mit dem im gemeinen Leben üblichen Worte gleichbedeutend.'

餘 餞 *Orosi.* ‚Uebrig gebliebene Speise.'

襲 *Oso-ki.* ‚Ein gefüttertes Kleid.' *Zoku-ni iû uwa-gi nari.* ‚Ist das, was man im gemeinen Leben *uwa-gi* nennt.'

Vier Sylben.

O-iraka. 大 *O-o-jô-no kokoro nari.* ‚Steht im Sinne von *o-o-jô,* grossartig.'

虎 子 *O-o-tsūbo.* ‚Ein Nachtgeschirr.' *Zoku-ni iû o-kawa nari.* ‚Im gemeinen Leben sagt man *o-kawa.*'

O-o-jô. Ojoso-to onazi. ‚Ist mit *ojoso* (im Allgemeinen, jegliches) gleichbedeutend.'

O-o-sora. ‚Das Firmament.' *Fito-no uwa-no sora-naru-wo iû.* ‚Bedeutet, dass ein Mensch in dem oberen leeren Raum sich befindet, geistesabwesend oder zerstreut ist.'

O-o-doki. 大 *O-o-jô-no kokoro.* ‚Hat den Sinn von *o-o-jô,* grossartig, im Allgemeinen.'

O-o-doka. ‚Mit dem Obigen gleichbedeutend.'

O-o-doke. ‚Mit dem Obigen gleichbedeutend.' Sonst auch *o-iraka.*

O-o-dore. Kami-no su-so-no midari-gawasiku sosoke-taru-wo iû. ‚Bedeutet, dass die Enden des Haupthaares in Unordnung und aufgelöst sind.'

泥 土 *O-o-dzūtsi.* ‚Grosse Erde, schlammige Erde.' *Fito-wo ijasimete iû kotoba.* ‚Ein Ausdruck, durch welchen man einem Menschen seine Verachtung kundgibt.'

御 體 *O-o-mi-ma.* ‚Der erhabene Leib.' *Ma* ist ein Hilfswort gleichwie in *korizū-ma,* nicht gewitzigt sein.'

おほとこ 槨 *O-o-doko.* ‚Das grosse Bett.' Der äussere Sarg.

おほゝし 鬱悒 *Ofofosi.* ‚Zweifelhaft, ungewiss.' Sonst *obutsŭka-nasi* und *ibukasi.*

おほびる 大蒜 *O-o-biru.* ‚Grosser Knoblauch.'

おほみら 薤 *O-o-mira.* ‚Eine Art grossen Knoblauchs.' Sonst *o-o-nira.*

おほくび 衽 *O-o-kubi.* ‚Der Brusttheil des Kleides.' *Zoku-ni o-kumi-to iŭ.* ‚Im gemeinen Leben sagt man *o-kumi.*'

おほぼれ 惘然 *O-o-bore.* ‚Ausser sich, von Sinnen.'

おぼめき 恍惚 *Obomeki.* ‚Ausser sich, von Sinnen sein.'

およづき *Ojodzŭki. Wotona-meki-taru kokoro nari.* ‚Steht im Sinne von *wotona-meki-taru*, das Aussehen eines erwachsenen Menschen erlangt haben.'

およづれ 妖言 *Ojodzŭre.* ‚Ungeheuerliche Reden.'

おそよか 嫭媛 *Osojoka.* ‚Gefallsüchtig.'

おむかし 欣感 *Omukasi.* ‚Von Freude erregt.'

おれもの 愚者 *Ore-mono.* ‚Ein thörichter Mensch.'

おくつき 墓 *Oku-tsŭki.* ‚Das an die Tiefe sich Schliessende, das Grab.'

14*

おびもの 佩 *Obi-mono.* ‚Das Gürtelgehänge.' Sonst *on-mono.*

おびかは 鞓 *Obi-kawa.* ‚Das Leder des Gürtels.'

おもりか *Omori-ka. Omo-omo-siki-wo iû.* ‚Bedeutet *omo-omo-siki,* schwer, gewichtig, ernst.'

おし〳〵 *Osi-osi. Mono-wo osi-sidzümuru kotoba.* ‚Ein Wort, mit dem man etwas niederhält und zur Ruhe bringt.'

おもゝち 面持 *Omo-motsi.* ‚Der Gesichtsausdruck, die Gesichtszüge.' *Zoku-ni kokoro-motsi mata kawo-tsŭki-to iû-ga gotosi.* ‚Gleichwie man im gemeinen Leben *kokoro-motsi* ‚der Ausdruck des Sinnes, die Empfindung' und *kawo-tsŭki* ‚der Ausdruck des Gesichtes, die Züge' sagt.'

おろ〳〵 *Oro-oro.* 愚 *oroka-naru kokoro-ni-ja.* ‚Vielleicht im Sinne von *oroka-naru,* dumm, thöricht.'

Fünf Sylben.

おい〳〵し *Oi-oi-si.* ニ老 *oi-oi-si-no kokoro-ni-ja.* ‚Vielleicht im Sinne von *oi-oi-si,* sehr alt sein.'

おろかおひ 穭 *Oroka-oi.* ‚Der von selbst wachsende Reis.'

おほおよび 拇 *O-o-ojobi.* ‚Der Daumen.' Sonst *o-o-jubi.*

おほきうみ 溟渤 *O-oki umi.* ‚Das grosse Meer.'

おれ〳〵し *Ore-ore-si.* ニ愚 *ore-ore-si nari.* ‚Hat den Sinn von *ore-ore-si,* thöricht.'

おふけなし 無負氣 *Ofu-ke-nasi.* ‚Ohne das Tragen auf dem Rücken.' Was sich nicht übernehmen lässt. Sonst *o-o-ke-nasi.*

おもかはり 面替 *Omo-kawari.* ‚Die Stelle vertreten.'

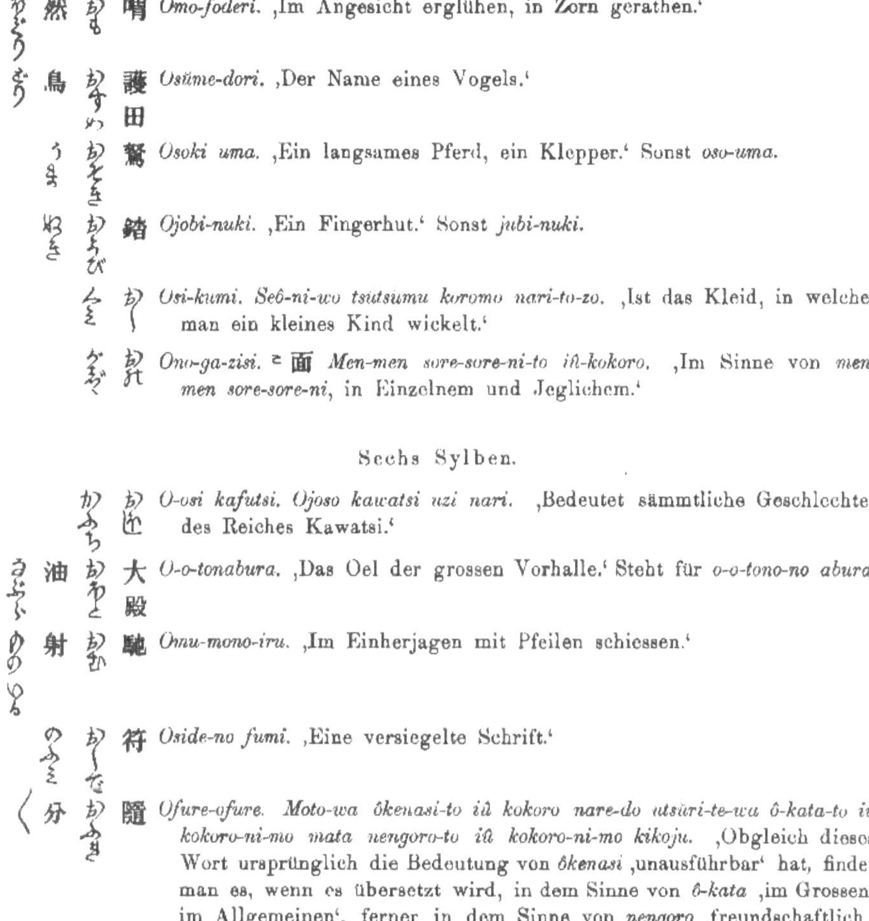

Omo-foderi. ‚Im Angesicht erglühen, in Zorn gerathen.‘

Osüme-dori. ‚Der Name eines Vogels.‘

Osoki uma. ‚Ein langsames Pferd, ein Klepper.‘ Sonst *oso-uma.*

Ojobi-nuki. ‚Ein Fingerhut.‘ Sonst *jubi-nuki.*

Osi-kumi. Seô-ni-wo tsutsumu koromo nari-to-zo. ‚Ist das Kleid, in welches man ein kleines Kind wickelt.‘

Ono-ga-zisi. ゝ面 *Men-men sore-sore-ni-to iû-kokoro.* ‚Im Sinne von *men-men sore-sore-ni*, in Einzelnem und Jeglichem.‘

Sechs Sylben.

O-osi kafutsi. Ojoso kawatsi uzi nari. ‚Bedeutet sämmtliche Geschlechter des Reiches Kawatsi.‘

O-o-tonabura. ‚Das Oel der grossen Vorhalle.‘ Steht für *o-o-tono-no abura.*

Omu-mono-iru. ‚Im Einherjagen mit Pfeilen schiessen.‘

Oside-no fumi. ‚Eine versiegelte Schrift.‘

Ofure-ofure. Moto-wa ôkenasi-to iû kokoro nare-do utsüri-te-wa ô-kata-to iû kokoro-ni-mo mata nengoro-to iû kokoro-ni-mo kikoju. ‚Obgleich dieses Wort ursprünglich die Bedeutung von *ôkenasi* ‚unausführbar‘ hat, findet man es, wenn es übersetzt wird, in dem Sinne von *ô-kata* ‚im Grossen, im Allgemeinen‘, ferner in dem Sinne von *nengoro* ‚freundschaftlich.‘

O-on-takara. ‚Das Menschenvolk.‘ Sonst auch *o-o-mi-takara.*

Sieben Sylben.

O-o-tono-fogai. ‚Das Opfer der grossen Vorhalle.‘

O-o-o-o-tsi wodzi. ‚Der Vater des Seitengeschlechtes.‘

大炊 おほゐ 寮 のつかさ *O-o-wi-no tsŭkasa.* ‚Der Vorsteher des grossen Heizens.'

おほよそ ごろも *O-o-joso-goromo.* 衣装大 *O-o-joso-oi-goromo-ka.* ‚Vielleicht im Sinne von *o-o-joso-oi-goromo,* das Kleid des grossen Putzes.'

Acht, neun, zehn, eilf, zwölf und vierzehn Sylben.

陰 おむ 陽 やうの 寮 つかさ *Omu-jau-no tsukasa.* ‚Der Vorsteher des Yin und Yang.'

大 おほい 臣 まうち ぎみ *O-o-i ma-utsi-gimi.* ‚Der grosse Minister.'

大 おほい 辨 おほ ともひ *O-o-i o-o-tomo-i.* ‚Der grosse Richter.'

正 おほ 親 きんだちの 司 つかさ *O-o-kin-datsi-no tsŭkasa.* ‚Der richtige Vorsteher der Verwandtschaften.'

大 おほ 膳 かしはで 職 のつかさ *O-o-kasifade-no tsŭkasa.* ‚Der grosse Vorsteher der Speisen.'

侍 おもと 従 びと 局 めうちぎみつかさ *O-moto-bito-me-utsi-gimi.* ‚Der Gebieter der Aufwärterinnen.'

太 おほみ 宰 こともちの 府 つかさ *O-o-mi-koto-motsi-no tsŭkasa.* ‚Das Sammelhaus des grossen Vorgesetzten.'

大 おほい 納言 ものまうす つかさ *O-o-i-mono-mòsŭ tsŭkasa.* ‚Der grosse Vorbringende.' Sonst *dai-na-gon.*

太 おほい 政 まつりごと 官 のつかさ *O-o-i matsŭri-goto-no tsŭkasa.* ‚Der grosse Vorsteher der Lenkung.'

太 おほ 政 まつり ごとの 大臣 おほまつ ぎみ *O-o-matsŭri-goto-no o-o-matsŭ-gimi.* ‚Der grosse Diener der grossen Lenkung.'

Classe 久 *Ku.*

久 *Ku.* 玖 *Ku.* 九 *Ku.* 句 *Ku.* 君 *Ku.* 苦 *Ku.* 空 *Ku.* 宮 *Ku.* 矩 *Ku.* 俱 *Ku.* 區 *Ku.* 衢 *Ku.* 孔 *Ku.* 丘 *Ku.* Laute.

具 *Gu.* 愚 *Gu.* 寓 *Gu.* 隅 *Gu.* 遇 *Gu.* 求 *Gu.* 郡 *Gu.* 虞 *Gu.* 供 *Gu.* 娛 *Gu.* Trübe Laute.

口 *Ku*, Mund. 國 *Ku*, das Reich. 開 *Ku*, öffnen. 來 *Ku*, kommen. Lesungen.

Drei Sylben.

くい 悔 *Kui.* ‚Reue empfinden.' Sonst *kuje* und *kujamu.*

くえ 崩 *Kuje.* ‚Einstürzen wie ein Berg.' Sonst *kudzüre.*

くわ *Kuwa. Fatsū-go nari. Zoku-ni sa-a nado iū-ga gotosi.* ‚Eine Anfangspartikel wie das im gemeinen Leben übliche *sa-a* (wohlan!) und anderes.'

Drei Sylben.

くわこ 蠶 *Kuwa-ko.* ‚Die Seidenraupe.' Sonst *kai-ko.*

くわゐ 烏芋 *Kuwa-wi.* ‚Die schwarze Yamwurzel.' Der Name einer Pflanze.

くじく 蹴 *Kuziku.* ‚Bewegt und unruhig sein.'

くひぜ 株 *Kuize.* ‚Ein Baumstumpf.'

くはし 細 *Kuwasi. Mono-wo fomuru kotoba nari.* ‚Ein Wort, mit welchem man etwas lobt.' *Kuwasi* hat sonst die Bedeutung: klein, genau.

くじろ 鈲 *Kuziro.* ‚Ein rundes Eisen. Ein Geräthe des Ackerbaues.'

くわざ 冠者 *Kuwa-za.* ‚Der Träger einer Mütze.' Sonst *kuwa-zija* und *kuwan-sija.*

くもゐ 天雲 *Kumo-wi.* ‚Der Wolkensitz, die Wolken des Himmels.'

Vier Sylben.

くわ〱 *Kuwa-kuwa. Fatsū-go-no kuwa-wo kasanete ijeri nari zoku-ni sa-a-sa-a nado iū-ga gotosi.* ‚Ist die Wiederholung der Anfangspartikel *kuwa*, gleichwie man im gemeinen Leben *sa-a-sa-a* (wohlan denn!) und Aehnliches sagt.'

狂 くるほし *Kurufosi.* ‚Wahnsinnig, rasend.' Steht für *kuruwasi*, das übrigens nicht vorgekommen.

くちつゝ *Kutsi-dzutsü. Zoku-ni iû kutsi-bu-teô-fô nari.* ‚Ist das im gemeinen Leben übliche *kutsi-bu-teô-fô*, ungeschickt im Reden.'

種 くさはひ *Kusafai. Fai-wa sojete iû kotoba nari.* ‚Ist ein Wort, bei welchem *fai* hinzugefügt wurde.' Vermuthlich für *kusa-fai* ‚die Pflanzen kriechen' und in der Bedeutung von *tane*, ‚Saat'.

くちをし *Kutsi-wosi.* 惜 朽 *Kutsi-wosi-no kokoro nari.* ‚Steht im Sinne von *kutsi-wosi*, faulend bedauerlich.'

花足 くゑそく *Ku-e-soku.* ‚Ein Blumengestell.' Sonst *ke-soku.*

源氏 ぐゑんじ *Gu-en-zi.* ‚Das Geschlecht Guen' (d. i. Gen oder Minamoto). Steht für *gen-zi.*

萱草 くわざう *Kuwa-zô.* ‚Die gelbe Lilie.' Sonst *kuwan-sô* und *wasüre-gusa.*

Fünf Sylben.

小角 くだのふえ *Kuda-no fuje.* ‚Eine Rohrpfeife.'

薫衣香 くのえかう *Kuno-je-kô.* ‚Der Geruch der wohlriechenden Kleider.' Sonst *kun-je-kô.*

眷屬 くゑんぞく *Ku-en-zoku.* ‚Die Angehörigen des Hauses, die Familie.' Sonst *ken-zoku.*

腰鼓 くれつゞみ *Kure-tsüdzumi.* ‚Eine tragbare Trommel.'

Sechs und sieben Sylben.

車榻 くるまのしぢ *Kuruma-no sidzi.* ‚Das Bett des Wagens.' Ist ein Schragen, mit Hilfe dessen man den Wagen besteigt und von demselben herabsteigt.

萱草色 くわざういろ *Kuwa-zô-iro.* ‚Die Farbe der gelben Lilie.' *Mata kuwan-zô-iro-to-mo koromo-no iro nari.* ‚Man sagt auch *kuwan-zô-iro.* Es ist eine Farbe der Kleider.'

蛁蟟 くつくつぼうし *Kutsu-kutsü-bôsi.* ‚Eine Grillenart.'

蹴散 くゑはららかし *Ku-e-fararakasi.* ‚Durch Fusstritte zerstreuen.' *Ku-e* steht für *ke.*

薑 呉の はじかみ *Kure-no fazikami.* ‚Ingwer.' Sonst *fazikami* allein. Die Bedeutung ist: Ingwer des (chinesischen) Reiches U.

Classe 也 *Ja.*

夜 *Ja.* 也 *Ja.* 耶 *Ja.* 椰 *Ja.* 揶 *Ja.* 琊 *Ja.* 楊 *Ja.* 野 *Ja.* 射 *Ja.* 移 *Ja.* 養 *Ja.* Laute.

屋 *Ja*, Haus. 八 *Ja*, acht. 矢 *Ja*, Pfeil. 彌 *Ja*, mehr. Lesungen.

Drei Sylben.

やをら *Jawora. Zoku-ni sotto-to iû-ga gotosi.* ‚Ein Wort gleich dem im gemeinen Leben üblichen *sotto*, still, leise.'

八 や 入 しほ *Ja-siwo.* ‚Acht Fluthen des Meeres.' Ein Palmbaum.

楊 やう 器 き *Jô-ki.* ‚Ein Gefäss von Weidenholz.'

八 や 方 おも *Ja-omo.* ‚Acht Gegenden.'

Vier Sylben.

奴 や いつこ *Ja-ikko.* ‚Ein Sclave.' Sonst *jakko.*

畬 やい はた *Jai-fata.* ‚Ein Feld, das man mit Feuer ausbrennt.' *Jaki-bata nari.* ‚Ist ein abgebranntes Feld.' Steht für *jaki-fata.*

糯 やい 米 ごめ *Jai-gome.* ‚Gebrannter Reis.' Sonst *jaki-gome.*

やい ぐし *Jai-gusi.* ‚Ein Bratspiess.' Sonst *jaki-gusi.*

鐇 やま たづ *Jama-tadzû. Firoki fa-no wono nari.* ‚Ist eine Axt mit breiter Schneide.'

山 やま 祇 づみ *Jama-dzûmi.* ‚Der Gott der Berge.'

燒 やき 石 いし *Jaki-isi.* ‚Gebrannter Stein.' *Zoku-ni iû nuru-isi-ka.* ‚Vielleicht das im gemeinen Leben übliche *nuru-isi*, der laue Stein.'

Fünf, sechs, sieben und acht Sylben.

楊 やない 笥 ばこ *Janai-bako.* ‚Ein Koffer von Weidenholz.' Sonst *janagi-bako.*

八 やうかの 日 ひ *Ja-u-ka-no fi.* ‚Acht Tage.' *Ja-u-ka* steht für *jakka*, ‚acht Tage', für das auch *jafu-ka* geschrieben wird.'

峡 やまの かひ *Jama-no kai.* ‚Eine von Bergen eingeschlossene Gegend.'

八十 伴雄 やそ とものを *Ja-so-tomo-no wo.* ‚Der Männliche der achtzig Gefährten.' Der Name eines Gottes.'

八峯 椿 やつをの つばき *Ja-tsu-wo-no tsubaki.* ‚Die Kamelie der acht Berggipfel.' Der Name eines Baumes.'

八醞 酒 やしを をりの さけ *Ja-siwo-wori-no sake.* ‚Wein, der achtmal gekocht worden.'

Classe 末 *Ma.*

麻 *Ma.* 摩 *Ma.* 末 *Ma.* 萬 *Ma.* 滿 *Ma.* 馬 *Ma.* 麼 *Ma.* 磨 *Ma.* 糜 *Ma.* 魔 *Ma.* 莽 *Ma.* Laute.

信 *Ma,* wahr. 眞 *Ma,* ächt. 間 *Ma,* Zwischenraum. Lesungen.

Zwei Sylben.

まい 烏牛 *Ma-i.* ‚Ein schwarzes Rind.'

まほ 眞帆 *Ma-fo. Kata-fo-ni tai-site mono-no kata-wa naranu-wo iû.* 帆眞 *Ma-fo-no kokoro-ni-ja.* ‚Das Wort bezeichnet in Bezug auf das Segel, dass etwas nicht missgestaltet ist. Es steht wohl im Sinne von *ma-fo,* das ächte Segel.'

まう 猛 *Ma-u. Take-dake-siki sama-wo iû.* ‚Bezeichnet die kühne, tapfere Weise.'

まひ 幣 *Mai.* ‚Ein Handopfer.' Jetzt Papierstücke, die man den Göttern weiht.

Drei Sylben.

まとゐ 圓座 *Mato-wi.* ‚Ein runder Sitz.'

まがひ 紛 *Magai.* ‚Zerstreut, verwirrt sein.' 易目 *Ma-gaje-no kokoro.* ‚Steht im Sinne von *ma-gaje,* das Wechseln des Auges.'

まよひ 紕 *Majoi. Kinu kowasare-taki nari.* ‚Brechen wollen, von Seidenstoffen.'

まびき 目皮 *Ma-biki.* ‚Der Staar des Auges.' Auch *manako-wi.*

まさへ *Masaje. Imase-wo nobe-taru kotoba nari.* ‚Ein Wort, in welchem *i-mase* (wohnen, verweilen) gedehnt worden.'

まどひ *Madoi. Imada nezu-no kokoro.* ‚Hat den Sinn, dass man noch nicht schläft.'

Vier Sylben.

賄 まかなひ *Ma-kanai.* ‚Beschenken, bestechen.‘

眼皮 まなこゐ *Manako-wi.* ‚Der Staar des Auges.‘ Auch *ma-biki.*

まもらひ *Mamorai. Mamori-wo nobete kaku iû.* ‚So sagt man mit Dehnung von *mamori*, bewachen.‘

眚 まじこり *Mazikori. Asiki koto-ni fiki-irerare jò-no kotoba nari.* ‚Ein Wort, welches die Weise ausdrückt, wie man in das Böse hineingezogen wird.‘

咒業 まじわざ *Mazi-waza.* ‚Die Sache des Verwünschens oder Fluchens.‘

蠱 まじもの *Mazi-mono.* ‚Das Gift der Beschwörung.‘

Fünf, sechs und zehn Sylben.

昇殿 まうのぼり *Mò-nobori.* ‚Zur Zusammenkunft emporsteigen.‘ Steht für *mòde-nobori.*

眞辟葛 まさきづら *Ma-saki-dzûra.* ‚Der Epheu.‘ Sonst *ma-saki-no kadzûra.*

万葉集 まんえふしふ *Man-jefu-siû.* ‚Die Sammlung der zehntausend Blätter.‘

絳掖 まつはしのうへのきぬ *Matsû-fasi-no uje-no kinu.* ‚Ein Mantel der Fichtenbrücke.‘ Ein grosser Mantel.

Classe 計 *Ke.*

氣 *Ke.* 祁 *Ke.* 計 *Ke.* 介 *Ke.* 家 *Ke.* 雞 *Ke.* 谿 *Ke.* 奚 *Ke.* 迦 *Ke.* 價 *Ke.* 稽 *Ke.* 希 *Ke.* 啓 *Ke.* 開 *Ke.* 階 *Ke.* 戒 *Ke.* 該 *Ke.* 溪 *Ke.* 旣 *Ke.* 結 *Ke.* 盖 *Ke.* Laute.

夏 *Ge.* 解 *Ge.* 下 *Ge.* 牙 *Ge.* 偈 *Ge.* 宜 *Ge.* 擬 *Ge.* 礙 *Ge.* 霓 *Ge.* 凱 *Ge.* 鎧 *Ge.* 愷 *Ge.* 雅 *Ge.* 慨 *Ge.* Trübe Laute.

毛 *Ke*, Haar. 笥 *Ke*, Kiste. 異 *Ke*, merkwürdig. 日 *Ke*, Tag. Lesungen.

Zwei Sylben.

狹布 けふ *Ke-fu.* ‚Eine Art schmalen Tuches.‘ Auch der Name eines Gebietes von Mutsu.

15*

Drei Sylben.

ど けう 餔 *Ke-udo.* ‚Speisen.‘ 人 食 *Kukumuru-no kokoro-ni-ja.* ‚Wohl im Sinne von *kukumuru*, Menschen ernähren.‘

づけ 付 け 毛 *Ke-dzŭke.* ‚Haare anfügen.‘ *Muma-ni iû tada* 立 毛 *ke-datsŭ-no koto nari-to-zo.* ‚Bezieht sich auf das Pferd, und bedeutet blos das Emporstehen der Haare.‘

そう 證 け 顯 *Ke-sô. Fare-bare-siki kokoro nari-to-zo.* ‚Steht im Sinne von *fare-bare-siki*, glänzend, ausgezeichnet.‘

Vier Sylben.

からひ 穢 け 汚 *Ke-garai.* ‚Schmutzig sein.‘ Sonst *kegare.*

ぢう 道 けう 教 *Keu-dô.* ‚Die Lehre und der Weg.‘

えん 緣 けち 結 *Ketsi-jen.* ‚Ein Verhältniss knüpfen, Freundschaft schliessen.‘

〱 けい *Kei-kei. Kisi-no koje nari.* ‚Bedeutet die Stimme des Fasans.‘

けづらひ 擬 *Kezŭrai. Sŭru nari-to ijeri.* ‚Es heisst, dass dieses Wort so viel als *sŭru* (reiben) ist.‘

めい 營 けい 經 *Kei-mei.* ‚Aufbauen.‘ Sonst *kei-jei.*

りやう 綾 けふ 華浮 *Ke-fu-rijô.* ‚Ein blumiger schwimmender Flor.‘ *Usŭ-mono nari.* ‚Ist eine Art dünnen Seidenstoffes.‘

ぎやう 形 げ 現 *Ge-gijô.* ‚Die sichtbare Gestalt.‘ Sonst *gen-gijô.*

Classe 不 *Fu.*

布 *Fu.* 賦 *Fu.* 不 *Fu.* 否 *Fu.* 副 *Fu.* 扶 *Fu.* 負 *Fu.* 敷 *Fu.* 浮 *Fu.* 甫 *Fu.* 府 *Fu.* 符 *Fu.* 赴 *Fu.* 分 *Fu.* 浦 *Fu.* Laute.

夫 *Bu.* 服 *Bu.* 父 *Bu.* 矛 *Bu.* 歩 *Bu.* 霧 *Bu.* 鶩 *Bu.* 部 *Bu.* Trübe Laute.

歷 *Fu*, vorübergehen. 經 *Fu*, vorübergehen. Lesungen.

蜂音 *Fu. Ni-zi itsi-in.* ‚Zwei Schriftzeichen, Ein Laut.‘ Das Summen der Bienen.

Zwei Sylben.

ふじ 富士 *Fu-zi.* ‚Ein reicher Mann.‘ So viel als *fu-zi-san* oder *fu-zi-no jama*, der Berg Fu-zi in Jamasiro.

Drei und vier Sylben.

ぶたう 舞踏 *Bu-ta-u.* ‚Tanzend den Boden treten.' Sonst *bu-tafu.*

ふづゑ 文杖 *Fu-dzŭ-e.* ‚Ein gestreifter Stab.' *Fu* steht für *bun.*

ふのう 不能 *Fu-nô.* ‚Unbefähigt.'

ふてう 不調 *Fu-te-u.* ‚Nicht hergerichtet.'

ふさひ 祥 *Fusai.* ‚Glücklich oder von glücklicher Vorbedeutung sein.'

ふすゐ 臥猪 *Fusŭ-wi.* ‚Das liegende Schwein.'

ふぞく 粉熱 *Fu-zŭku.* ‚Mehlheiss.' *Kuwa-si-no na.* ‚Der Name eines Zuckerwerkes.' Steht für *fun-zijuku.*

ふたしべ *Fŭta-si-be. Futa-kata-no kokoro nari.* ‚Steht im Sinne von *futa-kata,* beide Seiten.'

ふつゝか *Fu-tsŭdzŭka. Zoku-ni onazi. Mono-no futoku dziô-bu-naru kokoro nari.* ‚Mit dem im gemeinen Leben üblichen Worte gleichbedeutend. Es hat den Sinn, dass etwas dick und stark ist.' Sonst hat *fu-tsŭdzŭka* im gemeinen Leben die Bedeutung: dumm, ungeschickt.

ふればひ *Furebai.* 觸 *Fure-wo nobete kaku iŭ.* ‚So sagt man mit Dehnung von *fure,* an etwas stossen.'

ふくたい 氃氋 *Fuku tai.* 毛散 *Tsiru ko katatsi.* ‚Der Anblick der zerstreuten Federn.' Das Aufblasen der Federn.

ふきがは 韛 *Fuki-gawa.* ‚Ein Blasebalg.' *Ka-dzi-no gu.* ‚Ein Werkzeug des Schmiedes.' Sonst auch *fuki-go* und *fu-igo.*

ふびやう 風病 *Fu-bijô.* ‚Eine Kopfkrankheit.' Steht für *fu-u-bijô.*

Fünf Sylben.

ふなやまひ 船苦 *Funa-jamoi.* ‚Die Seekrankheit.' *Fune-ni jei-taru-wo iŭ.* ‚Bezeichnet das Unwohlsein in Folge des Fahrens in einem Schiffe.' Sonst *fune-jami.*

ふみづくゑ 書案 *Fumi-dzŭku-e.* ‚Ein Büchербret.'

Classe 古 *Ko.*

許 *Ko.* 古 *Ko.* 故 *Ko.* 胡 *Ko.* 高 *Ko.* 去 *Ko.* 己 *Ko.* 枯 *Ko.* 姑 *Ko.* 居 *Ko.* 固 *Ko.* 孤 *Ko.* 庫 *Ko.* 巨 *Ko.* 苣 *Ko.* 渠 *Ko.* 舉 *Ko.* 虚 *Ko.* 據 *Ko.* 輿 *Ko.* 顧 *Ko.* 黑 *Ko.* 沽 *Ko.* Laute.

其 *Go.* 呉 *Go.* 誤 *Go.* 五 *Go.* 吾 *Go.* 語 *Go.* 後 *Go.* 凝 *Go.* 期 *Go.* 虞 *Go.* 御 *Go.* 馭 *Go.* Trübe Laute.

籠 *Ko*, Korb. 粉 *Ko*, Mehl. 兒 *Ko*, Kind. 木 *Ko*, Baum. 子 *Ko*, Sohn. 小 *Ko*, klein. 來 *Ko*, kommen. 童 *Ko*, Knabe. Lesungen.

Zwei Sylben.

こゐ 木居 *Ko-wi.* ‚Auf dem Baume weilen.' *Taka-ni iû.* ‚Wird von dem Falken gesagt.'

こひ *Ko-i.* *Asi-no jamai nari.* ‚Ist eine Krankheit der Füsse.' Anschwellung der Füsse.

こひ 嗾𤹪 *Ko-fi.* ‚Verstopfung der Kehle.' Sonst *ko-u-fi.*

こふ 鵠 *Kofû.* ‚Ein Schwan.'

こふ 甲 *Kofû.* ‚Ein Panzer.' Sonst *ko-û* und *kafû.*

こじ 巾子 *Ko-zi.* ‚Eine Art Mütze.' *Kamuri-no takaki tokoro motodori-wo ireru-wo iû-to-zo.* ‚Eine Mütze, die so hoch ist, dass man den Haarschopf hineinbringt.'

Drei Sylben.

こほね 温松 *Ko-fone.* *Na-no tagui nari.* ‚Ist eine Gemüseart.' Sonst auch *ko-bone.*

ごえふ 五葉 *Go-jefû.* ‚Fünfblätterig.' *Matsû-ni iû.* ‚Bezieht sich auf die Fichte.'

こひぢ 泥 *Ko-fidzi.* ‚Koth, Schlamm. 土粉 *ko-fidzi-no kokoro ka.* ‚Vielleicht im Sinne von *ko-fidzi*, Erde als Pulver.'

こだう 微道 *Ko-dô.* ‚Auf dem Wege umhergehen.'

こみづ 白飲 *Ko-midzû.* ‚Das kleine Wasser.' Eine Bezeichnung des Weines.

こづの 鰓 *Ko-dzûno.* *Tsûno-no naka-ni fone nari.* ‚Ist das Bein in dem Horne.'

こつうを 鮀魚 *Kotsûwo.* ‚Der Name eines Fisches.'

こうじ 困 *Kô-zi.* ‚Verkümmert, erschöpft sein.‘ Steht für *kon-zi.*

こづみ 木積 *Ko-dzûmi.* ‚Anhäufung von Holz.‘ *Ki-no koje nari. Zoku-ni go-mi-to iû kore nari.* ‚Ist Dünger von Bäumen. Es ist dasjenige, was man im gemeinen Leben *go-mi* (Staub und Schmutz) nennt.‘

このゑ 近衛 *Kono-e.* ‚Die nahe Leibwache.‘ Sonst *kon-e.*

Vier Sylben.

こを〱 *Kowo-kowo. Siwabuki-no koje nari.* ‚Ist der Ton des Hustens.‘

こをろぎ 蜻蛚 *Koworogi.* ‚Eine farbige Feldgrille.‘

こづたひ 木傳 *Ko-dzûtai.* ‚Auf Bäume klettern.‘

ここのへ 九重 *Kokono-je.* ‚Neunfach.‘ *Dai-ri-wo iû.* ‚Bedeutet den Palast des Himmelssohnes.‘

こおよび 季指 *Ko-ojobi.* ‚Der kleine Finger.‘ Sonst *ko-jubi.*

こをばい 紅梅 *Kowo-bai.* ‚Ein Pflaumenbaum mit rothen Blüthen.‘ Steht für *ko-u-bai.*

こしをれ *Kosi woro.* ‚Von Lenden gebrochen.‘ *Kotoba no totonawanu kasira wo iû.* ‚Bezeichnet ein Gedicht, in welchem die Worte ohne Einklang sind.‘

こりずま 不懲 *Korizu-ma.* ‚Nicht gewitzigt sein.‘ *Ma-wa ziô-go. Sûma-no ura-ni i-i kaku.* ‚*Ma* ist ein Hilfswort. Wird von der Bucht von Suma geschrieben.‘

こんざう 紺青 *Kon-za-u.* ‚Schmalte.‘ Sonst *kon-zija-u.*

Fünf Sylben.

ことなしび *Koto-nasi-bi. Koto-nasi-buri-no kokoro.* ‚Hat den Sinn von *koto-nasi-buri*, die gegenstandlose Weise.‘

こまがへり 若反 *Koma-gajeri. Oi-te futa-tabi waka-gajeru-wo iû.* ‚Bedeutet: nachdem man alt geworden, wieder jung werden.‘

おもひ こころ Kokoro-oi. *Kokoro-ni ofu-to iû kokoro nari.* ‚Hat den Sinn von *kokoro-ni ofu*, im Herzen tragen.‘

ぢやう 上 こん 今 *Kon-zija-u.* ‚Der gegenwärtige Kaiser.‘ Sonst *kin-zija-u.*

Sechs und acht Sylben.

でん 殿 こうらう 後凉 *Kô-ra-u-den.* ‚Die rückwärtige kühle Vorhalle.‘ Sonst *kô-rija-u-den.*

ぢらひ 意 こころ 有 *Kokoro-zirai.* ‚Eine Absicht haben.‘ *Sirai-wa siru nari rai noberi nari.* ‚*Sirai* ist so viel als *siru*, wissen. *Rai* ist die Dehnung.‘

のかぜ 風 こころあひ 心合 *Kokoro-ai-no kaze.* ‚Der mit dem Herzen sich vereinigende Wind, der Südwind.‘ *Kaze-no na nari-to ijeri mata naka-datsi-no kokoro-ni-mo iû.* ‚Man sagt, es sei der Name eines Windes. Es wird auch im Sinne von ‚Vermittler‘ gebraucht.‘

Classe 江 *Je.*

延 *Je.* 愛 *Je.* 衣 *Je.* 要 *Je.* 曳 *Je.* 依 *Je.* 叡 *Je.* 哀 *Je.* 埃 *Je.* 裔 *Je.* Laute. 兄 *Je*, älterer Bruder. 荏 *Je*, Basilienkraut. 江 *Je*, Strom. 榎 *Je*, der bittere Theestrauch. 枝 *Je*, Ast. 柄 *Je*, Henkel. 柯 *Je*, Axtstiel. 得 *Je*, erlangen. 吉 *Je*, glücklich. 善 *Je*, gut. Lesungen.

可愛 *Je. Ni-zi itsi-in.* ‚Zwei Zeichen, Ein Laut.‘ Lieblich.

Zwei Sylben.

えい 曳 *Jei. Fatsû-go.* ‚Ein Wort des Anfanges.‘

えい 詠 *Jei.* ‚Hersagen.‘

えに 緑 *Jeni.* ‚Ein Verhältniss der Freundschaft.‘ Sonst *jen.*

えと 干 *Je-to.* ‚Die cyclischen Zeichen.‘ *Ane-oto-no kokoro nari-to-zo.* ‚Steht in der Bedeutung von Brüdern.‘

えぎ 延喜 *Je-gi.* ‚Die verlängerte Freude.‘ Eine Vorbedeutung. Steht für *jen-gi.*

えん 艶 *Jen.* ‚Reichlich, voll, von glänzendem Aussehen.‘

えん 宴 *Jen.* ‚Ein Fest.‘

えう 要 *Je-u.* ‚Das Nothwendige, das Erforderniss.‘

えこ 長子 *Je-ko.* ‚Der älteste Sohn.‘ 兄子 *Je-ko-no kokoro nari-to-zo.* ‚Steht im Sinne von *je-ko*, der Sohn, welcher der ältere Bruder ist.‘

Drei Sylben.

えをぢ 阿伯 *Je-wodzi. Tsitsi-no ani nari.* ‚Ist der ältere Bruder des Vaters.'

えもの 獲 *Je-mono.* ‚Die Jagdbeute.'

えんげ 艷氣 *Jen-ge.* ‚Die Fülle, der Glanz des Aussehens.'

えがち *Je-gatsi.* 勝得心 *Kokoro-je-gatsi-no kokoro nari-to-zo.* ‚Steht im Sinne von *kokoro-je-gatsi,* Entzücken.' Sonst *kokoro-gatsi.*

Vier Sylben.

えんねん 延年 *Jen-nen.* ‚Die Verlängerung der Jahre.' *Saka-mori-wo iû.* ‚Bedeutet ein Trinkgelage.'

えならぬ え *Je-naranu.* ‚Nicht zu erlangen.' *Fukaki kokoro-to fomuru kokoro-to futa-tsû-no kokoro ari-to-zo.* ‚Hat zweierlei Sinn, den Sinn des Tiefen und den Sinn des Lobpreisens.'

Classe 天 *Te.*

天 *Te.* 帝 *Te.* 低 *Te.* 庭 *Te.* 諦 *Te.* 提 *Te.* 堤 *Te.* 弟 *Te.* 氐 *Te.* 底 *Te.* Laute.
傳 *De.* 殿 *De.* 代 *De.* 題 *De.* 田 *De.* 泥 *De.* 湟 *De.* 耐 *De.* Trübe Laute.
手 *Te,* Hand. Lesung.

Zwei Sylben.

てへ *Teje. To ije wo tsûdzûmete ijeru nari.* ‚Ist die Abkürzung von *to ije,* man sagt, dass.'

でゐ 出居 *De-wi.* ‚Hinaustreten und verweilen.' *Wori-dokoro-ni iû.* ‚Wird von dem Aufenthaltsorte gesagt.'

てえり *Tejeri.* 者 *Te-to ijeri-wo tsûdzûmete kaku ijeri.* ‚So lautet die Abkürzung von *te-to ijeri,* es wird gesagt, dass (in Bezug auf Geschehenes).'

Vier Sylben.

てあらひ 洗 て 手 *Te-arai.* ‚Die Hände waschen.'

てずさび 進 てず 手 *Te-dzûsabi.* ‚Sich die Zeit vertreiben.' Steht für *te-dzûsami.*

てうどかけ 度懸 てう 調 *Te-u-do-gake.* ‚Das zur Hand liegende Anhängen.' Bezieht sich auf die Mütze.

Classe 安 *A.*

阿 *A.* 安 *A.* 鞍 *A.* 惡 *A.* Laute.

余 *A*, ich. Lesung.

Zwei Sylben.

あわ *A-wa. Are-wa-wo riaku-site kaku iû.* ‚So sagt man abgekürzt für *are-wa*, ich.‘

肖 あえ *Aje Zoku-ni ajakaru-to iû.* ‚Im gemeinen Leben sagt man *ajakaru*, Aehnlichkeit haben.‘

あえ *Aje.* 血 *Tsi mata-wa ase nado-ni iû. Zoku-ni iû-wa tsi-mabure doro-mabure nado iû.* ‚Bezieht sich auf Blut, ferner auf Schweiss und andere Dinge. Im gemeinen Leben sagt man *tsi-mabure* ‚mit Blut befleckt‘, *doro-mabure* ‚mit Koth beschmutzt‘ und Aehnliches.‘ Statt *mabure* sagt man sonst *mamire*.‘

Drei Sylben.

粟 あは 田 ふ *Awa-fu.* ‚Ein Hirsefeld.‘

あは せ *Awase.* ‚Eine Versperrung.‘ *Zoku-ni-wa sai-to iû.* ‚Heisst im gemeinen Leben *sai*.‘

あだ め *Abame. Itoi-nigumu kokoro-ni iû.* ‚Wird im Sinne von *itoi-nigumu* ‚verabscheuen und hassen‘ gesagt.‘

礛 あを 礪 ご *Awo-go.* ‚Ein grüner Schleifstein zum Schleifen der Edelsteine.‘

贖 あが ひ *Agai.* ‚Die rothe Muschel.‘ Steht für *aka-gai*.

朸 あふ ご *Afu-go.* ‚Eine Stange zum Tragen von Lasten.‘ Sonst *afu-ko*.

脚 あゆ 帶 ひ *Ajui.* ‚Ein Fussband.‘ Steht für *asi-jui*.

襖 あを 子 し *Awo-si.* ‚Ein Mantel.‘ Steht für *ofu-si*.

束 あづ 草 か *Adzûka.* ‚Ein Bund Gras.‘

篤 あつ 疾 え *Atsûje.* ‚Ernstlich krank sein.‘

あたへ *Ataje. Fisomanu kokoro nari-to-zo zoku-ni atakeru-to iû-ni onazi.* ‚Steht im Sinne von *fisomanu*, nicht verborgen, nicht geheim sein. Es ist mit dem im gemeinen Leben üblichen *atakeru* gleichbedeutend.‘ *Ataje* hat sonst die Bedeutung ‚geben‘. Das hier genannte *atakeru* ist nirgends vorgekommen.

和 あま ひ *Amai.* ‚Weich, sanft.‘ *Kata karanu-no iware nari.* ‚Hat die Bedeutung von *kata-karanu*, nicht hart sein.‘ Mit *awasi* ‚süss‘ sinnverwandt.

沫 あわ 緒 を *Awa-wo.* ‚Eine gedrehte Schnur.‘ Steht für *awase-wo*.

あえ げ *Aje-ga. Aja-u-ge-wo nobe-taru kotoba nari-to-zo.* ‚Ist ein Wort, in welchem *aja-u-ge* ‚Gefährlichkeit‘ gedehnt (sic) wurde.‘

Vier Sylben.

Ai-nasi. Nani-to iû wakimaje-mo naku utsi-tsüke-ni mono-süru kokoro nari-to-zo. ,Hat den Sinn, dass man ohne Verstand plötzlich etwas thut.' Scheint für *aja-nasi* zu stehen.

淡 *Awatsüka.* ,Schal, geschmacklos.' *Simijaka-naranu kokoro nari-to-zo.* ,Hat den Sinn, dass etwas nicht durchdringend oder stark ist.' Sonst *awasi.*

齏 *Aje-mono.* ,Saure und gewürzte Speise.'

Aje-nasi. Jori-ai-naku zoku-ni tsikara-no otsi-taru jô-no kotoba nari. ,Ohne gegenseitige Spannung, ohne Wetteifer, ein Wort von der Art wie *tsikara-no otsi-taru,* die Kraft ist geschwunden.'

螟蛉 *Awo-musi.* ,Die grüne Raupe des Maulbeerbaumes.'

竹刀 *Awo-bije.* ,Ein Bambusmesser.' Ein Werkzeug, mit welchem man Metallblätter zerschneidet.

明 *Akarai.* ,Glänzen.' Steht für *akari.*

逆賊 *Atanai.* ,Ein Aufrührer.'

厚肥 *Atsü-goje.* 紙 *Kami-ni iû-wa atsüku kowaki kokoro nari.* ,Wo es sich auf Papier bezieht, hat es den Sinn von dick und stark.'

Awo-bire. ,Grüne Flossen.' *Awo-zame-to onazi.* ,Ist mit *awo-zame* ,bläulich' gleichbedeutend.'

澣濯 *Arawai.* ,Waschen.' *Arò-to onazi.* ,Ist mit *arò* gleichbedeutend.'

荒汐 *Ara-siwo.* ,Eine heftige Fluth des Meeres.'

Akufase. Zoku-ni agumu-to iû. ,Im gemeinen Leben sagt man *agumu,* müde sein, etwas satt haben.'

葦牙 *Asi-kabi.* ,Schilfknospen.'

相生 *Ai-oi.* Mit einander wachsen.' Wird von Fichten gesagt.'

相老 *Ai-oi.* ,Mit einander alt werden.'

射築 *Amu-dzütsi.* ,Eine Mauer, gegen die man mit Pfeilen schiesst.' *Zoku-ni adzütsi-to iû.* ,Im gemeinen Leben sagt man *adzütsi.*'

糞堆 *Akuta-fu.* ,Ein Mist- oder Kehrichthaufen.'

16*

麻柱 *Ananai.* ‚Eine Hanfstütze.‘ *Zoku-ni iû asi-siro nari.* ‚Ist das im gemeinen Leben übliche *asi-siro*, Stellvertreter des Fusses.‘

誘 *Atorai.* ‚Verleiten, verführen.‘ Steht für *atsûraje.*

沫雪 *Awa-juki.* ‚Schaum und Schnee.‘ Als Gleichniss gebraucht.

屐系 *Asida-wo.* ‚Die Schuhbänder.‘

鯖 *Awo-saba.* ‚Die Makrele.‘

輕慢 *Anadzûri.* ‚Verachten, geringschätzen.‘ Steht für *anadori.*

相嘗 *Ai-mube.* ‚Gemeinschaftlich kosten.‘ Steht für *ai-name.*

山榴 *Ai-tsûtsûzi.* ‚*Azalea indica.*‘ Sonst *tsûtsûzi* allein. *Ai* wahrscheinlich in der Bedeutung von *ai*, indigoblau.

Fünf, sechs und sieben Sylben.

愛形 *Ai-gija-u.* ‚Eine liebliche Gestalt.‘

Awa-awa-si. = 淡 *Awa-awa-no kokoro nari.* ‚Im Sinne von *awa-awa*, sehr fad, sehr geschmacklos.‘

Awa-tsûke-si. ‚Mit dem obigen gleichbedeutend.‘ *Fûtatsû nagara awa-awa-siku kokoro-asaki kokoro nari.* ‚Beide stehen in dem Sinne von *awa-awa-siku kokoro asasi*, sehr fad und dabei seicht von Sinn.‘

土鴨 *Awo-gajeru.* ‚Ein grüner Frosch.‘

赤卒 *Aka-emuba.* ‚Eine rothe Libelle.‘ *Zoku-ni-wa jan-ma-to iû.* ‚Im gemeinen Leben sagt man *jan-ma.*‘ Sonst *aka-jenba.*

遊絲 *Asobu ito.* ‚Wandernde Seide.‘ Eine Lufterscheinung bei grosser Hitze. Sonst *ito-jû.*

妍哉 *Ana-ni e-ja.* ‚O wie schön!‘ Eine Interjection. Sonst auch *ana-ni jasi.*

會釋 *Aje-sirai.* ‚In einer Versammlung erklären.‘

Asi-dzûkara. ‚Mit eigenen Füssen.‘ *Te-dzûkara-to onazi.* ‚Ist mit *te-dzûkara* ‚eigenhändig‘ gleichbedeutend.‘

あとうがたり *Ato-u-gatari. Ato-nasi-goto-to onazi-gokoro nari-to-zo.* ‚Eine nachträgliche Rede.‘ Hat gleichen Sinn mit *ato-nasi-goto.*

あいなだのみ *Ai-na-danomi. Ika-ni aran-mo siri-gataki juku-sü-e-no koto-wo tanomi-ni omô kokoro nari.* ‚Hat den Sinn, dass man an die ungewisse Zukunft mit Zuversicht denkt.‘

袷 あはせ きぬ *Awase-no kinu.* ‚Ein doppeltes oder gefüttertes Kleid.‘

蒼 あをひと 生 ぐさ *Awo-fito-gusa.* ‚Die grüne Menschenpflanze.‘ Das Volk.

木通 あけび 草 かづら *Ake-bi-kadzüra.* ‚Der Name einer kriechenden Pflanze.‘

滄 あを 溟 うなばら *Awo-umi-bara.* ‚Die grüne Meeresfläche.‘

左 あふさ 右 きるさ *Afü-sa kiru-sa. To-süru-mo kaku süru-mo-to iû kokoro nari-to-zo.* ‚Hat den Sinn von *to-süru-mo kaku süru-mo*, auf diese oder auf jene Weise sein.‘

あを びれ をとこ *Awo-bire-wotoko.* ‚Ein Mann der grünen Flosse.‘ *Wotoko-wo nonosiri-te iû kotoba-to kikoju.* ‚Kommt als ein Wort vor, mit dem man einen Mann schilt.‘

Classe 左 *Sa.*

佐 *Sa.* 砂 *Sa.* 左 *Sa.* 差 *Sa.* 磋 *Sa.* 沙 *Sa.* 娑 *Sa.* 紗 *Sa.* 散 *Sa.* 射 *Sa.* 作 *Sa.* 社 *Sa.* 者 *Sa.* 草 *Sa.* 舎 *Sa.* 槎 *Sa.* 柴 *Sa.* 霜 *Sa.* 虵 *Sa.* 祥 *Sa.* 讃 *Sa.* Laute.

謝 *Za.* 坐 *Za.* 座 *Za.* 藏 *Za.* 邪 *Za.* 裝 *Za.* 奢 *Za.* Trübe Laute.

箭 *Sa*, Pfeil. 少 *Sa*, klein. 狹 *Sa*, eng. 猨 *Sa*, Affe. Lesungen.

Zwei Sylben.

采 さい *Sai.* ‚Ein Würfel.‘ *Sugoroku-no sai nari. Mata saje-to-mo.* ‚Der Würfel des Puffspiels. Es heisst auch *saje.*‘

さゐ *Sa-wi. Jama-juri-wo ijeri.* ‚Bedeutet die Berglilie.‘

才 さえ *Saje.* ‚Die Fähigkeit, die Begabung.‘ Sonst *sai.*

Drei Sylben.

釵子 さいし *Sai-si.* ‚Eine Haarnadel.‘ Sonst *kanzasi.*

夥ぐ さわぐ *Sawagu.* ‚Eine grosse Menge sein.' Hat sonst die Bedeutung: in Unordnung oder aufgeregt sein.

さつを *Satsŭwo.* *Satsi-wotoko-no kokoro.* ‚Hat den Sinn von *satsi-wotoko*, ein glücklicher Mann.'

菖蒲 さうぶ *Sa-u-bu.* ‚Kalmus.' Sonst *sija-u-bu.*

曹子 ざうし *Za-u-si.* ‚Ein Richter.'

障子 さうじ *Sa-u-zi.* ‚Ein Fensterladen.'

冊子 さうし *Sa-u-si.* ‚Ein Schreibbuch.'

薔薇 さうび *Sa-u-bi.* ‚Ein Rosenstrauch.' Sonst *sija-u-bi.*

精進 さうじ *Sa-u-zi.* ‚Die Darreichung des Geistigen.' Das Enthalten von unreiner oder unerlaubter Kost. Sonst *sija-u-zin.*

上手 ざうず *Za-u-zŭ.* ‚Erfahren.' Sonst *zija-u-zŭ.*

小枝 さえだ *Sa-jeda.* ‚Ein kleiner Zweig.'

榮螺子 さざえ *Sasaje.* ‚Eine Purpurschnecke.'

岸 さをり *Sawori.* *Jama-no tawami-taru tokoro-wo iŭ.* ‚Bedeutet die Stelle, wo ein Berg sich gesenkt hat.'

麝香 ざかう *Za-ka-u.* ‚Moschus.' Sonst *zija-ka-u.*

Vier Sylben.

戯射 さいだて *Sai-date.* ‚Zum Vergnügen mit Pfeilen schiessen.'

さいまつ *Sai-matsŭ.* *Tsŭi-matsŭ-to onazi.* ‚Ist mit *tsŭi-matsŭ* ‚Fackel' gleichbedeutend.'

最果 さいはて *Sai-fate.* ‚Ganz zuletzt.' Sonst auch *ija-fate.*

訕喹 さゐめき *Sawameki.* ‚Durch einander reden.' Sonst auch *zawameki.*

佐保川 さほがは *Sa-wo-gawa.* ‚Der Fluss Sawo.'

正身 さうじみ *Sa-u-zimi.* ‚Von richtigem Leibe, ächt.' *Zimi* steht für *zin*, Leib. Sonst *sija-u-zin.*

さうじん 精進 *Sa-u-zin.* ‚Das Enthalten von unreiner Kost.' Sonst auch *sa-u-zi.* Steht für *sija-u-zin.*

さうかい 草鞋 *Sa-u-kai.* ‚Ein Strohschuh.' *Mata sa-u-ai-to-mo iû.* ‚Es heisst auch *sa-u-ai.*'

さらぼひ 髐 *Saraboi.* ‚Bleichen, von Gebeinen.' Sonst *sarabai.*

さきはひ 幸 *Sakiwai.* ‚Glück, Segen.' Sonst *saiwai.*

さひづり 囀 *Saidzûri.* ‚Zwitschern wie Vögel.' Sonst *sajedzûri.*

さひづゑ 鎛 *Sai-dzû-e.* ‚Eine Haue.'

さもらひ 侍 *Samorai.* ‚Aufwarten.' Sonst *samurai* und *saburai.*

さすらへ 彷徨 *Sasûraje.* ‚Verbannt werden und umherwandern.' Sonst *sasorai.*

さうぞく 装束 *Sa-u-soku.* ‚Die geschmückte Kleidung.' Sonst *sija-u-zoku.*

さかばえ 盛映 *Saka-faje.* ‚Vollkommener Glanz oder Pracht.'

ざうげん 讒言 *Za-u-gen.* ‚Verläumderische Reden.' Sonst *zan-gen.*

さるがふ 猿樂 *Saru-gafû.* ‚Die Affenmusik.' Die Musik an dem Tage *saru,* Affe (9). Sonst *saru-gaku.*

Fünf und sechs Sylben.

さい〳〵し *Sai-sai-si. Siô-ziô-siki kokoro nari.* ‚Hat den Sinn von *siô-ziô-siki,* ganz rein.'

笙 さうのふえ *Sa-u-no fuje.* ‚Eine Schalmei.'

箏 さうのこと *Sa-u-no koto.* ‚Eine Art Harfe.' Sonst *sija-u-no koto.*

寂寞 さうざうしく *Sa-u-za-u-si.* ‚Still, geräuschlos.' Steht für *sija-u-zija-u-si.*

壯官 さうぐわん *Sa-u-guwan.* ‚Eine starke Obrigkeit.' Sonst *sija-u-kuwan.*

無障 さゝへなし *Sasa-i-nasi.* ‚Ohne Hinderniss.' Steht für *sasaje-nasi.*

さうぞめく *Sa-u-zomeku. Ikkò-ni zomeki-naki kokoro nari.* ‚Steht in dem Sinne, dass durchaus kein Lärmen ist.'

去彼年 さをとゝし *Sa-woto-tosi.* ‚Vor zwei Jahren.' Sonst *woto-tosi.*

壽 さかほかひ *Saka-fogai.* ‚Das lange Leben.'

さしかへし *Sasi-kajesi.* ‚Zurückgeben.' *Sakadzūki-ni iû.* ‚Wird von dem Weinbecher gesagt.'

佐官 さうぐわん *Sa-u-guwan.* ‚Eine zur Seite stehende Obrigkeit.' Steht für *sa-kuwan.*

最勝講 さいそうかう *Sa-i-so-u-ka-u.* ‚Die sehr übertreffende Erklärung.' Der Name eines Festtages. Sonst *sai-sijo-u-ka-u.*

Classe 幾 *Ki.*

伎 *Ki.* 紀 *Ki.* 貴 *Ki.* 幾 *Ki.* 吉 *Ki.* 岐 *Ki.* 支 *Ki.* 記 *Ki.* 枳 *Ki.* 企 *Ki.* 奇 *Ki.* 寄 *Ki.* 綺 *Ki.* 騎 *Ki.* 既 *Ki.* 棄 *Ki.* 巾 *Ki.* 鬼 *Ki.* 祈 *Ki.* 祇 *Ki.* 機 *Ki.* 基 *Ki.* 忌 *Ki.* 耆 *Ki.* 妓 *Ki.* Laute.

藝 *Gi.* 疑 *Gi.* 擬 *Gi.* 宜 *Gi.* 義 *Gi.* 儀 *Gi.* 蟻 *Gi.* Trübe Laute.

城 *Ki*, Festung. 木 *Ki*, Baum. 樹 *Ki*, Baum. 寸 *Ki*, Zoll. 割 *Ki*, abschneiden. 刻 *Ki*, einschneiden. 來 *Ki*, kommen. 杵 *Ki*, Mörserkeule. Lesungen.

Zwei Sylben.

競 きほひ *Kifoi.* ‚Streiten, wetteifern.' Sonst *kiwoi* und *kisoi.*

腊 きたひ *Kitai. Fosi-zisi nari.* ‚Ist getrocknetes Fleisch.'

Vier und fünf Sylben.

杌 きりくひ *Kiri-kui.*

桔梗 きちかう *Kitsi-ka-u.* ‚Der Name einer Pflanze.' Sonst *ki-kija-u.*

輾 きしらひ *Kisirai.* ‚Schaukeln wie ein Schiff oder ein Wagen.' Sonst *kisiri.*

浄 きよまはり *Kijomawari.* ‚Klar oder rein sein.' Steht für *kijomari.*

桔梗 きちきやう *Kitsi-kija-u.* ‚Der Name einer Pflanze.' Sonst auch *kitsi-ka-u.*

杏葉 ぎやうえふ *Gija-u-jefū.* ‚Eine Aprikosenart.' *Muma-ni kura-oku gu.* ‚Ein Werkzeug zum Satteln des Pferdes.'

毬打 ぎちやう *Gi-tsija-u.* ‚Das Ballspiel.'

Classe 由 *Ju.*

由 *Ju.* 游 *Ju.* 遊 *Ju.* 臾 *Ju.* 瘐 *Ju.* 愈 *Ju.* 喩 *Ju.* 踰 *Ju.* 用 *Ju.* 瑜 *Ju.* Laute. 弓 *Ju*, Bogen. 湯 *Ju*, heisses Wasser. Lesungen.

Zwei Sylben.

ゆひ *Jui. Tagai-no fito-wo jadoi-te ta-wo ujuru-wo iū-to-zo.* ‚Bedeutet: gegenseitig Menschen miethen und das Feld bepflanzen.' *Jui* hat sonst die Bedeutung: binden.

遊牝 ゆひ *Ju-fi.* ‚Das Entlaufen der Rinder und Pferde.' Steht für *jū-fin.*

Drei Sylben.

齋場 ゆには *Ju-niwa.* ‚Der Vorhof des Gebetes.' *Ju* ist die Abkürzung von *iwai*, beten.

湯母 ゆおも *Ju-omo.* ‚Die Badewärterin für Kinder.'

Vier Sylben.

寛 ゆほびか *Jufobika. Jutaka-naru kokoro nari.* ‚Hat den Sinn von *jutaka-naru*, reichlich, fruchtbar.' Wird von Anderen durch *juru-jaka* ‚nachlässig' erklärt. Sonst auch *juwobika-ni.*

交讓木 ゆづるは *Judzūru-fa.* ‚Die nachgiebigen Blätter.' Der Name eines Baumes. Sonst *judzūri-fa.*

硫黄 ゆのあわ *Ju-no awa.* ‚Der Schaum des heissen Wassers.' Schwefel.

弣 ゆみづか *Jumi-dzūka.* ‚Der Bogengriff.' Die Mitte des Bogens.

太白星 ゆふづゝ *Jū-dzūtsū.* ‚Der Abendstern.' Hat ursprünglich die Bedeutung: allabendlich.

齋 ゆまはり *Ju-mawari.* ‚Das Beten.' Wörtlich: das Herumgehen des Betens. *Ju* steht für *iwai*, beten.

ゆがをけ *Juga-woge.* ‚Ein grosser Zuber.‘ *Zoku-ni iû o-o-woke.* ‚Ist das im gemeinen Leben übliche *o-o-woke.*‘

ゆゑづき *Ju-e-dzŭki.* 着故 *Ju-e-dzŭki-no kokoro. Ni-ai-si-ge-naru-wo iû-to-zo.* ‚Steht im Sinne von *ju-e-dzŭki* ‚aus der Ursache sich anschliessen‘ und hat die Bedeutung: von passender, übereinstimmender Eigenschaft sein.‘

Fünf Sylben.

夕 ゆふづくよ *Jû-dzŭku-jo.* ‚Eine Nacht des Abendmondes.‘ Sonst *jû-dzŭki-jo.*

ゆふまどひ *Jû-madoi.* ‚Am Abend betäubt werden.‘ *Jû madoromi-no kokoro.* ‚Hat den Sinn: am Abend einschlummern.‘

Classe 女 *Me.*

米 *Me.* 賣 *Me.* 免 *Me.* 馬 *Me.* 毎 *Me.* 梅 *Me.* 昧 *Me.* 迷 *Me.* 謎 *Me.* 面 *Me.* 綿 *Me.* Laute.

目 *Me*, Auge. 眼 *Me*, Auge. 妻 *Me*, Gattin. Lesungen.

海藻 *Me. Ni-zi itsi-in.* ‚Zwei Schriftzeichen, Ein Laut.‘ ‚Das Hornblatt.‘ Sonst auch *ara-me.*

Drei Sylben.

めおに *Me-oni.* 鬼目 *Me-oni-no kokoro me-nasi-tsigo-no koto-ka.* ‚Hat den Sinn von *me-oni*, Dämon des Auges. Ist vielleicht das augenlose Kind‘ (im Blindekuhspiel).

Vier und fünf Sylben.

面目 めいぼく *Mei-boku.* ‚Gesicht und Auge.‘ Die Fassung, die Zuversicht. Steht für *men-boku.*

鳴絃 めいげん *Mei-gen.* ‚Eine tönende Saite.‘ Sonst *mei-ken.*

乳母 めのおと *Me-no oto.* ‚Eine Amme.‘ Sonst *menoto.*

桂 めかづら *Me-kadzŭra.* ‚Der Zimmtbaum.‘

めかかう *Meka-kò. Zoku-ni-wa bekkaku kò-to iû.* ‚Im gemeinen Leben sagt man *bekkaku kò*, nach besonderem Muster auf diese Weise, ausnahmsweise so.‘ *Meka-kò* ist *bekkaku kò* mit veränderter Aussprache und Schreibart.

めしうど *Mesi-udo. Te-kake-wo iû.* ‚Bedeutet ein Nebenweib.‘

童女 めのわらは *Me-no warabe.* ‚Ein kleines Mädchen.‘ Sonst *me-no warawa.*

Classe 美 *Mi.*

美 *Mi.* 彌 *Mi.* 微 *Mi.* 味 *Mi.* 未 *Mi.* 尾 *Mi.* 弭 *Mi.* 寐 *Mi.* 民 *Mi.* Laute.

箕 *Mi*, Schwinge. 見 *Mi*, sehen. 三 *Mi*, drei. 御 *Mi*, kaiserlich. 身 *Mi*, Leib. 臣 *Mi*, Diener. Lesungen.

Zwei Sylben.

神酒 みわ *Mi-wa.* ‚Der Opferwein.'

Drei Sylben.'

進食 みをし *Mi-wosi.* ‚Die kaiserliche Speise.'

參河 みかは *Mi-kawa.* ‚Die drei Flüsse.' Der Name einer Provinz.

鐙鉏 みつを *Mitsŭwo.* ‚Ein Steigbügel.' Sonst *abumi.*

御臺 みだい *Mi-dai.* ‚Der kaiserliche Speisenaufsatz.'

水沫 みなわ *Minawa.* ‚Der Schaum des Wassers.' Steht für *midzŭ-no awa.*

御修法 みしほ *Mi-si-fo.* ‚Die kaiserliche geordnete Vorschrift.'

調度 みそへ *Mi-soje.* 副身 *Mi-soje-no kokoro-ka.* Vielleicht im Sinne von *mi-soje*, von Leib oder Person zugetheilt.'

稚枝 みづえ *Midzŭ-je. Waka-waka-siki jeda-wo iû.* ‚Bedeutet einen jungen Zweig.'

みわい *Mi-wai.* 分見 *Mi-wai-no kokoro nari-to-zo.* ‚Hat den Sinn von *mi-wai*, durch den Blick unterscheiden.' Steht für *mi-waki.*

冷水 みもひ *Mi-moi.* ‚Kaltes Wasser.' Hat eigentlich die Bedeutung: Wasserkrug.

Vier Sylben.

罔象女 みづはめ *Midzŭ-wa-me.* ‚Ein weiblicher Wassergeist.'

碾磑 みづうす *Midzŭ-usŭ.* ‚Eine Wassermühle.'

交合 みあはせ *Mi-awase.* ‚Den Leib vereinigen, von den Geschlechtern.'

みそみづ *Mi-so-midzŭ. Zoku-ni iû zô-sŭi nari.* ‚Ist das im gemeinen Leben übliche *zô-sŭi*, vermischtes Wasser' (eine Art Speise).

中途 みちがひ *Mi-tsigai. Mitsi-no juki-tsigô nari-to-zo.* ‚Einen verschiedenen Weg gehen.' Steht für *mitsi-tsigai.*

瓢 みづのみ *Midzŭ-nomi. Fisago-no tagui.* ‚Ist eine Art Kürbiss.' 呑水 *Midzŭ-nomi-no kokoro nari.* ‚Hat den Sinn von *midzŭ-nomi*, Wasser verschlucken.'

不才 みづなし *Midzŭ-nasi.* ‚Ohne Begabung.'

17*

Mi-nawosi. ‚Durchsehen.‘ *Zoku-ni o-o-me-ni miru-to iû fodo-no kotoba nari.* ‚Ist ein Wort ungefähr wie das im gemeinen Leben übliche *o-o-me-ni miru*, im Grossen oder Allgemeinen übersehen.‘

Fünf Sylben.

三保浦 *Mi-fo-no ura.* ‚Die Bucht von Mi-fo.‘

陸奥 *Mitsi-no oku.* ‚Die Tiefe des Weges.‘ Ist das Reich Mutsu.

Mitsû-wa-gumu. Mata iwaku midzû-fa-gumu. Oi-taru fito-no karada-wo ijeri. 齒ハ瑞ヂ *Midzû-fa megumu-no riaku-gen nari-to iû i-i-jorosi-karan oi-te futa-tabi fa-no ôru-wo* 齒ハ見ヂ *midzû-fa-to iû.* ‚Es heisst auch *midzû-fa-gumu* und bedeutet den Leib eines alten Menschen. Es wird eine richtige Bemerkung sein, dass *midzû-fa* ein abgekürztes Wort für *megumu* ‚hervorsprossen‘ ist. Das nochmalige Wachsen der Zähne im Alter nennt man *midzû-fa*, Kinderzähne.‘

蚯蚓書 *Mimizû-gaki.* ‚Die Regenwürmerschrift.‘ Der Name einer Schriftgattung.

Midzû-fubuki. ‚Der Name einer Wasserpflanze.‘ Sonst *midzû-buki.*

漉水嚢 *Midzû-burui.* ‚Ein Wassersieb.‘

Midzû-midzû-si. Waka-waka-siki kokoro. ‚Steht im Sinne von *waka-waka-siki*, frisch und jugendlich.‘

名香 *Mi-ja-u-ga-u.* ‚Ein berühmter oder ausgezeichneter Wohlgeruch.‘ Sonst *mei-ka-u.*

苗裔 *Mi-a-na-su-e.* ‚Die kaiserlichen Nachkommen.‘ *Mi-na-su-e-no kokoro nari.* ‚Hat den Sinn von *mi-na-su-e*, die Nachkommen des kaiserlichen Namens.‘

Sechs, sieben und acht Sylben.

神田 *Mi-to-siro-wo-da.* ‚Das Feld, das die Götter bauen lassen.‘ Die wörtliche Bedeutung ist: das kleine Feld des weissen Brocates der drei Thüren. Der weisse Brocat ist der Thürvorhang.

Mi-kawa-ja-udo. 人厠御 *Mi-kawa-ja-bito-no kokoro.* ‚Hat den Sinn von *mi-kawa-ja-bito*, der Mensch des kaiserlichen geheimen Gemaches.‘

Mi-siro-no ine. ‚Der Name einer Reisgattung.‘

みぎはまさり *Migiwa-masari.* ‚Das Vorherrschen der Wasserscheide.‘ *Zoku-ni migiwa-nodatsü-to iû fodo-no koto nari.* ‚Ist ungefähr das im gemeinen Leben übliche *migiwa-nodatsü*, die Wasserscheide erstreckt sich weiter.‘

水乞鳥 みづこひどり *Midzü-koi-dori.* ‚Der um Wasser bittende Vogel.‘ Der Name eines Vogels.

遘合 みとのまぐはひ *Mi-to-no ma-guwai.* ‚Die Vereinigung der Geschlechter.‘ Von den Gottheiten Izanagi und Izanami gesagt. Sonst auch *mi-to-no ma-kubai.*

驄馬 みだらをのうま *Midara-wo-no uma.* ‚Ein Pferd mit gemischtem Haar.‘

Classe 之 *Si.*

志 *Si.* 士 *Si.* 仕 *Si.* 之 *Si.* 芝 *Si.* 師 *Si.* 四 *Si.* 斯 *Si.* 死 *Si.* 旨 *Si.* 指 *Si.* 始 *Si.* 信 *Si.* 進 *Si.* 新 *Si.* 式 *Si.* 試 *Si.* 紫 *Si.* 次 *Si.* 叱 *Si.* 司 *Si.* 伺 *Si.* 詞 *Si.* 嗣 *Si.* 侍 *Si.* 詩 *Si.* 思 *Si.* 偲 *Si.* 施 *Si.* 璽 *Si.* 尸 *Si.* 子 *Si.* 矢 *Si.* 笑 *Si.* 眥 *Si.* 茲 *Si.* 緇 *Si.* 色 *Si.* 絲 *Si.* 趾 *Si.* 水 *Si.* 肆 *Si.* 枳 *Si.* Laute.

時 *Zi.* 事 *Zi.* 辞 *Zi.* 自 *Zi.* 慈 *Zi.* 兒 *Zi.* 寺 *Zi.* 盡 *Zi.* 茸 *Zi.* 珥 *Zi.* 餌 *Zi.* 是 *Zi.* Trübe Laute.

知 *Si*, wissen. 磯 *Si*, Sandbank. Lesungen.

羊蹄 *Si.* ‚Sauerampfer.‘ *Ni-zi itsi-si.* ‚Zwei Schriftzeichen, Ein Laut.‘ Sonst auch *sibu-kusa.*

Zwei Sylben.

倭 しづ *Sidzü. Aja-nuno-nari.* ‚Ist ein gestreiftes Tuch.‘ *Mata sidzüri-to-mo.* ‚Es heisst auch *sidzüri.*‘ Sonst auch *sidori.*

質 しち *Zitsi.* ‚Ein Pfand.‘ Sonst *sitsi.*

Drei Sylben.

鮊 しろを *Sirowo.* ‚Ein Weissfisch.‘ Sonst *sira-uwo.*

紫苑 しをに *Si-woni.* ‚Der Name einer Pflanze.‘ Sonst *si-won.*

前夫 したを *Sita-wo.* ‚Der frühere Mann.‘

所垂 しなひ *Sinai.* ‚Herabgelassen werden.‘

讒 しこぢ *Sikodzi.* ‚Verleumden.‘ Sonst *sikodzüri.*

絲鞋 しかひ *Si-kai.* ‚Ein seidener Schuh.‘ Sonst *si-gai.*

しきゐ 席 *Siki-wi.* ‚Ein Teppich.‘ Steht im Sinne von *siki-wi*, ausgebreitet bleiben.

しじね 繁根 *Sizi-ne.* ‚Vielfältige Wurzeln.‘

じすゐ 自水 *Zi-süwi. Midzükara midzü-ni mi-wo naguru-wo iü.* ‚Bedeutet: sich in das Wasser stürzen.‘

しづり 靜下 *Sidzüri. Noki nado-ni tsümoreru juki-no otsüru-wo iü.* ‚Bedeutet, dass der an dem Vordache und anderen Orten sich ansammelnde Schnee herabfällt.‘

しをり *Siwori. Namida-nite sode-no nururu-wo iü siwo iru-no kokoro nari-to-zo.* ‚Bedeutet, dass der Aermel von Thränen befeuchtet wird. Es hat den Sinn von *siwo-iru*, das Salz dringt ein.‘

しほり 醎 *Sifori.* ‚Die Hefen ausdrücken.‘ Wird von dem Weine gesagt. Sonst *sibori.*

じはう 實方 *Zi-fa-u.* ‚Ein wirkliches Arzneimittel.‘ Steht für *zippô.*

Vier Sylben.

しほさゐ 潮[illegible] *Siwo-sawi.* ‚Das Zusammentreffen der Fluth des Meeres.‘ Steht für *siwo-ai.* Sonst auch *siwo-zai.*

しちらい 失禮 *Sitsi-rai.* ‚Die Gebräuche ausser Acht lassen.‘ Sonst *sitsü-rai.*

したもえ 下萠 *Sita-moje.* ‚Unten sprossen.‘

したをれ 下折 *Sita-wore.* ‚Unten gebrochen werden.‘

したうづ 襪 *Sita-udzü.* ‚Strümpfe.‘

しむじち 眞實 *Simu-zitsi.* ‚Echt und wirklich.‘ Sonst *sin-zitsü.*

しゆさい 秀才 *Siju-sai.* ‚Glänzende Begabung.‘

精進 しやうじ *Sija-u-zi.* ‚Das Enthalten von unreiner oder unerlaubter Kost.' Sonst auch *sija-u-si* und *sija-u-zin.*

宿徳 しふとく *Sifu-toku.* ‚Längst geübte Tugend, Tugend, die man in einem früheren Dasein geübt.' Sonst *sijuku-toku.*

進退 しじまひ *Sizimai.* ‚Vor- und rückwärts gehen, nicht weiter kommen.' Von *sizimi* ‚verschrumpfen' abgeleitet. Sonst *sizari.*

移鞍 しづくら *Sidzŭ-kura.* ‚Ein gemeiner Sattel.'

志豆哥 しづうた *Si-dzŭ-uta.* ‚Ein gemeines Lied.'

しほらし *Siworasi.* ‚Angenehm, reizend.' *Zoku-ni iû-to onazi. Siwo-rasi-nite adziwai jori ide-taru kotoba naru-besi.* ‚Mit dem im gemeinen Leben üblichen gleichbedeutend. Mag so viel als *siwo-rasi* ‚salzartig' und ein Wort sein, das von dem Geschmack abgeleitet ist.'

生氣 しやうけ *Sija-u-ke.* ‚Der Lebensgeist.'

浄衣 じやうえ *Zija-u-je.* ‚Reine Kleider, Priesterkleider.'

しほじみ *Siwo-zimi.* ‚Als Salz durchdringen.' *Nare-taru kokoro nari-to-zo.* ‚Hat den Sinn: an etwas gewöhnt sein.'

Fünf Sylben.

仁壽殿 じじうでん *Zi-ziû-den.* ‚Die Vorhalle der Menschlichkeit und Langjährigkeit.' Steht für *zin-ziju-den,*

Classe 惠 *E.*

惠 *E.* 衛 *E.* 回 *E.* 隈 *E.* 穢 *E.* 會 *E.* 繪 *E.* Laute.
咲 *E*, lachen. 餌 *E*, Lockspeise. 畫 *E*, Zeichnung. Lesungen.

Zwei und drei Sylben.

惠具 ゑぐ *E-gu.* ‚Der Name einer Gemüsepflanze.' Man gebraucht dieselbe am siebenten Tage des ersten Monats.'

犬 ゑぬ *Enu.* ‚Ein Hund.' Sonst *inu.*

罅發 ゑみ *Emi.* ‚Platzen.' *Kuri-no kawa jebi-te okoru nari.* ‚Hat die Bedeutung, dass die Schale der Kastanie aufspringt.'

槐 ゑにす *Eni-sŭ.* ‚Der Name eines Baumes.' *(Sophora japonica.) Zoku-ni-wa en-ziju-to iû.* ‚Im gemeinen Leben sagt man *en-ziju.*'

屠兒 ゑとり *E-tori.* ‚Ein Fleischer.‘ Sonst *e-ta.*

悦噱 ゑらぎ *Eragi.* ‚Lachen und sich freuen.‘ Sonst *era-era.*

Vier, fünf und sieben Sylben.

繪合 ゑあはせ *E-awase.* ‚Hinzugabe von Stickwerk oder Zeichnung.‘

淵醉 ゑんすゐ *En-sü-wi.* ‚Betrunken wie eine Wassertiefe.‘

碑 ゑりいし *Eri-isi.* ‚Eine steinerne Gedenktafel, ein Stein, in den eine Inschrift gegraben worden.‘

嘲 ゑつらかし *Etsürakasi.* ‚Verspotten.‘

狗尾草 ゑぬのこぐさ *Enu-ko-gusa.* ‚Der Name einer Pflanze.‘

垣下公達 ゑがのきんだち *E-ga-no kin-datsi.* Der Sohn eines Grossen oder Heerführers. *E-ga* steht für *jen-ka*, unter der Ringmauer.

Classe 比 *Fi.*

比 *Fi.* 肥 *Fi.* 斐 *Fi.* 畀 *Fi.* 妣 *Fi.* 非 *Fi.* 悲 *Fi.* 飛 *Fi.* 必 *Fi.* 祕 *Fi.* 彼 *Fi.* 薇 *Fi.* 婢 *Fi.* 賓 *Fi.* 辟 *Fi.* 避 *Fi.* 臂 *Fi.* 譬 *Fi.* 費 *Fi.* 徵 *Fi.* Laute.
備 *Bi.* 毘 *Bi.* 毗 *Bi.* 鼻 *Bi.* 眉 *Bi.* 媚 *Bi.* 寐 *Bi.* 弭 *Bi.* Trübe Laute.
日 *Fi*, Tag. 氷 *Fi*, Eis. 乾 *Fi*, trocken. 稗 *Fi*, Buchweizen. Lesungen.

Drei Sylben.

檜皮 ひはだ *Fi-fada.* ‚Das von der Rinde entblösste Holz des Thujabaumes.‘

披講 ひかう *Fi-ka-u.* ‚Ein Buch aufschlagen und erklären.‘ Sonst *fi-ko-u.*

穭 ひつぢ *Fitsüdzi.* ‚Von selbst wachsender Reis.‘ Sonst *fitsütsi.*

杪 ひこえ *Fiko-je.* ‚Die dünnen Zweige eines Baumes.‘

雛 ひいな *Fi-ina.* ‚Ein junger Vogel.‘ Sonst *fina.*

蔽髮 ひたひ *Fitai.* ‚Der Aufputz des Stirnhaares.‘ Sonst *fitai-gami.*

日向 ひうが *Fi-uga.* ‚Der Name eines Gebietes.‘ Sonst auch *fi-muka.*

非常 ひざう *Fi-za-u.* ‚Ungewöhnlich.‘ Sonst *fi-zija-u.*

美相 びさう *Bi-sa-u.* ‚Ein schöner Anblick.‘

Vier Sylben.

泥 ひぢりこ *Fidziri-ko.* ‚Schlamm.‘ Sonst *fidzi.*

釧 ひぢまき *Fidzi-maki.* ‚Ein Armband.‘

鹿尾菜 ひじきも *Fi-ziki-mo.* ‚Der Name einer Seepflanze.‘ Sonst *fi-ziki.*

紟帯 ひきおび *Fiki-obi.* ‚Eine Art Gürtel.‘

檜破子 ひわりご *Fi-wari-go.* ‚Ein Kästchen aus dem Holze des Thujabaumes.‘

病者 びやうざ *Bija-u-za.* ‚Ein Kranker.‘ Sonst *bija-u-zija.*

Fünf und fünfzehn Sylben.

ひたおもて *Fita-omote. Fita-sūra-to onazi zoku-ni iû jen-rijo-naki nari.* ‚Ist mit *fita-sūra* ‚ganz und gar, heftig, drängend‘ gleichbedeutend. Es ist das im gemeinen Leben übliche *jen-rijo-naki*, ohne weitere Ueberlegung.‘

射禮日 ひをりのひ *Fi-wori-no fi.* ‚Die Tage der Gebräuche des Pfeilschiessens.‘

紛擾 ひこづらひ *Fiko-dzūrai.* ‚Heraufziehen, zerren.‘ *Zoku-ni-wa fiki-dzūru-to iû.* ‚Im gemeinen Leben sagt man *fiki-dzūru.*‘

従八位下 ひろいやつのくらゐのしもつしな *Firo-i-jatsū-no kurawi-no simo-tsū sina.* ‚Der untere Theil der nachfolgenden achten Rangstufe.‘

Classe 毛 *Mo.*

毛 *Mo.* 母 *Mo.* 門 *Mo.* 問 *Mo.* 聞 *Mo.* 悶 *Mo.* 文 *Mo.* 目 *Mo.* 物 *Mo.* 勿 *Mo.* 茂 *Mo.* 蒙 *Mo.* 忘 *Mo.* 謀 *Mo.* 慕 *Mo.* 望 *Mo.* 墓 *Mo.* 模 *Mo.* 謨 *Mo.* 木 *Mo.* 莽 *Mo.* 牟 *Mo.* 暮 *Mo.* Laute.

喪 *Mo*, Trauer. 裳 *Mo*, unteres Kleid. 方 *Mo*, Gegend. 藻 *Mo*, Hornblatt. Lesungen.

Zwei und drei Sylben.

もひ 水 *Moi.* ,Wasser.' Hat sonst die Bedeutung: Wasserkrug.

もちひ 餅 *Motsi-i.* ,Ein Kuchen.' Sonst *motsi.*

もかう 帽額 *Mo-ka-u.* ,Eine Stirnbedeckung.'

Vier Sylben.

もとほり 廻 *Motofori.* ,Auf dem Wege umkehren.' Sonst *modori.*

もとほり 旋子 *Motofori. Taka-no gu nari.* ,Ein Geräthe der Falknerei.'

もころ *Mokoro-wo. Ware-ni fitosi-ki wotoko-wo iû.* ,Bedeutet einen Mann, der uns gleich ist.' *Mokoro* steht für *mukuro,* Leib.

Fünf, sechs und acht Sylben.

もうをりど 權衡門 *Mo-u-wori-do.* ,Das Thor der Wagebalken.'

ものをとこ 前夫 *Momo-no wotoko.* ,Der frühere Mann.'

もひとりのつかさ 主水司 *Moi-tori-no tsûkasa.* ,Der das Wasser nehmende Vorsteher.'

もんざうのはかせ 文章博士 *Mon-za-u-no fakase.* ,Der Gelehrte für die schriftlichen Aufsätze.' Sonst *mon-zija-u-fakase.*

Classe 世 *Se.*

勢 *Se.* 世 *Se.* 齊 *Se.* 劑 *Se.* 制 *Se.* 西 *Se.* 栖 *Se.* 細 *Se.* 晢 *Se.* 作 *Se.* Laute.
是 *Ze.* 噬 *Ze.* 筮 *Ze.* Trübe Laute.

背 *Se,* Rücken. 湍 *Se,* Stromschnelle. 迫 *Se,* hastig. 瀬 *Se,* Stromschnelle. Lesungen.

石花 *Se. Ni-zi itsi-in.* ,Zwei Schriftzeichen, Ein Laut.' ,Die Steinblume.' Sonst *seki-kuwa.*

Zwei und drei Sylben.

せひ 鯖 *Sei.* ,Der Name eines kleinen Fisches.' *Zoku-ni-wa sei-go-to iû.* ,Im gemeinen Leben sagt man *sei-go.*'

正 せい 妃 ひ *Sei-fi.* ‚Die erste Königin.‘

塞 せ 敢 がへ *Segaje.* ‚Sich getrauen, etwas abzuschliessen.‘ Steht für *seki-aje.*

Vier, fünf und sechs Sylben.

逍 せう 遙 えう *Se-u-je-u.* ‚In weiter Ferne.‘ Sonst *se-u-jo-u.*

抄 せう 物 もち *Se-u-motsi.* ‚Ein weggenommener oder geraubter Gegenstand.‘ Sonst *se-u-motsŭ.*

憔 せう 悴 すゐ *Se-u-sŭwi.* ‚Sich kränken.‘

泉 せん 水 すゐ *Sen-sŭwi.* ‚Quellwasser.‘

細 せい 男 なう *Sei-na-u.* ‚Ein winziger Mann.‘ Sonst *sai-nan.*

錢 ぜに づら *Zeni-dzŭra.* ‚Eine Geldschnur.‘

前 せん 栽 ざい *Sen-zai.* ‚Ein Vorgarten.‘

約 せは 〱 し *Sewa-sewasi.* ‚Schmal.‘ Steht für *seba-sebasi* oder *sema-semasi.*

前栽 せざい 合 あはせ *Se-zai-awase.* ‚Einen Vorgarten hinzufügen.‘ Steht für *sen-zai-awase.*

Classe 須 *Sŭ.*

須 *Sŭ.* 寸 *Sŭ.* 周 *Sŭ.* 主 *Sŭ.* 取 *Sŭ.* 素 *Sŭ.* 數 *Sŭ.* 州 *Sŭ.* 秀 *Sŭ.* 珠 *Sŭ.* 殊 *Sŭ.* 輸 *Sŭ.* 酒 *Sŭ.* 蒭 *Sŭ.* 洲 *Sŭ.* Laute.

受 *Zŭ.* 授 *Zŭ.* 儒 *Zŭ.* 孺 *Zŭ* 聚 *Zŭ.* Trübe Laute.

酸 *Sŭ,* sauer. 醋 *Sŭ,* Essig. 簾 *Sŭ,* Thürmatte. 巣 *Sŭ,* Nest. Lesungen.

Zwei Sylben.

假 す 髮 ゑ *Su-e.* ‚Falsches Haupthaar.‘ *Kore-wo motte kari-ni kami-no uje-wo o-ô nari.* ‚Man überdeckt damit zur Noth das Haupthaar.‘

すわ *Sŭwa. Odoroku toki-no kotoba nari.* ‚Ist ein Wort, das man gebraucht, wenn man erschrickt.‘

儒 ず 者 さ *Zŭ-sa.* ‚Ein Gelehrter.‘ Sonst *ziju-sija.*

從 ず 者 さ *Zŭ-sa.* ‚Ein Gefährte.‘ Sonst *ziû-sija.*

誦 ず し *Zŭ-si.* ‚Laut lesen oder hersagen.‘ Steht für *sijo-u-si.*

Drei Sylben.

受 ず 領 らう *Zŭ-ra-u.* ‚Die Leitung empfangen.‘ Sonst *ziju-re-u.*

18*

秀才 すさい *Sû-sai.* ‚Glänzende Begabung.‘ Sonst *siû-sai.*

楚 すはえ *Sû-faje.* ‚Ein Gebüsch.‘ Sonst *zû-faje.*

宿題 すくだい *Suku-dai.* ‚Eine frühere Aufschrift.‘ Steht für *sijuku-dai.*

水飯 すゐはん *Süwi-fan.* ‚In Wasser gekochter Reis.‘

すゑなり *Su-e-nari.* ‚Zuletzt entstehend.‘ *Imada oizaru uri nado-ni iû.* ‚Von Melonen und anderen Früchten, die noch nicht gewachsen sind.‘

Fünf und acht Sylben.

修行者 すぎやうざ *Sû-gija-u-za.* ‚Ein Mensch, der seinen Wandel ordnet.‘ Sonst *siju-gija-u-zija.*

すずろはし *Süzûrowasi. Sozoro-to onazi.* ‚Ist mit *sozoro* ‚unabsichtlich‘ gleichbedeutend.‘

少納言 すないものまうし *Süna-i-mono-môsi.* ‚Ein kleiner Rath.‘ Sonst *seô-na-gon.*

少辨 すないおほともひ *Süna-i-o-o-tomo-i.* ‚Der kleine Unterscheidende.‘

DIE

SLAVISCHEN ORTSNAMEN AUS APPELLATIVEN.

II.

VON

FRANZ MIKLOSICH,

WIRKLICHEM MITGLIEDE DER KAISERLICHEN AKADEMIE DER WISSENSCHAFTEN.

VORGELEGT IN DER SITZUNG AM 7. JÄNNER 1874.

Dieser Theil meiner Abhandlung über die slavischen Ortsnamen aus Appellativen ist bestimmt, die allgemeinen Sätze des ersten Theiles zu begründen und durch Mittheilung eines umfangreichen und möglichst sicheren Materials den Mitforschern Gelegenheit zu bieten, den geographischen Sprachschatz der slavischen Völker selbständig zu prüfen.

1. ądolь.

asl. ądolь f. vallis. čech. oudol m., oudolí vallis. pol. wądoł.

nsl. andol mit erhaltenem Nasal: die Deutung ist jedoch nicht zweifellos. Krain *čech.* oudolí B. oudoleň B. oudlice aus oudolice B. oudolnice B.

2. ąglъ.

asl. ąglъ. nsl. vôgel angulus.

nsl. vôglje (aus *ągljane) Winklern Krain. vôgle Winklern Kärnt. vôgliče Winklern Kärnt.

ὄγκλος bei Nicephorus der später budžak Winkel, Tatar-budžak genannte Landstrich Šafařík, Starož. 1. 173.

3. ąglь.

asl. ąglь. serb. ugalj. čech. uhel. pol. węgiel. oserb. vuhel. nserb. hugel carbos

nsl. vôgle Kohldorf Kärnt. *serb.* ugljane Dalm. ugljare Serb. ugljarevo Serb. ugljarevac Serb. *klruss.* uhelna Gal. uglьniky: stojaše uglьnicêchъ Vol.-lêt. 45. *čech.* uhliště B. uhlíře B. *pol.* wągielnici Court. 49. węgliska Gal. węglowka Gal. *nserb.* hugliny Ögeln Butt. 67.

Vergl. ἐγκλένοβα Arc.

4. ągrъ.

asl. ągrinъ. nsl. vôger. čech. uher hungarus.

nsl. ongarje mit erhaltenem Nasal Ungern, nach anderen Angern Kärnt. *kroat.* ugrini Kr. *serb.* ungarac Herc. ugarci Herc. *klruss.* uhryń Gal. uhornyky Gal. uherce Gal. uhersko Gal. ugorѣskъ Vol.-lět. 92. ugrovѣskъ 24. 30. *čech.* uhřice M. *pol.* węgrzec Gal. węgrzce Gal. węgierska wola Gal.

5. baba.

asl. nsl. serb. u. s. w. baba vetula.

nsl. babnja ves Wabldorf Kozler. *serb.* babe Serb. belobaba Serb. babina luka Serb. babsko polje Serb. u babištiihь Chrys.-duš.

6. badlь.

serb. badalj herbae genus.

kroat. badljevina Kr.

7. bagno.

čech. bahno. pol. bagno. oserb. bahno. nserb. bagno, bagi plur. palus.

klruss. bahno Gal. bahna Gal. bahnovate Gal. bahnovatcy Berg. Gal. *čech.* bahno B. M. *pol.* bagno Königr. *nserb.* bageńc Bagenz Butt. 109.

8. bajta.

nsl. bajta casa Fremdw. 76.

nsl. bajtiše Weidisch Kärnt.

9. banja.

asl. serb. banja balneum. čech. báně phiala. slovak. báňa fodina. pol. bania phiala. magy. bánya vas ampullaceum, balneum, fodina. Die Bedeutung von banja in den ON. ist für einige Länder zweifelhaft. Für Galizien nimmt Šaranevyč 93 die Bedeutung fodina an.

bulg. banja Pazardž. *kroat.* banja Kr. *serb.* banja Danič̌. Dalm. Serb. banje Serb. banjica Serb. banjani Serb. *klruss.* bańa Gal. banyća Gal. *čech.* báně B. báňa Slovak. banín B. baňov B. *pol.* bańsko Gal.

10. bara.

serb. bara palus, pratum. ngriech. μπάρα.

kroat. barica Kr. *serb.* bare Dalm. Serb. barić Serb. okrugla bara Chrys.-duš. crna bara Serb. crnobarski' salaš Serb. barnica Serb.

11. baranъ.

asl. baranъ vervex.

klruss. baranôv Gal. baranôvka Gal.

12. bêlъ.

asl. bêlъ candidus, albus.

nsl. bêlo Krain. bêla S. Giorgio (Resia) Venet. Vellach Krain. Vellach, Fellach, Weissenbach, Weissbach Kärnt. bêla koroška Karnervellach Krain. Viele Bäche führe. den Namen bêla Krain. Fella bei Pontafel. biela Friaul. bêlsko Krain. belica Krain.

Ung. belak Villach Kärnt. belani asl. *bêljane Vellach Kärnt. podbiela Friaul. *kroat.* belo Kr. bela Kr. bijela Kr. belec Kr. belica Kr. belaj Gr. belovar Kr. Gr. belo selo Kr. *serb.* bêla Danič. bijela Dalm. beljina Serb. belinje Serb. bêlica Danič. belica Gav. beljak Gav. belasica Gav. belo brdo Serb. belobrod Serb. bêlьgradь Danič. beograd Gav. biograd Dalm. bela crkva Gav. beli kamen Serb. bela reka Gav. bela stena Gav. belo polje Gav. beli potok Serb. bela voda Serb. bijela Bach Herc. bêlošь Bach Danič. bêljevьštica Bach Danič. bêlopolьskyj putь Chrys.-duš. 38. *klruss.* bile Gal. biloje Russ. bila Gal. bilka Gal. bilsk Russ. bilanka Gal. bilobožnyća Gal. bêloberežьe Vol.-lêt. 50. bilohora Gal. bilhorod Russ. biloboky Gal. bilozerje Russ. *russ.* bêlaja. bêlova. bêlьskoe. bêlaja gora. bêlogorьe. bêlъgorodъ nest. bêla vêža Nest., chasarisch Sarkel an der Donmündung, bei Constant. Porphyr. ἄσπρον ὁσπίτιον, bei Theophanes' Fortsetzer λευκὸν οἴκημα. Büdinger Österr. Gesch. 1. 209. bêlaja ist ein häufig vorkommender Bachname. *čech.* bělá B. M. malá běla Kleinweisel B. bělice B. bílé B. bílsko B. bílské B. bělava B. bělidlo Bleich M. bílá hora B. bílý kámen B. bílý kůň B. *pol.* biała Gal. bielsk Diplom. bielsko Diplom. bielany Gal. bielawy Diplom. białołęka Diplom. loca, quae dicuntur beleveze Court. 5. asl. bêlyję vêžę. biała Bach Gal. białka Bach Gal. białe See Diplom. *oserb.* bjeła, gen. bjełeje Weisswasser Schmal. 12. bjeła hora Belgern Schmal. 12. *nserb.* bjeła Bihlo Butt. 79. Biela, Behle, Bele. bjełov Böhlow Zw. bjelina Biehlen.

Velach für bêlah Urkunden von 976. 1060 Arch. 27. 259. Zahn 82. βελόγραδον, βελέγραδον Constant. Porphyr. belegradum, belgradum Šafař. 141. beale, bale Bialla bei Schwetz Koseg. bealbug Koseg. belgard, belegarde Belgard Koseg. balowezyci Koseg. 1. 29. bela Bühlau Sax. bele Böhla Sax. boil Böhla Sax. belen Böhlen Sax. belegora, belgor Belgern Sax. beli potoch Sax. Biela, Bela, Bila, Byla, Biele, Behle, Bihlo, Behlo, Böhla Butt. 79. Behlendorf, Biehlendorf 80. Bielow, Below, Bielaw, Bilau, Bilow, Beelow, Bülow, Böhlau, Bylina, Bilin, Böhlen, Bielawa, Bielawy, Bilawy, Bielawe, Bielawken, Bilawken, Bielawki, Bielitz, Beelitz, Belitz, Bilitz, Böhlitz, Bielsk, Belzig, Bölzig, Bölzke, Belcke, Bölcke, Bölki, Belk, Belkow, Bölkow, Bilkow, Bylkow, Belkau, Bilkau, Belkawe 79. Bilowes, Bilowitz, Bylowitz 80. μπελίτζα Ep.

13. blana.

čech. blana ager compuscuus. pol. błonie n. pascuum. russ. zažgoša bolonьe okolo grada Chron.

čech. blansko B. blanské B. blanice B. blanička B. *klruss.* obolonьe Russ. *russ.* bolonьe. *pol.* błonie Diplom. Gal.

14. blato.

asl. blato palus.

nsl. blato Krain. na blati Dürnmoos Kärnt. blata Blatta Kärnt. blate für blata Flattach, Moos Kärnt. na blatah Littermoos Kärnt. blatnik Krain. blatnica Fladnitz alt Vlatniz Kärnt. blačani, davon ein plur. loc. blačah, woraus eine Neubildung blače Faak, Flatschach, Watschig, Vorderberg Kärnt. zablate Sabuatach Kärnt. zaplatje für zablatje Moosthal Krain. *kroat.* blato Kr. blata Gr. blatnik Gr. blatnica Kr. blatsko Kr. blatuša Gr. *serb.* blato Dal. blatьce Danič. blatca Herc. poblaće Herc. zablatije Danič.

zablać Gav. zablaće Gav. zablatьkъ Danič. blatьna župa Danič. *klruss.* bołotńa Gal. zabołotôv Gal. zabołotôvka Gal. zabołotći Gal. zabołotôvći Gal. *russ.* zabolotnoe. *čech.* blato B. blata B. blaty für blata B. blatce Blatzen B. blatečky B. blatno Platten B. blatná Ploden B. blatnice B. M. blatník B. blatina B. záblatí B. M. záblatíčko B. *pol.* błota Gal. błocko Posen. błotnica Court. 1. zabłoto Court. 16. *oserb.* błota Spreewald Schmal. błócany Plotzen Schmal. 9.

Palta in U.-Österreich. Meill. 151. Balt, Palte in O.-Steier. Fladniza Fladnitzbach in U.-Österr. Meill. 158. Flumen Fladniz Göttw. 117. Magy. balaton ist *blatьno: balta in baltavár ist blato. Fladnitz oft Steier. Flatschach Steier. blotnitz Koseg. poblote Pobloth Koseg. blotowe Plotha Sax. ploten Plathow Magdeb. 19. Blotto Butt. 109. Sablat ibid. Wirchenblatt ist *vrъhъblato. blatt in Kossenblatt bringt Butt. 109. mit blato in Verbindung: das dem Kossenblatt entsprechende nserb. kosomot scheint jedoch mit dem dunklen čech. kostomlaty identisch zu sein. lit. užbalei, balupênai Schleich. 145. 147. valta Peloponn.

15. bobъ.

asl. bobъ faba.

nsl. bobovek, vielleicht für bobovik Krain. *kroat.* bobovje Kr. boboveo Kr. bobovac Gr. bobovica Kr. bobovišće Gr. *serb.* bobova Gav. bobovik Gav. bobovьcь Danič. bobodol Dalm. bobovišta Herc. bobovišće Dalm. *nserb.* bobov Babe Zw. Babow. bobolice Boblitz Butt. 99.

16. bojište.

čech. bojiště Kampfplatz.

čech. bojiště B. vergl. *serb.* bojnica Serb.

17. bokъ.

asl. bokъ latus.

kroat. drenov bok Gr. *klruss.* bokôv Gal. četyrboky Gal.

18. boršt.

nsl. boršt m. oserb. boršć f. baršć m. Forst. Aus dem Deutschen.

nsl. boršt Forst Krain. podboršt Krain. zaboršt Krain. Unter dem Walde Valv. *oserb.* boršć Förstchen. kšiva boršć Krön-, richtig Krummförstchen Schmal. 12. słona boršć Salzenforst Pfuhl. *nserb.* baršć Forste Zw.

19. borъ.

asl. borije collect. pini. bor in ON. übersetzt durch Föhre (Farchern). serb. beli bor, belobor pinus silvestris. crni bor, crnobor pinus larix. russ. borъ, ehedem sosna, jetzt collect.: borъ krupnyj sosnovyj i elevyj lêsъ na suchomъ vozvyšennomъ mêstê. čech. bor pinus silvestris Kiefer, Kieferwald. pol. bor Fichtenwald: borre et silvarum Court 3. Dem slav. bor entspricht in den Ortsnamen nicht selten „Heide".

nsl. borje Krain. borovec Krain. borovak Krain. borovnica Krain. Braunitzen Kärnt. Franzdorf Steier. borovniče Fahrendorf Kärnt. borovlje Ferlach, Förlach, Farchern Kärnt. borovje Woroujach, Farchern Kärnt. Zucco di Bor Friaul. borljani, borle, wohl aus borovljani Förolach Kärnt. borče asl. *borьčane Förk, Ferk Kärnt. *kroat.* borje Kr. borovo Kr. borova Kr. borovac Gr. borovci Kr.

borovik Kr. borik Kr. borenec Kr. borki Kr. borčec Kr. borkovec Kr. borovljani Gr. borovčani Kr. *serb.* bor Gav. borovo Gav. borovci Gav. borina Gav. boranja Serb. borьkъ Danič. borci Herc. borьcь Danič. borak Gav. borač Gav. borkovo Gav. borkovac Gav. zaborane Danič. *klruss.* borove Gal. borovyća Gal. boryňa Gal. borôvka Russ. bôrky Gal. pôdbôrje Gal. pôdbôrći Gal. zabôrje Gal. borova hora Gal. *russ.* borъ. borьe. borovna. borovikova. boroviči. borokъ. borki. borecъ. borovenka Bach. zaborьe. *čech.* bor Haide B. M. bory M. borové B. borová B. M. borovec M. borovice B. borovka B. borovno B. borovná M. borovník M. borovnice B. M. borovsko B. borovina B. boroviny Slovak. borovany B. borek M. Burg, Wurken, Franzdorf B. borčice Slovak. borčany Slovak. meziboří M. podbor B. podboří B. podbořany Podersam B. podbořanky B. zábor Slovak. záborná B. záborov B. záboří B. zápříboří Suš. 693. borohrádek B. *pol.* bor Gal. borek Gal. borki Gal. borkow Court. 3. boreczek Gal. borow Gal. borowiec Gal. borowe Gal. borowa Gal. borowica Gal. borowice Posen. borowna Gal. borowno Court. 3. borownica Gal. boroj Posen. międzyborz Königr. nadbory Königr. podborze Gal. podborz Königr. przedborze Gal. zaborow Gal. zaborze Gal. białobor Gal. *oserb.* bórek Burk, Burg Schmal. *nserb.* bory Bohre Zw. bork Borka. boryń Bahren Butt. 80.

Borek Grossburg Cod. diplom. Silesiae. predeborova Schönheide ibid. bor Koseg. borist Koseg. Bohrau, Bohra, Sabor Butt. 83. Ratibor und die anderen von Butt. 165. angeführten bor als zweiten Bestandtheil enthaltenden Ortsnamen beruhen auf Personennamen. Vergl. meine Abhandlung über die Personennamen Nr. 321. und die über die Ortsnamen aus Personennamen Nr. 254. ποροβίτσα Ach. vergl. μποράτζα Ep. μπόρτζι Ep. μπόρτζανη Ep. Vorika Peloponn.

20. bosilije.

serb. bosilje ocimum basilicum.
kroat. bosiljevo Kr. bosilovac Kr. *serb.* bosiljina Dalm.

21. bošnjak.

serb. bošnjak Bosnier.
kroat. bošnjaci Gr. bošnjani Gr. *serb.* bošnjak Gav. bošnjaci Serb. bošnjani Gav.

22. božurъ.

asl. božurъ crocus. serb. božur paeonia officinalis.
serb. božurovac Gav. božurnja Serb.

23. bradlo.

slovak. bradlo scopulus.
čech. bradlo B. Bradlenz M. bradle B.

24. brama.

pol. brama porta.
nserb. brama Brahme, Brahmo.

25. brana.

čech. brána. pol. brana, brama porta.
čech. brány B. branný B. branná B. braňany B.

26. brank.

Deutsch Franke.

nsl. brankovci Frankenberg Kärnt. frankovci Steier. brankovnica Frankenstein Kärnt. branče Frantschach Kärnt. serb. fruška gora ist φραγκοχώριον Zeuss 612. Auf slavischem Boden liessen sich nieder vor allem Baiern (bavorov Barau in Böhmen u. s. w.), dann aber auch Franken, Sachsen. Büdinger Österr. Geschichte 1. 160.

27. brêgъ.

asl. brêgъ ripa, collis. nsl. brêg u. s. w.

nsl. brêg Frög, Rain, Raan, Randorf, Bacher Krain. am Ran. Valv. Frög, Rain, Hart Kärnt. brêge Krain. brêžce Rann Steier. bregane Krain. obrež Steier. pobrže Steier. podbreg Krain. podbrêžje Krain. zabrêžnik Krain. čisti, novi, stari brêg Krain. *kroat.* breg Kr. bregi Kr. bregana Kr. breganica Kr. obrež Kr. podbreg Kr. Gr. podbrežje Kr. belobreg Kr. *serb.* bregovac Serb. bregovska Serb. brežani Serb. brežaci Serb. brežka Serb. obrež Gav. zabrega Gav. zabrežje Gav. zabreže Dalm. *klruss.* berehy Gal. magy. bereg Nauk. Sbor. 1866. 304. berežok Gal. berežky Gal. berežany Gal. berežaneć Gal. berežanka Gal. berežnyća Gal. pobereže Gal. podberež Gal. zabereže Gal. zberežje Russ. biłoberehy Gal. *čech.* břehy B. brehy Slovak. na břehu B. na břehách B. břežany Pressern B. podbřeží B. zábřeh M. *pol.* brzegi Gal. brzežawa Gal. zabrzeg, Gal. białobrzegi Gal. *oserb.* bŕežki Brischko Schmal. 14.

28. brêstъ.

asl. brêstъ ulmus. nsl. brêst. serb. brijest ulmus campestris. čech. břest ulmus suberosa. pol. brzost ulmus u. s. w.

nsl. brêst Wrest Krain. brestovica Görz. brstovec Krain. podbrest Ung. *bulg.* brêstovica Pazardž. *kroat.* brest Kr. Gr. brestje Kr. Gr. brestovec Kr. brestik Gr. brestača Gr. breštane Gr. brestova draga Gr. *serb.* brêstь Danič. bres Serb. brist Dalm. brêstije Danič. brestje Serb. brešće Serb. brestovo Gav. brêstovьcь Danič. bristivica Dalm. brestovac Gav. brestovik Gav. bresna Serb. brêstьnica Danič. brêsnica Chrys.-duš. bresnik Gav. bresno polje Gav. *klruss.* berest Gal. berestok Gal. berestje Gal. berestьe Vol.-Lêt. 24. berestjany Gal. berestov Gal. berestovoje Russ. berestovec Russ. berestovaja Russ. berestovka Gal. Russ. berestoveńka Russ. berestečko Russ. *russ.* berestie Nest. berestovo Nest. *čech.* břest M. břestek M. bříště B. břešťany B. bříšťany B. *pol.* brzostek Gal. brzeście Gal. brześciany. brzostowa gora Gal.

Brist Magdeb. 10. Wrist Kärnt. vergl. βρεστόν Thess. μπρέστανη Ep. βρεσθενά Lac. βρεσθενίτζα Ep. βερεστjά Thess. πρέστjανη Ep. bresthena Peloponn.

29. brêza.

asl. brêza betula. nsl. brêza u. s. w.

nsl. brêza Krain. Pirk Kärnt. brêze Friesach Krain. Fresen, Friesach, Fresach Kärnt. brêzje Bresiach Krain. Montemaggiore Venet. Fresen Steier. Pirk Kärnt. brêzovje Friesach Steier. brezovle Birkenhof Valv. brêzovec Krain. brêzovo Krain. brezovica Krain. brêznica Krain. Friesnitz, Fresnitz, Wriesnitz, Wriesenza Kärnt. podbrêzje Krain. podbrêzovec Krain. zabrêznik Krain. brezova reber, brezovo rebro Birkenleiten

Krain. brêzji graben Pressinggraben Kärnt. breževje Holdern Kärnt. gehört zu bьzъ *kroat.* breza Gr. brezice Kr. brezno Kr. breznik Kr. breznica Kr. brezine Gr. brezovec Kr. brezovci Kr. brezovica Kr. brezik Kr. Gr. brezovljane Kr. brezova gora Kr. bele breze Kr. *serb.* brezje Gav. brêzьna Danič. brezna Gav. breznica Gav. brêzьnice Danič. brezovo Gav. brêzova Danič. brezova Gav. brezovac Gav. brezovica Gav. brezovice Gav. brezjaci Serb. *klruss.* bereza Russ. berezyna Gal. berežań Russ. berezeć Gal. berezna Russ. bereznyća Gal. berezńahy Russ. berezńak Russ. berezńaky Russ. berezôv Gal. berezôvka Gal. Russ. berezoveć Gal. berezovyća Gal. berezjanka Russ. pôdberezći Gal. *russ.* berezy. berezaj. bereznjagi. berezinki. berezovъ. berezovo. berezovecъ. berezovoe. berezovaja. berezovikъ. vъ berezuê. *čech.* bříza B. břízka B. březka B. M. březí B. M. břízí B. březice M. březno Priesen B. brezno Bries Slovak. březník M. březnice M. Prissnitz B. březsko B. M. březké M. březina B. Briesen, Friese M. březiny Birkigt B. breziny Slovak. březinka B. M. březnice B. březová Birkicht B. březůvky M. brezovo Slovak. březovík B. březovec B. březovice B. podbřezice M. brezolupy Slovak. *pol.* brzoza Gal. brzeziec Gal. brzozka Gal. brzezie Gal. brzezina Gal. brzeziny Gal. brzezinka Gal. brzezinky Gal. brzezno Court. 4. brzezna Gal. brzeznica Gal. brzozow Gal. brzozowa Gal. brzozowka Bach Gal. brzozowiec Gal. brzozowice Gal. brzezawa Gal. brzežany Gal. brzežanka Gal. podbrzezie Gal. *oserb.* březa Birke Schmal. 12. březov Blösau, Blösa. března Brösa Pfuhl. břežna Dorf Wiese Pfuhl. březyna Brösa Schmal. 12. Birkau Schmal. březynka Briesing Schmal. 12. březnik Briesing Pfuhl. *nserb.* bŕaze, gen. bŕazego Briesen. Zw. bŕaski Brieske Zw. bŕozov Birkenberge Zw. bŕazina Briesen Zw. bŕazinka Butt. bŕazanki Bresinchen Zw.

Freže stare Altfriesach Krain. vreznich Zahn 155. frezna c. 1060. Zahn 82. Fresen, Fresnitz, Fressnitz, Fröschnitz Steier. Bresow, Bresitz, Bresewitz, Briesnitz (Brasenitz), Britz, Britzen, Brietzen, Priesa, Priesen, Priesnitz, Pritz, Pritzen, Sabresaheide Butt. 90. brezna, jetzt (Treuen)-Briezen Sax. brezeniz, brisenicz, jetzt Bresenitz Sax. bresnice, jetzt Briessnitz Sax. terra, quae dicitur breze; bresen; stagnum brizina: in brisene; bresiz; bresenitz, breseniz Bach; bresitze; breseuitze; breszko, jetzt Brietzig; brezegore Koseg. μπρεζάνη Ep.

30. brinije.

nsl. brinje iuniperus.

nsl. brinje Krain. Seitenhof Valv. brinošca aus brinovščica Krain. *kroat.* brinova draga Kr.

31. brodъ.

asl. brodъ vadum. nsl. brod u. s. w.

nsl. brod Krain. brode Krain. *kroat.* brod Kr. brodac Kr. *serb.* brodarь Danič. brodarevo Danič. brodьnici Danič. tri brode Serb. *klruss.* brody Gal. brôdok Gal. bezbrody Gal. mežybrody Gal. mežybrôď Gal. zabrôd Gal. *čech.* brod B. brody B. brodek B. M. brůdek B. brodec B. M. brodce B. brodečno B. brozany B. brodany magy. brogyán, Slovak. zábrodí B. *pol.* brod Gal. brody Gal. brodki Gal. zabrodź Gal. międzybrodź Gal. *oserb.* zabrod Sabrodt Schmal. 13. *nserb.* brody Pförten aus Förden, Furten Pfuhl.

Vadum, quod vulgo strezou brod vocant Urkunde von 973 Zahn 38. vergl. 44. daniborou brod 1241 Sax. brodno See; szabroda Schaprode Koseg. Dolgenbrod Brandenb.

32. broštь.

asl. broštь purpura. serb. broć rubia tinctorum. čech. broc.

kroat. brotnja, bročnja Gr. *serb.* broćno (župa) Danič. broćno Herc. broćanac Dalm. stigoše ga na broćanac ravni Volksl. *čech.* brocen B. brocno B. brocná B.

Rum. bročjü im Bihárer Comitat.

33. brusъ.

serb. brus petra Šafařík 155. Wo Šafařík die Bedeutung ‚petra' angegeben gefunden oder woraus er sie erschlossen hat, ist mir unbekannt. Wenn die Angabe richtig ist, so beruhen die hier folgenden ON. auf der allgemeineren Vorstellung ‚Fels'. nsl. brus cos u. s. w. vergl. russ. brusnica vaccinium vitis idaea.

nsl. brusnice Krain. *kroat.* brusnik Kr. brušane Gr. *serb.* brusь Danič. brusje Dalm. brusnik Gav. brusnica Gav. *klruss.* brusno Gal. brusov Russ. brusova Russ. *čech.* brusy B. brusov B. brusno Slovak. brusník, magy. borosznok, Slovak. brusnica Slovak. zabrušany B. *oserb.* brus Brauske Pfuhl. brusy Brauske Schmal. 9.

34. brъdo.

asl. brъdo clivus, collis; nach Valv. Gebüsch, Gesträuch, in ON. durch Egg übersetzt. serb. brdo u. s. w. čech. brdy montes Erb.

nsl. brdo Egg Krain. Kärnt. brde für brda Werda Steier. brda Egg, Werda, Wurdach Kärnt. brda, it. berdum, Triester Diöcese. v brdah Eggen Kärnt. brdo Friaul. brdiče Verdiz Kärnt. brdce Krain. Ferk Kärnt. brdca Friaul. podbrda Lusevera Venet. zabrda Saberda Kärnt. Jarn. 169. zabrdo Friaul. zabrde, bei Andern wohl richtiger zabrdce, Afritz Kärnt. zabrdje Krain. brski boršt Eggerwald Valv. dolgo, krivo, ostrožno u. s. w. brdo Krain. dolga brda Langegg Kärnt. Bei brdarce Krain ist an serb. brdar Weberblattmacher zu denken. *kroat.* brdo Kr. brdovec Kr. brdjani Kr. nabrdje Kr. podbrdje Kr. golo brdo Kr. *serb.* brdjani Gav. brdila Serb. brdarica Serb. nabrdje Gav. prekobrda Serb. zabrьdije Danič. zabrdje Dalm. Gav. zabrdica Gav. oblo brdo Chrys.-duš. *čech.* brdo B. podbrdí B. zábrdí B. zabrdovice B.

Gutenwerde Zahn 194. Stanziwurdi Bergspitze Lexer. magy. bördöcze im Salader Comitat. barda, berda Šafařík 141. ζαβέρδα Akarn. ζαμπιρζάνι asl. *zabrъždane Ep. vergl. λονκόβέρδι Ep.

35. brъlogъ.

asl. brъlogъ lustrum ferae. serb. nsl. brlog u. s. w.

kroat. brlog Kr. *serb.* brlog Gav. *klruss.* berłohy Gal. *čech.* brloh Berlau, Bierloch B. brlohy M.

36. brъno.

brno: brnom glavu posipovaše. alex. von Jagić 314. vergl. asl. brъno: brъnije lutum. *nsl.* brnca Firnitz Kärnt. brnce Wernzach Kärnt. *kroat.* brnjavac, Gr. *serb.* brno Dalm. brnjac Gav. brnci Serb. brъnъnica Danič. brnjica Gav. brъnjašъca Danič. črъno brъnije Danič. *klruss.* berňaky Gal. *čech.* brno B. M. brná B. brnice Slovak. Magy. bernyán Zips.

37. brъšlênъ.

nsl. bršlên hedera helix. serb. bršljan, brštan.
nsl. bršlin Krain. bršlinovec Krain. *kroat.* bršljanica Gr.

38. brъtь.

russ. bortь. čech. brt m. brt f. pol. barć Bienenbeute, Bienenstock in einem hohlen Baum *klruss.* bortne Gal. bortnyky Gal. *čech.* brt B. brtce B. brtník B. brtníky B. brtná B. brtnice B. Pirnitz M. *pol.* barcie Königr. barcice Königr. bartne Gal. bartniki Königr. bartnia łąka Gal. *oserb.* bart Baruth Pfuhl.
Cum usibus apum, ubi mella proveniunt, qui usus vulgariter barci nominatur Court. 4.

39. brъvьno.

asl. brъvъno. nsl. brvno. čech. břevno trabs u. s. w.
serb. brvenik Gav. brvenica Gav. Herc. *čech.* břevňov B. břevňovec B. břevnice .. břevniště B. vergl, dolga brv Langsteg Kärnt.

40. brъzъ.

asl. brъzъ celer. nsl. brz u. s. w. Zunächst wohl von schnell fliessenden Bächen. *kroat.* brzaja Gr. brzica Kr. *serb.* brzan Serb. brzeće Gav. brzovode Serb. vergl. brzode Serb. *čech.* brzice B. brzina B. brzve B.

41. buda.

čech. bouda Bude. Aus dem Deutschen.
čech. buda B. budy B. boudy B. M. *pol.* buda Gal. budy Gal. budki Gal.
Budow, jetzt Budau Sax. Buda, Budow, Budin, Bauda, Baudy, Bauden, Budkau, Budkowitz Butt. 129. Vergl. lit. budininkai Hüttenbewohner. budvěčei Schleicher 146.

42. buky.

asl. buky fagus. nsl. bukev, bukva u. s. w.
nsl. bukovje Krain. Buchholz, Buchbrunn Kärnt. bucóia Friaul. bukovec Krain. Buchholz Kärnt. bukovica Krain. bukovšica Krain. podbukovje Krain. zabukovje Krain. zabukale aus zabukovlje Kärnt. bukov hrib Krain. *kroat.* buk Kr. bukovje, bukevje Kr. bukovec Kr. bukovica Kr. bukovčani Gr. bukovščak Kr. bukvik Gr. prebukovje Kr. bukov vrh Kr. *serb.* bučije Danič. selo bučije Chrys.-duš. bučje Gav. Herc. bukovo Gav. bukov Serb. bukovac Gav. bukovik Gav. bukovica Danič. Gav. buković Dalm. bukovska Gav. bukovča Gav. bukovče Gav. bukova gora Herc. *klruss.* buk Gal. bukôv Gal. bukova Gal. bukovec Gal. bukôvna Gal. bukôvsko Gal. bučyna Gal. bukovynka Gal. podbukovyna Gal. *čech.* buk B. M. buky B. bučí B. bukoví B. bukov B. M. bukovec B. Slovak. buková B. M. Slovak. bu-

kovice B. M. bukvice B. bukovka B. bučina B. bukovina B. M. Slovak. bukovinka B. bukovinky M. bukovno B. bukovník B. bukovsko B. bučany Slovak. bukovany B. M. *pol.* buk Gal. bukowie Court. 4. bukowiec Gal. bukowinka Gal. *oserb.* bukov Hohenbucka Schmal. 10. Bocka. bukovc Bocka Schmal. 12. Buchwalde. bukovka Bückchen Pfuhl. bukojna Buchwalde Schmal. 12. *nserb.* bukov Bucke Zw. Gross-Buckow. bukojce Klein-Buckow. bukovka Bückchen. bukojna Buchwalde Zw. bukov Gross-Bucke. bukojc Klein-Buckau Zw. Klein-Bucke. Über die Buche in Deutschland vergl. Butt. 87.

Buckow, zwei und zwanzigmal in Preussen. Butt. 87. Bukowke. Butt. 87. 89. bukow, bukowiec: ehedem ward Lübeck so genannt Papl. 89. 137. buchuui, buchaw, jetzt Buckau Magdeb. 7. 9. bucowiz, jetzt Buchwitz Sax. mons buchowa gora Sax. bukoue Koseg. μποκοβίνα Arc. Elis.

43. bydlo.

čech. bydlo domicilium.

čech. bydlo B.

44. bykъ.

asl. bykъ taurus. nsl. bik u. s. w.

klruss. bykôv Gal. bykôvći Gal.

45. bystrъ.

asl. bystrъ citus, limpidus. nsl. bister, nach Valv. scharf und frisch u. s. w.

nsl. bistra Bach Krain. Wistra Kärnt. ad bistrae seu feistriciae amnis fontes aus einer Urkunde Mittheilungen 1863. 28. bistrica Feistritz Krain. Kärnt. Steier. Name vieler Bäche, die durch Adjective unterschieden werden: tržiška, kamniška, mojstranska u. s. w. bistrica Krain. bistričica Krain. *bulg.* bistrica Pazardž. *kroat* bistra Kr. bistrac Kr. bistrinjak Kr. bistrince Kr. *serb.* bystrica Danič. bistrica Gav. *klruss.* bystra Gal. bystre Gal. bystreć Gal. bystryća Gal. bystrovyća Gal. bystryčany Gal. *čech.* bystrá B. bystré B. bystřec B. bystřice Feistritz, Wistritz, Wistersitz B. Wisternitz M. bystřička M. bystřev B. bystřany B. *pol.* bystrzyca Gal. vergl. bystre Gal.

Viustrizza Ank. 71. in Oberösterreich. fustriza 1146 in Steier. veustritz Zahn 427. Feistritzen bei Lienz in Tirol. busterissa Förstemann. bistrice, jetzt Weisseritz Sax. bvistrizi, bestruwicz, besterwicz, jetzt Pesterwitz aus bystrovica Sax. Feistritz in Kärnt. 15-, in Steier. 40mal. Weistritz in Schlesien Butt. 117. wstrizza 1247 und stricza 1178 (rivulus, qui stricza nominatur) scheinen denselben Bach zu bezeichnen Koseg. 1. 772. 773. Dass die erste Sylbe abfiel, deutet auf die Betonung der zweiten Sylbe, die auch im pol. den Ton hat, während nsl. die erste betont und dadurch vor dem Verschwinden geschützt ist. Magy. besztercze, bisztricz. Vergl. rivulus, qui vocatur Mystrica in einer Urkunde von 830 Erben 10. βίστριτσα Eub. μπιστροβίτζα Ep.

46. byvolъ.

asl. byvolъ bubalus u. s. w.

serb. bivolje Gav. byvoljakъ Danič. bivolje selo Herc.

47. bъčela.

asl. bъčela apis. nsl. pčela u. s. w.

kroat. čelje Kr. pčelić Kr. *serb.* pčelice Serb. *čech.* včelná B. včelnice B. včelnička B. *pol.* pszczolczyn Bienenwerder Butt. 128.

Man vergl. Zolke, Zolkendorf u. s. w. Butt. 128.

48. bъčьvarъ.

asl. bъčьva dolium. čech. bečvář: becuar vietor, genus hominum ministerialium Erb. *čech.* bečvary B. bečvarky B.

49. bъdьnarъ.

nsl. bedenj. serb. badanj labrum. * bъdьnarь vietor.

klruss. bodnarôv Gal. bodnarka Gal. *pol.* bednary Königr. bednarze Königr. bednarow Gal. bednarowka Gal.

50. bьbrъ.

asl. bьbrъ castor. nsl. beber meg. breber. serb. dabar aus babar. čech. pol. bobr. Fremdw. 77. ahd. pipir. pol. bobrowe exactio. čech. bobrownici castorum custodes Erb. Mit Biber zusammengesetzte ON. finden sich in allen Gegenden Deutschlands, wo das wunderbare Thier meistens ausgerottet ist. Grimm, Wörterbuch 1. 1806.

nsl. brebrovnik Steier. *kroat.* bebrina Gr. brebrnica Kr. brebornica Gr. brebrovec Kr. *serb.* bobrova Gav. *klruss.* bobryk Russ. bobrovyca Russ. bôbrka, boberka Gal. Bach Gal. Šaran. 82. bobrovnyky Gal. bobrojdy Gal. *russ.* bobriki. bobrava. bobriševo. *čech.* bober B. bobrov Slovak. bobrová Bobrau M. bobrovec Slovak. bobrůvka M. bobrava Bach Erb. bobrovník Slovak. bobrovníky B. *pol.* bóbr: iuxta amnem, qui Pober dicitur sclavonice, castor latine Court. 1. bobrek Gal. boberka Gal. bobrowa Königr. Bach Court. 1. bobrowice Königr. bobrownik Court. 1. cum castoribus et eorum custodibus Koseg. 1. 30. bobrownici Court. 1.

Bober Fluss. Boberow, Bobrowo, Bobrau, Boberwitz, Bobern, Bobersberg Butt. 123. Boberow ein Hügel bei Potsdam Cyb. 16. bobra, jetzt Bibra Sax. boborow Bach auf Rügen. bebroa, jetzt Bebrow Koseg.

51. bьzъ.

čech. bez (bzu neben bezu) sambucus. pol. bez (bzu). nsl. bezeg (bezga). serb. baz (baza) und bazag (bazga).

nsl. bezgovec Krain. bezgovica Krain. bzovje Holdern Kärnt. *kroat.* bezje, bazje Kr. bezovina Kr. bzenica Kr. *serb.* bzovik Gav. *klruss.* bzovyća Gal. bzjanka Gal. bzenec Berg Gal. Halyč. 119. *čech.* bzí B. bzové B. bzová B. M. bzík B. bzovík Slovak. bzenec Bisenz M. bzenica Slovak. bezník B. bžany B. nabzí B. *pol.* bzowo Court. 4. bzianka Gal. besko Gal. *nserb.* beskov Beeskow Butt. 98.

Biesow, Bieskau, Biesnitz Butt. 98.

52. cajnarь.

cajnar ist nsl. wohl Korbflechter von cajna aus ahd. zainja, mhd. Zeine, bair. Zaine Flechte Fremdw. 80.

nsl. cajnarje Krain.

53. carь.

asl. cêsarь, cьsarь, woraus carь imperator nsl. cêsar u. s. w.

kroat. carova draga Kr. *serb.* carina serb. caričina eine Quelle Serb.

54. cerъ.

asl. cerъ terebinthus, richtig quercus cerrus. nsl. cer u. s. w. Fremdw. 81.

nsl. cerje Krain. cerovlje Istr. cerine Krain. cirnik Krain. cerovo Krain. cerovica Krain. cerovec Krain. Steier. cerov lôg Krain. *bulg.* cerovo Pazardž. *kroat.* cerje Kr. cerovlje Istr. Valv. cerić Kr. cerovo Kr. cerovac Kr. Gr. cerovec Kr. cerovica Kr. Gr. cerina Gr. cerovići Kr. cerovnik Gr. cerovljani Gr. cirnik Kr. cerovski vrh Kr. *serb.* cer Gav. cerje Gav. cerovo Gav. Herc. cerovac Gav. cerova Danič. Serb. cerovica Gav. cerьnica Danič. cernica Gav. pocerina knežina Serb. cerovyj rьtь Danič. *čech.* cerové Slovak. cerová Slovak.

Tserova Peloponn. τζjερόβα Ep. τσέρjα Lac.

55. cêlina.

čech. celina unberührtes Erdreich.

nsl. celine Krain. *kroat.* celine Kr. *serb.* selo cêline Chrys.-duš. 43.

56. cêsta.

asl. cêsta platea. nsl. cêsta via u. s. w.

nsl. cêsta Krain. stara cêsta Steier. *kroat.* cesta Kr. cestica Kr. stara cesta Kr. *čech.* cestice Slovak.

57. ciganъ.

serb. ciganin zingarus u. s. w.

serb. ciganlija, ciganska ada Serb. *pol.* cygany Gal. cyganow Gal. cyganowice Gal.

58. cigel.

nsl. cigel (cigla) later u. s. w. Fremdw. 81.

nsl. cegelnica Ziegelhütten Krain. *kroat.* ciglena Gr. ciglenik Gr. ciglenica Kr.

59. clo.

pol. cło Abgabe, Zoll. Aus dem Deutschen.

pol. cło Gal.

60. crъky.

asl. crъky ecclesia. nsl. cirkev, cêrkev. serb. crkva u. s. w. Fremdw. 81.

nsl. cêrklje Zirklach Krain. per cirklah Zerklanerboden Valv. cirkno Kirchbach Kärnt. cirknica Krain. Kärnt. cirkovice Kirchbach Kärnt. cêrkviše Krain. *kroat.* crkovec Kr. cirkvina Gr. cr̥kvari Kr. crkovljan Kr. *serb.* crkvenac Serb. crьkvenica Danič. ljubova crьkъvь Chrys.-duš. mratinja crьkъvь Chrys.-duš. *klruss.* cerkôvna Gal. *čech.* cerekve B. cerekev Preuss. Schlesien. cerekvice B. církvice B. *pol.* cirkwica Court. 48. cerekwica Court. 48. *nserb.* cerkvica Zerkwitz Zw.

Zerkwitz, Zirkwitz, Zerkowitz, Zirkowitz Butt. 131. cerkuwitz, jetzt Serkowitz Sax. Zirkniz, Zirkiz, Zirkizen Kärnt. τσερκοβίνα Ep. τζαρκοβίτζα Ep. τσερκοβίστα Ep. τσερκούβjανα Ep. τσαρακοβίστα Ep. τσερκοβοπτελέα Akarn.

61. čehъ.

čech. čech Bohemus u. s. w.

kroat. čehi Kr. čehovec Kr. *klruss.* čechy Gal. čechôv Gal. čechova Gal. čechovka Russ. *čech.* čechy B. M. *pol.* czechy Court. 48.

62. čemerъ.

asl. čemerь m. cicuta, venenum. nsl. čemerika helleborus, veratrum u. s. w.

kroat. čemernica Gr. *serb.* čemerno Gav. čemernica Gav.

τοῦ τσεμερνίκου, jetzt τσουμέρκον Ep.

63. česvina.

serb. česvina arboris genus, nach Stulli quercus. Vergl. asl. česmina prinus.

serb. česvinica Danič. Dalm. česvinjica Dalm.

τσεσφίνα Lac.

64. četvrъtъkъ.

asl. četvrъtъkъ dies iovis. nsl. četrtek u. s. w.

nsl. pod četrtek Steier. *kroat.* četrtkovac Gr. *čech.* četvrtek Slovak. Magy. csötörtök.

65. čęstъ.

asl. čęstъ densus. serb. čest u. s. w.

serb. česta Gav. čestin Gav. čestobrodica Gav. čestogradac Serb.

66. čičь.

nsl. čič ein Volksstamm. Valv. 1. 256.

kroat. čiče Kr.

67. čistъ.

asl. čistъ purus. nsl. serb. čist u. s. w.

serb. čista Dalm. *čech.* čistá B.

68. crêmha.

russ. čeremcha, čeremucha. *čech.* střemcha, třemcha prunus padus, carpinus, cerasus. pol. czeremcha gleichbedeutend mit smrodynia.

nsl. črmošnica Bach Krain. črmošnjice Krain. Zermoschniz Valv. *kroat.* čremušina neben tremušina Gr. čremušnica Gr. čremušnjak neben tremušnjak Gr. *klruss.* čeremcha Gal. čeremchôv Gal. čeremošňa Gal. *čech.* třemešek Johrendorf M. třemošná, třemešná B. třemešné Zemschen B. čremošne Slovak. třemísko Tschimischel M. *pol.* trzemeśna Gal. trzemeszno Court. 49.

Sremsnize, szremztnicz, jetzt Schirmenitz Sax.

69. črêšnja.

asl. nsl. črêšnja cerasus. serb. trešnja, kriješ, kriješva u. s. w.

nsl. čêšnice Kerschdorf, Kerstetten Krain. čêšnjevek Krain. čêšnovek Krain. črêšnjevec Krain. črêšnovec Kerschbach Steier. črêšnica Krain. črêšnjani Kärnt.

kroat. črešnjevo Kr. črešnjevec Kr. črešnjevica Gr. *serb.* trešna Serb. črêšnjevьcь Danič. trešnjevac Serb. trešnjevica Gav. *klruss.* čerešnôv Gal. *čech.* třešně B. třešnovec B. *pol.* trześnia Gal. trześniow Gal. trześniowy dąb.

70. črêtъ.

nsl. črêt ist nach Jarnik 217. in Kroatien eine sumpfige Waldung; ebenso in Steier. Man vergl. russ. očeretъ schoenus-Rohr, Schilf.

nsl. čreta, čret, črete Steier. čret Tschriet Kärnt. četež Krain. črітеž Tschrites Kärnt. čretnik Steier. čretvež Steier. *kroat.* čret Kr. viermal. črečan Kr. začretje Kr. *klruss.* očeretna Russ.

71. črъnъ.

asl. črъnъ niger. nsl. črn. serb. crn u. s. w.

nsl. črno Schwarzenbach Kärnt. črna Krain. Kärnt. Schwarzendorf Kärnt. črnec Krain. črnica Görz. črni grad Hohenwart Kärnt. črni potok Krain. črna vas Krain. črni vrh Montefosco Venet. Vergl. črnelo wohl etwa aus črъmьnêlo Rosenbühel Krain. *bulg.* črъnica Pazardž. *kroat.* črnec Kr. crnac Kr. crnek Kr. crnik Kr. crnile Kr. crnilovec Kr. *serb.* črьnica Danič. crnica Serb. črьnьča Danič. crnča Gav. črьnilo Danič. crnajka Gav. črьnilovьcь Danič. črьnave plur. Danič. črьnušь Danič. crnuća Gav. crnjišavi Serb. crnašnica Bach Herc. črьnomenь Danič. crna bara Serb. crnoglav Serb. crnagora Serb. crni kao Gav. crni trn Serb. crni vr Gav. *klruss.* čorne Gal. čorna Gal. černyća Gal. černoriky Gal. černołozka Russ. *russ.* černjava. *čech.* černá B. M. černodol B. černodub B. černý vůl B. černý výr B. *pol.* czerna Gal. czarne Gal. czerniawa Gal. zaczernie Gal. czarnorzeki Gal. czarnolas Königr. czarny łęk Gal. *oserb.* čorna Tschornitz. čornov Zschornau Schmal. 10. čorńov Zschorne ibid. *nserb.* carna Zschorna Zw. carny gozd Zschornegosde Zw.

Zerna, Zernow, Zernowa, Zernitz, Tschernitz, Tschirna Bach Butt. 81. cirnow, cirnowe Koseg. Zernsee bei Potsdam Cyb. 6. Czernice Ort am Zernsee. τσερνίτσα Mess. Vergl. lit. jůdžemei. jůdupėnai die am schwarzen Wasser Schleicher 146.

72. črъtъ.

Mit russ. čertežъ Plan, Zeichnung haben diese ON. wohl nichts gemein.

serb. črьtežь Danič. črьtovo Danič. *klruss.* čortovec Gal. čerče Gal. čertež Gal. čertêž Gal. čertyžne Gal. čortkôv Gal. *čech.* čertův důl Geiersgraben B. čertova svadba so heissen drei Berge Slovak.

Ciertuvi Schartau bei Magdeburg Koseg.

73. črъvenъ.

asl. črъvenъ und črъmьnъ ruber u. s. w.

serb. črьvena Danič. crveni Gav. crljena Serb. crvenice Herc. crljeni Gav. crljenac Serb. crljenci Gav. crvena jabuka Serb. črьvena poljana Danič. crvena stijena Serb. *klruss.* čorvьnъ, červenъ Vol.-lêt. 24. červyneć Gal. *russ.* červenъ Nest. *čech.* červené B. červená B. čermná B. červenice B. červený hrádek B. červený potok B. *pol.* čermna Gal. czerweńsk Court. 48. czerwona wola Gal.

Praediolum Rottenmannum dictum, in vallo pagoque Palta situm, sclavonice etiam cirminah nominatum 1048, jetzt Rottenmann in Obersteier. Ank. 76. cirvancus im IX. und X. Jahrhundert, jetzt Zirwanken bei Mondsee Lamprecht. czerwen, jetzt Zerben Magd. 35. Vergl. raudonačei Schleicher 147. τζερβένι Ep.

74. dąbrava.

asl. dąbrava arbores, nemus von dąbъ, ursprünglich dąbrъ durch ava u. s. w.

nsl. dobrava Krain. Hart, Forst, Dobraua Kärnt. dobrave Krain. dobravica Krain. *kroat.* dubrava Kr. dubrave Gr. dumbrava bei Lipszky. dubravica Kr. dubravec Kr. dubravci Kr. dubravščak Kr. dubravčani Kr. dubravčan Kr. *serb.* dubrava Herc. dubravica Dalm. dubravice Herc. dubravьnica Daničić. *klruss.* dubrova Gal. dubrovoje Gal. dubrôvka Gal. dubrovyća Gal. dubravka Gal. zadubrôvći Gal. *russ.* dubrava. dubrova. dubrovo. dubrovna. dubrovicy. dubroviči. dubrovka. dubrovki. dubrovskaja. zadubrovьe. *čech.* doubrava B. M. dúbrava Slovak. doubravka B. doubravice M. Tauberwitz B. dúbravica Slovak. doubravčice B. doubravička B. doubravník M. doubravany B. doubravičany B. doubravská hora B. *pol.* dąbrawa Dombrau, Dammer Court. 15. dąbrowa Gal. dąbrowica Gal. dąbrowka Gal. zadąbrowie Gal. *oserb.* dubrava Dubrau Pfuhl. *nserb.* dubrava Dubrau. Tratendorf Zw. Kruge, Türkendorf. dubravka Dubrauke Zw.

Silvula, quae szovrska (sorska) dubravua dicitur. Urkunde von 973. Zahn 38. Klein-Dombra Kärnt. dubrave mons Šafařík 141. silvae incultae vel dąbrovi; quercetum in polonico dombrow Court. 15. dobrawe Sax. Rumun. dombrava, dumbravica, dumbravany Lipszky. Magy. dombrovicza, dombrovány Lipszky.

75. dąbъ.

asl. dąbъ arbor, quercus. nsl. dôb, in ON. durch Eiche übersetzt. bulg. dъb. serb. dub u. s. w.

nsl. dôb Aich Krain. Kärnt. dôbe Krain. dôbec Krain. Kärnt. dôbje Krain. Steier. Aich, Aichholz, Aichberg, Aichwald Kärnt. dôbovo Krain. dobovica Krain. dôbovec Krain. dobajnica Dobeinitz Kärnt. v dobičah (dbičah) Dibitsch Jarnik 99. Kärnt. odôbje Pernaich Jarnik 99. Kärnt. dobernica Döbernitzen Kärnt. Waldbach Jarnik 99. Kärnt. dobrje Döbriach Kärnt. dobrijah Dobriach Kärnt. na dobrija Hart Kärnt. lêpi dôb Schönaich Válv. dôbja meja Aichleiten Kärnt. dôbja vas Aichdorf Kärnt. *kroat.* dubica Gr. dubno Kr. dubovac Gr. dubovec Kr. dubovica Kr. dubovik Gr. dubašnica Veglia. dubrova Istrien. dubrovčan Kr. *serb.* dubъ Daničić. dub Serb. duba Dalm. dubac Dalm. dublje Serb. dubica Daničić. dubač Serb. dubьnica Daničić. dubnica Serb. dubьnice Daničić. dubovo Daničić. dubovica Daničić. Serb. dubovikъ Daničić. dubljane Daničić. dubjani Herc. dubani Serb. dubъštica Daničić. *klruss.* dub Russ. duba Gal. dubje Gal. dubovyća Gal. dubôvći Gal. dubôvka Gal. dubno Gal. dubne. Gal. dubeńko Gal. dubyny Gal. dubńaky Gal. dubľany Gal. dubky Gal. dubkôv Gal. dubkôvci Gal. dubšara Gal. dubrńôv Gal. dubršče Gal. pôddubći Gal. poddubnovka Russ. rydoduby Gal. dubovyj haj Russ. dubovyja hrjady Russ. perunovyj dub Šaran. 83. *russ.* dubovoe. dubna, auch Bach. dubenka. dubki. *čech.* dub B. M. duby B. doubek B. dubec B. dubeč B. dubček B. doubí Aicha B. dubí Eichwald B. dubičko M. dubá B. doubice Daubitz B. dubice B. dubičná B. dubčice

20*

B. dubičina Eicht B. dubno B. dubné B. dubná B. dubnice B. dubnica Slovak. dubina B. dubenky B. dubenec B. dubočno B. dubovo Slovak. dubové, magy. dombó, Slovak. dubová B. Slovak. dubovka B. dubovec Slovak. dubovice B. dubsko B. dubecko B. dubany B. M. dubičany Slovak. dubčany B. M. dubňany B. M. dubovany Slovak. poddubí B. zádub B. dubov díl Slovak. dubový mlýn B. černodub B. *pol.* dąb Gal. demby gen. dembego. dęba Gal. dąbie Gal. dąbowo Court. 15. dębowa Gal. dębowka Gal. dębowica Gal. dębowiec Gal. dębica Gal. dąbki Gal. dębno Gal. dębnik Gal. dąbnica Court. 15. dębina Gal. dębiany Gal. dąbsko Court. 15. demborzyn Gal. *oserb.* duby Dauben Pfuhl. štiry duby Viereichen. dubo Tauban Schmal. 13. dubc Daubitz Schmal. 11. dubřeńk Dubring Schmal. 12. *nserb.* dubé n. gen. dubego Duben Eiche Zw. dubojce Daubendorf Zw.

Donplachi villa, etwa dąbljahъ von dąbljane Zahn 47. Dobernabach Steier. dambovo Dorf am untern Wardar. dubenitz, jetzt Daubnitz Sax. duben, jetzt Deuben Sax. Eichow bei Potsdam, mit slavischem Suffix Cyb. 10. damb, damba, dambe Damm. dambina, dambenowe, dambitz, dampnitz Bach. dambsnitz Bach. stagnum quod sclavice dicitur dambnio. dambane. campus dambsko. poddambia. dambagora (dambegore, dambogora) Damgarten. wili damb magna quercus Koseg. Magy. dombó Slovak. dubové, nyirdomb, várdomb. δουβjανά Ep. δούβjανη Ep.

76. debelъ.

asl. debelъ crassus. nsl. debel u. s. w.

kroat. debeljača Gr. debelo brdo Gr. deboli lug Gr. *serb.* debelica Gav. debeljakъ Danič. debeli dol Serb. debela glava Serb. debeli jasen Gav. debeli lug Gav.

77. degъtь.

russ. degotь (degtja) Birkentheer. čech. dehet (dehtu) Harz, Wagenschmiere. pol. dziegiec (dziegciu).

klruss. dohtary Russ. *russ.* degtjarnaja. degtjanoe. dechtjanoe. *čech.* dechtáře Dechtern B. dechtary B.

A. Šembera, Návěští o mapě země moravské, schreibt dehtáře und erklärt dehtář nach Jungmann durch kolomazník, Wagenschmierer, Theerbrenner.

78. dêdъ.

asl. dêdъ avus. nsl. dêd u. s. w. serb. djedina haereditus Stulli.

kroat. dedina Kr. *serb.* dedina Gav. *čech.* dedina Slovak. nová dědina Neudorf M.

79. dêlъ.

aserb. dêlь. serb. dijel mons.

serb. grunovь dêlь. *klruss.* Bergnamen: ďil Hałyč. 120. 128. ďiłov verch 112. ďil bodnarev 123. vysokyj ďil 112. 121. borъsukovъ dêlъ Vol.-lêt. 56. vergl. rum. dêlu kruče, dêlu lupa Hałyč. 155. in der Bukowina. *čech.* děl, díl. magy. diél Berg Slovak. zadíl Slovak. dubov díl Slovak. *pol.* dzielec Gal. zadzielsko Gal.

80. dlъgъ.

asl. dlъgъ longus. nsl. dolg. serb. dug u. s. w.

nsl. dolgo brdo Krain. dolge njive Krain. dolga vas Krain. *serb.* dugi do Serb. *klruss.* dołhe Gal. dołha Gal. dołžka Gal. dołžky Gal. dołžyća Gal. dołžanka Gal. dołhopole rum. Kimpolung Buk. dołha storona Gal. *russ.* dolgoe. dolžino. dolgaja, auch Bach. *čech.* dlouhé B. dlouhá B. dlouhodvory B. dlouhé dvory B. dlouhá louka B. dlouhé pole B. *pol.* długołęka Gal. długopole Court. 12. długo siedło Court. 12. *nserb.* długi plur. Dluge Zw. dlusk Dölzig Butt. 151. dłužanki Stossdorf Zw.

Dluggen, Dluzek, Dolge, Dolgen, Dolgow, Dolgenbrodt (der zweite Theil ist brod), Dlugimost, Dlugiwoda, Dolgensee oft Butt. 151. Dolgensee Cyb. 14 Jettm. 23. dolgobrod Bach. dolge loug (richtiger wohl long) magna palus Koseg. δέλγα Aetol. Mess.

81. dobrъ.

asl. dobrъ bonus. nsl. dober. serb. dobar u. s. w.

nsl. dobrač Berg Kärnt. Jarnik 99. dobrič Berg Kärnt. Jarnik 99. dobropolje Krain. *kroat.* dobra Kr. Gr. dobrica Gr. dobrinka Gr. dobra kuća Kr. dobri zdenci Kr. *serb.* dobra Gav. dobro Danič. dobrinja Gav. dobrić Gav. dobrača Gav. dobraća Gav. dobrota Dal. dobrodo Gav. dobrodoli Danič. dobrii doli Danič. dobrodoljane Danič. dobroselica Gav. dobrovodica Serb. dobra voda Serb. *klruss.* dobra Gal. dobrjany Gal. dobrovľany Gal. dobrovody Gal. dobrovôdka Gal. *čech.* dobrá B. dobré B. dobrce B. dobrava B. dobřev B. dobřany B. dobré pole B. dobrá voda B. *oserb.* dobruša Doberschau Schmal. *nserb.* dobryń Döbern Zw. dobry ług Doberlug Zw. nach Butt. 106 vom Flüsschen Dober, die s. g. kleine Elster.

Dobrig, Dobritsch, Dobritz, Dobrau, Döbern (im Ganzen dreizehnmal), Döbra bei Pirna (das ausserdem den deutschen Namen Gutenfeld hat), Döberitz, Döbernitz Butt. 101. dobran, jetzt Dubraw Sax. dobrawe, jetzt Dobra Sax. doberpol, jetzt Doberpfuhl Koseg. ντόβρανη Ep.

82. dolina.

nsl. serb. dolina vallis u. s. w.

nsl. dolina Krain. dolinčo, dolinčičo Dolintschach Kärnt. *kroat.* dolina Kr. *klruss.* dołyna Gal. dołyny Gal. dołyńany Gal. *čech.* dolina Slovak.

83. dolъ.

asl. dolъ fovea nsl. dol vallis u. s. w.

nsl. dol Krain. v dolu am Pannfeld Kärnt. Jarnik 100. dolieh Doliech Kärnt. dole Döllach, Dellach, Thölern, Duel Kärnt. dolič Dolitsch Steier. dolce Krain. dolenja Friaul. dolsko Krain. Steier. dolence Krain. miši dol Meussenthal Valv. zadole Sadolach, Sallach Kärnt. suchodol Krain. kobilni dul (dol) Merchental Urk. 1257. črezdol Tschrestal Kärnt. skočidol Gottestal, eig. Springe hinab Kärnt. *bulg.* doljan Pazardž. *kroat.* dol Kr. dolje Kr. dolac Kr. Gr. dolec Kr. dolce Kr. dolčani Gr. dolno Gr. doljani Gr. Kr. doljana Kr. doljanci Kr. dolnjaki Gr. dolari Kr. pustodol Kr. savski dol Kr. *serb.* dol Serb. doli Dal. dolovi Herc. dolьсь Danič. dolac Herc. Gav. doljani Danič. Gav. doljašnica Serb. uzdolje Dalm. razdolje Serb. bobodol Dalm. krivodo Herc. vukodo Herc. zlodo Serb. ljuti dolac Herc. *klruss.* dôł Gal. podôľći Gal. podołyny Gal. rozdôł Gal. zadôľsko Gal. *čech.*

důl B. dol B. doly B. na dolech B. dolce B. dolsko B. dolany Dehlau B. Dollern B. dolánky B. podol B. podolí B. podolec B. oudolí B. zádolí B. černodol B. suchodol B. suchdol B. *pol.* podole Court. 31. podolce Gal. nadolany Gal. podolany Court. 31. *oserb.* delany Döhlen Schmal. 9. dolane Dollenchen Butt. 78. pšidol Tschidel Schmal. 13.

Dalitz, Dalewo, Dahlen, Dahlow, Dahlwitz Butt. 152. Doland-Heide 78. dolan, jetzt Döhlen Sax. dolin, jetzt Döhlen Sax. dolen, dalen, jetzt Dahlen Sax. deltsan, jetzt Dölzschen Sax. Dolzig bei Potsdam Cyb. 11. doliz, jetzt Dölitz. dolan Koseg. δολιανά Akarn. Ark. Ep. ντόλjανη, δόλjανη, δολιανή Ep.

84. dračь.

asl. dračь saliunca, dračije vepres. nsl. drač. serb. drač paliurus australis.

serb. drača Danič. Gav. dračevo Herc. dračevac Dalm. dračevica Danič. Dalm. δρατζόβα Ep.

85. draga.

asl. draga vallis. nsl. kroat. serb. draga vallis. russ. doroga via u. s. w.

nsl. draga Suchen Krain. bukova draga Buchberg Krain. sodrážava Zedross Jarnik 189. Kärnt. vergl. draganje Ragain Kärnt. *kroat.* draga Kr. Gr. drage Gr. dražica Istr. Gr. dražice Gr. dražina Istr. medjudražje Gr. carova draga Kr. vodena draga Gr. draga bašćanska valle di Besca Veglia. *serb.* dragodol Serb. grabova draga Herc. *klruss.* nadorožna Gal. *čech.* dráhy B. rozdraží B.

δράγκα Mess.

86. dreg.

Von unbekannter Bedeutung.

nsl. drežnik Krain. *kroat.* drežnik Gr. drežnica Gr. drežanjka Bach Herc. *serb.* drežnik Serb. drežanj Herc. drezga Feld in Montenegro Vuk. ist wohl asl. dręzga silva vergl. serb. drijezga vođena eine Art Pflanze.

87. drênъ.

asl. * drênъ cornus. nsl. dren. serb. drijen u. s. w.

nsl. dren Krain. drenik Krain. drenovec Krain. Steier. drenova gorica Krain. *kroat.* drenje Kr. drenova Kr. drenovac Kr. Bach Kr. drenovec Kr. drenovci Gr. drenovica Kr. drenak Gr. drinak Gr. drenčec Kr. drenčina Kr. dreniščе Kr. drenov bok Gr. *serb.* dren Gav. drijen Herc. drênokь Danič. drenje Gav. drênica voda Danič. drenica knežina Serb. drenova Gav. Herc. drenovac Gav. drênovьcь Danič. drênovьčь Danič. drenovci Gav. drênovьci Danič. drenča Gav. drênьča Danič. drenovi dol Herc. drênjanьska dolina Danič. *klruss.* derenôvka Gal. *čech.* dřín B. dřínek B. dřenice B. dřínov B. M. *oserb.* dŕenov Drähna Schmal. 10. pšjezdŕen Brösen Schmal. *nserb.* dŕonov Drehnow Zw. Drehna Butt. 83.

δρεάνοβον: εα für ê Ep. τρενόβα Ep. ἀνδράνοβα Akarn. ἀντρένοβα Ep.

88. drêvo.

asl. nsl. drêvo arbor u. s. w. klruss. derevńa Haus.

nsl. drevlje Dreulach Kärnt. *serb.* drêva Danič. drêvьce Danič. drêvênikь Danič. drvnik Gav. drvari Serb. *klruss.* derevńa Gal. dereveńka Gal. derevńany Gal.

derevľany Gal. zaderevač Gal. *čech.* dřevce B. dřevčice B. dřevenice B. dřevikov B. dřevíč B. dřeveš B. dřevníky B. *nserb.* dŕovko Drebkau Butt. 83, auch Drauke. drejce Drewitz Butt. 83. dřevcy Schmal.

Drewitz, Drewetz, Drewitsch, Drewnitz, Drewikau Butt. 83. drewenitz, jetzt Drebnitz Sax.

89. drъnъ.

asl. drъnъ caespes. nsl. čech. drn u. s. w.

kroat. drnje Gr. *klruss.* dernôv Gal. *čech.* drnek B. drnky B. drnov B. drnné Schlesien.

90. duplь.

asl. duplь cavus. nsl. duplja Grotte Valv.

nsl. duplje Dupplach Valv. douplahi Ank. 1. 2. Reg. 8. *serb.* dupljaj Serb. Vergl. *klruss.* dupłyska Gal.

91. dušьnikъ.

čech. dušník animator. Vergl. die slavischen Elemente im Magyarischen 26.

serb. dušьnici Danič. *čech.* dušníky sechsmal B. dušníci Erb. *pol.* zaduszniki Gal. Vergl. magy. dusnok dreimal Lipszky und russ. zadušno Tula.

92. dvorъ.

asl dvorъ aula. nsl. serb. dvor u. s. w.

nsl. dvor Krain. Steier. Hof Kärnt. dvorce Höflein Kärnt. dvorče Wertschach Kärnt. dvorje Krain. predvor Höflein Krain. dvorska vas Krain. škofi dvor Pischldorf, aus Bischofsdorf Kärnt. *kroat.* dvorska Kr. dvorišče Kr. *serb.* dvorani Gav. dvorica Gav. dvorska Gav. dvorište Gav. predvorica Gav. predvorice Gav. pridvorica Gav. *klruss.* dvôrći Gal. dvorysko Gal. zadvôrje Gal. *čech.* dvůr B. dvory B. tři dvory B. čtyry dvory B. dvorek M. dvorec B. dvořec B. dvorce B. M. dvoreček B. dvorecko B. dvořisko B. dvořiště B. dvorany Slovak. nádvoří B. *nserb.* dvory Dürrhofen Zw. Butt. 70. tautologisch, indem Dürr wohl aus dvor entstanden ist.

Curtem ad vdulenidvor lingua sclavanisca, theotisce Nidrinhof in Obersteier. Urkunde von 970. Wurzen aus dvorce Petters, Archiv 362.

93. dvьrь.

asl. dvьrь ianua u. s. w.

čech. dvérce B.

94. dynja.

asl. dynja pepo. nsl. dinja u. s. w.

klruss. dynyska Gal.

95. dъbrь.

asl. dьbrь vallis, torrens. čech. debř vallis. Das Wort, ursprünglich fem., ist später masc Man beachte, dass das dem asl. dьbrь lautlich entsprechende serb. dabar castor bedeutet.

nsl. deber Deber Kärnt. debrije (aus *dьbrjane) Döbriach Kärnt. debernica Dobernitz Kärnt. *bulg.* dobra das Dibrathal Milad. debarsko Milad. debъrštica Pazardž. *kroat.* dabar Gr. dabrić Gr. dabrina Gr. črni dabar Gr. ravni dabar Gr. *serb.* dьbrь Danič. dьbri Danič. dabar Dal. dbar Herc. dabrica Herc. debrevine

Danič. debrc Gav. debriz Šafař. 142. *klruss.* debry Gal. *čech.* debř B. dybř B. debřec B. debrno Döberle B. debrné B. debrník B. Bach Erb. vergl. dobrná, dobrš, dobřany. Čas. mus. česk. 1834. 412. 413. *pol.* dbra Court. 14. *nserb.* derbno für dъbrъno Döbern Zw. debsk für asl. *dъbrъskъ Debrik Zw.

Magy. döbröcze Szalad. dawritz, jetzt Däbritz Sax. δίβρη Elis. Phok. Ep. δίβριτσα Ark.

96. fužine.

nsl. fužine Hammer. Fremdw. 88.

nsl. fužine Krain. na fežinah am Hammer Valv. stare fužine Althammer Krain *kroat.* fužine Kr.

97. gaj.

asl. gaj nemus. nsl. gaj u. s. w.

nsl. gaj Krain. gaje Gajach Kärnt. *kroat.* gaj Kr. gajci Kr. gajišče Kr. podgaj Kr. podgajci Kr. Gr. zagajci Kr. *serb.* gaje Danič. *klruss.* haji Gal. hajik Gal. podhaje Gal. pôdhajčyky Gal., dabei die deutsche Colonie Unterwalden. *čech.* háj B. háje B. hájek B. M. hajná B. hajov M. hájská B. hajany B. M. hajánky B. M. podhájí B. zahájí B. *pol.* gaje Gal. *oserb.* haj Grimbusch Schmal. 13.

98. galičь.

Von unbekannter Bedeutung. Vergl. serb. galičast ater; galić, galobela, galovran.

serb. galičane Danič. galičьnikъ Danič. *klruss.* hałyč. Gal. galičane Nest. galičina mogila Vol.-lêt. 24. *russ.* galičь. galičьe. *čech.* halič Slovak. magy. gács.

99. garь.

serb. gar f. Hammerschlag, russige Farbe wird in manchen Ableitungen in der Bedeutung ‚Schwärze' verwendet.

serb. garь Danič. garьčica Danič. garьčice Danič. garani Danič. Chrys.-duš.

100. gatь.

russ. gat f. agger. nsl. gat m. canalis. serb. gat m. der Ableitcanal neben dem Wehr. oserb. hat m. Teich u. s. w.

nsl. gače Gatschach Kärnt. *kroat.* gat Kr. *klruss.* pôdhat Gal. zahate Gal. *čech.* z hati M. Suš. 371. *pol.* zagacie Gal. zagacice Gal. *oserb.* hatk Teicha Pfuhl. Teich Schmal. 13.

101. gąba.

asl. gąba spongia. nsl. gôba fungus u. s. w.

nsl. gôba Krain. gobnik Krain. magy. gomba.

102. gąstъ.

asl. gąstъ densus. nsl. gôst u. s. w.

nsl. gosteče Krain. divica Marija v gôši Maria Stauden Steier. *kroat.* gustelnica Kr. gustilac Gr. gusti laz Kr. *klruss.* buščanky Gal. *čech.* hustiřany B. *oserb.* gustojc aus gąstovьcь Grossenhaide.

103. gąsь.

asl. gąsь anser. nsl. gôska u. s. w.

serb. gusinь (gusinomь sing. instr.) Danič. *klruss.* huś Russ. husne Gal. husjatin Russ. husakôv (ot husej, kotorych zdiś množestvo byvajet) Gal. Nauk. sbor. 1868. 179. *čech.* hus B. husa B. houska B. husňa B. *pol.* gąsino Court. 12. gąsowka Gal. *oserb.* huska Gaussig Schmal. 5. 14.

Gusich, gusk, jetzt Gaussig Sax.

104. glasъ.

asl. glasъ vox. nsl. serb. glas u. s. w.

serb. nečujglasь Danič. *klruss.* hołosko Gal. vergl. *čech.* hluky.

105. glava.

asl. glava caput. serb. glavica, oglavak collis u. s. w.

nsl. glavnik Gallenfels, das nach Freyer golnik heisst. Valv. *kroat.* glavica Kr. glavičina Gr. glavičani Gr. glavnica Kr. glavničica Kr. trojeglava Kr. plaška glava Gr. privina glava Kr. *serb.* glave Gav. glavica Gav. glavice Dalm. glavina Dalm. Chrys.-duš. glavnici Serb. podglavje Herc. zaglavak Gav. gola glavica Herc. velja glava Gav. *klruss.* hołovy Gal. hołoveńka Russ. hołovecko Gal. biłohołovy Gal. tołstohołovy Gal. *čech.* hlavice B. *pol.* głowa Diplom. głowy Diplom.

Glowe Rügen. pudgloue Pudagla. zarneglowe Zarnekla Koseg. γλαβίτζα Ep.

106. gląbokъ.

asl. gląbokъ profundus. nsl. globok u. s. w.

nsl. globoko Krain. globetka Bach Steier. globočice Krain. globovica (glo bouca) Bach Valv. globodol Tiefenthal Krain. globočni dol Krain. *kroat.* globoko Kr. globočec Kr. Man füge hinzu dumboko Kr. dumboka Gr. *serb.* glьbočica Danič. glьbočani Danič. dubočani Herc. glьbokyj dolь Danič. duboka Serb. dubočka Serb. duboko Serb. dubokyj dolь Danič. dubokyj potokь Danič. *klruss.* hłuboke Gal. hłuboka Gal. hłubočok Gal. *čech.* hluboké B. M. hluboká B. M. hlubošek M. hlubočice B. hlubany B. hluboký důl B. *pol.* głębokie Gal. głęboka Bach Gal.

Globoko Förstem. glambike, glambeke, glambuk. glambike loug (richtig long) profunda palus Koseg.

107. glěbъ.

serb. glib coenum.

kroat. glibodol Gr. *serb.* glibovac Gav.

108. glina.

asl. glina argilla. nsl. glina u. s. w.

nsl. gline Krain. glinje Gleinach Kärnt. glinice Gleinitz Krain. glinek Krain *kroat.* glina Gr. glinica Gr. glinice Gr. glinski jarek Gr. glinsko vrelo Gr. *serb.* gline Danič. *klruss.* hłynne Gal. hłynna Gal. hłynky Gal. hłyńsk Russ. hłyńsko Gal. hłyńany Gal. *russ.* glinki. glinkova. *čech.* hlína M. Lam B. hlinice B. hlince B. hlinčí B. hlinné B. M. hlinná B. hliník Slovak. hliněná B. hlinov B.

hlinoviště Leimgruben B. hlinsko M. Linz B. hlinské B. hliňany B. hlína bílá Weissleim B. zahliní B. *pol.* glina Gleinau Court. 10. glinne Gal. glinica Court. 10. glinik Gal. gliniczek Gal. glinianka Gal. *oserb.* hlina Gleine, Gleina Schmal. 5. 13. *nserb.* glinsk Glinzig Zw. Butt. 104.

Gleinich, glunich Gleink Urkunde von 1111. vergl. glevnik Erb. Glien, Glinow, Glintsch, Glienicke, Glienike Butt. 104. Cyb. 8. Jettm. 25. gline, jetzt Gleina Sax. glina Glien Koseg. γλύνα Ep. gloina, jetzt Gloine Magdeb. 24. ist vielleicht glavina.

109. glogъ.

asl. glogъ crataegus. nsl. serb. glog u. s. w.

nsl. glogovica Krain. glogov brod Steier. *kroat.* glog Kr. glogovo Kr. glogovec Kr. glogovac Gr. glogovica Gr. glogovnica Kr. *serb.* glogovac Gav. glogovica Danič. Gav. gložane Danič. Gav. glogova greda Danič. glogoštica Bach Herc. *čech.* hlohov B. hlohová B. hlohovice B. hlohovičky B. hlohovčice B. *pol.* głogow Gal. Königr. Glogau Schles. głogowiec Gal.

Glocniza Bach, Ort Meill. 156. γλόγοβα Ark. γλογοβά Akarn. γλόζjανη asl. *gložane Ep.

110. gluhъ.

asl. gluhъ surdus u. s. w. Vielleicht lautlose Stille bezeichnend.

serb. glušьcь Chrys.-duš. glušci Serb. *klruss.* hłušyna Gal. *oserb.* hłušyna Glossen, erklärt als ‚undurchdringliches Dickicht‘.

Gluchow, jetzt Glauchau Sax. glussina, jetzt Glossen Sax.

111. gnilъ.

asl. gnilъ putris neben gnilênъ luteus, testaceus, das auf ein etwa argilla bedeutendes Substantiv zu schliessen erlaubt. serb. gnjila argilla.

serb. gnila Danič. gnilice Danič. gnilišta Danič. *klruss.* hnyła Bach, Ort Gal. hnyłče Gal. hnyłyći Gal. hnyłyčky Gal. hnyłyca Russ. hnyłovody Gal. *čech.* hnilec Slovak. hnilčík Slovak.

112. gnoj.

asl. nsl. serb. gnoj putrefactio, stercus, fimus u. s. w.

kroat. gnojnica Berg Gr. gnojnice Gr. *serb.* gnojnice Herc. *klruss.* hnôjnići Gal. *čech.* hnojice B. hnojnice B. *pol.* gnojnik Gal.

113. gogolь.

russ. gogolь m. anas clangula.

klruss. hohołôv Gal. *čech.* hoholici (gogolici) Erb. *pol.* gogołow Goglau Court. 10. Gal. gogolin Court. 10. *nserb.* gogołov Gagel Zw. gogołov, gogołovk Gross- und Klein-Gaglow. Gogolevo, gogolovo Koseg.

114. goląbь.

asl. goląbь columba. nsl. golôb. serb. golub u. s. w.

kroat. golub Kr. golubica Istr. golubinjak Kr. golubovac Kr. *serb.* golubić Dalm. golubьcь Danič. golubac Gav. golubica Serb. golubičje Serb. golubovac Gav. golubovьci Danič. golubinje Gav. golubinac Herc. *klruss.* hołubje Russ.

hołubła Russ. hołubyća Gal. hołubovka Russ. *čech.* holubín B. *pol.* gołąbino Court. 10. *nserb.* gółbin Golben, Taubenhain Schmal.

Golambe, jetzt Colombia bei Danzig. golombek Koseg. Lit. balandžei von balandis Taube Schleicher 145.

115. golêmъ.

asl. golêmъ magnus. bulg. golêm. serb. golem.

Γκολέμι Mess. γκολέμη Ep. γολέμι Ach. Mess. γουλέμι Phok.

116. golъ.

asl. golъ nudus. nsl. gol. serb. go u. s. w. oserb. in ON. durch ,Haide' übersetzt.

nsl. golo gen. golega Krain. na golem Golhof, Gallhof Valv. golek Krain. golica Krain. golice Goltsche Krain. golina Golinberg Jarn. 140. golovica Wölfnitz Kärnt. gološe Krain. golšev Göltschach aus golčah, goličaneh Jarn. 140. golo brdo Krain. *kroat.* gola Gr. golina Gr. golinja Gr. golac Istr. golik Gr. Kr. goleši Gr. golo brdo Kr. golobrdci Kr. goli vrh Kr. *serb.* gola Gav. golija Berg Danič. golja Berg Serb. goline Serb. goličь Danič. golušь Danič. golište Serb. golešnica Gav. golašnica Serb. golobok Serb. golovrьhь Danič. gola brьda Danič. golo čelo Serb. gola glava Gav. gologlava Serb. *klruss.* hołyń Gal. hołynka Russ. hôłske Gal. hołyća ein Hügel Gal. sъ golychъ gorъ Voł.-lêt. 49. *russ.* golino. *čech.* holy B. hole B. holá B. holice M. holič Slovak. holany B. holé vrchy B. *pol.* golce Gal. *oserb.* hola Heide Schmal. 13. holca, holica Golenz, nicht durch Mädchen zu erklären Schmal. 14. *nserb.* gola Butt. 85. golin Gahlen ibid. golink Galinchen ibid. gološyn Golssen ibid.

Gollin, Gallin, Golz, Golschau Butt. 85. gola, jetzt Guhlau Schles. golenze, goluz, golis, jetzt Gohlis Sax. golanzine, golazin, golanist Koseg. γόλjανη Akarn. gola Peloponn.

117. gomolja.

čech. homole Kegel. homolý kegelförmig. homolý neben komolý abgestumpft.

čech. homole B. homoly Hummel, Hummeln B. homolov B. homile B.

Magy. homólka Berg. Vergl. klruss. hamułec Gal.

118. gonъ.

klruss. hony Feldweg. čech. hon.

nsl. gonje Trieb Kärnt.

119. gora.

asl. gora mons. nsl. gora in ON. durch Bühel übersetzt. serb. gora mons, silva u. s. w.

nsl. gora Krain. gorje Göriach Krain. gorica Görz. Bühel Krain. Göritzendorf, Hörzendorf Kärnt. gorice Bühlern Kärnt. gorce aus gorice Horzach Kärnt. goričica Krain. Kärnt. Goritschach Kärnt. gorenje Krain. gorence Krain. gorenče Gorentschach Kärnt. goriče Krain. gorjane, gorje Göriach Kärnt. goričane, goričah, gorče aus goričane Krain. gorče Gortschach Kärnt. Goritschach, Pichlern Kärnt. gornica Gornitz Kärnt. medgorje (na medgorjah) Magern, Mieger, woraus slov. migorje, migarje Kärnt. nagorice Aggoritsch, Aggoritschach Kärnt. podgora Krain. Kärnt. Friaul. podgorje Kärnt. Podgier Krain. podgorjani Maria Elend Kärnt. prgorica Bühelsdorf Krain. sredgora Mittenwald Krain. zagorica Sagritz Kärnt. zagorje (zagrjah) Hinterberg, Sager, Saager Kärnt. gologorica Triester Diöcese. mala gora Malgern Krain. Berge Kärnt. gorenja vas Friaul. *kroat.* gora Kr. Gr. gorica Kr. Gr. goričica Kr. goričice Gr. goričine Kr. gorićan Kr. goričanec Kr. goričanovec Kr. gorjani Kr. gorjan Kr. goranec Kr. goranci Kr. gorenec Kr. gorenci Kr. Gr. gornjaci Kr. gornjiki Kr. goričko Gr. gorički Gr. gorička Gr. gorščaki Kr. gorači Kr. podgora Kr. Gr. podgorje Kr. Gr. podgorci Kr. podgorač Kr. prigorec Kr. *serb.* gorica Danič. Herc. goričani Danič. Serb. gornjak Gav. gornjan Serb. gorjani Gav. goruša Bach Herc. goračica Serb. medjugorje Herc. ogorje Dalm. podьgora Danič. podgora Dalm. podьgorь Danič. podgor Serb. podgorac Gav. podьgorica Danič. podgorani Herc. zagora Danič. Herc. zagorica Gav. zagorje Herc. zagoričane Danič. gojna gora Serb. velja gora Herc. *klruss.* hora Gal. hôrky Gal. hôrne Gal. horyń Russ. horyneć Gal. horjanka Gal. mežyhory Gal. mežyhôr Gal. mežyhôrći Gal. nahôrjany Gal. nahôrjanka Gal. godъgorьe Vol.-lět. 55. pohôrći Gal. pohorce Gal. pôdhôrky Gal. pôdhôrći Gal. rozhôrče Gal. zahôrje Gal. zahôročko Gal. biłahora Gal. hołohory Gal. hołohôrky Gal. *russ.* gorki. *čech.* hora Horn B. hory M. hůry B. horka B. hůrka B. horky B. hůrky B. hořice B. M. hornice M. horecko M. horsko B. hořensko B. hořany B. mezihoří B. M. mezhoří B. nahořany B. pohora M. pohoří B. podhora B. podhoří B. Podhorn M. přehoř B. zhoř B. zhorec B. zhorný B. záhoří B. záhoříčko B. záhorky B. záhorkov Ahorn B. záhořice B. zahořany Sehrees B. hornohrad B. kavčí hora B. supí hora B. *pol.* gora Guhrau Court. 10. gorka Gorkau, Gurkau Court. 10. gorzyce Gurwitz Court. 10. międzygorz Königr. nagorzany Gal. pagorek Gal. pogorzyce Gal. pogorzany Court. 31. podgorze Gal. podgorzyno Court. 31. podgorzany Court. 31. zagorze Court. 16. zagorz, zagorze Gal. *oserb.* hora Guhra Schmal. Berg. hory Bergen. hórka Gurig Schmal. 13. hórki Horke Schmal. 13. zahoŕ Sagar, Berge Schmal. 11. delna hórka Niederguhrig. *nserb.* gory Guhre Zw. górka Gurkau. gorki Görigk Zw. Butt. 73. gorńa Milkersdorf Butt. 73. gorańki Gorenchen Zw. Butt. 73, bei andern goŕanki Garenchen. zagoŕ Sagar. psove gorki, eig. Hundsberg, jetzt Klein-Görigk Butt. 127. Hundegörick. bjeła gora Bilegure Butt. 127, daraus sonst Belgern.

Zagorisach Tangl 295 ist *zagoričahъ aus *zagoričanehъ. Göritz, Görtzke, Göricke, Görke, Guhrau, Guhren Butt. 73. goric, jetzt Gurig Sax. geritz, jetzt gorenzc, jetzt Gohris Sax. camenahgora Sax. lipowa Göritz Sax. gora Sax. gora, jetzt Bergen auf Rügen. gorka, jetzt Görke. goreke, metzhegure, pogore und pogorze, podgorzyno. tumuli qui sclavice dicuntur trigorke antiquorum sepulcra. swantegora Koseg. Sagritz aus zagorica Brandenb. Schles. γορίτζα Ep. Ark. ἀγορίτζα Ep. γορισσά Lac. γουρίτσα Phok. γορίστι Ep. γόρενα Mess. γόργjανη Phok. γκόρανη Ep. γοράνοι Lac. ἀγόρjανη Phok. Lac. ἀγόργjανη Boeot. γκορίτζανα Ep. γκορίτζjανη Ep. γούρνιτσα Lac. μεζουτγοράνι asl. *meždugorjane Ep. ποδογόρα, παιδαγόρα Ep. ποδογορά Mess. ποδογυρά Ark. ποτγοράνι Ep. πογδορά oder ὑπεκδορά Ep. πογδόριανη oder ὑπεκδοριανή Ep. ζαγορίον Ep. ζαγόρjανη Ep. ζαγόρτζα Ep.

120. gověd.

asl. govędo bos. nsl. serb. govedo u. s. w.

nsl. govejek Krain. goveji dol Krain. *bulg.* govedare Pazardž. *kroat.* govedje polje Kr. *serb.* govedjari Dalm. *čech.* hovězí M.

121. grabъ.

nsl. gaber carpinus betulus. serb. grab. russ. grabъ. čech. habr. slovak. hrab. pol. grab. oserb. hrab. nserb. grab. Ursprünglich grabrъ.

nsl. gaber Krain. haber Haber Kärnt. gabre, habre Haberberg Kärnt. gabrk Krain. gabrje Krain. gabrnik Steier. gabrovo Krain. gabrovec Krain. Steier. gabrovica Görz. gabrovka Krain. gabrovnik Steier. gabrovšica Krain. grabovica Friaul. grabrovnik Hung. *kroat.* gaber Kr. grab Gr. grabrk Gr. Kr. gabrk Istr. grabarak Kr. graberec Kr. grabrci Kr. grabrić Kr. grabarje Gr. Kr. graberje Gr. Kr. grabrovnik Kr. grabrovnica Gr. grabovi Gr. grabovo Kr. grabrova Istr. grabovec Kr. grabrovec Kr. gabrovac Kr. grabovac Gr. grabovci Gr. grabrovnik Hung. grabovica Gr. grabovnica Gr. Kr. grabrovnica Gr. grabrčak Kr. grabrščak Kr. grabičani Gr. grabоštani Gr. *serb.* grabь Danič. grab Dalm. Herc. Serb. grabje Dalm. grabьсь Danič. grabovo Gav. grabova Serb. gabrovьсь Danič. grabovac Gav. grabovica Gav. Herc. grabovnik Herc. grabovnica Gav. grabović Gav. grabovinci Gav. grabovina Herc. *klruss.* hrab Gal. habor Berg Gal. Halyč. 112. hrabok Gal. hrabôv Gal. hrabova Gal. hrabovec Gal. *magy.* hrabócz Hung. hrabôvka Gal. hrabôvno Gal. hrabôvnyća Gal. hrabyč Gal. *čech.* habr B. habry Habern B. hraby M. habří B. M. hrabří B. habrek B. habřina Habern B. hrabiny Slovak. habřinka B. habrovec B. hrabovec Slovak. habrová B. hrabovo Slovak. habrůvka M. hrabůvka M. habrovany B. hrabovnica Slovak. hrabské Slovak. hrabiště Slovak. hrabovčík Slovak. hrabkov Slovak. *pol.* grab Gal. grabina Court. 11. grabowno Graben Court. 11. grabowka Gal. grabownica Gal. *oserb.* hrabov Grabe. *nserb.* grabice Grabitz Zw. Gräbendorf Butt. 92. grabin Finsterwalde Zw. Butt. 64. grabkov Grabkow Zw. grabovka Gräbchen.

Gavri Zahn 155. Grabow, Grabowo, Grabowitz, Grabig, Grabkow Butt. 92. Grabeuitze auf Rügen. Grabova, Grabowo Koseg. γραμπόβα Ep. κραμποβός Ark. vergl. γαόρjανη Phok.

122. gradъ.

asl. gradъ hortus, urbs. nsl. grad castellum. serb. grad arx u. s. w. nsl. gradišе, der Ort, wo vormals ein Schloss stand Valv.

nsl. grad Krain. gradovlje Krain. gradac Krain. gradič Krain. gradec Krain Grades Kärnt. gradče Gratschach Kärnt. gradišče Krain. gradiše Gradisch, Graditschach, Radsberg Kärnt. gradiško aus gradištьsko Krain. gradež Krain. gradnica Kärnt. gradašica Bach Valv. gradnica Gradeneg Kärnt. pograd Kärnt. pregrad Kärnt. zagrad Görz. zagradec Krain. bielograd Friaul. novigrad Friaul. stari grad Altenhausen Steier. *kroat.* gradec Kr. gradac Kr. gradčac Kr. gradež Kr. gradina Kr. gradna Kr. gradišče Kr. gradišće Kr. gradište Kr. gradiška Gr. gradiščak Kr. gradići Kr. gradčenica Kr. *serb.* gradac Gav. gračanica Bach Serb. gradište Chrys.-duš. Gav. podьgradije Danič. zagradь Danič. zagradьсь Danič. zagradje Gav. zagradine Herc. *klruss.* horod Gal. horodok Gal. horodec Russ. horodyšče Gal. Russ. horodysko Gal. horodńa Russ. horodenka Gal. horodnyća Gal. horožany Gal. horožana Gal. horožanka Gal. pôdhorodje Gal. zahorody Gal. *russ.* gorodec. gorodnja. *čech.* hrad B. hradec B. Grätz M. hrádek B. M. hradce B. hradcí B. hradice B. hradkov M. hradecko B. hradečno B. hradečná B. hradčovice B.

hradno Slovak. hradnice B. hradisko M. hradiště M. Ratsch B. hradištko B. hráze M. hráz B. hrázsko B. hrazany B. hrazanky B. hradčany B. M. hradišťany Radelstein B. podhrad B. podhradí B. M. předhradí B. zahražany für zahrazany Saras B. zahrada B. zahrádka B. velehrad M. nové hrady Gratzen B. *pol.* grodkow Court. 11. grodziec Grätz, Gröditzberg Court. 11. grodzisko Gal. grodzisk Königr. grodziszcze Court. 11. zagrodzie Court. 16. *oserb.* hrodźišćo Gröditz Schmal. 13. *nserb.* grodk Spremberg aus Sprewenberc. Sax. 2. 1. 174. Zw. Butt. 64. grožišćo Sonnenwalde Zw.

Grez, greze, gracensis, zagrat Zahn 155. 210. 237. 260. ecclesia ad Grace in Obergross bei Oberhollabrunn Gottw. 155. Grötsch, Groditz, Gröditz Butt. 145. Naugard 44. Putgarten 155. Altenburg (Oldenburg in Holstein), quae slavica lingua starigard hoc est antiqua civitas dicitur Helmold. grodice, jetzt Roitzsch Sax. grodcow, jetzt Grottkau Schles. gardino Jordansee. gardiz Garz. gardist. grotcow, jetzt Grüttow. pudgarde. zagarde, zagard, jetzt Sagard. belegard, stargrod Koseg. γραντέτζι Ep. γαρδίκι Ark. Mess. γάρδιτσα Mess. γρατίστα (gradište) Ep. γαρδενά Ach. γαρδενίτσα Phok.

123. grahъ.

asl. grahъ faba. nsl. serb. grah u. s. w.

nsl. grahovo Krain. grahoviše Steier. *kroat.* grahovište Kr. grahovljani Kr. *serb.* grahovo Vuk. grahovišta Danič. grašanica Serb. *klruss.* horochov Russ. horochôvći Gal. horochovka Russ. horochovatka Russ. horošyn Russ. horošky Russ. *čech.* hrachov B. hrachovo, magy. rahó, Slovak. hrachovec M. hrachoviště B. hrachovišťata B. *pol.* grochy Gal. grochowa Gal. grochowce Gal. wola, quae vulgariter grochowiska nuncupatur Court. 11. *nserb.* grochov Groche.

Grochowa Grachau Schles. grochowischa Grochwitz Schles.

124. granica.

asl. nsl. serb. granica terminus u. s. w.

nsl. granica Granizthal Kärnt. *kroat.* granica Kr. graničari Kr. vergl. granje Kr. granešina Kr. *serb.* granice Gav. *klruss.* vergl. hranky Gal. *čech.* hranice B. M. hraničky M. *pol.* granica Gal. *oserb.* hrańca Gränze Schmal. 14. vergl. nserb. mrocna aus mroka Mark Bretschen.

Quercus cruce signata, quod signum dicitur sclavice knezegranica Koseg. γρανίτζα Ep. Akar. Aetol. Phok. Boeot. Ark. γρανιτζοπούλα Ep. Vergl. Grano, Granow, Granowo Butt. 144.

125. grebenь.

serb. greben, der hervorragende Theil eines Felsens u. s. w. asl. grebenь pecten. nsl. greben pecten, scopulus.

nsl. greben Krain. grebenj, grebinj Griffen Kärnt. grebenec Berg Kärnt. *kroat.* greben Kr. grebenac Gr. *serb.* grebenь Danič. greben Berg Serb. *klruss.* hrebenôv Gal. hrebenne Gal. hrebeńći Gal. hrebenky Russ. *čech.* hřeben B.

Criuuina Griffen Zahn 12. grebenich, grebenicha Gröbming Obersteier. γρεβενά Ep. γρεβενόν Ach.

126. greblja.

klruss. hrebľa agger: hreblê vysoky Voł.-lêt. 44.

klruss. hrebľa Gal. Russ. zahrebelьe Russ.

127. grebъ.

serb. grob neben grob sepulcrum, urspr. fossa. Vergl. jedoch grebenь.

serb. grebac Serb. grebьci Danič. grebьnikь Danič. grebište Danič. grebišta Danič. Vergl. klruss. pôdbrêbći Gal. Agram ist aus zagreb durch Abwerfung des z und Ersetzung des b durch m entstanden: man vergleiche Achomitz und Asp mit zahomec und zaspo; Achalm setzt wohl ein zahlъmъ voraus. Afritz heisst nach Einigen zabrdce, nach Anderen kobrca. Auch n fällt im Anlaute ab: Aggoritsch und nagoriče.

128. gręda.

asl. gręda trabs. nsl. greda area. serb. greda trabs, syrtis, rupes.

kroat. greda Gr. pod gredom Herc. gredice Kr. gredjani Gr. babina greda Gr. *klruss.* hrjada Gal. *čech.* brádky, magy. gerenda, Slovak.

Grindiz Koseg.

129. gręzь.

asl. gręzь f. coenum. russ. grjazi plur. f. palus.

serb. grezna Gav. *russ.* grjazь. grjazovecъ. grjaznucha. grjaznoe.

130. gribъ.

russ. gribъ fungus. čech. hřib. pol. grzyb.

nsl. griblje Krain. *serb.* gribi Danič. *klruss.* hrybov Gal. hrybôvcy ein Berg Gal. hrybovyčy Gal. nehrybka Gal. *čech.* hřiby B. hřibsko B. *pol.* grzybowa Gal. grzybowice Gal. grzybowka Gal. *nserb.* gribowńa Gribowna Zw. Butt. 10.

Gribow, Gribenow, Grieben, Griebnitz, Grimnitz Butt. 100. gribene, gribin, gribna, gribenowe Koseg. γρίμποβον Ep. γρόμπjανη, γρωπιανή Ep. lit. grýblaukei Schleicher 146.

131. gričь.

nsl. grič collis. serb. grič declivitas.

nsl. grič Krain. Grötsch Valv. gričevje Krain. gričice Krain. *kroat.* grič Kr. Gr. griče Kr. podgrič Kr. *serb.* gričić Serb.

132. grižь.

Wahrscheinlich aus ahd. grioz Sandkorn, Sand, Kiessand.

nsl. griže Greiss Steier. podgriže Krain. *kroat.* grižani Kr. Gr. *serb.* vergl. gruž Gravosa Dalm. Bach Gav.

133. grobъ.

asl. grobъ sepulcrum, urspr. fossa. nsl. serb. grob u. s. w. nsl. groblje zusammengescharrter Haufen Valv.

nsl. groblje Ebensfeld Valv. Krain. Groblach Kärnt. grobše für grobiše Krain. *kroat.* grobnik Kr. grobnjača coemeterium Gr. *serb.* grob Gav. *klruss.* hrobyšča Gal. Nauk.-Sbor. 1870. 77. *čech.* hrob B. hroby B. hrobce B. hrobice B. hrobčice B. hrobičany B.

Grob, groba, grobe Koseg.

134. grohotъ.

asl. grohotъ sonitus. nsl. grohot u. s. w.

kroat. grohot Kr. *serb.* grohotъ Danič. Dalm.

135. gruda.

asl. nsl. serb. gruda gleba.
serb. gruda Dalm. grude Herc. zagruda Dalm. *pol.* grudek Gal. grudna Gal. grudynia Court. 12. vergl. grudza Gal.

136. grъbъ.

asl. grъbъ dorsum. klruss. horbovyna Hügelland, wohl auch collis. čech. hrb, pahrbek collis.
kroat. grbci Istr. grbavec Kr. grbavac Gr. *serb.* grьblь Danič. grbić Dalm. grbica Gav. grbice Serb. grbavča Gav. *klruss.* horby Berg Gal. horbky Berg Gal. Hałyč. 112. 120. horbovyća Gal. zahorby Gal. čystohorb Gal. *čech.* hrbové, magy. garáb, Slovak.
Γέρμπεσι (*grъbešь) Ep. γκέρμπεσι Elis. γκερμπέσι Arg. κιρμπίτζα Ep.

137. grъlo.

asl. grъlo guttur.
serb. grьlьče Danič. grljan Gav. grljište Gav. *čech.* hrdlovka Herrlich B. *pol.* vergl. gorlice Gal. gorličyna Gal.

138. grъmъ.

serb. grm fruticetum. nsl. grm Stauden Valv. grmadiše wo viel Hecken, Gestrüttich und Stauden wachsen Valv.
nsl. grm Germ, Stauden Krain. grmovlje Krain. *serb.* grьmь Danič. grьmljane Danič. grmljani Herc. grьmovata Danič. grьmovatica Danič. grьmočelь Danič.
Γερμουτσάνι Elis.

139. grъnьčarь.

asl. grъnьčarь figulus. čech. hrnčíř. pol. garnczarz. čech. grrnecne theloneum de vasis fictilibus Erb.
nsl. grčarevec Krain. vergl. grčarice Masern Krain. *serb.* grnčari Gav. grnčarice Gav. grьnьčarevo Danič. grnčara Serb. *klruss.* hančary Gal. hančarôv Gal. *čech.* hrnčíře B. hrnčárovce Slovak. magy. gerencsér. *pol.* garnczarsko Court. 12.

140. gumьno.

asl. gumьno area. nsl. serb. gumno u. s. w.
nsl. gumno Stadelhofen, Stallhofen Kärnt. gumniše Krain. *serb.* gumnište Gav. guvnište Serb. gumьništa Danič. zagumьštica Danič. vergl. gumanci Serb. *klruss.* humenec Gal. humnyska Gal. *čech.* humny B. humnice B. humniště B. humence Slovak. humenné Slovak. humňany B.
Gumulachi villa Zahn 47, gumence, jetzt Schöne Koseg. γουμενίτζα Ep. γουμένιτσα Elis.

141. gušterъ.

asl. gušterъ lacerta. nsl. guščer, kuščar. serb. gušter, gušterica u. s. w.
kroat. guščerovec Kr. *serb.* gušterice Danič. Gav. gušteriče Danič. gušterovo polje Danič.

142. gvozdь.

nsl. gozd, gojzd silva. aserb. gvozdь silva. čech. hvozd silva, mons, in ON. durch Wald, Hart übersetzt.

nsl. gojzd Wald Krain. gozdje Gösel Kärnt. gozdič Hostitsch Kärnt. gozdnice Gösnitz Kärnt. podgozdje Unterwald Kärnt. zagozdac Unterwaldl Krain. *kroat.* gvozdna, gvozna Bach Gr. *serb.* gvozd Serb. gvozdac Gav. gvoznica Danič. zagvozd Dalm. gozna glava Danič. *klruss.* hvôzd Gal. hvozdeć Gal. hvoznyća Gal. hvôzdjanka Gal. zahvôzdje Gal. *čech.* hvozd B. M. hvozdec B. M. hvozdce B. hvozdná M. hvozdnice B. hvozdnica Slovak. hvoždany B. předhvozdí B. Waldhwozd. Petters, Die deutschen Ortsnamen Böhmens 5. hobzí (für hvozdí) staré Althart M. *pol.* gwoźdź Schles. gwozdek Schles. gwoździec Gal. gwoździan Schles. gwoździanka Gal. gwoźnica Gal. *oserb.* hóznica Petershain Schmal. 13. čorny hozd. *nserb.* gózd Gosda Zw. gozdc Krahnsdorf, Neuhausen. gozna Gosda Zw. Gosen. carni gozd Zschornogosde Zw., was Butt. 133 als schwarze Schenke auffasst, indem er gozd mit gosć verwechselt. suchy gozd Dürrwalde Zw. Butt. 65.

Mons in Zagozd, qui Syden vocatur Seidenberg in der Oberlausitz Sax. zagozd, sagost, jetzt Zagōst Sax. Vergl. γκοσδάρανη Ep.

143. halupa.

čech. chalupa schlechte Hütte. pol. chałupa u. s. w. Fremdw. 99.

klruss. chalupky Gal. *čech.* chalupy B. chaloupy B. chaloupky B.

144. hamr.

čech. hamr Hammer. Fremd.

čech. hamr B. hamry B. hamřík B.

145. hatka.

pol. chata, chatka tugurium. Fremd.

klruss. chatky Gal.

146. hlěbъ.

asl. hlěbъ panis. nsl. hlêb. russ. hlěbъ panis, frumentum.

čech. chléby B. chlebov B.

147. hlěvъ.

asl. hlěvъ stabulum. hlêvina domus. nsl. hlêv u. s. w.

nsl. hlêve Krain. hleviše Krain. *kroat.* hlevnica Kr. *klruss.* chlivčany Gal. *pol.* chlewisk Court. 48. chlewiska Gal.

148. hlъmъ.

asl. hlъmъ collis. nsl. holm u. s. w. vielleicht fremd: deutsch Kulm aus it. colmo Gipfel. Vergl. jedoch Grimm, Wörterb. V. 2586.

nsl. holm Kulm Kärnt. hum Kulmberg Steier. Colmo Istr. hom Krain. Kulm, Homberg Kärnt. homec Krain. Kumitz Kärnt. honc Aich Kärnt. holmec Kolmitz, Kolmizen, Kulmizen, Kolbniz Kärnt. kolmic Kolbnitz Kärnt. humče, Humtschach, Guntschach Kärnt. humiše Humitsch Kärnt. podhom Buchhalm, Buchheim aus podъhlъmъ Kärnt. zahomec Achomitz Kärnt. Jarn. 228. zahomce Steier. Vergl. deutsch

Achalm, wohl aus zahlъmъ Kärnt. kum Kumberg Valv. *kroat.* hum Kr. humec Kr. unčani aus hlъmьčane Gr. podhum Kr. Gr. podhom Kr. *serb.* hlьmьcь Danič. humac Dalm. Herc. humka Vuk. umka Gav. unka Serb. umčari Serb. podhum Herc. zahlьmь Danič. zahlьmije Danič. zahlьmija Danič. golii hlьmi Danič. *klruss.* çholmъ Vol.-lět. 35. *čech.* chlm Slovak. chlum B. M. chlumy B. chlumek B. M. chloumek B. chlumec M. Kulm B. chlumeček B. chlumská B. chlumčany B. konecchlumí B. podchlumí B. záchlumí B. *pol.* chełm Gal. chełmek Gal. chełmiec Gal. Kolbnitz Court. 47. chełmno Posen. zachełmna Gal. *oserb.* khołm Kollm Schmal. 13. Steinkolm. khołmc Pfuhl. Kollmen Schmal. 12. bjeły kumc Weisskolm. *nserb.* chomc, chanc Gollmitz.

Colomezza Meill. 154. Kolmünzberg bei Amstetten in U.-Österr. chulm Ank. 109. Miroslavus comes zacholmitanus Monum. slavor. merid. 1. Golm, Kolmberg, Kulmberg, Golmkau Butt. 77. Cyb. 9. kolman, jetzt Collm Sax. kolmen, jetzt Collmen Sax. Colmnitz Sax. chelm, cholm, cholmen Koseg. χέλμι Elis. χλωμόν Phok. Khelmos Berg in Ark. χέλμος Buchon. χλουμούτζι Buchon. χλοῦμος Berg. χλούμ Ort. ζαχλοῦμα Fluss. ζαχλοῦμοι Volk Constantinus Porphyrogenitus.

149. hmêlь.

asl. hmêlь lupulus. nsl. hmelj u. s. w.

nsl. hmelno Krain. hmelník Hopfenbach Krain. *klruss.* chmiľ Gal. chmileva Gal. chmilôvka Gal. chmiľno Gal. chmełyska Gal. *čech.* chmelík B. chmelice B. chmelné B. chmelná B. chmelnice B. chmeliště B. chmelištná B. chmelov B. chmelovice B. *pol.* chmiel Gal. chmielewo Court. 48. *nserb.* chmeľov Schmellwitz Zw. Butt. 98.

Chmelna Koseg. Kmehlen. χουμελίτζα Ep.

150. hobotъ.

asl. hobotъ cauda. čech. chobot. vergl. nsl. hobotnica polypus. nach Busl. 2. 55. ist chobotina izgibъ, krivoj mysъ. Vergl. hvostъ.

čech. chobot B. choboty B.

151. hosta.

nsl. hosta silva, in ON. durch ‚Gehag' übersetzt.

nsl. hosta Krain. podhosta Untergehag Krain. *kroat.* hostnik Kr.

152. hramъ.

asl. hramъ domus. nsl. hram domus. čech. chrám templum.

čech. chrámy B. chramce B. chrámiště B. chramosty B. chramostek B. *pol.* chromno Court. 48.

153. hribъ.

asl. hribъ dorsum. nsl. hrib collis u. s. w. čech. chrib, modo hřib mons Erb.

nsl. hrib Berg, Bühel Krain. za hribam Valv. hribe Krain. Kreig Kärnt. hribljane Krain. Vergl. hrebale Krebald Kärnt. Jarn. 229 und hriber Steier. *kroat.* hrib Kr. Istr. hribac Kr. Gr. hriblje Kr. sridni hrib Gr. podhrib Kr. zahrib Kr. *čech.* chřibská Kreibitz B. alt chrib (chřib) mons Boč.

154. hruša.

asl. kruška neben hruša pirus. nsl. hruška. bulg. krušъ. kroat. hrušva in glagol. Denkmälern neben krušva Verant. serb. kruška. russ. gruša. čech. hruše. pol. grusza. oserb. krušej, krušvina. nserb. kšuša.

nsl. hruševo. Krain. hruševec Krain. hruševek Krain. hruševje Krain. hrušica Birnbaum Krain. *bulg.* krušovo. *kroat.* kruševo Kr. hruševec Kr. kruševica Kr. hruščica Kr. hruškovec Kr. hruškovac Kr. kruškovac Gr. hruškovica Kr. kruškovača Gr. hrušvica Gr. *serb.* kruševo Danič. kruševa Serb. kruševьсь Danič. kruševac Gav. kruševica Danič. Gav. kruševice Danič. kruščica Serb. krušedolь Danič. kruševa poljana Danič. kruševljani Herc. *klruss.* hrušôv Gal. hruška Gal. hrušky Gal. *čech.* hrušice B. hrušov B. hrušové Slovak. hrušová B. hrušovka B. hruška M. hrušky Birnbaum M. hruškov B. hrušovany Slovak. *pol.* gruszowiec Court. 12. kruszwica Court. 21. *oserb.* krušvica Krauschwitz Schmal 14. Krausche Pfuhl. *nserb.* kšušvica Krausnik Zw. Butt. 96.

Grauschwitz, Grauschütz, Krauswitz, Krausnitz, Krausnick Butt. 97. grusewicz, grwschewicz, jetzt Grauswitz Sax. cruswice Koseg. cruciwiz Koseg. κρουσjόβα Ep.

155. hrъtьnikъ.

asl. hrъtъ vertagus. nsl. serb. hrt u. s. w.

čech. chrtníky B. chrtnice B. *oserb.* khortnica Kortnitz Schmal. 13.

156. hrъvatъ.

nsl. hrvat neben horvat croata u. s. w.

nsl. horvače Krobatsch Krain. *kroat.* hrvati Kr. hrvatovec Kr. hrvatsko Kr. hrvatska Kr. *serb.* rvate Gav. *čech.* charvaty M. charvatce B.

Chrowat, crowat Meiller, Reg. pagus crauuati, pagus chrouuat aus dem X., praedia chrouata et Runa aus dem XI. Jahrhundert Šafařík 2. 353. pagus crowati, croudi, crauuati Kraubathgau Ank. 5. 8. χαρβάτι Att. Argol. charbati Peloponn. crouwate Förstem. chrowati, jetzt Corbetha Sax.

157. hudъ.

asl. hudъ parvus, vilis, pravus. nsl. serb. hud malus. russ. chudъ vilis. čech. chud malus, miser, macer. pol. chudy miser, macer.

nsl. hudo Bösendorf Krain. hudi kraj Bösenort Kärnt. hudi vrh Bösenberg Krain. *kroat.* hudovo Kr. hudovljani Gr. hudi bitek Kr. *nserb.* chudovina Mittenwalde Butt. 64.

158. huta.

nsl. huta tuguruim. čech. hut, huť. Fremd.

klruss. huta Gal. hutysko Gal. zahutyń Gal. *čech.* huta Slovak. huť B. hutě B.

159. hvoja.

nsl. hojka Tanne Valv. russ. chvoj, chvoja. čech. chvoje Fichten- und Tannennadel. serb. hvoja frons. pol. choja Kienbaum. oserb. khójna Kiefer.

nsl. hojevče Hojowitsch Kärnt. *serb.* fojnica Herc. *čech.* chvojno B. chvojno malé Klein-Kahn B. chvojenec B. chvojence B. chvojnica Slovak. chojnín B.

pol. chojno Court. 48. *oserb.* khojnica Kunitz Schmal. 13. *nserb.* chojany Kunersdorf bei Senftenberg Butt. 95. vergl. 123.

Choina, jetzt Cheyn Koseg. χόϊνα, χοϊνή Ep.

160. hvostъ.

asl. hvostъ cauda. russ. chvostъ das untere Ende einer in einem Flusse gelegenen Insel Bus. 2. 55. Vergl. hobotъ.

serb. hvostьno Danič.

Φώστενα Ach.

161. hvrastъ.

asl. hvrastъ sarmentum. nsl. hrast quercus, in ON. durch ‚Hart' übersetzt. serb. hrast quercus. bulg. fraste rami. čech. chvrast, chrast dumetum. pol. chrost sarmenta. oserb. khrost strepitus, dumetum.

nsl. hrast Krain. Hart Kärnt. hrastek Krain. hraše Valv. hrastje Krain. Steier. Krasta Kärnt. hrašče Kratschach Kärnt. hraščeče Kratschach Kärnt. hrastovlje Krain. hrastno Krain. hrastnik Krain. Steier. hrastenice Krain. hrastovica Krain. Krastowitz Kärnt. hrastov dol Krain. *kroat.* hrastje Kr. hrašće Kr. hrašća Kr. hrastina Kr. hrašćina Kr. hrastenica Kr. hrastelinica, hrastilnica Kr. hrastoki Kr. hrastovec Kr. hrastovica Kr. hrastovsko Kr. hrastovljan Kr. hrašćani Kr. *serb.* hrasьno Danič. rasna Gav. hrastovica Danič. rastovača Herc. hraštani Danič. rašćane Dalm. rastište, Gav. hrastьno brьdo Danič. *klruss.* chorosteć Gal. chorostkôv Gal. chorosno Gal. nechvorošča Russ. *russ.* chvoroščovka. *čech.* chrast B. chrastné B. chrastná B. chrastnice B. chrastavo B. chrastavec B. chrastava B. chrastavice B. chraštany Kroschau, Groschum B. dicit Cosmas urbem Vyšegrad olim ab arbustis traxisse nomen hurasten. Dobrovský, Institutt. 211. *pol.* chrosna Gal. chrośnica Gal. chrostowiec Gal. *oserb.* khróst Krostau Schmal. 13. khróstava Krostau. *nserb.* krost Krosta.

Chrazt Tangl 267. φραστανά, φρεαστανά Ep.

162. iglarъ.

serb. iglar opifex acuarius Nadler.

serb. iglarev Danič. iglarevъ studenьcь Danič.

163. ilъ.

asl. ilъ lutum. nsl. ilovica. serb. ilovača sergilla, bei Stulli aus glag. Denkmälern ilo limus. russ. ilъ limus. čech. jíl argilla pinguis. pol. ił. čech. ilovci auri fossores Erb.

nsl. ilovka Krain. ilova gora Krain. *kroat.* ilova Kr. ilovac Kr. ilovik Kr. Gr. ilovčak Gr. ilovaček Gr. *serb.* ilovica Serb. *klruss.* iłôv Gal. iłna Gal. iłnyk Gal. *russ.* ilovъ. *čech.* jilové Eulau B. ilové Slovak. jilovice B. jilovka B. jiloviště B. ilava Slovak. ilavka Slovak. *pol.* jiłow Eulau Court. 17. iłowiec Posen. *oserb.* jiłocy aus iłovicy Eulowitz Pfuhl. *nserb.* viłov Eulow Butt. 70.

Ilowe, jetzt Ilow Koseg. Eulau Cyb. 8.

164. ilьmъ.

russ. ilemъ ulmus campestris. čech. jilem ulmus Ilme. pol. ilm, ilma Fremdw. 93.

klruss. ilemje Gal. *russ.* ilьmjaki. *čech.* jelmo B. jelma Melm B. jilemník B. jilemnice B.

See vilemniza auf Usedom. See vylym bei Neustrelitz Koseg.

165. imela.

asl. serb. imela viscum. čech. jemela, jemelo, collect. jmélí. pol. jemioła, jemioło. oserb. jemjel. nserb. jemjelina Mistel.

klruss. jemelńa Gal. jamełyna Gal. jamelnyca Gal. omelnyk Bach und Ort Russ. *čech.* jamolice plur. M. Suš. 393. *pol.* jemielna Court. 18. jemielnica Himmelwitz Court. 18. *oserb.* jemjelica Jämlitz Schmal. 13. *nserb.* jemelnica Jemlitz Zw. Butt. 97.

166. istъba.

asl. istъba, izba tentorium. nsl. izba, ispa cubile. klruss. izdba u. s. w. Fremd.

serb. izbenica Gav. izbično Herc. *klruss.* izby Gal. izdebky Gal. *russ.* istobnoe. istobenskoe. *čech.* jistebno B. jistebnice B. jistebsko B. jistbice B. jizbice B. *pol.* izdebnik Gal. izbiska Gal.

Ystebca Schles. Cod. Siles.

167. iva.

serb. iva salix helix. russ. iva salix alba. čech. jíva u. s. w.

nsl. ivnica, ivnik Eibiswald Steier. ivanje selo Eibenschuss Krain. gehört zu Ivan Joannes. *serb.* iva planina u Srbiji Vuk. ivica Herc. *klruss.* ivla Gal. ivnyca Russ. *russ.* ivina. ivnja. *čech.* jiví B. jivka B. jivno B. jivina B. iviny Slovak. jivník B. jivovice B. jivany B.

168. izvorъ.

asl. izvor fons. serb. izvor scaturigo u. s. w.

serb. izvorь Bach und Ort Danič. izvor Gav. izvorac Serb. izvorica Serb. *klruss.* zvôr Gal. zvorec Gal.

Ἰσβόρι Ep. νίσβαρη Aetol. nisvor östlich von Salonich.

169. jablanь.

asl. jablanь f. malus. serb. jablan m. populus pyramidalis. russ. jablonь f. pirus malus. čech. jabloň m. f. id. pol. jabłoń f. id. oserb. nserb. jabłoń f. id.

nsl. jablan Krain. jablanec Krain. jablana Krain. Jablanach Steier. jablanica Krain. *kroat.* jablan Kr. Gr. jablanac Kr. Gr. jablance Gr. jablanovec Kr. *serb.* jablani Danič. jablano Danič. jablanik Berg Serb. jablanica Danič. Herc. Gav. jablanik Berg Vuk. jablanovikъ Danič. *klruss.* jabłonôv Gal. jabłonôvka Gal. jabłanôvka Russ. jabłonka Gal. jabłonyća Gal. *čech.* jablon B. jabloň Slovak. jablonec Gablonz, Ogfolderhaid B. jablonica Slovak. jablonné Gabel B. jablonná Gablenz B. jablanná B. jabloňové M. Slovak. jabloňov Slovak. jabloňany M. jablůnka M. jabloňka Slovak. *oserb.* jabłońc Gablenz Schmal. 11. *nserb.* jabłoń f. jabłońc Gablenz Zw. Butt. 96.

Jablence Sax.: die Familie Gablenz führt eine Gabel im Wappen. gabelenz, jetzt Gaflenz in O.-Österr. Lamprecht. Gablitz in U.-Österr. Vergl. Aflenz, alt avelanz Steier.

170. jablъko.

asl. jablъko malum. nsl. jabolka. serb. jabuka u. s. w.

kroat. jabukovac Gr. *serb.* jabuka Dalm. jabukovac Gav. jabučje Gav. jabučica Serb. jablьčьno Danič. *čech.* jablečno B. jablkynice B.

Ἀμπλjανη Akarn.

171. jadvęgъ.

Gens Jacwingorum natione, lingua, ritu, religione et moribus magnam habebat cum Lithuanis, Pruthenis et Samogitis conformitatem. Długosz. Der Name lautet bei Nestor jatvjagъ, in den päpstlichen Bullen jentuisiones, jentuosi, jacintiones, bei den polnischen Chronisten jazwingi, jaczwingi, jacuingi. Der den Polen durch das Medium des Russischen bekannt gewordene Name scheint ursprünglich jętvęgъ gelautet zu haben. Zeuss 677.

klruss. jatvjahy Gal. jatvyhy Gal. *russ.* jatvjagъ Chron. *pol.* jadwięgi Gal. Šaran. 84. 91.

172. jagla.

serb. jagla granum zeae tostione diruptum. čech. jahla Hirsekorn, gemahlener Hirse. pol. jagły Hirsengrütze.

klruss. jaholnyća Gal. jahluž Gal. *pol.* jagielno Bach und Ort, quia Poloni antiquitus in convallibus eiusdem rivuli saepe seminabant milium Court. 17. jagielnica Court. 17.

173. jagnędъ.

asl. jagnędije populi nigrae. serb. jagnjed m. jagneda f. populus. čech. jehněd m. amentum. slovak. jahněda populus alba.

nsl. jagnedec ein Wald Valv. *kroat.* jagnjedovac Gr. *čech.* jehnědí B. jehnědno B.

174. jagoda.

asl. jagoda granum. nsl. serb. jagoda fragum u. s. w.

nsl. jagodnik Krain. *bulg.* jagodina Bach Pazardž. *kroat.* jagodno Kr. *serb.* jagoda Gav. jagodica Serb. jagodina Gav. jagodnje Dalm. *russ.* jagodnoe. *čech.* jahodov B. jahodník Slovak. jahodníky Slovak. *pol.* jagodniki Gal.

Γjαγοντίνα Ep.

175. jaje.

asl. jaje ovum u. s. w.

serb. jajce so genannt von der Lage auf einem runden Kegel. *čech.* vaječník B.

176. jalovъ.

asl. jalovъ sterilis. jalovica ager incultus. čech. jalov u. s. w.

čech. jalovec Slovak. jalové dvory Galdenhof B.

177. jama.

asl. jama fovea u. s. w.

nsl. jama Gruben, Luegg Krain. jamlje Amlach Kärnt. jamnik Krain. jamnica Jamnizen Kärnt. Leimgrube Kärnt. *kroat.* jame Gr. jamina Gr. jamno Kr. jamnik Kr. jamnica Kr. Gr. jančani (jamičani). *serb.* jama Danič. jamьnikъ Danič. *klruss.* jamna Gal. jamnyća Gal. *čech.* jáma B. jámy B. M. jamny B. jamné M. Jamles B. jemnice M. Gamnitz B. jamník Slovak. jamníky B. jemníky B. jemniště B. *pol.*

jamy Gal. omni genere venandi per stampice, slopi, jami Court. 17. jamno Court. 17. jamniki Gal. *oserb.* jama Grube Schmal. 13. jamno Jahmen Schmal. 13. *nserb.* jamice plur. Jämlitz Zw. jamno Jamno Zw. jamne Jammen. jamnice Jamnitz Zw. 118.

Gaming Kärnt. Österr. Amlach, jamljane voraussetzend Kärnt. gamniz, jetzt Gamlitz in Untersteier. Ank. 106.

178. jarъkъ.

nsl. jarek fossa, canalis. serb. jarak u. s. w. pol. jar für dolina. jaruga für jar głęboki in Podolien.

kroat. jarek Kr. jarak Gr. jarki Kr. Vergl. banova jaruga Gr. *klruss.* pôd jarkôv Gal. Vergl. hłubokyj jar, łozovyj jar Russ.

179. jasa.

asl. jasьnъ qui in aperto est. nsl. jasa, jesa baumlose Gegend u. s. w.
pol. jasna Gal. jaśniszcze Gal. jastow Gal.

180. jasenъ.

serb. jasen m. fraxinus. russ. jasenь. čech. jasen, jesen. pol. jasion, jesion. oserb. jaseń f. jasla, jasnik. nserb. jasen m. lit. osis m. f.

nsl. jasen Krain. jesenice Assling Krain. jesani Weissach Kärnt. jesenov Kr. jasovnik Kr. *bulg.* jasenica Bach Pazardž. *kroat.* jasen Kr. jesenje Kr. jasenova Gr. jesenovec Kr. jesenovac Kr. jasènovac Kr. von jȅsenovac Eschenstab durch den Accent unterschieden Vuk. jesenovica Kr. jasenovica Istr. jasenik Gr. jesenak Gr. jasenak Gr. jasenica Gr. jesenica Gr. jasenovača Gr. jesenovčani Gr. *serb.* jasen Herc. jasenova Serb. jasenje Gav. jasenovo Gav. jasenik Serb. jasenak Gav. jasenica Herc. Serb. jasenice Dalm. Bach und Gegend Gav. jesenice Dalm. jesanica Bach Herc. jesenjani Herc. *klruss.* jaseń Gal. auch Berg Gal. jaśiń Gal. jasenôv Gal. jasenôvći Gal. jasenyća Gal. jasenka Gal. jaśinka Gal. jasenovec Gal. jasnyska Gal. *čech.* jeseň Gessing, Gesseln, Gössen B. jeseny B. jaseno Slovak. jeseno Slovak. jaseň Slovak. jasyna Slovak. jasená B. M. jasenná Bach Slovak. jesení B. jeseník B. jesenice Jechnitz B. jasenice M. jesenec M. jasenov Slovak. jesenov Slovak. jasinov M. jasenové Slovak. jesenovce Slovak. jasenka M. jasenčany B. *pol.* pratum jassen Court. 18. jasień Gal. jasionow Gal. jasienica Gal. jasionka Gal. vergl. jasiela Bach Gal. jasielka Bach Gal. jasiołka Bach Gal. *oserb.* jasońca Jesnitz Schmal. 13. jaseńka Jessnitz Schmal. ibid. *nserb.* jasen m. Jessen Zw.

Jessin, Jessinitz, Jessinetz, Butt. gezzen, jessin, jetzt Jessen Sax. eznich, aznich, assink, asslink, jetzt Asling im Pustertbal Tirols Staffler 2. 2. 451. locus aznich Ank. 13.

181. jastrębъ.

asl. jastrębь accipiter. nsl. jastreb, jastrob. serb. jastreb, jastrijeb. russ. jastrjabъ. čech. jestřáb. pol. jastrząb'. oserb. jatšob'. nserb. jasćeb'.

nsl. jastroble Krain. jastroblek Krain. *kroat.* jastrebica Bach Gr. jastrebarsko Kr. *serb.* jastrebac Gav. jastrebьnica Danič. *klruss.* jastrjabyk Gal. jastrubec Gal. jastrubkôv Gal. jastrubyčy Gal. pol. jastrzębice. *russ.* jastrebino. *čech.* jestřáb M. jestrab Slovak. jestříbec B. jestřebí M. Habstein B. jestřebice B. *pol.* jastrzębi (jastrimbe) Court. 18. jastrzębia Gal. jastrzębiec Gal. jastrzębica Gal. jastrząbka Gal. *oserb.* jatšob' Jetscheba Schmal. 13.

Wiztrob, wistrop, jetzt Weisstropp Sax. jastrinba, iaztroue, jaztrove Koseg.

182. javorъ.

nsl. javor platanus. serb. javor acer platanoides. russ. javorъ platanus orientalis. čech. javor acer u. s. w.

nsl. javor Krain. javorje (aus *javorjane) Steier. Afriach Krain. Jaboria Kärnt. pusto javorje Valv. javorica Krain. javorce Auerling Kärnt. javornik Steier. Jauerburg Krain. Berg Krain. Name einer Strasse zu Cordenons in Friaul. javornica Jauerburg Valv. javoršica Krain. *kroat.* javor Gr. javorje Kr. javorek Kr. javornik Kr. javorica Gr. javorovac Gr. javorovica Gr. javorščica Gr. javoranj Gr. *serb.* javor Gav. javorije Berg Danič. *klruss.* javora Gal. javorec Gal. javôrky Gal. javôrnyk Gal. auch Berg Gal. javorńa Gal. javorôv Gal. javorôvka Gal. javorôvskoje Gal. *čech.* javor B. javory Ohrnes M. javoří Gaberle B. javoříčko B. M. javorek B. javůrek M. javorka B. javorina Slovak. javorinka Slovak. javorné B. javorná Ohorn B. javornice B. javorník M. Jaberlich B. javorníček B. javorníky B. javorská Jobern B. javorov Berg Slovak. javorovec M. *pol.* jawora Gal. jaworzec Gal. jaworno Court. 17. jaworzno Gal. jaworowo Court. 17. *oserb.* javornik Jauernik Schmal. 12. *nserb.* javora f. Jauer Zw. javorka Klein-Jauer Zw.

Ahornicus mons, jetzt Jauerling Meill. 150. mons, qui vocatur ahornic: in einer Urkunde von 830. Erben 10. Jauern, Jauring Steier. Auerling Kärnt. Jauernig, Jauernick, Jauerberg, Jober, Gaberle, Gaberling Butt. 93. jawor Bach Sax. jawornich, jetzt Jauernick Sax. jawernitz, jetzt Gauernitz Sax. jawirnitz, jetzt Gävernitz Sax. Auerschütz, wohl javořice Petters, Archiv 361. ἄβορος Phok. ἀβαρίτζα Ep. ἀβόρανη Aetol.

183. jazbina.

asl. jazvina latibulum. nsl. jazbina. serb. jazvina lustrum.

nsl. jazbina Jaswein Kärnt. jazbine Krain. *kroat.* jazbina Kr. jazbine Kr. jazvine Kr. jazvenik Kr. jazavica Gr. jazvaci Kr. jazvek Kr. *serb.* jazvina Danič. vergl. *klruss.* jazenyća Gal. jazova Gal. *čech.* jezvá B. jezvina B. jezbiny B.

Mons yezwinche Sax.

184. jazъ.

nsl. jêz agger. serb. jaz canalis u. s. w.

klruss. jaz Gal. *čech.* jezina B. jezná B. jezové B. *pol.* jazy Gal. jazow Gal. jazowa Gal. jazowsko Gal.

185. jela.

asl. jela abies. nsl. serb. jela. russ. elь. čech. jedle. pol. jodła u. s. w.

nsl. jelovo Krain. jelovec Krain. jelovica Krain. jelnica Krain. *kroat.* jelovo Kr. jelovec Kr. jelovka Kr. Gr. jelvica Gr. jelovice Istr. jelovičani Istr. *serb.* jelьci Danič. jelić Dalm. jelica Gav. jelovac Gav. jelovikъ Danič. jelovik Gav. jelovnik Serb. jelašnica Gav. jelašnice Gav. jelovo dьno Danič. *klruss.* jelna Gal. *russ.* elovatikъ. elovatka. *čech.* jedle B. M. jedlice B. jedlka B. jedlá B. jedlina B.

jedlov B. jedlova Tanndorf B. *pol.* jedlicze Gal. jodłowa Gal. jodłowka Gal. *oserb.* jelca (jedlca) Jidlitz Schmal. 13. jedlov Gödlau Schmal. 10.

Rivus jedle Sax. lit. eglininkai von eglë Tanne Schleich. 146. ἔλοβα Akarn. Aetol.

186. jelenь.

asl. jelenь cervus. nsl. serb. jelen u. s. w.

nsl. jelenje Krain. jelenek Krain. jelena vas Hirisgruben Krain. *kroat.* jelenje Kr. jelence Kr. jelenovec Kr. jelenjak Kr. jelenska Kr. jelenšćak Kr. *serb.* jelenьcь Danič. jelenac Gav. jelenča Gav. jelenšci Danič. jelen do Gav. *klruss.* oleny Gal. Šar. 93. olenovka Russ. *čech.* jelenec B. jelení B. jelenice B. jelenky B. *pol.* jeleń Gal. jeleniec Court. 18. *nserb.* jeleńce, heleńce Gellnitz Butt. 123. Jelenine, jetzt Gellen Koseg. jelenah gora Sax.

187. jerębь.

asl. jarębь, jerębь perdix. serb. jarebica, jerebica u. s. w.

kroat. jerobić Kr. *serb.* jarebice Gav. jarebica Serb. po vrьhu jerebinja Chrys.-duš.

188. jesetrъ.

russ. osetrъ accipenser sturio. pol. jesiotr u. s. w.

russ. osetrъ Bach. osetrovka.

189. jezero.

asl. nsl. serb. jezero lacus u. s. w.

nsl. jezero Seeland Kärnt. Oberseeland Krain. na jezeri Wörth Krain. jezerce Kärnt. Steier. jezernica Kärnt. jezerničica Kärnt. *kroat.* jezero Kr. jezera Gr. jezerac Gr. jezerane Gr. jezerine Kr. jezerišće Kr. *serb.* jezerь Danič. jezero Gav. jezera Dalm. *klruss.* ozera Russ. ozerna Gal. Šaran. 93. ozeranka Gal. ozerjany Gal. Russ. *russ.* ozerna. ozerevo. paozerьe Gegend. zaozerьe. vъ zaozericachъ. *čech.* jezero B. jezeř B. jezera M. jezírko B. jezerník M. jezernice Slovak. jezeřany M. *pol.* jeziorko: stagnum quod jezerco vulgariter appellatur Court. 18. objezierze Diplom. jeziorzany Gal. *oserb.* jezor Dorf See Pfuhl. *nserb.* jazor m. Jehserigk Zw. jazory plur. Jäser. Zw. Jehser Butt. 107. jazorce plur. Klein-Gäser oder Malenchen Zw. jazork Jäserick.

Jesarsee bei Potsdam. Jeserig Ort bei Brandenburg. Geserichsee in Westpreussen Cyb. 4. Jehsar Butt. 107. yessericz, jetzt Jesseritz Sax. ezerisco, gezeriska, jetzt Zöckeritz Sax. zehozerce (etwa zajezerьce) Sax. ezeri Ziesar Koseg. Jeser auf Rügen. yezericz Jerschendorf Schles. lit. ežerninkai Schleicher 146. nezeró griech. μεγάλη, μικρὰ ὄζερος Akarn.

190. ježь.

asl. ježь erinaceus. nsl. serb. jež u. s. w.

kroat. ježevo Kr. ježevik Gr. *serb.* ježevo Danič. ježevica Gav. *čech.* ježov M. ježník Mösnig aus ‚am Ježnik‘ Schlesien. Vergl. opava Troppau aus ‚an der Oppau‘ Vašek 21. Pott, Personennamen 276. 304. 348. *pol.* jeżewo Court. 18. jeżowe Gal. *oserb.* ježov Jesau Schmal. 10.

191. jutro.

serb. jutro iugerum; utrina pascua. čech. jitro Morgen Landes, in ON. durch ‚Gereut' übersetzt.

čech. jitry B. jitrava B. jitronice Gereuthern B. *oserb.* jitro Milstrich Schmal. 14. jitk aus jitrk Eutrich Schmal. 12.

192. kača.

nsl. kača serpens.

nsl. kačjak Krain. Steier. kačji dol Steier. *kroat.* kačjak Gr. *serb.* kačina glava Wald Danič.

193. kalina.

serb. kalina ligustrum vulgare. russ. kalina viburnum opulus. čech. kalina viburnum. pol. kalina u. s. w.

kroat. kalinje Kr. kalinovec Kr. kalinovica Kr. kalinovača Gr. *klruss.* kałynôvka Gal. Russ. kałynôvščyna Gal. *pol.* kalina Court. 18.

194. kalъ.

asl. kalъ lutum. nsl. kal Lache. serb. kal, kao u. s. w. čech. kaliště (calysce) palus Erb.

nsl. kal Krain. Cau Görz. rdeči kal Rothenkal, Erdetschkal Krain. kališče Krain. *kroat.* kal Gr. kalnik Kr. kaluža Gr. *serb.* kalь Danič. kalьcь Danič. kaljevica Danič. kaona Gav. kaonik Gr. kaonica Serb. kalište Gav. kaljište Serb. kalьnyj potokь Danič. *klruss.* kaľno Gal. kaľna Gal. kaľnyk Russ. kałužany Gal. *čech.* kal B. kaly B. M. kalava Slovak. kalovice B. kalná B. kalnica Slovak. kaliště B. M. kalniště Slovak. *pol.* kalnice Gal. kalisz Court. 18. kaługa Cyb. 8.

Kalowe. stagnum, quod dicitur kalen Koseg. kalitza Peloponn. καλιάνη Ark.

195. kamenь.

asl. kamenь, kamy lapis. nsl. serb. kamen u. s. w.

nsl. kamen Stein Krain. Bergstein Kärnt. kamnje Krain. kamnik Krain. kamenica Krain. kamnica Krain. kamno brdo Krain. kamna gorica Steinbühel Kärnt. bêl kamen Weissenstein Kärnt. *bulg.* kamenica Pazardž. *kroat.* kamenica Kr. Gr. kamenjak Kr. Gr. kamensko Kr. Gr. kamešnica Kr. kamežnica Kr. kamenjani Istr. *serb.* kamen Serb. kamičak Serb. kamenovo Gav. kameno Dalm. kamenica Gav. kamenice Danič. kamenska Gav. kamenjani Gav. zakamenje Dalm. kamenari Serb. kamen dol Serb. *klruss.* kameń Gal. kamenec Russ. kamenka Gal. kamenečje Russ. kamënky Gal. kaminna Gal. kamjana Gal. kamjanky Gal. kamenysko Gal. pôdkameń Gal. *čech.* kámen B. kamýk B. kamenec B. kamení B. kamenik B. kamenka Slovak. kamenné B. kamenná B. kamenica Slovak. kamenice: srbská (slovanská) Windisch-Kamnitz B. kamenická B. kamenička B. kameničky B. kamenična B. kameničany B. kameniště Slovak. *pol.* kamyk Court. 18. kamieniec Court. 18. kamionka Gal. zakamycze Gal. *oserb.* kamjena Kamenau, Camina Schmal. 13. kamjeńc Kamenz Schmal. ibid. kamjeńca Kemnitz Pfuhl. kamjenica Chemnitz Pfuhl. kamjenej Kamenau Pfuhl. *nserb.* kamjenna Steinkirchen Zw. Kemmen Butt. 103. kamjenki Kaminchen. Zw. suchy kamen Dörstein Butt. 65.

Kamenz, camenech, kamentze, jetzt Camenz Sax. cameniza Bach Sax. caminitza, cameniza, cameniz Koseg. chamin, camin Koseg. caminiz, jetzt Chemnitz Koseg. kemeniza Bach Koseg. Kemniz bei Greifswalde Koseg. καμινjά Ep. καμίνjα Lac. καμνίκου Ep. καμενίτσα Ark. καμινίτσα Ach. καμνίτζα Ep. καμινιάνοι Elis. lit. antakmenei Schleich. 145.

196. kanja.

klruss. kanja. čech. káně falco milvus. nsl. kanjuh.

nsl. kanji dol Krain. *klruss.* kańe Russ. *oserb.* kanjov Kahna Schmal. 10. κάνjανη Phok.

197. kapela.

nsl. kapela capella Fremd.

kroat. kapela Kr. kapelna Kr. kapelšćak Kr. kapelni vrh Kr.

198. karasъ.

serb. karaš cyprinus u. s. w. Fremdw. 96.

kroat. karasi Kr.

199. katunъ.

serb. katun Sennhütte, regio pastoria Fremdw. 97.

serb. katun Gav. katunište Gav.

200. kavьka.

nsl. kavka corvus monedula; serb. čavka u. s. w.

klruss. kavsko Gal. *čech.* kavčí hora B. *pol.* kawki Gal.

201. kąkolь.

asl. kąkolь nigella u. s. w.

pol. kąkolniki Gal. kąkolowka Gal.

202. kąpa.

pol. kępa insula in fluvio.

pol. kępa Gal. kępie Gal. *oserb.* kupa Kaupe (Insel) Schmal. 13. *nserb.* putkupko Butt. 76.

203. kąpina.

asl. kąpina rubus. serb. kupina u. s. w.

kroat. kupina Gr. kupinec Kr. kupinovo Gr. kupinova Gr. kupinovec Gr. *serb.* kupinovo Danič. kupinova Danič. Serb. kupinovac Gav. kupinьnikь Danič. *pol.* kąpina Court. 21. Kampen Mosb. 2.

Kampenitz Koseg. καπινόβα Ep. bulg. kъpinъ.

204. kąšta.

asl. kąšta tentorium, tugurium. nsl. kôča. serb. kuća.

nsl. koče Krain. *kroat.* kuče Kr. kuće, einst koće Kr. Sabljar. kućari Kr. kućišće Gr. *serb.* kućišće Dalm. miloševe kuće Chrys.-duš.

205. kątъ.

asl. kątъ angulus. nsl. kôt u. s. w.

nsl. kôt Winkel Krain. Kärnt. kôti Krain. kôte Krain. kôtje, kôtiče Kötschach Kärnt. hudi kôt Bösenwinkel Steier. kôt za gričam Winkelsagritz Kärnt. *kroat.* kut Kr. kuti Kr. Gr. kutovi Kr. kutina Kr. zakutje Istr. mali kut Gr. *serb.* kuti Danič. Dalm. Herc. Gav. kutić Serb. kutina Herc. zakuta Serb. *klruss.* kut Gal. kuty Gal. kutći Gal. kutyšče Gal. pokutje Gal. dobrokut Gal. *čech.* kouty B. M. zakoutí B. *pol.* kąt Gal. *oserb.* kuty Hermannsdorf Schmal. 9.

Angulus nakuthi pozcaki Sax.

206. klada.

asl. klada trabs. nsl. klada truncus, arbor in silva u. s. w. pol. kłoda exactio.

nsl. klada Kr. kladje Kr. *kroat.* klada Gr. kladje Kr. kładnik Kr. kladare Gr. *serb.* kladovo Gav. kladnice Dalm. kladenica Serb. kladuštica Serb. kladorubi Danič. *klruss.* kołodka Gal. kołodno Gal. kołodence Gal. kołodna Gal. kołodnyća Gal. kołodruby Gal. kołodrôbka Gal. *russ.* koloda. kolodnja. *čech.* kladky M. kladno B. kladné B. kladná M. kladina B. kladiny B. kladník M. kladruby Kladern Kladrau B. kladeruby Holzhauer B. kladrubec B. kladoruby M. kladeroby M. habrové kladruby B. *pol.* kłodawa Gal. kłodsko Glatz Court. 19. *nserb.* kłodna Klöden Zw.

Klöden, Kloden, Klodnitz Butt. 131. Cladow bei Potsdam Cyb. 14. cloden, clodene, jetzt Clöden Sax. κλαδά Lac.

207. kladęzь.

asl. kladęzь neben kladenьсь puteus. klruss. kołodaź u. s. w. Fremdw. 98.

serb. suvi kladenac Serb. *russ.* kolodezь. kolodezi.

208. kladivo.

asl. kladivo malleus. nsl. kladivo, kladvo.

nsl. na starem kladvi Altenhammer Valv. pod klavom (stare fužine) Krain.

209. klakъ.

asl. klakъ calx. serb. klak Fremdw. 98.

kroat. klake Kr. *serb.* klačina Gav.

210. klanьсь.

nsl. klanjec via angusta: vergl. klano Krümmung, Beugung Valv. serb. klanac lutum, via angusta.

nsl. klanc Krain. Steier. na klancu Valv. klance Krain. klanče Glantschach Kärnt. *kroat.* klanjec Kr. klanac Kr. Gr.

211. klečetъ.

Dunkel.

nsl. klečet Krain. *kroat.* klečet Kr. *čech.* klečetné B.

212. klenъ.

nsl. serb. klen acer. pol. klon u. s. w.

nsl. klenik Krain. Steier. klenovik Krain. *kroat.* klenik Kr. klenak Gr. klenice Kr. klenovac Gr. klenovec Kr. klenovica Gr. klenovnik Kr. *serb.* klen Serb.

klenje Serb. klenovьnikъ Daničь. klenovnik Gav. *russ.* klenova. *čech.* kleny B. klení B. klenov B. klenové B. klenovka B. klenice B. klenovice B. kleňany Slovak. kleňanky Slovak. *pol.* klonow Court. 19. klonowa Königr.

Clenonich Zahn 155. Klenovoberg Steier. κλένια Cor.

213. klet —.

Dunkel.

nsl. klečani, kleče Kletschach Kärnt. *čech.* klecany B. kletečná B. Čas. mus. česk. 1834. 415. *pol.* klecie Gal.

214. klinъ.

asl. klinъ cuneus. nsl. serb. klin u. s. w.

kroat. klinac Kr. *serb.* klinci Gav. Dalm. *klruss.* kliney Russ. *russ.* klinъ. kliny. *čech.* klin B. kliny B.

215. klisa.

Dunkel.

kroat. klisa Kr. *čech.* kliska Berg Slovak.

216. klisura.

asl. serb. klisura fauces Fremdw.

serb. klisura Danič. Gav. 98.

217. ključь.

asl. ključь uncus, clavis. serb. ključ curvatura fluminis, aqua scaturiens.

kroat. ključ Kr. ključi Kr. *serb.* ključь Danič. ključ Dalm. Gav. podьključь Danič. *russ.* ključь. ključi. *čech.* kluček B. *pol.* klucze Klutschau Court. 19.

Cluzova Kleutsch Schles.

218. klokotъ.

asl. klokotъ. čech. klokot scaturigo.

serb. klokotь Danič. *čech.* klokoty B.

219. klošterъ.

nsl. klošter monasterium Fremdw. 98.

kroat. klošter Kr.

220. kmetь.

aserb. kmetь magnatum unus, auch vasallus. nsl. kmet rusticus u. s. w. Fremdw. 98.

kroat. kmeti Istr.

221. knęzь.

asl. kъnęgъ, kъnęzь princeps. serb. knez u. s. w. Fremdw. 98.

nsl. kneža Grafenbach Kärnt. knezova Kärnt. knežovo Kärnt. knežina Krain. knežak Krain. Grafenbrunn Valv. kneziče Knaasweg Jarn. 231. Kärnt. knežja lipa Krain. knežja njiva Krain. knežji pôt Grafenweg Valv. *kroat.* knežci Kr. kneginec Kr. *serb.* knežica Gav. knežina Serb. kneževac Gav. knežpolje Herc. *klruss.* kńaže Gal. kńaža Russ. kńažev Gal. kńažyce Gal. kńahyńa Gal. kńaždvor Gal. kńažołuka Gal. kńažpol Gal. *čech.* kněž B. kněžice B. kněžpole Herzogsdorf M. Kniespol M. kněžduby M. *pol.* księże Court. 21. książnice Gal. księży most Gal.

Knispel in Schles. ist asl. knęže polje.

222. kobyla.

asl. kobyla equa. nsl. serb. kobila u. s. w.

nsl. kobile Krain. kobilja glava Görz. v kobilah ein Berg Valv. *kroat.* kobilić Kr. kobiljak Gr. Kr. *serb.* kobilice Dalm. kobilje Gav. kobiljevo Serb. kobilska Serb. kobylьštica wohl ein Bach Danič. kobylja glava Danič. *klruss.* kobyla Gal. kobyleć Gal. kobylnyća Gal. kobylany Russ. kobyluchy Gal. *čech.* kobylé B. kobylá B. kobylí B. M. kobylice B. kobylka B. kobylníky B. kobylnice M. kobylničky M. kobylí hlava B. *pol.* kobyła Gal. kobyle Gal. kobylniki Court. 19. kobylnica Gal. kobylany Gal. kobylanka Gal.

Cobuliz, kobelicz, gobliz, kobliz, jetzt Coblenz, Golenz Sax. cobelitze Koseg. κοβίλινα Phok. κοβίλjανη Ep.

223. kokotъ.

asl. kokotъ gallus. nsl. serb. kokot u. s. w.

serb. kokoti Dalm. *čech.* kokot B.

Gaidžei von gaidís Hahn Schleich. 146.

224. kolarь.

nsl. serb. kolar plaustrarius u. s. w. Vergl. kolodêj.

kroat. kolarovec Kr. *serb.* kolar Serb. kolari Gav. kolarnica Serb.

225. koliba.

asl. nsl. serb. koliba tugurium Fremdw. 99. Vergl. halupa.

pol. koliba Gal.

226. kolodêj.

pol. kołodziej plaustrarius. Vergl. kolarь.

klruss. kołoďijôv Gal. kołoďiêvka Gal. *čech.* kolodĕje B. *pol.* kołodzieje Gal. kołodziejow Gal.

227. kolomija.

pol. kolomyje wird erklärt głębokie wyboje wodą napełnione. In Podol.

klruss. kołomyja Gal. kołomyjcy Russ.

228. komarъ.

asl. komarъ culex. nsl. serb. komar u. s. w.

nsl. komarna vas Muckendorf Krain. *kroat.* komar Kr. komarevo Gr. komarnica Kr. *serb.* komarane: komaranь Danič. komarice Serb. *klruss.* komarôv Russ. κομάρη Ep.

229. komora.

nsl. serb. komora camera u. s. w.

kroat. komor Kr. komorica Kr. *čech.* komořice B. komorno B. *pol.* komorow Gal. komorowice Gal. komorniki Gal. *nserb.* komorov Senftenberg Butt. 64.

230. konjarь.

čech. koňař equiso. Vergl. konjuhъ.

serb. konjarevo Gav. *pol.* konary Gal. konare Kunern Court. 19. konarzowo Court. 19. conarii, polonice vulgo konarze, sunt genus servorum ad equos custodiendos destinatum, latine saepe koniarze agazones appellati Court. 19.

Konare Koseg. pistores et coci, agazones et sutores, cum omnibus, quae in institutione abbatiae sunt ordinata. Koseg. 1. 30.

231. konjuhъ.

asl. konjuhъ. aserb. konjuhь equiso. pol. konjuch. Vergl. konjarь.

serb. konjusi Danič. Gav. konjuša Gav. Vergl. konьnici Danič. *klruss.* koňuchy Gal. koňuša Gal. koňušky Gal. *čech.* koňušice Slovak. *pol.* koniuchow Gal. koniuszowa Gal.

232. konь.

asl. konь equus. nsl. serb. konj u. s. w. Über die mit der Vorstellung ‚Pferd' zusammenhangenden ON. Jähn, Ross und Reiter 199.

nsl. konj Krain. konjsko Krain. konjski hrib Krain. *kroat.* konjsko Gr. Istr. konjščina. konjsko brdo Gr. konjsko jezero Gr. *serb.* konjica Herc. konjsko Gav. konjska Serb. *klruss.* koňskoje Gal. vergl. konofosty Gal. *russ.* konevo. konevъ borъ. *čech.* konice Sing. Suš. 638. 688. M. koňany Slovak. *pol.* końsko Court. 20. końska Court. 21.

Κόντζκα Ep.

233. konoplje.

nsl. serb. konoplje cannabis neben nsl. serb. konop restis, funiculus: konop ist die ursprüngliche Form. Fremdw. 100.

klruss. konopľanka Russ. *čech.* konopiště B. *pol.* konopowka Gal.

234. konьcь.

asl. konьcь finis. nsl. konec. serb. konac u. s. w.

kroat. konci Kr. hudi konec Kr.

235. kopa.

čech. pol. kopa cumulus.

serb. kope Gav. *klruss.* zakôpći Gal. *čech.* kopec B. zákopí B. vergl. kopist f. B. kopisty B. *pol.* kopki Gal. kopysno Gal. vergl. den PN. Kopystyński.

Kopitz, Koppitz, Koppatz Butt. 146. cumulos kameni kopki dua Sax. sepulcrum Winichopez Sax. kopenik, jetzt Köpenick Butt. 146. Koseg.

236. kopanъ.

asl. kopanъ fossus u. s. w.

kroat. kopanica Gr. *klruss.* kopań Gal. kopanky Gal. *čech.* kopanina B. kopaniny B. *nserb.* kopańce Trattendorf, vielleicht Rodung.

Κοπανίτσα, κοπάνιτσα Mess..

237. kopriva.

asl. kopriva urtica. nsl. kopriva, kropiva.

nsl. kopriva Hung. Görz. koprivna Koprein Kärnt. koprivnik Krain. Steier. koprivnica Kopreiniz Steier. *bulg.* koprivštica Pazardž. *kroat.* kopriva Kr. koprivna Kr. koprivnica Kr. *serb.* koprivno Dalm. koprivьna Danič. koprivnica Gav. *klruss.* pokryvy Gal. kropyvna Gal. kropyvnyk Gal. koprywnyća, magy. kapronсza, Hung. kropyvyšče Gal. pokropyvna Gal. *russ.* krapivna. krapivnja. *čech.* ko-

přivník B. kopřivnice M. koprivnica neben pokrivnica Slovak. *pol.* copriunich Mogil. copriuniza Mogil. kropivnik Gal. koprzywnica, jetzt pokrzywnica Court. 20.
Coprive Bach Šafařík 140. Köpernitz, Köperberg Butt. 146. κοπρίβα Ep.

238. koprъ.

asl. koprъ anethum. nsl. koper u. s. w.
serb. koprьnikь Daničić. *čech.* koprník B. koprová Slovak.

239. korenь.

asl. korenь radix. nsl. serb. koren u. s. w.
nsl. koren Wurzen Krain. koreno Krain. korenitka Valv. Krain. *kroat.* koren Gr. korenovo Kr. korenjak Kr. korenica Gr. koreničani Kr. korenitec Kr. *serb.* korenita Serb. *klruss.* korenyća Gal. *čech.* kořen B. kořenice B. *pol.* korzeniec Gal. *nserb.* koreń Kahren Zw.
Rivus koren Sax. ęoren, jetzt Quohren Sax.

240. koryto.

asl. koryto canalis, cisterna. nsl. serb. korito u. s. w.
nsl. korito Krain. korite, korito Trögern Kärnt. koritno Steier. koritis mit der friaulischen Pluralendung Friaul. *kroat.* korito Gr. korita Gr. Herc. koritno Kr. koritna Kr. koritnjak Kr. koritina Kr. *serb.* korito Gav. koryta Daničić. korita Dalm. korytьca Daničić. koritnica Herc. korićani Gav. *klruss.* korytnyky Gal. korytýšče Gal. *čech.* koryto B. koryta B. korýtko B. korytná B. korytnice B. *pol.* korytowo Court. 20. korytnica Bach Court. 20. korytko Court. 20.
Κορίστjανη asl. *koryštane Ep.

241. kosa.

serb. kosa eine Art Berge.
nsl. kosica Friaul. vergl. kosez, kosezi Krain. *kroat.* kosa Kr. pod kosom Gr. kosnica Kr.

242. kostanь.

nsl. kostanj. serb. kostanj, kesten u. s. w. Fremd.
nsl. kostanj Krain. kostanjevica Krain. Görz. *kroat.* kostanj Kr. kostanjek Kr. kostanjevec Kr.
Καστανίτσα Ark.

243. kostelъ.

asl. kostelъ castellum, turris u. s. w. Fremdw. 101.
kroat. kostelj Kr. kostel Gr. Castelvenere Istr. kosteljsko Kr. *serb.* kostol Gav. kostolьcь Daničić. kostolac Gav. *čech.* kostel Slovak. kostelík B. kostelec B. M. kostoliště Slovak. kostolany Slovak. kostelany Slovak. *pol.* kościelec Gal. kościelisko Gal. kościelniki Gal. zakościele Gal.

244. kostreva.

nsl. kostreva Trespe, Raden bei Linde. serb. kostrika plantae genus. pol. kostrzewa festuca. oserb. kostřava Trespe. nserb. kostřova Trespe.

nsl. kostrivnica Kostreiniz Steier. kostrivnica Bach Valv. *kroat.* kostrena Kr. kostrina Kr. kostreši Gr. kosterčan Istr. *serb.* kostrьсь Danič. kostrikovica Vuk. *čech.* kostřec B. kostřice B. kostřčany B.

Κοστρέτζι Ep. κοστράνη Ep.

245. kosъ.

nsl. serb. kos merula.

kroat. kosovac Gr. *serb.* kosovo Dalm. kosovo polje. *klruss.* kosôv Gal. kosovec Gal. *pol.* kosowo Court. 20.

Cumulus cossow Sax. κοσόβα Ep. κοσοβύτζα Ep.

246. košara.

asl. košara caula. nsl. košara corbis. serb. košara stabulum vimineum. čech. košár.

serb. košarьna Danič. košarnja Serb. milčeva košarišta Chrys.-duš. Vergl. koševi Gav. košari Serb. *pol.* koszary Gal.

247. košuta.

asl. nsl. serb. košuta cerva u. s. w.

serb. košute Dalm. *pol.* koszuta.

248. kotarъ.

serb. kotar der Zaun um den Heuschober, um das Vieh abzuhalten.

kroat. kotar Kr. kotari Kr. kotarice Kr. *serb.* kotari Gegend in Dalm. Vuk.

249. kotlъ.

asl. kotlъ vas aeneum. nsl. kotel. serb. katao u. s. w.

nsl. kotlje (aus kotljane) Köttelach Kärnt. *serb.* kotlenik Berg Serb. *russ.* kotly. *čech.* kotel B. *nserb.* kotłov Kattlau Butt. 78. Katlow.

Cotlow Koseg. kotlina, jetzt Köthen, urkundlich Kotlen nach Bronisch.

250. kotorъ.

Von unbekannter Bedeutung. Vergl. klruss. chotar, chitar; in Russland futor aus chutor dom lub chata z ogrodem. slovak. hatar Gränze. magy. határ.

nsl. kotori Hung. *kroat.* kotor Kr. kotoranj Gr. *serb.* kotorь Danič. Catharus. Fremd. *russ.* kotorъ.

251. kovačь.

asl. kovačь. nsl. serb. faber u. s. w. Dasselbe bedeutet čech. kovář, pol. kowal

nsl. kovača vas Schmieddorf Krain. kovačji grad Krain. kovačevica Friaul. *bulg.* kovačevo Pazardž. kovačevica Pazardž. kovačevci Pazardž. *kroat.* kovači Kr. Istr. kovačevec Kr. kovačič Kr. kovačica Kr. Gr. *serb.* kovači Dalm. Gav. kovačevьсь Danič. kovačevac Gav. kovačice Gav. *klruss.* kovaľi Gal. Russ. kovalevka Russ. kovaľovy Gal. *čech.* kovary B. kováře B. kovařen B. kovárna B. kovářov B. kovařovice B. kovač B. *pol.* kowary Mogil. kowalo Königr. kowalno Court. 19. kowalowo Court. 19.

Cowal Rügen. lit. calvelei Schleich. 146.

252. kovilije.

serb. kovilje stipa pennata.

kroat. kovil Kr. *serb.* kovilje Kloster im stari vlah Vuk. koviljača Gav. kovioce Gav.

253. koza.

asl. nsl. serb. koza capra u. s. w.

nsl. kozje Kosiach Kärnt. kozjak Krain. Steier. Gaisberg Kärnt. kozji hrbet Krain. *kroat.* kozice Kr. kozjak Kr. Gr. kozjača Kr. kozinac Gr. kozinščak Kr. kozji vrh Kr. *serb.* kozica Danič. kozjak Gav. Berg in Dalmatien Vuk. kozьnica Danič. koznica Gav. kozьnikь planina Danič. koznik Gav. kozij hrьbьtь Danič. *klruss.* kozyna Gal. kozyn Russ. kozova Gal. kozôvka Gal. *russ.* kozьe. kozino. kozinka. *čech.* kozí B. kozín B. kozinec B. kozičín B. kozčín B. kozíhory B. kozí hřbet B. kozí noha B. kozodry B. kozojedy B. kozolupy B. *pol.* koziarnia Gal. In loco Coziach Ank. 37. Lit. ožkinei von ožka capra Schleich. 146.

254. kozakъ.

klruss. russ. kozak der Kosake.

klruss. kozaky Gal. kozačyna Gal.

255. kozarъ.

serb. kozar caprarius. In den östlichen Ländern ist zunächst an kozarinъ chazarus zu denken.

nsl. kozarje Krain. *bulg.* kozarsko Pazardž. *kroat.* kozar Kr. kozarevec Gr. kozarica Gr. *serb.* kozara Berg in Bosnien Vuk. kozarica Gav. kozaruša Fluss in Bosnien Vuk. *klruss.* kozary Gal. kozjary Gal. *russ.* kozary. *oserb.* kozaŕcy Kaseritz Pfuhl.

256. kozlъ.

asl. kozlъ hircus. nsl. kozel u. s. w.

nsl. kožljek Krain. kozlov hrib Kr. *kroat.* kozlikovo Kr. kozlovščak Kr. kozljak Cosliaco Istr. kozlek Bach Kr. kozalj vrh Kr. *serb.* kozьlь Danič. kozelj Gav. kozlovac Dalm. *klruss.* kozeł Russ. kozły Gal. kozelec Russ. kozłôv Gal. kozłovek Gal. kozelьskъ Vol.-lět. 35. kozeľščyna Russ. *russ.* kozlovo. kozlovъ. kozlova. kozlovka. *čech.* kozly B. kozlé B. kozlí B. kozlov B. kozlovice B. kozlovky B. kozlany B. *pol.* kozły Königr. *oserb.* kozły Kosel Schmal. 14. *nserb.* kozle, gen. kozlego Kasel Zw. Zieckau Butt. 68. kozłov Kasel Zw.

Koslau, Koslowo, Koslowitz, Koslinka, Koslitz, Köslin Butt. 126. cozele, jetzt Kössuln Sax. Lit. ožei Schleich. 146.

257. kožuhъ.

asl. kožuhъ vestis pellicea.

serb. kožuar Serb. *klruss.* kožušne Gal. *russ.* kožuchъ.

258. kračunъ.

bulg. kračunъ nativitas domini.

serb. kračunište Danič.

259. kraguj.

asl. kraguj accipiter. nsl. kragulj. serb. kraguj u. s. w.

kroat. kraguj Gr. kraguje Kr. *serb.* kragujevac Gav. *klruss.* krahujôv Gal. krohulec Gal. *čech.* krahulčí B. M.

260. kraj.

asl. nsl. serb. kraj regio u. s. w.

nsl. kraj Friaul. kraji Krain. spodnji kraj Unteraigen Kärnt. krajani Krajach Kärnt. *kroat.* kraj Kr. krajina Kr. krajska ves Kr. *serb.* krajina Danič. *klruss.* krajna Gal.

Der Name Kranj Krain hängt nicht mit kraj zusammen, sondern mit dem Namen der ehemaligen, keltischen Bewohner des Landes Krain: καρνοί Strabo, carni Liv., Plin., Mela, daher kranjec Krainer, nicht krajinec, wie diejenigen schreiben, die an krajina denken.

261. kralь.

nsl. serb. kralj rex u. s. w.

kroat. kraljevec Kr. kraljevci Kr. kraljevčani Gr. kraljevica Kr. kraljevo selo Kr. kraljev vrh Kr.

Lit. karalkëmei Schleich. 146.

262. kranъ.

Fremd.

nsl. kranj Krainburg Krain. kranci Friaul. kranjče Krain. kranje brdo Krain. Vergl. krnski grad Karnburg Kärnt. podkrnos Gurnitz Kärnt. *kroat.* kranjci Kr.

Creina marcha Zahn 973. 36. via chreinariorum 38. Vergl. kraj.

263. krapъ.

serb. krap carpio u. s. w. Fremd.

kroat. krapje Gr. krapina Kr. krapinsko Kr. krapinica Bach Kr. krapinčica Bach Kr. *klruss.* koropec Gal.

264. krasa.

asl. krasa pulchritudo u. s. w.

nsl. krasnica Krassnitz Kärnt. Jarn. 239. *kroat.* krasno Gr. krasnica Kr. Gr. Vergl. kras Istr. krasica Kr. Gr. Istr. krasovica Istr. krasulje Gr. *serb.* Vergl. krasava Gav. *klruss.* krasne Gal. krasna Gal. krasnoseľći Gal. krasnopoľe Russ. *russ.* krasnyj cholmъ. *čech.* krasno M. krásné B. krásná B. M. krásnice B. krásnoves B.

265. krava.

asl. nsl. serb. krava vacca u. s. w.

kroat. kravica Kr. kravice Kr. kravljak Gr. Vergl. kravarsko Kr. *serb.* kravlji dol Gav. kravin dol Serb. Vergl. kravarica Gav. *klruss.* korovyća Gal. korovnyky Gal. *čech.* vergl. kravaře Grabern B. crawarn Kop. *pol.* krowniki Gal. vergl. krawodrza Court. 20. krowodrza Gal.

Κράβαρι Ep. Elis.

24*

266. krągъ.

asl. krągъ circulus. nsl. krôg. serb. krug u. s. w.

nsl. krôg, magy. korong, Hung. *kroat.* kruzi (kruge) Gr. *klruss.* kruhôv Gal. *čech.* kruh B. M.

Lacus qui crang nominatur Koseg.

267. krąpъ.

asl. krąpъ parvus, wohl eigentlich zusammengedrängt. serb. krupan crassus, Gegensatz von sitan. čech. krupý rudis. pol. krępy untersetzt, kurz und dick. In den Sprachen, die ą durch u wiedergeben, kann auch an andere Themen gedacht werden: serb. krupa Graupen.

nsl. kropa Kropp Krain. *kroat.* krupača Kr. *serb.* krupa Dalm. Bach Danič. Herc. krupac Bach Herc. krupanj Gav. krupaja Gav. krupinska Serb. *klruss.* krupsko Gal. krupeć, pol. krupieć, Gal. krempna aus pol. krępna Gal. *čech.* krupá B. krúpa, magy. korompa, Slovak. krupka B. krupná B. krupina Bach Slovak. *pol.* krąpa Court. 21.

Grambenitze auf Rügen. Krampnitzsee bei Potsdam Cyb. 4. Krampnitz- und Kramnitzsee Jett. 26. Vergl. Krambovos Peloponn.

268. krątъ.

asl. *krątъ tortus. russ. krutъ tortus, rigidus u. s. w.

klruss. kruta, pol. kręta, Gal. Hałyč. 127. kruty Russ. krutyj bereh Russ. *russ.* krutoe. *čech.* kruty B.

269. kremenь.

asl. kremy, kremenь silex. nsl. serb. kremen.

nsl. kremen Krain. kremenik Krain. kremnica Krain. Kremsbrücke Kärnt. kremlica (oj ti preljuba kremlica) eine Bergfestung. Kärnt. Jarn. 237. kremca Krems Kärnt. kremsa eine Berghöhe an der Festung Osterwitz Kärnt. Jarn. 237. kremska planina Kremsalpe Kärnt. *bulg.* kremen Berg. *kroat.* kremen Gr. Spitze der Pliševica Gr. pod kremen Gr. kremenec Kr. kremenje Kr. kremenik Kr. kremenica Gr. kremešnica Gr. *serb.* kremen Serb. kremna Serb. kremena njiva Herc. kremeni dol Herc. cremenc Šafař. 142. *klruss.* kremjanna Gal. kremenec Russ. kremjanecь Voł.-lêt. 85. kremenčuh Russ. *čech.* křemen B. křemenec M. křemyž B. křemže B. kremnica Slovak. kremnička, magy. körmöcske, Slovak. *pol.* krzemienna Gal. krzemienica Gal. krzemionka Gal. krzemiennik Gal. *nserb.* kšimice Krimnitz, Krimmitz Butt. 103.

Cremeniach Arch. 27. 314. Kremnitzbach in N.-Österreich. chremisa Krems in U.-Österreich Meill. 154. Krems Bäche im Budweiser Kreis Böhmens, Steiermark, Salzburg. Kremmen, Kremmin Butt. 103. cremenc Koseg. krymmen, jetzt Crymmen Sax. ripa cremeze, jetzt Mühlbach bei Wurzen Sax. Vergl. russ. kremlь, kremlevo.

270. krivъ.

asl. krivъ obliquus. nsl. serb. kriv curvus u. s. w.

nsl. krivoglavce Krain. Vergl. serb. krivošije. krivo brdo Krain. *kroat.* kriva Istr. krivac Kr. krivaj Kr. krivaja Kr. Gr. *serb.* krivaja Gav. krivelj Gav. krivača Gav. krivor Serb. krivina Serb. krivodol Dalm. krivyj dolь Danič. krivogaštane Danič. kriva rijeka Gav. kriva rêka Danič. krivi vir Gav. krivovirska Serb. *klruss.* kryvec Gal. kryve Gal. kryveńke Gal. kryva Gal. kryvka Gal. kryvky Gal. kryvča Gal. kryvčje Gal. kryvorôvńa Gal. kryva ruda Russ. *russ.* krivopoljanьe. *russ.* krivecъ. krivinъ. krivozero. krivolučьe. *čech.* křivec B. křivé B. křivice B. křivá ves B.

Crywa Kreibau Schlesien. crivitz im Mecklenburgischen Butt. 163. κρυβιτσά Mess. kryvitsani Peloponn.

271. križь.

asl. križь crux. nsl. serb. križ u. s. w. Fremdw. 102.

nsl. križ Krain, Kreuz Valv. križe Krain. kržate Kreuzdorf Valv. razkrižje Gegend Steier. zakriž Görz. križni vrh Krain. križevska vas Krain. *kroat.* križ Kr. križovec Kr. križevci Kr. križevčec Kr. križišče Kr. križanec Kr. križanci Kr. križovljane Kr. križovljan Kr. razkrižje Gr. *čech.* kříž B. křížov M. *pol.* krzyżowa Gal. krzyżowka Gal.

272. kruhъ.

asl. kruhъ frustum; krušьcь metallum. serb. krušac (soli) frustum (salis).

klruss. krušyna Gal. krušeľnyća Gal. *čech.* krušec Körnsalz B. krušov Slovak.

273. krynica.

klruss. kernyća Quelle; krenyčyny Quellengebiet. pol. krynica, kiernica fons. Vergl. čech. krně canalis aquarius.

nsl. krnica Krain. karnica Friaul. Karnizen Kärnt. krnice Krain. *kroat.* krnica Gr. Kr. *serb.* Vergl. krenica ein See Herc. krnjica Serb. *klruss.* krynyća Gal. kernyća Gal. biłokernyče Gal. *pol.* kryniczno Court. 21. Vergl. kryniec jezioro w Bełzkim niezmiernej głębokości Linde. *oserb.* króńca Krünitz Schmal. 14.

Κερνίτσα Ark.

274. krъčь.

nsl. serb. krč Rodeland; krčiti roden. čech. krč Strunk caudex, truncus.

nsl. krčje Hung. krčanje: v krčanjah Greutschach Kärnt. Jarn. 239. krčevje (gerzcuie) Gertschberg Valv. krčovina Steier. *kroat.* krč Kr. krčevo Gr. krčevina Gr. krčevine Gr. *serb.* krčina Dalm. krčin Serb. *čech.* krč B. krče B.

Kertsch Sax.

275. krъčьma.

asl. krъčьma caupona. nsl. serb. krčma.

serb. krčmar Gav. krčmari Gav. *čech.* krčma B. M. *pol.* karczmiska Gal. karczmary Gal.

Lit. karčauninkai Schleich. 146.

276. krъka, krъkъ.

Von unbekannter Bedeutung.

nsl. krka Bach Krain. Gurkdorf Kärnt. krško Gurkfeld Krain. *kroat.* krk und veja Veglia. krkač Kr. krkanec Kr. *serb.* krka Dalm. krьkь Danič.

Ad kurcizam Gurtschizach in Kärnt. Grenzregul. 27. kurca, kurciza Beitr. 2. 106.

277. krъstъ.

asl. Christus, crux. nsl. krst baptisma. serb. krst crux u. s. w. Fremdw. 102.

bulg. krъst eine Ruine Pazardž. *serb.* krьstьcь Danič. krьstьčani Danič. ljubinь krьstь Chrys.-duš.

278. krъšь.

serb. krš saxum.

kroat. krš Gr. *serb.* krьšicь Danič. vysokyj krьšь Danič. kršna glava Serb.

279. krъtъ.

asl. krъtъ talpa. nsl. krt. serb. krtica u. s. w. russ. čertoroj wird als Schlucht, Wasserriss erklärt.

nsl. krtina Krain. *kroat.* krtina Kr. *serb.* krtine Herc. krtinska Gav. *klruss.* kroty Russ. čortoryja Gal. čartoryja Gal. čertoryeskъ Voł.-lět. 41. vergl. serb. krtorovina Maulwurfshaufen. *čech.* krty Gerten B. čertoryje M. *pol.* czartoryja Königr.

Čertoryje bei Olmüz, wo die Schreiber der Runen, črty, wohnten. Dudík, Geschichte 1. 377. vergl. κριτίστη Lac.

280. kucharь.

čech. kuchař coquus. Fremdw. 103.

čech. kuchaře B.

281. kuj.

Dunkel.

serb. kujavica Gav. *pol.* kujawy pl.

282. kumaninъ.

serb. kumaninъ cumanus.

serb. kumani Danič. kumanovo Danič. kumanja glava Danič. vergl. komanice Serb. *pol.* komańcza Gal.

Κουμάνι Elis.

283. kuna.

asl. kuna. nsl. kuna martes u. s. w.

kroat. kunić Kr. kunovec Kr. kunovci Kr. *serb.* kuna Dalm. kunica Serb. kunovica Danič. kunovac Dalm. kunja glavica Herc. *russ.* kunino. *čech.* kuní B. kunice B. kunovice plur. M.

Kunina Peloponn.

284. kupa.

serb. kupa cumulus. čech. pol. kupa acervus. nserb. kupa Hügel. nsl. kup Haufen. Vergl. kępa.

kroat. kupa Fluss Kr. ist klьpa aus Colapis. *čech.* zákupy B.

285. kurъ.

asl. kurъ gallus. nsl. kur, kura u. s. w.

nsl. kurja vas Krain. *klruss.* kurjany Gal. kurnyky Gal. Vergl. kuropatnyky Gal. *russ.* kurьskъ Nest. *čech.* kuří B. kuroslepy M. *pol.* kury Gal. kurow Gal. kurowa Gal. kurowice Gal. kurowce Gal. kurzyna Gal. kurozwęki.

286. kuznьcь.

asl. kuznьcь faber. čech. dialekt. kuzněc. russ. kuznecъ.
russ. kuznecovo. kuznecova. kuznecovka. kuzneckъ. kuzneckoe.

287. kyj.

nsl. kij malleus, fustis. čech. kyj u. s. w. in ON. čech. oserb. durch ,Keule' übersetzt.
serb. kyjevьcь Danič. kijev dol Herc. *klruss.* kyjev Russ. kyjevec Gal. *čech.* kyje Keule B. *oserb.* kij Keula Schmal. 13. Keule Pfuhl.

288. kyselъ.

asl. kyselъ acidus, humidus. nsl. kisel u. s. w.
nsl. kisele Gösseling Kärnt. *serb.* kysline Danič. kysêlьcь Danič. kysêlьka Danič. anders: kisela voda Serb. *klruss.* kysłyn Russ. kysłovka Russ. *čech.* kyselá B. kyselov B. *pol.* kisielsko Court. 21. vergl. kwaszenica Gal. *oserb.* kislik Geisslitz Schmal. 12. kiselk, kislica Geisslitz Pfuhl.
Κίσελη Phok.

289. kyta.

nsl. kita ramus, fasciculus. serb. kita sertum; kitnast, kitast buschig, densus u. s. w.
serb. kita Berg Vuk. kitka Berg Serb. kitog Wald in Serbien Vuk. Serb.

290. kъrъ.

asl. kъrь m. radix. čech. keř. m. gen. kře; keř f. gen. kři frutex: coll. kři, křoví. pol. kierz m. gen. krza frutex. oserb. nserb. keŕ frutex.
čech. křoví M. nákří B. zákřany M. popův keř M. *pol.* zakrzew Gal. zakrzow Gal. zakrzewo Court. 16. zakrzewice Gal. zakrzowice Gal. zakrzowek Gal. *nserb.* te kŕe Sakrow Butt. 86. zakŕov Türkendorf ibid. Petershain. zakrejc aus zakъrevьcь Wadelsdorf Butt. 86.

291. labь.

Ein dunkles Wort. Vergl. Albis Elbe.
serb. labь Bach Danič. labljane Danič. *klruss.* łabova Gal. łabovec Gal. *russ.* lobь Bach. *čech.* labe. *oserb.* *nserb.* łobjo Elbe Butt. 114.
Vergl. labenza, jetzt Lafnitzbach Steier. λαμπινίτζα Ep.

292. lakъtь.

asl. lakъtь cubitus. nsl. laket u. s. w.
klruss. łokot Gal. załokot Gal. *čech.* loket. *pol.* załokieć Gal.

293. lanъ.

čech. lán eine Hufe Landes mansus. pol. łan. russ. dialekt. lanъ ager.
nsl. laniše Krain. *klruss.* łany Gal. łannyja Russ. łanôvći Gal. załanyn Nauk.-Sbor. 1870. 63. załanôv Gal. *čech.* lány B. lanov B. lanské B. *pol.* łańsk Court. 22. łańsko Court. 22. duos mansos sive laneos Court. 22.

294. las—.

Dunkel.

kroat. lasovac Kr. lasinja Gr.

295. lava.

russ. lava. pol. oserb. nserb. ława scamnum.

klruss. ławy Russ. ławky Gal. ławočanka Bach Gal. załavje Gal. vergl. nsl. klopice Penk, Penken Kärnt. *čech.* lavice B. lavičky B.

Lawa rivus Sax.

296. lazъ.

nsl. laz Gereut, in ON. durch ‚Gereut, Gehag' übersetzt. serb. laz Gereut Vuk. lazь ager novalis Daničić. čech. laz nach Erben locus praeceps, von lezti. prvé léto laz vzkopachu, druhého léta radlem vzorachu. Dalemil. es ist deutsch: laz Bergrutsche. In Tirol. Archiv XL. 110 111. 112.

nsl. novi lazi Hinterberg Krain. lazi Lasach Kärnt. laze Friaul. Laase, Gereuth, Reuter, Gehag Krain. laže (aus *lažane) Gross-Vassach aus važe Kärnt. laznik Steier. lazič Friaul. laznica Lassnitz Kärnt. podlaze Friaul. *kroat.* laz Kr. Gr. lazi Kr. Istr. lazac Kr. Gr. lazina Kr. lazine Kr. crnolazi Kr. novi lazi Gr. stari lazi Gr. *serb.* lazac Gav. laznica Gav. lazavac Serb. carev laz Vuk. kosmьči lazi Daničić. utolovь lazь Chrys.-duš. kovačevь lazь Chrys.-duš. *klruss.* łazy Gal. łażky Russ. *čech.* laz B. Loosen M. lazov B. lazec M. lazce B. lazice B. laziště Slovak. ležiště Neuwiesen B. ležištěk Schlag B. lazsko B. lazisko Schlesien. lazníky Lasnik M. lažany M. Loosan B. zalažany B. chudlaz B. chudolazy B. suché, mokré lazce Schlesien. velký laz Slovak. *pol.* łazy Gal. łaziska Gal. łazany für łažany Gal. załazie Gal. *oserb.* łaz Lohsa Schmal. 5. łazk Laske ibid. *nserb.* laz Laso Zw. Lahse.

Mansos iuxta lazinich (für ein asl. lazьnikъ) propter novitatem gervt appellatos. Urkunde von 1181 Zahn 115. Lassing Steier. Lassnitz Kärnt. laz, jetzt Laas Sax. Laas Kärnt. λαζjανά Ep.

297. lągъ.

asl. lągъ silva. nsl. lôg nemus, in ON. durch ‚Au' übersetzt. bulg. lъg. serb. lug nemus, arundinetum. russ. lugъ pratum. čech. luh feuchter Ort, Waldwiese. pol. łąg Sumpfboden. oserb. łuh Moor, Wiesenbruch. nserb. ług Wasserpfuhl. Als Georg Schweinfurth die sumpfigen, von weiten Schilf- und Grasflächen umgebenen, von trägen Strömen durchzogenen Gegenden am weissen Nil kennen lernte, vermochte er diese nicht besser zu charakterisiren als mit dem wendischen Namen ‚luh'.

nsl. lôg Lag Krain. Loog Krain. Loch Görz. Auen Kärnt. Krain. pod lôgam Steier. Podlog Kärnt. za lôgam Steier. lôzi Lang Kärnt. lôgi Longh Görz. logava (lukav) Luggau Kärnt. zalog Valv. Breitenau Krain. srêdnji lôg Mittelbreth (ital. bretto sterile) Görz. lôgaves Augsdorf Kärnt. vergl. lôgarje Krain. *kroat.* lug Kr. Gr. lugi Gr. zalužje (založje) Kr. vergl. longovac Gr. lugarski breg Kr. vergl. lužani Gr. lužan Kr. lužnica Kr. *serb.* lug Herc. lugavci. lugavčina Serb. luzi Gegend in Serbien Vuk. lužci Daničić. goračinь lugь. vergl. lužane Gav. lužьnica Bach Daničić. lužnica Gav. *klruss.* łuh Gal. łuhy Gal. Russ. łužek Gal. łužok Gal. łuhove Gal. łužany, magy. longh, Hung. załuh Gal. załuž Gal. mokrołuh, magy. sárpatak, Hung. tołstołu Gal. *čech.* luh B. luhy B. luhov B. podluhy B. vergl. záluží B. *pol.*

łąg Court. 23. łęg Gal. łęgowe Gal. łążek Gal. łęgorz Gal. podłęże Gal. załęże Gal. Vergl. langii paludes Diplom. 1. 260. *oserb.* łuh (vuh) Luga Schmal. 5. 13. lusk Lauske Schmal. *nserb.* ług Luga. dobryług Duberlug Zw. Dobrilugk nach Butt. 72. Wiese an der Dober. pšiług Preilag Butt. 106.

Longh Lang in Obersteier. lonsnich, vielleicht lążьnikъ, Neug. 1. 25. Ank. 29. lonsnice, losnice, luonznica Lassnitzbach Much. 2. 47. Lug See Butt. 76. silva, quam luch dicimus Sax. lusk, lusck, jetzt Lussigk Sax. doberlug, doberluch, jetzt Dobrilugk Sax. lang Koseg. palus salicum seruco loug (wohl statt long), sirocolug Koseg. magna palus dalgolug Koseg. λόγγος Phok. Ach. λογκός Phok. λογγός Mess. λογγίστι Phok. παραλογγός Ark. μακρόλογκος Elis. ζάλογκον Ep. misolongaki Peloponn

298. ląka.

asl. ląka palus. nsl. lôka: v lôkah in den Heumatten liegend Valv., in ON. durch ‚Moos' übersetzt. serb. luka pratum pone flumen. klruss. łuka, in ON. magy. durch ‚rét' wiedergegeben. čech. louka pratum. pol. łąka pratum. oserb. nserb. łuka pratum.

nsl. lôka Lack, Laak Krain. Steier. Lack, Moos Kärnt. Lonche Istr. lonka Friaul. lôke Steier. Lokach Krain. lôkovec Görz. lôčani Latschach Krain. lôče Latschach. Kärnt. banja lôka Krain. škofja lôka Bischoflack Krain. *kroat.* luka Kr. Gr. loka Gr. luke Gr. lučica Gr. lukavec Kr. lučane Gr. lučani Gr. zaluka Kr. zaloka Kr. *serb.* luka Danič. Vallegrande Dalm. luke Gav. lučica Gav. lučice Gav. lukovo Danič. Gav. lukovac Serb. lukavьcь Danič. lukavac Gav. lukavica Danič. Vuk. lukavice Danič. lukovica Gav. lučina Danič. Gav. lučno Danič. lučna Gav. lučьnica Danič. lučane Danič. Dalm. lučani Gav. luca eine župa Šafař. 143. babina luka Gav. *klruss.* łuka Gal. Russ. łučka Gal. Russ. łučyća Russ. łukaveć Gal. łukavyća Gal. łukavka Gal. łukova Gal. łukove Gal. łučьskъ Voł.-lět. 41. otъ lučьka 26. łuck Russ. łučany Gal. łučyńći Gal. łučynec Russ. prełuky Gal. pryłuka Nauk.-Sbor. 1870. 46. załučje Gal. załukôv Gal. dołhołuka Gal. kńazołuka Gal. kryvołuka Gal.: łanky und łončky Gal. sind entlehnt. *russ.* luki velikie. oblučьe. *čech.* louka Wiese, Langewiese B. louky B. luky B. M. loučka M. lúčka Wieschen Slovak. loučky B. lúké B. lučice B. loukov B. M. loukovec B. louková B. M. luková B. lukovečok M. lukavec B. lukavice B. lúkavica Slovak. loukovičky B. loucká B. loukovec B. lučiště B. loukovany M. loučany B. M. louký vír B. příluka B. Vergl. luk B. luky B. *pol.* łąka, łęka, łonka Gal. łąka Lanken Court. 23. łęki Gal. łączki Gal. łączno Court. 23. łączne Gal. łączyca Court. 23. łąkawa. łękawica Gal. łączyn Gal. łączany Gal. łęczany Gal. łącko Gal. Šaran. 90. białołęka. Vergl. łęk Gal. *oserb.* nova łuka Neuwiese Schmal. 13. *nserb.* łukov Luckau Zw. Butt. 106. Lucke. łukajca Luckaitz Butt. ibid.

Lonca Lack in Krain Urkunde vom Jahre 973 Zahn 37. lovnca 84. lonca 126. lonk 385. ze lonke 397. lonka 89. lonkk 126. lonk 129. loch 131. loka 149. lok 155. lonk in O.-Steier. Zahn 115. luenzina, lienzina, vielleicht ląčina, Kärnt. Magy. lonka. Rum. lunka. Luckenwalde, Lucknitz Butt. 106. luckowe, lugko, jetzt Luckau Sax. lanka, lancka, lancha, lanke (Lanken auf Rügen) Koseg. lanciz, lancicia, lanchicia, jetzt Lentschitz Koseg. luonznica Förstem. λογκά Mess. lit. gerlaukei Schleich. 146.

299. lebedь.

russ. lebedь olor.

klruss. lebedyn Russ. lebedynec Russ. lebedynći Russ. lebjažje Russ. *russ.* lebedь. lebedino.

300. ledъ.

asl. ledъ glacies. nsl. serb. led u. s. w.

nsl. led Eis Kärnt. ledenica Kärnt. *kroat.* ledenik Gr. *serb.* ledenice Danič. Dalm. *čech.* ledec B. ledce B. ledenice B. lednice Eisgrub M.

301. lepen—.

Dunkel.

kroat. lepenice Kr. Gr. *serb.* lepena Gav. Berg, Fluss Serb. lepenac Gav. lepenica Danič Gav. auch knežina Serb. Bach Danič. lepenice Gav.

Λεπενίτζα Ep.

302. lêpъ.

asl. lêpъ aptus, pulcher. nsl. lêp. serb. lijep u. s. w.

nsl. lêpi dôb Schönaich Krain. lêpi vrh Krain. *kroat.* lepoglava Kr. lepoglavec Kr. lepa ves Kr.

303. lêska.

nsl. lêska corylus. serb. lijeska. čech. líska. pol. laska u. s. w.

nsl. leskovec Krain. Steier. Hung. leskovica Steier. Haselbach Krain. leščevje Krain. *kroat.* leska Gr. lešće Kr. Gr. lješće Gr. leskar Gr. leskovec Kr. Hung. leskovac Gr. ljeskovac Gr. leskovčec Hung. ljeskovica Kr. lještani Gr. *serb.* lêštije Danič. lješte Gav. lešje Gav. lêskovьсь Danič. leskovac Gav. lêskovica Danič. leskovica Gav. leskovice Gav. lêskovikъ Danič. lêštani Danič. leštani Gav. lještansko Serb. lêšьnica Danič. lješnica Gav. lêšьnovo Danič. ljeskovi dub Herc. *klruss.* ľisky Gal. ľiščyna Gal. ľiščyny Gal. ľiškovate Gal. pôdľisky Gal. zaľiščyky Gal. *čech.* leská B. lísky B. leskovec B. M. lískovec M. leskovice B. leština B. leštná B. leštnice B. léskovjany Slovak. *pol.* leszczawa Gal. leszczawka Gal. laszczyny Gal. leszczyny Gal. leszczowate Gal. laskowa Gal. laskowka Gal. *oserb.* ľeska Lieska Schmal. 13. *nserb.* ľeska, gen. ľeskeje, Lieske Zw. Lieskau. ľešće plur. Horne Zw. liskov Gross-Lieske. liskovk Klein-Lieske.

Lieske, Lieskau, Liesken, Lesko, Leskau Butt. 84. 85. liazcha Bach auf Rügen. lasca, jetzt Lazig Koseg. λjάσκοβον Phok. λεσκόβα Ep. λιασκοβέτζι Ep. λεσκοβέτζι Ep.

304. lêsъ.

asl. lêsъ silva. nsl. lês. pol. las u. s. w.

nsl. lêse Krain. lêsje Liesing. St. Jakob im Lesachthale Kärnt. lesnik Liesing Krain. Kärnt. Carinth. 1813. 44. lêsno brdo Krain. Hiltzeneck Valv. lešani oder leše Lesach Kärnt. *kroat.* lesnica Kr. *serb.* lêsi Danič. lêšani Danič. podьlêšane Danič. *klruss.* ľisov Gal. ľisovek Gal. ľisovaja Russ. ľisnyky Gal. Russ. ľisôvka Gal. ľisnycôvka Gal. ľisńaky Russ. zaľisći Gal. *čech.* lesna Walddorf Slovak. lesnice M. lešany B., das allerdings auch von lêha abgeleitet werden kann. Čas. 1834. 413. mezilesí B. mezilesice B. nálesí B. podlesí B. středolesí Mittelwald M. zálesí B. *pol.*

las Gal. lasek Gal. leśna Gal. międzylesie Königr. międzyleś Königr. podlas Gal. podlasek Gal. podlesie Gal. przylasek Gal. zalas Gal. zalesie Gal. zaleszany Gal.
Lesniza in Kärnt. Zahn 72. leizniza in Kärnt. 71. Villa lescah in Kärnt. 67. de lesach a. 1376. in lessach a. 1398 Carinthia 1813. 44. lesach Urkunde 1015. Less Kärnt. Leisach bei Lienz. liestinicha Leissing an der Mur. Grenzregul. 27. lieznicha Bach Liesing Meill. 161. Lesnik, Lesny, Lessen, Lessau, Lessa u. s. w. Butt. 84. 85. lezne Bach Sax. lisenik, lizenik, liznik, jetzt Leisnig Sax. lesnyk Sax. lesnitz, lesenitz, jetzt Lössnig Sax. lesane Koseg. See lesniz auf Rügen. vergl. λjασίνοβα Lac. λεσίνιτζα Ep. λεσινίτζα Ep.

305. lędina.

asl. lędina terra inculta. nsl. ledina. čech. lada, lado (ladem ležeti). nserb. ľedo n. Ledung.
nsl. ledine Krain. Ledein Steier. ladine Ladinach, Lieding Kärnt. ledinica Krain. *kroat.* ledina Kr. ledine Kr. ledinec Kr. *pol.* lęda Court. 23. *nserb.* ľeda plur. Lehde Zw. ležiny Läschen oder Löschen Zw. Butt. 101.
Λιαντίνα Lac.

306. lęhъ.

russ. ljachъ polonus u. s. w.
klruss. ľašky Gal. ľacko Gal. ľacke Gal. *russ.* ljachi Vladim. ljachovka Simbir. ljachoviči Minsk. *pol.* lachowice Gal. lachowce Gal.
Lechowe, jetzt Leckwitz Sax. Vergl. bulg. ljahovo Pazardž.

307. lipa.

nsl. serb. lipa tilia u. s. w.
nsl. lipa Steier. Lind Kärnt. lipje Krain. Lind Kärnt. liple (aus *lipljane Leiplach Kärnt. lipica Krain. Kärnt. lipice Lippizach Kärnt. lipovec Krain. Steier. lipovica Krain. lipnik Krain. lipnica Leibnitz Steier. lipljene Krain. lipovšica Krain. knežja lipa Graflinden. *kroat.* lipa Kr. lipe Gr. lipje Kr. liplje Kr. lipica Kr. Gr. lipik Kr. lipnik Kr. lipnica Kr. lipovac Kr. lipovača Gr. lipovčak Kr. lipovčaki Kr. lipovčani Kr. lipovnik Kr. lipovjak Gr. lipovljani Gr. lipač Gr. lipovo brdo Gr. lipovo polje Gr. *serb.* lipa Serb. lipe Gav. liplje Gav. lipnica Gav. lipova Danič. Gav. lipovьcь Danič. lipovac Gav. lipovьci Danič. lipovica Danič. Gav. lipovača Bach Serb. lipolist Gav. lipova prodolь Danič. *klruss.* łypa Gal. łypja, pol. lipie, Gal. łypyća Gal. łypći Russ. łypna Gal. łypnyk Gal. łypnyky Gal. łypńahy Russ. łypyn Gal. łypyna Gal. łypyny Russ. łypsko Gal. łypsk Russ. łypovoje Russ. łypoveć Gal. Russ. łypôvći Gal. łypovyća Gal. łypôvka Russ. łypjany, magy. héthárs, Hung. pôdłypći Gal. załypje Gal. *russ.* lipjagi. podlipki. *čech.* lipa B. v lipách B. lipí B. lipá B. lipé B. lipec B. lipice B. lipno B. lipník B. M. lipnice B. M. lipina B. lipiny B. lipenec Lippenz B. lipka B. lipkov B. lipov B. M. lipová M. lipovec B. M. Slovak. lipóc Slovak. lipovice B. lipovka B. lipůvka M. lipovsko B. lipany B. lipňany M. *pol.* lipa, auch Bach Gal. lipie Gal. lipice Gal. lipna Gal. lipnica Gal. lipowa Gal. lipowiec .Gal. lipinka Gal. lipia gora Court. 22. *oserb.* lipa, gen. lipejo, Leipe Schmal. 16. lipoj Leipe Pfuhl. lipiny Lippen Schmal. 13. lipinky Leipgen,

25*

Leibchen Pfuhl. Leipchen Schmal. 13. lipsk Leipzig Pfuhl. *nserb.* lipe n. gen. lipego Leipe Zw. lipna Leipe Zw.

Libniza Bach Zahn 54. lipen, lippan, jetzt Leipen Sax. lipzk, lipziki, jetzt Leipzig Sax. lypiz Bach auf Rügen. lypin, jetzt Lipen Koseg. vergl. lipegora, jetzt Liebgarten Koseg. λίππα Ep. λιπιανά Akarn. Aetol. λιπνίτζα, jetzt λιμπνίτζα Ep. vergl. λιμπόβτζα Ep. nach dem türk.

308. lisъ. lisica.

asl. lisъ, lisica vulpes. nsl. lisica u. s. w.

kroat. lisičina Kr. lisičine Kr. lisičina gorica. *serb.* lis Gav. lisa Serb. lisina Gav. lisine Danič. lisović Serb. lisice Herc. Gav. *klruss.* łysyčja Russ. łysńaky Russ.

309. litvinъ.

russ. litvinъ lituanus u. s. w.

klruss. łytvynov Gal. łytvynôvka Russ. łytvjaky Russ. *čech.* litvinov B.

310. livada.

nsl. livada pratum. bulg. livadъ. serb. livada u. s. w. Fremdw. 106.

kroat. livadjane Gr. *serb.* livadije Danič. livadica Danič. Serb.

311. ljutъ.

asl. ljutъ vehemens. serb. ljut u. s. w.

kroat. ljutača Gr. *serb.* ljuta Danič. Dalm. so heissen viele Bäche Herc. bei Cattaro, in Canali (konavlje), bei Ragusa. ljutovica Danič. ljutovnica Gav. ljutice Gav ljutoglavi Danič. lita stêna Danič. *klruss.* luteńka Russ. lutovyska Gal. lutča Gal. ljutaja rêka Voł.-lêt. 26. *čech.* litice B.

312. loćika.

asl. loštika lactuca. nsl. ločika. serb. loćika u. s. w. Fremdw. 106.

serb. loćika Gav. loćike Gav.

313. lokva.

asl. lokva imber. nsl. lokva palus. serb. lokva u. s. w.

nsl. lokva Krain. Corgnale Görz. Bach Valv. lokve Steier. za lokvoj Steier. lokvica Krain. *kroat.* lokva Gr. lokve Kr. lokvica Kr. trolokve Gr. *serb.* lokva Gav. crne lokve Herc.

314. lomъ.

Lom erklärt man als Steinbruch: man beachte jedoch serb. lomiti für prvi put orati brachen, womit čech. lomek Haidl einigermassen übereinstimmt; vergl. auch serb. loman steil und lomina Unkraut.

nsl. lom Lam Kärnt. lome Krain. lomno Krain. lomščica Krain. *bulg.* lomsko. *kroat.* lomnica Kr. *serb.* lomnica Gav. polom Gav. polomlje Gegend in Bulgarien Vuk. *klruss.* łômna Gal. łomnyća Gal. łomovatoje Russ. połomyja Gal. *russ.* lomovъ. lomovo. lomovoe. lomovaja. lomovka. *čech.* lom B. lomy B. M. lomec B. lomce B. lomek Haidl B. lomno M. lomná B. lomnice Lanz B. Lobnik M. polom f. Suš. z polomě 369. z pusté polomi 577. *pol.* łomna Gal. auch Bach Gal. łomnica Gal. *oserb.* łomsk Lomske Schmal. 11.

Luom Name eines Berges in Kärnt. Lexer. lomnich, jetzt Lobming in Obersteier. lominicha Ank. 19. lom, jetzt Lohm in Schlesien. zum lome, jetzt Lohmen Sax. lompnitz, lomats, lomacz, jetzt Lommatsch Sax. zalom, jetzt Sohland Sax. loum, jetzt Lohme Koseg.: serb. lom ist Almus und gehört demnach nicht hieher.

315. lonьčarъ.

nsl. serb. lončar figulus.

kroat. lončari Kr. Istr. lončarica Gr. lončar brdo Kr. lončarsko selo Kr. *serb.* selo lonьčari Danič. vergl. grъnьčarь.

316. lopata.

asl. nsl. serb. lopata pala u. s. w.

nsl. lopata Schaufel Krain. lopatca Steier. *kroat.* lopata Kr. lopatinec Kr. *serb.* lopatnica Gav. lopatica Serb. lopatanj Serb. *russ.* lopatino. *čech.* lopata B.

Lopate auf Rügen. λαπάτα Elis.

317. lopuhъ.

nsl. serb. lopuh lappa u. s. w.

serb. lopušnik Gav. *klruss.* łopuška Gal. łopušna Gal. łopušnyća Gal. łopušanka Gal. łopušany Gal.

318. losь.

russ. losь cervus alces Elenthier. pol. łoś.

serb. losica Dalm. losnica Herc. *klruss.* łośi Gal. łosje Gal. łosyneć Gal. łosynôvka Russ. łośač Gal. łośatyn Russ. *russ.* losi. losicha. *čech.* losenice B.

Losize, jetzt Loiz Mecklenb.

319. lovьсь.

asl. lovьсь venator. serb. lovac. čech. lovec.

serb. lovci Gav. *klruss.* łovći Gal. łovče Gal. łôvča Gal.

320. loza.

asl. loza palmes. nsl. loza silva, vitis. serb. vinova loza vitis vinifera u. s. w.

kroat. loza Kr. lozan Kr. *serb.* lozanj Gav. lozno Gav. lozna Gav. loznica Gav. loznac Gav. lozovik Gav. lozišće Dalm. *klruss.* łozova Gal. łozovaja Russ. łozovyj Russ. łozovatka Russ. łozôvka Gal. łozyna Gal. łozanôvka Russ. załôzći Gal. *čech.* loza B. lozice B. sucha loza M.

Lozna Bach Sax. lozina Bach Sax.

321. lubъ.

serb. lub cortex. russ. lubъ cortex, liber. čech. lub cortex. pol. łub cortex.

nsl. lubno Laufen Jarn. 81. Kärnt. Steier. *serb.* lubnica Gav. *klruss.* łubna Gal. łubyna Gal. łubny Russ. łubjana Berg Gal. Hałyč. 132. łubjanky Gal. *russ.* lubina. *čech.* luby B. lubno B. lubné B. lubná B. lubny B. lubník B. lubenec B. *pol.* łubno Mogil. łubienko Gal. łubnica Gal. podłuby Gal.

Mons lubnic a. 973. Zahn 37. ad liupinam in Unterösterr. Grenzregulirung 26.

322. lukъ.

asl. lukъ cepa. nsl. luk cepa. serb. luk allium: bjeli luk, crni luk.

nsl. lukovec Krain. lukovek Krain. lukovica Krain. lukavci Steier. lučana Leutschach Steier. *kroat.* luk Kr. lukavac Kr. vergl. łąka.

323. luža.

asl. nsl. oserb. luža palus. Vergl. lągъ.

nsl. luža Krain. luže Lausach Krain. lužnice Lussnitz Kärnt. lužarje Krain. *kroat.* lužnica Kr. *serb.* lužnica Serb. Bach. Vuk. medjulužje Serb. *klruss.* łužky Gal. lužany Bukowina. nałuže Gal. załuže Gal. *čech.* louže B. luže B. lužice B. M. lužné B. loužna B. M. loužnice B. lužnice B. lužany B. mezilužİ B. podlužany Slovak. zálužİ B. černé louže Schwarzpfütz B. *oserb.* łusk Lauske. *nserb.* łužycy plur. Lausitz Zw. Butt. 95. zalž, vielleicht zalužije Salhausen.

Lausesumpf, Lausche, Lauske, Lausnitz u. s. w. Butt. 95, der anderer Ansicht ist. Der Name der Lausitz, nserb. łužycy, oserb. łužicy plur. m., in Urkunden des K. Otto lusici, hängt wahrscheinlich mit łuža zusammen: die Form lunsizi beim bair. Geographen kann dagegen nicht eingewendet werden. λουζέτζι, λοζέτζι Ep.

324. lyko.

nsl. liko liber. serb. lik, liko u. s. w.

serb. likodra Gav. *russ.* lykovo.

325. lysъ.

russ. lysъ calvus. čech. lys. pol. łysy u. s. w.

serb. lisopolje Serb. *klruss.* łysa Gal. łysa hora Gal. *russ.* lysaja gora. *čech.* lysá Leissen B. lysec B. lysica Slovak. lyské B. *pol.* łysiec Gal. łysina Gal. *oserb.* lesa (wohl łysa) hora Lisseharre.

Liza gora Koseg.

326. lьgъ.

asl. lьgъkъ: lьgota levitas in der Bedeutung levatio Erleichterung, Befreiung. čech. lhota ein zeitweilig von Zinsungen freies Ansiedel, in ON. durch ‚Stift' übersetzt. Dergleichen erscheinen in Böhmen und Mähren mit Schluss des XII. Jahrhunderts. H. Jireček, Das Recht in Böhmen und Mähren, 2. 16. 17. Derlei Ortsnamen finden sich auch bei den Slovaken und in den westlichen Theilen des polnischen Sprachgebietes, während sonst dafür wola besteht.

čech. lhota M. Slovak. Stift, Neustift B. lhotice B. M. lhotka B. M. lehotka Slovak. lhotky B. lhotsko B. In Böhmen gibt es bei 300 Ortschaften mit dem Namen lhota, dem verschiedene deutsche Formen gegenüberstehen: Elhotta, Elhotten, Elgot, Ellgut, Ölhütten, Alhüten, Welhota, Welhotta, Wellhotten, Welhüta, Wellhütten, Mahlhütten, Mehlhut, Mehlhüttel, Malten; für lhotka tritt Mehlhutka, für lhotsko Hutzke ein. Bei der Erklärung von Ellgut hat man an heilig Gut d. i. Priestergut und an die Lygier gedacht. Wiener Jahrbb. 9. 147. *pol.* lgota Gal. lgota, quae vocatur manec Court. 22. lgota Ellgut, Elgot Court. 22.

327. lьnište.

serb. lanište ager olim lino consitus. čech. lniště pole, na němž len seto.

nsl. laniščе Krain. laniše Horland Valv. *kroat.* lanišće Kr. *serb.* lanište Gav. lьništa Danič. *čech.* lniště Elnischt B.

328. mačьka.

nsl. maček, mačka felis. serb. mačak, mačka.

nsl. mačke Krain. mačkovec Katzendorf Krain. mačkova vas Krain. *kroat.* mače Kr. mački Kr. mačkovec Kr.

329. madžar.

nsl. serb. madžar ungarus.

kroat. madžari Gr. *serb.* madžare Gav.

330. magerъ.

asl. magerъ coquus. aserb. madjerije coquina. Fremdw. 107.

kroat. magjerovo Kr. *serb.* madjer Gav. madjerьci Danič. *klruss.* magera Gal. *pol.* magierow Gal.

331. magjupьсь.

aserb. magjupьсь pistor.

serb. magjupьсь Danič.

332. majdanъ.

serb. mejdan Platz. klruss. majdan. russ. majdanъ. Fremdw. 107.

kroat. majdan Gr. *serb.* majdan Gav. majdanpek Serb. *klruss.* majdan Gal. *russ.* majdanъ.

333. makъ.

asl. makъ papaver. nsl. serb. mak u. s. w.

kroat. makovišče Kr. makov hrib Kr. *serb.* makovišta Gav. makovište Serb. *klruss.* makovysko Gal. *pol.* makow Gal. Mackau Court. 24. makowa Gal. makowice Gal.

334. malina.

nsl. malina rubus idaeus. rdeče malince Hindbeere Valv.

nsl. maline Krain. malnica Mallnitz Kärnt. malince Krain. malinšek Krain. *kroat.* malina Kr. *nserb.* maliń Mehlen.

335. malъ.

asl. malъ parvus u. s. w.

kroat. mala Kr. Gr. male drage Kr. mala gora Kr. mala kosa Gr.

Vergl. malewo Peloponn.

336. maslina.

asl. maslina oliva.

Μάσκλινα Ark.

337. mazurъ.

pol. mazur der Masure.

russ. mazurka. *pol.* mazury Gal.

338. mątъ.

asl. mątъ turba, coenum. pol. męt aqua turbida.

nsl. motnik Möttnig Krain. motnica Metnitz Kärnt. auch Bach Kärnt. Krain. *kroat.* mutnik Bach Gr. *serb.* mutnik Bach Serb. mutnica Gav. Bach Vuk. mutanj Gav.

mutna reka Gav. *čech.* mutná M. mutnik Slovak. mutenice M. Suš. 657. mutěnice M. Suš. 585. moutnice M. Suš. 480. 589. *pol.* męcina Gal. męcinka Gal. *nserb.* mutnica ein Arm der Spree Butt. 154.

Motevnich Mötnik Zahn 159.

339. medvêdь.

asl. medvêdь ursus. nsl. medved u. s. w.

nsl. medvedica Krain. Wald Valv. medvejek Krain. medvedje brdo Bärenberg Krain. *kroat.* medved Kr. medvedica Kr. medjedi Kr. medveja Istr. medvedjak Gr. medvejak Kr. medvedski breg Kr. medvedova draga Kr. *serb.* medvêdьcь Danič. medvidje Dalm. medvednik Gav. medvedja Gav. medvedje Serb. medvêdja glava Danič. Vergl. mečkovac Gav. meči dol Gav. *klruss.* medveža Gal. medvidôvka Russ. medvižje Russ. *russ.* medvêdь. medvêdevo. medvedica Bach. medvêdka Bach. *čech.* medvědice B. nedvědice plur. M. nedvěz B. nedvězí B. M. Jung. *pol.* niedźwiedź Gal. niedzwiedza Gal. niedzwiada Gal.

Lit. meškei Schleich. 146.

340. medъ.

asl. medъ mel, vinum. nsl. serb. med u. s. w. asl. medarь pincerna. serb. medar mellarius.

kroat. medak Gr. medari Gr. *serb.* medovina Gav. medojevac Gav. medarevьcь Danič. *klruss.* medova Gal. medyńa Gal. meducha Gal. *čech.* medný B. medná B. medonosy B.

Medowe auf Rügen. Lit. medukalnei Schleich. 146.

341. metlika.

nsl. metlika artemisia vulgaris.

nsl. metlika Möttling Krain. *čech.* metličany B.

342. mežda.

asl. mežda terminus. nsl. meja terminus, saepes, Unterwald u. s. w. čech. meze vel kopci ligna terminorum Erb.

nsl. na mejah Steier. *kroat.* medja Kr. sumedjani Gr. *serb.* medjare Dalm. *čech.* mezí B. mezina B. mezné B. zámezí B.

Migèe anticamente medea sclabonica Pir. 611.

343. mêlь.

serb. mêlь syrtis Danič. russ. melь f. čech. měl f.; mělý fein, mělký seicht. pol. miel f.; miały, miałki seicht.

nsl. melani Mellach Kärnt. *kroat.* melnice Kr. Gr. meljani Kr. podmelnik Gr. *serb.* meljine Dalm. melnica Gav. meljak Gav. meljanica Gav. meljenice Serb. modryj mêlь Danič. modrii mêlьci Danič. *klruss.* miľno Gal. meľna Gal. miľnyća Gal. meľnyća Russ. miľče Gal. miľcy Russ. mêlnikъ Vol.-lêt. 67. meľnyky Russ. meľnyčnoje Russ. meľkôvka Russ. *čech.* mělník Melk B. zámělý B. *pol.* mielec Gal.

Melno, jetzt Möln auf Rügen.

344. mêsto.

asl. mêsto locus. nsl. mêsto locus, urbs u. s. w.

nsl. staro mêsto oder čevdat Cividale Venet. *čech.* město B. městce B. městec B. městečko Stadtl B. místek M. *pol.* miejsce Gal. miasteczko Gal.

345. mękyna.

kroat. mekinje furfur. pol. miękiny Spreu.

nsl. mekine Minkendorf, bei Valv. Munkendorf Krain. *kroat.* mekinar Gr. *serb.* mekynešь Danič. *čech.* měkynec B. *pol.* miękina Gal.

346. mladъ.

asl. mladъ tener, iuvenis. nsl. serb. mlad u. s. w.

nsl. mladje Krain. mladica Krain. mladevina Krain. mlada gora Krain. *čech.* mladá B. *nserb.* młoda Butt. 72. młože Mlode Butt. 153.

347. mlaka.

nsl. mlaka lacuna. serb. mlaka terra aquosa. im kärnt. Deutsch ist Plak'n ein zeitweilig nässender Ackergrund Lex. 29. vergl. serb. mlakva lacus hieme non congelans, das mit mlak tepidus zusammenhängt.

nsl. mlaka Moos Krain. mlake Krain. *kroat.* mlaka Kr. Gr. mlakva Gr. mlakovac Gr. zamlača Gr. zamlaka Kr. zamlače Kr. *serb.* mlačьno Danič. mlačište Danič. *čech.* mlaka B. mlaky B.

348. mlynarъ.

nsl. serb. mlinar molitor.

nsl. mlinare Müllnern Kärnt. mlinarec Hung. *kroat.* mlinari und mlinovi Kr. mlinarica Gr. *čech.* mlynaře B. mlynařice B. mlynařovice B.

349. mlynъ.

nsl. serb. mlin mola. pol. młyn u. s. w.

nsl. malni Mühlen Krain. mlinše Krain. malenska vas Mühldorf Krain. *kroat.* mlini Gr. mlinovi Kr. mlinska Kr. mliništće Gr. *serb.* mlini it. Molini Dalm. *klruss.* młyny Gal. Russ. młynôvći Gal. młynôvka Gal. młynyska Gal. *čech.* mlýn B. mlýny B. mlýnice B. mlýnce Leinitz, Linz B. mlýnec Lenzel B. mlýneček B. mlyniště Leinisch B. zamlyní B. *pol.* młyn Court. 25. młynne Gal. młynka Gal. młynczysko Gal. Cum molendino alias z młyniszczem Diplom. zamłynie Gal.

350. mnihъ.

asl. mnihъ monachus u. s. w.

čech. mnich B. mníšek B.

351. močarъ.

nsl. močvar palus, in ON. durch ‚Moos' übersetzt. serb. močar udor. pol. moczara.

nsl. močvirje Krain. močirje Mooswald, Mossern Kärnt. *klruss.* močary Gal. vergl. močerady Gal. *čech.* močár Slovak. močárany Slovak. vergl. močerady B.

352. močilo.

serb. močilo Flachsröste. čech. močidlo. pol. moczydło.

nsl. močile Krain. močidle Matschiedel Kärnt. močula Motschula Kärnt. močilno Krain. močilnik Bach Valv. *kroat.* močilo Gr. močila Gr. močile Kr. *serb.* močila Bach Herc. *čech.* močidlo B. močidlce B. močidly B. močidlico B. močidlky B. močidlník B. močidlany Slovak. *pol.* moczydło Gal. moczydlica Motschelniz Court. 26. moczydlnice ibid.

353. modrъ.

asl. modrъ lividus. nsl. moder. serb. modar u. s. w.

nsl. modrinja Moderndorf Kärnt. *kroat.* modrovec Kr. modruš Gr. modra greda Gr. *serb.* modrica Gav. modra glava Danič. modryj mêlь Danič. modrii mêlьci Danič. *klruss.* modryč Gal. *čech.* modrá Slovak. modřec B. modrý kamen Slovak. *pol.* modrze Court. 25. modrz ibid.

Mödring Berg, Möderndorf Kärnt.

354. mogyla.

asl. mogyla tumulus. nsl. gomila collis. serb. gomila tumulus u. s. w.

nsl. moglice, nach andern mohelče Möchling Kärnt. gomila Steier. gomile Erckenstein Valv. gomilica Gamlitz Steier. gumilica Hung. gomilsko Steier. *kroat.* gomelščak Kr. *serb.* mogylica Danič. mogylьnica Danič. mogyljani Danič. gomiljani Herc. bêla mogyla Chrys.-duš. gomilica Danič. Dalm. gomile acervi lapidum inordinate accumulatorum Herc. *klruss.* mohyła Berg Gal. mohyl̄na Russ. mohyl̄nyća Gal. *čech.* mohelka B. mohelno B. M. mohelnice B. Mügliz M. *pol.* mogiła Gal. Königr. mogiła sive tumba Court. 25. mogiły Gal. Königr. mogilno Gal. Königr. mogilnica Gal. Königr. mogilniczko Königr. mogilany Gal.

Comilach, Urk. 954, jetzt Gemillach Kärnt. gomelintz, jetzt Gamlitz in Untersteier. Muggelink Alpe in Kärnt. gomilnitz Neug. 1. 48. Gross-Muggel in N.-Österr. mogilin, mogelen, mogelin, mugelin, jetzt Mügeln Sax. mogelencz, moglencz, jetzt Müglenz Sax. Müggelsee in Brandenburg Jettm. 23. muchil, jetzt Mücheln Magdeb. 19. mogulina Thietmar V. 22. mogela cumulus satis magnus Koseg. mogylna Koseg. Vergl. mahura Berg Nauk.-sbor. 1866. 302. magura mons, pagus Slovak. mogura Berg in Bessarabien. mahurčaky virojatno rumunskoho proischoždenyja Nauk.-sbor. 1870. 75. μαγοῦλα Aetol. Meg. Ark. Mess. Lac. μαγοῦλjανα Ark.

355. mokrъ.

asl. mokrъ humidus. nsl moker. serb. mokar u. s. w.

nsl. mokrice Krain. mokrije Mökriach Kärnt. mokronog Nassenfuss Krain. mokro polje Krain. *kroat.* mokro Gr. mokrica Kr. mokrice Kr. Gr. *serb.* mokro Herc. mokra Serb. mokrine Danič. Dalm. Herc. mokrênьskyj Danič. mokranьskyj Danič. mokranje Gav. mokrošnica Herc. mokronoge Herc. mokra gora Gav. mokri lug Gav. mokra poljana Danič. mokro polje Danič. μόκρον Constant. Porphyrog. *klruss.* mokre Gal. mokryća Gal. mokrotyn Gal. mokrjany Gal. vergl. pomokły Russ. *russ.* mokrušina. *čech.* mokré B. mokrá M. Mugerau B. mokřec B. mokřice B. mokřiny B. mokrsko B. *pol.* mokrzec Gal. mokrzyska Gal. mokrzany Gal. *nserb.* mokre Mokro Zw. mokšoja Mokro Zw. Butt. 102. vergl. podmokła Podemack.

Pratum mukernize. Meiller, Reg. Mocker, Mockernitz, Mockrau, Mockritz, Mockerbor, Mockrehna, Möckern, Muckern, Muckrau, Muckwar Butt. 105. mokeruz, jetzt Mockritz Sax. Makeritz bei Potsdam Cyb. 14. mokornic, jetzt Mökkern Magdeb. 12. μοκρίτζα Ep.

356. monastyrъ.

asl. monastyrъ monasterium u. s. w.

serb. manastirica Serb. namastirica Serb. *klruss.* manaster Gal. manasterek Gal.

357. morava.

slovak. morava Au (poníž Jelšavy zelené moravy, na tých moravách vejú dve zástavy). bulg. morávъ caespes Cank. pol. murava Rasenplatz. Man beachte, dass in zábřeh morava ein Appellativum für jedes Wasser geworden ist. Šembera, Západní Slované 48.

nsl. morava Mrauen Krain. moravče n. Moräutsch Krain, in der Nähe moravska gora Valv. moriče Mörtschach Kärnt. *kroat.* moravice Kr. Gr. moravci Gr. momoravče Kr. *serb.* morava Fluss Danič. Vuk. župa Danič. moravica Danič. moravci Gav. morača Danič. *klruss.* moravsko Gal. *čech.* morava Mohrau B. moravice M. moravce B. z moravce M. Suš. 472. moravčice B. moravany Slovak. moravanky B. moraveč B. moravsko B. moravě ves B. *pol.* morawica Gal. morawce Court. 25. morawsko Gal. morawszczyzna Gal.

Vergl. čech. mory, morany, mořina, mořiny u. s. w. bei dem krainischen moravče denkt Kopitar, Glagolita cloz. LXX, mit Unrecht an Mähren. Als Flussname ist morava sehr häufig. Šembera, Západní Slované 48. Aus wasserreichem Wiesenland ist ein Fluss geworden, während im ahd. ouwa aus ahva aqua Wiesenland geworden ist. μοράβα Ep.

358. mostъ.

asl. mostъ pons. nsl. most u. s. w.

nsl. most Krain. moste Brücklein Krain. mostec Krain. na mostiču Brückl Kärnt. moščinica Jarn. 185. *kroat.* most Gr. mosti Gr. mostina Kr. mostane Gr. moštanica Gr. mošćenica Gr. mošćenice Istr. zamost Gr. mostari Kr. *serb.* mosna Berg Serb. mostište Danič. moštanic aDanič. Gav. vergl. ćuprija Serb. *klruss.* mosty Gal. mostky Gal. mostyšče Gal. mostyska Gal. moščanyća Gal. Russ. moščenka Russ. zamôst Gal. zamôstje Gal. *čech.* mosty B. mostek Mastig B. mostky B. mostec B. mostecké B. mostečné B. mostice B. mostov B. mostkov B. mostiště B. M. mezimostí B. předmostí M. zamostí B. zamostia Slovak. tlustomost, tluztemoz Stolzmütz Kop. 125. 266. *pol.* moszczany Gal. moszczaniec Gal. moszczenica Gal. *oserb.* zamosty Zweibrücken Schmal. 16. *nserb.* most Heinersbrück Zw. Wendisch Musta Zw. Butt. 135.

Mostitsi Peloponn. mostinitsa Peloponn. Maust, Mustin, Babimost, woraus Bomst, Dolgemost Butt. 135. mosticz, jetzt Mostitz Sax. most Koseg. dolgemost Koseg. μοστενίτσα Elis. Lit. užtilčei, etwa zamostije Schleich. 147.

359. mramorъ.

asl. mramorъ marmor.

nsl. mramorovo Krain. *serb.* mramorac Gav. mramorane Danič.

360. mravij.

asl. mravij formica. nsl. mravlja, mrav u. s. w.

serb. mravinьcь Danič. mravinjac Dalm. mravinjica Dalm. *russ.* muravica. muravljanka. muravьevo. muravьeva. *čech.* mraviště B. *pol.* mrovla Gal.

361. mrъkъ.

serb. mrk ater u. s. w.

kroat. mrko polje Kr. *serb.* mrkodo Herc. mrъkyj dolь Danič.

362. mrъva.

nsl. serb. mrva mica. pol. mierzwa altes Stroh. magy. murva Spreu. Vergl. mękyna.

čech. mrvice B. *klruss.* mervyća Gal.

363. mrъzlъ.

nsl. mrzel frigidus.

nsl. mrzli lôg Krain. mrzlo polje Krain. Steier. mrzli vrh Steier. mrzla vas Krain. *kroat.* mrzlo polje Kr.

364. myšь.

asl. myšь mus. nsl. serb. miš u. s. w.

nsl. mišji dol Mausthal, Mischidul Krain. *nserb.* myšyń Mischen Butt. 126. pšyne für mšyne Missen: vergl. pšyca für mšyca Mücke.

365. myto.

asl. myto vectigal, telonium. nsl. mito donum corruptivum u. s. w. Fremdw. 112.

nsl. muta Hohenmauten Steier. aus dem Deutschen: ahd. mûta. *klruss.* mytnyća Gal. Russ. *čech.* mýto B. magy. vámosfalu Slovak. *pol.* myta Gal. quod latine telonium dicitur Court. 26. mytarz Gal. mytarka Gal.

366. mъhъ.

asl. mъhъ muscus. nsl. meh u. s. w.

klruss. mchava Gal. mchovo Gal. mšana Gal. mšanka Gal. mšanec Gal. mochnate Gal. *čech.* mšeno Wemschen B. *nserb.* mochov Machov Zw. Vergl. mochlice Mochlitz Zw.

Machowitz, Machnitz, Machenow, Machnow, Machen u. s. w. Butt. 100.

367. mъzěti.

nsl. mzêti stillare: travnik vode mzi, iz brêze mzi.

nsl. mêža: mježa Miess, Missbach Kärnt., auch moža geschrieben. mižice Miss Kärnt., auch mežice, mažica, možica geschrieben. mežice und mežiče Möschach Kärnt. *čech.* mže Flüsschen Mies B.

368. naklo.

Von unbekannter Bedeutung.

nsl. naklo Naklas Krain. nakalce Steinberg Valv. *serb.* naklь Danič. *klruss.* nakło. *čech.* nakle B. naklov Nagles B. *pol.* nakło Nackel Königr. nakieł Court. 27. Nakel Koseg.

369. nebojse.

serb. ne boj se noli timere.

kroat. nebojse Kr. *serb.* nebojša ein Thurm in Belgrad.

370. nêmьcь.

nsl. nêmec germanus. serb. nijemac u. s. w.

nsl. nêmška lôka Krain. nêmški rot Krain. nêmška vas Krain. *kroat.* nemci Gr. nemčevec Kr. *čech.* něměe B. němčí B. němčice B. *pol.* niemce Nimptsch Court. 28. niemcowa Gal. *oserb.* ńemcy Dörgenhausen (Thüringenhausen) Schmal. 9.

Niemtsch leitet Butt. 154. von einer schlesisch-polnischen Gottheit njam ab.

371. niva.

asl. niva ager. nsl. serb. njiva u. s. w.

nsl. njiva Gniva Friaul. njivice Krain. njiva knežja Grafenacker Krain. strma njiva Krain. *kroat.* njiva Gr. njive Gr. *serb.* nivice Danič. *klruss.* nyvky Gal. *čech.* niva Slovak. nivy Slovak. nivnice M. Suš. 681. dobra niva, magy. dobrona, Slovak. podniví B. *pol.* niwa Gal. niwy Gal. niwka Gal. *nserb.* ńeva Zauche aus suhъ. nivica Niewiz Zw. Butt. 101. Vergl. niverla Niwerle Butt. 101.

Νίβιτζα Ep. Mess. νίβανη Ep. Lit. dirvelei von dirva Ackerfeld Schleich. 146.

372. nižьnь.

asl. nižьnь qui infra est u. s. w. nizъkъ humilis u. s. w.

čech. nižná Slovak. srbská nízká Niedersichel B. *pol.* nižna Gal. nižniki Gal. *oserb.* niža vjes Niesendorf Schmal. 13. Vergl. nizka Nieske.

373. noga.

asl. noga pes u. s. w.

nsl. mokronog Nassenfuss Krain. dolga noga Krain. *serb.* prekonozi Gav. prekonoge Gav.

374. nora.

asl. nora latibulum. klruss. nora Fuchsloch Matth. 8. 20: Wurzel nr (nrêti). Vergl. ponorъ.

nsl. norje Nöring Kärnt. *kroat.* nurkovac Kr. *serb.* nura Bach Ok. 85. *čech.* nýra B.

375. nosъ.

asl. nosъ nasus u. s. w.

serb. nosь Danič. babin nos.

376. novъ.

asl. novъ novus. nsl. serb. nov u. s. w. pol. nowina, nowizna pole po raz pierwszy zorane. In Podol.

nsl. novine Krain. novaki Neusass Valv. novi brêg Krain. nova lipa Krain. novo rebro Krain. nova sušica Krain. *kroat.* novi Kr. novoselec Kr. novoselci Kr. novi dvori Kr. novoselja Gr. novoseljani Gr. novi lazi Kr. nova ves Kr. *serb.* novyj Danič. novo Gav. novaci Danič. Gav. novoseljane Danič. novo brьdo Danič. gora novica Danič. novo selo Serb. nova sela Danič. νουγράδε Constant. Porphyrog. *klruss.* novyća Gal. novyny Gal. novyčyzna Gal. novoseɫec Gal. novoseľći Gal. novoseɫyća Gal. novośiɫka Gal. novośiɫky Gal. novoseľnyća Gal. *čech.* nový B. novohrad B. novoles B. novosedly B. neosely B. nuzdly B. nové domy B. nové hrady B. nová ves B. nové sídlo B. *pol.* nowiki Gal. nowosielce Gal. nowostaw Gal. nowostawce Gal. nowy grod Court. 28. *nserb.* nova vjas Neuendorf Butt. 102. novjas aus nova vjes Ritzneudorf.

Novoslicy, nowa zodlitz, nussedelicz, nuzadeliz, jetzt Nauslitz Sax. nosselicz, jetzt Nosslitz Sax. Naugardt, Naugarten, Nauen Butt. 150. νόβανη Ep. νοβοσέλτα Ep. Lit. naujininkai Schleich. 146.

377. nozdrь.

asl. nozdri nares u. s. w.

serb. nozdre Danič. nozrina Gav. *klruss.* nozdrec Gal. *pol.* nozdrzec Gal.

378. oblъ.

asl. oblъ rotundus. nsl. obel u. s. w.

nsl. obla gorica Krain. oblica Friaul.

Wublitz, Nebenfluss der Havel. Cyb. 6. vergl. man mit ublь.

379. obodъ.

asl. obodъ annulus. nsl. serb. obod Einfassung des Siebes, Umkreis.

serb. obod Dalm.

380. obora.

nsl. obora Thiergarten. serb. obor sepimentum pro suibus. čech. obora Viehstelle, in ON. durch ‚Thiergarten' übersetzt.

kroat. oborovo Kr. obornica Kr. *čech.* obora M. obora, vobora Wobern, Thiergarten B. obory B. voborek B. obořice B. obořiště B. *pol.* obora Court. 28. oborniki Posen.

381. obozъ.

pol. oboz castra.

klruss. obožyšče Feld Gal. *čech.* oboz B.

382. obrąbъ.

čech. obrub, obruba Verhau in der Runde, Schanze. pol. obrąb.

čech. obruby B. obrubce B.

Vergl. kroat. orubica Gr.

383. obrovъ.

asl. obrovъ fovea. serb. obrov mit ostrog zusammengestellt živ. 19. obroviti circumfodere.

nsl. obrov Diöcese Triest. *kroat.* obrovnica Kr. *serb.* obrovac Dalm. obrva Gav. *russ.* obrovъ Nest.

Magy. Obrova-Sáncz im Batscher Comitat.

384. obьštь.

asl. obьštь communis. nsl. občji u. s. w.

nsl. občine Gemeindorf Krain. občica Krain. *čech.* obec B. občiny B. obecnice, že na obecných pastvinách nebo lesích se vystavěly. Čas. 1834. 397.

385. odra.

Von dunkler Bedeutung.

kroat. odra Bach und Dorf Kr. *russ.* odrino. odrinka. odrьskъ Nest. 103. 15. *čech.* odry B.

Odra Koseg.

386. ogarъ.

asl. ogarъ canis venatici genus. serb. ogar. magy. agár Windhund. čech. ohař canis sagax. pol. ogar.

kroat. ogar Gr. *russ.* ogarevo. *čech.* ohař B.

387. ograda.

asl. ograda saepes: ograditi saepire.

nsl. ograda Krain. ograja Krain. *serb.* ogradac Herc. ogradjenik Herc. selo ogradjenikь Danič. ogradjenica Herc. *čech.* ohrada B.

388. ohodъ.

čech. ochod circuitus: vergl. ochoze, ochoz Waldschlag. pol. obchod Behausung sammt Wirthschaftsgebäuden. oserb. ochozy Meierei Schmal. 15.

klruss. ochoža Voł.-lět. 68. *čech.* ochoz Wochos B. *pol.* ochodza Gal. *oserb.* ochoza Schmal. 15. wochozy Nochten Pfuhl.

389. okno.

asl. nsl. okno fenestra. serb. okno puteus Schacht u. s. w.

klruss. ôkno Gal. okńany Gal. *čech.* vokna B

390. okolъ.

asl. okolъ circulus, areola in horto. nsl. okol caula. serb. oko castra.

serb. okolište Gav.

391. okopъ.

asl. okop vallum.

serb. okopьсь Danič. *klruss.* okop Russ. *pol.* okopy Gal.

392. okrąglъ.

asl. okrąglъ rotundus. nsl. okrôgel u. s. w.

nsl. okrôglo Krain. okrôgli Hung. okrôglica Okrogliz Steier. ocroglach Urkunde von 1274 Zahn 329. *kroat.* okrugljak Kr. Vergl. okrug Kr. *serb.* okrugla

Danič. Berg Serb. okruglica Gav. okrugla bara Danič. Vergl. okrug Dalm. *klruss.* kruheľ Gal. *čech.* okrouhly B. okrouhlá B. okrouhlé B. okrouhlice B. okrouhlík B. okrouhlov B.

Chrugel Ank. 109.

393. olьha.

nsl. jelša, jolša. bei Valv. jerša alnus. serb. jelša, joha, jova. russ. olьcha. čech. olše. slovak. jelša, olša. pol. olsza. ahd. elira neben erila. nhd. eller neben erle alnus. slav. ol-iha. ol-iša.

nsl. jelša Krain. olšje Olsach, Erlach, Irlach Kärnt. jelšac Friaul. jelševec Krain. jelševnik Krain. jelšane Krain. zajelše Istr. zavolšje Erlach Kärnt. *bulg.* elšica Pazardž. *kroat.* jalšje Kr. jalševec Kr. jošava Kr. jošavica Bach Gr. joševica Gr. jošane Gr. johovo Kr. johovec Kr. *serb.* jelьšanica Bach Chrys.-duš. jošanica Gav. jelьšenica Danič. joševa Gav. joševica Bach Vuk. ješevac Serb. elhovьcь Chrys.-duš. jelьševikь Danič. jošica Dalm. *klruss.* oľchy Russ. olešьe Voł.-lět. 32. ôľchova Gal. oľchovatka Russ. oľchoveć Gal. oľchôvći Gal. auch Bach Gal. oľchôvčyk Gal. auch ein Berg Gal. oľchôvka Gal. oľšana Russ. ôľšanyća Gal. oľšany Gal. ôľšanka Gal. Russ. ôľšanyk Gal. oľšova, magy. olysó, Hung. oľšavec, magy. orsócz, Hung. *russ.* podъ olьchi. elьša. elšino. elšanka. elchovka. olešьe Nest. *čech.* olší B. M. olše B. Slovak. oleš B. olešná B. Ulischen M. volešná B. olešník B. oleška Ohlisch B. olešnice B. Öls M. olešnička M. olšovec Olspitz M. jelšovec Slovak. jalšovce Slovak. volšina Wolschen B. olešinky M. jalšovík, jelšovík Slovak. jelšava, olšava Slovak. olšavka Slovak. olšavica Slovak. olšany B. M. olšovany Slovak. podolší B. podulší B. podolšany B. zalší B. *pol.* olsze Court. 29. olszyna ibid. olszyny Gal. *oserb.* volšina, volešnica, volšinca Ölsa Schmal. 13. 14. *nserb.* volšynka Elsnig Zw. Elsnig, Ölsnig Butt. 65.

Olsa Bach in Kärnt. und Obersteier. Olsach Bach im Drauthal in Kärnt. Olschneg, Ölschniz Kärnt. Wolsching, Wolschig, Wolschow, Ölsa, Öls, Ölsen, Ölsnitz Butt. 65. 93. Ulssen, jetzt Ülzen Sax. olsnitz, jetzt Ölsnitz, Ölschütz Sax. Ulsniza, ulzniza Bach auf Rügen. Ölzschau. Ἐλσjανη Akarn. Aetol.

394. opaliti.

asl. opaliti incendere. serb. opala. čech. opal Brand. pol. opał.

serb. opaljenik Gav. *klruss.* opałyn Russ. *pol.* opalona Gal. opalenica Posen. opalenisko Gal. *oserb.* vopalen Oppeln Schmal. 5.

395. oplotъ.

asl. oplotъ saepes.

nsl. oplotnica Steier. *čech.* oplot B. oploty Oblat B. oplotec B.

396. opoka.

asl. opoka saxum. nsl. serb. opeka tegula. klruss. opoka, in ON. durch ‚Fels‘ übersetzt. čech. opoka, opuka saxum. pol. opoka saxum.

nsl. opeka Krain. *kroat.* opeka Kr. *klruss.* opoka, opaka Felsendorf Gal. *russ.* apoka. opoki. opočka. *čech.* opuka B. opočno B. opočnice B. *pol.* opoki Court. 29. *oserb.* vopaka Oppach Schmal.

Opocnię Zahn 293.

397. opolje.

Aus o, obъ und polje ampus.

serb. opolje Danič. *klruss.* opoľe Russ. opôľsko Gal. *pol.* opol m. Oppeln in Schlesien. opole Königr. vicinia, quod opole dicitur vulgariter Court. 29. opole exactio Diplom. 1. 4. 57. 79 u. s. w.

Opole Koseg. vergl. oserb. vopalena, vopaleń f. Oppeln Schmal.

398. orava.

Das Wort hängt wahrscheinlich mit or (orati) zusammen.

serb. oravača Bach Dalm. orьnica Danič. *klruss.* orjava Gal. auch Bach Gal. orjavčyk Gal. auch Bach Gal. *čech.* orava Slovak. oravica Slovak. oravce Slovak.

Slovak orava, magy. árva, möchten Andere anders deuten: aus magy. ó und rava; aus hora, so dass es für horava stünde; Manche sehen darin einen ursprünglichen Flussnamen, wie bei anderen auf ava auslautenden Ortsnamen.

399. orêhъ.

asl. orêhъ nux. nsl. oreh. serb. orah u. s. w.

nsl. orêšje Krain. orêhek Krain. orêhovec Steier. orêhovica Krain. orêhovlje Krain. orêhova ves Nussdorf Steier. sub castro orishek Zahn 126. *kroat.* orešje Kr. orišje Kr. orešac Kr. orišac Kr. orehovec Kr. orahovac Kr. orehovčak Kr. orehovica Kr. Gr. orahovica Kr. orehova gorica Kr. *serb.* orašje Gav. oraš Serb. orašьcь Danič. orašac Gav. Val di noce Dalm. orešac Gav. orahovo Danič. Vuk. orahovьcь Danič. orahovac Dalm. oreovac Serb. orêhovica Danič. oreovica Gav. orahovica Danič. oraovica Gav. auch ein Bach Vuk. orêškovica Gav. orêhovь dolь Danič. orêhovь ključь Danič. *klruss.* orichovec Gal. orichôvka Gal. orichôvčyk Gal. *russ.* orêšekъ. orêchovo. orêchovno. orêchovnja. *čech.* ořechov M. ořechové Urhan M. ořešice B. *pol.* orzechow Court. 29. orzechowice Gal. orzechowka Gal.

Ὄραχος Lac. ἀράχοβα Ep. Akarn. Aetol. Boeot. Ach. Ark. Lac. ἀραχοβίτζα Ep. ῥιάχοβον Ep. ῥάχοβα Elis. ῥαχόβα Ep. ῥεχόβα Ep. ῥεοβίτζα Ep.

400. orьlъ.

asl. orьlъ aquila. nsl. orel. serb. orao u. s. w.

nsl. orlje Krain. *kroat.* orle (orlje). orlovac Gr. orlica Kr. orljak Gr. orljava Bach Gr. orljavica Kr. orljavac Kr. orlova greda Gr. *serb.* orlić Dalm. orlja Herc. orьljani Danič. orьljevyj dêlь Danič. oraoštica Bach Vuk. *klruss.* oreľeć Gal. oreľ Bach Russ. orľyk Russ. orelьskъ Voł-lêt. 24. *russ.* orlino. orlovka. *čech.* orel B. vorlík B. orlice B. orlov Slovak. orlové Slovak. vorlička Erlitzgebirge Petters. *pol.* orle Court. 29. orłow ibid. *nserb.* vorlice Hörlitz Butt. 75. 100.

Lit. erelei Schleich. 146.

401. osa.

pol. osa populus tremula Espe. oserb. nserb. vosa. Vergl. osika. Hiebei kann auch an osa vespa gedacht werden.

čech. osy B. osice B. osí B. osné B. osná B. osnice B. osov B. osovec B. *pol.* ośnica Court. 29. osow ibid.

402. osada.

čech. osada Ansiedlung, Kirchspiel; vergl. pol. opole vicinia Erb.

čech. osada Slovak.

403. osêkъ.

kroat. osêkъ in glagolitischen Quellen. osek umzäunter Platz für das Vieh.

nsl. osek Essek Kärnt. *kroat.* osek Kr. osjek Kr. osik Gr. osekovo Kr. *serb.* osêkъ Danič. osečna Gav. osječna Serb. osječenica Gav. Herc. osic Šafař. 144. *čech.* osek B. M. oseč B. osečck Klein-Wosek B. osečná B. osečnice B. *pol.* osiek Gal. Königr. osieczany Gal. Vergl. castra et oseeones Court. 29. *oserb.* vosyk Grosshänchen Schmal. 13. *nserb.* ossagk bei Sonnenwalde Butt. 74.

Osseck Steier. ossecz, jetzt Oschatz, Sax. ὀσέτζικα Ep.

404. osika.

nsl. jesika. pol. osika populus tremula Espe. serb. jasika. čech. osika. Vergl. russ. osina. pol. osa, osina. oserb. vosa, vosyca. nserb. vosa, vosyca, vosyna.

bulg. osina Pazardž. *serb.* jasika Gav. jasikovo Gav. jasikova Gav. jasikovac Quelle Vuk. jasikovica Gav. *čech.* osykov Aspendorf M. *russ.* osinovecъ. osinovka. osinovye gai. osinka. *pol.* osikow Gal.

Vergl. osa.

405. oskouša.

asl. oskoruša sorbus. nsl. oskoruš. serb. oskoruša.

serb. oskorušno Dalm.

406. osla.

asl. serb. osla cos. nsl. oslica. pol. osła.

kroat. oslica Kr. oslavec Kr. *serb.* ošlje Danič. Dalm. ošljakъ Danič. Dalm. osaonica Gav. osanica Gav. *klruss.* osławyća Gal. Hałyč. 111. *čech.* osly B.

Osla Berg in Siebenbürgen.

407. osoj.

bulg. osoj Milad. 363. zmija osojna, zmija prisojna ibid. serb. osoje schattiger Ort, eig. Schattseite: das Wort besteht aus der Präposition otъ und soj: Wurzel si (sijati).

nsl. ovoje, urkundlich Oscewach, osceach, ozziach, jetzt Ossiach, Kärnt. osojan Oscacco Venet. osojnik Krain. osojnica Krain. Sattnitz, Zwanzigerberg Kärnt. koprivna vosojak (richtig vielleicht v osojah) Koprein Schattseite neben koprivna proti solncu Koprein Sonnseite Kärnt. Vergl. sênčni kraj Schattenberg Kärnt. sênčni graben Schienzengraben Kärnt. *kroat.* osojnik Gr. osojnjak Kr. osojnjaki Istr. *serb.* osoje Dalm. Herc. osojnik Dalm. podosoje Dalm. *klruss.* osoj Berg in der Bukowina Hałyč. 155. *čech.* osojné, vosojné B. osojnice Wosenitz B. osonice B. *nserb.* vosenk Ossnig Zw.: voseń Schatten.

Osoj Berg in Siebenbürgen. ὀσόγια Ep.

408. ostrogъ.

asl. ostrogъ vallum. serb. ostrog živ. 19. pol. ostrog mit Pallisaden befestigter Ort.

nsl. ostrog Krain. ostrožnik Krain. ostrožno Steier. ostrožno brdo Krain. *kroat.* ostrog Kr. *serb.* podostrog Dalm. ostrožac Bach, Dorf Herc. ἔστρωχ Constant. Porphyrog. *klruss.* ostroh Russ. ostrôžeć Gal. Russ. *russ.* ostrogъ Nest. *čech.* ostrožký Slovak. ostrožnica Slovak.

Ostrog Kärnt. ostrosna, wostze, wostrose, jetzt Wusterhausen, Koseg. ostrozna auf Rügen. swante ostrosne Insel bei Greifswalde Koseg. ozstrosniza Bach Sax.

409. ostrovъ.

asl. ostrovъ insula. serb. ostrvo. pol. ostrow. nserb. votšov.

kroat. ostrovo Kr. *serb.* ostrovo Gav. ostrvo Serb. ostrov Serb. ostrov gol Serb. *klruss.* ostrôv Gal. Russ. ostroveć Gal. ostrovčyk Gal. *russ.* ostrovъ. *čech.* ostrov B. M. Mustrum B. vostrov B. ostrovec B. ostrovce B. ostrovnice B. ostrovany Slovak. ostrovánky M. *pol.* ostrow Gal. ostrowek Gal. ostrowiec Gal. ostrowsko Gal. *oserb.* votrov Ostro Schmal. 10. *nserb.* votšov Ostro Zw. dobry votšov Dobberstroh Zw. Butt. 74. 75. votšovce Bischdorf Butt. 74. votšovky im Spreewald Butt. 74.

Wustrow, Wustrau Butt. 74. ozstrzow, ozstrowe, jetzt Ostrau, Sax. wostrow, jetzt Wustrow, Koseg. gustrow, jetzt Güstrow, Koseg. wistrouece, jetzt Wustrow, Koseg. ὀστροβίτσι Thess.

410. ostruga.

serb. ostruga rubus fruticosus, bacca grossulariae. čech. ostrožnice Kratzbeere. nsl. strožnica meg.

serb. ostružica Danič. ostružanj Gav. ostružnica Gav. *čech.* ostružno B.

Ostrusna, osdrusinna, ostruzna trebista Sax.

411. ostrъ.

asl. ostrъ acutus. nsl. oster u. s. w. man beachte den čech. ON. ostré Neuland.

nsl. ojstro Steier. ostrc Krain. ostrš (ostresch) Berg Valv. ostrica Berg Krain. ojstrca Kärnt. ostrovica Krain. Astarwicza 861. Osterwiz Kärnt. astaruuizzam Grenzreg. 27. osterwiz Urkunde von 1249. ojster vrh Osterberg Krain. Vergl. ostenik Ortenegg Krain. *kroat.* oštra Gr. ostre Gr. oštrc Gr. Kr. ostrovica Kr. Istr. ostrvica Gr. ostriče Kr. oštrice Kr. ostrna Kr. ostri vrh Kr. *serb.* ostra Gav. ostrikovac Gav. ostrьvica Danič. ostrvica Dalm. Vuk. ostrovica Dalm. ostrozubь Danič. ostra glava Danič. *klruss.* ostra Gal. ostryńa Gal. ostrołučje Russ. *čech.* ostrý B. ostré Neuland B. ostrá B. ostrava M. ostravice M. ostrany, magy. eszbreny, Slovak. ostrohora Scharfberg B. ostrolúka Slovak. ostrý vrch Slovak. *pol.* ostre Gal. ostrorog Gal. Posen. ostropole Gal. vergl. ostrężnica Gal.

Wusterwitz Butt. 74. ostrice, jetzt Ostritz, Koseg. Vvostriz Neug. 1. 36. Osterwiz Steier.

412. otava.

nsl. serb. otava foenum chordum.

nsl. otave Krain. otavice Krain. otavnik Krain.

27*

413. otokъ.

asl. otokъ insula. nsl. serb. otok.

nsl. otok Krain. Maria Wörth Kärnt. otočec Krain. Wördl Valv. *kroat.* otok Kr. otočec Kr. otočac Gr. podotočje Kr. *serb.* otok Herc.

Otoc, jetzt Woedtke, Koseg. Ottock Steier.

414. ovьca.

asl. ovьca ovis. nsl. serb. ovca u. s. w.

nsl. ovčjak, auch šeflerji, Schöflein Krain. *serb.* ovьčarь planina Danić. ovčar Gav. ovčari Herc. ovьčarevo Danič. ovčina Serb. ovьče polje Danič. *russ.* ovčarnoe. *čech.* ovčáry B. *pol.* owczary Mogil.

Owzarken Butt. 126.

415. ovьsъ.

asl. ovьsъ avena. nsl. oves u. s. w.

nsl. ovšiše Auschische Krain. *serb.* ovsište Serb. *čech.* ovesné Haberles B. *pol.* owsianka Gal. *nserb.* ovsisko Owschitz Butt. 126.

Ovesno alt Habirdorf Schlesien.

416. paka.

Von unbekannter Bedeutung.

nsl. paka Krain. *kroat.* paka Kr.

417. paležь.

asl. paležь incendium. serb. gdje je što paljeno n. p. za kupusni nasad; paljika Brandstätte (im Walde). d. prentlink eine Weide, ausgebrannter, ausgereuteter Platz Lexer.

kroat. paljevina Kr. *serb.* palež Gav. paležnica Gav. paljani Serb. *čech.* palivo B.

418. panadjurъ.

serb. panadjur πανήγυρις Markt, Messe.

bulg. panagjurište Milad. *serb.* panadjurište Serb.

419. panъ.

čech. pán dominus.

čech. panská B.

420. parězъ.

čech. pařez der untere Theil des Baumes.

čech. pařez B. pařezy B. pařízek B.

421. pasěka.

čech. paseka Holzschlag, Neubruch. pol. pasieka Verhau, Bienengarten, Fruchtkeller.

serb. pasičina Dalm. *klruss.* pašika Gal. pašična Gal. *čech.* paseka M. Brand B. paseky B. *pol.* pasieka Gal. pasieki Gal. pasieczna Gal.

Pazeke auf Rügen.

422. pastva.

asl. pastva pascuum.
čech. pastvina B. pastviště B. Vergl. kroat. pašnik Kr.

423. pažitь.

asl. pažitь pratum, gramen.
čech. pažit Slovak.

424. pądarь.

asl. pądarь custos. bulg. pъdar. serb. pudar custos vineae.
serb. pudarci Gav.

425. pečenêžinъ.

asl. pečenêžinъ, plur. pecinaci, πατζιναχῖται.
serb. pečenoge Gav. *klruss.* pečeńižyn Gal. pečeńižče Gal.

426. pekarь.

asl. pekarь pistor. čech. pekař. pol. piekarz.
pol. piekary Königr. Gal. piekarze Court. 30.

427. pepelъ.

asl. pepelъ cinis. nsl. pepel u. s. w.
serb. pepel Gav. pepelj Serb. pepeljevac Gav. *pol.* popiele Gal. popielniki Gal. popielany Gal.
Πεπελινίτσα Ach.

428. perunъ.

asl. aruss. perunъ numen slavorum gentilium.
bulg. perunova gora Pazardž. 63. perin planina Milad. 167. Pazardž. *klruss.* perunovyj dub Gal. Šaran. 83. perunka Gal. *pol.* piorunow Königr.
Perun, peron, pyron, pyrun, jetzt Prohn auf Rügen Koseg. Lit. perkunai Schleich. 147. Vergl. bulg. perunice devojče Milad. 371. piorunow Spielberg Janota Bardyjow 15.

429. peštera.

asl. peštera specus: vergl. serb. pećina.
bulg. peštera. *serb.* peštere orьlje Danič.

430. peštь.

asl. peštь specus. nsl. peč scopulus. serb. pećina.
nsl. peč Krain. pečice Krain. pečovje Steier. pečnik Krain. pečnica Petschnitzen Kärnt. pečani und peče, v pečah Peckau Kärnt. v pečah Pöckau Jarn. 181. v pečah Valv. podpeč Krain. Steier. Friaul. podpečje Steier. podpeče Pulpitsch Kärnt. podpečjo Gallenstein Krain. bêla peč Weissenfels Krain. vranja peč Rabenberg Krain. pod pečo Unterpetzen Kärnt. *kroat.* peč Gebirge Kr. pečka Gr. pećca Kr. pećno Gr. pećina Gr. pećine Kr. pečišće Kr. pečane Gr. podpeč Kr. vrhpeč Kr. zapeć Kr. *serb.* pećь Danič. peći Gav. pećnica Serb. pećani Danič. Gav. potpeće Gav. Herc.
Pötschberg Obersteier. Petschen Mähren. πέστjανη Ep. πεστιανά oder ὀπισθιανή Ep. πέστανη Ep.

431. pêst—.

Von unbekannter Bedeutung. Vielleicht ein Personenname.

kroat. pištana Kr. *čech.* písty B. píšť B. vergl. píšťany B. *klruss.* pistyń B. pistynka Bach Šaran. 73.

Pistnicha, Biesnicka, Piesting in Nieder-Österr. Meil. 152. Vergl. pêsnica Bach Steier. stagnum pesnitza Fluss Piasnitz Koseg. 1. 499.

432. pêsъkъ.

asl. pêsъkъ sabulum. nsl. pêsek.

nsl. pisek Sand Kärnt. v peskah Steier. pêšćenik Peschenik, Sandberg Krain. *kroat.* pesek Kr. peskovec Kr. pešćeno Kr. pešćenik Gr. pešćenica Kr. pješćanica Gr. vergl. pištana Kr. *serb.* pêsъčina Danič. peščanica Gav. pêsъčana glava Danič. pêsъčanyj vrъhъ Danič. *klruss.* pisok Gal. pisky Gal. Russ. pisočky Russ. piščanoje Russ. piščanka Russ. pisočna Gal. *russ.* pêsočnja. pêsočenъ Nest. 92. 14. *čech.* písek B. M. písečná Schreibersdorf B. Palacký 155. vergl. píšťany Slovak. *pol.* piasek Gal. piaseczno Court. 35. *oserb.* pjesk Biesig. *nserb.* pjeski Pieske.

Pyask, jetzt Patzig auf Rügen. πεσκόβα Ep.

433. pêtelinъ.

asl. pêtelinъ gallus. nsl. petelin.

nsl. peteline Krain. petelinje Krain. petelinek Krain.

434. pijavica.

asl. nsl. pijavica hirudo.

kroat. pijavice Kr. *serb.* pijavice Herc.

435. pilica.

serb. pilica gallinula.

serb. pilica Gav. vergl. *pol.* piła Gal. Schneidemühl Pos.

Pilitsa Peloponn.

436. pisan.

nsl. pisan varius bunt.

nsl. pisane vrata Krain. *oserb.* pisany młyn Scheckmühle Schmal. 13.

437. piskorъ.

čech. piskoř cobitis fossilis. pol. piskorz id. Dagegen serb. piskor Art Pflaumen. Es kann auch PN. sein.

čech. piskořov Schlesien. *pol.* piskorz doł Diplom.

438. pivьnica.

asl. pivьnica cella vinaria. nsl. serb. pivnica.

klruss. pyvnyčna Gal.

439. plana.

Man beachte den ON. čech. novopláň Neurode. nserb. płony eben. Vergl. čech. planý. pol. płonny dürr und unfruchtbar und płonia trockener, unfruchtbarer Boden.

nsl. planica Krain. zaplana Krain. *kroat.* plana Gr. planica Kr. Gr. hruškova plana Gr. *serb.* plana Danič. Gav. planica Serb. planjani Danič. planjane Dalm. *klruss.* polonna, pol. płonna, Gal. połonyća Gal. połonyčna Gal. *čech.* planá B. pláné B. planice B. pláň B. plaňany B. novopláň Neurode B.

Jaistorf, quod vulgo dicitur ‚in der Planitzen'. Planitz Zahn 427. Plona, jetzt Plöne, Koseg. flumen planitze auf Rügen.

440. planina.

nsl. planina Alpe. serb. planina Bergwald, wohl kaum aus alpina entstanden.

nsl. planina Alpen, Alben Krain. Montpreis Steier. na planini Alpen Kärnt. planinica Alben Krain. *kroat.* planina Kr. *serb.* planina Gav. planinica Gav. *klruss.* połonyna Berg Gal.

Planîne Name einer Alpe Lexer.

441. plavъ.

asl. plaviti flössen. čech. plav das Schwemmen (des Holzes). pol. pław das Schwimmen. Bei einigen hier verzeichneten Namen kann gedacht werden an asl. plavъ albus. nsl. serb. plav pallidus, caeruleus. russ. polovyj. pol. płowy.

kroat. plavec Kr. plavci Gr. plavnica Bach Kr. plavnice Kr. *serb.* plav See und Stadt Vuk. plavci Gav. plava Danič. plavno Dalm. plavna Gav. plavnica Dalm. *klruss.* pławje Gal. auch Bach Gal. pławča Gal. *pol.* pława Gal. pławy Gal. pławna Gal.

Plawnicz, plawenicz, jetzt Planitz, Sax.

442. plvьcь.

aruss. polovьci. čech. plavci. pol. połowcy. ahd. falawa Cumani Zeuss, Die Deutschen 744. *klruss.* połôvći Gal. Russ. Šaran. 91.

443. plazъ.

nsl. plaz Sandlehne. čech. plaz Wälzplatz, schlüpfriger Weg. pol. płaza Fläche; płaz die flache Seite einer Sache. serb. plaz u pluga lijeva račica, na koju se dolje natiče lemeš.

nsl. na plazu Naplas Krain. zaplaz Krain. zaplazje Berg Krain. *serb.* plažane Gav. *klruss.* płazôv Gal. *pol.* płaza Gal.

444. plemę.

asl. plemę soboles. serb. pleme; plemić nobili genere natus.

kroat. plemenšćina Kr.

445. pleso.

čech. pleso palus. slovak. pleso stagnum, vortex, vorago. čisté praslovanské, v horách Tatrách, v Moravě, Slezsku i na Rusi známé pleso Šaf. 2. 19. Vergl. Die slav. Elemente im Magy. 46.

nsl. pleso Teuchen Kärnt. plesje Plessdorf Steier. *kroat.* pleso Kr. im Agramer Comitat.

Circa lacum pelissa, ultra fluvium, qui dicitur Hrapa. Urkunde von 803. Grenzregul. 14. ad pelissam, pelse flumen Pöls in Obersteier. 27. comes de Sclavis, nomine Chezul, omnem rem, quam habuit prope Pilozsuue in villa, quae dicitur Uuampaldi. Urkunde von 861. Zahn 19. mutno pleso Neusiedlersee Wiener Jahrbb. 46. 42. Plessow-See bei Potsdam Cyb. 13. Vergl. ples Name von Seen im Gouvernement Poltava.

446. plesъ.

Von unbekannter Bedeutung. Vergl. pleso.
čech. ples B. plesy B. chudoplesy B. chodoplesy B.

447. pleva.

Dunkel.
čech. plevnice B.
Πλέβα eine župa bei Constant. Porphyrog.

448. plêšь.

asl. plêšь calvitium. nsl. plêš.
nsl. plêš Krain. plêše Krain. plêša Plieschen Kärnt. Jarn. 174. plêšavka eine Gemeindeweide ibid. plešerka Plescherken ibid. plešivec Steier. plešivica Krain. auch Berg Valv. *kroat.* pleš Kr. plešivac Istr. plešivica Kr. plješevica, pleševica ist der Name vieler Berge in Kroatien und Dalmatien Vuk. *serb.* pleš Gav. pleševina Herc. *klruss.* pľišky Berg Gal. *čech.* plešina B. plešice M. plešovec M. plešovce Slovak. plešivec, magy. pelsőcz, Slovak.
Πλέσjα Ep. πλέσια Phok. πλέσα Arg. πλέσσα Ep. Lac. πλησίβιτζα Ep.

449. plęsъ.

asl. plęsъ saltatio. nsl. ples u. s. w.
nsl. plešišče Tratten Kärnt. Jarn. 174.

450. plitvъ.

nsl. plitev, plitek seicht. asl. plytъkъ. serb. plitak. pol. płytki.
kroat. plitvica Bach, See, Dorf Gr. Vergl. plitka draga Gr.
Plitucza, jetzt Plietnitz, Koseg.

451. ploča.

serb. ploča Platte. Fremdw. 118.
kroat. ploča Gr. *serb.* ploča Danič. Gav. ploče Dalm. pločica Danič. pločice Dalm. pločьnikь Danič. pločnik Gav.

452. ploskъ.

asl. ploskъ latus. serb. plosan, plosnat abgeplattet u. s. w.
kroat. ploščica Kr. plošćica Gr. *klruss.* płoskoje Gal. *čech.* ploské Slovak. *pol.* płoska Gal.

453. plotъ.

asl. plotъ saepes. nsl. serb. plot u. s. w.
klruss. płotyč Gal. płotyčy Gal. *čech.* vergl. plotiště B.

454. plugъ.

nsl. serb. plug aratrum u. s. w.
kroat. plužnice Kr. *serb.* pluževina Danič.

* 455. plъhъ.

asl. plъhъ glis. nsl. polh. serb. puh. čech. plch u. s. w.
nsl. polšnik Billichberg Krain. polhovica Krain. polšica Krain. polhov gradec Billichgräz Krain. *kroat.* puhovo Kr. *serb.* puhovo Gav. puovac Gav. *klruss.* połchova Gal. *čech.* plch B. plchov B. plchovice B.
Polsniza Sax.

456. plъz—.

Vergl. nsl. polznoti labi, vestigio falli u. s. w.
serb. zaplъžane Danič.

457. podolije.

asl. podolije vallis.
čech. podolí B.

458. podrъtъ.

nsl. podrt dirutus.
kroat. podrto Kr. vergl. čech. podeříště B.

459. podymьština.

pol. podymne Rauchfangsabgabe.
klruss. podymščyna Gal. Šaran. 93.

460. podъ.

asl. podъ tabulatum. nsl. pod horreum. serb. pod tabulatum.
kroat. podovi Gr. *serb.* podi Dalm. zapodjani Danič.

461. pogonъ.

bulg. pogon soviel wie lêha area. Vergl. magy. pagony Jagdrevier.
klruss. pohoňa Gal.

462. pogorêti.

asl. nsl. pogorêti comburi u. s. w.
nsl. pogorêlec Krain. pogorišče Steier. *serb.* pogoreoci. pogorelica Gav. *klruss.* pohoriłeć Gal. pohoriłći Gal. pohoriłovcy Bukowina. *čech.* pohorelá Slovak. pohořelice M. *pol.* pogorzałka Gal. przegorzały Gal.
Ἀγορέλιτσα (von ogorêti) Thess.

463. pojata.

asl. pojata domus. nsl. pojata horreum. serb. pojata stabulum.
kroat. pojatno Kr. *serb.* pojate Gav.

464. pojiti.

asl. pojiti potum praebere.
klruss. pôjło Gal.

465. polača.

kroat. serb. polača palatium. Fremdw. 119.
serb. polača Dalm.

466. poljana.

asl. nsl. serb. poljana campus u. s. w.

nsl. poljana Krain. Pollain Kärnt. poljane Pölland Krain. v poljanah Pöllanderthal Valv. poljanica Polländl Krain. poljanščica Bach Krain. na poljani, nach Anderen na pole, Nampolach Kärnt. *kroat.* poljana Kr. Gr. poljane Gr. poljanica Kr. poljanska Kr. *serb.* poljana Danič. Gav. poljanice Vuk. Gav. *klruss.* poľana Gal. poľany Gal. poľanka Gal. poľanky Gal. poľanyća Gal. poľančyk Gal. *russ.* poljany. *čech.* polany Slovak. polanka M.

In polano Zahn 427. Pölla Niederösterr. polan, jetzt Pöllau, Obersteier. πολυάνα Ep. πολjανή Mess. dunkel ist βουκοπόλjα Ep. χοπόλjανη, wofür gräcisierend τειχοπολιανή Ep., ist eine Ableitung von hopovo.

467. polje.

asl. nsl. serb. polje campus u. s. w.

nsl. polje Feld Krain. Felldorf Steier. polica (richtig wohl poljica) Kärnt. Jarn. 53. Krain. poličane, polčane (richtig wohl poljičane) Pöltschach Steier. podpolje Poppichl Kärnt. dobro polje Dobrulach Steier. *kroat.* polje Kr. poljice Gr. Kr. poljica Gr. Kr. *serb.* poljica Dalm. poljice Herc. poljna Gav. poljaci Gav. tropolje Serb. babino polje Danič. *klruss.* popôľnyky Gal. *russ.* opole. zapole. *čech.* pole B. kněžpole M. *pol.* zapole Gal.

Poliani Peloponn. Pôlas Dorf im Lesachthal Kärntens Lexer. poliza Bach Sax. polize, jetzt Polenz, Sax. terra pole Koseg. pant wo guthkepole ad quamdam viam in myrica quae ipsam guthkepole circuit Koseg. 1. 91. polize auf Rügen. πολιτζάνη Ep. πολjοτζάνι Ep.

468. pologъ.

nsl. polog Kesselthal. pol. połohy łąki nad rzeką ciągnące się in Podolien, eig. klruss. damit stimmt überein: Erdanъ beregy imatъ kruty obъ onъ polъ, otъ seli pology. Bus. christ. 664. pol. połogi abschüssig. Vergl. rum. polog gramen demessum, campus.

kroat. pologi Kr. *serb.* pologъ Danič. Chrys.-duš. polog Herc. *klruss.* połohy Russ. Πόλογος Phok.

469. pomorjaninъ.

asl. pomorije regio maritima u. s. w.
klruss. pomorjany Gal. Šaran. 91.

470. ponica.

asl. ponica cella. panica cisterna. bulg. ponica Keller.
Πάνιτσα Lac. Mess. πονίτζα, απονίτζα Ep.

471. ponikva.

nsl. ponikva locus, ubi fluvius sub terra absconditur: potoki se v ponikve zgubljajo. Vergl. ponorъ.

nsl. ponikva Görz. ponikve Krain. ponikle Penk Kärnt. ponkva Poniggl Steier. ponkvica Steier. *kroat.* ponikva Bach Kr. ponikve Kr. Gr. ponikvari Gr. *serb.* ponikva Gav. ponikvy Danič. ponikve Dalm. ponikovica Gav. *klruss.* ponykva Gal. ponykvyća Gal. *čech.* vergl. poniklé B. *pol.* ponik Königr. poniki Königr. ponikiew Gal. Königr. ponikwa Bach Court. 32. ponikwy Königr. ponikła Königr.

Ponekaw, jetzt Ponickau, Sax. ponykel, ehedem bei Weitz in Steier. καταπίνονται εἰς τὸν ἄμμον Strabo.

472. ponorъ.

nsl. ponor, aserb. ponorъ, locus ubi fluvius sub terra absconditur. Vergl. ponikva. *kroat.* ponor Gr. ponorac Gr. ponori selo Gr. *serb.* ponore Gav. *klruss.* ponerła Gal.

473. porąbъ.

čech. porub, poruba, paruba Holzschlag. pol. porąb, poręba. poręb' miejsce niedbale ogrodzone w lesie dla utrzymywania w niem pasieki. In Podolien.

kroat. poruba Kr. *klruss.* porub Gal. poruby Gal. *russ.* porubъ Nest. *čech.* poruba M. Slovak. porubka Slovak. *pol.* porąba Court. 33. poręby Gal. porąbka Gal.

474. posada.

klruss. posada ist gleichbedeutend mit čech. lhota, pol. wola Šaran. 93. vergl. servitia, quae vulgariter dicuntur posady Diplom. 1. 215.

klruss. posada Gal. *čech.* posada B.

475. posěka.

čech. paseka Verhau. pol. posieka, pasieka, posiecz Verhau.

nsl. posêkina topographische Benennung eines Ackers, der früher ein Wald gewesen sein mochte Kärnt. Jarn. 131. *klruss.* pośič Gal.

476. posterica.

Von unbekannter Bedeutung.

nsl. posterica Steinwand Krain.

Vergl. Pasterze in Kärnten.

477. postojna.

nsl. postojna Steinadler.

nsl. postojna Adelsberg Krain.

478. potokъ.

asl. potokъ torrens. nsl. serb. potok u. s. w.

nsl. potok Krain. Bach Kärnt. potoke Krain. potoče Krain. Bach Kärnt. volčji potok Wolfsbach Krain. *kroat.* potok Kr. potočec Kr. potočany Kr. *serb.* potočac Gav. potočanje Serb. gubavьčь potokь Danič. *klruss.* potôk Gal. potôčok Gal. potočyšče Gal. potočany Gal. *čech.* potok B. potůčník M. mezipotočí Nespoding B. *pol.* potoki Gal. biały potok Gal.

Botosach, botsach, jetzt Pottschach, Meill. 153.

28*

479. požarъ.

asl. požarъ incendium. nsl. serb. požar Waldbrand. pol. požar.

nsl. požarnica, pužarnica Pusarnitz Kärnt. *kroat.* požar Kr. požarnica Kr. Gr. *serb.* požarno Herc. požarevac Gav. *pol.* požarzyszcze Court. 32.

Posarice Sax. bozsarinza Ank. 16. pozsarniza Tangl 235.

480. požega.

aserb. požega incendium.

kroat. požega Kr. *serb.* požega Gav. Vergl. požežena Gav.

481. pragъ.

asl. pragъ limen. nsl. serb. prag u. s. w.

klruss. porohy Gal.

482. praprotъ.

nsl. praprot, prapret filix. serb. paprat. russ. paporotь f. čech. * paprat, kapradí. pol. paproć f.

nsl. praprot Krain. prapret Krain. praprotje Triester Diöcese. praproče Krain. prapreče Krain. praproteče Prapretschhof Valv. praprače Farrendorf Kärnt. prapretno Krain. prapretno brdo Krain. prapretnica Krain. propotnica Friaul. prapročan Hung. *kroat.* praputje Gr. praputnik (praprutnik). Kr. *serb.* prapratna Dalm. papratnja Serb. prapratnica Dalm. papratne Gav. papratište Gav. popratište. *klruss.* paportno Gal. *pol.* paproć Gal. paprotnik Gal. *nserb.* paprotna Papproth Butt. 98. Paprotten.

Prapra Kärnt.

483. prądъ.

asl. prądъ. nsl. prôd sandiges Ufer, Insel. kroat.-nsl. prud sabulum. serb. prud syrtis.

nsl. prôd Krain. Sand, Griess Kärnt. falsch brod Sand Kärnt. *kroat.* prôd Kr. prudnica Kr prudnice Kr. zaprudje Kr. *serb.* prudь Daničić. zaprudje Vuk. *čech.* prudice B. *pol.* prądnik Court. 35. auch Bach Gal.

Prouduwe, jetzt Pröda, Sax.

484. prągъ.

Vergl. asl. prągъ locusta.

serb. prugovo Gav. prugovac Gav.

485. prêgynja.

asl. vъ prêgynjahъ i vъ neprohodьnyihъ gorahъ sup. 19. 20. zapustêvъšeje prêgynje i gory hom.-mih.

klruss. perehyńsko Gal. *pol.* przeginia Gal. Court. 34. Mogil.

486. prêkopъ.

asl. prêkopъ fossa. čech. příkop. pol. przekop.

nsl. prêkopa Krain. Hung. prekop Steier. Urkunde 1356, jetzt kregab, krekap Kärnt. Jarn. 146. *kroat.* prekopa Kr. Gr. *klruss.* perekopana Gal. perekopanje Gal. perekopôvka Russ. *pol.* przekop Gal.

Allodium, quod dicitur precop Kärnt. Urkunde von 1136.

487. prêkъ.

asl. prêkъ transversus.

nsl. prêčna Krain. prekar Krain. *kroat.* priko Gr. prieka Gr. prečec Kr. pričac Gr. prečno Kr. prečko Kr. *serb.* preka Dalm. priko Dalm. *čech.* příčno B.

488. prêlogъ.

nsl. prêlog Abacker. serb. prijelog. čech. příloh Brachfeld.

nsl. prêlog Krain. prêloge Krain. Steier. *kroat.* prelog Kr. preloščica Kr. Magy. perlak.

489. prêrąbъ.

Scheint als Appellativum nicht vorzukommen.

pol. przerąb Diplom.

490. prêrovъ.

asl. prêrovъ fossa. serb. prijerov fossa vineae. nserb. pšerovy Bruchland Zw.

kroat. prerovec Kr. *klruss.* pererôv Gal. *čech.* přerov B. M. přerovec Schlesien.

491. prêsêka.

serb. presjeka kao dolina preko kake kose ili planine vallis. čech. přeseka succisio silvae Erb. pol. preseka Court. 35. usque ad presekam, quae dicitur in theutonica Hag ibid.

nsl. prêseka Krain. prêska Krain. presika Steier. Berg Valv. préseka, présaka Jarn. 131. priseka Urkunde 1249. priseke Urkunde 1270 Zahn 315. presek Preisseck Valv. *kroat.* preseka Kr. preska Kr. presika Kr. priseka Gr. prisjeka Gr. presečno Kr. *serb.* prêsêka Danič. presjeka Gav. *čech.* přeseka B. příseka M. přísečna Prissnitz B. *pol.* przysieka Court. 33. przysieki Šaran 92.

Preisekke, jetzt Preiseck, Oberösterr. Lamprecht. Iuxta prisceka in silva auf Rügen. μπρέσακον Aetol.

492. prêslopъ.

Von unbekannter Bedeutung. Man vergl. jedoch słop: omni genere venandi, per stampico, slopi, jami Court. 17.

serb. prêslopь Danič. *klruss.* prysłop Berg Gal. prysłopy Berg Gal. *čech.* příslop B.

493. prêsъpa.

klruss. perespa Aufschutt.

bulg. prêsьpa Danič. *kroat.* prespa, priespa Gr. *klruss.* perespa Gal. peresopnica Vol.-lêt. 25.

494. prêtokъ.

Scheint als Appellativum nicht vorzukommen.

serb. pretoke Serb. *čech.* přítoky B. přítočno B.

495. prêvalъ.

čech. příval Giessbach.

nsl. prevale Krain. *serb.* privala Herc.

496. prêvara.

Dunkel.

nsl. in loco, qui dicitur preuuara Urkunde circa 1000, jetzt Projern Kärnt.

497. prêvlaka.

russ. perevoloka Strecke zwischen zwei Flüssen, über die Fahrzeuge geschleppt oder Waaren gefahren werden. Przez gorę perewłokę kozacy zwykli baty i łodzie swoje przewłoczyć od Wołhy aż do Donu Linde.

kroat. prevlaka Kr. privlaka Gr. *serb.* perêvlaka Danič. eine kleine Insel in den Bocche Vuk. privlaka Brevilaqua Dalm. *klruss.* perevołoka Gal. perevołočna Gal. Russ. Šaran. 90. *russ.* perevoloka Nest. *čech.* přívlaky Pröhlig B. *pol.* przewłoka Court. 33.

Próvlaka am Athos wird von Leake aus griech. προαύλαξ erklärt Travels in Northern Greece 3. 143.

498. prêvor.

čech. převora Schranke. pol. przewora.

serb. prijevor Herc. Dalm. Gav. prijevorac Dalm. *klruss.* perevorsk Gal. *čech.* přívory B.

499. prêvozъ.

asl. prêvozъ transitus. nsl. prevoz. serb. prijevoz.

klruss. perevoz Russ. perevozec Gal. *čech.* přívoz B. *nserb.* pŕavoz Fähre, Fehro. Prewoz Koseg.

500. prilêpъ.

asl. prilêpъ das Angeklebte.

bulg. prilep Milad. 328. *čech.* přílepy B.

Prilep Pröbelsdorf Ank. 109.

501. prisoije.

asl. prisoije locus apricus. serb. prisoje: Gegensatz serb. osoje.

serb. prisoj Danič. prisoje Dalm. Herc. prisojnik Danič.

502. pristava.

nsl. pristava Meierhof.

nsl. pristáva Kärnt. Meierhof Krain. prístava Steier. pristavica Krain. Vergl. pristavlja vas Krain von pristavъ. *kroat.* pristava Kr.

503. prodolь.

serb. prodol f. vallis.

kroat. prodol Istr.

504. progorêti.

serb. progorjeti exuri.

kroat. progar Gr. *serb.* progoreoci Gav. *čech.* prohoř B.

505. prokopъ.

serb. prokop fossa.

kroat. prokop Kr. *serb.* prokopь Danič. prokop Serb.

506. pologъ.

asl. prologъ rupes, genau, wie es scheint, Spalt.

serb. proložac Dalm. Herc. prolog Berg Dalm. pod prolog Dalm. Herc. *čech.* proloh B.

507. propastь.

asl. propostь hiatus, fovea. nsl. propast habd. serb. propast.

čech. propast B.

508. prorąba.

Vergl. prêrąbъ.

čech. proruba B. proruby B.

509. prosêkъ.

Vergl. prêsêka.

serb. prosêkь Danič. prosêčija Danič. prosêčenikь Danič. *russ.* prosêčьe. *čech.* prosek B. proseč f. B. prosečné B. prosíčka B. prosíčko B.

510. protesъ.

Vergl. prosêkъ.

klruss. protesy Gal.

511. prusinъ.

aruss. prusinъ prussus. čech. prus.

klruss. prusy Gal. prusje Gal. Šaran. 91.

Pruz, jetzt Praus, Schlesien. magna pruz, jetzt Prausitz, Sax.

512. pustъ.

asl. pustъ desertus. nsl. serb. pust u. s. w. serb. pustara.

nsl. pušava Einöde Kärnt. pustrica Pustritz Kärnt. pustrussa Urkunde von 973. Zahn. pustrissa Pusterthal in Tirol Neug. 1. 9. pusti hrib Krain. pusti javor Krain. pusti laz Krain. pusto polje Ödenfeld Steier. pusti vrh Steier. *kroat.* pušća Kr. pustike Kr. pušćina Kr. pušava Kr. pustodol Kr. *serb.* pustice Danič. *klruss.* krasnopušča Gal. *čech.* pouště B. poušť B. pustina B. pustiny B. *pol.* pustynia Gal.

Pwstonitz, jetzt Paussnitz, Sax. Pustki, Pustkowy Butt. 153. Pusteralpe, Pusterwald Steier.

513. pъtica.

asl. pъtica avis u. s. w.

nsl. brdo tičje Krain. *serb.* tičar eine Ebene Vuk. tičevac Serb.

Tasdorf hält Butt. 67. für eine Übersetzung des in dessen Nähe liegenden Vogelsdorf.

514. pьklъ.

asl. pьklъ pix. nsl. pekel, in ON. falsch durch ‚Hölle‘ übersetzt. pekla Höhle mit Erdpech auf der Murinsel. paklena, peklene, paklenica Orte mit Schwefelquellen in der Gränze. serb. pakao id., paklina axungiae genus. čech. pkelnici picarii Erb.

nsl. pekel Hölldorf Krain. Hölle, Hölldorf Steier. peklenica Hung. *kroat.* peklenica Kr. paklena Gr. paklenica Gr. von Schwefelquellen. *serb.* paklje Gav. pakljena Dalm. paklenje Gav. paklenjača Fluss Vuk. *klruss.* pekelьnaja Russ. *čech.* peklo Höll B. peklina Slovak. peklany Slovak. *pol.* piekło Gal. Königr. piekiełko Gal.

515. pьnь.

nsl. penj truncus. serb. panj u. s. w.

serb. panjevac Gav. *klruss.* pńôvje Gal. *pol.* pień Gal. pniow Gal. pniewo Court. 35. pnieniaki Gal. ponieniany Gal. *nserb.* pńov Pinne.

516. pьsárь.

aserb. pьsarь canum custos Danič. čech. psáři canum custodes Erb.

kroat. psarjevo Kr. *klruss.* psary Gal. *čech.* psárov B. psáry, magy. peczér, Slovak. *pol.* psary Gal. Königr. psarzowo, psarzewo Court. 35. Vergl. psurze Königr. *oserb.* psovje Opitz.

Vergl. nsl. pasjek Hundsbach Valv.

517. pьstrągъ.

čech. pstruh salmo fario. pol. pstrąg u. s. w. asl. pьstrъ bunt.

čech. pstruží M. *pol.* pstrągi. pstrągowa Gal. pstrągowka Gal. pstrążne Gal.

518. pьšenica.

asl. pьšenica triticum. nsl. serb. pšenica u. s. w.

klruss. pšenyčnyky Gal.

519. raka.

nsl. rake plur. Rechen im Flusse. Fremdw. 121.

nsl. raka Arch Krain.

520. rakyta.

nsl. serb. rakita salix caprea. čech. rokyta u. s. w.

nsl. rakitna Krain. rakitnica Krain. rakitnik Krain. rakitovec Krain. rakitenščica (rakitenschezeza) Bach Valv. *bulg.* rakitovo Pazardž. *kroat.* rakita Gr. rakitje Kr. rakitovac Kr. rakitovica Kr. rakitnica Gr. *serb.* rakitova Serb. rakitovo Gav. rakitno Herc. rakitnica Bach Herc. *klruss.* rokytna Gal. rokytnyća Gal. *čech.* rokytá B. rokytno B. M. rokytná B. rokytnice B. Rottigel M. rokytník B. rokytovec B. rakitovec, rakitóc Slovak. rokycany B. *pol.* rokitno Court. 37. rokiciny Gal.

Rokitowi keren Sax. rokenitz, jetzt Röcknitz, Sax. rokitnitz Koseg.

521. rakъ.

asl. rakъ cancer. nsl. serb. rak u. s. w.

nsl. rakovec Steier. rakovnik Krain. Kroisenegg Valv. *kroat.* rakovje Kr. rakovec Kr. rakovac Gr. rakovica Kr. Gr *serb.* rakova Gav. rakovica Gav. rakovac Gav. rakinac Gav. račnik Serb. rakari Gav. rakova bara Serb. *klruss.* rakôv Gal. rakovec Gal. rakova Gal. rakovčyk Gal. *russ.* raki. *čech.* rakov Slovak. rakovec Slovak. rakovce Slovak. rakovo Slovak. *pol.* rakow Court. 37. rakowice ibid. *oserb.* rakojdy Rakel Schmal. 9. *nserb.* rakov Rake.

Raakow Butt. 98.

522. ralija.

asl. ralija arvum. čech. role u. s. w.

serb. ralja Gav. *čech.* role B.

Vergl. deutsch Ruhla. K. Regel, Die Ruhlaer Mundart. Weimar 1868. 157.

523. rasoha.

nsl. rasoha furca. čech. rozsocha Gabelast vorn mit zwei Enden u. s. w.

kroat. rasohe Kr. *serb.* rasohača Chrys.-duš. *čech.* rosocha B. rasochy B. rasošky B. *klruss.* rozsochy Gal. rozsochate Gal. rozsochovatec Gal. rozsochač Gal.

524. raspątije.

asl. raspątije bivium. nsl. raspôtje.

nsl. raspôtje Krain. *klruss.* rosputja Gal. *čech.* rospouti Rossboden B.

525. rastokъ.

čech. rozstok, rozstoka Ort, wo zwei Flüsse sich trennen oder vereinigen.

nsl. rastok Steier. *kroat.* rastoki Kr. rastoka Gr. rastoke Gr. rastočine Kr. Gr. *serb.* rastok Serb. *klruss.* rostoka Gal. rostoky Gal. rostôčky Gal. Vergl. rozłuče Šaran 92. *čech.* roztoky B. *pol.* rostok Gal.

Rostog, jetzt Rostig, Sax. rostok Koseg.

526. rataj.

asl. nsl. serb. rataj agricola.

kroat. ratečevo (d. i. zataječevo) brdo Kr. *serb.* rataj Gav. Vergl. ratar Gegend Serb. ratari Gav. *čech.* rataje M.

Retayach im Saangau Steier.

527. ratište.

asl. ratište hasta. nsl. ratišče securis, hastile.

klruss. ratysko Gal. ratyšče Gal.

Vergl. nsl. rotišče Ratheiss Kärnt. Jarnik.

528. ravьnъ.

asl. ravьnъ planus. nsl. raven. serb. ravan u. s. w.

nsl. ravno Krain. Steier. ravna Krain. Rubland Kärnt. ravne Krain. Raunach Kärnt. ravne Ebenfeld Kärnt. ravnje Kärnt. Jarn. 90. v ravni in der Ebene Kärnt. ravnie Raunach Valv. ravnica Görz. ravnik Krain. Kärnt. *kroat.* raven Kr. ravno Kr. Gr. ravnik Kr. ravna Gr. ravnica Kr. ravne Istr. ravanica Kr. ravnice Kr. Gr. Istr. ravljane Gr. ravnjari Kr. ravneš Gr. *serb.* ravьno Danič. ravno Herc. ravni Gav. Herc. ravna Serb. ravьnica Danič. ravanica Gav. ravno Herc. ravьnije Danič. ravnje Gav. ravnja Gav. ravnaja Gav. ravьna glava Danič. ravna gora Gav. ravьna poljana Danič. *klruss.* rovńa Gal. pole ‚rovna‘ Nauk.-sbor. 1870. 50. *čech.* rovný Slovak. rovno Slovak. rovné B. rovná B. M. *pol.* krzyworownia Gal. *oserb.* rovno Rauno Schmal. 13. *nserb.* rovna Raune, Rohne Zw. Butt. 118.

Rouene, jetzt Rowa, Koseg.

529. razdolije.

asl. razdolije convallis.

kroat. razdolje Gr.

530. razdrъtъ.

asl. razdrъtъ dirutus. Vergl. podrъtь.

nsl. razdrto Krain. *kroat.* razdrto Kr.

531. razvorъ.

asl. razvorъ circulus.

kroat. razvor Kr. *klruss.* rozvorjany Gal.

532. rebrъ.

nsl. reber, bei Megiser rieber, f. collis, in ON. durch ‚Leiten, Berg' übersetzt. čech. řebř m. scala Leiter; řebřík.

nsl. reber Kärnt. Steier. Leiten Krain. na rebrci kremnica Rechberg Kärnt. podreber Krain. v dolgo reber Steier. križka reber Kreuzberg Krain. topla reber Unterwarmberg Krain. brêzovo rebro Birkenleiten. *kroat.* podrebar Kr. *čech.* řebří B. řebříky B.

Poreberberg Steier.

533. rešetarь.

nsl. serb. rešetar cribrarius.

kroat. rešetar Kr. Gr. rešetari Kr. Gr. rešetare Kr. rešetarovo Kr. rešetarica Bach Gr. *čech.* resetarih silva Boč. *pol.* rzeszotary Gal.

Vergl. klruss. rešytka Gal.

534. rêka.

asl. nsl. rêka fluvius. serb. rijeka u. s. w.

nsl. rêka Rieg, Mühlbach Kärnt. Riegkh Bach Valv. rêčica Krain. Kärnt. Steier. poreče, v porêčah von *porêčane Pörtschach Kärnt. Jarn. 15. zarêčje Krain. zareč Triester Diöcese. *kroat.* reka Kr. Gr. rečica Kr. ričice Gr. rečina Gr. Kr. poreč Kr. prekorječani Kr. *serb.* rêka Danič. rečka Gav. rečica Gav. rječice Serb. rêčište Danič. ričina Bach Herc. rêčani Danič., davon plur. dat. rêčamь: a rêčamь megja otь duh'lja Chrys.-duš. 17. porêčь Danič. poreč Serb. porečka Bach Gav. medjurêčije Danič. medjureč Gav. velereč Gav. *klruss.* rika Gal. rička Gal. ričky Gal. ričyća Gal. rične Gal. rečyčany Gal. mežyriče Gal. mežyrič Russ. poriče Gal. zarika Gal. zaričje Gal. Russ. suchoriče Gal. *russ.* zarêčьe. *čech.* řeka B. riečka Slovak. řečice B. řečička B. meziříčí B. mezeříč f. M. poříčí B. pořič M. zářečí B. zářičí M. *pol.* obrzycko Posen. międzyrzecze Court. 24. czarnorzeki Gal. krzyworzeka Gal. *oserb.* řečicy Ritschen Schmal. zařeč Saritsch. *nserb.* zařec Säritz.

Porsach *porêčahъ Urkunde 1150. Rietschach Kärnt. Retschach Steier. Rieg Steier. Rega Bach bei Treptow. Regen, Regnitz Butt. 116. Meseritz in Pommern. nova reka Neue Au Koseg. fluvius reke, rech auf Rügen; rekeniza Bach auf Rügen Koseg. riaciani ein Volk Koseg. 1. 18. 19. mezerez, mezirez Koseg. zarece Koseg. zucharecha Koseg. ῥετσένα Aetol. ποριτσόν Elis. lit. antupei Schleich. 145.

535. rêpa.

nsl. rêpa rapa. serb. repa u. s. w.

nsl. rêplje Krain. Replach Kärnt. rêpnje Krain. rêpše (repišče) Krain. *kroat.* repno Kr. repovec Kr. repišće Kr. repušnica Kr. *serb.* ripna Dalm. repčani Serb. *klruss.* ripnyk Gal. *čech.* řepík B. repisko Slovak. řeporyje B. *nserb.* řepišća Reppist Butt. 98.

Repniz, jetzt Repenitz, Sax.

536. ręsa.

asl. ręsa iulus. nsl. resa. serb. resa iulus, nucamentum.

serb. resьna Danič. resnica Serb. resьnikъ Danič. resnik Gav. resava Danič. Gav. resavьci Danič. resavica Gav. *russ.* rjasy. *pol.* rząska Gal.

537. robida.

nsl. robida rubus.

nsl. robidnica Krain.

538. rogozъ.

asl. rogozъ papyrus. nsl. carex. serb. rogoz typha latifolia u. s. w.

nsl. rogoznica Steier. *serb.* rogozan Ruine Serb. rogoznica Dalm. *klruss.* rohôžno Gal. rogožina Vol.-lêt. 31. *čech.* rohozec Rust B. rohožka B. rohožno B. rohožná B. rohoznice B. rohožnice B. rohožník Slovak. *pol.* rogozna Rogäsen Posen Butt. 111. rogožnik Gal. rogoźnica Gal. *nserb.* rogozna Wilmersdorf Zw. Rogosna Butt. 110. Rogosen.

Rogozen, jetzt Rogäsen im Magdeb. 33. rogaz, jetzt Rogätz, daselbst 19. ῥογκοζόν Mess. ῥογκόζαινα Lac. ἀραγόζενα Ach.

539. rogъ.

asl. rogъ cornu. nsl. serb. rog u. s. w. russ. rogъ für ugolъ, mysъ.

nsl. rogatec Krain. Rohitsch Steier. *kroat.* rogi Kr. roge Gr. rogulje Kr. Gr. rogolje Gr. *serb.* roge Gav. rogac. rožci Gav. rogača Gav. rogačica Serb. rogovo Dalm. rogova Danič. rogatьcь Danič. zarožje Gav. *klruss.* rohy Gal. rohôv Gal. rohatyn Gal. rožanka Bach Gal. *čech.* rohy M. rohatec M. rohatce B. *pol.* rogow Court. 37. rogowo ibid. *nserb.* rogov Horno, Ragow Butt. 144. Rogow, Rage.

Branitz nach Butt. 65. 145. aus rogeńc entstanden.

540. ropa.

klruss. ropa Salzwasser. russ. ropa, rapa.

klruss. ropa, auch ein Bach Gal. ropky Gal. ropyća Gal. Alles im Jasłoer Kreise gelegen. ropinka Gal. ropjanka Gal. ropavsko Gal.

541. rotъ.

nsl. rot Rodeland: ahd. riuti. mhd. riute durch Reuten urbar gemachtes Land. mansi gerut appellati. Zahn. in loco, ubi Gluzo sclavus habitare et diruere coepit Ank. 57. Fremdw. 123.

nsl. rut Görz. Reuth, Raut, Ruttich, Greuth, Kreuth Kärnt. ruti Kreut Kärnt. rute Krain. Greuth, Kreuth, Rauth Kärnt. pod rutami Kärnt. rovte Gräut Kärnt. Gereut, Route Krain. na rovtah am Grai Kärnt. nêmški rot Deutschgereut Krain. nêmške rute Deutschrut Görz. *kroat.* podrute Kr. Vergl. retje Kr. *serb.* rutovi Danič.

542. rovъ.

asl. rovъ fovea. nsl. rov Steinbruch. serb. rov effossio u. s. w.

nsl. rov Rowech Krain. rove Krain. Steier. Roach, Rojach Kärnt. rovine Krain. roviše Steier. Krain. *kroat.* rov Kr. rovi Gr. rovan f. Kr. rovišće Gr. Kr. ro-

29*

viška Gr. rovištani Gr. Vergl. rvenik Kr. *serb.* rovne Gav. rovine Gav. Vergl. rьvenica Danič. *klruss.* suchorôv Gal. vergl. *čech.* reviště B.

543. ruda.

asl. ruda metallum. nsl. serb. ruda aes, minera u. s. w. čech. rudník fossor metallorum Erb., in ON. durch ‚Erz, Eisen' übersetzt.

nsl. ruda Ruden Kärnt. rudnik, auch ein Bach, Krain. rudna gora Erzberg Kärnt. *kroat.* ruda Kr. rude Kr. rudenice Kr. rudničko Kr. rudeš Kr. *serb.* ruda Gav. rudovac Serb. rudno Gav. rudnjak Gav. rudьnikъ Danič. rudnik Gav. rudьnici Danič. rudničište. rudine Gav. rudinica Danič. rudinice Danič. rudenica Gav. rudnica Gav. rudna glava Gav. rudari Danič. *klruss.* ruda Gal. rudka Russ. rudky Gal. rudavka Gal. rudovka Russ. rudnyky Gal. rudno Gal. rudenko łacke Gal. rudenka Gal. porudno Gal. porudenko Gal. zarudje Gal. zarudći Gal. zarudečko Gal. *čech.* ruda B. Eisenberg M. rudice plur. M. Suš. 571. rudina Slovak. rudno Slovak. rudná Rauden M. rudnik Slovak. rudava Bach Slovak. rudkov Erzberg M. *pol.* rudka Gal. rudkow Gal. rudzica Court. 37. rudawa Gal. rudna Gal. rudnik Gal. zarudka Gal. *oserb.* ruda Rauden Schmal. 13. *nserb.* rudov Altnow Zw. rudna Reuden Zw.

Rudnicha Urk. 1033. soll der Ramingbach bei Weier sein, nach Zahn ist es der Reidlingbach in Niederösterr. ruda Koseg. ruthnic Koseg.

544. ruj.

nsl. serb. ruj rhus cotinus.

kroat. rujevo Kr. rujevac Gr. rujovica Kr. *serb.* rujno knežina Serb. rujevac Serb. rujište Gav. ruišta Danič. Chrys.-duš. 20. rujenь eine Ebene Danič. rujeva poljana Chrys.-duš.

545. rumьskъ.

asl. rumьskъ Romaeorum.

serb. rumska Gav.

546. rupa.

serb. rupa foramen, fovea.

nsl. rupa Krain. rupe Krain. *serb.* rupe Dalm. momьčilova rupa Chrys.-duš. 35.

547. rusinъ.

russ. rusinъ russus.

klruss. rusynôvka Gal. *pol.* ruskie Gal. ruszcza Gal.

548. ryba.

asl. ryba piscis. nsl. serb. riba u. s. w.

nsl. ribno Reifen Krain. ribnica Reifnitz Krain. ribniza Urk. 978. Kärnt. ribjek Krain. ribice Fischern Krain. *kroat.* ribnica Kr. ribnice Kr. *serb.* rybьnica Danič. ribnica Gav. ribičica Bach Herc. *klruss.* rybno Gal. rybne Gal. rybeń Gal. *čech.* ryba Slovak. rybné B. M. z rybího M. rybná B. rybnice B. rybany Slovak.

Reiffnitz Kärnt. ribenitz Bach Pommern. stagnum ribeniz auf Rügen.

549. rybakъ.

pol. rybak piscator.
pol. rybaki Gal.

550. rybarь.

asl. rybarь piscator. serb. ribar.

kroat. ribari Gr. ribarica Gr. ribarsko. *serb.* ribar Serb. rybari Danič. ribari Herc. Gav. ribare Gav. ribarica Gav. vergl. ribaševina Serb. *čech.* rybár Slovak. rybáry Slovak.

Villa piscatorum Koseg.

551. rybištь.

asl. *rybištь wohl piscator.

nsl. ribiči Fischern Kärnt. ribče Fischern Krain. *serb.* rybići Danič. ribići Herc.

552. rybitvъ.

asl. rybitvъ piscator. pol. rybitw.

čech. rybitví B. *pol.* rybitwy Gal. Court. 38. Mogil.

553. rybьnikъ.

nsl. ribnik piscina. čech. rybník.

nsl. ribnik Fischbach, Rübnig Krain. med ribniki Steier. *kroat.* ribnik Kr. Gr. ribnjak Gr. ribnjačka Gr. *serb.* rybьnikь Danič. ribnik Gav. ribnica Serb. *klruss.* rybnyk Gal. rybnyky Gal. *čech.* rybník B. rybníky M. rybníček B. M. *pol.* rybnik Court. 38. Bach Gal.

Riuinik Zahn 427. Reifling Steier.

554. rъdęštь.

asl. rъdęštь rubescens. nsl. rdeč ruber.

nsl. rdeči kal Rothenkal, Erdetschkal Krain.

555. rъtъ.

asl. rъtъ apex. nsl. serb. rt.

nsl. rt Alpe in Unter-Steier. rtič Artitsch Steier. dolgaret Langeneck Valv. *bulg.* rъt (kostena mogila) Pazardž. 63. rъtove te Dêdov i Rusalin 79. *kroat.* rtić Kr. Gr. zahrt Kr. *serb.* rьtь Danič. rti Gav. rьtьcь Danič. rьtьčьkь Danič. rtari Gav. rtan planina Serb. rtanj Gav. rtanj brdo Berg Vuk. rtenica Vuk. brêzovyj rьtь Danič. *čech.* rtynč Hertin B.

Ert Steier.

556. rъžь.

nsl. rž, hrž secale. serb. rž, raž u. s. w.

nsl. ržno Jeschen Kärnt. ržišče Krain. *kroat.* hrženik Kr. hrženica Kr. ržišče Kr. *serb.* aržano Dalm. ržanica Gav. ržanice Serb. *klruss.* rožyska Gal. ržavec Russ. iržavcy Russ. oržyca Russ.

557. sadъ.

asl. sadъ planta, hortus. serb. vinea recens. čech. sad Obstgarten; sádek Obstgarten; lapis terminalis Erb. pol. sad u. s. w.

nsl. sad Krain. *serb.* sadovo Chrys.-duš. 16. *klruss.* sadky Gal. sadžavka Gal. sažavky Gal. *čech.* sádek Baumgarten B. sačany B. sázava B. novosady Neudörfel B. *pol.* sadow Court. 38. sadek Königr. Gal. sadki Gal. Court. 38. sadkova Gal. Σαντοβίτζα Ep. μαλισάδος Akarn. .

558. salašь.

serb. salaš villa. klruss. sałaš. pol. sałasz tugurium u. s. w. Fremdw. 124.
serb. salaš Gav. *klruss.* sałašy Gal. *čech.* salaš M.

559. sasinъ.

aserb. sasinъ saxo. čech. sas u. s. w.
kroat. sasi Kr. sasovac Gr. *serb.* sase Gav. sasović Dalm. sasinovь studenьcь Chrys.-duš. 39. crьkva saša Danič. *klruss.* sasy Gal. sasôv Gal. sasovy Gal. saska Gal. sasynôvka Russ. *čech.* sasov Sachsenthal M.

560. sąbota.

asl. sąbota dies sabbati. nsl. sobota. serb. subota u. s. w.
nsl. sobota, magy. Murai-szombat, Hung. sveta sabota Sabatberg Krain. *kroat.* subotica Kr. subotište Kr. *serb.* subotica Gav.
Vergl. sobota śpiska Georgenberg, magy. Szepes szombat.

561. sąpъ.

asl. sąpъ vultur. čech. sup. pol. sęp.
kroat. suplja lipa Kr. *serb.* suplje Serb. supovac Gav. supska Gav. *russ.* na supoj Nest. *čech.* supí hora B. *oserb.* supov Suppo Schmal. 10.

562. sąsêkъ.

asl. sąsêkъ cisterna, arca frumentaria. čech. sousek. pol. sąsiek.
kroat. susek Kr.

563. sątêska.

asl. * sątêska angustiae. aruss. sutejska Karamz. 2. 76. nota 131.
nsl. sotêska Einöd Krain. sateiska Valv. sotensko Steier. *kroat.* sutinska. *serb.* sutêska Danič. sutiska Danič. sutjeska Vuk. *russ.* sutêska Nest. *čech.* soutěsky B.

564. sedlarь.

nsl. serb. sedlar sellarius. vergl. deutsch Satlaren in Obersteier.
kroat. sedlarica Kr. *serb.* sedlar Gav. sedlare Gav. sedlari Serb. Herc.

565. sejfa.

Deutsch Seife m. Bergwasser, Bach Ztschr. 1. 249. Förstem. 32.
čech. sejfy B.

566. selište.

asl. selište tentorium, habitatio. serb. selište locus olim habitatus. čech. sedliště domicilium. pol. siedliszcze domicilium. siedlisko area. .

nsl. selišče, selše Krain. *kroat.* selišće Gr. Kr. selište Gr. *serb.* selište Gav. selišta Herc. milšina selišta Chrys.-duš. 15. *klruss.* sełyšče Gal. Russ. sełyska, pol. siedliska, Gal. *čech.* sedlisko B. sedliště B. sedlištky (sedliště malé) B. *pol.* siedliska Gal. siedleszczany Gal. sieliszcze: villam alias sieliszcze dictam Diplom. *nserb.* sedlišćo Zedlitz Zw. Sedlitz.

Sélistia Peloponn. Sedlischt, Zetlisch Butt. 144. Cediltshach Ank. 72.

567. selo.

asl. selo tentorium, ager. nsl. selo sedes: dasselbe ist sedlo, das in ON. durch ‚Sattel' übersetzt wird. serb. selo pagus; sijelo concessus. russ. selo Kirchdorf. čech. selo ager; sedlo pagus, daher sedlák rusticus: sídlo wird in ON. durch ‚Siedel' übersetzt. pol. sioło, sieło pagus. siodło, woher siodłak. oserb. sedłak. nserb. sedło Sitz.

nsl. selo Krain. Scharpfenstein Valv. sela Krain. v seli Zoll, Zellach Kärnt. na sielach Obersielach Kärnt. selce Krain. Steier. Selzach Kärnt. Valv. seuca (selca) Friaul. selca Selzach Krain. sedlo Satl Kärnt. Sattel Valv. na sedle Sattendorf Kärnt. sedla Sedula Görz. sedlice Zedlitzdorf Kärnt. selšček Krain. selčani (selče) Seltschach Kärnt. selnik Krain. selnica Zellnitz Steier. *kroat.* selo Kr. sela Kr. selce Kr. seoce Gr. sedelce Gr. selca Kr. selščak. selno Kr. selna Gr. seona Kr. selnica Kr. selnice Kr. selnik Kr. selniščak Hung. selanec. seline Gr. *serb.* selьna Danič. seona Gav. seonica Herc. selenac Gav. selevac Gav. selьce Danič. seoce Gav. selьčani Danič. zaselje Gav. veliko selo Serb. *klruss.* staro seło (stara veś) Gal. seľce Gal. šiľća Gal. seľnyća Gal. šidłečka Gal. sidľanka Gal. novosełky Russ. novoseľća Gal. stare seło Gal. *čech.* sedlo B. sedlice B. Slovak. sedlce B. selce Slovak. sedlečko B. sedlíčko B. sedličky B. selany Slovak. sedlčany B. sedlčanky B. novosedly Neusattel B., daraus nuzdly B. nové sidlo Neusiedl M. staré sedlo Altsattel B. *pol.* sioło Gal. siołko Gal. siedlice Court. 39. siedlce ibid. siedlanka Gal. *nserb.* sedło Zeddel. stare sedło Starzeddel. seľc Zelz.

Ad Zelsah Zahn 36. Celle, Sella 265. zedeltz Zelzthal Much. 2. 199. cedelse, cedilse Zelz Obersteier. Zedlitz, Zettlitz, Sedlitz Butt. 144. zelici, jetzt Zielitz, Magdeb. 8. çetuli Zetlach Neug. 1. 9. cetulic aus dem 11. Jahrh. Kärnt. Ank. 13. Zedl, Zedlach Kärnt. cetla, das in den Urkunden Sachsens häufig vorkommt, ist sedlo: brochotina cetla, jetzt Brockwitz. difnouuo cetla. golenciza cethla, jetzt Kolzschen. miratina cetla. Setleboresdorf ist sedlo Boresdorf, jetzt Bahra, Sax. zadili, szadel, jetzt Zadel, Sax. sedolicz, jetzt Sedlitz. selicz, jetzt Seelitz. silicz, jetzt Seilitz, Sieglitz. czetellicz, jetzt Zettlitz. nowa zodlitz Sax. zilitze auf Rügen. σέλος Aetol. Akarn. σελά Ach. σελά Akarn. Aetol. σέλιτσα Akarn. Aetol. Lac. σελιάνα Elis. σέλjανη Ep. Phok. σέλτζι Ep. σέλτζκα Ep. σελενίτζα Ep. παλιοσέλι Ep.

568. selьcь.

asl. *sêlьcь qui consedit.

kroat. selci Kr. seoci Kr. sedalci Kr. *klruss.* šiłeć Gal. šivka Gal. novošiłky Russ. *russ.* selьcy. *čech.* sedlec B. selec Slovak. sedlecko B. *pol.* siedlec Gal.

569. sêkyra.

asl. sêkyra securis. nsl. serb. sekira u. s. w.

nsl. sekira Kärnt. *kroat.* sikerci Kr. sikirovci Gr. *serb.* sikirica Gav. *klruss.* sokerčyn Gal. sokyryńći Gal. *pol.* siekiery.

Scikerniz Bach auf Rügen.

570. sêkъ.

serb. sjek trabs.

nsl. sêč Gehag, Gehack Krain. *serb.* sečevac Serb. *čech.* seč B. seča Slovak. sečany Slovak. sečánka Slovak.

571. sêno.

asl. nsl. sêno foenum. serb. sijeno u. s. w.

nsl. sêne: v sênah (sienah) Kärnt. Jarn. 121. senica Zienitz Kärnt. *serb.* sena Serb. sênica Danič. sênice Danič. sjenište Serb. sjeništa Gav. sênjani Danič. *klruss.* śińava Gal. sońava Gal. seńahôvka Gal. *čech.* senec B. seník B. senice B. senečnice B. *nserb.* syneńce Zinnitz Butt. 145.

Σίανη Ep. σανοβόν Ep. σενίτζα, σένιτζα und ξενίτζα Ep. σενιτζάνη Ep. vergl. σίνja Ep.

572. sênožętь.

nsl. sênožet pratum.

nsl. snožeti, snožete Krain. snožeče Krain. *serb.* sênožeštani Danič. *čech.* senožaty B.

573. sênьca.

nsl. sênca umbra.

nsl. sênčni kraj Schattenberg Kärnt.

574. sêra.

asl. sêra sulfur. pol. siarka.

pol. siary Gal. siercza Gal. siarczana gora Gal.

575. sinь.

asl. sinь lividus.

serb. sinjevica Serb. sinji vir Serb. vergl. sivča Serb. *klruss.* syńavka Gal. vergl. nserb. syjk aus syvik Graustein.

576. sirъ.

nsl. sirek sorgum vulgare. serb. sijerak u. s. w.

nsl. sirnica Sirnitz Kärnt. *serb.* sirča. sirikъ Bach Danič.

Sirnicha, jetzt Sirning, Meiller 166.

577. sitъ.

nsl. sit scirpus. asl. sitovъ iunceus. čech. sít u. s. w.

serb. sitno Dalm. sitьnica Bach Danič. *čech.* sytín B. sytno B. sytové B. sytová B. *pol.* sitno Court. 39. sitnica Gal.

Sitena Peloponn.

578. skala.

asl. skala lapis, saxum, in ON. durch ‚Kofel' übersetzt. Kofel m. eine einzeln sich erhebende Bergspitze (Schmeller), daher slav. skala: skale Skalis Steier. nsl. skala. čech. skála. pol. skała.

nsl. skalovje, kovlerji Koflern Krain. *kroat.* skalica, skalnica in Liburnia Valv. *klruss.* skała Gal. skałnyk Gal. *čech.* skála B. skály B. skálice B. skálka B. skálky B. skálné B. skálsko B. skalisko Slovak. podskalí B. zaskalí B. *pol.* skalica Court. 39. zaskale Gal.

Skala Peloponn. scallach Urk. 888. Kärnt.

579. skomrahъ.

asl. skomrahъ praestigiator. pol. skomoroch aus dem Russ. entlehnt.

klruss. skomorochy Gal. skomoroše Gal. vergl. serb. glumači Gav. und lit. skambrakai, wie nach Nesselmann mehrere lit. Dörfer heissen.

580. skotъ.

asl. skotъ pecus. čech. pol. skot.

čech. skotnice sing. Kötnitz M. *pol.* skotniki Gal. Court. 39. vergl. skotnica mansus pro pellendo grege. Diplom. 1. 195.

581. skrobotъ.

nsl. srobot, srobrot clematis vitalba, atragene alpina. serb. skrobut, skromut.

nsl. srobotnik Krain. auch ein Berg Krain. srabotnik Krain. škrabutnik Krain. škrobutnjak Krain. *kroat.* srobotnik Kr. skrobotnik Kr. skrobutnjak (skrebutnjak, skrbutnjak) Kr. skrebutnjak Gr. škrobutnjak Kr. škrabutnik. *serb.* skrobotьnica Danič.

582. slama.

asl. nsl. serb. slama stramen.

nsl. slamnik Krain. slamna vas Krain.

583. slanъ.

asl. slanъ salsus. nsl. serb. slan u. s. w.

nsl. slanica Schlanitzen Kärnt. slana voda Steier. *kroat.* slanje Kr. slanovec Kr. slanetinec Kr. slani doł Kr. slani potok Kr. *serb.* slano Danič. Dalm. Herc. slana Serb. slanci Serb. slanii doli Danič. Šafař. 145. slano polje Danič. *klruss.* sołone Gal. sołonec Gal. sołonka Gal. sołonov Berg Gal. *čech.* slané Schlan B. slaná Slovak. slanica Slovak.

Zlan Kärnt.

584. slapъ.

asl. slapъ fluctus. nsl. slap Woge, Wasserfall u. s. w.

nsl. slap Krain. Zlapp Kärnt. Villa zlab Zahn 116. slape, gen. slap, Krain. slapnica Bach Valv. *kroat.* slap Kr. auch Bach Gr. slapno Kr. slapnica Kr. *serb.* zaslap Herc. *čech.* slapy B. slapsko B.

Zlap Name eines Bergabhangs Lexer.

585. slatina.

asl. slatina palus, aqua salsa. nsl. slatina. serb. aqua salsa vel acidula. čech. slatina salsugo, uligo.

nsl. slatina Krain. Steier. slatnik Krain. slatenek Krain. *kroat.* slatina Kr. slatinik Kr. slatnjak Kr. *serb.* slatina Danič. Gav. slatine Dalm. *klruss.* słotyna Gal. sołotvyna Gal. sołotvyny Gal. *čech.* slatina Schlattin B. Latein M. slatiny B. slatinky B. slatenice Latein M. slatinice Zladnig B.

Zlating Kärnt. locus, rivus zlatina, jetzt Schladnitz in Obersteier. σλατίνα Ep.

586. slava.

Dunkel.

nsl. slavina Krain. Valv. slavinje Krain. slavski lês Krain. *kroat.* slavina Kr. slavica Kr. slavinje Kr. slava gora Kr. *serb.* slavište Danič. *klruss.* sławka Bach Gal. do sławska Gal.

587. slêmę.

asl. slêmę trabs. serb. šljeme culmen tecti.

kroat. sleme Kr. Gr. pod slemeni lazi Kr. *serb.* slime Dalm. *čech.* slemeno B.

588. slêpъ.

asl. slêpъ coecus. nsl. slêp u. s. w.

nsl. slêpšek Blindenbach Krain. Zahn. *serb.* slêpyj potokь Danič. slepčevo Serb.

589. slęzъ.

čech. slezy plur. Silesia. pol. ślązak. Vergl. Silingae, Silingi K. Zeuss 127. 455.

pol. ślązaki Gal. ślężany Königr.

590. sliva.

asl. sliva prunus. nsl. sliva u. s. w.

nsl. slivje Krain. slivica Krain. slivna Krain. slivnica Schleinitz Kr. Steier. slivenčica (schliuenzeza) Schleintzerbach Valv. slivno Berg Kr. podslivnica Krain. *bulg.* sliven. *kroat.* slivje Istr. slivovac Gr. slivnjak Gr. slivari Istr. slivarsko Kr. *serb.* šljiva Serb. slivlje Gav. slivova Danič. šljivova Gav. slivovikь Danič. šljivovik Gav. slivьno Danič. slivno Dalm. slivьnica Danič. slivnica Dalm. šljivica Serb. šljivovo Gav. slivovica Gav. šljivovac Gav. šljivar Gav. zaslivlje Herc. *klruss.* słyvky Gal. słyvnyća Gal. *čech.* slivno B. slivník Slovak.

Scliuniz Steier. Neug. 1. 75. slevniz, zloenz, jetzt Schleinz in Unterösterr. Schlewitz, Schleiz, Schlez Butt. 97. vergl. nserb. sliva, słuva. zluwen, slywin, jetzt Schlieben, Sax. slinitz, jetzt Schleinitz, Sax. sleuwicz, jetzt Schleitz, Sax. slivin, jetzt Schleffin, Koseg. slevenize, jetzt Schleibnitz. Magdeb. 19. σκλίβα Elis. Mess. σκλίβανη Ep.

591. slovêninъ.

asl. slovêninъ slovenus.

nsl. slovenje Slovenjach Kärnt. slovenja gora Windischberg Kärnt. slovên gradec Windischgräz Steier. slovênska vas Windischdorf Krain. *čech.* slovany Slovak. slovenská ves Wünschendorf aus Windischdorf, magy. Tóthfalú, Slovak.

Schlaweni, jetzt Schleben, Sax. sclauwetin, jetzt Schlagenthin, Magdeb. 34. sławianowo Mosb. 7.

592. slopъ.

čech. slopec. pol. słopiec eine Art Thierfallen. słop: omni genere venandi, per stampice, slopi, jami u. s. w. Court. 17.

nsl. slope Krain. *čech.* príslop Slovak. *pol.* przysłop Gal. *nserb.* słopice Schlepzig, das ein słopsko voraussetzt. słopišća.

593. smogorъ.

nserb. smogoŕ verrottetes Holz unter der Erde, Torf.

nserb. smogoŕov Schmogrow Zw. Butt. 112.

Smogerowe, jetzt Schmagerow, Koseg. Schmograu Schles.

594. smoky.

asl. smoky ficus. serb. smokva.

kroat. smokovo Kr. smokovica Gr. smokvica Gr. *serb.* smokovina Dalm. smokvica Dalm. smokovljani Danič. Dalm.

Σμόκοβον Phok.

595. smola.

asl. smola pix, bitumen, in ON. durch ‚Kranabet' (ahd. chranawitu, mhd. kranewit) übersetzt. nsl. serb. smola pix u. s. w.

nsl. na smole Kranabet, Kranabetich Kärnt. smolnik Krain. smolêna vas Pechdorf Krain. *bulg.* smolьnьskъ adj. *kroat.* smoljanac Gr. *serb.* smolice Danič. smolinac Serb. smoluša Bach Danič. *klruss.* smołyn Gal. smôľno Gal. smôľnyk Gal. smôľna Gal. smôľnyća Gal. smoľanka Gal. *čech.* smolín B. smoleč B. smolivec B. smolov B. smolná B. smolnice B. smolník Slovak. smolenice Slovak. smolina M. smolensko Slovak. *pol.* smolice Gal. smolsko Court. 40. smolarzyny Gal. *oserb.* smolicy plur. Schmole Schmal.

Zmuln, Zmöln Kärnt. smolin, jetzt Schmölen, Sax. smolne, jetzt Schmölln, Sax. zmulnensis ecclesia Sax. smolicz, jetzt Schmolitz, in Schlesien. lit. smalininkai Theorbrenner Schleich. 147.

596. smrъdljika.

serb. smrdljika, šmrljika arboris genus, sorbus aucuparia.

serb. smrьdlika Danič. smrdljikovac Gav. *pol.* vergl. śmierdząca Gal.

597. smrъkъ.

asl. smrъčь, smrêča cedrus; smrêčь iuniperus. nsl. smrêka, in ON. durch ‚Fichte' übersetzt. kroat. smrič iuniperus Verant. serb. smreka iuniperus communis; smrča, smrjek, smrjeka iuniperus Stulli. čech. smrk pinus abies picea. pol. smerek, smereka, smrek, smrok, świerk, świerka Rothtanne.

nsl. semreka Valv. smerečje Krain. šmrčo (smorovčice) Emersdorf Kärnt. smrêčnjek, smrêčnjak Feuchtbühel Krain. *kroat.* smrika Kr. Gr. smrečje Kr. Gr. smrekari Gr. *klruss.* smereka Gal. smerek Gal. smerekôv Gal. smerekoveć Gal. smerečne Gal. smerečna Gal. *čech.* smrk B. M. smrček M. smrčí B. smříčí Mřitsch B. smrčina B. smrčná B. M. smříčno Wemřitsch B. mříčno B. smrkova Slovak. smrko-

30*

vica Slovak. smrčany Slovak. *pol.* smereczka Gal. smereczyna Gal. smrokow Mogil. Hieher gehört auch świerkowa Gal. świerkowce Gal.

Smorkow, jetzt Schmorkau, Sax.

598. smrъžь.

klruss. smoržky eine Art Pilz. oserb. smorža Morchel. nserb. smarž, nach Zw. smaržł.

klruss. smoržôv Gal. v smoržy Nauk.-sbor. 1870. 82. *nserb.* smaržov Schmarse.

599. soha.

asl. soha vallus. nsl. soha lignum dentatum, furca. serb. soha u. s. w.

kroat. sošice Gr. *serb.* sošice Berg Serb.

Σοχᾶ Lac.

600. sokolъ.

asl. sokolъ falco. nsl. sokol. serb. soko u. s. w.

kroat. sokoli Gr. Kr. sokolovac Gr. *serb.* sokolь Danič. sokol Gav. sokolići Gav. sokolovica Gav. sokolьnikь Danič. *klruss.* sokoľ Gal. sokoły Russ. sokołeć Gal. sokołôv Gal. sokołka Russ. sokołôvka Gal. sokoľe Gal. sokoľa Gal. sokoľnyky Gal. sokovňa (hďi hňizdyły śa sokoły) Nauk.-sbor. 1870. 50. *čech.* sokol Slovak. sokolče Slovak. sokolovec B. sokolovce Slovak. Vergl. folknáře Falkendorf B. *pol.* sokoł Königr. sokoły Königr. sokole Gal. sokoliki Gal. sokołow Königr. sokołowo Königr. sokołowa Gal. sokola dąbrowa Court. 41. *oserb.* sokula hora, sokolc (sokolica) Falkenberg Schmal. 14.

601. solь.

asl. solь sal. nsl. sol. serb. so u. s. w.

kroat. solina Gr. soline Kr. soljani Gr. *serb.* solь Danič. in Bosnien, jetzt soli donje, Salis bei Ptolem., Tuzla bei den Türken Wiener Jahrbb. 46. 43. *klruss.* soľ Russ. sołyna Gal. sołynka Gal. stara soľ Gal. *čech.* solnice B. solenice B. solany B. *pol.* sol Gal. solca Gal. solka Gal.

602. sopotъ.

asl. sopotъ canalis, wahrscheinlich eigentlich das Rauschen fliessenden Wassers.

nsl. sopote Steier. sopot (sopod) Bach Valv. sopotnica Krain. Kärnt. *kroat.* sopot Kr. Gr. sopote Kr. Gr. sopotnica Bach Kr. Vergl. sop Kr. sopje Kr. sopač Kr. sopnica Kr. *serb.* sopotь Danič. sopot Name vieler Quellen Vuk. u rêky u sopotь Chrys.-duš. 41. sopotьcь Danič. sopotnice Herc. sopoćani Danič. Vuk. *klruss.* sopot Gal. sopotnyk Gal. *čech.* sopoty B. sopotnice B. *pol.* sopoty Gal.

Zoppothof Kärnt. σοποτόν Elis. σοπωτοῦ Mess.

603. sosna.

asl. sosna abies. čech. sosna pinus. pol. sosna u. s. w.

klruss. pôd sosnôv Gal. Russ. sosnyća Gal. sosnica Vol.-lêt. 53. sosnôv Gal. sosnova Russ. sosnovyća Russ. *russ.* sosnovka. zasosenskaja. *čech.* sosnová Schlesien. *pol.* sosnowe Gal. sosnowa Gal. sosnowice Gal. sośnic(a) Sosnitz, Schossnitz Court. 41.

Zossen Kärnt. sosnowa Wolmsdorf Schlesien. schosnicz Schlesien. soznow Koseg. sosnowe Koseg. soznoua Koseg. sosnica, sosnice, sosniza u. s. w. Koseg.

604. sova.

asl. nsl. serb. sova noctua.

nsl. sovjak Steier. *kroat.* sovjak Kr. sovski dol Kr. *serb.* sovovo Gav. sovljak Gav. na sovijakь na dêlь Chrys.-duš. 39. sovač Gav. *klruss.* sovyća Bach Gal. *čech.* sovy B. sovinky B. *pol.* sowina Gal. sowiarka Gal. *nserb.* soje aus sovje, gen. sojego, Saue und Zaue mit einer Sau im Wappen statt der Eule, die die wahre Bedeutung des Wortes erwarten lässt. Vergl. jablanь.

605. spila.

serb. spila, spilja caverna.

kroat. podspilj Gr. *serb.* spiljani Daničić.

606. srebro.

asl. nsl. serb. srebro argentum.

nsl. srebrnče Silberdorf Krain. *kroat.* srebrnik Kr. *serb.* srebrno Dalm. srebrьnikь Daničić. srebrьnica Daničić. Argentaria Wiener Jahrbb. 46. 43. srebrnica Berg Serb. *čech.* stříbro B.

Zrebernica Sax.

607. srêda.

asl. nsl. srêda medium u. s. w.

nsl. srêdnik Krain. srêdnica Jarnik. srdišče Polstrau Steier. podsrêda Hörberg Steier. *kroat.* sredice Kr. Gr. sredičko Kr. srednik Kr. srednjak Kr. središće Kr. sredjani Kr. osredek Kr. osredci Gr. *serb.* srêdica Daničić. srêdьska Daničić. srednjak Serb. srednjevo Serb. osredci Gav. *klruss.* seredne Gal. seredńoje Gal. seredńa Gal. serednyća Gal. seredńaky Russ. seredpôlći Gal. *čech.* streda, magy. szerdahely, Slovak. *pol.* śrzoda Court. 41. śrzodka ibid.

Villa zregiah (vielleicht *srêždahъ) Zahn 82. śrzoda Neumarkt Schlesien.

608. srъbinъ.

aserb. srъbinь serbus u. s. w.

serb. srьbьci Daničić. srpci Serb. srьbice Daničić. srьbavьci Daničić. *klruss.* serbynôvka Russ. *čech.* srby Sirb B. srbec B. srbsko B.

Vergl. cervisti, ciervisti, jetzt Zerbst.

609. srъna.

asl. srna caprea. nsl. serb. srna.

nsl. srnjak Krain. *serb.* srnje Gav. srьnijakь Chrys.-duš. 34. *klruss.* serny Gal. sernky Gal. sarnyky Gal. *čech.* srní B. srní potok Rehwasser B.

610. stadьnikъ.

asl. stado grex. serb. stado. pol. stadnik pastor.

pol. stadniki Gal.

611. staja.

asl. staja casa, stabulum. nsl. staja Platz des Viehes auf der Weide. serb. staja u. s. w.
nsl. staje Krain. *klruss.* staji Gal. *čech.* stáje B. stajice B.

612. stanъ.

asl. stanъ tentorium, hospitium. nsl. serb. stan u. s. w.

nsl. stan Krain. staniše Krain. *kroat.* stanište Gr. *klruss.* dobrostany Nauk.-sbor. 1870. 63. *čech.* stan B. stanoviště B. M. *pol.* stany Königr. stanica Court. 42. stanowice ibid. stanowiska Mogil. vergl. staniątki Mogil.

Stanitsch ein Wald Lexer.

613. starъ.

asl. starъ vetus. nsl. serb. star u. s. w.

kroat. starin Kr. starjak Kr. *serb.* starina Serb. staričina Serb. staryj gradь Danič. stara planina Serb. stari vla knežina Serb. *klruss.* staryna Gal. starjava Gal. staryky Gal. starohorod Gal. *čech.* stará B. *pol.* starosol Gal. stary grod Court. 42. *nserb.* stare sedlo Starzeddel Zw.

Starigrod, stargrod, staregard, sstargard Koseg. στάρι Ep. σταρόβα Ep. σταρίτζανη Ep. σταροβέτζκα Ep. σταρέλτσα Lac.

614. stavъ.

čech. stav Damm. pol. staw Teich.

serb. stave Gal. stavica Danič. *klruss.* stavky Gal. stavčany Gal. stavčyzna Gal. zastavje Gal. zastavče Gal. krasnostav Russ. *čech.* stav B. *pol.* stawy Gal. stawisko Gal.

615. stąpa.

pol. stępica Falle für grössere Thiere, Gegensatz von pastka. Omni genere venandi, per stampice, slopi, jami u. s. w. Court. 17. Die Scheidung von stąpa laquei und stąpa machina cannabi frangendae ist unsicher.

nsl. stopno Krain. *pol.* stępina Gal.

616. stąpa.

asl. stąpa mortarium. serb. stupa mortarium ligneum, machina cannabi frangendae, torcular. čech. stoupa u. s. w.

kroat. stupa Kr. stupe Gr. stupno Kr. stupnik Kr. stupnica Gr. stupovača Kr. stuparje Kr. *serb.* stupa Dalm. stupica Herc. stupnica Gav. stupanj Gav. zastuplje Gav. *klruss.* stupky Gal. stupnyća Gal. *čech.* stupice B. stupno Staupen B. stupné B. stupná B.

617. steb—.

Vergl. pol. stebnik (kopać loch na stebnik) Beinenkeller Linde.
klruss. stebnyk Gal. *čech.* stebno B. *pol.* stebne Gal. stebny Gal. stebnice Gal. Stemnitsa Peloponn. Vergl. nsl. stebunig, d. h. stebovnik, ein Berg Valv.

618. stelьmachъ.

pol. stelmach. stalmach Stellmacher, Wagner.
pol. stelmachy Gal.

619. stêna.

asl. stêna murus, paries. serb. stijena saxum, lapis u. s. w.

nsl. steina Villa Zahn 84. *kroat.* stinica Gr. zastene Gr. *serb.* stenice Danič. stiniza sclavonice, latine murula Šafař. 145. postenje Gav. podьstênije Danič. stjenovi dol Herc. *klruss.* stinka Gal. *oserb.* šćeńca Steinitz Schmal. 14. durch ‚junge Hunde' erklärt. *nserb.* sćeńc Steinitz Butt. 127.

Stenisse, jetzt Steinitz, Magdeb. 21. ποστένιανη Ep. vergl. τριστσανίκον, jetzt τριστενίκον Ep.

620. stlъba.

asl. stlъba climax. serb. stuba scala ex arbore u. s. w.

nsl. stolbica Stolvizza Venet. *kroat.* stubica Kr. *serb.* stlьbica Danič. Vergl. stubo Gav. stubica Danič. Gav. stubice Danič.

621. stlъpъ.

asl. stlъpъ columna. serb. stup. čech. sloup. pol. słup u. s. w. čech. slup gurgustium (locus in fluvio arctatus ad capiendos pisces Duc.), vulgo sic dictum pistrivallum, piscinaculum, piscaria Erb.

nsl. stop Stobb Krain. stope Krain. stopno Krain. *kroat.* stupno Kr. stupnik Kr. *serb.* stlьpьnikь Danič. stьpьčani Danič. stlьpьčanica Danič. stlьpezi Danič. *klruss.* stołpyn Gal. stolpъe Voł.-lêt. 24. stołpjahy Russ. *čech.* sloup B. M. slupy B. sloupno B. sloupné B. sloupnice B. sloupenec B. sloupečné B. *pol.* słup Schlupp Court. 42. słupiec Gal. słupca Court. 42. słupowo ibid. *oserb.* stołpno Stolpen Schmal.

Stolp, Stolpe, Stolpen Butt. 113. Stolpe Cyb. 14. στόλπον bei Constant. Porphyrog. ztolp, stolpe, stolpa, stolpin, stolpan, stolpen, stulpen, jetzt Stolpen, Sax. stolp, ztolp, ztulp, stulp, stolpa, ztulpa, ztulpe, ztulpii Koseg.

622. stoborъ.

serb. stobor eig. saepimentum. nsl. steber columna, trabs.

pol. stobrawa Bach Court. 42. *nserb.* stobrice Stöbritz Zw.

623. stodola.

klruss. stodoła granarium. čech. stodola u. s. w. Fremdw. 127.

klruss. stodołky Gal. stodołyna Gal. *čech.* stodůlky B.

624. stolъ.

asl. stolъ sella, scamnum. nsl. stol. serb. sto u. s. w.

serb. stol Berg Serb. stolac Serb. stolno Ok. 59. stolovi Berg Gav. stolova Berg Serb. stol brdo Gav. *klruss.* stôĺsko Gal. *čech.* stolín B.

Στολοβόν Ep.

625. strana.

asl. strana regio. nsl. stran latus. serb. strana latus, mons u. s. w.

nsl. stran Krain. stranje Krain. stranik Straning Kärnt. stranska vas Krain. *kroat.* stranica Kr. *klruss.* storonna Gal.

Stranig, Stranach Kärnt. Lexer.

626. straža.

asl. nsl. serb. straža custodia u. s. w. oserb. in ON. durch ,Warte' übersetzt.

nsl. straža Krain. straža (straso) Warth Valv. stražiše Krain. stražišče Straschischa Kärnt. praedium strazista Zahn 54. *kroat.* straža Kr. stražbenica Gr. *serb.* straža Gav. *klruss.* storoža Gal. chołm storoža zvanyj Nauk.-sbor. 1870. 50. storožy Gal. *čech.* stráž B. stráža Slovak. strážnice M. stražiště B. stražisko M. *pol.* strožka Gal. strožowka Gal. strožna Gal. *oserb.* stróža Wartha Schmal. 15. Warte. stróžišćo Strohschütz Schmal. 15. *nserb.* stŕažov Striesow Zw.

627. strěg—.

Dunkel.

čech. střehom f. B. *nserb.* šćegov Strege Butt. 117.

Striegau Schlesien. Striegen, Striegnitz Butt. 117, der diese Namen auf struga zurückführt.

628. strěla.

asl. strěla sagitta.

klruss. striłky Gal. striłkôv Gal. striłyska Gal.

Strele, ztrele, jetzt Strehla, Sax. strale auf Rügen. Vergl. serb. strelare Gav.

629. strělьcь.

asl. strělьcь sagittarius. nsl. strělec u. s. w.

nsl. strělac Schützendorf Krain. stročja (für strělčja) ves Schützendorf Steier. *kroat.* strelec Kr. strelečko Kr. *klruss.* strilći Gal. Šaran. 93. strilčje Gal. strilčyska Gal. *pol.* villa sagittariorum bei Koseg. 1. 29. Vergl. tenebitur nobis servire servitium cum duobus strzelce Diplom. 1. 260. *oserb.* tsyłany Strehla Schmal. *nserb.* tśełany Strehle.

Strelitz Butt. 121.

630. struga.

asl. struga fluctus. nsl. struga alveus aquae, nach Valv. Arm des Wassers. čech. strouha u. s. w.

nsl. struga, struge Krain. Strugg Valv. Strau Kärnt. ztrug Zahn 155. *bulg.* struga. *kroat.* struga Kr. Gr. struge Kr. stružani Gr. *serb.* struge Herc. Dalm. potokъ stružьkyj Chrys.-duš. 18. *čech.* struhy B. stružky B. *pol.* strugi Gal. struža Gal.

In nigro fluvio, qui dicitur ziarna ztrug Koseg. 1. 666. Mit struga scheint auch stryj und klruss. strevjaž, pol. strwiąž, strwiąžyk Gal. zusammenzuhängen.

631. strum—.

Das Thema hängt mit stru (sru) fliessen zusammen. Vergl. jedoch στρυμών.

bulg. struma. strųmica. strumnica Milad. *serb.* strumica Chrys.-duš. 42.

Strumma Fluss Koseg. στρώμνjανή Aetol.

632. strutarь.

Vergl. srotarstwo census a baiulis cerevisiam in currus inferentibus Nauk.-sbor. 1868. 186. *serb.* strutare Danič.

633. strъgati, strugati.

asl. strъgati, strugati radere, caelare, tornare. nsl. strugati u. s. w. rum. strugarjü Drechsler.

nsl. strgarji Krain. strugarji (falsch strugerjen) Strugern Kärnt. *kroat.* strgari Kr. *serb.* strgari Serb. *čech.* strhař M. strhaře B. strehάry Slovak. bei Lipszky. strhařov B. struhaře M. Vergl. strhadlo B. struhadlo B. strhadly B.

634. strъmъ.

asl. strъmъ declivis. nsl. serb. strm u. s. w.

nsl. strmec Krain. Görz. Steier. Berg Valv. strmica Friaul. Krain. strmnica Berg Kärnt. Krain. strmol Krain. Steier. strmoreber Krain. *kroat.* strmac Kr. Gr. strmec Kr. strmen Gr. *serb.* strmac Serb. strmovo Gav. strmica Dalm. strmenica Gav. strmosten Gav. strmostenj Serb. strmostijen Serb. strmna gora Gav.

Stramitzo in Kärnten Lexer. Sterminaberg Steier.

635. stublь.

serb. stublь puteus, fons. stublina ein hoher, aufrechter Stamm als Wasserbehälter. čech. stbel puteus.

kroat. stubalj Gr. *serb.* stubalj Gav. Serb. stubao Serb. stublica Gav. stubljina Serb. stubline Gav. stublenica Gav. stuble goričke, sovičke Herc.

636. studenъ.

asl. studenъ frigidus; studenьсь puteus. nsl. studenec, zdenec puteus u. s. w.

nsl. studeno Kaltenfeld, Brunnsee Krain. studena Friaul. studenec Brünndl Krain. Brunn Kärnt. studenci Krain. studenčiči Krain. studenice Steier. studenčice Steier. zdenska reber Krain. *kroat.* studena Istr. Bach Gr. studeni Istr. studenci Gr. Istr. zdenac Gr. zdenec Kr. zdenci Kr. zdenčec Gr. zdenčac Gr. zdenčina Kr. zdenčinę Kr. zdenčari Kr. *serb.* studena Danič. Bach Herc. studenica Danič. Gav. studenac Herc. studenci Herc. studenьčani Danič. sasinovь studenьсь Danič. *klruss.* studinka Gal. studenne Gal. studan Gal. *čech.* studená B. M. studenec B. M. studénka B. M. Stauding Kop. 238. studénky B. M. studně M. tři studně M. studnice B. M. studečky (studce malé) B. *pol.* studzieniec Gal. Diplom.

Studenitz Koseg. Vergl. serb. bunari Serb.

637. stьkljarь.

pol. śklarz Glaser. čech. sklenář.

serb. сьklerevь Danič. Vergl. сьklenь vitreus Danič. *klruss.* škľary Gal. škľarky Gal. *čech.* skláře B. sklenařice B. sklenařovice B.

638. stьklo.

asl. stьklo vitrum. nsl. steklo. serb. staklo, caklo, cklo u. s. w. Fremdw. 128.

klruss. skło Gal. *čech.* skleno B. sklené M. sklenov M. sklenice M. *pol.* szkło Gal. szkła Gal.

639. stьza.

asl. stьza semita. nsl. steza u. s. w.
kroat. staza Gr.

640. suhъ.

asl. suhъ siccus. nsl. serb. suh u. s. w. sušica als Bachname ist der im Sommer austrocknende Bach torrens. Dialektisch deutsch Zauche Bach, der nur bei Regenwetter fliesst. Lexer.

nsl. suha Zauchen Krain. Kärnt. Griess, Dornbach (aus Dürrnbach) Kärnt. Vergl. Jarn. 180. suša Krain. sušica Steier. Dirnbach Krain. sušje Krain. suhor Krain. suhorje Krain. suhodol Krain. suhovrh Dürrngupf Kärnt. suhavas Dürnbach. susane Urkunde von 973 Zahn 37. *kroat.* suhaja Kr. suhor Kr. Gr. suša Kr. sušica Kr. sušik Kr. sušnjevica Istr. suhodol Kr. Gr. *serb.* suva Berg Serb. suvara Berg Serb. sušica Danič. Gav. sušice Serb. suvotno Gav. sušičane Danič. suvobor Berg Serb. suhodolь Danič. suvodol Gav. suhodo Bach torrens Herc. suhogrьlь Danič. suvi brijeg Serb. suhyj dolь Danič. suvi kladenac Serb. suha rêka Danič. suvo selo Serb. *klruss.* sušyća Gal. suchôvći Gal. suchodôł Gal. suchodoły Gal. suchostav Gal. pôdsuche Gal. na suchoj dorogvi, do suchoe dorogve Voł.-lêt. 30. *čech.* suchá Dürre B. sušice B. M. soušice Oschitz B. souše B. súš B. souška B. sušno B. sušany Zuscha B. suchdol B. Zauchtel M. Czauchenthal (Zauchtl) Kop. 226. suchodol B. suchohrdlí Zuckerhandl M. suchý důl Dörnthal B. ousuší B. *pol.* sucha Gal. suchdoł Court. 44. sucholas Gal. *nserb.* sušov Susche.

Zauchwinkl Kärnt. zuchaha bei Weier Urk. 1033. zuchdol, zuchedol, zuckdol, jetzt Zuckertal in Obersteier. zuchedole, zuchdol im Saangau. zuche Urkunde von 1150. Zauchbach bei Amstetten u. s. w. Zauche, Zauchel, Zauchwitz, Zuchen, Zuchow, Suchau, Suchow Butt. 111. Suscho 102. marca zucha, jetzt Zuchau, Magdeb. 14. Zauche, Gegend in Brandenburg Jettm. 18. zucha Urkunde von 979. zuche in einer Freisinger Urkunde c. 1150. von zauch Zahn 445. sussitz Urkunde von 1249. zucha, jetzt Zauch Meill. 170. zuchidol Sax. susitze, sussitze auf Rügen. zuziza Koseg. zucharecka Koseg. σουχά, σουχᾶ Ep.

641. surovъ.

asl. surovъ crudus, viridis. serb. sirov crudus. čech. syrový.
klruss. surovyća Gal. *pol.* surowa Gal. surowki Gal.

642. sverêpъ.

asl. sverêpъ ferus, aestuans. kroat. svirepica equa (u svirepicah tvoih kon čudan rodil se e Aleksandr. Jagić 213). pol. świerzepa equa.

nsl. srepiče plur. Jarn. 204. nach Andern šterpiče Stuttern Kärnt. *pol.* alt svirepsco, jetzt szrubsk Mosb. 27.

436. svêt—.

Dunkel.
nsl. svetna vas Weitzelsdorf Kärnt. svečani, sveče Suetschach, Waitschach Kärnt.

644. světlъ.

asl. světlъ lucidus.

nsl. svêtli potok Lichtenbach Krain. *čech.* světlá B. M. světlé Zwiedlern B. světlice B. světlík B. *nserb.* svetov Zwitto Butt. 163. svjetło Lichterfeld.

Zwettel in Österreich. zwedlobrado vertex montis Obersteier.

645. svętъ.

asl. svętъ sanctus. nsl. svet u. s. w.

čech. svatá B. svatava B. svatobor B. svatá hora B.

Swantegore auf Rügen. Schwantewitz in Pommern Butt. 163.

646. svibъ, sviba.

nsl. sviba cornus sanguinea. serb. svibovina, sibovina lignum corneum. Vergl. svidъ, svida.

nsl. svibenj Krain. svibon Krain. sviben Schärfenberg Valv., auch der anstossende Wald heisst so oder svibanšek Valv. svibovec Krain. sibovnik Krain. *kroat.* sviblje Kr. svibovec Kr. svibić, sibić Gr. sibač Kr. sibenik Gr. svibnik Kr. sibokovac, svibokovac Kr. *serb.* svib Dalm. sibnica Gav.

647. svidъ, svida.

čech. svíd, svída cornus sanguinea. pol. świdwa cornus femina. Vergl. svibъ, sviba.

kroat. svidnica, svidnička Kr. *klruss.* svydova Gal. svydnyk Gal. svydnyća Gal. svydnyk Nauk.-sbor. 1866. 309. *čech.* svídnice B. svidník Slovak. svidníček Slovak. svídná ves B. *pol.* świdnica Schweidnitz Court. 38. od świebody (swobody) nazwane Stryj. bei Linde. *oserb.* svidnica Schweidnitz Pfuhl. svońca Schweidnitz Schmal. 14.

Swedenicz, jetzt Schwednitz, Sax.

648. svinija.

asl. svinija sus. nsl. serb. svinja u. s. w.

nsl. svinje Krain. svinica Zweinitz Kärnt. svinsko Krain. svinc Eberstein Kärnt. *kroat.* svinjica Gr. svinjci Kr. sviničko Kr. *serb.* svinje Gav. svinjski vr Serb. *klruss.* svyńuša Gal. *čech.* svinica Slovak. *nserb.* svińov Schweinow Butt. 126.

Schweinitz Butt. 126. swynicz, jetzt Schweinitz, Sax. σβόνα Lac.

649. svinijarъ.

nsl. serb. svinjar subulcus u. s. w.

kroat. svinjar Gr. svinjarec Kr. svinjarica Gr. svinjarevci Kr. *serb.* svinjari Danič. svinjarevo Gav. *čech.* svinary B. svinařov B. *pol.* świniarowo Diplom. Gal. świniarsko Court. 38. vergl. świniusza.

650. svobodь.

asl. svobodь liber. nsl. sloboden liber. serb. slobodnjak Freisass. klruss. słoboda osada wolna Freisitz Linde. pol. słobodka mała zwykle osiadłość wiejska, powstała

31*

powstała z osiedlenia dobrowolnie przybyłych włościan, zwabionych swobodami na kilka lat przyrzeczonymi. In Podol.

kroat. slobodnica Gr. slobodtina Kr. slobodna vlast. *klruss.* słoboda Gal. oft. słobôdka Gal. Russ. *čech.* svobodka B. svobodné hory B. svobodná ves B. *pol.* świebodna Gal.

Magy. szabatka. Vergl. szent király szabadja villa sancti regis Katona 1. 80.

651. svraka.

nsl. svraka pica. serb. svraka. čech. straka u. s. w.

kroat. sračica (švračica) Gr. sračinec Kr. sračak Kr. srakovlje Kr. *klruss.* soroka Gal. soroky Gal. sorocko Gal. *čech.* straky B. strakov B.

652. sъgorêti.

asl. sъgorêti comburi.

nserb. zgořelc Görlitz Zw. *oserb.* zhořelc Schmal. 11. zholerc Pfuhl.

Man merke: ukrajina ta, ktorą teraz margrabstwem brandeburskim nazywają, od naszych Zgorzelcem nazwana była. Kromer. agorelitsa Peloponn.

653. sъp—.

asl. sypati fundere schütten. nsl. sipati u. s. w.

nsl. na spi Neudorf, Schmelzhütte Kärnt. *čech.* spy B. *nserb.* zaspy Saspe Zwahr.

654. sъpaliti.

čech. spáliti comburere.

čech. spáleniště B. vergl. nsl. pogorišče Steier. *oserb.* spaleno Brand Schmal. 13.

655. sъrąbъ.

asl. sъrąbiti abscindere. čech. srub Balken, Blockhaus, Bollwerk.

čech. srub B. sruby B.

656. sъstati sę.

asl. sъstati sę convenire. serb. sastanak, stanak conventus.

serb. stanьci, eigentlich confluens Danič.

657. sъtoka.

čech. stoka confluens. pol. stok.

klruss. stoki Gal. *russ.* sutoki. *čech.* stoky B. *nserb.* stoki Stacke Zw. Stekeniza Bach Koseg. 1. 18.

658. šafljarь.

Deutsch Schäfer.

nsl. šeflerji Schäflein Krain. *klruss.* šafłary Gal.

659. šahъ.

serb. šaš carex u. s. w.

kroat. šaš Gr. šaša Kr. šaševa Gr. *serb.* šaška Serb. *čech.* šachov B.

660. šarъ.

asl. šarъ color. nsl. šar maculosus. serb. šaren varius.

kroat. šarovnica Gal. *serb.* šarenik Gav. šarani Serb. šarkamen Gav. šarengrad Schlossruine Vuk.

Vergl. in solitudine scarantiense Zahn 1. scaraza 2. scaritia 4. scarenza 6., jetzt Scharnitz.

661. šiba.

nsl. serb. šiba virga u. s. w.

kroat. šibice Kr. šibovac Kr. šibokovac Kr.

662. širokъ.

asl. širokъ latus. nsl. serb. širok u. s. w.

nsl. širokosêt Breitensaat Krain. *čech.* široká B.

663. štakorъ.

nsl. štakor mus ratus.

kroat. štakorovec Kr. štakorovica Gr.

664. štava.

nsl. ščava eluvies. serb. štava immissio pellium subigendarum in aquam. čech. štáva succus. vergl. auch nsl. ščav rumex. pol. szczaw rumex acetosa.

nsl. ščavnica Stainz Bach Steier. *serb.* štavica Danič. Gav. štavьnica Danič. štavьna poljana Danič. *klruss.* ščavne Gal. ščavnyk Gal. ščavnyći Gal. *čech.* štawnik Slovak. štavnica, magy. szczávnicza, Slovak. štavnička Slovak. *pol.* szczawa Gal. szczawnica Gal. szczawin Court. 49.

Stawenz, staevntz, jetzt Stainz, in Steier.

665. štipъkъ.

asl. šipъkъ rosa, malum granatum. nsl. ščipek. slovak. šíp. čech. šípek rosa.

kroat. šipak Kr. šipki Kr. šipovac Kr. šipak vukšin. šipački breg. *serb.* štiplje Gav. *čech.* šíp Slovak. šípy B. šípov Slovak. šipkov Slovak. šipik Slovak.

666. štitarъ.

čech. štítař Schildmacher.

kroat. štitar Gr. štitari Kr. ščitarjevo, einst škutar, Kr. štitnjak Kr. *serb.* štitar Gav. Hügel Herc. štitari Gav. štitarci Gav. *čech.* štítary B. Schiltern M. štítary M. *pol.* szczytniki Gal. Scheitnig Court. 49.

667. štitъ.

asl. štitъ scutum. nsl. ščit. serb. štit. čech. štít u. s. w.

klruss. ščytna Gal. *čech.* štít B. štítné B. štítná B.

668. štrъkъ.

asl. strъkъ ciconia. serb. štrk u. s. w.

serb. štrьkovica Danič.

669. šuma.

nsl. serb. šuma silva.

nsl. šumnik Bach Valv. *kroat.* šumedje Kr. šumetlica Kr. *serb.* šuma Serb. šume Serb. šumica Serb. šumice Danič. *klruss.* šumyna Gal. šumjač Gal. šumlany Gal. šumьskъ Vol.-lêt. 26. 50.

670. šьvьcь.

*asl.** šьvьcь sutor.

klruss. ševčyky Gal.

671. taborъ.

nsl. tabor castra, bellum, Verschanzung. čech. tábor. Tabor oder Tafer ist eine Burg, namentlich Raubburg Laus. Magaz. 33. 279. Fremdw. 131.

nsl. tabor Krain. stari tabor Alttabor Krain. *kroat.* tabor Kr. taborišće Gr. *čech.* tábor B. Schlesien.

672. tatarinъ.

russ. tatarinъ tatarus.

klruss. tatary Gal. tatarynôv Gal. tatarsko Gal.

673. telę.

asl. telę vitulus. nsl. serb. tele u. s. w.

nsl. telče Krain. *klruss.* teľače Gal. *čech.* telce B. teleč B. telecí B. *nserb.* šelnica Schellnitz Zw. Butt. 127.

674. teneto.

asl. teneto, tonoto rete. čech. tenetné quaedam exactio respectu plagarum Erb.

nsl. tenetiše Krain. *klruss.* tenetnyky Gal.

675. tesarь.

asl. nsl. tesati caedere. čech. tesař Zimmermann.

klruss. tesarôvka Gal.

676. têsьnъ.

asl. têsьnъ angustus. nsl. tesen. serb. tijesan u. s. w.

serb. tisna Stretto Dalm. *klruss.* tisna Gal.

677. tihъ.

asl. tihъ tranquillus. nsl. serb. tih u. s. w.

nsl. tihina Tihain Valv. *kroat.* tihovo Kr. tišina Kr. *serb.* tihovo Serb. *klruss.* tycha Gal. tichomlь Vol.-lêt. 40. *čech.* tichá M. Bach und Thal Slovak.

678. timêno.

asl. timêno, timênije, tьmênije coenum, lutum. oserb. témeno, tonidvo für il Linde. nserb. tyḿenca palus.

nsl. timenca Timenitz Kärnt. témenica Krain. temenca Temenitzerboden Valv. Vergl. tominje Krain. *čech.* temenice M. Vergl. pol. tymienica.

679. tisъ.

serb. tis pinus larix. čech. tis taxus Eibe.

nsl. tisovec Krain. tisav (tisov) Eiben Valv. *kroat.* tisovac Kr. Gr. *serb.* tisovica Herc. *klruss.* tysov Gal. tysova Gal. tysovec Gal. tysovića Gal. tyśmjanića Gal. tyśmjanyčany Gal. tyśmienyčka Bach Gal. *čech.* tis B. tisek B. tisá B. tisov B. tisovec B. tisová B. tisovice B. tisovka B. tisovník B. tisem B. tismo B. tísmice B. tisomnice B. *pol.* cisiec Gal. cisna Gal. cisowiec Gal. cisow las Gal. *oserb.* ćisov Zeissholz Schmal. 10.

Tizou, tyzowe Sax. Vergl. tichminice, ticminice, ticmeniza, thicminica Koseg 1. 56.

680. tlaka.

nsl. serb. tlaka Frohndienst.

nsl. tlaka Krain. tlake Krain. Vergl. tlak Valv.

681. tlъstъ.

asl. tlъstъ pinguis. nsl. tolst. serb. tust u. s. w.

nsl. tolsti vrh Steier. Fettengupf, Grosseneg Kärnt. *serb.* tusto brdo Serb. *klruss.* tołste Gal. tołstaja Russ. *russ.* tolstyja olьchi.

682. tokъ.

asl. tokъ fluxus. nsl. tok id. čech. tok id. slovak. pol. tok Dreschtenne.

klruss. toky Gal.

683. tonja.

pol. tonia, Tiefe, der mit Netzen umstellte Strich Wassers.

serb. zatonje Serb. *pol.* tonie Gal.

684. toplъ.

asl. toplъ calidus. nsl. topel. serb. topal u. s. w.

nsl. topla Kärnt. toplica Krain. Bach Valv. toplice Krain. topliz Urkunde 1249. topla reber Krain. topli vrh Krain. *bulg.* toplica Bach. *kroat.* toplica Kr. toplice Kr. topličice Kr. *serb.* topla Danič. Serb. Dalm. Gav. toplikь Danič. topluha Danič. toplišь Danič. toplica Danič. Bach Serb. topličani Danič. *klruss.* tepłyj Russ. tepłôvka Russ. tepłyći Gal. *russ.* teploe. *čech.* teplá B. teplice B. teplička B. topličany Slovak. *pol.* ciepła Court. 45. cieplice Gal.

Töplitz Vergl. Butt. 94. bei Potsdam Cyb. 15. Vergl. Toblach im Pusterthal Tirols, τόπλιστα Ep.

685. topola.

serb. topola populus alba. čech. topol m. pol. topola.

nsl. topol Krain. topolje Krain. topolec Krain. topolovec Krain. topoliče Krain. *bulg.* topolovo Pazardž. topolnica Pazardž. topolska Bach. *kroat.* topola Kr. topolje Kr. Gr. topolovec Kr. Gr. topolovica Kr. topolovke Kr. *serb.* topola Danič. topolje Dalm. topolica Serb. topolьnica Danič. topolnica Gav. toponica Gav. topolovnik Gav. topolivьnik Danič. *klruss.* topoły Russ. topôlnyća Gal. topôlsko

Gal. *čech.* topola Slovak. topoly B. topolná B. topolany B. M. topolčany Slovak. topolovka Slovak. *pol.* topole Court. 46. topolow Gal.

Topolna Koseg. Töpeln. τοπόλια Phok. Boeot. τοπόγjα Ep. τοπόλοβον Ep. τοπόλοβα Ach. τοπόλιανα Aetol.

686. toporъ.

asl. in russ. Quellen toporъ ascia. nsl. topor.

nsl. toporje Töpriach Kärnt. *klruss.* toporôv Gal. toporôvći Gal.

Tupuriste, jetzt Upost, Koseg. 1. 90. τοπόριστα Ark.

687. torъ.

serb. tor crates Hürde.

bulg. torec. *serb.* tor Serb. tornik Serb. auch Berg Serb. torьcь Danič.

688. trapъ.

asl. trapъ fovea. bulg. serb. trap.

Τράπιτσα Lac.

689. trata.

nsl. trata Grasplatz, Viehtrieb Fremdw. 133.

nsl. trata Krain. An der Tratten Kärnt.

Tratnig Kärnt.

690. trava.

asl. nsl. serb. trava gramen u. s. w.

nsl. trava Krain. travna Traundorf Kärnt. travnice Trabenig Kärnt. travni dol Krain. *klruss.* travotoloky Gal. *serb.* trava Serb. *čech.* trávné B. *nserb.* tšavnica Tranitz Butt. 106.

Trawitz, Trawnitz Butt. 106.

691. travьnikъ.

asl. travьnikъ pratum. nsl. travnik.

nsl. travnik Grasberg Krain. Prato di Resia Venet. travnice Trabenig Kärnt. *čech.* trávník B. M. trávníček B. *pol.* trawniki Gal.

692. trêbiti.

asl. trêbiti purgare, in der Bedeutung exstirpare. nsl. trêbiti; trêbež Gereut. Die Scheidung von dem entsprechenden Personennamen ist schwierig.

nsl. trêbno Treffen Krain. trêbno, trêbenj Treffen Kärnt. trêbovlje Trifail Steier. trboje Krain. trebelévo Krain. trebelno Krain. trebelnik Krain. trebliče Trefling Kärnt. trebíja Krain. trebínec Krain. trêbež Krain. trebča vas Krain. *kroat.* trebovec Kr. trebinja Gr. trebinje Gr. trebež Kr. tribalj Kr. tribotinj Kr. trebarjevo Kr. trepča Gr. *serb.* trêbinje, auch travunija, travulija Ok. 55. Danič. Tribulium bei Plinius. tribunj Trebocconi Dalm. triebanj Herc. tribanj Dalm. trêbole Danič. trebci Herc. trêbьča Danič. trepča Gav. trebesinj Dalm. trebižet, auch novo selo, Herc. *klruss.* terebeń Gal. terebovlь Vol.-lêt. 25. terebovl'a Gal. terebla, magy. talabor, Hung. terepča Gal. *čech.* třebovle B. třebová B. třebíz B. třebeš B. třebel B. třebelice B. třeboun B. třebič M. třebiště B. netřeby B. *pol.* trzebnica Court. 46. trzebinia Court. 46. Gal. trzebienia Gal. trzebianka Gal. trzebionka

Gal. trzebonia Gal. trzeboś Gal. trzebowisko Gal. trzebieczyce Gal. *oserb.* třebin Terbendorf Schmal. 12. *nserb.* třebule plur. Triebel Zw. Butt. 102. třebejce Trebendorf Zw. Butt. 102.

Trebina Urk. 861. Kärnt. Trebus, Trebbus, Triebus, Triebusch Butt. 130. trebko bei Kottbus 16. Jahrh. trebin, drevan, jetzt Treben, Sax. trebiste Sax. ostruzna trebista Sax. trebecin, trebezin, jetzt Trebsen, Sax. trebescha, Bach Triebische Sax. trebnicense monasterium Schlesien. treben, tribene Koseg. tribusses, treboses, jetzt Tribbsees, Koseg. rivulus trebine auf Rügen. tribula, treble, trebela Bach auf Rügen. ad trebinam, vielleicht Treffen in Kärnt. Grenzreg. 27. villa, quae vocatur nabauuinidi (Windischnab) iuxta rivulum trebinam Urkunde von 863. trevenreut im Salzburg. Trieben in Ober-Steier.

693. tri.

asl. trije, tri tres, tria.

nsl. tripolica (tripoliza) Unterösterr. auf poljo zurückzuführen. Meiller 156. triglav mons triceps Krain. *čech.* tríhlav Slovak.

Vergl. τρίγαρδον Akarn. τριπαλίτζα Arkad. ist wohl nur slavisirt.

694. trъgъ.

asl. trъgъ forum. nsl. trg id. serb. trg merx u. s. w.

nsl. trg Krain. Feldkirchen Kärnt. tržič Neumarktel Krain. Montefalcone Görz. tržiše Krain. *kroat.* trg Kr. trgove Gr. tržić Kr. Gr. trgovišće Kr. *serb.* trg Serb. tržac Gav. trgovište Daničić. Dalm. Gav. *klruss.* torhôv Gal. torhovyća Gal. torhovyska Gal. *russ.* babinъ toržekъ Per. *pol.* targowisko Gal. *nserb.* torgov Torgau Zw.

695. trъlo.

serb. trlo mjesto, gdje se stoka zimi drži Hürde.

bulg. tъrlo ein Engpass Pazardž. *klruss.* terło Gal.

696. trъnъ.

asl. trъnъ spina. nsl. serb trn u. s. w.

nsl. trn Krain. trnje Dorn Krain. Dornach Kärnt. trnovlje Steier. Terlach Kärnt. trnovo, gen. trnovega, Krain. trnova Krain. trnovec Steier. trnovci Steier. trnovica Krain. trnovče Krain. trnava Krain. trnovčak Hung. trn mali Krain. trnja vas Terndorf Jarn. 45. *bulg.* trъnovъ. trъnovo. *kroat.* trnje Kr. trnovo Kr. trnovec Kr. trnovac Gr. trnova. trnovica. trnava Kr. Gr. trnjane Gr. trnovitica Kr. Gr. trnakovac Gr. *serb.* trn Herc. trьnije Daničić. trьnovь Daničić. trьnovьcь Daničić. trnovac Gav. trьnova Daničić. trnova Dalm. trьnovica Daničić. trnovica Dalm. trьnava Daničić. trnava Gav. trnavac Gav. trnavci Gav. trnovča Gav. trnovče Gav. trnjava Gav. trnjane Gav. trnjaci Gav. trničina Herc. trьnovьštica Daničić. crni trn. *klruss.* terny Russ. ternova Gal. tarnovyća Gal. tarnôvka Gal. tarnava Gal. tarnavka Gal. ternoveć Bach Gal. tarnavći Gal. tarnovščyna Russ. ternopôl Gal. tarnoruda Gal. *čech.* trní B. trnčí B. trnov B. trnovec Slovak. trnovce Slovak. trnovo Slovak. trnové B. trnová B. trnava B. M. Tirnaw (Tyrn) Kop. 253. trnávka B. Türnau M. *pol.* tarnow Gal. tarnowiec Court. 46. Gal. tarnawiec Gal. tarnowek

Gal. tarnowo Court. 46. tarnowa ibid. tarnowica Gal. tarnobrzeg Gal. tarnagora Gal. *nserb.* tarnojsk, tornojsk Tornitz Butt. 97. tarnov Torne.

Tornow, Tornau, Torna Butt. 97. τέρνος Akarn. Aetol. τέρνοβον Akarn. Aetol. τσόρναβον Ep. τέρνοβα Aetol. τρανοβίστα Ep.

697. trъstь.

asl. trъstь arundo. nsl. serb. trst u. s. w.

nsl. trstenik Krain. Bach Valv. *kroat.* trstje Kr. trsteno Kr. trstenik Kr. Istr. trstenica Gr. trstenovec Kr. trsten Teich Gr. *serb.* trъstêno Danič. trsteno Cannosa Dalm. trъstênikъ Danič. trstenik Dalm. Gav. trstenica Dalm. Gav. trъstivьnica Danič. *klruss.* trostan Berg Gal. trostanka Gal. trôstaneć Gal. trostańći Gal. *čech.* trstí, tŕtí Wetterstein B. trstice B. trstenice B. tŕtĕnice B. trstĕná, kŕtĕno Kröndorf B. *pol.* trzciana Gal. trzcianiec Gal. trzcienica, trznica Gal. trzcieniec Gal.

Trisnicha Zahn 87. tristnicha, trieznika Tristingbach Meill. 156. τρεστενά Ark.

698. turъ.

asl. turъ taurus, unrichtig τραγέλαφος hircocervus. serb. turica eine hölzerne, dem Pferdekopfe ähnliche Maschine. russ. turъ dikij volъ, unrichtig argali d. i. dikij baranъ und bujvolъ bos bubalus: aruss. chraborъ bê jako i turъ. čech. und pol. tur Auer. Tur, lat. bos urus, deutsch Auer, lit. stumbras, häufig mit dem Wisent verwechselt (Knapski unterscheidet richtig zubr bison, tur urus), ist der wilde Ochs, von dem zahmen nur durch die stets schwarze Farbe und einen weisslichen Streifen auf dem Rückgrat verschieden. Brehm, Thierleben 2. 638. Die Ortsnamen beweisen, dass das Thier einst weit verbreitet war. In Germanien kennt es Caesar, De bello gallico 6. 28.

nsl. turje Neuhaus Steier. turjak Auersberg Krain. turjanci Siebeneichen Steier. turja glava Steier. In Kärnten ist wohl auch an Tauern zu denken: turje Tauern. *kroat.* turini Gr. turjansko Gr. turopolje Kr. turinovo selo Kr. *serb.* turja Herc. turija Serb. turica Gav. turić Dalm. turnja Serb. turjake Dalm. *klruss.* tury Gal. turje Gal. turja Gal. auch Bach Gal. turjańsko Gal. turady Gal. turovьci Voł.-lêt. 42. turôvka Gal. Russ. turьskъ Voł.-lêt. 80. ture połe Gal. Vergl. tur, turovo, turovec, turovskoe ozero im Gouvernement Grodno. *čech.* tuří B. turá (v starej turej) Slovak. tuřice B. turica Slovak. turov B. tourové B. turové B. túrova Slovak. turovec B. turovice M. turovka B. tursko B. turná B. tuřany Turas. M. turá lúka Slovak. turopole Slovak. *pol.* tur Diplom. turzec Königr. tury Königr. turza Königr. Posen. Gal. turzyn Königr. turow Court. 46. turowo Königr. Posen. turowice Königr. turostowo Posen. turzany Posen. turowa wola Königr. turze pole Königr. *oserb.* tuŕo Tauern Schmal. 13.

Venationem omnium animalium et ferarum, solo animali, quod thuer vulgariter dicitur, dumtaxat excepto, in tota terra nostra libere admittimus habere et exercere. Urkunde von 1359. Diplom. 1. 215. venationem liberam singularum ferarum excepto pomilione, qui dicitur Tur. Urkunde von 1298. Court. 46. Das Thier war aber nicht nur im dreizehnten und vierzehnten Jahrhundert wichtig für polnische Jäger; es scheint auch bei den heidnischen Slaven eine wichtige Rolle gespielt zu haben, wie aus nsl. trjaki und čech. turice Pfingsten hervorzugehen scheint; die Polen feiern zu Pfingsten ein Volksfest, das sie gajik, majowka oder turzyce nennen; der tur spielt auch in Faschingsspässen eine Rolle. Pauli 15. Šafařík's Ansicht, Starož. 1. 51. 407, dass tur der Kriegsgott der alten Slaven gewesen, und dessen Namen mit dem anord. týr, der uns divъ lauten würde, zusammenzustellen sei, ist unrichtig.

Ture Landstrich und turow Ort im Mecklenburgischen. Von demselben Thiere haben die lit. Orte stumbrai, stumbragirre, stumbrakêmjei ihre Namen erhalten. Hinsichtlich des Deutschen vergl. man Förstemann, Ortsnamen 145.

699. turьnъ.

nsl. turen turris. serb. toranj. Deutsch.
kroat. turen Kr. turni Kr. turnić Kr. turnišće Kr.

700. tvrъdъ.

asl. tvrъdъ firmus. nsl. tvrd, trd. serb. tvrd u. s. w.
nsl. trdnja ves Hörtendorf Kärnt. *čech.* tvrz B. *pol.* twierdza Gal.

701. tynъ.

asl. tynъ murus. nsl. tin Planke. serb. tin, tinj paries. klruss. tyny t. j. ohraždenyja i štučnyji zapony i zavady, buďto na rikach, buďto na suchoputy. Šar. 92. čech. týn saepes. Fremdw. 133.

nsl. tinje Teinach Kärnt. Steier. tunice Teinitz Krain. tinsko Steier. velki tini Gross-Teinach Steier. tinsko polje Teinacherfeld Kärnt. tinski vrh Tainachberg Steier. *serb.* tinj Dalm. *klruss.* tynov Gal. tyńatyska Gal. *čech.* týn B. Tein M. tejn B. týnec Tenzel B. Teinitz M. tejnec B. tejneček B. tejnice B. týniště B. týništko B. zatyní B. *pol.* tyniec Court. 46. Gal.

Thynez Schlesien.

702. tъkalьcь.

nsl. tkalec textor.
kroat. tkalec Kr. tkalci Kr.
Lit. audějačei Schleich. 145.

703. tьma.

asl. tьma tenebrae. nsl. tema. serb. tama u. s. w.

serb. tьmava Danič. tьmьna Bach Danič. tamnik Serb. tamnava knežina Bach Serb. tamniva Bach Serb. *klruss.* zatemne Gal.

Timnich Ank. 103.

704. ublь.

asl. *ąblь. bulg. vъbli (вѫбли) kladenci Zahariev 14. serb. ublь piscina Danič. Vergl. aind. ambh-as und amb-u aqua.

nsl. ubelsko Krain. *serb.* ub Bach Serb. ubli Dalm. na ubcu Serb. *klruss.* ubľa Bach Nauk.-sbor. 1866. 299. vergl. *čech.* ublo Schlesien.

Vergl. Wublitz, Nebenfluss der Havel Cyb. 6.

705. ubočь.

čech. ouboč f. Abhang. pol. ubocz.
čech. ouboč B.

32*

706. ujazdъ.

čech. oujezd circuitus, iugerum, via angusta; újezd ambitus, theutonice meringo Erb. pol. ujazd Grenzzeichen, Feldzeichen. oserb. vujezd Nebenweg Pfuhl, eig. der Grenzumritt im Sinne einer Besitzergreifung M. Jähns, Ross und Reiter 430; ähnlich: circumduxit viros in ipsum terminum. Conversio Carantanorum. Kopitar LXXIV. LXXV. exmissus de ipsis rebus eas circuivit. Urkunde von 840. vergl. circuitus bei Ducange.

čech. oujezd Augiesel B. oyjezd kamenný Steinkirchen B. oujezdec B. oujezdec B. újezdsko M. *pol.* ujazd Court. 47. Gal. ujazdy Gal. ujazdow Gal. ujezna Gal. *oserb.* vujezd Uhyst Schmal. 15. vuježk Wuischke ibid.

707. uleglja.

čech. oulehle f. Hutweide.

čech. oulehle B.

Lit. dirvonas Brachfeld Schleich. 146.

708. ulogъ.

čech. ouloh Brachfeld.

čech. ouloh B.

709. ulь.

serb. uljanik alvearium.

kroat. ulinjak, uljanik Kr. *serb.* uljanik Dalm. ulištьnica Danič.: ulište alveare. ulijari Danič.

Οὐγjανίκου Ep.

710. umolъ.

Von unbekannter Bedeutung.

kroat. umol Kr. podumol Kr. zaumol Kr.

711. uporъ.

čech. oupor Rasenplatz.

čech. oupor B.

Vergl. vamperin Koseg. 1. 175.

712. ustije.

asl. ustije ostium. serb. ušće. čech. oustí.

serb. ušće Gav. usje Serb. *klruss.* ustje Gal. ustečko Gal. *čech.* oustí Aussig B. ústí Austi M. oušt B. *pol.* ujście Gal.

Ustuice Zusammenfluss der Ohre und der Elbe Magdeb. 15. uszt Koseg.

713. uvalъ.

čech. ouval. serb. uvala vallis.

čech. ouval B. úvalno Schlesien.

714. valpotъ.

nsl. valpot villicus. Fremdw. 134.

nsl. vabča (aus valpoča) ves Waltendorf Kärnt. *kroat.* valpovo Kr.

715. val.

klruss. vał vallum. russ. valъ. pol. wał.

kroat. razvale Gr. zavalje Gr. *serb.* zavala Herc. *klruss.* zavałôv Gal. zavaľe Gal.

Zawal, jetzt Sagel, Koseg.

716. vapьno.

nsl. vapno calx. serb. vapno, apno u. s. w.

nsl. apno Krain. apnenik Krain. aplenik Krain. *klruss.* vapenne Gal. pôdvapenne Gal. *čech.* vápno B. vápenice B. M. vápensko B. vápenka B.

717. varęgъ.

russ. varjagъ varangus.

klruss. varjaž, pol. waręž, Gal. *russ.* varjaža.

718. velikъ.

asl. velikъ magnus. nsl. serb. velik u. s. w.

kroat. velika Kr. *serb.* velika Daničˇ. vergl. velja medja Herc. *klruss.* vełyke Gal. rêka velьja Voł.-lêt. 50. *čech.* velika. *pol.* wieleń Filehne Mosb. 9.

Vergl. bulg. velica. serb. velijaci. *čech.* velehrad M. uueliza Welze, Velze Zahn. Wölz in Ober-Steier. βελίτσα Phoc. velitsa Peloponn.

719. velьbądъ.

asl. velьbądъ camelus.

bulg. velьbuždь Daničˇ. velьbluždь Daničˇ. Sim. I. 8. velebusdius, velesbudensis Monum slav. merid. 29.

720. veprъ.

asl. veprь aper. serb. veprinac, spečak ruscus aculeatus.

kroat. veprinac Istr., von Valv. zweifelnd mit vepres zusammengestellt. *klruss.* vepryk Russ. *čech.* vepor Slovak. vepřové B. vepřec B. vepřek B. vepřikov B.

Magy. veprovacz. vepro, veprowe Vipperow Koseg. klruss. veprja sg. gen. Bach Voł.-lêt. 30.

721. veselъ.

asl. veselъ hilaris. nsl. vesel u. s. w.

nsl. vesele Vesirlach Kärnt. vjesele Wesseln Kärnt. na vselich Frölach Kärnt. veselka in einer Ebene, an einem lustigen Ort erbaut Valv. Es gibt auch einen Personennamen veselъ. *kroat.* veselić Kr. *russ.* veseloe Kursk. veselaja Voron. *čech.* veselá B. Fröhlichsdorf M. veselí B. veselov B. veselice B. veselka B. *pol.* wesoła Gal. *oserb.* vjesele, vjesel Wessel.

722. vêtrъ.

asl. vêtrъ ventus. nsl. vêter u. s. w. Vergl. Winden d. i. zu den Winden, den Winden ausgesetzter Ort Weig. 255.

nsl. vêtrno. Krain vêtrnik Krain. Winderschwing Kärnt. vergl. vihre Krain. vêtrovo Fedraum Kärnt. pod vêtrovam Unterfedraum Kärnt. *bulg.* vêtren, turk. Hisardžik, Pazardž. *kroat.* veternica Kr. *serb.* vjetrenik Herc. vetrilo Serb. *čech.* větrov B. větrní B. větrník B. návětří B. *oserb.* vjetrov Wietrau Schmal. 10. Wetro, Wietrow, Wetrowka Butt. 148. βιτρινίτσα Phok.

723. věvera.

asl. věverica sciurus. nsl. veverica. serb. vivera Stulli u. s. w. *čech.* veveří B. Aychorns Erb. *pol.* wiewiorka Gal.

724. věža.

asl. věža cella, tentorium. nsl. věža atrium. *kroat.* podvežica Kr. *pol.* białowieža Wiad. 6.

725. vęzъ.

serb. vez ulmus. russ. vjazъ ulmus effusa. čech. vaz. pol. wiąz ulmus. oserb. vjaz. nserb. vjez. Von der Haltbarkeit des Bastes so genannt.

klruss. vjazova Gal. vjazovnyća, pol. więzownica, Gal. *russ.* vezovenka. vjazovskaja.

726. vidьmъ.

mhd. videm einer Kirche gehöriges Grundstück, Pfarrhof. Fremdw. 135. *nsl.* videm Steier. *čech.* vidim B. Pal. 88.

727. vinarь.

asl. vinarь vinitor. čech. vinař. pol. winarz, winiarz.

nsl. vinare Weinzerl, Unarrach Kärnt. zgornje vinare Obernarrach, aus: Oberwinarrach Kärnt. *serb.* vince Serb. vinci Serb. vinča Serb. *kroat.* vinari Kr. vinarec Kr. vinarci Kr. *čech.* vinař B. vinaře M. Weinern B. vinařice B. vinary B. *pol.* winiary Gal. winare Court. 5.

728. vino.

asl. nsl. serb. vino vinum.

nsl. vino Kr. vinica Weinitz Krain. vinice Krain. vinje Weinthal Krain. vini vrh, vinega vrha Krain. nograd Weingarten Kärnt. *kroat.* vino Kr. vinice Kr. Gr. vinično Kr. vinodol Kr. vinogora Kr. vinogradci Kr. vini potok Kr. vinski vrh Kr. *serb.* vince Gav. vinča Gav. vinica Danič. Herc. vinike Dalm. viništje Dalm. vinjane Dalm. *čech.* vinice B. *klruss.* vynnyky Gal. vynohrad Gal.

729. virъ.

asl. virъ vortex. nsl. vir. serb. virь Danič.

nsl. vir Krain. *kroat.* vir Kr. virje Kr. Gr. virove ein Teich Gr. *serb.* vir Dalm. virovo Gav. virovci Gav. virine Gav. *klruss.* vyrôv Gal. vyrky Gal. *čech.* vír B.

730. višnja.

nsl. serb. višnja cerasum apronianum u. s. w. Fremdw. 136.

nsl. višnje Weichsel Krain. *kroat.* višnjica Kr. višnjevec Kr. višnjevac Gr. višnjevci Kr. višnjevica Kr. Gr. *serb.* višnjica Gav. Herc. višnjevo Dalm. *klruss.* višьnja Vol.-lět. 47. vyšńôv Russ. vyšnyća Bukov. *čech.* višně Weixeln B. višňové

Wischenau B. višňová B. višňov B. *pol.* wiśniow Gal. wiśniowa Gal. wiszenka Gal. wiśniowczyk Gal. wiśnicz Gal.

731. vlahъ.

aserb. vlah romanus, vlahus, pastor Fremdw. 136.

serb. vlašić Gav. vlaška Gav. vlaški do Serb. *klruss.* vołochy Gal. vołoščyna Gal. vołošanka Gal. vołoske seło Gal.

732. vlaka.

russ. volokъ prostranstvo zemli meždu dvumja sudochodnymi rěkami, po kotoromu peretaskivajutъ tjažesti ili perevozjatъ gužemъ tovary: verchъ Dněpra volokъ do Lovoti Nestor. Vergl. prêvlaka.

nsl. vlaka Krain. *kroat.* vlaka Gr. *serb.* vlaka Danič. Herc. vlake Herc. zavlaka Gav. *klruss.* vołok Gal. vołočyska Gal. podvołočyska Gal. kobyłovołoky Gal.

Vlaka Peloponn.

733. vlъkъ.

asl. vlъkъ lupus. nsl. volk. serb. vuk u. s. w. Manche scheinen geneigt, bei allen diesen ON. an den Personennamen vlъkъ zu denken.

nsl. volki Krain. volče Krain. volčje Wolfsbach Krain. volčji potok Krain. ovčja (für volčja) ves Wolfsbach Kärnt. *kroat.* vučak Kr. vučica Kr. vučjak Kr. vukova Gr. vukovac Gr. vukoder Kr. vukova gorica Kr. vukovo selo Kr. *serb.* vuka Bach bei Vukovar. vukovac Gav. vlьčijakь Danič. vučjak Gav. vučak Gav. vučevica Gav. vlьčevьštica Bach Danič. vlьčij gromь Danič. vlьčij trьnь Danič. vučitrn. vlьčevičь virь Danič. *klruss.* vołk Russ. vołčok Russ. vołkôv Gal. vołča Gal. vołkovyja Gal. vołkovyeskъ Voł.-lět. 78. (vergl. serb. vijalište Ort, wo die Wölfe heulen). vołča hora Gal. *čech.* vlkov B. vlková B. vlkovec B. vlkava B. vlčí důl B. vlčí doly M. vlčí hory B. vlčí pole B. *pol.* wilkow Court. 4. wilcze Gal. wilcza gora Königr. wilcza wola Gal.

Wilkau Schlesien. Vergl. Butt. 125. 152.

734. voda.

asl. nsl. serb. voda aqua u. s. w.

nsl. vodice Krain. na vodicah Valv. vodenice Krain. medvode Krain. Kärnt. sovodenj Gmünd Kärnt. zavodnja Savogna Görz. Venet. *bulg.* voden Milad. 393. *kroat.* vode Kr. vodenjak Kr. vodostaje, vodostaj Kr. vodena draga Kr. mrzla vodica Kr. *serb.* vodice Dalm. Gav. vodanj Gav. suvodanj Serb. zavodje Herc. brzovode Serb. *čech.* závodia Slovak. boží voda B. *pol.* wodna Gal. białowoda Gal. *oserb.* bjeła voda Weisswasser. *nserb.* zavod Urk. Saude, wohl unrichtig durch ‚Rennbahn' erklärt Bronisch, Akrisie 269.

Βόδα Berg Ach. βουτίτζα, βοδίτζα Ep.

735. vojevoda.

asl. vojevoda dux. nsl. vojvoda u. s. w.

nsl. Udenwald, sonst Herzogforst Valv. *pol.* wojewodza gora Mogil.

736. volja.

pol. wola Freigrund.

čech. vola Slovak. volica Slovak. *klruss.* voľa Gal. voɫyća Gal. vôľka Gal. voľany Gal. hrycovoľa Gal. suchovoľa Gal. sucha voľa Russ. voľa ruska, magy. orosz volya, Hung. *pol.* wola Gal. wolica Gal. wolka Gal. woliczka Gal. wola, woľica, woliczka finden sich in Galizien weit über hundertmal.

Hieher gehören Wohla, Wohlau, Wolla, Wollau, die Butt. 122. anders deutet.

737. volъ.

asl. volъ bos. nsl. vol. serb. vo u. s. w.

nsl. volovnik Krain. volovica Wölfnitz Kärnt. *kroat.* volavec Kr. volovska Istrien. voloder Kr. volov dol Kr. *serb.* voluja Gav. volujac Gav. volujak Gav. volovci Serb. *klruss.* voɫove Gal. voɫoveć Gal. *čech.* volové Slovak. volovec Slovak. volovica Slovak. volovská Slovak.

Lit. jautiliškei Schleich. 146.

738. voštije.

asl. ovoštije fructus. serb. voće.

kroat. voća Kr. voćarica Gr. *serb.* voćnjak Gav.

739. vozьnikъ.

čech. vozník Zugpferd, Fuhrmann. pol. woźnik Zugpferd.

pol. woźniki Gal. Mogil. Mosb. 2.

740. vrabij.

asl. vrabij passer. nsl. vrabelj. serb. vrabac. čech. vrabec. pol. wrobel.

nsl. vrabče Krain. vrabeljsko polje Krain. *kroat.* vrabče Kr. *serb.* vrabac Dalm. *klruss.* vorobyjovka Gal. *čech.* vrabí B. vrabinec B. vrabník B. vrabsko B. vrabče Prabsch B. vrablany, magy. verebely, Slovak. *pol.* wroblik Gal. wroblowa Gal. wroblewice Gal. wroblowice Gal.

Vergl. Räbel in der Altmark Koseg. 1. 48.

741. vranъ.

asl. vranъ niger, corvus. nsl. vran u. s. w.

nsl. vranšica Krain. vrajnica Rabenberg Kärnt. vranja peč Rabensberg Krain. *kroat.* vrana Veglia. vranik Gr. vranjak Gr. vranče Kr. vranovci Gr. vranovina Gr. vranodol Kr. vranov dol Kr. vranova glava Wald Gr. *serb.* vrana Danič. Gav. vrane Gav. vranovo Gav. Vergl. vran Berg Herc. vranovьcь Danič. vranjska Serb. vranja Danič. vranina Insel im See von Skutari Danič. vranija stêna Danič. vranja stêna Danič. *klruss.* vorona Gal. voronôv Gal. voronovyca Russ. voronovka Russ. hajvoronščyna Russ. *russ.* vorona. voronka. voronina. voronovъ. *čech.* vrany B. vraní B. vranov B. vranové B. vranovsko B. *pol.* wronowice Gal.

Warnowe Koseg. βράνjα Ep. βρανjανά Aetol. lit. varnai Schleich. 147.

742. vrata.

asl. nsl. serb. vrata porta.

nsl. vrata Krain. Thörl Kärnt. vratice Pietra Tagliata Venet. vratno Thörl Kärnt. zavratce (zavratece) unter dem Thürlein Valv. vratna ves Rattendorf Kärnt. *bulg.* vratca. *kroat.* vrata Kr. Gr. vratno Kr. vratnik Kr. Gr. vrataruša Gr. *serb.* vratьca Danič. vratari Gav. *čech.* vraty B. vratno B. závraty B. závratce B. *pol.* zawrocie Gal.

743. vrêlo.

serb. vrelo fons. Vergl. vrutъkъ.

nsl. vrovce aus vrêlce Wernzach Kärnt. *kroat.* vrelo Kr. Gr. vrilo Gr. *serb.* vrêlo Danič. vrelo Dalm. Gav. vreoci Gav. vreljaci Serb. zvrelje Dalm. crno vrilo fons Herc. Vergl. βεροὐλλια bei Constant. Porphyrog. mit serb. vrulja Bach in Dalmatien.

744. vrêsъ.

nsl. vrês. serb. vrijes. čech. vřes erica vulgaris gemeine Heide, Hederich. nserb. ŕos Heidekraut.

nsl. vrêsje Heidach Kärnt. *klruss.* veresyća Gal. *čech.* vřesná B. vřesina Schlesien. vřesník B. *nserb.* ŕasne gen. ŕasnego Ressen. ŕasńik Briesnick.

745. vrutъkъ.

serb. vrutak fons.

serb. vrutьci Danič. vrutci Gav. *čech.* vrutice B. vrutek villa Boč.

746. vrъba.

asl. vrъba salix. nsl. vrba u. s. w. in ON. durch ‚Felber, Feller, Velden‘ übersetzt

nsl. vrba Felbern Krain. Velden Kärnt. vrbje Krain. vrbica Krain. vrbičje Krain. vrbovo Krain. vrbovec Krain. vrbovce Krain. vrbovica Hung. pod vrbo Kärnt. *kroat.* vrba Gr. vrbje Gr. vrbica Kr. Gr. vrbovo Kr. vrbova Gr. vrbovec Kr. vrbovac Kr. vrbovci Kr. vrbovsko Kr. vrbovljane Gr. vrbno Kr. vrbnik Verbenico Veglia. vrbina Kr. vrbanja Gr. vrbanec Kr. vrbanci Kr. vrbanovec Kr. vrbansko Kr. *serb.* vrba Gav. vrьbica Danič. vrbica Gav. vrьbičani Danič. vrbava Gav. vrbovac Gav. vrbak Serb. vrьbovica Danič. vrьbovikь Danič. vrbovska Dalm. vrbovna Gav. vrьbovьnikь Danič. vrьbana eine župa Danič. vrbanj Dalm. vrbnik Dalm. vrьbьnica Danič. vrbnica Gav. vrbić Gav. vrbeta Gav. vrьbasь Fluss Danič. vrbljani Herc. vrbanj prolog Dalm. *klruss.* verbyća Gal. verbôv Gal. verbovec Gal. verbôvći Gal. verbôvčyk Gal. verbna Gal. verbiž, pol. wierzbiąž, werbiž, Gal. verb'any Gal. *čech.* vrbice Fürwitz B. vrbička B. vrbka B. M. vrbno B. Würben M. vrbné B. vrbny Fellern B. vrbovec Urban M. vrbany Slovak. *pol.* wierzbow Gal. wierzbowa Gal. wierzbowka Gal. wierzbica Gal. Wirbitz Court. 8. zawierzbie Gal. *nserb.* vjerbno Werben Butt. 92.

Werbnow, Ferbitz. Vergl. Werblitz, Werbelow Butt. 92. βέρβα Ep. βερβίτσα Ark. Mess. βαρβίτσα Lac. βέρβαινα Ark. βερβινή Elis. βούρπjανη Ep. βορμπόβι Ep.

747. vrъhъ.

asl. vrъhъ cacumen. nsl. serb. vrh u. s. w.

nsl. vrh Krain. Gupf Kärnt. za vrham Bärnthal Kärnt. vrhe Krain. vrhek Krain. vrhovo Krain. vrhovce Krain. vrhovlje Krain. vrhovje Krain. vrhovljani Hung. vrhnika Oberlaibach Krain. vrhkrka Obergurk Krain. vrhpeč Krain. vrhpolje Oberfeld Krain. zavrh Bärnthal Kärnt. kitni vrh Krain. oteči vrh Krain. tolsti vrh Feistenberg Krain. *kroat.* vrh Kr. vrhi Kr. vrhovi Gr. vrhovec Kr. vrhovac Gr. vrhovci Kr. vrhovina Gr. vrhovine Gr. vrhovčak Kr. Hung. vrhovljani Kr. vrhovljan Hung. vrpolje Gr. *serb.* vr Gav. vrhovine Serb. obrъšani Danič. podvrška Gav. zavrъšije Danič. vrъhъdolь Monum. vrъhъlabь Danič. vrhpolje Herc. Dalm. crni vr. ilijinъ vrъhъ Danič. *klruss.* verchôvči Gal. verchovka Russ. verchovyna Gal. veřchomľa Gal. verchobuž Ursprung des Bug Stupn. 85. *čech.* vrch B. vrchy B. vrchové B. vrchová M. vrchovina B. vršany B. zavrchy B. vrch Hrona Slovak. vrchlabí B. vergl. Vistulae caput bei Ptolem. *pol.* wirzch Court. 8. *nserb.* vjerchovna Werche Zw. Werchau Butt. 76.

Virsach Urkunde von 1030 Zahn 65. Wirchenblatt ist wohl vrъhъblato Butt. 109. verchen Koseg. 1. 78. βουρσίνα Ep. βαρσενίκος Lac. βερσίτσι Elis. βερσίστα Ep. μποβέρχι Ark. vergl. ζάβροχον Ep.

748. vrъtъpъ.

asl. vrъtъpъ spelunca, hortus.

Βερτόπι Ep.

749. vydra.

asl. vydra lutra. nsl. serb. vidra u. s. w.

nsl. vidrnica Krain. *kroat.* vidrnjak Kr. *serb.* vidrovac Gav. *klruss.* vydrna Gal. *čech.* vydří M. Widern B. vydrová Slovak. vydrná Slovak. vydrník Slovak. *pol.* wydra Gal. wydrze Gal. wydrna Gal.

Widirnic, wedirnic Schlesien. vergl. zuchewidre, jetzt Zauckeroderbach, Sax. II. 1. 71.

750. vygnь.

nls. vigenj Hütte zur Verfertigung von Nägeln. serb. viganj. čech. výheň Rauchloch, Esse. oserb. vuheń. nserb. hugeń Rauchloch, Esse.

serb. viganj Dalm. vignji Dalm. *čech.* vyhně Wiechen B. vyhne Eisenbach Slovak.

751. vyrъ.

čech. výr ulula chalcis.

nsl. virna ves Geiersdorf Kärnt. *klruss.* vyrov Gal. *čech.* výrov B. výrova (vejrova) B.

752. vysokъ.

asl. vysokъ altus. nsl. serb. visok u. s. w.

nsl. visoko Weisach Krain. visoka Höhe Kärnt. *kroat.* visoko Kr. *serb.* visoka Gav. Dalm. vysokyj Danič. vysočica Danič. vysočani Danič. visočani Dalm. viševac Serb. vyšegradь Danič. vyšesava Danič. višesava Gav. *klruss.* vysokoje Gal. vysocko Gal. vysočka Gal. vysočanka Gal. pôdvysoko Gal. vysokyj horb Russ. vyšenka Gal. vyšhorod Russ. Vergl. vysova Gal. *russ.* vysokoe. *čech.* vysoká M. Wisset B. vysoké M. Wessig B. vysokov B. vysočany M. Wischezahn B. vyšehrad B. *pol.* wysokie Diplom. wysoka Gal. Diplom. wysoczany Gal. wyszegrod Court. 9. wyszogrod Diplom. *oserb.* vysoka Weissig Schmal. 13. *nserb.* vusoka, husoka Weissack Zw. Butt. 74.

Wizoka, wizoke, wizok, visoca, vizstok, jetzt Wittstock, Wietstock, Koseg. wissegrod, wissegrad Koseg. Vergl. nsl. višprijani, višprije, bei Jarn. 45. visprije, Weispriach Kärnt. mit asl. vysprь. βισόκα Ep. βυσωκά Elis. βισούτζκα Ep.

753. vyspa.

pol. wyspa insula. Vergl. deutsch Schütt.
klruss. vyspa Gal.
In vispach Sax. II. 1. 111.

754. vyzъ.

nsl. viza. čech. vyz, vyza accipenser huso.
čech. vyzovice plur. M. vyznica Slovak.

755. vьsь.

asl. vьsь praedium, vicus. nsl. ves, vas u. s. w.
nsl. vas Krain. vasca Krain. vesca Dörfl Kärnt. vesnica Wesnitzen Kärnt. kurja vas Hühnerdorf Krain. pristavlja vas Krain. pušlja vas und vencona, deutsch Büschelsdorf, it. Venzone Venet. valpčja vas Amtmannsdorf Krain. zdinja vas Seidendorf Krain. *kroat.* vas Kr. ves. *čech.* véska B. M. výska M. vesce B. M. závsí B. *nserb.* vjaska Weske Zw. vjeska Weskau. nova vjas Neudorf Zw.
Wesnitz Butt. 145.

756. zagonъ.

asl. zagonъ sulcus.
nsl. zagon Krain. *kroat.* zagon Kr. Gr.

757. zagrada.

asl. zagrada saepimentum.
čech. zahrada B. zahrádka B. M. zahradiště M.

758. zahodъ.

Vergl. asl. zahodъ occasus
serb. zahodi Danič. zahodjani Danič.

759. zajazdъ.

čech. zajezd fundus. pol. zajazd deversorium.
čech. zájezd B. zájezdec B. *klruss.* zajizd Russ. *pol.* zajazd Gal.

760. zajęcь.

asl. zajęcь lepus. nsl. zajec, zavec. serb. zajac, zec.
nsl. zajčja vas Krain. zajčji vrh Krain. *serb.* zečevo Dalm. zajčar Gav. *čech.* zajecí B. M. Saitz Boč. zaječice B. zaječín B. zaječov B.

761. zakopa.

Vergl. serb. zakopina Neubruch ubi ego primus coepi laborare. čech. zákop, zákopa Verschanzung. pol. zakop Verschanzung.
kroat. zakopa Gr. *čech.* zákopy, (zákupy) m. Reichstadt B.

33*

762. zamъkъ.

čech. zámek sera, arx. pol. zamek.
klruss. zamok Gal. zamočok Gal. *čech.* zámek B.
Zahmken bei Sagritz.

763. zapada.

Dunkel. Vergl. serb. zapad locus opacus und rum. zъpadъ nix.
nsl. zapada: cima sappada Friaul Lex.: pladn.
Ζάπαντον Akarn. Aetol. ζαπαντός Ep. ζαπάντι Eub. Mess. ζαμπάντη Korinth. ζαπαντίνα Akarn. Aetol.

764. zarąbъ.

čech. zárub, záruba, záseka Verhau im Walde. pol. zaręba munimentum ex arboribus terraque in modum fortalitii structum bei Linde.
serb. zarube Gav. *klruss.* zarubyńči Gal. *russ.* zarubъ Nest. *pol.* zaręby Gal. zarębki Gal.

765. zarovъ.

čech. zaryti vergraben. zárovka Saatfurche.
nsl. vergl. zarije Arriach Kärnt. *čech.* zárov B.
Saarow, Sarau Butt. 119. sarow Koseg. Vergl. klruss. zarvanyća Gal. ζαροβίνα Ep.

766. zasъpъ.

čech. zásep Aufschutt, der aufgeschüttete Gang um das Gebäude, Schüttplatz für Wild und Vögel. pol. zasep, zaspa.
nsl. zasp, zaspo (gen. zaspega) Asp Krain. *nserb.* zaspy Saspe Butt. 99.
Lacus qui saspa dicitur. zaspa Koseg.

767. zatonъ.

nsl. zaton insula. čech. zátoň, záseka Verhau. slovak. zaton Sandbank.
serb. zaton Malfi Dalm. zatonje Gav. *čech.* záton Ottau B.
Ζάτοννα Ark.

768. zavada.

čech. závada obstaculum. pol. zawada.
klruss. zavada Gal. zavadka Gal. zavadôv Gal. zavadôvka Russ. *čech.* závada Slovak. Preuss. Schlesien. závadka Slovak.

769. zavala.

Dunkel.
serb. zavala Herc. *russ.* zavalьnaja Russ.
Ζαβαλιάνη Ep.

770. ząbrъ.

asl. ząbrъ bos iubatus, unrichtig urus; klruss. žubr (in der Volkspoesie werden Hörner dieses Thieres erwähnt: treta trubońka ta žubrovaja; ta zatrubju v rôh žubrovyj. Pauli I. 7. 8. Die Litauer gebrauchten sie als Becher Stryjkowski); russ. zubrъ bos iubatus dikoe životnoe izъ roda bykovъ vodjaščee sja vъ Litvě; čech. zubry latině bisontes: in Bohemia reperiebantur bei Jungmann; pol. entlehnt (vergl. zambronis, zambri aus Długosz bei Linde) zubr für ząbr, das sich nur in Ortsnamen nachweisen lässt; lit. nach Herberstein suber; rum. zimbru; mgr. ζόμβρος: ἡμεῖς εἴδομεν τραγέλαφον ἐλθόντα ἀπὸ Θρᾴκης εἰς τὸν οἶκον Καίσαρος, ἐν ἐκάλουν ζόμβρον. Bötticher, Arica 51. aus Morelli, Bibliotheca manuscripta 1. 59. ζοῦμπρος: ζῶον οὗτος τὸ μέγεθος ὑπὲρ ἄρκτον μυθικὴν καὶ πάρδαλιν στικτὴν κατὰ τοὺς Ταυροσκύθας φυόμενον καὶ τρεφόμενον Ducange aus Nicetas Andron. liber II. n. 6. Pott. 2. 1. 808. Dass ząbrъ ein thracisches Wort sei, ist wenig wahrscheinlich. Rösler, Rumänische Studien 315. ząbrь, lat. bonassus bison, bei Plinius 8. 15. bison, deutsch Wisent, häufig mit dem Auer verwechselt, ist ein von diesem ganz verschiedenes Thier. Brehm, Thierleben 2. 638. Nach dem Index Aristotelicus von H. Bonitz ist βόνασος der bos urus, bei den Paeoniern μόναπος; auch βόλινθος bezeichnet vielleicht dasselbe Thier. Die Ortsnamen weisen auf eine viel geringere Verbreitung als beim turъ Auer: jetzt lebt der Wisent noch in der Białowiezka puszcza im Gouvernement Grodno, wo man 1860 bei 1700 Thiere dieser Art zählte, gegen 300 im Jahre 1815. T. Lipiński, Biblioteka warszawska 1843. I. 182—189. A. Waga daselbst 1843. III. 131—144. Am ausführlichsten P. Bobrovskij, Grodnenskaja gubernija. St. Petersburg. 1863. I. 436—459. Einige sehen in dem bos cervi figura bei Caesar, De bello gallico 6. 26, den ząbrь.

kroat. zubrinci Kr. *klruss.* zubrja Gal. na zubrъi Voł.-lět. 31. zubra Bach Gal. Šaran. 74. 93. zubryk Gal. zubryća Gal. zubreć Gal. zubrače Gal. Vergl. zubrovo, zubrovka, zubrica, zubrinskij kut im Gouvernement Grodno. *čech.* zubří B. M. zubry M. zubrica Slovak. zubřice Preuss. Schlesien.: Vašek denkt an einen Personennamen. zubrnice Saubernitz B. zubrohlava Slovak. *pol.* zembrow Gal. zambrzyce Gal. zemborzyce Gal. Vergl. zembowo Gal. zembowice Gal. *oserb.* zubrnica Saubernitz Schmal. 14.

Über Wisent in den deutschen Ortsnamen vergl. Förstemann, Ortsnamen 145.

771. zelenъ.

asl. zelenъ. viridis. nsl. serb. zelen.

nsl. zelenec Krain. zelenica Berg Krain. *serb.* zelenika Danič. zelenik Serb. zelenike Gav. zelena reka Serb. *klruss.* zełena Gal. zełenky Gal. zełeńći Gal. *čech.* zelený B. zelené B. zelená B. zelenec B. zelenice B. zelenava B. *pol.* zielonki Gal.

Zielenzig Butt. 81. ζελενίτζα Ep. Akarn. Aetol.

772. zima.

asl. nsl. serb. zima frigus, hiems u. s. w.

klruss. zymnovoda Gal. *russ.* zimicy. zimenki. zimnicy. zimovenka. zimogorьe. *čech.* zimoř B.

773. zlato.

asl. nsl. serb. zlato aurum u. s. w.

kroat. zlatar Kr. *serb.* zlata Serb. zlatovo Gav. zlatar Serb. zlatari Gav. zlatarica Berg Vuk. zlatenac Serb. zlati bor Berg Serb. *klruss.* zolotnyky Gal. zołotonoša Russ. *čech.* zlatá B. zlatník B. zlatníky Schladnig B. *pol.* złotnicy zlattnig Court. 17. złotniki ibid. złotoryja ibid. złoto pole ibid. złotopolice ibid.

774. zmij.

asl. zmij serpens, draco. serb. zmaj u. s. w.

serb. zmijnjak Gal. zmijna glava Serb. *klruss.* zmyjev Russ. zmyjevyska Gal.

775. zvêrъ.

asl. zvêrъ fera. nsl. zvêr. serb. zvijer u. s. w.

nsl. zverinac Friaul. *kroat.* zverinjak Hr. *serb.* zverinac Dalm. *klruss.* zviryneć Gal. Russ. *čech.* zvěřinec Wierzenitz B. zvěřínek B. *pol.* źwierzyniec Gal. Zwerin, jetzt Schwerin. zwirenz, zwirniz Koseg. Vergl. Butt. 120. 121. Papłon. 158.

776. zvizdъ.

Vergl. asl. zvizdъ sibilus. serb. zvizda, zvizga sibilus. čech. hvizd. pol. gwizdać.

serb. zvižd Bach und Gegend Gav. zviždь Gegend Danič. zvižd knežina Serb. zvizdar Gav. zvizdali Danič. morozvizdь Danič. pozvizd in Türkisch-Kroatien Vuk. *pol.* gwizdow Gal. gwiździala Posen. gwiździele Posen. pogwizdow Gal.

Rivus quizt, quis, jetzt Queis, Sax. gwizdoi, gwisdoy, gvisdogh, quizdogh, gvisdowe. guizdouesca (d. i. asl. zvizdovьska) struga. quezsebrod Koseg. Vergl. zvjezd Herc.

777. zvьni—.

Vergl. asl. zvьnêti sonare.

serb. zvonigrad Ruine Vuk. *klruss.* zvynyhorod Gal. zvenigorodъ Vol.-lêt. 25. *russ.* zvenigorodъ Nest. Vergl. zviždeni gorodê Nest. 111. 15. zviženskij 111. 12.

778. žaba.

asl. nsl. serb. žaba rana u. s. w.

nsl. žabjak Krain. Steier. žabje Krain. žabnica Krain. Saifnitz Kärnt. žabja luža Krain. *kroat.* žabica Gr. žabjak Kr. žabljak Gr. žabno Kr. žabnik Kr. žabnica Kr. *serb.* žabica Herc. žabar Serb. žabari Gav. *klruss.* žabyń Gal. žabky Russ. žabokruky Gal. žabokryč Russ. žabokryčka Russ. vergl. serb. žabokrečina okrijek Wassermoos. *čech.* žabná M. žabokliky B. žabokrky B. žabovřesky B. žabonosy B. *pol.* žabno Gal. Court. 15. žabino Court. 15. pol. žabno Mogil.

Sabniza, sabiniza Zahn 37. 43. rivulus parvus, qui vocabulo Sclavorum sabniza nuncupatur Urkunde von 973. Zahn 38. ad Sabnicam Safen in Steier. Grenzregul. 27. sabniza, jetzt Sebnitz, Bach Sax.

779. žďár.

čech. žďár gespaltenes Holz.

čech. žďár Saar B. žďáry Name eines Waldes B. ždár B. ždárek B. ždárec B. žděřec B. ždírec B. ždírnice B. *pol.* vergl. zdiary Gal. zdzary Gal. *oserb.* zdžary, ždžary Särchen Schmal. zdžar, zdžeŕ Sohre Schmal.

780. žegъžulja.

asl. *žegъžulja cuculus. klruss. zozuľa. russ. zogzica, zuzulja. čech. žežhule, žežule. pol. gzegzołka.

klruss. zazuľa Gal. zazuľi Gal. zazułyńći Gal.

781. želêzo.

asl. želêzo ferrum. nsl. želêzo. serb. željezo u. s. w.

nsl. želêzno Eisendorf Krain. Selessen Kärnt. selezna Urk. Seliessen Kärnt. želêznik Kärnt. želêznike Eisnern Krain. želêznica Eisenhof. *kroat.* železno Gr.

železnica Kr. železna gora Kr. *serb.* željeznik Gav. željeznica Gav. želêzьnьcь Danič. *čech.* želizy B. železno Slovak. železná B. železník Slovak. železnice B. *pol.* żelazna Court. 15. *nserb.* železna Selessen Zw.

Locus selozna, jetzt Seliessen bei Gurk Ank. 19. silasno, selesen, silesen, zelasen Koseg.

782. žeravъ.

asl. žeravъ grus. nsl. žerjav. serb. ždrav, ždralj, ždrav. russ. žuravlь.

nsl. žeravinec Steier. *kroat.* žerjavineč Kr. ždralovi Gr. *klruss.* žoravka Russ. žuravyn Gal. žuravnyky Gal. Russ. žuravći Gal. žuravyća Gal. *russ.* žuravka. žuraviči. žuravinka. žuravlevo. žuravlinoe. žuravlicha.

783. židъkъ.

asl. židъkъ. nsl. židek mollis. serb. židak rarus (de liquoribus). čech. židek id.

serb. židilьcь Danič. židilije Danič. židilje Serb. Vergl. židča, žitča, žiča Danič. Wiener Jahrbücher 46. 44. *russ.* židilovka Russ. *čech.* židenice M.

784. žirъ.

asl. žirъ pascuum. nsl. serb. žir glandes.

nsl. žiri Sairach Krain. žirovnica Krain. žirovše Krain. žirovski vrh Krain. *kroat.* žirovac Gr. žirovnica Kr. žirovišće Kr. žirčica Kr. *serb.* žirovnica Gav. *klruss.* žyrava Gal. *čech.* žirov B. žirovnice B. žirovce Slovak. žirava Slovak. žireč B. žírec B.

785. žlêbъ.

nsl. žlêb canalis. serb. žlijeb, ždlijeb u. s. w.

nsl. žlêbe Krain. žlêbič Krain. *kroat.* žlebec Kr. žlebina Kr. *serb.* žljebi Dal. žljebin Serb. *klruss.* žolob Gal. žolobok Gal. *čech.* žleb M. žleby B. žlíbek B. žlábek Riendles B.

786. žlъtъ.

asl. žlъtъ flavus. nsl. žolt. serb. žut u. s. w.

kroat. žutnica Kr. žuto brdo Kr. žuta lokva Gr. *serb.* žutica Gav. *klruss.* vergl. žołkôv Gal. *russ.* želtoe. želtaja. želtucha. *čech.* žlutice B. žlutavá M.

787. žrêlo.

asl. žrêlo vox. nsl. pečno žrêlo praefurnium. serb. ždrijelo, ždrlo fauces Engpass.

nsl. žrêlec Ebenthal Kärnt. *serb.* žrelo Danič. ždrelo serb. ždrijelo Herc. *pol.* źrzodła Gal.

788. žrъny.

asl. žrъny mola. nsl. žrna, žrmlje. serb. žrvanj.

kroat. žrnovac Kr. žrnovnica Gr. *serb.* žrъnovъ Danič. žrvan Herc. žrnova Dalm. žrъnovьnica Danič. žrnovnica Dalm. žrvnjovača molae trusatilis frequentissimus usus est in domibus privatis Herc. *klruss.* žernyća Gal. žornyska Gal. žornyšče Russ. žornokłevy Russ. *čech.* žernový B. žernovky B. žernoví B. žernovice B. žernůvka M. žernovník M. Schirnik B. žernoseky die Mühlsteinhauer, jetzt černoseky, B. ‚výborný žernov tam se lomívá.' *pol.* żarnowa Gal.

žarnowka Gal. žarnowiec Gal. Court. 15. žarnowica Court. 15. *oserb.* žernoseki Sornssig. *nserb.* žarnov Sorno Zw. serski, baverski žarnov Wendisch-, Deutsch-Sorno. Zarnouitze Koseg.

789. župa.

asl. župa regio, sonst provincia, parochia. serb. župa hodie quoque regionem aliquam habitatam vel eiusdem regionis homines congregatos significat Lucius 438. čech. župa Erb. *serb.* župa Herc. it. Breno Dalm. knežina Serb. Man füge hinzu županac Serb. županjevac Serb. von županъ das Haupt der župa. *klruss.* župava Gal. Vergl. ζουπάνοι Ep.

Verzeichniss der den Ortsnamen zu Grunde liegenden Wortstämme.

1 ądolь vallis.
ąglъ angulus.
ąglь carbo.
ągrъ ungarus.
5 baba vetula.
badlь herbae genus.
bagno palus.
bajta casa.
banja fodina.
10 bara palus.
baranъ vervex.
bêlъ albus.
blana ager.
blato palus.
15 bobъ faba.
bojište locus pugnae.
bokъ latus.
boršt silva.
borъ pinus.
20 bosilije basilicum.
bošnjakъ bosnensis.
božurъ crocus.
bradlo scopulus.
brama porta.
25 brana porta.
brank francus.
brêgъ ripa, collis.
brêstъ ulmus.
brêza betula.
30 brinije iuniperus.
brodъ vadum.
broštь rubia tinctorum.
brusъ petra.
brъdo clivus.
35 brъlogъ lustrum ferae.
brъno lutum.
brъšlênъ hedera.
brъtь Bienenbeute.
brъvьno trabs.
40 brъzъ celer.
buda Bude.
buky fagus.
bydlo domicilium.
bykъ taurus.
45 bystrъ citus, limpidus.
byvolъ bubalus.
bъčela apis.
bъčьvarь victor.
bъdьnarь victor.
50 bьbrъ castor.
bьzъ sambucus.
cajnarь Korbflechter.
carь imperator.
cerъ cerrus.
55 cêlina ager incultus.
cêsta platea, via.
ciganъ ciganus.
cigel Ziegel.
clo Zoll.
60 crъky ecclesia.
čehъ bohemus.
čemerь cicuta.
česvina arboris genus.
četvrъtъkъ dies iovis.
65 čęstъ densus.
čičь Čiče.
čistъ purus.
črêmha prunus padus.
črêšnja cerasus.
70 črêtъ schoenus.
črъnъ niger.
črъtъ dunkel.
črъvenъ, črъmьnъ ruber.
dąbrava nemus.
75 dąbъ arbor, quercus.
debelъ crassus.
degъtь Birkentheer.
dêdъ avus.
dêlъ mons.
80 dlъgъ longus.
dobrъ bonus.
dolina vallis.
dolъ vallis.
dračь saliunca.
85 draga vallis.
dreg— dunkel.
drênъ cornus.
drêvo arbor.
drъnъ caespes.
90 duplь cavus.
dušьnikъ animator.
dvorъ aula.
dvьrь ianua.
dynja pepo.
95 dьbrь vallis.
fužine Hammer.
gaj nemus.
galičь dunkel.
garь Hammerschlag.
100 gatь agger.
gąba spongia.
gąstъ densus.
gąsь anser.
glasъ vox.
105 glava caput, collis.
gląbokъ profundus.

glêbъ coenum.
glina argilla.
glogъ crataegus.
110 gluhъ surdus.
gnilъ putris.
gnoj fimus.
gogolь` anas clangula.
goląbь columba.
115 golêmъ magnus.
golъ nudus.
gomolja Kegel.
gonъ Trieb.
gora mons.
120 govędo bos.
grabъ carpinus.
gradъ hortus, urbs.
grahъ faba.
granica terminus.
125 grebenь scopulus.
greblja agger.
grebъ fossa.
gręda trabs.
gręzь coenum.
130 gribъ fungus.
gričь collis.
grižь sabulum.
grobъ fossa.
grohotъ sonitus.
135 gruda gleba.
grъbъ collis.
grъlo guttur.
grъmъ fruticetum.
grъnьčarь figulus.
140 gumьno area.
gušterъ lacerta.
gvozdь silva.
halupa casa.
hamr Hammer.
145 hatka casa.
hlêbъ panis.
hlêvъ stabulum.
hlъmъ collis.
hmêlь lupulus.
150 hobotъ cauda.
hosta silva.
hramъ domus.
hribъ dorsum, collis.
hruša, krušьka pirus.
155 hrъtьnikъ vertagorum curator.
hrъvatъ croata.
hudъ parvus.
huta tugurium.
hvoja abies.
160 hvostъ cauda.
hvrastъ sarmentum.
iglarь opifex acuarius.
ilъ lutum.
ilьmъ ulmus.
165 imela viscum.
istъba tentorium.
iva salix.
izvorъ fons.
jablanь malus.
170 jablъko malum.
jadvęgъ iadvingus.
jagla granum.
jagnędъ populus.
jagoda granum, fragum.
175 jaje ovum.
jalovъ sterilis.
jama fovea.
jarъkъ fossa.
jasa locus arboribus destitutus.
180 jasenъ fraxinus.
jastrębь accipiter.
javorъ platanus.
jazbina lustrum ferae.
jazъ agger.
185 jela abies.
jelenь cervus.
jerębь perdix.
jesetrъ accipenser sturio.
jezero lacus.
190 ježь erinaceus.
jutro iugerum.
kača serpens.
kalina ligustrum.
kalъ lutum.
195 kamenь lapis.
kanja milvus.
kapela capella.
karasъ carassius.
katunъ regio pastoria.
200 kavьka monedula.
kąkolь nigella.
kąpa insula.
kąpina rubus.
kąšta tentorium.
205 kątъ angulus.
klada trabs.
kladęzь puteus.
kladivo malleus.
klakъ calx.
210 klanьcь via angusta.
klečetъ dunkel.
klenъ acer.
klet— dunkel.
klinъ cuneus.
215 klisa dunkel.
klisura fauces.
ključь uncus, curvatura fluminis.
klokotъ scaturigo.
klošterъ monasterium.
220 kmetь unus e magnatibus.
knęzь princeps.
kobyla equa.
kokotъ gallus.
kolarь plaustrarius.
225 koliba tugurium.
kolodêj plaustrarius.
kolomija lacuna.
komarъ culex.
komora camera.
230 konjarь equiso.
konjuhъ equiso.
konь equus.
konoplje cannabis.
konьcь finis.
235 kopa cumulus.
kopanъ fossus.
kopriva urtica.
koprъ anethum.
korenь radix.
240 koryto cisterna.
kosa montium genus.
kostanь castanea.
kostelъ castellum.
kostreva Trespe.
245 kosъ merula.
košara caula.
košuta cerva.
kotarъ saepis genus.
kotlъ vas aeneum.
250 kotorъ dunkel.
kovačь faber.
kovilije stipa pennata.
koza capra.
kozakъ cosacus.
255 kozarь caprarius.
kozlъ hircus.
kožuhъ vestis pellicea.
kračunъ nativitas domini.
kraguj accipiter.
260 kraj regio.
kralь rex.
kranъ carnus.
krapъ carpio.
krasa pulchritudo.
265 krava vacca.
krągъ circulus.
krąpъ parvus.

krątъ tortus.
kremenь silex.
270 krivъ obliquus.
križь crux.
kruhъ panis.
krynica fons.
krъčь Rodeland.
275 krъčьma caupona.
krъka dunkel.
krъstъ crux.
krъšь saxum.
krъtъ talpa.
280 kucharь coquus.
kuj dunkel.
kumaninъ cumanus.
kuna martes.
kupa cumulus.
285 kurъ gallus.
kuznьcь faber.
kyj fustis.
kyselъ humidus.
kyta ramus.
290 kъrъ frutex.
labь dunkel.
lakъtь cubitus.
lanъ mansus.
las— dunkel.
295 lava scamnum.
lazъ Gereut.
lągъ silva.
ląka palus.
lebedь olor.
300 ledъ glacies.
lepen— dunkel.
lêpъ pulcher.
lêska corylus.
lêsъ silva.
305 lędina terra inculta.
lęhъ polonus.
lipa tilia.
lisъ vulpes.
litvinъ lituanus.
310 livada pratum.
ljutъ vehemens.
loćika lactuca.
lokva imber, palus.
lomъ dunkel.
315 lonьčarь figulus.
lopata pala.
lopuhъ lappa.
losь cervus alces.
lovъcь venator.
320 loza palmes.
lubъ cortex.
lukъ cepa.
luža palus.
lyko liber.
325 lysъ calvus.
lьgъ levis.
lьnište ager lino consitus.
mačьka felis.
madžarъ ungarus.
330 magerъ coquus.
magjupьcь pistor.
majdanъ forum.
makъ papaver.
malina rubus idaeus.
335 malъ parvus.
maslina oliva.
mazurъ Masure.
mątъ coenum.
medvêdь ursus.
340 medъ mel.
metlika artemisia.
mežda terminus.
mêlь syrtis.
mêsto locus.
345 mękyna furfur.
mladъ tener.
mlaka lacuna.
mlynarь molitor.
mlynъ mola.
350 mnihъ monachus.
močarъ palus.
močilo Flachsröste.
modrъ lividus.
mogyla tumulus.
355 mokrъ humidus.
monastyrь monasterium.
morava Au.
mostъ pons.
mramorъ marmor.
360 mravij formica.
mrъkъ ater.
mrъva mica.
mrъzlъ frigidus.
myšь mus.
365 myto telonium.
mъhъ muscus.
mьzêti stillare.
naklo dunkel.
nebojse noli timere.
370 nêmьcь germanus.
niva ager.
nižьnь qui infra est.
noga pes.
nora latibulum.
375 nosъ nasus.
novъ novus.
nozdrь nares.
oblъ rotundus.
obodъ annulus.
380 obora saepimentum.
obozъ castra.
obrąbъ Verhau.
obrovъ fovea.
obьštь communis.
385 odra dunkel.
ogarъ canis venatici genus.
ograda saepes.
ohodъ circuitus.
okno fenestra, puteus.
390 okolъ circulus.
okopъ vallum.
okrąglъ rotundus.
olьha alnus.
opaliti incendere.
395 oplotъ saepes.
opoka saxum.
opolje: polje campus.
orava dunkel.
orêhъ nux.
400 orьlъ aquila.
osa populus.
osada Ansiedelung.
osêkъ crates pastorales.
osika populus.
405 oskoruša sorbus.
osla cos.
osoj locus opacus.
ostrogъ vallum.
ostrovъ insula.
410 ostruga rubus.
ostrъ acutus.
otava foenum chordum.
otokъ insula.
ovьca ovis.
415 ovьsъ avena.
paka dunkel.
paležь incendium.
panadjurъ nundinae.
panъ dominus.
420 parêzъ̆ truncus.
pasêka Holzschlag.
pastva pascuum.
pažitь pratum.
pądarь custos vineae.
425 pečenêžinъ pacinacus.
pekarь pistor.
pepelъ cinis.
perunъ perun.
peštera specus.
430 peštь specus.
pêst— dunkel.
pêsъkъ sabulum.
pêtelinъ gallus.
pijavica hirudo.

435 pilica gallinula.
pisanъ varius.
piskorъ cobitis fossilis.
pivьnica cella vinaria
plana regio sterilis.
440 planina Alpe.
plavъ albus.
plavьcь cumanus.
plazъ locus lubricus.
plemę soboles.
445 pleso palus.
plesъ dunkel.
pleva dunkel.
plêšъ calvitium.
plęsъ saltatio.
450 plitvъ seicht.
ploča Platte.
ploskъ latus.
plotъ saepes.
plugъ aratrum.
455 plъhъ glis.
plъz— dunkel.
podolije vallis.
podrъtъ dirutus.
podymьština Rauchfangsteuer.
460 podъ tabulatum.
pogonъ area.
pogorêti comburi.
pojata domus.
pojiti potum praebere.
465 polača palatium.
poljana campus.
polje campus.
pologъ Kesselthal.
pomorjaninъ incola regionis maritimae.
470 ponica cella.
ponikva fossa.
ponorъ fossa.
porąbъ Holzschlag.
posada Freidorf.
475 posêka Verhau.
posterica dunkel.
postojna Steinadler.
potokъ torrens.
požarъ incendium.
480 požega incendium.
pragъ limen.
praprotъ filix.
prądъ arena.
prągъ locusta.
485 prêgynja dunkel.
prêkopъ fossa.
prêkъ transversus.
prêlogъ Abacker.
prêrąbъ dunkel.
490 prêrovъ fossa.
prêsêka succisio silvae.
prêslopъ dunkel.
prêsъpa Aufschutt.
prêtokъ dunkel.
495 prêvalъ torrens.
prêvara dunkel.
prêvlaka Strecke zwischen Flüssen.
prêvorъ Schranke.
prêvozъ transitus.
500 prilêpъ das Angeklebte.
prisoije locus apricus.
pristava Meierhof.
prodolь vallis.
progorêti exuri.
505 prokopъ fossa.
prologъ rupes.
propastь fovea.
prorąba dunkel.
prosêkъ dunkel.
510 protesъ dunkel.
prusinъ prussus.
pustъ desertus.
pъtica avis.
pьklъ pix.
515 pьnь truncus.
pьsarь canum custos.
pьstrągъ salmo fario.
pьšenica triticum.
raka Rechen.
520 rakyta salix.
rakъ cancer.
ralija arvum.
rasoha furca.
raspątije bivium.
525 rastokъ confluens.
rataj agricola.
ratište hasta.
ravьnъ planus.
razdolije convallis.
530 razdrъtъ dirutus.
razvorъ circulus.
rebrь collis.
rešetarь cribrarius.
rêka fluvius.
535 rêpa rapa.
ręsa iulus.
robida rubus.
rogozъ papyrus.
rogъ cornu.
540 ropa muria.
rotъ Rodeland.
rovъ fovea.
ruda metallum.
ruj rhus cotinus.
545 rumьskъ Romaeorum.
rupa foramen.
rusinъ Russus.
ryba piscis.
rybakъ piscator.
550 rybarь piscator.
rybištь pisciculus.
rybitvъ piscator.
rybьnikъ piscina.
rъdęštь rubescens.
555 rъtъ apex.
rъžь secale.
sadъ planta, hortus.
salašь villa.
sasinъ Saxo.
560 sąbota sabbatum.
sąpъ vultur.
sąsêkъ cisterna.
sątêska angustiae.
sedlarь sellarius.
565 sejfa Bergwasser.
selište habitatio.
selo tentorium, ager.
selьcь qui consedit.
sêkyra securis.
570 sêkъ trabs.
sêno foenum.
sênožętь pratum.
sênьca umbra.
sêra sulfur.
575 sinь lividus.
sirъ sorgum.
sitъ scirpus.
skala saxum.
skomrahъ praestigiator.
580 skotъ pecus.
skrobotъ clematis vitalba.
slama stramen.
slanъ salsus.
slapъ fluctus.
585 slatina palus.
slava dunkel.
slêmę trabs.
slêpъ coecus.
slęzъ Silesius.
590 sliva prunus.
slovêninъ Slovenus.
slopъ Thierfalle.
smogorь Torf.
smoky ficus.
595 smola pix.

34*

smrъdljika sorbus aucuparia.
smrъkъ iuniperus.
smrъžь boletus quidam.
soha vallus.
600 sokolъ falco.
solь sal.
sopotъ canalis.
sosna abies.
sova noctua.
605 spila caverna.
srebro argentum.
srêda medium.
srъbinъ Serbus.
srъna caprea.
610 stadьnikъ pastor.
staja casa.
stanъ tentorium.
starъ vetus.
stavъ agger.
615 stąpa Thierfalle.
stąpa mortarium.
steb— dunkel.
stelьmahъ plaustrarius.
stêna murus.
620 stlъba climax.
stlъpъ columna.
stoborъ saepimentum.
stodola granarium.
stolъ sella.
625 strana regio.
straža custodia.
strêg— dunkel.
strêla sagitta.
strêlьcь sagittarius.
630 struga fluctus.
strum— fluvius.
strutarь vectigalis genus.
strъgati radere.
strъmъ declivis steil.
635 stublь puteus.
studenъ frigidus.
stьkljarь vitrarius.
stьklo vitrum.
stьza semita.
640 suhъ siccus.
surovъ crudus.
sverêpъ ferus.
svêt— dunkel.
svêtlъ lucidus.
645 svętъ sanctus.
svibъ cornus sanguinea.
svidъ cornus sanguinea.
svinija sus.
svinijarь subulcus.
650 svobodь liber.
svraka pica.
sъgorêti comburi.
sъp— Schutt.
sъpaliti comburere.
655 sъrąbъ trabs.
sъstatisę convenire.
sъtoka confluens.
šafljarь opilio.
šahъ carex.
660 šarъ color.
šiba virga.
širokъ latus.
štakorъ ratus.
štava eluvies.
665 štipъkъ rosa.
štitarь scutarius.
štitъ scutum.
štrъkъ ciconia.
šuma silva.
670 šьvьcь sutor.
taborъ castra.
tatarinъ tatarus.
telę vitulus.
teneto rete.
675 tesarь faber tignarius.
têsьnъ angustus.
tihъ tranquillus.
timêno lutum.
tisъ taxus.
680 tlaka Frohne.
tlъstъ pinguis.
tokъ fluxus.
tonja Tiefe.
toplъ calidus.
685 topola populus.
toporъ ascia.
torъ crates.
trapъ fovea.
trata Viehtrieb.
690 trava gramen.
travьnikъ pratum.
trêbiti exstirpare.
tri tria.
trъgъ forum.
695 trъlo crates.
trъnъ spina.
trъstь arundo.
turъ urus.
turьnъ turris.
700 tvrъdъ firmus.
tynъ murus.
tъkalьcь textor.
tьma tenebrae.
ublь piscina.
705 ubočь Abhang.
ujazdъ circuitus.
uleglja Hutweide.
ulogъ Brachfeld.
ulь alvearium.
710 umolъ dunkel.
uporъ Rasenplatz.
ustije ostium.
uvalъ vallis.
valpotъ villicus.
715 valъ vallum.
vapьno calx.
varęgъ Varangus.
velikъ magnus.
velьbądъ camelus.
720 veprь aper.
veselъ hilaris.
vêtrъ ventus.
vêvera sciurus.
vêža tentorium.
725 vęzъ ulmus.
vidьmъ fundus ecclesiae.
vinarь vinitor.
vino vinum.
virъ vortex.
730 višnja cerasum apronianum.
vlahъ vlachus.
vlaka Strecke zwischen zwei Flüssen.
vlъkъ lupus.
voda aqua.
735 vojevoda dux.
volja Freigrund.
volъ bos.
voštije fructus.
vozьnikъ auriga.
740 vrabij passer.
vranъ niger.
vrata porta.
vrêlo fons.
vrêsъ erica.
745 vrutъkъ fons.
vrъba salix.
vrъhъ cacumen.
vrъtъpъ spelunca.
vydra lutra.
750 vygnъ Schmiede.
vyrъ ulula.
vysokъ altus.
vysъpa insula.
vyzъ accipenser huso.
755 vьsь vicus.
zagonъ sulcus.
zagrada saepimentum.
zahodъ occasus.
zajazdъ fundus.
760 zajęcь lepus.

zakopa dunkel.
zamъkъ sera, arx.
zapada dunkel.
zarąbъ Verhau.
765 zarovъ dunkel.
zasъpъ Aufschutt.
zatonъ insula.
zavada obstaculum.
zavala dunkel.
770 ząbrъ Wisent.
zelenъ viridis.
zima frigus.
zlato aurum.
zmij serpens.
775 zvêrь fera.
zvizdъ dunkel.
zvьni— dunkel.
žaba rana.
ždár gespaltenes Holz.
780 žegъžulja cuculus.
želêzo ferrum.
žeravь grus.
židъkъ mollis.
žirъ pascuum.
785 žlêbъ canalis.
žlъtъ flavus.
žrêlo fauces.
žrъny mola.
789 župa provincia.

LITTERATUR.

Andree, R., Das Sprachgebiet der Lausitzer Wenden vom XVI. Jahrhundert bis zur Gegenwart. Prag 1873.

Ankershofen, G. Freiherr von, Handbuch der Geschichte des Herzogthums Kärnten. Klagenfurt 1851. II. Regesten und Urkunden 1—120.

Bacmeister, A., Alemannische Wanderungen. Stuttgart 1867. I. Ortsnamen der keltisch-römischen Zeit. II. Slavische Siedelungen.

Bacmeister, A., Germanistische Kleinigkeiten. Stuttgart 1870.

Baliński, M., i T. Lipiński, Starożytna Polska. Warszawa 1846. 3 voll. Der dritte Band enthält die Ortsnamen.

Baudoin de Courtenay, J., O drevne-polьskomъ jazykê do XIV-go stolêtija. Leipzigъ 1870.

Biedermann, H. J., Slavenreste in Tirol. Slavische Blätter I. 12—16. 78—83.

Boček, A., Codex diplomaticus et epistolaris Moraviae. Brunae 1836—1850.

Bronisch, Die Akrisie in den Bedeutungen lausitzischer Ortsnamen. Neues Lausitzisches Magazin. XXXVIII. 258. Andere Abhandlungen desselben Forschers über Ortsnamen der Lausitz XXVII. 67. XX. 53. XVII. 57.

Buchon, Recherches historiques sur la principauté française. Paris 1845. II. Index.

Burmeister, Erklärung mecklenburgischer Ortsnamen: Jahrbücher des Vereins für mecklenburgische Geschichte. Schwerin 1841. VI. 55—58.

Busch, Etymologische Untersuchungen über die Gaunamen der Niederlausitz. Neues Lausitzisches Magazin. XIII. 164.

Buslaevъ, Th., Istoričeskaja grammatika russkago jazyka. Moskva 1863.

Buttmann, A., Die deutschen Ortsnamen mit besonderer Berücksichtigung der ursprünglich wendischen in der Mittelmark und Niederlausitz. Berlin 1856.

Catalogus cleri nec non parochiarum et beneficiorum dioecesis Labacensis. Labaci 1870.

Codex diplomaticus Poloniae. Varsaviae 1847—1858.

Cybulski, Slavische Ortsnamen der Insel Potsdam und der allernächsten Umgegend. Berlin 1858. Zweite Auflage 1859. Aus E. Fidicen's Werk: Die Territorien der Mark Brandenburg.

Časopis českého museum. V Praze 1834. 394.

Daničić, Dj., Rječnik iz književnih starina srpskih. U Beogradu 1863. 1864. 3 voll.

Dučić, N., Opytъ statističeskago opisanija trebinьskago, prêpolьskago, plêvelьskago i nevesinьskago okrugovъ Gercegoviny. Zapiski imp. russkago geograf. obščestva. XIII. 675.

Elenchus cleri partis dioecesis Cracoviensis. Cracoviae 1860.

Erben, C. J., Regesta Bohemiae et Moraviae. Pragae 1855.

Expédition scientifique de Morée. II. Géographie et géologie. Atlas. Paris 1834. 1835.

Fabricius, C. G., Urkunden zur Geschichte des Fürstenthums Rügen unter den eingebornen Fürsten. Stralsund, Stettin, Berlin 1841—1869.

Förstemann, E., Namenbuch. I. Personennamen. II. Ortsnamen. Nordhausen 1856—1859.

Förstemann, E., Die deutschen Ortsnamen. Nordhausen 1863.

Frencel, Lusatiae utriusque nomenclator. Chr. G. Hoffmann, Corpus scriptorum lusaticorum II. 23—63.

Freyer, H., Alphabetisches Verzeichniss aller Ortschafts- und Schlössernamen des Herzogthums Krain. Laibach 1846.

Gavrilović, J., Rječnik geografijsko-statističnyj Srbije. U Beogradu 1846.

Gilferding, A., Pisьma obъ istorii Serbovъ i Bolgarъ. II. Im Anhang: Alte Ansiedlungen der Slaven auf griechischem Boden aus Χρονογραφία τῆς Ἠπείρου τῶν τε ὁμόρων ἑλληνικῶν καὶ ἰλλυρικῶν χωρῶν, συντεταγμένη ὑπὸ Π. Α. Π. Ἐν Ἀθήναις. 1857. 2 voll. Τὰ ἑλληνικὰ ὑπὸ Ἰακώβου Ρ. Ραγκάβη. Ἐν Ἀθήναις. 1853—1855. 3 voll.

Hanka, W., und Lisch, Über die Bedeutung des Namens Schwerin. Jahrbücher des Vereins für mecklenb. Geschichte II. 178. V. 225.

Hasselbach, K. F. W., und J. G. L. Kosegarten, Codex Pomeraniae diplomaticus. I. Greifswald 1862.

Herzog, E., Sachsens wüste Marken. Archiv für sächsische Geschichte. Leipzig 1864. II. 59. 193.

Immisch, R., Die slavischen Ortsnamen im Erzgebirge. Bautzen 1866.

Jacobs, E., Früheste Erwähnung der noch bestehenden Ortschaften des Herzogthums Magdeburg. Magdeburg 1864.

Janota, E., Bardyjow. Krakow 1862.

(**Janota**, E.,) Zbior diplomow klasztoru Mogilskiego. Krakow 1865.

Jarnik, U., Versuch eines Etymologikons der slowenischen Mundart. Klagenfurt 1832.

Jettmar, Überreste slavischer Orts- und Volksnamen der Provinz Brandenburg. Potsdam 1846.

Kalina, M. v., Über die in Böhmen häufig vorkommende Verschiedenheit der Ortsnamen in deutscher und čechischer Sprache. Abhandlungen der k. böhm. Gesellsch. der Wissensch. 1827. 1825.

Köhler, Über die Namen Ober- und Niederlausitz. Neues Lausitz. Magazin. XX. 49.

Kopetzky, F., Regesten zur Geschichte des Herzogthums Troppau (1061—1464). Archiv für österr. Gesch. XLV. I.

Kosegarten, siehe Hasselbach.

Kozler, P., Kratek slovenski zemljopis. Na Dunaju 1854.

Kozler, P., Imenik mest, trgov in krajev. Na Dunaju 1864.

Kuliš, Zapiski o južnoj Rusi. S. Peterburg 1856—1857.

Lamprecht, J., Historisch-topographische Matrikel oder geschichtliches Ortsverzeichniss des Landes Ob der Enns. Wien 1863.

Leo, H., Wendische Localbezeichnungen in Halle. Hallisches Tagblatt. 1857. 28. Juni.

Lexer, M., Kärntisches Wörterbuch. Leipzig 1862.

Liebusch, G., Erklärung der alten Ortsnamen in der Provinz Brandenburg. Archiv für das Studium der neueren Sprachen. 1866. XXXVIII. Verfehlt.

Lipszky de Szelicsna, J., Repertorium locorumque obiectorumque in XII. tabulis mappae regnorum Ungariae, Slavoniae, Croatiae et confiniorum militarium occurrentium. Budae 1808.

Markevič, N., Rêki poltavskoj gubernii. Zapiski imp. russk. geograf. obščestva. XI. 337.

Mayer, Th., Fluss- und Ortsnamen. Ein wichtiger Zweig des Geschichtsstudiums. Wien 1856. Schulprogramm.

Meiller, A. v., Über die Diöcesanregulirung K. Ludwig's im J. 829 zwischen Salzburg und Passau. Wien 1864.

Meiller, A. v., Verzeichniss jener Örtlichkeiten im Lande Österreich unter der Enns, welche in Urkunden des IX., X. und XI. Jahrhunderts erwähnt werden. Jahrbuch für Landeskunde von Niederösterreich I. Wien 1868. 147—170.

Mosbach, Wiadomości do dziejow polskich. Wrocław 1860.

Muchar, A. v., Geschichte des Herzogthums Steiermark. Grätz 1845. II. Die geographischen Verhältnisse im allgemeinen. Mit topographischen Nachweisungen von 493 bis 1300 nach Christus. 32—86.

Neugart, Historia ecclesiae S. Pauli. Clagenfurti 1848.

Orts-Repertorium des Herzogthums Krain. Laibach 1874. Konnte nicht mehr benutzt werden.

Palacký, F., Popis kralowstwí českého. V Praze 1848.

Palacký, F., Rozbor etymologický místních jmen českoslovanských. Čas. mus. česk. 1834. 419.

Papłoński, J., Objaśnienie mappy sławiańszczyzny lechickiej z wieku X—XII. i Pruss z wieku X—XIII. 1. Warszawa 1862.

Personalstand, Geistlicher, der Diöcese Gurk. Klagenfurt 1871. Mit Angabe der slovenischen Localnamen der Seelsorgerstationen.

Petters, J., Über die Ortsnamen Böhmens. Pisek 1855. Über die deutschen Ortsnamen Böhmens. Österreichische Blätter für Litteratur und Kunst. 1855. 171. Zur slavischen Ortsnamenforschung. Ibid. 1856. 398. 405. Neues zur slavischen Ortsnamenforschung. Ibid. 1857. 284. Beitrag zur slavischen Ortsnamenforschung. Archiv für das Studium der neueren Sprachen und Litteraturen. Band 26. 1859. A als secundäres Suffix in slavischen und griechischen Ortsnamen. Beiträge. Berlin 1860. II. 393. Andeutungen zur Stoffsammlung in den deutschen Mundarten Böhmens. Prag 1864. Über die deutschen Ortsnamen Böhmens. I. Mittheilungen des Vereines für Geschichte der Deutschen in Böhmen. VII. Jahrgang. 1—12.

Pfuhl, Ch. T., Lausitzisch-wendisches Wörterbuch. Budissin 1866.

Pirona, J., Vocabolario Friulano. Venezia 1871. Vocabolario corografico Friulano 567—638.

Pott, A. F., Die Personennamen. Leipzig 1853. Über Ortsnamen 390—537.

Prospectus beneficiorum ecclesiasticorum et status personalis cleri iunctarum dioeceseon Tergestinae et Iustinopolitanae. Tergeste 1871.

Sabljar, V., Miestopisni riečnik kraljevinah Dalmacije, Hrvatske i Slavonije. U Zagrebu. 1866.

Schematismus cleri dioecesis Jaurinensis. Jaurini 1855.

Schematismus cleri dioecesis ritus latini Premysliensis. Jasło 1864.

Schematismus dioecesis Neosoliensis. Neosolii 1866.

Schematismus Segniensis et Modrussiensis seu Corbaviensis dioecesium. Zagrabiae 1847.

Schmaler, J. E., Die slavischen Ortsnamen in der obern Lausitz. Bautzen 1867.

Schmutz, C., Historisch-topographisches Lexicon von Steyermark. Gratz 1822—1823.

Skorowidz, Najnowszy, wszystkich miejscowości w Galicyi. Przemyśl 1868.

Sláma, F. J., Pokus vysvětlení českých jmen místných slabíkami i a vice se ukončujících a jen ve množném počtu užívaných. Čas. mus. česk. 1884. 394.

Status cleri et animarum dioecesis Rhacusinae. Venetiis 1857.

Statystyka, Krotka, gubernij krolewstwa polskiego. Warszawa 1870.

Stupnicki, H., Galicya pod względem geograficzno-topograficzno-historycznym. Lwow 1849.

Šafařík, P. J., Slovanské starožitnosti. V Praze 1863.

Šafařík, P. J., Slovanský národopis. II. vydání. V Praze 1842.

Šafařík, P. J., Geschichte der südslavischen Litteratur. Prag 1865. III. 1. 140—156.

Šaranević, J., Izslêdovanie na poli otečestvennoj geografii i istorii. Vo Lvovê 1869.

Šembera, A., Západní Slované. Ve Vídni 1868.

Tabella miast i wsi w krolewstwie polskiem. Warszawa. s. a.

Tangl, K., Die Grafen von Ortenburg in Kärnten. Archiv für Kunde österr. Geschichts-Quellen. XXX. II. 203.

Urkundenbuch des ehemaligen Cistercienserstiftes Goldenkron in Böhmen. Bearbeitet von M. Pangerl. Wien 1872. Fontes rerum austriacarum. XXXVII.

Urkundenbuch des Hochstiftes Meissen. Herausgegeben von E. G. Gersdorf. Leipzig 1867.

Vašek, A., Výklad slovanských místních jmen v Opavsku. Opava 1872. Schulprogramm.

Verzeichniss, Alphabetisches, sämmtlicher Orte im Herzogthume Kärnten. Klagenfurt 1860.

Verzeichniss, Alphabetisches, sämmtlicher im Markgrafthume Mähren befindlichen Ortschaften. Brünn 1855.

Verzeichniss, Alphabetisches, sämmtlicher Orte Kroatiens und Slavoniens. Agram 1857.

Vojevodstvo Koroško. V Ljubljani 1866.

Vojevodstvo Kranjsko. V. Ljubljani 1866.

Weigand, F. L. K., Oberhessische Ortsnamen. Archiv für hessische Geschichte und Alterthumskunde. Darmstadt. VII. 1853.

Zahariev, St., Opisanie na Tatar-Pazardžiškъ tъ kaazъ. Viena 1870.

Zahn, J., Codex diplomaticus austriaco-frisingensis. Wien 1870. Fontes. Diplomataria et acta. XXXI. XXXV.

Zwahr, J. C. F., Niederlausitzisch-wendisch-deutsches Handwörterbuch. Spremberg 1847.

ÜBER DIE

MUNDARTEN UND DIE WANDERUNGEN

DER

ZIGEUNER EUROPA'S. IV.

Märchen und Lieder der Zigeuner der Bukowina.

Erster Theil.

Text mit lateinischer Interlinearversion.

VON

Dr. FRANZ MIKLOSICH,

WIRKL. MITGLIEDE DER KAIS. AKADEMIE DER WISSENSCHAFTEN.

VORGELEGT IN DER SITZUNG AM 20. MAI 1874.

Dass zur gründlichen Kenntniss einer Sprache Vocabulare nicht hinreichen, dass vielmehr dieselbe nur durch Texte ermöglicht wird, ist selbstverständlich. Wenn wir nun von jenen Texten, welche in der Mundart der englischen oder spanischen Zigeuner abgefasst in den Werken von G. Borrow, Ch. Leland und A. Jimenez zu finden sind, absehen, weil sie, für die Geschichte der Zigeuner und das Lexikon ihrer Sprache wichtig, für die Grammatik nur geringe Ausbeute gewähren, so beschränkt sich unser Vorrath an grammatisch verwerthbaren zigeunerischen Texten auf Folgendes: 1. A. J. Puchmayer, Románi Čib, das ist: Grammatik und Wörterbuch der Zigeuner-Sprache, nebst einigen Fabeln in derselben. Prag 1821. Die Fabeln sind von Puchmayer selbst übersetzt: die Sprache ist die der böhmischen Zigeuner, die mit der der ungrischen auffallend übereinstimmt. 2. A. F. Pott, Die Zigeuner in Europa und Asien. II. 464—521. Vorwiegend Übersetzungen. 3. O. Böhtlingk, Über die Sprache der Zigeuner in Russland. Bulletin de la classe historico-philologique. St. Pétersbourg 1853. I. 261. Es sind einige Lieder in der Mundart der Moskauer Zigeuner. 4. Bornemisza János, A' czigány nyelv elemei in: Új magyar muzeum. Pest 1853. IV. 83. Fünf kurze Lieder mit etwas übersetzter Prosa in der Mundart der ungrischen Zigeuner. 5. J. A. Vaillant, Grammaire, dialogues et vocabulaire de la langue des Bohémiens ou Cigains. Paris 1868. Gespräche in der Mundart der rumunischen Zigeuner. 6. F. Müller, Beiträge zur Kenntniss der Romsprache. I. Sitzungsberichte LXI. 149. Märchen und Lieder in der Mundart der ungrischen Zigeuner. 7. A. G. Paspati, Études sur les Tchinghianés ou Bohémiens de l'empire Ottoman. Constantinople 1870. Märchen in der Sprache der griechischen Zigeuner. 8. F. Müller, Beiträge zur Kenntniss der Romsprache. II. Sitzungsberichte LXX. 85. Der Aufsatz enthält zwei von den in 6. bekannt gemachten Märchen in die Mundart der böhmischen Zigeuner übertragen.

Von diesen Texten sind für den Sprachforscher die unter 6. und 7. angeführten am werthvollsten, weil sie umfangreichere Originalerzählungen enthalten.

Durch die ausnehmende Güte und aufopfernde Bemühung meines ehemaligen Zuhörers, gegenwärtig k. k. Professors an der Oberrealschule in Czernowitz, des Herrn Leo Kirilowicz, bin ich in den Stand gesetzt, die oben verzeichneten Texte um ein Ansehnliches zu vermehren. Was ich den Sprachforschern und Ethnographen biete, sind Märchen und Lieder der in der Bukowina lebenden Zigeuner: der Werth dieser Texte beruht auf der Stellung, welche die Mundart der rumunischen Zigeuner unter den Mundarten dieses Volkes einnimmt; auf der Originalität, da diese Märchen und Lieder nicht etwa von Nicht-Zigeunern in das Zigeunerische übertragen sind; und in nicht geringerem Grade auf der Treue, mit der mein verehrter Freund sie aufgezeichnet, und auf der Genauigkeit, mit der er sie erklärt hat, indem er dem Texte eine deutsche Interlinearversion hinzufügte und nicht müde ward, mir seine Bemerkungen über den nicht immer klaren Sinn der Erzählungen und Lieder, über den Ursprung einzelner Wörter und die Aussprache der Laute mitzutheilen.

Was den Inhalt betrifft, so sind in den Märchen Elemente nachweisbar, die wir in rumunischen und magyarischen Märchen wiederfinden; auf die Lieder hat die Volkspoesie der Rumunen und Kleinrussen einen unverkennbaren Einfluss geübt.

Die Lieder werden ohne Instrumentalbegleitung gesungen. Die Verse sind reimlos. Jeder Vers hat regelmässig zwei Hebungen. In der Hebung kann nur eine betonte Silbe stehen, der Ton mag der Wort- oder, bei einsilbigen Wörtern, Satzton sein. Die betonte Silbe in der Hebung bezeichne ich mit einem doppelten Acut.

O Tűdor Tudorĕl,
nắch les, so kъrĕl,
hắj de ternorŏ
ľắs rajĕ.
Haj de šukắr kaj sắs,
ol tűrči bíro bharó vazdĕ léskъ.
Bitinďắs, so sắch les,
haj le birŏstar na potinďắs pe.

Die Senkung kann fehlen:

Hắj dőu le.
Aj morá rajĕ nắ dom.

Es kömmt dies ziemlich selten vor.

Die Sprache dieser Texte ist die der rumunischen Zigeuner, welche die zweite der dreizehn Gruppen bilden, in die sämmtliche Zigeuner Europa's zerfallen. Der Mundart der ungrischen Zigeuner am nächsten stehend, unterscheidet sich die Sprache unserer Texte von der der ungrischen Zigeuner, abgesehen von den aufgenommenen Fremdwörtern, vor allem durch den sogenannten unbestimmten Vocal, den Lepsius durch ę bezeichnet, und der in einer grossen Anzahl von Sprachen, namentlich in der rumunischen, eine Rolle spielt. Ich bezeichne ihn durch das altslovenische ъ. Da dieser Laut in den arischen Sprachen des heutigen Indiens dem altindischen *a* gegenübersteht,[1]) so könnte

[1]) Whatever degradation from its pure open quality the *a* had suffered must have been, it seems to me, in the direction of the neutral vowel (English ‚short *u*' in hut, son, blood), which has so generally taken its place in the modern pronunciation of India, rather than toward an *e* or *o*, as suggested by Weber. W. D. Whitney im Journal of the American Oriental Society. VII. Seite 362.

man versucht sein anzunehmen, die Zigeuner hätten diesen Laut aus ihrer indischen Heimat mitgebracht: da jedoch dieser unbestimmte, neutrale Vocal allen anderen Zigeunermundarten fehlt, so muss er aus dem Rumunischen aufgenommen sein. Die Verbindungen tš (č) und dž verlieren meist ihren Anlaut: *šaŭ* ungr. *čávo* filius. *žaŭ* ungr. *džav* eo. Vergl. rum. dial. še für če; žune für džune. Revue de linguistique V. Seite 242. 243. Ein fernerer Unterschied besteht in dem Gebrauch des den anderen Mundarten fremden Artikels *le, la: o rakloró le 'mparatósko* der Sohn des Kaisers; *la rakl'ása* mit dem Mädchen; im plur. nom. lautet der Artikel *ol: ol raklí*, bei den ungrischen Zigeunern *o: o rakle* die Jungen. Endlich hat das rumunische Zigeunerisch die Betonung der Endsilbe in den einheimischen Wörtern meist bewahrt, während die Mundart der ungrischen Zigeuner in der Accentuation vom Magyarischen beeinflusst wird: rum. *parnó*. ungr. *párno*.

Was die Lehre von den Lauten anlangt, so biete ich hier eine Übersicht derselben und einige Bemerkungen über einzelne von ihnen.

Übersicht der Laute.

	Consonanten							*Vocale*		
	Momentane Laute				Dauerlaute					
	Nicht aspirirt		Spiranten		Nasal	r-, l-Laute				
	tonlos	tönend	tonlos	tönend	tönend	tönend				
gutt.	*k*	*g*	*ch*					*a*	*o*	
pal.				*j*				*i*	*e*	*ǐ*
ling.			*š*	*ž*		*r*	*l*			
dent.	*t*	*d*	*s*	*z*	*n*					
lab.	*p*	*b*		*v*	*m*			*u*	*ъ*	*ŭ*

ъ lautet wie etwa u oder o im engl. but, son. *ǐ* und *ŭ* stellen die verklingenden i und u im Auslaute rum. Wörter dar: *ъmparáčǐ* plur. *purkárǐ*. *manúšǐ; adámŭ. kroitorésŭ.*

Ausserdem besitzt die Sprache der Zigeuner in der Bukowina den Hauch h, jedoch meist nur in entlehnten Wörtern: *díne hram* scripserunt: *hram*, unmittelbar aus dem Kleinrussischen entlehnt, ist griech. γράμμα.

Die übrigen Laute der Sprache, die in der obigen Tabelle nicht aufgeführt erscheinen, sind zusammengesetzt. Hieher gehören 1. *c* und *č* d. i. ts und tš. 2. Die erweichten Consonanten: k', g'; ť, ď; ń; ŕ, ľ. Sie entstehen durch Verschmelzung von k, g; t, d; n; r, l mit j: *k'iradó* coctus vorausgesetzt in *ťiradó* aus *kiradó*. *g'ŭ* triticum vorausgesetzt in *ďiŭ* aus *giv*. *suťás* dormivit. *ďas* dedit. *kajńí* gallina. *ŕet* nox. *ľoŭ* sumsit. Man beachte *ol katáń* neben *ol katáni* milites. Dass *baŕ* lapis dem *bar* saepes gegenübersteht, befremdet, da man weiches r eher bei *bar* saepes, das bei Paspati *bári* lautet und fem. ist, als bei *bar* lapis masc., woher das demin. *baroró*, vermuthen möchte. 3. Die aspirirten Consonanten: *kh, th, ph* und *bh*: *jakh* oculus. *thovó* pono. *pheráŭ* impleo und *bharó* magnus, das einzige Wort mit aspirirtem b in der Sprache der Zigeuner der Bukowina, sonst findet man *phabhi* poma bei den ungr. Zigeunern Bornemisza 93. Die aspirirten Consonanten entstehen durch Verbindung von k, t, p, b mit dem Hauch h: nur in *pchikó* humerus wird nach p die Spirans ch vernommen. Der Hauch h scheint der Spirans ch sich zu nähern: *phuv* aus aind. *bhūmi* terra möchte sich am ungezwungensten durch

35*

die Annahme erklären lassen, der zur Spirans ch gewordene Hauch h habe die Verwandlung des b in p bewirkt; in einigen Mundarten tritt entschieden die Spirans ein. Puchmayer und Andere schreiben ch, nicht h: *pchuv*, *kchas*, *tchan*. pch geht manchmal in pš über, oder vielmehr es ist kaum zu entscheiden, ob ch oder š gesprochen wird: *pchikó* und *pšikó* humerus. *pšidel* statt *pširel* ambulat neben *pchjer* ambula. Auch erweichtes t kann aspirirt werden: *kathí* hic neben *kathí*. Vergl. *mathin* musca bei Puchmayer 44. *thil* Schmalz 49. *athöra* oculi demin. bei Bornemisza 88. 122. Letzteres sonst wohl *jakhora*.

Bemerkungen über einzelne Laute.

I. Mit dem k verbindet sich vor e oder i ein parasitisches j: kj, k', welches in tj übergeht, das wie erweichtes t, ť gesprochen wird; ť kann sich zu č vergröbern. Mit dem t verbindet sich vor e oder i gleichfalls j, daher tj, ť, č. Wie k in k', ť, so kann auch g in g', ď verwandelt werden. Und so wie t in ť, so kann d in ď übergeben. In vielen Fällen ist nicht mit Sicherheit zu bestimmen, ob k' oder ť gesprochen wird. I. a. *keravâva* coquere. *ťiradó* coctus. *ťiraďí*, *ťiragí*, richtig *ťirag'í*, coxerunt. *ťiról* coquitur aus *ťirjól*, *ťirďól*, *ťiraľól*. — *kermó* vermis. *ťermé*, richtig *ťermé* plur., das fast wie *čermé* lautet. — *kílu* paxillus. *ťílu*, richtig *ťílu*. Es ist nicht das klruss. kôł. — *kinâva* emere. *ťinás* emimus, richtig *ťinás*. *činďöü* emit praet. aus *ťinďöü*. — *kíru* dominus. *kíra* domina. *ťíru*. *ťíra*. ngriech. κύρ. κυρά. *ťiráte* dominae. — *kisí* crumena. *kíss*, richtig *k'íss*, *ťíss*, richtig *ťíss*. — *dikáva* videre. *dik'ól*, *diťól*, fast wie *dičól*, es ist sichtbar, aus *dikľól*, bei Paspati 208. *díkiol*. — *pekáva* coquere. *pek'iľás* wie *pečiľás* coctum est, aus *pekľiľás*. Man erwartet *pékľiľas*. — *sikáva* docere. *sikiľás*, richtig *sik'iľás*, *siťiľás* didicit aus *sikľiľás*, bei Paspati *síkliľas*. — I. b. *láte* ei f. *láte*. — *ťéju* tilia wie *k'éju*. — *žouáte* ex hordeo wie *žouák'e*. — *rat* nox: *raťí* wie *rak'í*. — *rátiovel* nox ingruit. part. *rátilo* und *rakilo* Paspati. *ratilöü*, richtig *raťilöü*, *rakiľöü*, wohl *rak'iľöü*. — *sovâva* dormire. *suťás*, *sučás*, vielleicht *sučjás*, *sučöü* dormivit. — *čivava* trahere, iacere: damit hängt wohl zusammen *šuťás*, *šučjás* ingessit. — *ťídvica* calvaria, eigentlich cucurbita, ist klruss. tykvyća. — II. a. *giv* triticum: *ďiü* wie *ďíü*, richtig *g'íü*. — II. b. *dáva* dare: *ďas* dedit aus *diás*, *diňás*. — *daj* mater, daraus *dej*, *dij*, *di*, das fast wie *gi* d. i. *g'i* gesprochen wird. — *pandavâva*, bandaváva includere, wofür man *phandavâva* erwartet. *pandaďöü*, *pandag'öü*. — *vázdava*, *lázdava* tollere. *vazden*, wohl *vazďen*, und *vázgen* für *vázg'en*. — Der hier bezeichnete Lautwandel ist rumunischen Ursprungs: I. a. kedru cedrus: ťedru. kêe clavis: ťêe. kiot de vesъlie das Jubeln: ťiot. okju oculus. oťu. b. temŭ timeo: ťemŭ. timpŭ tempus: ťimpŭ. vêrde viridis: vjerde. Auch im Slavischen ergibt die Erweichung des k und g dasselbe Resultat wie die des t und d: man vergleiche serb. ćeramida aus κεραμίς und madjistrat, von andern magjistrat geschrieben (dj, gj für cyr. ђ), mit pozlaćen aus pozlatjen und kadjen (kagjen) aus kad-jen: cyr. kaђen.

II. Für e und o tritt manchmal i und u ein: *léste* und *lésti* ei m. *pendás* und *pindás* dixit. *amparatóste* und *amparatósti* imperatori. *araklé* und *araklí* invenerunt. *balénca* und *balínca* capillis plur. instr. *chabé* und *chabí* cibus. *lové* und *loví* pecunia. O und u scheinen nur in tonlosen Silben zu wechseln: *chomér* und *chumér* Teig. *šordöü* und *šurdöü* effudit.

III. O anderer Mundarten geht in uo über: *čuon* luna. *luon* sal für *čon*, *lon* Paspati. Ebenso *vurdonuóro* demin. von *vurdón*, *vordón* Wagen. Auslautendes o geht, wenn es betont ist, in oŭ über: *gelöü* ivit, *geló* Paspati.

IV. Die Verbindung *ŏă* findet sich meist in rum. Wörtern. *kŏă* ist aus *kaj o* hervorgegangen: *kŏă bərš* in einem Jahre d. i. *kaj o bərš*, doch auch *k' o raj* zu dem Herrn d. i. *kaj o raj*. Die Verbindung *ĕă* kann wohl entbehrt werden.

V. Wenn u den zweiten Theil eines Diphthongs bildet, wird es mit dem Kürzezeichen versehen: *žaŭ* eo. *deŭla* neben *deula* Gott sing. voc. *viziteŭóskə* auriga sing. dat. *amaróŭ* noster neben *amaró*. Dagegen: *baláurə* draco viersilbig. *viziteu* auriga. *phiulí* vidua. *žou* hordeum. *zméu* draco.

VI. Aj u. s. w. ist ein-, ai u. s. w. zweisilbig: *naj* digitus. *muj* os. Dagegen *naís* gratias. *pagŝi* pagani.

Dem Texte ist eine lateinische Interlinearversion beigefügt; auf jedes Stück folgen Noten exegetischen und kritischen Inhalts.

Der zweite Theil wird ein Glossar enthalten.

A. MÄRCHEN.

1. Es kömmt doch an den Tag.

Sas ek manúš, aj sach les adécərə raklórə, sóde and o mušunój ťiré. haj gəlé trin
Erat quidam homo, et erant ei tot liberi, quot in formicarum cuniculo formicae. et iverunt tres

raklé, the sečerín ďiŭ. thaj aviľás o rakló le əmparatósko. haj pendás e raklí bharí: the
puellae, ut demeterent triticum. et venit filius imperatoris. et dixit filia natu maxima: si

léla ma o rakló le əmparatósko, ekhá kakľása thaŭ se léste ŏăste vuraŭó. aj pendás e
ducet me filius imperatoris, uno fuso filiorum totum eius exercitum vestiam. et dixit

mižločío: ekhá manrósa hrənisaró léste ŏăste. haj pendás e cəgní: the léla ma man, kəró
media: uno pane nutriam eius exercitum. et dixit natu minima: si ducet me, pariam

léskə duj sfec logoféc le balésa somnakunó, th' ol dand mərgəritár. ašundás o ľókaji. ,əm-
ei duos sanctos logothetas cum coma aurea, et dentes (erunt ut) margaritae. audivit servus. ,im-

paráte, pendás e raklí bharí, the ľá la la, ekhá kakľása thaŭ vuravéla ťi ŏăste; pendás
perator, dixit puella natu maxima, si duces eam, uno fuso filorum vestiet tuum exercitum; dixit

e mižločío, the ľá la la, ekhá manrósa hrənéla ťi ŏăste; pendás e cəgní, the ľá la la, kérla
media, si duces eam, uno pane nutriet tuum exercitum; dixit natu minima, si duces eam, pariet

túko duj sfec logofĕc le balésa somnakunó'. vo ďas čingár: ,bólde tu pálpalí, le la raklé
tibi duos sanctos logothetas cum coma aurea'. ille exclamavit: ,verte te retro, sume puellam

la cəgné, šu la and e bríčka'. angardás la khəré. bešľás lása ek paš bərš, h' akhardé les
natu minimam, pone eam in curru'. adduxit eam domum. habitavit cum ea dimidium anni, et vocarunt eum

kaj ŏăste, the maréł pe. bešľóŭ ek bərš kŏă maripé. léste əmparatésa kərdás duj raklorə.
ad exercitum, ut pugnaret. mansit annum in bello. eius imperatrix peperit duos filios.

e slúžnika ľoŭ le, haj šutóŭ le and e kotécu le balíngo, haj šutás doŭ žuklorən pása láte.
serva sumsit eos, et proiecit eos in stabulum porcorum, et posuit duas caniculas prope eam (matrem).

avilé ratákə ol balí, haj čingardóŭ e mátka le balínde: ,hoŭ, kaťé ol raklor' amaró stə-
venerunt vesperi porci, et clamavit maxima suum: ,heus, hic , filii nostri do-

pənósko; əndáts the den le čučí, the pen čučí, haj the tatarén le'. gəlé ol balí and e mal.
mini; illico date eis mammam, ut sugant mammam, et calefacite eos'. iverunt porci in campum

aviĺás e slúžnika, dikĺás, k' ol raklorɜ́ šukár, na mulí, šudĺóŭ le and o grážďo le grasténgo.
venit serva, vidit, quod pueri bene (sunt), non mortui, proiecit eos in stabulum equorum.

avilé ol grast raťáko, haj ďoŭ čingári mátka le grastínde: ,hoŭ, kaťé ol raklor' amarɜ́ stɜ-
venerunt equi vesperi, et exclamavit maximus equorum: ,heus, hic filii nostri do-

pɜnósko; ɜndátɜ den le, the pen čučí'. tehára gɜĺóŭ grast and o maĺ. e slúžnika ĺoŭ le,
mini; illico date eis, ut sugant mammam'. mane iverunt equi in campum. serva sumsit eos,

haj prachosarďóŭ le and o gunój. haj bharilé duj braž somnakuní. aviĺás o ɜmparátu
et sepelivit eos in fimo. et creverunt duae abietes aureae. venit imperator

katá j bataĺíjɜ. voj (e slúžnika) ɜnklistóŭ andá léste. ,ɜmparáte, kɜrďás tu ɜmpɜrɜťása duj
a bello. illa (serva) ivit obviam ei. ,imperator, peperit tibi imperatrix duas

žukĺorɜ́'. ɜmparátu prachosarďás la (ɜmparaťása) pal o udár ž' and e kuštík, haj šuťóŭ le
caniculas'. imperator sepelivit eam (imperatricem) post ianuam usque ad cingulum, et apposuit

žuklorɜ́n, haj pénas la. vo ĺas la služniká. kodé slúžnikɜ penďás le ɜmparatósko: ,šin
caniculas, et sugebant eam. ille duxit servam. haec serva dixit imperatori: ,caede

kodól braž, haj kɜr mánga pátu'. ,me na šináŭ. ek mɜndřáca šukár!' ,the na šiné, me
has abietes, et fac mihi lectum'. ,ego non caedam, pulchritudo eximia!' ,si non caedes, ego

meráŭ'. ɜmparátu thoďás manušɜ́n, thaj šinďóŭ le, haj ťiďóŭ sékom paĺorá, haj phabarďóŭ
moriar'. imperator constituit homines, et cecidit eas, et collegit omnes assulas, et combussit

le pe jag. kɜrďás ek pátu ánda duj skɜ́nduri. haj sovélas le ɜmparaťása and e pátu. haj
eas in igne. fecit lectum e duobus asseribus. et dormiebat cum imperatrice in lecto. et

penďás o rakloró o maj bharó: ,prála, pharó j túko, prála?' ,na j mánga pharó, kɜ pre
dixit filius maior: ,frater, grave est tibi, frater?' ,non est mihi grave, nam super

mánde sovél moró dad'. ,aj túko pharó, prála?' ,mángɜ j pharó, kɜ sovél e máštehɜ pre
me dormit meus pater.' ,et tibi grave, frater?' ,mihi est grave, nam dormit noverca super

mánďe'. voj ašunďás, haj uštiĺás de tehára. ,ɜmparáte, the šinés kodó pátu, the thoch les
me'. illa audivit, et surrexit mane. ,imperator, seca hunc lectum, pone eum

pe jag, the phabóĺ'. ,me na phabó les'. ,músaj, the thoch les pe jag, kɜ me meráŭ'. poruncisarďás
in igne, ut comburatur'. ,ego non comburam eum'. ,necesse est, ut ponas eum in igne, nam ego moriar'. mandavit

o ɜmparátu, the thol les pe jag. voj poruncisarďás, th' astupɜ́n e káhla, the ná 'nkle ol
imperator, ut ponerent eum in igne. illa mandavit, ut obturarent fumarium, ut non exirent

skɜnťéj' avrí. h' anklisté duj skɜnťéji, haj šuťé pe pe duj bakriší. ol bakriší ašilé somna-
scintillae foras. et exierunt duae scintillae, et ceciderunt in duas oviculas. oviculae factae sunt au-

kuní. voj dikĺóŭ, haj poruncisarďoŭ k' ol hargáci, the šinɜ́l le bakrišɜ́n. ďas ol porá k' ol
reae. illa vidit, et mandavit servis, ut mactarent oviculas. dedit intestina

hargáťi, the chalavɜ́n le, haj ďoŭ le ku númɜr. von chalavénas p' o paí. duj porá našlé
servis, ut lavarent ea, et dedit ea numerata. illi lavabant in aqua. duo intestina evaserunt

p' o paí. von šindé duj porá p' ek paš, haj thodé le la númɜr, thaj avilé khɜrɜ́. ánda
in aqua. illi secuerunt duo intestina in dimidium, et addiderunt ea ad numerum, et venerunt domum. ex

kodól duj porá, kaj gɜlé p' o paí, kɜ́rdile duj holúbuř, haj díne pe p' o šɜró, haj kɜ́rdile
his duobus intestinis, quae iverunt in aqua, factae sunt duae columbae, et circumgerunt se in caput, et factae sunt

raklorɜ́, haj gɜlé kaj ekhá rají. kodé rají sas phiulí, haj prijmisarďás le raklorɜ́n. h'
pueri, et iverunt ad quamdam dominam. haec domina erat vidua, et excepit pueros. et

ankarďás le jeftá bɜrš. aj len sas léngɜ strájuri. aj ɜmparátu ďas béfelu and o ťem, the
educavit eos septem annos. et illis erant suae vestes. et imperator dedit iussum in terra, ut

thídem pe léste koŏ bálu. ťidé pe se j Bukovína, chalé thaj pilí. pendás léngɜ ɜmparátu:
congregarent se ad eum ad saltationem. congregavit se tota Bucovina, ederunt et biberunt. dixit eis imperator:

,gəčín, so me pəcəsardĺóm'. kónik na gəčisardĺóŭ. haj gəlé vi kodól duj raklorə́, haj bəšə́n
,coniicite, quid ego passus sim'. nemo assecutus est. et iverunt etiam hi duo pueri. et sedent

kaj pórta. əmparátu diklĺás le. ,akharə́n vi kodól duj raklorə́n'. akhardé le kŭã əmparátu.
ad portam. imperator vidit eos. ,vocate etiam hos duos pueros'. vocarunt eos ad imperatorem.

sosté aviĺán, raklorále?' ,aviĺám, əmparáte, kaj gəčitŏáre'. ,nu, gəčín'. ,sas ek manúš,
,cur venistis, pueri?' ,venimus, imperator, ad coniiciendum'. ,agite, coniicite'. ,erat quidam homo.

haj sach les raklorə́, sóde ćiré and o mušunój. haj gəlé trin raklé, the sečerín ďíŭ. h' aviĺás
et erant ei liberi, quot formicae in formicarum cuniculo. et iverunt tres puellae, ut demeterent triticum. et venit

o rakló le əmparatósko. haj pendĺás e raklí bharí: the léla ma man kadó rakló, me léste
filius imperatoris. et dixit filia natu maxima: si ducet me hic iuvenis, ego eius

ŏáste ekhá kakĺása thaŭ vurjavó la. pendĺás e mižločío: the léla ma man, ekhə́ manrə́sa hrə-
exercitum uno fuso florum vestiam. dixit media: si ducet me, uno pane nu-

nisaró léste ŏáste. pendĺás e cəgní: the léla ma man kadó rakló le 'mparatósko, kəró lésko
triam eius exercitum. dixit natu minima: si ducet me hic filius imperatoris, pariam ei

duj sfec logoféc le balénca somnakunó, th' ol dand mərgəritári. pendĺás o ĺókaji le
duos sanctos logothetas cum coma aurea, et dentes (erunt ut) margaritae. dixit servus

'mparatóskə: ,əmparáte, pendĺás e raklí bharí, kə the ĺá la la, ekhá kakĺása thaŭ vuravéla
imperatori: ,imperator, dixit puella natu maxima, quod si duces eam, uno fuso florum vestiet

ti ŏáste; haj pendĺás e mižločío: the ĺá la la, ekhá manrə́sa hrənı́la ti ŏáste; aj pendĺás
tuum exercitum; et dixit media: si duces eam, uno pane nutriet tuum exercitum; et dixit

e cəgní: the ĺá la la, kə́rla túkə duj sfec logoféc le balínca somnakuní, h' ol dand mərgə-
natu minima: si duces eam, pariet tibi duos sanctos logothetas cum coma aurea, et dentes (erunt ut) marga-

ritári. ənšə́rəte, mərgəritáŕ! əmparátu bešĺás lása ek paš bərš, haj gəĺás kaj batalíja, haj
ritae. exi, margarita! imperator habitavit cum ea dimidium anni, et ivit in bellum, et

bešĺás ek bərš. əmparatása kərdĺás doŭ raklorə́n. e slúžnika ĺoŭ le, šutóŭ le and e kotécu le
mansit unum annum. imperatrix peperit duos filios. serva sumsit eos, proiecit eos in stabulum

balíngo, haj šutóŭ lákə doŭ žukĺorə́n. othár avilé 'l balə́ ratí, haj čingardĺóŭ e mátka le
porcorum, et apposuit ei duas caniculas. inde venerunt porci noctu, et clamavit maxima

balínde: hoŭ, kat ol raklor' amarə́ stəpənóskə, músaj, the den le čučə́. tehára gəĺ ol balín
suum: heus, hic filii nostri domini, necesse est, ut detis eis mammam. mane iverunt porci

and e mal. e slúžnika aviĺóŭ, dikĺóŭ, kə j šukár, šutóŭ le and o gráždo le grasténgo.
in campum. serva venit, vidit, quod sunt bene, proiecit eos in stabulum equorum.

avilé ol grast ratí. doŭ čingári mátka le grastínde: hoŭ, kə katí ol raklor' amarə́ stəpə-
venerunt equi noctu. clamavit maximus equorum: heus, hic filii nostri do-

nóskə, músaj, the den le čučə́. tehára geĺ ol grast and o mal. voj aviĺóŭ, haj dikĺóŭ, kə
mini, necesse est, ut detis eis mammam. mane iverunt equi in campum. illa venit, et vidit, quod

j šukár, prachosardĺóŭ le and o gunój le grasténgo, haj b(h)arilé duj braž somnakuní. aviĺóŭ
sunt bene, sepelivit eos in fimo equino, et creverunt duae abietes aureae. venit

o əmparátu kat e ŏáste. e slúžnika ənklišĺóŭ anglál léste. əmparáte, kərdĺás əmparatása duj
imperator ab exercitu. serva ivit obviam ei. imperator, peperit imperatrix duas

žuklorə́n. əmparátu prachosardĺás la palá udár, haj thodĺách le žuklorə́n, the pen. əmparátu
caniculas. imperator sepelivit eam post ianuam, et apposuit caniculas, ut sugerent. imperator

ĺach la služniká. əmparatása pendĺás: ,šin ol brážə, haj kər ek pátu'. ,me na šináŭ, kə j
duxit servam. imperatrix dixit: ,caede abietes, et fac unum lectum.' ,ego non caedam, nam sunt

šukáŕ'. ,the na šiné, me meráŭ'. əmparátu poruncisardĺóŭ. haj šindé le, haj ćidóŭ sékom pa-
pulchrae'. ,si non caedes, ego moriar'. imperator mandavit, et ceciderunt eas, et collegit omnes as-

ľorá, haj šuďóŭ le pe jag, haj kərďás ek pátu, haj sovélas əmparátu and o pátu k' ol la
aulas, et proiecit eas in iguem, et fecit unum lectum, et dormiebat imperator in lecto

služnikása. haj penďás o pral o maj bharó: ‚pharó j túko, prála?' ‚mánga na j pharó, kə
cum serva. et dixit frater natu maior: grave est tibi, frater?' ‚mihi non est grave, nam

sovél moró dad o čečó pre mánde; aj túko j pharó, prála?' ‚mánga j pharó, kə sovél e
dormit meus pater verus super me; et tibi est grave frater?' ‚mihi est grave, nam dormit

mášteha pre mánde'. voj ašunďóŭ, uštiľóŭ de tehára. ‚əmparáte, the šinés kadó pátu, the thos
noverca super me'. illa audivit, surrexit mane. ‚imperator, caede hanc lectum, pone

pe jag'. ‚me na šinó, kə j mə́ndru'. ‚the na šiné, meráŭ'. əmparátu porunčisarďóŭ, haj šinďóŭ
in igne'. ‚ego non caedam, nam est pulcher'. ‚si non caedes, moriar'. imperator mandavit, et secuit

pátu, haj thodé pe jag. haj penďás, the pandán e káhla, haj chuklé duj skəntéji pe duj
lectum, et posuerunt in igne. et dixit, ut obturarent fumarium. et exsiluerunt duae scintillae in duas

bakriší, th' ašilé somnakuní. voj dikľóŭ, haj porunčisarďás p' ol hargáci, the šinél le, haj
oviculas, et factae sunt aureae. illa vidit, et mandavit servis, ut mactarent eas, et

ďas kaj duj raklé ol porá, the thovél. haj skəpisarďás duj porá, haj von šindé duj porá,
dedit duabus servabus intestina, ut lavarent. et evaserunt duo intestina, et illi secuerunt duo intestina,

haj kərdé le la númər the avén. ánda kodó porá kérdile duj holúbuŕ, haj díne pe p' o
et fecerunt ea ad numerum ut essent. ex his intestinis factae sunt duae columbae, et circumegerunt se in

šəró, haj kérdile duj raklorí, haj gəlé kaj ekhá rají phiulí, haj prijmisarďás le, h' ankər-
caput, et factae sunt duo pueri, et iverunt ad quamdam dominam viduam, et excepit eos, et edu-

ďách le jeftá bərš. əmparátu ťiďás and e Bukovína the avén k' o bálu. haj chalé haj
cavit eos septem annos. imperator congregavit in Bucovina ut venirent ad saltationem. et ederunt et

pilí. əmparátu penďás, the gəčín, so vo pəcəsarďás. kónik na gəčisarďóŭ, aj me gəčisarďám.
biberunt. imperator dixit, ut coniicerent, quid ille passus esset. nemo assecutus est, et ego assecutus sum.

a the na paťás, amé sam ťi raklorí, amarí dej palá udár prachomé'. atúnčj aviľách léste
et si non credis, nos sumus tui filii, nostra mater post ianuam sepulta'. tum venit eius

dej and e aŭlín. ‚lašó tumé des, morí raklorí!' ‚naís túkə, dáli!' haj liné la služniká
mater in aulam. ‚bonus vobis dies, mei filii!' ‚gratiae tibi, mater!' et prehenderunt servam

kodolá, haj panglé la kaj ek grast bisekadó, haj ďach la drum pe mal, haj kərďách la se fərím.
illam, et ligarunt eam ad equum indomitum, et dederunt ei cursum in campum, et fecit eam totam frusta

---

3. *ekhá kakľása thaŭ* mit so viel Faden, als auf eine Spindel gehen.

4. *the léla ma man* rum. de m' ar lua pe mine.

5. *sfec logoféc* Heilige und Logotheten, d. i. wohl: gut und klug.

6. Statt *ľa* erwartet man *ľás*, *las* II. sing. Der Auslaut s ist abgefallen, der acc. des Pronomens verdoppelt. Ebenso weiter unten.

12. *mátka*, rum. matkъ regina apum, wird hier auf Schweine und Stuten angewandt.

12. *raklor' amarí stəpənósko* statt *raklorí* u. s. w. Die ersten zwei Worte haben nur éinen Accent.

33. *díne pə p' o šəró* sie machten einen Burzelbaum.

35. *léngə strájuri* ihre, d. i. eigene Kleider.

48. *ənšérəte, mərgəritáŕ!* komm hervor, Perle! ist nach meinem Gewährsmann gleichsam eine Zauberformel, mit der der erzählende Knabe seine vor dem Thore des Palastes bis an den Gürtel eingegrabene Mutter aus der Erde hervorzieht. *ənšérəte* ist blos dem Sinne

nach übersetzt: der Zigeuner behielt beim Übertragen in's Rumunische den Ausdruck *ənšérəte* bei.

50. *othár* von dort, als ob *mal* vorhergienge: vom Feld.

60. *k' ol la služnikása*, richtig vielleicht *k' ola:* vergl. *olen* eos, eas in der Mundart der ungrischen Zigeuner: dagegen spricht jedoch der folgende instr.

71. *me gəčisarďám*, richtig: *gəčisardóm*.

74. *ďach la drum pe mal*, rum. aŭ dat drum liess es laufen, wörtlich: gab ihm den Weg.

II. Der Säugling der Stute.

Žálas ek rašáj ənkəstó p' ek grazní and o fóru. aj e grazní skəpisájľoŭ (ďas rəl). e
Ibat quidam presbyter equitans in equa in urbem. et equa emisit (dedit peditum).

grazní penďás: ‚hopa! kə ənklistás ma o rašáj. (hópa! ďas ma bulí pópa). sach le rašás
equa dixit: ‚hopa! nam ascendit me presbyter. (hopa! dedit mihi in culum presbyter). erat presbytero

lažaó. h' angarďás la and o voš, haj mekľás la othí. e grazní kərďás jekhé šaurés. h'
pudor. et duxit eam in silvam, et reliquit eam ibi. equa peperit unum puerum. et

aviľás o dil, thaj bolďóŭ les, haj thoďóŭ lésko anáŭ: ‚šíu la grazńáko!‘ piľás čučí ek bərš,
venit deus, et baptizavit eum, et indidit ei nomen: ‚filius equae!‘ bibit mammam unum annum,

haj gəľás kaj ek kopáčj, the cérdel les avrí, haj n' aštisarďóŭ. ‚ej, dáli! ənkə the maj
et ivit ad quamdam arborem, et trahit eam foras, et non potuit. ‚heu, mater! etiam amplius

peŭ čučí ek bərš‘. maj piľás ek bərš čučí, gəľás koa kopáčj, ənkalaďóŭ les. ‚akaná,
bibam mammam unum annum‘. amplius bibit unum annum mammam, ivit ad arborem, extraxit eam. ‚nunc,

dáli, me žáp-tar tútar‘. haj gəľás and ol vošá, h' arakľás jekhé manušés. ‚lašó tu ďes!‘ ‚naís!‘
mater, ego abibo a te‘. et ivit in silvas, et invenit quemdam hominem. ‚bonus tibi dies!‘ ‚gratias!‘

‚sar bušés?‘ ‚paráŭ-kašt‘. ‚haj, the chutilása amé pral. hájda mánca!‘ gəlé maj anglí, maj
quomodo nominaris?‘ ‚finde-arbores‘. ‚heu, faciamus nos fratres. veni mecum!‘ iverunt porro, adhuc

araklí jekhés. ‚lašó ďes!‘ ‚naís!‘ ‚sar bušés?‘ ‚paráŭ-ol-baŕ‘. ‚haj, the chutilása amé pral‘.
invenerunt quemdam. ‚bonus dies!‘ ‚gratias!‘ ‚quomodo nominaris?‘ ‚finde-lapides‘. ‚age, faciamus nos fratres‘.

chutilďé pe pral. ‚hájda mánca!‘ gəlé maj anglé. maj araklé jekhés. ‚lašó j tu ďes!‘ ‚naís!‘
fecerunt se fratres. ‚veni mecum!‘ iverunt porro. adhuc invenerunt quemdam. ‚bonus est tibi dies!‘ ‚gratias!

‚sar bušés?‘ ‚banďaraŭ-ol-kašt‘. ‚hájda mánca!‘ gəlé štar žení maj anglí, h' araklé 'k khər
‚quomodo nominaris?‘ ‚deflecte-arbores‘. ‚veni mecum!‘ iverunt quatuor porro, et invenerunt domum

čoréngo. šindé ol čoŕ ek jálovica. kaná ďiklé len ol čoŕ, našlí. gəlé tar (ol čoŕ), thaj
furum. mactarunt fures iuvencam. ubi viderunt eos fures, fugerunt. abierunt (fures), et

mekľóŭ o mas əntrégu. von tiraďí mas, thaj chalé. ratarďí. tehára penďás o šíu jépej: ‚hájdan
reliquerunt carnem integram. illi coxerunt carnem, et ederunt. pernoctarunt. mane dixit filius equae: ‚venite

trin and o voš la vənát, haj jek the bešél khəré, the kərél chabé‘. meklé khəré paravél-kašt,
tres in silvam ad venandum, et unus maneat domi, ut faciat cibum‘. reliquerunt domi findit-arbores,

the kərél chabé. haj kərďás chabenáta lašé. haj aviľás ek phuró léste štjopáko de bharó aj
ut faceret cibum. et fecit cibos bonos. et venit senex ad eum palmaris magnitudine et

ol šor kujákə. ‚de ma, the chaŭ‘. ‚me na daŭ, kə avéna de la vənát, haj na j, so daŭ len‘.
barbā cubitalis. ‚da mihi, ut edam‘. ‚ego non dabo, nam venient a venatione, et non erit, quod dem eis‘.

o phuró gəľás and o voš, haj šinďás štar kərlídže, thaj šuťóŭ les (paravél-kašt) pe phu, haj
senex ivit in silvam, et secuit quatuor uncos, et proiecit eum (findit-arbores) in terram, et

cəntosardóŭ les pe phu le ol vast vi ol pənré, thaj chal'óŭ se ol chabé, apój dóŭ lésko drum,
affixit eum in terra manibus et pedibus, et edit totum cibum, tum dedit ei cursum,

haj gəló tar. vo járə šutóŭ mas and ol kakáve, the tiról. avilé kat o vənátu, haj pušl'óŭ:
et abiit. ille iterum immisit carnem in ahena, ut coqueretur. venerunt a venatione, et interrogarunt:

'kərďán chabé?' 'de sar gəl'án, šutóm o mas kaj jag, haj na j tiradó mištó'. 'le les, sar sə,
'fecisti cibum?' 'ex quo abiistis, apposui carnem ad ignem, et non est cocta bene'. 'sume eam, uti est,

kə sam bokhalí'. l'oŭ les, sar sas, haj chalé les. ratardí. dújto des meklé avrés bukatár, haj
nam sumus esurientes'. sumsit eam, ut erat, et ederunt eam. pernoctarunt. postero die reliquerunt alium coquum, et

von gəlé trin la vənát. o phuró járə avil'ás. 'de ma váre so, the chaŭ'. 'níči daŭ, kə avéna
illi iverunt tres ad venandum. senex iterum venit. 'da mihi aliquid, ut edam'. 'non dabo, nam venient

de la vənát, thaj na j, so the daŭ, the chan'. vo gəl'ás and o voš, thaj šind'óŭ štar kərlídže,
a venatione, et non erit, quod dem, ut edant'. ille ivit in silvam, et secuit quatuor uncos,

haj cəntosard'óŭ les pe phu le ol vast vi ol pənré, haj chal'óŭ se o chabé, haj ďoŭ lésko drum,
et affixit eum in terra manibus et pedibus, et edit totum cibum, et dedit ei cursum,

haj gəló tar. vo járə šutás mas and ol kakáve, the tiról. avilé de la vənát. 'kərďán chabé?'
et abiit. ille iterum immisit carnem in ahena, ut coqueretur. venerunt a venatione. 'fecisti cibum?'

'de sar gəl'án, šutóm kaj jag, haj na j tiradó, kə j phuró mas'. ratardí. tríto des meklé
ex quo abiistis, apposui ad ignem, et non est cocta, nam est vetus caro'. pernoctarunt. tertio die reliquerunt

avrés bukatár. von gəlé la vənát trin žéne, haj von duj na phendí, so pəcəsardí. járə avil'ás
alium coquum. illi iverunt ad venationem tres, et illi duo non dixerunt, quae passi sunt. iterum venit

o phuró, mangl'ás chabé. 'níči daŭ, kə avéna kat o vənatu, aj me na j so daŭ le'. vo gəl'ás
senex, poposcit cibum. 'nequaquam dabo, nam venient a venatione, et ego non erit quod dem eis'. ille ivit

and o voš, haj šindé štar kərlídže, haj cəntosardás les pe phu le ol vast vi ol pənré, haj chal'ás
in silvam, et secuit quatuor uncos, et affixit eum in terra manibus et pedibus, et edit

se o chabé, haj ďoŭ lésko drum. avilé kat o vənátu. 'kərďán chabé?' 'de sar gəl'án, šutóm
totum cibum, et dedit ei cursum. venerunt a venatione. 'fecisti cibum?' 'a quo abiistis, immisi

mas and ol kakáve, haj na j tiradó, kə j phuró'. štárto des ašil'ás o šíu jépej bukatár, haj
carnem in ahena, et non est cocta, nam est vetus'. quarta die mansit filius equae coquus, et

kərďás chabé lašó. avil'ás o phuró. 'de me váre so, the chaŭ, kə som bokhaló'. 'aŭ urdí, kə
fecit cibum bonum. venit senex. 'da mihi aliquid, ut edam, nam sum esuriens'. 'veni huc, nam

do tu'. akhard'óŭ les and o khər, haj l'oŭ les šoréndar, haj angardás les kaj ek fágu, haj
dabo tibi'. vocavit eum in domum, et prehendit eum barbâ, et duxit eum ad fagum, et

maladás le toverésa and o fágu, haj parad'óŭ les ek paš, haj šutóŭ léskə šor and o kopáč,
percussit securi in fagum, et scidit eam dimidiam, et ingessit eius barbam in arborem,

thaj ankaladás o tovér, haj mardás péne paš ol šor, haj mekl'ás (les) othí. avilé de la vənát.
et extraxit securim, et impegit cuneos iuxta barbam, et reliquit (eum) ibi. venerunt a venatione.

ďoŭ len, the chan. 'sóstar na kərďán kadó lašó chabí sar mi?' von chalí. o phuró l'as o kopáč and
dedit eis, ut ederent. 'cur non fecistis tam bonum cibum ut ego?' illi ederunt. senex sustulit arborem e

e phu p' ol pchikó, haj cərd'óŭ les pála péste, haj gəló tar and e jezunie p' otár lúme. pendás
terra in humeros, et traxit eam post se, et abiit in specum in alterum mundum. dixit

léngə o šíu jépej: 'hájdan mánca, haj dikéna, so chutikl'óm'. von gəlé, haj númaj o than araklé.
eis filius equae: 'venite mecum, et videbitis, quid ceperim'. illi iverunt, et nonnisi locum invenerunt.

pend'óŭ o šíu jépej: 'hájdan mánca, kə músaj, the arakáŭ les'. von gəlé se j úrma le kopačéste
dixit filius equae: 'venite mecum, nam necesse est, ut inveniam eum'. illi iverunt semper vestigium arboris

ži kaj léste jezuníe. 'kathé šutás pe. kon šólas pe, the ankalál les?' von pendí: 'amé na
usque ad eius specum. 'hic ingessit se. quis immittat se, ut extrahat eum?' illi dixerunt: 'nos non

šos amí, kə amé darás; šup tu tu, kə tu chudikľán les'. vo penďás: ,me šo me, aj tumé te
immittemus nos, nam nos timemus; immitte te tu, nam tu cepisti eum'. ille dixit: ,ego immittam me, et vos

colacharən, kə ankərna manca čečepí'. von colachar(d)é, kə ankərna lesa čečepí. von kərdé
iurate, quod servabitis mecum iustitiam'. illi iurarunt, quod servabunt cum eo iustitiam. illi fecerunt

hosdópa, haj meklés pe and e jezuníe, haj gəľás p' otéver lúme. othé sas aulinú tála j phu.
corbem, et demisit se in specum, et ivit in alterum mundum. ibi erat palatium sub terra.

h' arakľóŭ le phurés le šorénca and o kopáč, thoďóŭ les pe hosdópa, haj cərdé les avrí. vo
et invenit senem cum barba in arbore, posuit eum in corbe, et traxerunt eum foras. ille

alosarďás ek baŕ bharó, haj thoďás and e hosdópa. ,the círdena o baŕ, círdena vi man'. von
exquisivit lapidem magnum, et posuit in corbe. ,si trahent lapidem, trahent etiam me'. illi

cərdé ži ek paš, haj šindé o šəló. vo astarďás the rovél. ,akaná me som propədimí'. haj gəľás
traxerunt usque ad dimidium, et absciderunt funem. ille coepit flere. ,nunc ego sum perditus'. et ivit

tála j phu, haj arəsľás kaj ek khər. othé sas ek phuró thaj jek phurí—koré (lí-duj), kə anka-
sub terram, et venit ad quamdam domum. ibi erat senex et vetula—coeci (ambo), nam exeme-

laďí léngə jakhá zənele. šíu jépej gəľás lénde, haj penďás: ,lašó j des!' ,naís! aj kon san tu?'
runt eis oculos zenae. filius equae ivit ad eos, et dixit: ,bonus est dies!' ,gratias! at quis es tu?'

,me som manúš'. ,aj phuró san or ternó?' ,ba, me som ternó'. ,the avés améngə rakló'. ,mištó'.
,ego sum homo'. ,et senex es an iuvenis?' ,heu, ego sum iuvenis'. ,esto nobis filius'. ,bene'.

le phurés sach les ďeš bakré. ,haj, le le bakrén, haj pəštisár le, chal to dad! aj the na žas
seni erant decem oves. ,heu, sume oves, et pasce eas, deliciae patris! at ne i

p' o vast o čečó, kə chutilén tu ol zəne, h' ankalán ti jakhá; othé lénde mošíjə; aj že p' o
ad manum dextram, nam prehendent te zenae, et eximent tuos oculos; ibi earum ager; sed i ad

vast o sténgo, kə na j le trjába; othé moré mošíjə'. vo pherďóŭ trin des p' o vast o sténgo,
manum sinistram, nam non est eis ius; ibi meus ager'. ille ivit tres dies ad manum sinistram,

ži kaj ľoŭ sáma, haj kərďás léskə ek fluerάš, haj gəľás p' o vast o čečó le bakrénca. h' an-
donec observavit, et fecit se tibicinem, et ivit ad manum dextram cum ovibus. et ob-

klisťás e zəna and o lésko drum, haj penďás léskə: ,e bul ta dáki! so róden kothé?' vo
viam venit zena in eius via, et dixit ei: ,culus tuae matris! quid quaeritis hic?' ille

astarďás the delábel and o flúeru. ,kəl mángə ek céra'. vo astarďás the delábel, aj voj kəlďás.
coepit canere tibia. ,salta mihi paulum'. ille coepit canere, et illa saltavit.

voj kaná kéllas maj mištó, vo paraďás flúeru and ol dand. e zəna pendóŭ: ,so kərďán, tha
illa cum saltaret optime, ille fregit tibiam dentibus. zena dixit: ,quid fecisti, quod

paraďán, kə me maj mištó kəlós?' ,hájda mánca kóa kopáčj kóa páltinu, the laŭ o jilú ándra
fregisti, quando ego optime saltabam?' ,veni mecum ad arborem ad acer, ut sumam cor ex

léste, the kəráŭ flúeru, haj soró des delábo, haj (tu) kəlé. hájda mánca!' vo gəľás kóa páltinu
eo, ut faciam tibiam, et totum diem canam, et (tu) saltabis. veni mecum!' ille ivit ad acer,

haj ďoŭ le toveré and o páltinu, haj paraďóŭ les ek paš. ,šu to vast, haj chútil o jilú'. voj
et percussit securi in acer, et fidit id dimidium. ,ingere tuam manum, et sume cor'. illa

šučjás o vast, vo ankalaďás o tovər. haj mekľás láko vast and o kopáč. voj ďas čingár: ,ségu
ingessit manum, ille extraxit securim. et reliquit eius manum in arbore. illa exclamavit: ,cito

ənkaláŭ moró vast, kə paďól'. aj vo penďás: ,kaj sən ol jakhá le phuréskə thaj la phurjáka?
exime meam manum, nam frangetur'. at ille dixit: ,ubi sunt oculi senis et vetulae?

kə the na phené, me šináp ti kor'. ,že and o tríto kəmərúca: and ek stékla sən ol maj bharé
nam si non dices, ego abscindam tuum collum'. ,i in tertiam cellam: in quodam vitro sunt maiores

le phuréskə, ol maj cəgné la phurjáka'. ,sar šuvó le pálpali?' ,sən othé and ek stékla paí,
senis, minores vetulae'. ,quomodo applicabo eos iterum?' ,est ibi in quodam vitro aqua,

36*

haj thindár len and o paí, thaj šuň le, kə lipím pe, haj mak le paésa, haj von dikéna'. šindóŭ
et humecta eos aqua, et applica eos, et agglutinabuntur, et unge eos aqua, et illi videbunt'. abscidit

láte kor, haj gəl'ás, haj l'as ol jakhá le phuréskə haj la phurjáka, haj l'as o paí, haj thin-
eius collum, et ivit, et sumsit oculos senis et vetulae, et sumsit aquam, et hu-

dardóŭ le and e paí, haj šutóŭ le, haj lipisájle, makl'ás paésa, haj diklé. pendás o phuró thaj
mectavit eos aqua, et applicavit eos, et adglutinati sunt, unxit aqua, et viderunt. dixit senex et

e phurí: ,naís túkə, moró šaó! the avés moró šaó de večj. me daŭ pe to vast se, aj me žáp-tar
vetula: ,gratias tibi, mi fili! esto meus filius in aeternum. ego dabo in tuam manum omnia, et ego abibo

kaj morə ňámuř, kə de deš bərš na dikl'óm le'. h' anklistás o phuró p' ek cápu haj phurí
ad meos consanguineos, nam a decem annis non vidi eos'. et ascendit senex in hircum et vetula

pe ek bakrí, haj pendás péskə rakléskə: ,chal to dad! phjer thaj cha thaj pi!' gəló tar o phuró
in ovem, et dixit suo filio: ,deliciae patris! ambula et ede et bibe!' abiit senex

thaj e phurí koă ňámuř. vi vo l'as pe, haj phírlas and o voš. and ek kopáč sas ol púi la
et vetula ad consanguineos. etiam ille profectus est, et ambulabat in silva. in quadam arbore erant pulli

pažorák. haj ek baláurə ənklélas, the chal le. aj o šíu jépej dikl'óŭ, thaj ənklistóŭ oprə, haj
aquilae. et draco ascendebat, ut devoraret eos. et filius equae vidit, et ascendit supra, et

mudardóŭ les. haj ol púi pendé léskə: ,del tu o dil bacht, kaj mudardán les, kə pénlas morə
occidit eum. et pulli dixerunt ei: ,dabit tibi deus fortunam, quod occidisti eum, nam dicebat mea

dij, kə ánda sékom bərš ankalálas púi, haj kodó baláuru se chalas len. aj kaj garavása tu?
mater, quod in quovis anno excludebat pullos, et hic draco semper devorabat eos. at ubi abscondemus te?

kə avéla amarí dij, haj chála tu. aŭ, thaj šu tu tal amínde, thaj ušaravása tu le phakénca'.
nam veniet nostra mater, et devorabit te. veni, et pone te sub nobis, et tegemus te alis'.

avil'ás léndi dij. ,kándel mángə maniúš premintán'. ,na j, dále, kodé fal tu, kə tu urjás oprál,
venit eorum mater. ,olet mihi homo recens'. ,non est, mater, hoc videtur tibi, nam tu volas alte,

haj o púchu marél tu'. ,na j čečés, trébul, the avél maniúš kathí. aj kon šindás le balaurós?'
et vapor occupat te'. ,non est verum, necesse est, ut sit homo hic. et quis occidit draconem?'

,me na žanáŭ, dále!' ,sekavén les, the dikáŭ les'. ,sən, dále, maškár amínde'. ankaladé les,
,ego non scio, mater!' ,ostendite eum, ut videam eum'. ,est, mater, inter nos'. extraxerunt eum,

haj voj dikl'óŭ les. sar dikl'óŭ les, haj dóŭ les buká. ol púi astardé the rovén haj the marəm pe.
et illa vidit eum. ut vidit eum, deglutivit eum. pulli coeperunt flere et plangi.

,ankaladás amén and e mórte, haj tu chalén les'. ,ašən, kə me šjádo les avrí'. haj šagl'óŭ les,
,liberavit nos a morte, et tu devorasti eum'. ,exspectate, nam ego vomam eum foras'. et evomuit eum,

haj pušl'óŭ les: ,so kamés ánda kodé, kə ankaladán morə pujunín and e mórte?' ,na kamáŭ
et interrogavit eum: ,quid vis pro eo, quod liberasti meos pullos a morte?' ,non volo

kanč, númaj the ankalás ma p' otéver lúme'. ,the žangl'ómas, the mekl'ánas, the chal le pujunín,
quidquam, tantum ut expedias me in alterum mundum'. ,si scivissem, concedendum tibi erat, ut devoraret pullos,

kə mángə zorés pharó, the ankalaváp tu oprə. žanés, sar me ənkalavó tu? dešudúj bová manró
nam mihi valde difficile, ut expediam te sursum. scis, quomodo ego expediam te? duodecim furnos panis

the pekés haj dešudúj jálovice, haj dešudúj buc mul the les'. vo ánda trin des gətosardóŭ. voj
coque et duodecim iuvencas, et duodecim dolia vini sume'. ille in tribus diebus fecit. illa

pendás: ,šu le pre man, haj kaná bandaró o šəró pe stíngo, ek jálovica the šúdes mángə and
dixit: ,iace ea in me, et quando vertam caput ad sinistram, unam iuvencam iace mihi in

o muj, thaj ek boŭ manró; haj kaná bandaró p' o čečó, the šúdes mángə e búta mul and o
os, et unum furnum panis; et quando vertam ad dextram, funde mihi dolium vini in

muj'. ankaladách les avri. vo gəl'ás kaj péskə pral. ,lašó j tumaró des, pralále! gəndínas, kə
os'. expediit eum foras. ille ivit ad suos fratres. ,bonus est vester dies, fratres! putabatis, quod

me chasájvo. the sánas mángz čečimása, šúden tumaré sedžéc opré, haj pérla anglá tuménde:
ego peribo. si eratis mihi cum iustitia, iacite vestras sagittas sursum, et cadent ante vos:

aj the sánas bandimása, perlá and o tumaró šeró!" šudiné lí-štar ol sedžéc opré, aj von beślé
sed si eratis cum iniustitia, cadent in vestra capita!" iecerunt omnes quatuor sagittas sursum, et illi manserunt

réndu. pelás orth' ángla léste, aj kukoléngz pelás and o léngo šeró, haj von mulí.
in ordine. cecidit recte ante eum, at illorum ceciderunt in eorum capita, et illi mortui sunt.

Der Held des Märchens wird von einer Stute gesäugt: dasselbe erzählt die Sage von Miloš Obilić, der daher in einem kroatischen Volksliede den Namen Kobilović führt, wie unser Held *šíu la grazňáko* oder *jépej* Sohn der Stute heisst: (Miloša) Vlahinjica rodila, pod kobilom odhranila, a za to se on zove Milošu Kobiloviću. Beiträge zur Kenntniss der slavischen Volkspoesie I. 17. Marko Kraljević geht erst dann in den Kampf, nachdem er mit der Faust aus dürrem Kornelkirschenholz Wasser ausgepresst. Srpske narodne pjesme 2. 404. 405.

1. In den folgenden Zeilen steht der die Sache eigentlich bezeichnende Ausdruck in Klammern.

2. *Ďas ma bulí* ist nur einigermassen dem Sinne nach übersetzt. Vergl. *vulé dáva* commettre l'acte de sodomie Paspati 103. *te del tut bulé* qu' il commette avec toi l'acte de sodomie 583. *vulé (bulé) dáva* wird wie *mindžé dáva* cohabiter als ein transitives Verbum behandelt: *ma* ist daher acc.; *bulé, bulí* ist der sing. loc. wie *mindžé.*

4. *Thodóŭ lésko anáŭ* posuit illi nomen wie rum. aŭ pus luj númele.

4. *Šíu le grazňáko*, später *šiu jépej* filius equae Kobilović: *šíu* ist rum. *fíu.*

8. *Paráŭ-kašt* etwa Spaltebaum ist ein Compositum, dessen erster Theil ein Imperativ ist wie im deutschen Störefried. Tobler, Über die Wortzusammensetzung 31. 72. Mit *paráŭ-ol-baŕ* Spaltestein vergl. man das gleichfalls den Artikel enthaltende Hebenstreit. Dagegen ist in *bandaráŭ-ol-kašt* der erste Theil die I. sing. praes. *bandaráŭ*, bei Paspati 404. *pandarávа* faire casser, und der zuerst *paráŭ-kašt* genannte heisst später *paravél-kašt*, dessen erster Theil die III. sing. ist.

9. *The chutilása amé pral* erinnert an die Wahlbruderschaft der Serben pobratimstvo, die von der Kirche verbotene ἀδελφοποιΐα der Griechen.

37. *Potjár lúme* auf die andere Welt habe ich geschrieben *p' otár lúme*, später *p' otéver.*

40. *Kon šólas pe* wer sich hinablassen möchte: *šólas* ist das imperf. mit der Bedeutung des slav. conditionalis.

48. *Ol zéne*, sing. *zéna:* Zenen sind bösartige weibliche Wesen.

50. *Chal to dad* deliciae patris ist wohl zu schreiben: *chal t' o dad,* wenn die auf das ‚zum Fressen gern haben' basirte Erklärung: edit te pater richtig ist.

54. *E bul ta dáki* entspricht dem rum. púla mъsej talej. *kaná kéllas maj mištó* als sie im besten Tanzen war.

75. *Kodé fal tu* hoc videtur tibi das scheint dir nur so. Das Wort scheint nur bei den rum. Zigeunern vorzukommen: *fal ma* il me paraît bei Vaillant 104.

78. *Ďoŭ les buká* deglutivit eum möchte ich mit dem oben behandelten *ďas ma bulí* vergleichen: *buká* ist rum. búkъ Backe.

81. *The žangľómas* u. s. w. wenn ich gewusst hätte, dass du das fordern würdest, so wäre es mir lieber, du hättest meine Jungen vom Drachen fressen lassen.

III. Der betrogene Drache.

Sas ek phuró, haj sach les ek grəmáda rakloró. sach les burdéj and o voš. pendás: ,kər
Erat quidam senex, et erat ei multitudo liberorum. erat ei specus subterraneus in silva. dixit: ,fac

mángə ek bokolí, kə me žaŭ, the agonisíŭ ŭare so'. gəl'ás and o voš, h' arakl'ás ek chaíng.
mihi placentam, nam ego ibo, ut acquiram aliquid'. ivit in silvam, et invenit puteum.

páša j chaíng sas ek meséle. vo thod'ás e bokolí pe meséli. avilé ol čóre, haj chalé la. vo
apud puteum erat mensa. ille posuit placentam in mensa. venerunt cornices, et comederunt eam. ille

sučás pála j chaíng. vo uštil'ás, haj dikl'ás le matán, kə chan ol puršuká. vo malad'ás la
dormivit apud puteum. ille surrexit, et vidit muscas, quod edunt micas. ille percussit

palmá, haj mudard'ás ək šəl maté. vo skriisard'ás, kə mudard'ás ək šəl odé ekhá palmása, haj
palmā, et occidit centum muscas. ille scripsit, quod occidit centum animas una palma, et

pel'óŭ, thaj sutóŭ. avil'ás o zméu la morté le biholóste, the lel paí. vo dikl'ás pe meséle, kə
decubuit, et dormivit. venit draco cum pelle bubali, ut hauriret aquam. ille aspexit in mensam, quod

skriimí, kə musard'óŭ ək šəl odé. vo kaná dikl'óŭ le phurés, vo darájl'oŭ. o phuró uštil'ás, haj
scriptum, quod occidit centum animas. ille ut vidit senem, timuit. senex surrexit, et

vi vo darájl'oŭ. o zméu pend'ás: ,the chutilása amé pral'. haj colachardí, the avén pral trušu-
etiam ille timuit. draco dixit: ,faciamus nos fratres'. et iurarunt, quod erunt fratres cru-

lésku. o zméu l'as paí. ,hájda mánca, prála, kaj moré aŭliná'. von gəlé pe ek kəráre, o phuró
cis. draco hausit aquam. ,veni mecum, frater, in meum palatium'. illi iverunt in quadam semita, senex

anglál. o zméu kaná púrdilas, trádelach les anglí; kaná cérdilas pésko áburu, cérdilas les
ante. draco quando anhelitum reddebat, trudebat eum porro; quando recipiebat suum anhelitum, trahebat eum

palpalí. o zméu pend'ás: ,prála, sóstar po 'k dáta našés anglí, haj po 'k dáta avés palpalí?'
retro. draco dixit: ,frater, cur interdum curris porro, et interdum venis retro?'

,sən ma góndu, the mudaráp tu'. ,aš, prála, the žaŭ me anglál, haj tu a palál; poâte avéla
,est mihi cogitatio, quod occidam te'. ,mane, frater, ibo ego ante, et tu post; fortasse erit

tu avér góndu'. rəslé k' ol čeréši. ,haj, prála, the chas čeréši'. o zméu ənklistás opré, aj o
tibi alia cogitatio'. venerunt ad cerasos. ,heu, frater, ede cerasos'. draco ascendit sursum, et

phuró telál chálas. o zméu pend'ás: ,ənklí opré, kə maj laší'. o phuró pend'ás: ,na j maj laší,
senex infra edebat. draco dixit: ,ascende sursum, quia meliores'. senex dixit: ,non sunt meliores,

kə j chənd'í le čerikl'ándar'. ,ále túko kakó vérvu'. o phuró chutild'ás o vérvu. o zméu mekl'ás
nam sunt stercore inquinatae a passeribus'. ,sume tibi hunc ramum'. senex prehendit ramum. draco laxavit

o vérvu and o vast, haj šud'ách le phurés oprál, haj pel'ás pe ek šošój, haj chutild'ás les. o
ramum e manu, et iecit senem supra, et cecidit in leporem, et cepit eum.

zméu pend'ás: ,so kərd'án, prála? šud'ás tu o vérvu?' ,me kórkoro chukl'óm, haj chutild'óm ek
draco dixit: ,quid fecisti, frater? iecit te ramus?' ,ego ipse salui, et cepi

šošojés; man nas ma kána, the žaŭ əmprežúr, me chukl'óm oprál'. o zméu hulistás tilí, haj
leporem; mihi non erat quando, ut irem circum, ego salui supra'. draco descendit deorsum, et

gəl'ás khəré. o phuró pend'ás: ,poftí tu, kumnáta, dáro?' ,naís túkə, kumnáte'. o zméu pend'ás
ivit domum. senex dixit: ,vis tu, fratria, donum?' ,gratias tibi, levir'. draco dixit

lákə čorjál: ,na phe léskə kanč, kə mudárla amín, kə 'khá palmá ək šəl odé mudard'óŭ'. vo
ei (f.) clam: ,ne dic ei quidquam, nam occidet nos, nam una palma centum animas occidit'. ille

trad'óŭ les pajéskə. ,že, prála, pajéskə'. vo l'as o hərlécu thaj e murtí le biholéste, cərd'óŭ la
misit eum post aquam. ,i, frater, post aquam'. ille sumsit palam et pellem bubali, traxit eam

pála péste, haj gəl'óŭ kaj chaíng, haj hunálas e chaíng əmprežúr. o zméu gəl'ás léste. ,so kərés,
post se, et ivit ad puteum, et fodiebat puteum circum. draco ivit ad eum. ,quid agis,

prála?' ,me hunáu e chaíng ku se, the angaráŭ la and o khər'. ,na musár o izvóru, kə me
frater?' ,ego fodio puteum totum, ut feram eum in domum'. ,ne pessumda fontem, nam ego

lo kórkoro paľ'. o zméu ľas paľ, haj ľas le phurés vastéstar, h' angardóŭ les khəré. vo tradóŭ
hauriam ipse aquam'. draco hausit aquam, et prehendit senem manu, et duxit eum domum. ille misit

les and o voš, the anél ek kopáč. vo kušľás téju, haj kərďás péskə šəlló, haj pangľás ol ko-
eum in silvam, ut adferret arborem. ille decorticavit tiliam, et fecit sibi funem, et ligavit ar-

páči. aviľás o zméu. ,so kərés, prála?' ,me laŭ o voš se, h' angaráŭ les khəré'. ,na musár,
bores. venit draco. ,quid agis, frater?' ,ego sumam silvam totam, et adferam eam domum'. ,ne pessumda,

pralá, moró voš, kə me kórkoro əngəró'. ľas o zméu kopáč and ol pchiké, haj gəló khəré. vo
frater, meam silvam, nam ego ipse feram'. sumsit draco arborem in humeros, et ivit domum. ille

pendľás péskə romné: ,so kərása, romní, kə vo mudárla amén, kaná cholévela?' voj pendľás:
dixit suae uxori: ,quid faciemus, uxor, nam ille occidet nos, si irascitur?' illa dixit:

,le o buzdugánu bharó amaré kakésko, haj de les and o šəró'. vo ašundás. vo (o phuró)
,sume, clavam magnam nostri avunculi, et feri eum in caput'. ille audivit. ille (senex)

sovélas pe lájca raťí, haj ľas o šəró la piváko, šutás les pe lájca, haj ušaradóŭ la
dormiebat in scamno noctu, et sumsit pistillum tudiculae, posuit id in scamno, et texit

thaliká, haj thodóŭ e kúčma and o šəró, haj vo šutás pe tála j lájca. o zméu ľas o buzdugánu,
toga, et posuit pileum in caput, et ille decubuit sub scamno. draco sumsit clavam,

haj pipisarďás e kúčma, haj malaďás le buzduganó. vo uštiľás, haj ľas o šəró la piváko, šutóu
et palpavit pileum, et percussit clavā. ille surrexit, et sumsit pistillum tudiculae, posuit

les tála j lájca, haj sutás pe lájca, charunďás pe and o šəró. ,marél tu o dil, prála, te
id sub scamno, et decubuit in scamno, fricuit se in capite. ,feriet te deus, frater, cum tua

khərəínca, kə dəndaldás ma ek pišóm and o šəró'. ,no, ašunés, romní? kə maladóm les le
domo, quod momordit me pulex in capite'. ,heu, audis, uxor? nam percussi eum

buzduganó, haj vo phenél, kə númaj pišóm dəndaldóŭ les. so kərása lésa, romní?' ,de les ek
clavā, et ille dicit, quod tantum pulex momordit eum. quid faciemus eo, uxor?' ,da ei

burdúhu galbei, the žál-thar'. ,so do tu, prála, the žas-thar? do tu ek burdúhu gálbeń, the
saccum aureorum, ut abeat'. ,quid dem tibi, frater, ut abeas? dabo tibi saccum aureorum, ut

žas-thar'. ,de ma'. dóŭ les ek burdúhu gálbeń phérdo. ,ále, prála, thaj ža-thar'. ,me andóm moró
abeas'. ,da mihi'. dedit ei saccum aureorum plenum. ,sume, frater, et abi'. ,ego attuli meum

daró kórkoro; éngər vi tu to dáro kórkoro'. o zméu ľoŭ les (o burdúhu) and ol pchiké, h'
donum ipse; fer etiam tu tuum donum ipse'. draco sumsit eum (saccum) in humeros, et

angardóŭ les. pašulí paš o burdéj. o phuró pendľás: ,beš kothé, prála, the žaŭ me khəré, the
tulit eum. appropinquarunt ad specum subterraneum. senex dixit: ,mane hic, frater, ut eam ego domum, ut

pándaŭ le žuklín, kə se chan tu'. o phuró gəľás khəré k' ol šauré, haj kərďás léngə šuré
ligem canes, nam totum devorabunt te'. senex ivit domum ad liberos, et fecit eis cultros

kaštuní. haj (pendľás), the phenén, kaná dikéna le zməŭós: ,dále, anéla amaró dad ek zméu,
ligneos. et (dixit), ut dicerent, quando videbunt draconem: ,mater, ducit noster pater draconem,

chása mas ándra léste'. o zméu ašunďás, haj šuďás o burdúhu, haj našľóŭ. h' arakľás la
edemus carnem de eo'. draco audivit, et iecit saccum, et fugit. et invenit

hulpé. ,kaj našés, zméuna?' ,mudarél man o phuró'. ,na dára! hájda mánca, kə me muda-
vulpem. ,quo fugis, draco?' ,occidet me senex'. ,ne time! veni mecum, nam ego occi-

ráŭ les, kə vo əs nasfaló'. ol šauré ənklisté avrí, haj čingardí: ,dádi, e húlpe anéla améngə
dam eum, quia ille est debilis'. liberi exierunt foras, et clamarunt: ,mater, vulpes adfert nobis

e murtí le zməŭóste, kaj kaméla améngə, the ušaravás o burdéj'. o zmə́u l'as the našə́l, haj
pellem draconis, quam debet nobis, ut tegamus specum'. draco coepit fugere, et

chutildás la hulpé, haj malaďás la and e phu, haj (e húlpe) muľás. o phuró gəľás and o
prehendit vulpem, et affixit eam solo, et (vulpes) mortua est. senex ivit in

gaŭ, haj l'as péskə urdón, haj šuťás ol loví and o vurdón, haj gəló and o gaŭ, haj kərďás
vicum, et sumsit sibi currum, et posuit pecuniam in curru, et ivit in vicum, et fecit

péskə khəŕ, haj tinďás péskə gurú thaj gurumné.
sibi domos, et emit sibi boves et vaccas.

— ———

6. *la morté le biholóste* mit einer Büffelhaut als Schlauch.

7. *musardóŭ* in der Bedeutung von *mudardóŭ* befremdet: das Thema *musar* bedeutet sonst pessumdare.

8. *pral trušuléskŭ* Kreuzesbrüder serb. pobratimi. Vergl. III. 9.

23. *e chaíng ku se* den Brunnen im Ganzen, den ganzen Brunnen im Gegensatze zu dem daraus geschöpften Wasser: er wollte den Brunnen ausgraben. Vergl. unten *o voš se.*

33. *te khərénca* mit sammt deinem Haus im plur. wie *auliná* und wie serb. dvori.

40. *kə se chan tu* denn sonst fressen sie dich ganz auf.

IV. Nazdrъvánu.

Phenén, ka sas ek əmparátu, thaj sach les trin raklí. aj əmparátu kodó kərďás ek bálu.
Dicunt, quod erat quidam imperator, et erant ei tres filii. et imperator ille fecit saltationem.

aviľás se j Bukovína. aj mekľás pe 'k négurə. h' aviľás ek zmə́u, thaj chutilďás la əmpara-
venit tota Bucovina. et demisit se nebula. et venit quidam draco, et rapuit impera-

tjasá, h' angarďás la and ol vošá and ek plaj, kaj šuťáŭ la and e phu. othé 'nd e phu
tricem, et tulit eam in silvas in quemdam montem, et deposuit eam in terra. ibi in terra

sas auliná. akaná pal o bálu gəlé thar ol manuš khəré. aj o rakló maj cəgnó sas Nazdrəvánu.
erat palatium. nunc post saltationem abierunt homines domum. et filius natu minimus erat divinator.

aj ol maj bharé pénnas, kə j dilú. aj kodó maj cəgnó: ‚hajdém palá j di, the rodás la and
et natu maiores dicebant, quod est demens. et ille minimus: ‚eamus post matrem, ut quaeramus eam in

e Bukovína'. von gəlí li-trín, h' arəslí and ol hotárə. othé sas trin drumá. aj kodó o maj
Bucovina'. illi iverunt tres, et venerunt ad vias. ibi erant tres viae. et ille mini-

cəgnó penďás: ‚praláli, savó drum žána tumí?' aj o maj bharó penďás: ‚me žaŭ órta'. aj o
mus dixit: ‚fratres, quam viam ibitis vos?' et maximus dixit: ‚ego ibi recta'. et

maj mižločí gəľás p' o vast o čečó, aj o cəgnó gəľás p' o vast o stə́ngo. o bharó gəľás and ol
medius ivit ad manum dextram, et minimus ivit ad manum sinistram. maximus ivit in

fóruri, aj o mižločío and ol gavá, aj o cəgnó and ol vošá. aj von gəlí, sódi gəlí, aj o cəgnó
urbes, et medius in vicos, et minimus in silvas. et illi iverunt, quantum iverunt, et minimus

bolďás pe palpalí, haj ďas čingaŕ: ‚áven urdí. kána žanása, kon arakála amará da?'
revertit retro, et clamavit: ‚venite huc. quando sciemus, quis invenerit nostram matrem?'

hájda, the tinás trin trímbice, haj savó arakəla l', amará da, očí the bučimís, haj amé 'šunása,
agite, emamus tres tubas, et qui invenerit eam, nostram matrem, ibi tuba cane, et nos audiemus

thaj žása khəré'. kodó maj cəgnó gəľás and ol vošá, haj bokhaló, haj rakľás ek phabalín pha-
et ibimus domum'. ille minimus ivit in silvas, et esuriens (erat), et inveniet malum cum

bénca, haj chalés ek phabáj, haj barilí duj šəngá červóska. aj vo pendás: ,so ďas ma o dil,
malis, et edit unum malum, et creverunt duo cornua cervina. et ille dixit: ,quae dedit mihi deus,
me phjeravó'. haj gəľás maj anglí, haj nakľás ek pərĕŭ, haj pelés o mas pe a léste. aj vo se
ego feram'. et ivit porro, et transiit rivum, et cecidit caro de eo. et ille continenter
pendŏu: ,so ďas ma o dil, me phjeravó; naĭs le deulésk'. haj gəľás maj anglí, th' arakľás
dixit: ,quae dedit mihi deus, ego feram; gratias deo'. et ivit porro, et invenit
avér phabelín. aj vo pendás: ,maj cho 'k phabáj, makár the maj bariuna duj šəngá'. kaná
aliam malum. et ille dixit: ,adhuc edam unum malum, etsi adhuc crescant duo cornua'. ubi
chaľŏŭ o phabáj, pelŏŭ ol šəngá. haj gaľŏŭ anglí, haj járə arakľŏŭ ek pərĕŭ. aj vo pendŏŭ:
comedit malum, ceciderunt cornua. et ivit porro, et iterum invenit rivum. et ille dixit:
,deulá! peľás o mas pre a mándi, akaná rəsəpí ol kokalá. aj makár the rəsəpína pi, me se
,deus! cecidit caro de me, nunc dilabentur ossa. et etsi dilabantur, ego tamen
žo'. haj nakľŏŭ o pərĕŭ, maj šukár mas barĭľoŭ. h' anklistŏŭ and ek plaj. othí sas ek sténka
ibo'. et transiit rivum, pulchrior caro crevit. et ascendit in quemdam montem. ibi erat saxum
barésti and ek pojána. aj vo thoďás o vast, thaj kərnisarďŏŭ la ən krig, haj dikľŏŭ ek chəŭ
lapideum in loco arboribus destituto. et ille extendit manum, et amovit id in latus, et vidit foramen
and e phu. vo járə thoďŏŭ la palpalí e sténka, thaj gəló palpalí, th' astardás, the bučimíl and
in terra. ille iterum posuit id in loco saxum, et ivit retro, et coepit, ut caneret
ol bučúm. ašundé léskə pral, th' avilí léste. ,arakľán moré da?' ,arakľóm, hájdan mánca!'
tuba. audiverunt eius fratres, et venerunt ad eum. ,invenisti meam matrem?' ,inveni, venite mecum.'
haj gaľán and o plaj kaj sténka le barésle. ,vázden kadé sténka kathár'. ,k' amé na sam
et iverunt in montem ad saxum lapideum. ,tollite hoc saxum ab hoc loco'. ,sed nos non pos-
harníčí'. ,nu, me vazdó la'. thoďás o naj o cəgnó, haj kərnisarďŏŭ and ek párte. ,nu', pendŏŭ,
sumus'. ,agite, ego tollam id'. imposuit digitum parvum, et amovit in unum latus. ,heu', dixit,
,athí amarí di! kon mekéla pe andré?' aj von pendí: ,me na kamáŭ'. kodó cəgnó pendŏŭ:
,hic nostra mater! quis demittet se intus?' et illi dixerunt: ,ego non volo'. ille minimus dixit:
,hájdan mánca and o voš, haj kušása ľéju'. haj galé and o voš, haj ,kušása ľéju, haj kərása
,venite mecum in silvam, et decorticabimus tiliam'. et iverunt in silvam, et ,decorticabimus tiliam, et faciemus
ek šóllo'. haj kərďás šóllo, haj kərdé 'k potáška. ,me mekó m' andré, haj kaná skuturisaró o
funem'. et fecerunt funem, et fecerunt corbem. ,ego demittam me intus, et quando agitabo
šóllo, the cərdén avrí'. aj vo mekľás pe andré, haj gəľás and o numeró əntéj and o khər; othé
funem, trahite foras'. et ille demisit se intus, et ivit in numerum primum in domum; ibi
arakľás ek raklé əmparatóste, kaj anďás la o zméu, haj pandaďŏŭ la and o khər. aj voj
invenit filiam imperatoris, quam attulit draco, et inclusit eam in domo. et illa
pendás: ,sóste aviľán, kə, the avéla o zméu, mudarél tu'. haj vo pušľŏŭ la: ,na 'nď jekhá
dixit: ,cur venisti, nam, si venerit draco, occidet te'. et ille interrogavit eam: ,non attulit quamdam
ráje phurí kathí o zméu?' aj voj pendás: ,me na žanáŭ; aj žan and o dújto número, othé
dominam senem huc draco?' et illa dixit: ,ego non scio; sed i in secundum numerum, ibi
moré phen e mižločío'. vo gəľŏŭ láte. vi voj pendŏŭ: ,sóste aviľán, kə, the avéla o zméu, mu-
mea soror media'. ille ivit ad eam. etiam illa dixit: ,cur venisti, nam, si venerit draco, oc-
darél tu'. aj vo pušľŏŭ: ,na 'nď jekhá ráje phurí?' aj voj pendás: ,me na žanáŭ, aj žan
cidet te'. et ille interrogavit: ,non attulit quamdam dominam senem?' et illa dixit: ,ego non scio, sed i
and o número tríto, othé moré phen e maj cəgní'. voj pendás: ,sóste aviľán, kə, the avéla o
in numerum tertium, ibi mea soror natu minima'. illa dixit: ,cur venisti, nam, si venerit
zméu, mudarél tu'. aj vo pušľŏŭ: ,na 'nď jekhá ráje phurí kathí?' aj voj pendás: ,andí, and
draco, occidet te'. et ille interrogavit: ,non attulit quamdam dominam senem huc?' et illa dixit: ,attulit, in

o número štárto‘. vo gəľás kaj pestí dij. aj voj penďás: ‚sóste aviľán, kə, the avéla o zméu,
numerum quartum‘. ille ivit ad suam matrem. et illa dixit: ‚cur venisti, nam, si veniet draco,

mudarél tu‘. aj vo penďás: ‚na dará! hájda mánca!‘ h' əngarďóŭ la, haj thoďóŭ la pe
occidet te‘. et ille dixit: ‚ne time! veni mecum!‘ et duxit eam, et posuit eam in

potáška, haj penďóŭ láke: ‚the penés moré pralíngə, kə sə, the cérdel trin raklé avrí‘. skuturi-
corbe, et dixit ei: ‚dic meis fratribus, quod est, ut trahant tres puellas foras‘. agi-

sarďóŭ o šóllo, haj cərdí avrí pénga da. thoďás e raklé e maj bharí, haj cərďóŭ avrí. pe úrma
tavit funem, et traxerunt foras suam matrem. posuit puellam natu maximam, et traxerunt foras. tandem

thoďóŭ la raklé e mižločío, haj skuturisarďóŭ o šóllo, haj cərdí ľ' avrí. haj ži kaj cərdé kodolá
posuit puellam mediam, et agitavit funem, et traxerunt eam foras. et dum trahunt hanc

avrí, vo ďas la cəgné, the colacharél, the na məritíl pe, ‚ži kaj na 'vo me‘. voj colachardés
foras, ille fecit minimam, ut iuraret, quod non nubet, ‚donec non veniam ego‘. illa iuravit,

kə na məritíla pi, ži kaj vo n' avéla. thoďás vi la pe potáška, haj skuturisarďóŭ o šóllo, haj
quod non nubet, donec ille non veniet. posuit etiam illam in corbe, et agitavit funem, et

cərdí avrí. aj vo arakľás ek bar, haj thoďás les and e potáška, haj skuturisarďóŭ o šóllo. ‚the
traxerunt foras. et ille invenit lapidem, et posuit eum in corbe, et agitavit funem. ‚si

cərdéna o bar, apój cərdína vi man‘. aj von cərdí ž' ek paš, thaj šinďóŭ o šóllo, thaj meklé
trahent lapidem, tum trahent etiam me‘. et illi traxerunt usque ad dimidium, et ruptus est funis, et demiserunt

les, the chasájvel, kə von gəndisardé, kə vo sən and e potáška. aj vo astardás the rovél. aj
eum, ut periret, nam illi putarunt, quod ille est in corbe. et ille coepit flere. et

vo gəľás and e aulín, kaj bəššlas o zméu, haj cərďás ek šufľáda, h' arakľás ek angrustí ru-
ille ivit in palatium, ubi sedebat draco, et traxit arcam, et invenit annulum ru-

žinimí. aj vo léste pucuíl la, othár ənklistás andrá láte ek raj, haj penďás: ‚so trébul tu,
biginosum. et ille sibi purgat eum, inde exiit ex eo dominus, et dixit: ‚quid opus est tibi,

stəpéne?‘ ‚the 'ngəréz ma avrí pe lúme‘. haj vo ľoŭ les p' ol pchiké, th' ankalaďóŭ les avrí.
domine?‘ ‚fer me foras in mundum‘. et ille sustulit eum in humeros, et tulit eum foras.

‚the 'ngəréz ma ži khəré‘. h' angarďóŭ les ž' and o fóru, haj ľas pes duj šípuri paí; kaná
‚fer me usque ad domum‘. et duxit eum usque ad urbem, et sumsit sibi duas lagenas aquae; cum

thovélas pe le paísa, parudíľas e fáca; aj kaná thovélas pe avrésa, apój avélas e fáca járə
lavaret se aqua, mutata est facies; et cum lavaret se altera, tum fiebat facies iterum

la lok. h' angarďóŭ les kaj kroitóru andá kodó fóru, kaj sach les lésko dad. aj vo thoďás pe
uti erat. et duxit eum ad sartorem in illam urbem, ubi erat ei eius pater. et ille lavit se

le paísa, haj parudíľas léste fáca. haj gaľás kaj kodó kroitóru. haj kodó kroitóru sas podánu
aqua, et mutata est eius facies. et ivit ad illum sartorem. et ille sartor erat subditus

lésko dadésk. haj nəjmisájľoŭ koá kroitóru čelédniku. aj o kroitóru nəjmisájľas pe 'k bərš,
eius patri. et mercede conductus est apud sartorem opifex. et sartor conductus est in annum,

númaj le raklorós the zabavín and avér stáncie. haj kodolés kroitorés sach les dešudúj čeléd-
tantum infantem ut curaret in alio conclavi. et illi sartori erant ei duodecim opi-

niči. aj kadáles le raklés le əmparatóskərəs na prindžánla o kroitóru, haj nič léska pral. o
feces. et has filias imperatoris non noscit sartor, et non eius fratres.

pral o maj bharó phjerľás, the lel la raklé la maj cəgné, kaj ľoŭ la kat' o zméu. aj voj
frater natu maximus veniebat, ut duceret filiam natu minimam, quam liberavit a dracone. et illa

penďás: ‚me na mərití ma, kə me colachardóm, ži kaj n' avéla moró‘. penďás o mižločío, the
dixit: ‚ego non nubam, quia ego iuravi, donec non veniet meus‘. dixit medius, quod

lel la. voj penďóŭ: ‚me na kamáŭ, ži kaj n' avéla moró‘. o rakló maj bharó ľas la raklé
ducet eam. illa dixit: ‚ego non volo, donec non veniet meus‘. filius natu maximus ducit puellam

la maj bharé, o mižločío ľas la mižločíona. h' akardí le kroitorés, the kərél lénga stráji de
maximam, medius duxit mediam. et vocarunt sartorem, ut faceret iis vestes
kununíe, haj ďoŭ les matérie. aj kodó rakló le 'mparatósko pendás: ,an mándi, me the suváŭ'.
nuptiales, et dederunt ei pannum. et ille filius imperatoris dixit: ,adfer mihi, ego ut suam'.
,me na dáŭ, kə tu na suvéla akurát pe lésko trúpu'. ,an mánde, kə me do sáma, the na
,ego non dabo, nam tu non sues accurate ad eius corpus'. ,adfer mihi, nam ego reddam rationem, si non
sovó'. o kroitóru ďas léste, aj vo pucuisarďás əngrostí. ənklistás ek rajoró, haj pendóŭ: ,so
suam (bene)'. sartor dedit ei, et ille purgavit annulum. exiit dominus, et dixit: ,quid
trébul tu, stəpíne?' ,ále kaťé matérie, haj že kaj moró pral o maj bharó, haj məsurisár les e
opus est tibi, domine?' ,sume hunc pannum, et i ad meum fratrem natu maximum, et metire ei
matérie pe lésko trúpu, the n' avél nič buhlí, nič tang, númaj kurát pe lésko trúpu, aj kadé
pannum ad eius corpus, ut non fiat neque latus, neque angustus, sed aptus ad eius corpus, et ita
the suvés, the na prinžendól o taŭ'. haj suďóŭ, kə na prinžendúlas, kaj sas sudí, h' angarďás
sue, ut non videatur filum'. et suit, ut non nosceretur, ubi erat sutum, et attulit
teherá k' o kroitóru. ,əngér le lénte'. aj von kaná diklé le, haj pušlé les o kroitorés: ,kon
mane ad sartorem. ,fer ea illis'. et illae ubi viderunt ea, interrogarunt sartorem: ,quis
suďás kadál strájuri? kə tu ž' akaná na suďán kadé mištó'. ,man sən me 'k čelédniku prósp?tu,
suit has vestes? nam tu hucusque non suisti tam bene'. ,mihi est opifex novus,
thaj kodó suľóŭ'. ,kaná na kamľás e cəgní palá amínde, amé dása palá léste, the avéla
et ille suit'. ,quoniam non voluit minima ad nos, nos dabimus ad eum, ut fiat
amaró podán'. von gəlé, haj kununisájle. palá j kununíje akardóŭ le čeľádnikos, akarďóŭ
noster subditus'. illi iverunt, et iuncti sunt matrimonio. post sanctionem connubii vocarunt opificem, vocarunt
vi la raklé, haj pendé lákə, the žal palá léste. voj pendás: ,me na kamáŭ', kə voj na prin-
etiam puellam, et dixerunt ei, ut iret ad eum. illa dixit: ,ego non volo', nam illa non no-
žanélas les. astárďóŭ la, the marél la, o raklós le 'mparatésko o maj bharó. voj pendás: ,me
scebat eum. prehendit eam, ut verberaret eam, filius imperatoris maximus. illa dixit: ,ego
níči žaŭ palá léste'. ,músa j, the žas'. ,makár šin moró koré, kə me na kamáŭ'. aj penďás
nequaquam ibo ad eum'. ,necesse est, ut eas'. ,etsi abscindas meum collum, nam ego non volo'. et dixit
kodó rakló le 'mparatósko o maj cəgnó: ,aj žanés, krulévič, so the kərés? de moró drum lása
ille filius imperatoris maximus: ,et scis, fili regis, quid facias? da mihi viam cum ea
and ek khər, the daŭ dúma lása'. vo gəľás lása and ek khər, haj thoďás pe avré paísa, th'
in conclave, ut loquar cum ea'. ille ivit cum ea in conclave, et lavit se altera aqua, et
aviľás léste fáca la lok, haj voj prinžanďóŭ les. ,no, akaná me žo palá túti'. vo járə thoďás
facta est ei facies ut erat, et illa cognovit eum. ,age, nunc ego ibo ad te'. ille iterum lavit
pe avré paísa, haj járə parudíľas léste fáca, haj gəľás k' o əmparátu palpalí, haj pušľás
se altera aqua, et iterum mutata est eius facies, et ivit ad imperatorem retro, et interrogavit
la: ,ža palá léste?' ,žaŭ'. ,andá ďešudúj des the avéla e núnta'. h' akardí le kroitorésu o
eam: ,ibis ad eum?' ,ibo'. ,in duodecim diebus fiant nuptiae'. et vocarunt sartorem
phurú, haj ďas les porónka: ,andá ďešudúj ďes the avés gáta de núnta'. haj von gəlé thar
senem, et dedit ei mandatum: ,in duodecim diebus esto paratus ad nuptias'. et illi abierunt
khəré. natilé šoŭ ďes, na grižíl pe kanč, kə j čoré. akaná naklí ďeš des, ašilé numáj duj.
domum. elapsi sunt sex dies, non curat quidquam, nam est pauper. nunc elapsi sunt decem dies, reliqui sunt tantum duo.
akardás o kroitóru le mirolós. ,aj so karás? kə na j kanč pe núnta'. ,aj, na grižísau, thaj
vocavit sartor sponsum. ,et quid faciemus? nam non est quidquam pro nuptiis'. ,ah, ne cura, et
na dará, kə del amé dil'. akaná númaj ek des ašiľóŭ, aj vo (mírelo) ənklištóŭ avrí, haj
ne time, nam dabit nobis deus'. nunc tantum unus dies reliquus est, et ille (sponsus) exiit foras, et

pucuisardóŭ sngrostí, h' anklistóŭ ek rajoró, haj puš'óŭ les: ,so trébul tu, stspéne?' ,the ksré
purgavit annulum, et exiit dominus, et interrogavit eum: ,quid opus est tibi, domine?' ,fac

mánga ek aulín ž' and o des and e trin pl'únturi, haj the 'nvertíl pe pal o kham and o
mihi palatium in die in tribus tabulationibus, et vertat se secundum solem in

šrúbo, thaj the avél o pódu stekláko, haj othí the avél paí thaj mašú, the phjerél o mašú, the
cochlea, et sit tectum vitreum, et ibi sit aqua et pisces, natent pisces,

khslél pésks othé and o pódu, the dekén ol raj and o pódu, thaj the mirím pe, če strašničtje
ludant sibi ibi in tecto, ut videant domini in tecto, et mirentur, quae pompa

kadé, thaj the avél chabanáta, thaj čaré somnakuní haj rojé rupuní, haj ek pahárn the pel
haec, et sint cibi, et patinae aureae et cochlearia argentea, et unum poculum biba-

pe, aj jek the pérdul'. ž' and o des sas gáta. ,thaj mánga the kardúl ek búdka haj šoŭ telegáre
tur, et unum impleatur'. in die erat paratum. ,et mihi fiat currus et sex equi

thaj sk—šsl katáni anglól snksstė kaj dújšsla a láture'. teharáka pornisájl'oŭ kaj núnta, vo
et centum milites ante equis insidentes et ducenti ad latera'. mane exiit ad nuptias, ille

kathár, thaj voj othár, haj gslé kaj kangsrí, haj kununisájle. h' avilé khsré. avil'ás léska
ab hac parte, et illa ab illa parte, et iverunt in ecclesiam, et matrimonio iuncti sunt. et venerunt domum. venit eius

pral thaj lésko dad thaj raj grsmáda, haj pen thaj chan, haj se 'nd o pódu dikánas. dúpa
fratres et eius pater et dominorum multitudo. et bibunt et edunt, et omnia in tecto spectabant. post-

če chalé thaj pilé, aj vo puš'ás le ran: ,so the ksrén kodolésa, kaj kamél the mudarél péska
quam ederunt et biberunt, ille interrogavit dominos: ,quid faciant eo, qui vult occidere suum

práles?' ašundé léska pral. ,kodolín trebúl le meripí'. atúnč vo thod'ás pe avré paísa, th'
fratrem?' audierunt eius fratres. ,ei opus est mors'. tum ille lavit se altera aqua, et

avil'ás léste fáca la lok. atúnč prinžandóŭ les léska pral. aj vo pendás: ,lašú j tumaró des,
facta est eius facies ut erat. tum cognoverunt eum eius fratres. et ille dixit: ,bonus est vobis dies,

pralále! tumé gsndisard'án, ks me propsdisájl'oŭ. tumé kórkoro tumarí mórtė sudisard'án le.
fratres! vos putastis, quod ego perii. vos ipsi vestram mortem iudicastis.

hájdan avrí mánca, haj šudín tumaré chanré opré: the sánas mángs čečímasa, pérla anglá
venite foras mecum, et iacite vestros gladios in altum: si eratis mihi cum iustitia, cadet ante

túminde; aj the sánas bandímasa, pérla andá tumaró šsrú'. von šudé li trin opré ol chanré,
vos; et si eratis cum iniustitia, cadet in vestrum caput'. illi iecerunt tres in altum gladios,

haj le csgnéste pel'óŭ anglál léste, aj kukolé dónga pel'óŭ and o šsró, thaj mulé.
et minimo cecidit ante eum, et illis duobus cecidit in caput, et mortui sunt.

---

11. Ich habe statt *araksíal amará da* geschrieben *araksla l', amará da.*
18. nach *rsspí* für *rsspín* ist das reflexive *pe, pi* ausgefallen.
20. *ksrnisardóŭ la sn krig* schob ihn, den Felsen, auf die Seite.
22. richtig wohl *o bučúm.*
22. für *moré* erwartet man *amaré:* es ist jedoch, wie es scheint, nur einer, der fragt.
23. *gal'án* ist unrichtig für *galé, gslé.*
30. *na 'nd' jekhá* d. i. *na andóŭ jekhá.*
31. *žan:* man erwartet *že, ža:* n scheint des Hiatus wegen eingeschaltet.
44. *šindóŭ o šolló* ruptus est funis: richtig *šind'óŭ* absciderunt (funem).
47. für *léste* ist vielleicht *péste* für sich zu lesen.
47. auf *othár* folgt *andrá láte*, so dass ,daraus' zweimal ausgedrückt ist.

49. *ľas pes* für *ľas péske.*

51. *avélas la lok* kam in Ordnung.

54. *zabavín* für *zabavíl.*

68. *na kamľás (the žal) palá amínde* wollte uns nicht heirathen. Eine aus dem Slav. aufgenommene, oft wiederkehrende Ausdrucksweise. *o raklós,* richtig *o rakló.*

72. *makár šin* meinetwegen schneide.

73. *de moró drum* lass mich gehen, rum. a da drum.

79. *natilé* für *nakilé* ist gleich dem später folgenden *nakli.* Man erwartet, dass der Bräutigam den Schneider ruft.

86. *chabanáta* ist plur., man erwartet daher *avén.*

94. richtig *propədisájľom.*

V. Der Prinz, sein Gespiele und die schöne Nastasa.

Sas ek əmparátu, haj sach les ek rakló. haj ďoŭ les kaj škôâla, haj sikiľás lil, haj penďás
Erat quidam imperator, et erat ei unus filius. et dedit eum in scholam, et didicit litteras, et dixit

péska dadéska: ,dáde, róde mánga amál, kə mángə uršto the phjeráŭ kaj škôâla‘. əmparátu
suo patri: ,pater, quaere mihi sodalem, nam mihi taedium ire in scholam‘. imperator

akarďás duj minístruri, haj traďóŭ le and e lúme, the róden jekhá raklorós, haj ďoŭ les ek
advocavit duos ministros, et misit eos in mundum, ut quaererent unum puerum, et dedit eis unum

bríčka gálbeni, haj skrisarďóŭ e fáca le raklorószte, thaj sar sə de bharó. haj phjerdé se j
currum aureorum, et descripsit faciem pueri, et quam sit magnus. et obierunt totum

lúme. h' araklé jekhá raklorós, haj ďoŭ ek bríčka gálbeni pe léste. h' anďóŭ les k' o əmpa-
mundum, et invenerunt unum puerum, et dederunt unum currum aureorum pro eo. et duxerunt eum ad impe-

rátu. uraďóŭ les əmparátu, haj ďóŭ les kaj škôâla, thaj sikiľás maj mištóŭ. aj sas jekh' əm-
ratorem. vestivit eum imperator, et dedit eum in scholam, et didicit melius. erat quaedam im-

paratása, prékrasna Nastása. raklí sas. haj voj phjeravélas e óste. haj sach les ek grast, kə
peratrix, pulcherrima Anastasia. virgo erat. et illa ducebat exercitum. et erat ei equus, quem

déšudúj manúš ánnach les avrí. haj sach les ek sábie, kə járə déšudúj manúš tónach les and
duodecim homines ducebant foras. et erat ei gladius, quem iterum duodecim homines figebant in

o karfín. haj láte žánas, the mangén la, ol raklé le 'mparatóskə. aj voj phénlas: ,kon ənkléla
clavo. et ad eam ibant, ut peterent eam, filii imperatorii. et illa dicebat: ,qui ascendet

pe moró grast, kodó 'véla moró rom, haj kon phjeravéla morá sabiésa‘. haj kan' ankalána le
in meum equum, is erit meus maritus, et qui vibrabit meum gladium‘. et cum educerent

grastés avrí, haj kaná dikénas le grastés, haj daránas, haj žánas thar khəré. penďás o rakló
equum foras, et cum viderent equum, timebant, et abibant domum. dixit filius

le 'mparatósko: ,dádi, me žaŭ kaj Nastása e šukár, the logodíŭ la‘. ,že‘. haj penďás: ,hájda
imperatoris: ,pater, ego ibo ad Anastasiam pulchram, ut sponsalia faciam cum ea‘. ,i‘. et dixit: ,veni

mánca, prála!‘ léngo dad ďoŭ le duj grast, haj ďoŭ le gálbeń destúľ, haj gəlé kaj Nastása e
mecum, frater!‘ eorum pater dedit eis duos equos, et dedit eis aureorum satis, et iverunt ad Anastasiam

šukár. th' arəsľóŭ le e ŕet, haj popasəsarďí, haj kərdé péngə jag. haj penďás o rakló le
pulchram. et oppressit eos nox, et quieverunt, et fecerunt sibi ignem. et dixit filius

'mparatósko: ,the͡ álas e Nastása e šukár pašá mánde, ťinzosájvas pašá láte; haj the͡ al láko
imperatoris: ,si esset Anastasia pulchra apud me, extenderem me prope eam; et si esset eius

grast, sar kəlós lésa; haj the͡ al láte sábie, vənturisarós lása‘. aj lésko pral penďás: ,ənkə
equus, quomodo agitarem eum; et si esset eius gladius, vibrarem eum‘. et eius frater dixit: ,adhuc

sə, the pəštís le balín'. haj teharáka žan ži ráti, haj ratáka járə popassərďí. vo járə pendóŭ:
est, ut pascas sues'. et mane eunt usque ad noctem, et vesperi iterum quieverunt. ille iterum dixit:

,the 'vélas pašá mándi e Nastása e šukár, tinzosájvas pašá láte; haj the⁀al láko grast, kəlós
,si esset apud me Anastasia pulchra, extenderem me prope eam; et si esset eius equus, agitarem

lésa; haj the⁀al láte sábie, vənturisarós lása'. ,prála, sə, the pəštís le balín'. vo šindóŭ léste
eum; et si esset eius gladius, vibrarem eum'. ,frater, est, ut pascas sues'. ille abscidit ei

kor la sabiésa, haj gəló thar anglí. haj avilé duj Hucáj, thodé les o šəró palpalí kajthán, haj
collum gladio, et abiit porro. et venerunt duo Huculi, posuerunt ei caput iterum una, et

šuthé paí žudó, thaj uštilóŭ, h' anklištás pe pésko grast, haj ďoŭ le Hucunín po 'k vast gálbeń.
infuderunt aquam vivam, et surrexit, et ascendit in suum equum, et dedit Huculis cuique pugnum aureorum,

haj vo gəló palá pésko pral, h' arəslóŭ les p' o drum, haj gəlé ži ráti, haj pendás péskə
et ille ivit post suum fratrem, et consecutus est eum in via, et iverunt usque ad noctem, et dixit suo

praléskə: ,prála, the kándes man, apój tuk' avéla mištóŭ'. ,kándo, prála!' vo arəslóŭ kaj
fratri: ,frater, si audies me, tum tibi erit bene'. ,audiam, frater!' ille venit ad

Nastása e šukár. ,sóste avilán?' ,avilán, the logodisarás tu'. aj voj pendóŭ: ,mištóŭ, aj ənklé
Anastasiam pulchram. ,cur venistis?' ,venimus, ut posceremus te'. et ille dixit: ,bene, sed ascendes

pe moró grast?' ,ənkľoŭ'. voj ďoŭ čingáŕ pe péskə slúhi: ,anén le grastés avrí'. děšudúj manúši
in meum equum?' ,ascendam'. illa clamavit ad suos servos: ,ducite equum foras'. duodecim homines

andé le grastés. vo ənklistás pe léste. o grast uréjľoŭ les' opré, the šúdel les telé. aj vo
duxerunt equum. ille ascendit in eum. equus volavit cum eo in altum, ut deiiceret eum deorsum. et ille

ľas o buzdugánu, haj marďóŭ le grastés se 'nd o šəró. o grast pendóŭ: ,na mudár ma'.
sumsit clavam, et verberavit equum continenter in capite. equus dixit: ,ne occide me'.

,mek tu mánca lóko telé, haj the phjerés talá mánde, haj me the lap tu poŕétar, thaj the
,demitte te mecum leniter deorsum, et cade sub me, et ego prehendam te cauda, et

tərsí tu pa j phu, thaj voj the dekél, sar cérdap tu'. vo ďas čingár and o muj: ,če grast
traham te per terram, et illa videat, quomodo traham te'. ille clamavit ex ore: ,quem equum

ďan ma peritúra!' ánen e sábďie, the vənturíl lása'. andé sábie děšudúj manúši. vo vənturi-
dedisti mihi debilem!' adferte gladium, ut vibrem eum'. attulerunt gladium duodecim homines. ille vibra-

sarďóŭ lása, haj šuďóŭ la p' eńé phuvé. othé sas o Pávelo səlbátiko, sas cəntumí pe grínda le
vit eum, et iecit eum in nonam regionem. ibi erat Paulus ferox, erat affixus ad tectum

palmínca, haj othé šudé la sabďiésa, šinďás léskə vast, thaj našľóŭ othár. les akhardé les kaj
palmis, et illuc iecit gladium, dissecuit eius manus, et aufugit inde. eum advocarunt ad

meséle, the chal, haj thodé les palá j meséle, haj chánas lésa děšudúj minístruli. les spídinas.
mensam, ut ederet, et collocarunt eum ad mensam, et edebant cum eo duodecim ministri. eum premebant.

aj vo pendás: ,the žaŭ avrí kaj rəkóăre'. vo ənkliľóŭ avrí, haj pendás léskə praléskə: ,nu,
at ille dixit: ,ibo foras in frigidum aërem'. ille ivit foras, et dixit suo fratri: ,age,

beš tuk' othí, kə me žo'. haj bešľás othí maškarál, haj spídinach les, aj vo ľas lésko buzdu-
conside tibi hic, nam ego ibo'. et consedit ibi in medio, et premebant eum, et ille sumsit suam cla-

gánu, h' astardés, the marél le buzduganó. von našlí. aj vo pendás: ,tumínde kadé e patú!'
vam, et coepit, ut verberaret clava. illi aufugerunt. et ille dixit: ,apud vos hic honor!'

von našlí, haj gəlé thar. akaná ratáka avil' e ŕet, aj Nastása e šukár akharďóŭ les pašá
illi fugerunt, et abierunt. nunc vesperi venit nox, et Anastasia pulchra vocavit eum ad

péste. vo gəló pašá láte. voj thoďóŭ o ponró pe léste, haj ľoŭ les máškar péste, aj vo sas, the
se. ille ivit ad eam. illa posuit pedem in eo, et sumsit eum inter se, et ille erat, ut

merél. aj vo pendás lákə: ,meklá ma kaj rəkóăre'. voj pendóŭ: ,že'. vo gəlás avrí, haj pendás
moreretur. et ille dixit ei: ,sine me in frigidum aërem'. illa dixit: ,i'. ille ivit foras, et dixit

péskə praléskə: ‚beš tuk' očí, kə me žaŭ'. haj gəl'ás vo, haj suthóŭ pašá láte. voj thod'óŭ o
suo fratri: ‚mane tibi hic, nam ego abibo'. et ivit ille, et dormivit apud eam. illa posuit

ponró pe léste, vo l'as pésko buzdugánu, haj adícə mard'óŭ la le buzduganó, kə mikl'ás ándra
pedem in eo, ille sumsit suam clavam, et ita verberavit eam clava, ut relinqueret in

láte zur, sar and' e romní. vo gəló thar avrí, gəlás kaj pésko pral. ‚no, 'kaná ža, prála, haj
ea robur, ut in femina. ille abiit foras, ivit ad suum fratrem. ‚age, nunc i, frater, et

na dará; haj kaná že láte, the des la ek pálma'. vo gəl'óŭ láte, haj doŭ la ek pálma, haj
ne time; et quando ibis ad eam, da ei alapam'. ille ivit ad eam, et dedit ei alapam, et

suthóŭ pašá láte. teharáka ənklistí kóa spacíri avrí. aj voj pend'óŭ léskə: ‚muró raj, sar
dormivit apud eam. mane exierunt ad ambulandum foras. et illa dixit ei: ‚mi domine, quam

mard'án ma de zurés, haj kaná avil'án avrjál, čumidán ma'. aj vo pendás lákə: ‚me na čumi-
verberasti me valde, et quando venisti intro, osculatus es me'. et ille dixit ei: ‚ego non oscu-

d'úm tu, me pálma d'úm tu'. ‚apój kon mard'ás ma?' ‚moró pral mard'ás tu'. voj na pend'óŭ
latus sum te, ego alapam dedi tibi'. ‚ergo quis verberavit me?' ‚meus frater verberavit te'. illa non dixit

kanč. vo sovélas ən krig and avér stáncie, aj voj l'as e sábd'ie, haj šind'óŭ léskə pənré. vo
quidquam. ille dormiebat seorsim in alio cubili, et illa sumsit gladium, et abscidit eius pedes. ille

kərd'ás péskə ek vurdunúŏró phakénca, haj kaná rəpszílas o vurdón, ek míl'a naš'ilás. h' ara-
fecit sibi currum cum alis, et cum truderet currum, milliarium currebat. et in-

kl'óŭ le Pavlós le səlbátiko, haj pend'ás: ‚kaj žas tu, prála?' ‚me žaŭ and e lúme, the krəní
venit Paulum ferocem, et dixit: ‚quo is tu, frater?' ‚ego eo in mundum, ut nutriam

ma, kə na j ma vast'. vi me žaŭ and e lúme, kə na j ma pənré'. ‚haj! the chutílas
me, nam non sunt mihi manus'. etiam ego ibo in mundum, nam non sunt mihi pedes'. ‚heu! faciamus

amé pral trušulésk, haj tu ənhəmusá'ŭ, thaj cérd'oŭ o vurdón p' o lóko, kə tu sə tu pənré'.
nos fratres crucis, et tu iunge te vehiculo, et trahe currum leniter, nam tibi sunt pedes'.

von phjerdé de pománə, haj gəlé and ol vošá, h' araklé khər, haj bəšénas othí and o khər,
illi iverunt mendicando, et iverunt in silvas, et invenerunt domos, et habitabant ibi in domo,

haj gəlé and ek fóru, haj mangénas de pománə. ek raklí gəl'óŭ, the del les de pománə.
et iverunt in quamdam urbem, et mendicabant. quaedam puella ivit, ut daret ei stipem.

aj vo chutild'óŭ la, haj šuthóŭ la and e vurdón, haj našl'óŭ lása and o voš, othé, kaj léngə
et ille prehendit eam, et iecit eam in currum, et aufugit cum ea in silvam, eo, ubi eis

o khər, haj von colachard'í, the na kərén lása bezechá. avil'ás o beng, haj sovélas lása, aj
domus, et illi iurarunt, quod non facient cum ea peccata. venit diabolus, et dormiebat cum ea, et

von ašund'í, haj uštiló teharáka, haj pušl'ás o Dorohýj Kúpec: ‚tu colachard'án, sóste gəl'án
illi audierunt, et surrexerunt mane, et interrogavit Dorohyj Kupec: ‚tu iurasti, cur ivisti

láte, haj kərd'án bezechá?' ‚me na sómas, prála, kə vi me ašund'óm, aj me gəndisard'óm, kə
ad eam, et fecisti peccata?' ‚ego non eram, frater, nam etiam ego audivi, et ego putavi, quod

tu san; avéla ratáka, haj tu the les ma pe temónture, haj the šúdes ma pe lénde, kə me
tu eras; veniet vesperi, et tu prehende me truncis manibus, et iace me in eos, nam ego

chutiló les, kon avéla'. ratáka avil'óŭ láte, haj sovélas lása. von ašund'í, haj l'oŭ les, haj
prehendam eum, qui veniet'. vesperi venit ad eam, et dormiebat cum ea. illi audierunt, et prehendit eum, et

šud'óŭ les pe lénde. vo chutild'óŭ le bengés, haj phabard'í e mumelí, th' astard'í the marén les.
iecit eum in eos. ille prehendit diabolum, et incenderunt cereum, et coeperunt verberare eum.

aj vo rudisájl'oŭ, the na marén les, ‚kə me kəró, the avéla tu pənré, thaj vi kakalés avéna
et ille oravit, ut non verberarent eum, ‚nam ego faciam, ut sint tibi pedes, et etiam illi sint

vast'. teharáka panglé les korátar, th' angərd'óŭ les kaj chaíng. ‚thoŭ ol pənré and e chaíng'.
manus'. mane ligarunt eum collo, et duxit eum ad puteum. ‚pone pedes in puteo'.

vo thodás ol psnré and e chaíng, thaj ksrdíľoü psnré kadé, sar sas. haj thoďás o Pávelu ol
ille posuit pedes in puteo, et facti sunt pedes ita, uti erant. et posuit Paulus

vast, thaj ksrdíle léske vast kadé, sar sas. aj o Dorohýj Kúpec ľas péske and ek šípu paí
manus, et factae sunt ei manus ita, uti erant. et Dorohyj Kupec sumsit sibi in lagena aquam

žudó, h' and ek šípu ľas paí muló, th' aviľás khsré kaj pésko khsr, haj ksrdé jag, thodé 'k
vivam, et in lagena sumsit aquam mortuam, et venit domum ad suam domum, et fecerunt ignem, posuerunt

sténžinu kašt pe jag, haj phabardé le bengés, haj purďóü les and e balvál, haj penďás o Do-
orgyiam lignorum in igne, et combusserunt diabolum, et flaverunt eum in ventum, et dixit Do-

rohýj Kúpec: ‚akaná, prála, le la túks kodolá raklé, haj žu lása, ks me žaü kaj moró pral'.
rohyj Kupec: ‚nunc, frater, sume eam tibi illam puellam, et vive cum ea, nam ego ibo ad meum fratrem'.

ľas pe, haj gsľás kaj pésko pral. h' araklés péske pralés paš o drum, ks pšítilas le balín.
profectus est, et ivit ad suum fratrem. et invenit suum fratrem ad viam, ubi pascebat sues.

‚no, dikés, prála, ks me penďóm, ks psštisaré le balín. ále tu moré stráji pe tu, haj tu de ma
‚age, vides, frater, quod ego dixi, quod pasces sues. sume tu meas vestes in te, et tu da mihi

tiré, ks me ksró ma porkár, aj tu beš palpalí'. vo ľas, thaj tradóü le balín khsré. aj voj
tuas, nam ego faciam me porcarium, et tu mane retro'. ille sumsit, et pepulit sues domum. et illa

ďoü čingár: ‚sóste tradán kadé ségs le balín?' ol balé gslé and e kotécu, aj ek balí na ka-
exclamavit: ‚cur pepulisti tam cito sues?' sues iverunt in stabulum, et una sus non vo-

mélas the žal and e kotécu. kaná ľas e buláva, haj kaná maladóü la, haj muľás e balí. aj
lebat ire in stabulum. ut sumsit fustem, et ut verberavit eam, mortua est sus. et

Nastása e šukár kaná dikľóü, našľás and aulín, ks kadó o Dorohýj Kúpec. vo gsľás láte
Anastasia pulchra ut vidit, fugit in palatium, nam hic Dorohyj Kupec. ille ivit ad eam

and aulín, haj penďóü láks: ‚lašó j tu des, kumnáta!' voj penďóü: ‚naís'. aj vo ľas la
in palatium, et dixit ei: ‚bonus est tibi dies, fratria!' illa dixit: ‚gratias'. et ille prehendit eam

vastéstar, h' ankaladóü avrí, haj šindóü la se kotorá, haj ksrďás la trin grsméz, haj duj
manu, et traxit foras, et concidit eam totam in frusta, et fecit ex ea tres acervos, et duos

grsméz ďoü k' ol žukóľi, haj chalé le, aj and ek grsmáda thodóü le kajthán, haj ksrďás
acervos dedit canibus, et devorarunt eos, et in unum acervum collegit ea una, et fecit

jekhá romné, haj stropisarďás le paísa muló, th' sntegosájľoü kajthán, haj stropisarďás la
unam feminam, et aspersit ea aqua mortua, et convenit una, et aspersit eam

paísa žudó, thaj voj uštiľóü. ‚ále, prála, akaná žuü tu lása, k' akaná na j la putére bharí.
aqua viva, et illa surrexit. ‚sume, frater, nunc vive tu cum ea, nam nunc non est ei robur magnum.

me žap thar khsré', penďás e Dorohýj Kúpec, haj gsľás khsré.
ego abibo domum', dixit Dorohyj Kupec, et ivit domum.

---

2. nach *mángs* ist wohl *j* est ausgefallen.

3. statt *les* ei erwartet man *len, le* eis: beide Formen werden häufig verwechselt.

4. die Beschreibung bezieht sich natürlich auf den gesuchten Knaben. *sar ss (si) de bharó* wie rum. de mare.

6. *maj mišťóü* melius quam filius imperatoris.

10. *ankalána* steht für das Imperfect *ankalánas*.

11. der Nachsatz wird nicht selten durch *haj* et eingeleitet.

15. *the˘al* für *the˘ala, the˘álas, the avélas*, si esset.

16. Die verba movere, agitare, iacere werden mit dem instr. des Objectes verbunden. Vergl. Grammatik 4 Seite 695; daher *kslós lésa. vsnturisarós lása.*

16. *ínks ss (si), the pšštís le balín* du solltest noch Schweine hüten.

21. *po 'k vast* je eine Handvoll.

24. *avil'án* venimus, richtig *avil'ám.*

26. *les'* für *lésa* mit ihm.

29. *tsrší* für *tsršíü* ist rum. tъrъesk zerren. *and o muj* laut, aus vollem Halse.

30. *vsnturíl* für *vsnturíü* ich schwinge.

31. *csntumí* affixus rum. cъntuesk verkeilen von cъntъ Metallblättchen, Keil.

34. *léské* für *péské.*

35. *beš tuk' othí: tuk'* ist ein dativus ethicus. *lésko* für *pésko.*

36. *buzduganó* vertritt den instrumental.

37. *avil' e fet* lautet *avilé fet.*

38. *l'oü les máškar péste* ist wohl: sie umschlang ihn.

39. *mekl'á* für *mek* ist mir unverständlich.

50. *the chutílas amé pral trušulésk* rum. übersetzt: sъ ne apukъm fraci de kruče; etwa Kreuzesbrüder, erinnert an das pobratimstvo der Serben, die von der Kirche verpönte ἀδελφοποιΐα.

51. *csrd'óü* ist wohl traxit. Vergl. jedoch *mekl'á* 39.

56. Dorohyj Kupec ist der Name des Gespielen des Prinzen.

58. *pe lénde* auf sie, den Teufel und das Mädchen.

75. *ksrd'ás la trin grsméz* fecit eam tres acervos.

76. *thod'óü le* collegit ea, was im dritten Haufen war. Durch die drei Haufen soll die Grösse der Amazone ausgedrückt werden.

VI. Die Diamanten legende Henne.

Sas ek manúš čoró, haj sach les trin rakloró. h' arakl'ás o maj csgnó šoü grijcári, haj
Erat homo pauper, et erant ei tres filii. et invenit natu minimus sex crucigeros, et

pend'ás: ,ále, dáde, kadól šoü grijcári, haj že and o fóru, haj tiné čáre so'. haj gsl'ás o phuró
dixit: ,cape, pater, hos sex crucigeros, et i in urbem, et emes aliquid'. et ivit senex

and o fóru, haj tind'óü ek kajñí, h' and'óü la khsré. haj ksrd'óü e kajñí ek anró adjaman-
in urbem, et emit unam gallinam, et attulit eam domum. et fecit gallina unum ovum adaman-

tósko. haj thod'óü les pe ferjásta, haj dikjólas sar la mumel'átar. aj tehára uštil'ás o phuró,
inum. et posuit id in fenestra, et videbatur ut apud cereum. et mane surrexit senex,

haj pend'ás: ,romné, me žaü and o fóru kadalé anrésa'. haj gsl'óü and o fóru, haj gsl'óü kaj
et dixit: ,uxor, ego ibo in urbem cum hoc ovo'. et ivit in urbem, et ivit ad

neguctóri. ,tin túko kadó anró'. ,so mangés?' ,ds m' skšél lij'. d'oü les skšél lij. vo gsló
mercatorem'. ,eme tibi hoc ovum'. ,quid petis?' ,da mihi centum florenos'. dedit ei centum florenos. ille ivit

khsré, haj tind'ás péské chabé, haj d'oü le raklorén kaj škóala. thaj e kajñí maj ksrd'óü ek
domum, et emit sibi cibum, et dedit pueros in scholam. et gallina adhuc fecit unum

anró, h' angsrd'óü járs kaj kodó neguctóru, haj maj d'oü les skšél lij. gsló thar khsré. járs
ovum, et attulit iterum ad illum mercatorem, et adhuc dedit ei centum florenos. abiit domum. iterum

ksrd'óü e kajñí ek anró, sngard'óü járs kaj kodó neguctóri. haj sas hramumí p' o anró: ,kon
fecit gallina unum ovum, attulit iterum ad illum mercatorem. et erat scriptum in ovo: ,qui

chála o šərό and e kajńí, əmparátu avéla; aj kon chála o jilú, and e sekom řet ek míje
edet caput de gallina, imperator erit; et qui edet cor, in quavis nocte mille

gálbeni tal o šərό; aj kon chal' ol pənrə, avéla nazdrəvánu'. aviřás kodό neguctόri and o
aureos sub capite; et qui edet pedes, erit propheta'. venit ille mercator in

kodό gáu, haj nəjmisarďóŭ les. ,so the dap tu, th' əngərəz mángə kiríje?' ,de m' əkšəl lij'.
illum vicum, et conduxit eum. ,quid dem tibi, ut gestes mihi merces?' ,da mihi centum florenos'.

haj nəjmisarďóŭ les p' ek paš bərš kodolé gažés la kajnésa. neguctόri aviřás kaj gaží, haj
et conduxit eum in dimidium anni illum hominem cum gallina. mercator venit ad mulierem, et

pendás: ,muřás toŭ gažú, haj chasájle morə loví; kamáp, the lap tu tut, kə me som barvalό'.
dixit: ,mortuus est tuus maritus, et interiit mea pecunia; volo, ut ducam te, nam ego sum dives'.

,the kununisájivas'. ,haj, the kununisájivas, aj the šinés ma la kajné la kununíja; na trebún
,iungamur matrimonio'. ,age, iungamur matrimonio, et macta mihi gallinam in nuptiis; non opus sunt

ma skripkári'. haj nəjmisardé ek kuchárka. ,ži kaj avása kat e kangərí, the avél e kajńí
mihi fidicines'. et conduxerunt coquam. ,quoad veniemus ex ecclesia, sit gallina

gáta'. avilé ol raklorə khərə kat e škóala. ,de 'me, the chas'. ,na j, so dap tumí, kə
parata'. venerunt pueri domum e schola. ,da nobis, ut edamus'. ,non est, quod dem vobis, nam

pendás, the na daŭ kanč and e kajńí'. aj ol raklorə rudisájle: ,de vi 'men, kə vi 'me kochai-
dixit, ne darem quidquam de gallina'. et pueri flagitarunt: ,da etiam nobis, nam etiam nos cura-

sarďám la, de vi 'men, məkár ek cəra'. doŭ le bharəs o šərό, thaj kukolés le mižločiunós o
vimus eam, da etiam nobis, licet paulum'. dedit natu maximo caput, et illi medio

jilό, aj le cəgnés ďas ol pənrə. thaj gəlé thar kaj škóala. aj von avilé kat e kununíja, haj
cor, et minimo dedit pedes. et abierunt in scholam. et illi venerunt a matrimonio, et

bešlé palá j meséle, haj pendás la kucharicákə: ,de 'me, the chas'. haj ďoŭ les and e meséle
consederunt ad mensam, et dixit coquae: ,da nobis, ut edamus'. et dedit illis in mensam

la kajné, haj vo rudóŭ o šərό th' o jilú, thaj rudóŭ ol pənrə — nas — haj pušľóŭ la ku-
gallinam, et ille poposcit caput et cor, et poposcit pedes — non erant — et interrogavit co-

charicá: ,kaj s' o šərό?' voj pendás: ,chalé les ol raklorό'. aj vo pendás (kodό neguctόri):
quam: ,ubi est caput?' illa dixit: ,comederunt id pueri'. et ille dixit (ille mercator):

,me na chaŭ ánda kodé kajńí, man the des o šərό th' o jilú th' ol pənrə; me númaj kodolá
,ego non edam de hac gallina, mihi da caput et cor et pedes; ego nonnisi haec

the chaŭ'. e kuchárka pendás: ,chalé l' ol raklorό'. aj pendás vo: ,romné, the kərés lénde
edam'. coqua dixit: ,comederunt haec pueri'. et dixit ille: ,uxor, fac illis

káva kərtí, the šéden'. aj von avilé kat e škóala khərə, thaj pendás o cəgnό: ,the na pen
coffeam amaram, ut vomant'. et illi venerunt e schola domum, et dixit minimus: ,ne bibite

kodé káva, kə sə, the merén'. von gəlé khərə, thaj ďas le lénde dij káva, haj šordé la telé,
hanc coffeam, nam est, ut moriamini'. illi iverunt domum, et dedit illis mater coffeam, et fuderunt eam humi,

thaj gəlé járə kaj škóala. aviřás o neguctόri, haj pendás: ,šagľóŭ?' voj pendóŭ: ,na šagľóŭ'.
et iverunt iterum in scholam. venit mercator, et dixit: ,vomuerunt?' illa dixit: ,non vomuerunt'.

,me žaŭ and o fόru, haj tinό phabá, haj the chochavés le and e pívnica, haj me šinό le, thaj
,ego ibo in urbem, et emam poma, et allice eos in cellam, et ego occidam eos, et

me ankalávo ándra lénde, thaj cho le'. aj pendóŭ o pral o maj cəgnό: ,hájdan thar pe lúme'.
ego eximam ex illis, et edam illa'. et dixit frater natu minimus: ,abite in mundum'.

,sόstar the žas?' ,amarό dad sə, the šinél amé'. von gəlé thar, thaj gəlé and avér cənúto. othé
,cur eamus?' ,noster pater est, ut occidat nos'. illi abierunt, et iverunt in aliud regnum. ibi

sas əmparátu, aj əmparátu muřás, haj liné léste kurúna, haj thoďóŭ and e kangarí. ánda
erat imperator, et imperator mortuus est, et sumserunt eius coronam, et posuerunt in ecclesia. in

kásko šəró pérla e korúna, avéla əmparátu. aj avilé fel de fel manúš and e kangərí, haj

cuius caput cadet corona, erit imperator. et venerunt omnium ordinum homines in ecclesiam, et

gəlé 'l trin raklorė, haj o bharó gəľás anglál, haj šučjás pe and e kangərí, haj korúna vu-

venerunt tres pueri, et natu maximus ivit ante, et ingessit se in ecclesiam, et corona vo-

réjľoŭ pe ánda lésko šəró. ,sən amé əmparátu nivó'. liné les p' ol vast, thaj uraďóŭ les and

lavit in eius caput. ,est nobis imperator novus'. sustulerunt eum in manus, et vestierunt eum in

e stráje əmparaticéka. ďas pe béfelu, kə əmparátu nivó. aviľás e óste, thaj ənkinisájľoŭ le

vestes imperatorias. datum est mandatum, quod (est) imperator novus. venit exercitus, et inclinavit se

əmparatósko. aj o mižločío penďás: ,me žap thar, na bešáŭ, kə me kamáŭ, the aváŭ vi me

imperatori. et medius dixit: ,ego abibo, non maneo, nam ego volo, ut fiam etiam ego

əmparátu'. aj kodó cəgnó: ,me na žaŭ'. aj kodó mižločío gəló thar, haj gəló kaj avér əmpa-

imperator'. et ille minimus: ,ego non ibo'. et ille medius abiit, et ivit ad alium impe-

rátu. othé le imparatós sach les ek raklí. haj əmparátu kadé penďás: ,kon nakavéla la and

ratorem. ibi imperatori erat filia. et imperator ita dixit: ,qui superabit eam in

ol loví, kodó léla la'. vo gəľás láte. ,haj, the kalás and ol loví'. kan' astarďóŭ the kəlél, na-

pecunia, is ducet eam'. ille ivit ad eam. ,age, ludamus pro pecunia'. ubi coeperunt ludere, su-

kaďóŭ la. ek des kəlnas pe, aj duj na. aj vo nakaďás la la and ol loví, thaj ľoŭ la, thaj kunu-

peravit eam. uno die ludebant, et duos non. et ille superavit eam in pecunia, et duxit eam, et matrimonio

nisarďóŭ les əmparátu, kaj kərďás les králu. aj la sach la ek piramnó. aj kodó piramnó

iunxit eos imperator, et fecit eum regem. et erat ei amator. et ille amator

traďóŭ lil láte: ,puš les, kathár sə les adíca loví'. aj voj pušľóŭ les: ,moró rají! kathár sən

misit epistolam ei: ,interroga eum, unde sit illi tanta pecunia'. et illa interrogavit eum: ,mi domine! unde est

tu adícə loví, kə tu ma nakaďán ma?' ,ánda sékom řet sən ma ek míje gálbeń tal o šəró'.

tibi tanta pecunia, quod tu me superasti?' ,in omni nocte sunt mihi mille aurei sub capite'.

,ánda če félu?' ,me chaľóm ek jilú and o kajńí'. voj kərďás lil, haj traďás kaj pésko piramnó.

,quo modo?' ,ego comedi unum ovum de una gallina'. illa fecit epistolam, et misit ad suum amatorem.

,chaľás ek jiló and ek kajńí, th' and e sékom řet sə les ek míje gálbeni tal o šəró'. aj vo

,comedit unum ovum de gallina, et in quavis nocte sunt ei mille aurei sub capite'. et ille

ďas la lil pálpalí. ,the kərés léskə ek káva, the šédel, haj the šédel kodó jilú, haj the les,

dedit ei epistolam iterum. ,fac ei coffeam, ut vomat, et vomat illud cor, et sume,

the chas les tu, thaj me lo tu'. voj kərďóŭ léskə káva, haj vo piľóŭ, thaj šagľóŭ o jiló avrí,

ut edas id tu, et ego ducam te'. illa fecit ei coffeam, et ille bibit, et vomuit cor foras,

aj voj ľoŭ les, haj chaľóŭ les. haj gəľás voj kaj pésko dad. ,aň, dáde, haj dik, sar vo šédel,

et illa sumsit id, et comedit id. et ivit illa ad suum patrem. ,veni, pater, et vide, quomodo ille vomit,

kə vo man na trebúl ma'. əmparátu dikľóŭ, kə šagľóŭ. ,haj, ža thar mándar, kə na trébus

ille mihi non opus est'. imperator vidit, quod vomuit. ,age, abi a me, non opus es

*ma'. haj ľoŭ ol stráju**ri pe a léste se, haj ďoŭ léskə strájuri ol proští, haj gəló thar. vo gəló*

mihi'. et sumsit vestes de eo omnes, et dedit ei vestes vulgares, et abiit. ille ivit

and ol vošá, haj bokhájľoŭ. haj rəsľóŭ kaj phabelín. othé pe kodó phabelín sas phabá. vo ľas

in silvas, et esuriit. et venit ad malum. ibi in illa malo erant poma. ille sumsit

ek phabáj, thaj chaľóŭ la, haj kərdiľas magári. phjerél, haj rovél, haj žal anglé, h' arakľás

unum pomum, et comedit id, et factus est asinus. it, et flet, et it protinus, et invenit

ek pədurécə, haj chaľás kodé pədurécə, haj kərdiľas manúš pálpalí. bolďás pe pálpalí, thaj

malum agrestem, et comedit illud pomum agreste, et factus est homo retro. vertit se retro, et

ľas duj phabá, thaj ľas and ol padurécə járə duj (phabá), haj gəľás and ol fóru, kaj sas

sumsit duo poma et sumsit de pomis agrestibus iterum duo (poma), et ivit in urbem, ubi erat

léste romní, haj thodl̃ás pe paš o drum. h' anklisl̃ás léste romní k' o spacíru. ,bitinés, ma-
eius uxor, et constitit ad viam. et exiit eius uxor ad ambulandum. ,vendis, ho-
núša, phabá?' ,bitináŭ'. bitindóŭ láte ek phabáj. voj dəndaldóŭ and e phabáj, haj kérdil̃as
mo, poma?' ,vendo'. vendidit ei unum pomum. illa momordit in pomum, et facta est
magaríca. vo l̃as la komátar, haj thodé ašvár and o šəró, th' anklistóŭ pe láte, thaj pra-
asina. ille sumsit eam iuba, et posuit frenum in capite, et vectus est in ea, et pro-
stajóŭ lása and o fóru. haj gəl̃ás lása kaj traktérn̄a, haj pendás, the kərél káva kərtí, haj
peravit cum ea in urbem. et ivit cum ea ad cauponam, et dixit, ut faceret coffeam amaram, et
šutách la and o muj, thaj šagl̃óŭ, thaj šagl̃óŭ, thaj šagl̃ás o jiló avrí, thaj vo l̃óŭ, thaj chal̃óŭ
infudit eam in os, et vomuit, et vomuit, et vomuit cor foras, et ille sumsit, et comedit
les. vo pendás: ,akaná me som raj'. haj gəl̃ás kaj pésko sástro: ,kər mánga žudekáta — katé
id. ille dixit: ,nunc ego sum dominus'. et ivit ad suum socerum: ,fac mihi iudicium — hic
ti šij'. əmparátu akardl̃ás miníštruri. aj vo pendl̃ás: ,me na kamáŭ katí the žudikín ma;
tua filia'. imperator advocavit ministros. et ille dixit: ,ego non volo ita ut iudicetis mihi;
hájdan mánca k' o əmparátu nivó'. aj von gəlé k' o əmparátu nivó. aj əmparátu žal and e
veuite mecum ad imperatorem novum'. et illi iverunt ad imperatorem novum. et imperator vehitur in
bríčka, aj vo žal pe péskə romní ənkəstó. haj gəlé k' o əmparátu nivó, kaj pésko pral. aj
curru, et ille it in sua uxore vectus. et iverunt ad imperatorem novum, ad suum fratrem. et
pendl̃ás o pral o maj cəgnó: ,avéla moró pral kaj žudekáta; aj the kərés laší žudekáta'. avilé
dixit frater natu minimus: ,veniet meus frater ad iudicium; et fac bonum iudicium'. venerunt
ol əmparáci kajthán, haj ənkinisájli, haj pendás sástro: ,kər žudekáta kakalè manušéskə'. ,me
imperatores in unum, et inclinarunt se, et dixit socer: ,fac iudicium huic homini'. ,ego
karáŭ žudekáta. kərdl̃ás la magaríca, kər la la pálpalí'. ,númaj the ənkərél čečepí'. əmparátu
faciam iudicium. fecisti eam asinam, fac illam iterum'. ,tantum servet iustitiam'. imperator
pendl̃ás: ,ənkérla čečepí, númaj the kərél la pálpalí'. vo d̃as la ek pəduráca, thaj chal̃óŭ, h'
dixit: ,servabit iustitiam, tantum faciat eam iterum'. ille dedit ei unum pomum agreste, et comedit, et
ašil̃ás pálpalí romní. əmparátu l̃as péskə korúna, haj d̃ou la léskə and o šəró. ,ále moré
facta est iterum femina. imperator sumsit suam coronam, et dedit eam illi in caput. ,sume meam
korúna, tu the͡ avés əmparátu'.
coronam, tu esto imperator'.

4. *dikjólas* man sab, man konnte sehen.

21. *doŭ les,* richtig *doŭ len, le* gab denen beim Tische.

33. Auch in einem kroatischen Volksliede wurde der König, auf dessen Haupt die in der Luft schwebende Krone fiel. Vergl. Beiträge zur Kenntniss der slavischen Volkspoesie Seite 45 des Separatabdrucks.

55. *gəl̃ás and ol fóru,* richtig *o fóru.*

64. *kaj pésko pral* als ob vorhergienge: und er gieng.

67. *kər la la pálpalí* verwandle sie zurück.

VII. Die Nebenbuhler.

Sas ek raklí əmparatóste, haj sas la and o čikát o kham th' and o kolín o šŭn, and
Erat filia imperatoris, et erat ei in fronte sol et in pectore luna, in
ol pchikə́ ol čerhajé. əmparátu d̃as béfelu and o tem: ,kon gəčíla ol sémne léskə rakl̃ákə,
dorso stellae. imperator dedit mandatum in regno: ,qui coniecerit signa eius filiae,

pála kodó déla la'. aj ek rakló əmparatósko kamélas pe lása, haj vo žánlas lákə sémne. haj
ei dabit eam'. et quidam puer imperatorius amabat se cum ea, et ille sciebat eius signa. et

sas ek gaží phurí, haj sas la ek balí, haj sas la děšudúj bališí palá j e balí, somnakuní, haj
erat domina senex, et erat ei sus, et erant ei duodecim porcelli apud suem, aurei, et

sach la ek hargátu, haj pəštíľach le balén. vo gəľás and ek dumbráva, haj pəštíľach le paš o drum. aj
erat ei servus, et pascebat sues. ille ivit in silvam, et pascebat apud viam. et

raklí le əmparatóste ənklistás la preumbláre, haj dikľás le balín le somnakuní, haj pendľás: ,mo! rakloré!
filia imperatoris exiit ambulatum, et vidit sues aureas, et dixit: ,heu! puer!

bítin mángə jekhé bališés'. ,me na bitináň; aj the vázľe ol póde ži and e čang, me do tu ek bališó'.
vende mihi unum porcellum'. ,ego non vendo; sed si tolles sinus usque ad genu, ego dabo tibi porcellum'.

voj ľas pe sáma əmprežúr, na dikľás kánikás, haj vazdľás ol póde ži and e čang. haj ďas
illa spectavit circum, non vidit quemquam, et sustulit sinus usque ad genu. et dedit

lákə jekhé bališés. h' angərďách les khəré k' o əmparátu. əmparátu bukurisájľas, kə vo ánkə
ei unum porcellum. et adduxit eum domum ad imperatorem. imperator laetatus est, nam ille adhuc

na dikľás balé somnakuné. o hargátu gəľás khəré, haj pušľás les e phurí: ,kaj s' o bališó?'
non vidit sues aureas. servus ivit domum, et interrogavit eum vetula: ,ubi est porcellus?'

,ľoŭ les o ru'. na penďóŭ léskə kanč. vo tehára járə othí gəľóŭ. o raklí əmpərətóste járə
,cepit eum lupus'. non dixit ei quidquam. ille mane iterum eo ivit. filia imperatoris iterum

aviľóŭ othé la preumbláre. ,rakloré, maj bitín mángə ek bališó'. ,níči bitináŭ, kə daráŭ; aj
venit eo ambulatum. ,puer, adhuc vende mihi porcellum'. ,non vendo, nam timeo; sed

the vázdol ol póde ži and o kuštík, do tu ek bališó'. voj dikľás, kə na j kónik, haj
si tolles sinus usque ad cingulum, dabo tibi porcellum'. illa vidit, quod non adest quisquam, et

vazďóŭ ol póde ži and e kuštík. haj maj ďoŭ la ek bališó. əngərďóŭ les k' o əmparátu. əm-
sustulit sinus usque ad cingulum. et adhuc dedit ei porcellum. adduxit eum ad imperatorem. im-

parátu maj zorés bukurisájľoŭ. o hargátu gəló khəré. haj pušľóŭ e phurí: ,kaj o bališó?'
perator fortius laetatus est. servus ivit domum. et interrogavit vetula: ,ubi porcellus?'

čorďóŭ les ek čor'. na penďóŭ léskə kanč. vo járə gəľóŭ poštín, o tríto. e raklí əmparatóste
furatus est eum fur'. non dixit ei quidquam. ille iterum ivit pastum, tertium. filia imperatoris

járə ənklistóŭ othí la preumbláre. ,maj bitinés jekhé bališés?' ,níči bitináŭ, aj the šúde o gad
iterum exiit illuc ambulatum. ,adhuc vendis unum porcellum?' ,non vendo, sed si deiicis indusium

pre tu, haj the bóldes tu trívar ángla ma, haj do tu ek bališó'. voj dikľóŭ, kə na j kónik,
de te, et si vertis te ter coram me, dabo tibi porcellum'. illa vidit, quod non adest quisquam,

haj šuďóŭ o gad pre péste, haj vərtisájľoŭ trívar anglá léste. haj dikľás o kham and o čikát
et deiecit indusium de se, et vertit se ter coram eo. et vidit solem in fronte

haj and o kolín o šŭn h' and ol pchiké ol čerhajé. haj ďas la maj ek bališó. h' angarďách
et in pectore lunam et in dorso stellas. et dedit ei adhuc porcellum. et adduxit

les k' o əmparátu. əmparátu bukurisájľoŭ. əmparátu traďás and o ťem, the ťídem pe, the
eum ad imperatorem. imperator laetatus est. imperator misit in regnum, ut congregarentur, ut

gəčín lákə sémne. pála kódo déla la. haj ťíde pe pa j lúme, haj na gəčisardé. ek rakló
coniicerent eius signa. ei dabit eam. et congregati sunt e mundo, et non coniecerunt. filius

əmparatósko kamélas pe lása, thaj žánlas lákə sémne, haj gəčisarďóŭ. aviľás vi rakloró. ,sóste
imperatorius amabat se cum ea, et sciebat eius signa, et coniecit. venit etiam puer. ,cur

aviľán, rakloré?' ,aviľóm, the gəčíŭ'. ,gəčisár'. ,and o čikát o kham, and o kolín o šŭn, and
venisti, puer?' ,veni, ut coniicerem'. ,coniice'. ,in fronte sol, in pectore luna, in

ol pchiké ol čerhajé'. ľoŭ le lí-trin, haj pandaďóŭ le and o khər. h' o əmparátu ťiďóŭ ol
dorso stellae'. sumsit eos tres, et inclusit eos in domo. et imperator congregavit

minístrui péskə, the žudikín, so kə̂rna, kə duj gəčisardí, kə von na ənvoína pe lí-duj the
ministros suos, ut indicarent, quid facerent, nam duo coniecerunt, nam illi non consentient ambo ut

ənkərə́n la. haj žudikəsardí ol minístruri, the sovén and e pátu lí-trin, haj kon ənkə́rla la
habeant eam. et indicarunt ministri, ut dormirent in lecto tres, et qui tenebit eam

and e angále, kodó léla la. o rakloró tindás péskə kolačéj thaj phabá guglí thaj bokulé guglí,
in complexu, ille ducet eam. puer emit sibi panes et poma dulcia et cuppedias,

haj šutás and o bərk. haj sutás o rakló le əmparatósko la rakl'ása and e angále h' o rakloró
et posuit in sinu. et dormivit filius imperatorius cum puella in complexu et puer

palá láti. e raklí le əmparatóste bokhájl'oŭ. o rakló chálas bokulí guglí. voj pušl'ás les: ‚so
penes eam. filia imperatoris esurivit. puer edebat cuppedias. illa interrogavit eum: ‚quid

chas tu, raklorə́?' ‚me chaŭ morə́ ušt'. ‚de thaj í man'. haj d'ou la. ‚déula! guglí!' aj o rakloró
edis tu, puer?' ‚ego edo mea labia'. ‚da etiam mihi'. et dedit ei. ‚deus! dulcia!' et filius

le əmparatósko pendóŭ: ‚morə́ maj guglí'. haj l'oŭ e šurí, haj šindás péskə ušt, haj d'oŭ láte.
imperatorius dixit: ‚mea dulciora'. et sumsit cultrum, et abscidit sua labia, et dedit ei.

voj šudóŭ le telé. o rakloró járə chálas phabá guglí. ‚so maj chas, raklorə́?' ‚me chaŭ morə́
illa proiecit ea humi. puer iterum edebat poma dulcia. ‚quid adhuc edis, puer?' ‚ego edo meum

nak'. ‚de thaj í man'. d'ou la. ‚déula! kə guglí!' aj rakló le əmparatósko: ‚kə moró j
nasum'. ‚da etiam mihi'. dedit ei. ‚deus! quam dulcis!' et filius imperatorius: ‚meus est

maj gugló!' l'as e šuré, haj šindás e nak, haj d'oŭ láte. voj šudóŭ les telé. chal o rakló
dulcior!' sumsit cultrum, et abscidit nasum, et dedit ei. illa proiecit eum humi. edit puer

kolačéj. ‚so maj chas, raklorə́?' ‚chaŭ morə́ kan'. ‚de thaj í man'. d'oŭ la. ‚déula, kə guglí!'
panes. ‚quid adhuc edis, puer?' ‚edo meas aures'. ‚da etiam mihi'. dedit ei. ‚deus, quam dulces!'

aj o rakló le əmparatósko: ‚morə́ maj guglí'. l'as e šuré, thaj šindás ol kan, haj d'oŭ láte.
et filius imperatorius: ‚meae dulciores'. sumsit cultrum, et abscidit aures, et dedit ei.

voj šudóŭ la telé. ži and o d'es mul'as o rakló le əmparatósko. e raklí phjérdil'as rat andra
illa proiecit eas humi. usque ad diem mortuus est filius imperatorius. puella repleta est sanguine ab

léste, haj spidóŭ les telé muló, haj l'as pe le raklorós and e angále. thaj avil'ás e əmpara-
eo, et trusit eum humi mortuum, et sumsit sibi puerum in brachia. et venit impera-

tása, h' arakl'óŭ le and e angále lí-duj. ən dátə əmparátu urad'óŭ les, thaj kununisardás le.
trix, et invenit eos in complexu ambos. illico imperator vestivit eum, et matrimonio iunxit eos.

---

1. *sə̂n:* der Vocal klingt zwischen u und o.
4. *palá j e balí: j* hebt den Hiatus auf.
8. *voj l'as pə sáma* rum. ea s' aŭ luat sama.
13. Für *vázdol ol póde* ist richtig: *vázde ol póde.*
16. *poštín,* wohl: *the poštín, pəštín.*
38. *ži and o d'es* bis zum Tage, d. i. vor Tagesanbruch.
39. *pe,* vielleicht für *péskə.*

VIII. Der geflügelte Held.

Sas ek méštero bharó, haj sas barvaló. astardás the pel haj the kəlél and ol lilá.
Erat quidam artifex magnus, et erat dives. coepit bibere et ludere chartis.

haj pil'ás péste mándin se, haj ašil'ás čoró, kə nas les, so the chal. dikl'ás soní, the
et bibendo absumsit suas facultates omnes, et factus est pauper, ut non essent ei, quae ederet. vidit somnium, ut

kərél péska phaká. haj kərďás péskə phaká, thaj šrubuisarďás léste pašá péste. haj uréjľas
faceret sibi alas. et fecit sibi alas, et adstrinxit eas ad se. et volavit

əńé phué, haj uréjľoŭ k' ol auliná le 'mparatóskə, haj mekľás pe telé. haj ənklistás o rakló
in nonam terram, et volavit ad castella imperatoris, et demisit se deorsum. et exiit filius

əmparatósko anglál léste, haj pušľóŭ les: ‚kathár san, manúša?' ‚me som durál'. ‚bítin mánga
imperatoris obviam ei, et interrogavit eum: ‚unde es, homo?' ‚ego sum e longinquo'. ‚vende mihi

ol phaká'. ‚bitinó'. ‚so the dap tu pe lénde?' ‚ek míja gálbeń'. haj ďoŭ les ek míja gálbeń,
alas'. ‚vendam'. ‚quid dem tibi pro iis?' ‚mille aureos'. et dedit ei mille aureos,

haj penďás léskə: ‚žá-thar khəré le phakénca, haj the‿avés p' ek šon'. vo uréjľas khəré, haj
et dixit ei: ‚abi domum cum alis, et veni in uno mense'. ille volavit domum, et

aviľás kaj ek šon, haj penďás léskə: ‚the šrubuís mánde ol phaká'. haj šrubuisarďóŭ léste,
venit in uno mense, et dixit ei: ‚adstringe mihi alas'. et adstrinxit ei,

haj skriisarďás léskə, savó šrúbo the šrubuíl, the urjál'; aj ek šrúbu the šrubuíl, the hulíl
et scripsit ei, quam cochleam adstringeret, ut volaret; et unam cochleam adstringeret, ut descenderet

telé. vo uréjľoŭ ek cəra, haj mikľás pe telé pe phu. haj maj ďoŭ les ek míje lej, haj ďoŭ les
deorsum. ille volavit paulum, et demisit se deorsum in terram. et adhuc dedit ei mille florenos, et dedit ei

vi ekhé grastés, the žal ənkəstó. o rakló əmparatósko šrubuisarďás ol phaká pašá péste, thaj
etiam unum equum, ut iret equo vectus. filius imperatoris adstrinxit alas ad se, et

uréjľas ži la mjáza; kat e mjáza pornisájľoŭ ek balvál, kə aravélas ol kopáči, haj traďóŭ les
volavit usque ad meridiem; a meridie ortus est ventus, ut agitarentur arbores, et egit eum

ži pe páša ŕet. kaj páša ŕet ašilés e balvál, traďás vi les əńé phué. haj zərisarďás ek jag
usque ad mediam noctem. in media nocte resedit ventus, egit etiam eum in nonam terram. et illuxit ignis

and o fóru, haj mikľás pe telé pe phu, haj dešrubuisarďás ol phaká, haj tidóŭ le páša péste.
in urbe, et demisit se deorsum in terram, et destrinxit alas, et contraxit eas ad se.

haj gəľóŭ and o khər. othé sas ek phurí, haj mangľóŭ chabé. voj ďas les melíje šutí, haj
et venit in domum. ibi erat quaedam vetula, et petivit cibum. illa dedit ei panem siccum, et

vo níči chaľóŭ. peľás telé, haj suthóŭ. haj tehára skriisarďóŭ lákə lil, haj ďoŭ la loví, haj
ille non comedit, decubuit deorsum, et dormivit. et mane scripsit ei epistolam, et dedit ei pecuniam, et

traďóŭ la kaj traktérńe, thaj ďoŭ o lil kaj traktérńe, the del les chabé lašó. haj aviľás
misit eam in popinam, et dedit epistolam ad popinam, ut daret ei cibum bonum. et venit

khəré e phurí, thaj ďoŭ les, the chal, haj vo ďas vi la phurí. vo ənklistás avrí, haj dikľás
domum vetula, et dedit ei, ut ederet, et ille dedit etiam vetulae. ille exiit foras, et vidit

ol avliná le əmparatóskə andá trin pľúntuŕ baréskə, aj štárto pľúntro stekláko. haj pušľás
castella imperatoris in tribus tabulationibus lapideis, et quarta tabulatio vitrea. et interrogavit

la phuré: ‚kon bešéna and ol avliná, aj and o štárto pľúntro la stekláko kon bešél?' ‚bešél e
vetulam: ‚qui habitant in castellis, et in quarta tabulatione vitrea quis habitat?' ‚habitat

raklí əmparatóste. kə na mekél la avrí. othé del la chabé p' o šnúru'. haj mekélas e pokojóva
filia imperatoris. non sinit eam foras. ibi dat ei cibum per funiculum'. et demittebat serva

o šnúru telé, haj thónas chabé, haj (voj) cərdelas opré p' ol váškure. aj sas la pokojóva
funiculum deorsum, et imponebant cibum, et (illa) trahebat sursum per funiculos. et erat servae

stáncia ənkríg, kaj númaj ratí sovélas, aj djesé pašá j raklí əmparatóste beššlas. aj kodó
cubile seorsim, ubi nonnisi noctu dormiebat, et interdiu apud filiam imperatoris erat. et ille

rakló əmparatósko šrubuisarďás ol phaká pašá péste, thaj uréjľoŭ opré, uréjľas p' o khər la
filius imperatoris adstrinxit alas ad se, et volavit sursum, volavit ad domum

stekláko, thaj ľas sáma, kathár putérdon ol štachéturi, haj puterďóŭ les, haj šutás pe andré.
vitream, et intendit animum, unde aperiantur sudes, et aperuit eas, et insinuavit se intus.

aj voj sovélas and o pátu mulí. haj vo mištíl la, haj voj na del dúma. aj vo ľas e mumelí j
et illa dormiebat in lecto mortua. et ille agitat eam, et illa non loquitur. et ille sumsit cereum

kathár láko šəró, haj voj uštiľás oprə́, haj ľoŭ les pála j kor, haj pendóŭ léskə: ‚kaná aviľán
de eius capite, et illa surrexit sursum, et sumsit eum in collo, et dixit ei: ‚quoniam venisti

mándi, tu san moró, haj me tirí‘. von əndragostisájľoŭ duj ži karéngo des. haj vo ənklisťás
ad me, tu es meus, et ego tua‘. illi amarunt duo usque ad lucem. et ille exiit

avrí, thoďás láko e mumelí k' o šəró, haj voj mulí. haj vo thoďás ol štachéturi pálpalí, thaj
foras, posuit ei cereum ad caput, et illa mortua est. et ille clausit sudes iterum, et

uréjľas kaj phurí járə. vo phjerďás láte ek paš bərš. voj gəľí bharí. e pokojóva dikľás, kə
volavit ad vetulam iterum. ille ivit ad eam dimidium anni. illa facta est gravida. serva vidit, quod

j tulí, haj na kuprinzə́n la ol strájuri. voj skriisardóŭ lil k' o əmparátu. ‚so the˜avél kadé,
est crassa, et non capiunt eam vestes. illa scripsit epistolam imperatori. ‚quid erit hoc,

kə j raklí tulí?‘ vo (əmparátu) skriisarďás lákə lil pálpalí: ‚the makə́s ol podéle raťáka
quod est filia crassa?‘ ille (imperator) scripsit ei epistolam retro: ‚unge pavimentum noctu

chomerésa, haj kon avéla, avéla sémnu p' ol podéle‘. thoďóŭ lákə e mumelí kaj o šəró,
farina ex aqua subacta, et qui veniet, erit signum in pavimento‘. posuit ei cereum ad caput,

thaj e raklí muľoŭ. aj voj makľás ol podéle chomerésa, haj gəlé and e péskə stáncie. o
et filia mortua est. et illa unxit pavimentum farina ex aqua subacta, et ivit in suum cubile.

rakló əmparatósko aviľás járə láte, haj šuťás pe láte andrə́, haj na ľoŭ sáma, kə maklé ol
filius imperatoris venit iterum ad eam, et insinuavit se ad eam intus, et non intendit animum, quod unxerunt

podéle, haj kərďás úrme le khərjánca, haj ľas pe chumér p' ol khərə́, haj vo na ľoŭ sáma,
pavimentum, et fecit vestigia calceis, et adhaesit farina in calceis, et ille non intendit animum,

kaj gəló thar khərə́ kaj phurí, haj šuťás pe, haj suthóŭ. e pokojóva gəľás kaj raklí əmpara-
et abiit domum ad vetulam, et decubuit, et dormivit. serva ivit ad filiam impera-

tóste, haj dikľás ol úrme, haj skriisarďás lil k' o əmparátu. haj ľas məsúra p' ol khərə́,
toris, et vidit vestigia, et scripsit epistolam ad imperatorem. et sumsit mensuram in calceis

so de bharə́, haj traďás k' o əmparátu. əmparátu akarďás duj minístruri, haj ďoŭ le lil, thaj
quam magni, et misit ad imperatorem. imperator vocavit duos ministros, et dedit eis epistolam, et

ďoŭ le məsúra p' ol khərə́. ‚pe káskə khərə́ maláďol e məsúra, the anə́s les mándi‘. von
dedit eis mensuram de calceis. ‚in cuius calceos conveniet mensura, adduc eum mihi‘. illi

phjerdé sa o fóru, haj na araklé. aj jek phenél: ‚hájda vi kaj phurí‘. aj jek pendóŭ
obierunt totam urbem, et non invenerunt. et unus dicit: ‚eamus etiam ad vetulam‘. et unus dixit:

‚na žas, kə na j koník‘. ‚beš kothé, kə me žaŭ‘. haj dikľóŭ les, kə sovél, haj thoďóŭ e
‚ne eamus, nam non est quisquam‘. ‚mane hic, ego ibo‘. et vidit eum, quod dormit, et applicavit

məsúra kaj léskə khərə́. von akhardé les: ‚hájda k' o əmparátu!‘ ‚hájda!‘ vo tinďás péskə ek
mensuram ad eius calceos. illi appellarunt eum: ‚veni ad imperatorem!‘ ‚eamus!‘ ille emit sibi

mantáo bharí, haj ľas la pre péste, the na dekjón ol phaká, haj gəló k' o əmparátu. pušľóu
pallium magnum, et sumsit id in se, ut non viderentur alae, et ivit ad imperatorem. interrogavit

les əmparátu: ‚tu phjerdán kaj morə́ raklí?‘ ‚me phjerdóm‘. ‚ku če skópu phjerdán othí?‘ ‚me sə
eum imperator: ‚tu ivisti ad meam filiam?‘ ‚ivi‘. ‚cum quo consilio ivisti eo?‘ ‚ego est

the laŭ la‘. əmparátu pendóŭ: ‚ba! níči le la, kə me phabaró tumín and ol kanrə́‘. əm-
ut ducam eam‘. imperator dixit: ‚phui! non duces eam, nam ego comburam vos in spinis‘. im-

parátu porončisarďás pe péskə hargáci, haj tidí trin sténžini kanrə́. haj diné le jag, haj
perator mandavit suis servis, et collegerunt tres orgyias spinarum. et dederunt ignem, et

hulardé la telé, the šúden len 'd e jag. o rakló le əmparatósko rudisájľoŭ: ‚mekə́n amé,
demiserunt eam deorsum, ut ponerent eos in igne. filius imperatoris rogavit: ‚sinite nos,

the phénas ol očənášu'. vo penďás láko: ‚me kaná peró and ol čangá, tu the šos tu talá j
ut dicamus paternoster'. ille dixit ei (puellae): ‚ego quando procubuero in genua, tu insinua te sub

mantáo, haj the chutilés ma korátar, kə me vurjó túsa opré'. ľoŭ les palá j kor, haj
pallium, et amplectere me collo, nam ego volabo tecum sursum'. amplexa est eum in collo, et

šrubuisarďás ol phaká ságu, thaj uréjľas opré. peľás e mantáo. von diné puškó and e mantáo.
adstrinxit alas cito, et volavit sursum. decidit pallium. illi glandes miserunt in pallium.

vo uréjľoŭ. voj ďoŭ čingár: ‚mek tu telé, kə karáŭ le raklorós'. vo penďás: ‚rəbdisár!' vo
ille volavit. illa exclamavit: ‚demitte te deorsum, nam pariam infantem'. ille dixit: ‚perfer!' ille

uréjľas maj dur, haj mekľás pe telé and ek témplu plajésko, haj voj kərďóŭ le raklorós othé.
volavit longius, et demisit se deorsum in quoddam saxum in monte situm, et illa peperit infantem ibi.

voj penďás: ‚the kərés jag'. vo dikľás jag and ek mal dur. vo šrubuisarďás ol phaká pašá
illa dixit: ‚fac ignem'. ille vidit ignem in quodam campo longinquo. ille adstrinxit alas ad

péste, thaj uréjľoŭ kaj jag, haj ľoŭ ek amblál jagása, thaj aviľóŭ pálpalí. haj chukľóŭ ek
se, et volavit ad ignem, et sumsit caudicem cum igne, et venit retro. et resiluit

skənté pe phak, haj phabuľás e phak. kaná arəsľóŭ tal o plaj, peľóŭ e phak. haj vo šuľás
scintilla in alam, et combusta est ala. ubi venit sub montem, decidit ala. et ille proiecit

vi kodé avér. haj phjerďóŭ əmprežúr o plaj, haj n' aštílas the ənklél. haj avilés o dil léste,
etiam illam alteram. et ambulavit circum montem, et non poterat ascendere. et venit deus ad eum,

haj penďás: ‚so rovés?' ‚aj sar na rovó, kə me n' aštíl the ənkľáŭ and o plaj, kərďás
et dixit: ‚quid fles?' ‚ah quomodo non fleam, nam ego non potest fieri ut ascendam in montem, peperit

moré rají ek raklorós'. ‚so ďa ma, the ənkalávap tu and o plaj?' ‚so kamés, do tu'. ‚the des
mea uxor infantem'. ‚quid dabis mihi, si sustulero te in montem?' ‚quod vis, dabo tibi'. ‚si dabis

ma, so j túko maj drágo'. ‚do tu'. ‚the karás kontrátu'. kərdé kontrátu. o dil soŭľardó les,
mihi, quod est tibi carissimum'. ‚dabo tibi'. ‚faciamus pactum'. fecerunt pactum. deus sopivit eum,

thaj vi la, thaj əngarďóŭ le o dil kaj léste stáncie khərá kaj lésko dad, haj mekľóŭ le othí,
et etiam eam, et tulit eos deus in eius cubile domum ad eius patrem, et demisit eos ibi,

haj gəló thar. aj o rakloró rujáŭ. ašundé e várta, kə rakloró rovél and e stáncie. von gəlé,
et abiit. et infans vagivit. audivit custodia, quod infans vagit in cubili. illi iverunt,

thaj puterďóŭ o udár, haj prinžandé les, le raklós le əmparatósko, haj gəlé k' o əmparátu,
et aperuerunt ianuam, et cognoverunt eum, filium imperatoris, et iverunt ad imperatorem,

haj penďás le əmparatósko: ‚aviľás tu rakló, əmparáte'. ‚akarél le mánde'. avilé k' o əmpa-
et dixerunt imperatori: ‚venit tuus filius, imperator'. ‚vocate eum ad me'. venerunt ad impe-

rátu, ənkinisájle le əmparatósko. bešľ' ek šon. o rakloró bharó, kəllas péskə. gəľás o əmpa-
ratorem, inclinarunt se imperatori. manserunt unum mensem. filius magnus, ludebat sibi. ivit impe-

rátu haj e əmparatjása kaj kangərí, haj gəľás vi láti burí kaj kangərí. o dil aviľás, haj
rator et imperatrix in ecclesiam, et ivit etiam eius nurus in ecclesiam. deus venit, et

kərďás pe kalíku. o rakló le əmparatósko penďás le raklorésko: ‚le 'k poloníku sorokovéce,
fecit se mendicum. filius imperatoris dixit filiolo: ‚sume vas numorum,

thaj de le kalikós'. o kalíko penďóŭ: ‚na trebún ma, kə na j laší kodól sorokovéce: phe,
et da eos mendico'. mendicus dixit: ‚non opus sunt mihi, non sunt probi hi numi: dic,

the del ma tu dad, so žuruisarďás mánga'. o rakló əmparatósko choléjľou, haj ľoŭ e sábie
ut det mihi tuus pater, quod iuravit mihi'. filius imperatoris iratus est, et sumsit ensem

and o vast, haj gəľóŭ ko͡a phuri, the šinél les. o phurú ľas e sábie andá lésko vast, haj
in manum, et ivit ad senem, ut occideret eum. senex sumsit ensem in suam manum, et

penďás: ‚the des man, so žuruisarďás mángə, kə mángə žuruisarďás le raklorós, žanés, kaná
dixit: ‚da mihi, quod iurasti mihi, nam mihi iurasti infantem, scis, quando

rovés tal o plaj'. ,me do tu loví, kə na daŭ le raklorós'. o dil chutildás le raklorós š-
fles sub monte'. ,ego dabo tibi pecuniam, non dabo infantem'. deus prehendit infantem ca-
réstar, haj pésko dad pənréndar, haj cərdenas. aj o dil sindóŭ (les) ek paš le raklorós. ,túkə
pite, et eius pater pedibus, et trahebant. et deus secuit (eum) in dimidio infantem. ,tibi
ek paš, thaj mángə ek paš'. ,kaná šindĺán les, man na trebúl ma, le les túkə'. o dil
unum dimidium, et mihi unum dimidium'. ,quoniam secuisti eum, mihi non opus est, sume eum tibi'. deus
ľas les, haj gəľás avrí, haj thodĺóŭ les kajthán, haj sastiľóŭ, haj žudiľóŭ. ,ále les akaná túkə'.
sumsit eum, et ivit foras, et posuit eum una, et sanatus est, et revixit. ,sume eum nunc tibi'.
kə o dil šindás léskə bezechá.
nam deus abscidit eius peccata.

---

3. Für *léste* erwartet man *len, le.*
25. *puterdóŭ les,* wohl *len,* weil *štachéturi* plur. ist.
27. *ľoŭ les pála j kor* etwa: nahm ihn um den Hals, umarmte ihn.
30. *voj gəľí bharí* vergl. serb. ne bi l' ljuba trudna zahodila.
67. *poloníku sorokovéce* ein Schöpflöffel voll Zwanziger.
70. *andá lésko vast* statt *andá pésko vast.* Weiter unten: *pésko dad* für *lésko dad.*
71. In *kaná rovés* erwartet man das Imperfect *rovésas.*

IX. Die überwundene Amazone.

Sas ek manúš čoró, haj sach les štar raklé. aj von gəlé, the služən, haj gəlé kaj ek raj,
Erat quidam homo pauper, et erant ei quatuor filii. et illi iverunt, ut servirent, et iverunt ad quemdam dominum,
the 'mblətín tritó mertíko. thaj von kəštigəsardĺí po deš korúc, th' angardé kaj péngo dad. ,nu,
ut triturarent tertium modium. et illi demeruerunt denos modios, et attulerunt ad suum patrem. ,age,
dáde, cha. kə 'me járə žása, the služisarás'. haj járə gəlé kaj ek raj, the del le po 'k
pater, ede. nam nos iterum abibimus, ut serviamus'. et iterum iverunt ad quemdam dominum, ut daret illis singulos
grast p' o bərš. aj o maj cəgnó bušúlas Trópsən, haj thodĺóŭ les o raj herdeležíŭ. aj ek
equos in annum. et natu minimus appellabatur Tropsən, et constituit eum dominus equarium. et
grazní kərdĺóŭ ekhé khurés, haj kodó khuró pendĺás: ,Trópsən! the lés ma man. akaná ənklistóŭ
equa fecit unum pullum, et ille pullus dixit: ,Tropsən! sume me. nunc elapsus est
o bərš'. pendĺás o raj: ,len tumíngə grast'. aj kodol trin liné péngə grast laší, aj o Trópsen
annus'. dixit dominus: ,sumite vobis equos'. et illi tres sumserunt sibi equos bonos, sed Tropsen
pendóŭ: ,de ma, ráje, kakalés khuroró'. aj o raj pendĺás: ,so kəré lésa? kə j cənonó'. ,mek avel
dixit: ,da mihi, domine, hunc pullum'. et dominus dixit: ,quid facies eo? nam est parvus'. ,sit
cənonó'. o Trópsen ľoŭ les, thaj gəló thar. aj kodó khuró pendĺóŭ: ,meg ma, Trópsen, the žaŭ kaj
parvus'. Tropsen sumsit eum, et abiit. et ille pullus dixit: ,sine me, Tropsen, ut eam ad
moré dĺij, the peŭ čučí'. haj mekľóŭ les, thaj gəľóŭ kaj péste dĺij, thaj aviľás palpalí ek
meam matrem, ut sugam mammam'. et sivit eum, et ivit ad suam matrem, et venit retro
grast, kə j lúme pharavélas. ,akaná ənklí pre mándi'. th' anklištóŭ pe léste, thaj vuréjľoŭ.
equus, ut mundus perterreretur. ,nunc ascende in me'. et ascendit in eum, et volavit.
arəsľás péskə pralín. aj pušlé les ol pral: ,kathár ľan kodolé grastés?' ,mudardĺóm jekhé
consecutus est suos fratres. et interrogarunt eum fratres: ,unde sumsisti istum equum?' ,occidi quemdam
ras, thaj ľom kadalé grastés'. ,hájdan zorés, the našás'. rəsľóŭ le ŕet p' ek mal, aj diklí
dominum, et sumsi hunc equum'. ,eamus fortiter, ut effugiamus'. oppressit eos nox in quodam campo, et viderunt

and e mal ek zarí jagatí. von gəlé kaj kodé záre. othé sas ek phurí. aj kodé phurí sas
in campo splendorem ignis. illi iverunt ad illum splendorem. ibi erat quaedam vetula. et illa vetula erat

čochaí, haj sas la štáre raklé. haj von gəlé othí, haj gəlé and o khər, haj pendás o Trópsen:
maga, et erant ei quatuor filiae. et illi iverunt illuc, et iverunt in domum, et dixit Tropsen:

‚laší ratí!‘ ‚naís túkə!‘ ‚prijmína ma, the ratarás?‘ ‚me na žanáŭ, kə na j morí dij khəré,
‚bona nox!‘ ‚gratiae tibi!‘ ‚excipitis nos, ut pernoctemus?‘ ‚ego nescio, nam non est mea mater domi,

aj kaná avéla e dij khəré, prijmíla tumé‘. avilás láti dij khəré. ‚so kamín tumé, rakláleʔ‘
et quando veniet mater domum, excipiet vos‘. venit eius mater domum. ‚quid vultis vos, iuvenes?‘

‚avilán, the logodisarás le raklán‘. ‚mištóŭ‘. lašardóŭ léngə pe phu, le šərésa k' o prágu,
‚venimus, ut nobis posceremus uxores puellas‘. ‚bene‘. lectum stravit eis in terra, cum capite ad limen,

aj ol raklé le šəré k' o fúndu. aj e phurí askucəsardóŭ e sábie, the šinél lengo šəró. aj o
et filiae capita ad fundum. et vetula acuit gladium, ut caederet eorum capita. et

Trópsen lóŭ ol kúžme kathár léskə pral, haj thodóŭ le and ol šəré le raklángo. aj e phurí
Tropsen sumsit pileos a suis fratribus, et posuit eos in capitibus puellarum. et vetula

uštilóŭ, haj se pipílas e kúžma, thaj se šínla o šəró, haj šindás péskə raklán. o Trópsən
surrexit, et continenter palpabat pileos, et continenter secat capita, et occidit suas filias. Tropsen

uštilás, haj tradás péskə pralín avrí. ‚haj, žan thar!‘ aj vo uštilás, o Trópsən, haj sas la
surrexit, et duxit suos fratres foras. ‚agite, abite!‘ et ille surrexit, Tropsen, et erat

phuré jek čeriklí somnakuní and e klítka. aj Trópsən pendóŭ le grastéskə: ‚me lo ek por
vetulae quaedam avis aurea in cavea. et Tropsen dixit equo: ‚ego sumam unam pennam

and e čeriklí‘. aj o grast pendóŭ: ‚na li!‘ ‚ba, me lo‘. haj vo las ek por, haj thodóŭ les
de ave‘. et equus dixit: ‚ne sume!‘ ‚hui, ego sumam‘. et ille sumsit unam pennam, et inseruit eam

and e pusətí, haj ənkliští pe péngə grast, thaj gəlé thar. haj gəlé and ek fóru. othé sas ek
in saccum, et ascenderunt in suos equos, et abierunt. et iverunt in quamdam urbem. ibi erat quidam

raj bharó, gráfu, haj puslóŭ len: ‚kaj phjerín?‘ ‚amé phjerás kaj slúžba‘. ‚no, avén mándi
dominus magnus, comes, et interrogavit eos: ‚quo itis?‘ ‚nos imus in servitium‘. ‚agite, venite ad me

kaj služína‘. aj kodó raj sas ənkə tərnahár. von gəlé léste, haj dóŭ les slúžba: jekhés dóŭ
in servitium‘. et ille dominus erat adhuc caelebs. illi iverunt ad eum, et dedit illis servitium: unum constituit

k' ol grast, aj jəkhés dóŭ k' ol gurú, aj jekhés dóŭ k' ol balí, aj o Trópsən thodóŭ les vizitéu.
ad equos, et unum constituit ad boves, et unum constituit ad sues, et Tropsen constituit aurigam.

vo thólas ratí o por and e peréte, haj phabólas sar e mumelí. aj léskə pral cholëjli, haj gəlé
ille ponebat noctu pennam in pariete, et lucebat ut cereus. et eius fratres irati sunt, et iverunt

k' o ráju. ‚ráje, sən ek por kóa Trópsən, kə na trebúl tu mumelí—somnakuní‘. o raj
ad dominum. ‚domine, est quaedam penna apud Tropsen, ut non opus sit tuus cereus — aurea‘. dominus

akhardóŭ: ‚Trópsən, aŭ urdí. an ta mándi o por‘. o Trópsən andóŭ les, haj dóŭ les
vocavit: ‚Tropsen, veni huc. adfer mihi pennam‘. Tropsen attulit eam, et dedit eam

kóa raj. o raj maj mištóŭ ənkərlach les. aj léskə pral gəlé kóa raj, haj pendé le ráskə:
domino. dominus melius habebat eum. et eius fratres iverunt ad dominum, et dixerunt domino:

‚ráje, pendás o Trópsən, k' anéla la čeriklé žudí‘. o raj akhardóŭ le Tropsés. ‚Trópsən, the
‚domine, dixit Tropsen, quod adferet avem vivam‘. dominus vocavit Tropsen. ‚Tropsen,

anés mángə la čeriklé, kə, the n' ané, šináp tu šəró‘. vo gəlás kóa grast. ‚so the kəráŭ,
adfer mihi avem, nam, si non adferes, secabo tuum caput‘. ille ivit ad equum. ‚quid faciam,

grastá? kə pendóŭ o raj, th' anáŭ le čeriklé‘. ‚na dará, Trópsən, anklí pre mándi‘. th'
eque? nam dixit dominus, ut adferam avem‘. ‚ne time, Tropsen, ascende in me‘. et

anklistás p' o grast, thaj gəlás kaj phurí‘. aj pendás lésko grast: ‚de tu p' o šəró, haj
ascendit in equum, et ivit ad vetulam‘. et dixit ei equus: ‚circumage te in caput, et

39*

kərďuve pišón, haj šúthu ánda láko bərk, thaj the chas la, haj šúdela o gad pre a péste, haj
fies pulex, et insinua te in eius sinum, et morde eam, et faciet indusium de se, et

tu the žas, the les la čeriklé'. haj vo ľoŭ la čeriklé, thaj gəló thar ko͡a raj. o raj thodóŭ
tu i, ut sumas avem'. et ille sumsit avem, et abiit ad dominum. dominus fecit

les ľokáj. aj sas and e Dúnere ek rají, raklí, haj voj kurké ənklélas p' o paí la luntrjása.
eum pedisequum. et erat in Danubio quaedam domina, caelebs, et illa dominica exibat in aqua cum lintre.

aj léskə pral gəlé ko͡a raj, haj pendé: ,ráje, ləudisájľas o Trópsən, k' anéla la ráje and
et eius fratres venerunt ad dominum, et dixerunt: ,domine, iactavit Tropsən, quod adducet dominam e

o fúndu la Dunerjáko'. ,Trópsən, aŭ urdé. so ləudisájľan, k' ané mánga la ráje?' ,me na
fundo Danubii'. ,Tropsən, veni huc. quid iactasti, quod adduces mihi dominam?' ,ego non

ləudisájľom'. ,músa j, the anés la mángə, kə šináp tu šəró'. vo gəľás ko͡a grast. ,so the
iactavi'. ,necesse est, ut adducas eam mihi, nam secabo tuum caput'. ille ivit ad equum. ,quid

kəráŭ, grásta? kə dekə́t the anáŭ la'. aj o grast pendás: ,na dará, the del tu dəšudúj
faciam, eque? nam utique adducam eam'. et equus dixit: ,ne time, det tibi duodecim

morté thaj polubóku ricíj, thaj the thos pre mándi, thaj the kərə́l túkə ek korábie cənoní, na
pelles et dolium picis, et pone in me, et faciat tibi navem parvam, non

bharí, thaj the del fel de fel pimáta and e korábia, haj tu the garavés palá udár, haj
magnam, et det varia potulenta in navem, et te absconde post ianuam, et

voj avéla, haj péla raťíje, thaj matóla, haj sovéla, haj tu the chutíles la,
illa veniet, et bibet vinum e frumento factum, et inebriabitur, et dormiet, et tu rape eam,

thaj the 'nklés pre mándi lása, haj me prastó khəré'. o grast prastaľóŭ khəré ži ko͡a raj,
et ascende in me cum ea, et ego curram domum'. equus cucurrit domum usque ad dominum,

haj doŭ la ko͡a raj and e aulín. o raj pandadóŭ ol udará, haj thodás várta kaj ferjásta,
et dedit eam domino in castello. dominus clausit ianuas, et constituit custodiam ad fenestram,

thə na naššə́l. kə voj sas səlbátiko. kamľás o raj, the sovə́l lása. voj na kamə́l. ,the ánna
ne fugiat. nam illa erat indomita. voluit dominus, ut dormiret cum ea. illa non vult. ,adducant

moré herdelíje le grastínde, me sovó túsa: kon andás man, the anén vi moré grastén'. o raj
meum gregem equorum, ego dormiam tecum: qui adduxit me, adducat etiam meos equos'. dominus

pendóŭ: ,Trópsən, the anés le grastén'. o Trópsən gəľás ko͡a grast. ,so the kəráŭ, grastá?
dixit: ,Tropsən, adduc equos'. Tropsən ivit ad equum. ,quid faciam, eque?

kə dekə́t the anáŭ le grastín and e Dúnere'. ,hájda mánca, na dará'. kaná gəľóŭ kaj Dúnere, o grast
nam utique adducam equos e Danubio'. ,veni mecum, ne time'. ubi venit ad Danubium, equus

chukľóŭ and e Dúnere, haj ľas la mátka ko͡amátar, thaj ankaladóŭ la avrí, haj o Trópsən
insiluit in Danubium, et cepit matrem equorum iuba, et eduxit eam foras, et Tropsən

chutildóŭ la, th' ankliššóŭ pə láte, thaj prastaľóŭ, aj se j hərdilíja ənklistóŭ, haj prastalóŭ pála j
prehendit eam, et ascendit in eam, et cucurrit, et totus grex exiit, et cucurrit post

e mátka ži khəré and e ográda ko͡a raj. voj doŭ čingáŕ p' ol grast: ,aššən!' o raj kamə́l the
matrem domum in aulam ad dominum. illa exclamavit ad equos: ,consistite!' dominus vult

sovə́l lása. voj phenə́l: ,the dušə́l moré grazňán, thaj kaná najuvé ánda kodó thud, apój me sovó
dormire cum ea. illa dicit: ,mulgeat meas equas, et ubi te laveris in eo lacte, tum ego dormiam

túsa'. das čingár o raj: ,Trópsən, duš le grazňán!' aj o Trópsən gəľás kaj o pésko grast.
tecum'. exclamavit dominus: ,Tropsən, mulge equas!' et Tropsən ivit ad suum equum.

,so the kəráŭ, grastá? sar dušó le grazňán?' ,na dará, kə me lo la ko͡amátar, aj tu
,quid faciam eque? quomodo mulgebo equas?' ,ne time, nam ego prehendam eam iuba, et tu

duš; na dará.' aj vo dušľóŭ ek kakaví pherdí. aj e rají pendóŭ: ,kərə́n jag, the tirjól
mulge; ne time.' et ille mulsit unum ahenum plenum. et domina dixit: ,facite ignem, ut ferveat

o thud'. haj kərdé jag, haj o thud ťirjúl. akaná pendľóŭ e rají: ‚kon dušľóŭ le grazňán,
lac'. et fecerunt ignem, et lac fervet. nunc dixit domina: ‚qui mul sit equas,

the najól and o thud'. aj o raj pendľóŭ: ‚Trópsən, že, haj najú and o thud'. vo gəľás kóŭ
lavet se in lacte'. et dominus dixit: ‚Tropsən, i, et lava te in lacte'. ille ivit ad

grast. ‚so the karáŭ, grastá? kə me the najuvó, apój me meráŭ'. o grast pendľás: ‚na dará,
equum. ‚quid faciam, eque? nam ego si lavero me, tum ego moriar'. equus dixit: ‚ne time,

the 'ngəréz ma man kaj kakaví, haj me kaná phurdó p' o nak, haj me mekó žéru'. andľóŭ
adduc me ad ahenum, et ego ubi flavero per nasum, ego emittam frigus'. duxit

le grastés, o grast phurďás p' o nak, h' ašiľóŭ o thud númaj tató. atúnč vo chukľóŭ and e
equum, equus flavit per nasum, et factum est lac tantum calidum. tum ille insiluit in

kakaví, haj so sas de šukár, ə́nkə maj šukár ənklistóŭ. kaná ənklistóŭ avrí, o grast
ahenum, et quantum erat pulcher, adhuc pulchrior exiit. ubi exiit foras, equus

phurdóŭ p' o nak, haj mekľóŭ e jag and e kakávi, haj ťiriľóŭ o thud járə. aj e rají
flavit per nasum, et immisit ignem in ahenum, et ferbuit lac iterum. et domina

pendľóŭ le ráskə: ‚že vi tu, haj najú and o thud, apój me žuvó túsa'. o raj gəľóŭ kaj
dixit domino: ‚i etiam tu, et lava te in lacte, tum ego vivam tecum'. dominus ivit ad

kakávi, haj pendľóŭ: ‚Trópsən, an moré grastés'. andľóŭ o Trópsən léskə grastés. o grast
ahenum, et dixit: ‚Tropsən, adduc meum equum'. adduxit Tropsən eius equum. equus

durál choroisarďóŭ. o raj chukľóŭ and e kakávi. númaj ol kókala zuruisarďí and o
e longinquo fremuit. dominus insiluit in ahenum. nonnisi ossa visa sunt in

fúndu la kakavéko. atunče rají doŭ čingár: ‚aŭ urdé, Trópsən, tu san moró raj, thaj
fundo aheni. tum domina exclamavit: ‚veni huc, Tropsən, tu es meus dominus, et

me ti rají.'
ego tua domina.'

2. *tritó mertíko* so dass der dritte Theil den Dreschern als Lohn gegeben ward.
15. Für *ma* erwartet man *me* nos.
17. Statt *aviľán* sollte *aviľám* stehen.
19. Für *léskə* wäre richtig *péskə*.
20. *šəró* vielleicht collectiv.
36. *šúthu* aus *šud tu*.
49. *anén* statt des richtigen *anél*.

X. Fecfrumos.

Sas ek rají phiulí, haj sas ľ ek rakló. haj mardás péste angrustí and o pəréte,
Erat quaedam domina vidua, et erat ei unus filius. et defixit suum annulum in pariete,

haj pendóu: ‚dáli! kaná žála rat and e angrustí, apój me som muló'. haj ľas pe,
et dixit: ‚mater! quando fluet sanguis ex annulo, tum ego sum mortuus'. et commovit se,

haj gəló thar. aj vo bušólas Pétri Fécfrumos. gəľás p' o drum, h' anklistás o zméu
et abiit. et ille appellabatur Petrus Facie formosus. ivit in via, et venit draco

šóvə šərénca. aj vo ľas péste sábie, haj šindľóŭ les, haj kərdóŭ šoŭ gromédz ándra léste,
cum sex capitibus. et ille arripuit suum gladium, et occidit eum, et fecit sex acervos ex eo,

haj thoďóŭ ek stjágu loló, haj gɘľóŭ maj anglí, th' anklistóŭ jek ďešudóŭ šɘrénca. haj
et infixit signum rubrum, et ivit porro, et venit unus cum duodecim capitibus. et

vo ľas péste sábie, haj šinďás vi kodolés, haj kɘrďás ďéšudúj grɘmédz, haj thoďás ek
ille arripuit suum gladium, et occidit etiam illum, et fecit duodecim acervos, et infixit

stjágu kaló, haj gɘló maj anglí. haj anklistás jek bíš-thaj-štár šɘré. haj šinďás vi
signum nigrum, et ivit porro. et venit unus cum viginti quatuor capitibus. et occidit etiam

kodolén, haj kɘrďás bíš-thaj-štár grɘmédz, haj thoďás stjágu parnó. éta, kɘ čorďí ol zmɘ̆i la
eum, et fecit viginti quatuor acervos, et infixit signum album. ecce, rapuerunt dracones

raklé le ɘmparatóskɘre — ďéšudúj zmɘ̆i sas — haj pandaďé la and e aulín, haj von džánas,
filiam imperatoris — duodecim dracones erant — et incluserunt eam in castello, et illi ibant,

thaj márnas pe de tehára ži k' o mesméri: kon avéla maj zuralí, kodó léla la raklé. aj
et pugnabant a mane usque ad meridiem: qui erit fortissimus, is ducet puellam. et

lésti dej penďás léskɘ: ,kaná žas, the n' al tu mórte vojnikósthar, aj the‿al tu mórte
eius mater dixit ei: quoniam is, non erit tua mors ab heroe, sed erit tua mors

kalikósthar'. aj vo rɘsľás kaj kodé aulín, haj dikľás la raklé pa j ferjásta, haj vo
ab homine manco'. et ille venit ad illud castellum, et vidit filiam ad fenestram, et ille

pušľás la: ,so kɘrés kothí?' ,man chutilďé ma ol zmɘ̆i, thaj pandaďé ma kathí'. ,aj von
interrogavit eam: ,quid agis istic?' ,me rapuerunt dracones, et incluserunt me hic'. ,et illi

kaj gɘlí?' ,von gɘlí, the marɘ́m pe vaš mángɘ'. ,aj von kaná avén khɘré?' ,koa͡ mesméri
quo iverunt?' ,illi iverunt, ut pugnarent propter me'. ,et illi quando venient domum?' ,ad meridiem

avén, the chan; thaj šúden le buzduganósa, haj malál and e bráma, the avél o chabé
venient, ut edant; et iacient, clavam, et feriet in portam, ut sit cibus

gáta.' vo puterďás o udár, haj gɘľás láte ándrɘ. ol zmɘ̆i šúde le buzduganósa, haj maladén
paratus'. ille aperuit ianuam, et ivit ad eam intus. dracones iaciunt clavam, et pulsarunt

and e pórta, haj vo ľas o buzdugánu, haj kaná šuďás pálpalí, saŭrén mudarďás. ,akaná
in portam, et ille sumsit clavam, et ut iecit retro, omnes occidit. ,nunc

na dará, kɘ mulé'. vo ľás la raklé le ɘmparatóskɘrɘ. aj ɘmparátu ašunďás, kɘ ľas la ol
ne time, nam mortui sunt'. ille duxit filiam imperatoris. et imperator audivit, quod rapuerunt eam

zmɘ̆i, la raklé, haj penďás o ɘmparátu: ,kon ankalál la kat ol zmɘ̆i, kodó the lel la'.
dracones, filiam, et dixit imperator: ,qui liberabit eam a draconibus, is ducat eam'.

ɘmparátu na žanglás, kɘ ľas la o Pétri o Fécfrumos, vo gɘndisarďás, kɘ ol zmɘ̆i liné
imperator non scivit, quod duxit eam Petrus Facie formosus, ille putavit, quod dracones rapuerant

la. aj sas jek Čutílla bivastésko, haj gɘľás koa͡ ɘmparátu. ,me, ɘmparáte, áno la raklé
eam. et erat quidam Čutilla sine manibus, et ivit ad imperatorem. ,ego, imperator, adducam filiam

kat ol zmɘ̆i'. ,nu, the ané la, tirí avéla'. haj vo (Čutílla) gɘľás koa͡ Petri Fécfrumos. haj
a draconibus'. ,age, si adduces eam, tua erit'. et ille (Čutilla) ivit ad Petrum Facie formosum. et

loŭ les e ret, haj nas, kaj sovél, haj šuťás pe and e kotécu gaiňángu. tehára uštiľás o
oppressit eum nox, et non erat, ubi dormiret, et insinuavit se in chortem gallinarum. mane surrexit

Pétri Fécfrumos, haj thólas pe p' o muj, haj dikɘ́las pe e ferjásta. aj o Čutílla ɘnklisťóŭ
Petrus Facie formosus, et lavabat se in facie, et spectabat se in fenestra. et Čutilla exiit

and o kotécu, haj dikľóŭ les o Petri Fécfrumos. ,kadalésthar i moré moa͡rte'. aviľás o Čutílla
e chorte, et vidit eum Petrus Facie formosus. ,ab hoc est mea mors'. venit Čutilla

ándrɘ, haj penďás: ,laší tehára, Pétri Fécfrumos!' ,naís, Čutílla!' ,no, Pétri Fécfrumos
intus, et dixit: ,bonum mane, Petre Facie formose!' ,gratias, Čutilla!' ,age, Petre Facie formose,

de ma la raklé le ɘmparatóskɘre'. vo penďás: ,me na daŭ'. vo ľas les korátar, haj
da mihi filiam imperatoris'. ille dixit: ,ego non dabo.' ille prehendit eum collo, et

thodĺás léško šəró k' o prágu. ,de me, Pétre Fécfrumos, la raklé, kə šindáp ti kor'.
posuit eius caput in limine. ,da mihi, Petre Facie formose, puellam, nam abscindam tuum collum'.

,makár šin la, kə me na daŭ'. o Čutílla šindĺás léste kor, thaj ĺas la raklé, haj
,licet abscindas id, ego non dabo'. Čutilla abscidit eius collum, et duxit puellam, et

gəló thar. astardĺás the žal rat and e angrustí. léste dij dikĺás. ,akaná moró rakló
abiit. coepit fluere sanguis ex annulo. eius mater vidit. ,nunc meus filius

muló'. voj gəĺás palá léste, the ródel les. h' arəsĺás koa fánu o loló. léste dej pendĺás:
mortuus est'. illa ivit post eum, ut quaereret eum. et venit ad signum rubrum. eius mater dixit:

,kathár gəló moró rakló'. gəĺás maj anglí, h' arəsĺás koa fánu o kaló. ,kathár gəĺás
,hac ivit meus filius'. ivit porro, et venit ad signum nigrum. ,hac ivit

moró rakló'. gəĺás maj anglí, h' arəsĺás koa fánu (o) parnó. ,kathár gəĺás moró rakló'.
meus filius'. ivit porro, et venit ad signum album. ,hac ivit meus filius'.

arəsĺás koa auliná, arakĺás péskə raklés šindó, haj duj sap čárnas o rat. aj voj maladóŭ
venit ad castella, invenit suum filium occisum, et duo serpentes lambebant sanguinem. et illa percussit

jekhés sapés, thaj muĺóŭ, haj kukó 'ver sap andĺás ek patrín and o muj, thaj phjerdĺás
unum serpentem, et mortuus est, et ille alter serpens attulit folium in ore, et ivit

paš o sap, thaj uštiĺás vi kodó. aj rají dikĺás, haj maladĺás vi kodolés, haj ĺas e patrín,
prope serpentem, et surrexit etiam ille. et domina vidit, et occidit etiam hunc, et sumsit folium

haj thodĺóŭ o šəró péskə rakléško pálpalé koa trúpu, haj doŭ ko la patrinósa, haj uštiĺóŭ.
et posuit caput sui filii iterum ad truncum, et tetigit cum folio, et surrexit.

,dáli! ,pharés sovós'. ,sutánas de več, the na 'viĺómas mi'. ,dáli! me žaŭ kaj moré
,mater! graviter dormiebam'. ,dormisses in aeternum, si non venissem ego'. ,mater! ego ibo ad meam

rají'. ,na ža, chálłoj dij!' ,ba, me žaŭ, dáli!' ,kaná žas, the ažutíl túkə dil!' vo gəĺás, haj
dominam'. ,ne i, deliciae matris!' ,heu, ego ibo, mater!' ,si ibis, adiuvet te, deus!' ille ivit, et

gəĺás vórtha koa Čutílla, haj ĺas le Čutillás, haj šindóŭ les se kotoricá, se po 'k cəra,
ivit recta ad Čutillam, et arripuit Čutillam, et concidit illum totum in frusta, unum quodque parvum,

ži kaj šindóŭ les se, haj šudóŭ les k' ol žukóĺ, haj chalé les, haj ĺas vo la raklé le
quoad concidit eum totum, et proiecit eum canibus, et devorarunt eum, et duxit ille filiam

'mparatóskəre, haj gəĺás k' o əmparátu lása, haj pendĺás e raklí: ,dádi! kodó 'nkaladĺás
imperatoris, et ivit ad imperatorem cum ea, et dixit puella: ,pater! hic liberavit

ma kat ol zmíji'. əmparátu kununisardóŭ le, haj kərdóŭ les krúlu, thaj žúven, poate vi
me a draconibus'. imperator matrimonio iunxit eos, et fecit eum regem, et vivunt, fortasse etiam

akaná žúven.
nunc vivunt.

---

8. *kodolén* ist plur. acc., daher ea (capita): man erwartet *kodolés* eum (draconem).

12. *pa j* für *pe j.* In Siebenbürgen lautet die rumun. Praeposition gewöhnlich pa für pe: pa lume.

13. *man chutildé ma* rumun. m' aŭ prins pe mine. Vergl. unten: *ĺas la ol zməi, la raklé.* Das Pronomen wird sehr häufig wiederholt.

21. *liné la* rapuerunt eam, et nunc habent.

37. *doŭ ko la patrinósa* sie berührte mit dem Blatte wie rum. aŭ dat ku frunza, so dass ko dem ku entspräche.

89. *chaltoj dij* deliciae matris wird erklärt durch *chal to j dij* d. i. edit te mater. wie etwa: jemand zum fressen gern haben.

XI. Die bestrafte Mutter.

Sas ek rakló əmparatósko, thaj gəlóu kaj polováñe. haj desparcisájlo kat' ol puškáša
Erat quidam puer regius, et ivit ad venationem. et discessit a venatoribus
kórkoro. aj and ek stógu sas ek raklorí. vo naklás paš o stógu. h' ašəndóu, kə cəpíl. vo
solus. et in quadam meta erat puella. ille praeteriit metam. et audivit, quod plorat. ille
lás kodolá raklorá, h' angardás la khərí. ,dik. dále, so araklóm!' léste dij das la and e
sumsit illam puellam, et adduxit eam domum. ,ecce, mater, quod inveni!' eius mater dedit eam in
bukaterije kaj kuchárka, the hrənil la. hrənisardóu la déšudúj bərš. e əmparatjása uradóu
culinam ad coquam, ut nutriret eam. nutriit eam duodecim annos. imperatrix vestivit
la šukár, haj šutóu la and e avlín, the thou and e meséle. o rakló le əmparatósko kamlóu
eam pulchre, et constituit eam in palatio, ut poneret in mensa. puer regius amavit
la, kə voj sas šukár, kə nas and e lúme šukár sar voj. o rakló le əmparatósko kamlóu
eam, nam illa erat pulchra, ut non esset in mundo pulchra ut illa. filius regius amavit
pe lása trin bərš. aj əmparatjása na žanglóu. de la vréme pendóu: ,me ənsorúu ma,
se cum ea tres annos. et imperatrix non scivit. quodam tempore dixit: ,ego uxorem ducam,
dále!' ,kaj savó əmparátu kaméz?' ,me kamáu, the lau kodolá, kaj thol and e meséle'. ,na
mater!' ,apud quem imperatorem vis?' ,ego volo, ut sumam eam, quae ponit in mensa'. ,ne
la, chal to j dij!' ,me the na lo la, meráu'. ,le la'. haj lou la, kununisájlou lása. h'
sume, deliciae matris!' ,ego si non sumo eam, morior'. ,sume eam'. et sumsit eam, copulatus est cum ea. et
avilás porónka, the žal and e batalíje. la meklás la pharí. əmparatjása akhardás duj
venit mandatum, ut iret in bellum. eam reliquit gravidam. imperatrix vocavit duos
minístruri. ,əngərén la and o voš, thaj mudarén la, thaj anén mángə o jilú ándra láte
ministros, ,ducite eam in silvam, et occidite eam, et adferte mihi cor ex ea
th' o naj o cəgnó'. liné la and e bríčka, h' angardé la and o voš. palá lénde gəlás ek
et digitum parvum'. sumserunt eam in currum, et vexerunt eam in silvam. post eos ivit
cénko. h' angardé la and o voš, haj kamlé, the sinél la. aj voj pendás: ,na šinén ma, kə
catellus. et advexerunt eam in silvam, et voluerunt, ut occiderent eam. at illa dixit: ,ne occidite me, nam
me ənkərdóm tumé mištó'. ,apój so kərása, the əngarása o jilú?' ,šinén le cənkós, kə lésko
ego habui vos bene'. ,igitur quid faciamus, ut adferamus cor?' ,mactate catellum, nam eius
jilú sar le manušəsko, thaj šinén moró naj o cəgnó'. šindé le cənkós, thaj šindé o naj
cor uti humanum, et deputate meum digitum parvum'. mactarunt catellum, et deputarunt digitum
o cəgnó, haj liné o jilú and o cénko. haj voj čingardóu: ,ťiden mángə kašt, haj kərén mángə
parvum, et sumserunt cor e catello. et illa clamavit: ,colligite mihi ligna, et facite mihi
jag, haj kušén o téju, haj kərén mángə kolíba'. kərdé lákə kolíba, haj kərdé lákə jag, haj
ignem, et decorticate tiliam, et facite mihi casam'. fecerunt ei casam, et fecerunt ei ignem, et
gəlé thar khərí, əngərdóu o jilú th' o naj o cəgnó. voj kərdás ekhé raklorés and o voš.
abierunt domum, attulerunt cor et digitum parvum. illa peperit unum filium in silva.
avilás o dil th' o sem Pétri, haj boldóu les, haj dərusardás léskə o dil ek púškə, the avél
venit deus et sanctus Petrus, et baptizarunt eum, et donavit ei deus sclopetum, ut fieret
puškáš: sóden dikéla, the del le púškə, haj thodé lésko anáu Səlvəstru. aj o dil kərdás
venator: quaecunque videret, occideret ea sclopeto, et indidit ei nomen Silvester. et deus fecit

and e kolíba khər, thaj jag na maj mérlas. haj ďas len o dil ek manró: se chánas,
e casa domum, et ignis non amplius moriebatur. et dedit eis deus quemdam panem: semper edebant,

thaj na maj fəršónas. kodó rakloró bariľás bharó, haj ľas e púška and o vast, haj gəľás
et non amplius finiebatur. hic puer crevit magnus, et sumsit sclopetum in manum, et ivit

and o voš, haj, so dikəlas, əmpuštílas, ánlas péskə dáka, thaj chánlas. pjerindój ánda
in silvam, et, quae videbat, occidebat, ferebat suae matri, et edebant. ambulans in

o voš ďas p' ol aŭliná le zməuningə, haj beššlas anglá o udár. aj ol zmši avénas k'
silva incidit in palatia draconum, et sedebat ante portam. et dracones veniebant in

o mezméri khərə́. vo dikľóŭ le durál ďešujék, haj ďóŭ le puškə́ ďešujék, aj jekhə́s zulisarďóŭ.
meridie domum. ille vidit eos e longinquo undecim, et occidit sclopeto undecim, at unum torpore hebetavit.

haj ľoŭ les, thaj angarďóŭ les and e aŭlín, haj pandaďóŭ les and ek kəmára, haj gəľás
et sumsit eos, et tulit eos in palatium, et inclusit eos in cella, et ivit

kaj péste dij, haj penďás: ‚hájda, dále, mánca!‘ ‚kaj the žaŭ, chal to j dìj?‘ ‚hájda
ad suam matrem, et dixit: ‚veni, mater, mecum!‘ ‚quo eam, deliciae matris?‘ ‚veni

mánca, kaj əngəró tu.‘ gəľóŭ lésa k' ol aŭliná. ‚ále túkə, dále, ďešudúj kej: ánda sékom
mecum, quo ducam te.‘ ivit cum eo ad palatia. ‚sume tibi, mater, duodecim claves: in quamlibet

kəmára the pjerés, aj and e kətjé kəmára the na pjerés‘. vo gəľás and o voš, the əmpuštíl.
cellam eas, sed in hanc cellam ne eas‘. ille ivit in silvam, ut venaretur.

voj penďás: ‚sóstar moró rakló penďás, the na pjeráŭ katjé? aj me žo, the dikáŭ, so sə
illa dixit: ‚cur meus filius dixit, ut non irem huc? at ego ibo, ut videam, quid sit

othí‘. puterďás e kəmára. o zméu pušľás la: ‚the san raklí, the avés mángə phen; aj the
ibi‘. aperuit cellam. draco interrogavit eam: ‚si es virgo, fias mihi soror; sed si

san romní, the avés mángə romní‘. ‚me som romní‘. ‚apój the avés mángə romní‘. ‚avó
es uxor, fias mihi uxor‘. ‚ego sum uxor‘. ‚igitur fias mihi uxor‘. ‚fiam

túkə, aj avé p' o čečepí?‘ ‚avó‘. ‚no colachár‘. ‚colacharó‘. o zméu colacharďóŭ. o zméu
tibi, sed eris in iustitia?‘ ‚ero‘. ‚ergo iura‘. ‚iurabo‘. draco iuravit. draco

penďóŭ lákə: ‚colachár vi tu‘. colacharďas vi voj. čumidé pe and o muj. ľas les péste
dixit ei: ‚iura etiam tu‘. iuravit etiam illa. osculati sunt inter se in ore. sumsit eum sibi

and o khər, pilé thaj chalé thaj kamlé pe. avél láko rakló and o voš. voj dikľás péskə
in domum, biberunt et ederunt et amarunt inter se. venit eius filius e silva. illa vidit suum

raklés. voj penďás: ‚avél moró rakló, že pálpalí and e kəmára‘. gəlóŭ pálpalí, haj pandaďóŭ
filium. illa dixit: ‚venit meus filius, i retro in cellam‘. ivit retro, et inclusit

les. tehára járə gəľóŭ o rakló and o voš, the əmpuštíl. voj ďoŭ léskə drum járə péste: pilé
eum. mane iterum ivit puer in silvam, ut venaretur. illa admisit eum iterum ad se: biberunt

thaj chalé. vo penďás lákə: ‚sar mudarása te raklés? amé žuvása mištó. kər tu nasfalí,
et ederunt. ille dixit ei: ‚quomodo occidemus tuum filium? nos vivemus bene. finge te aegrotam,

haj phe, kə dikľán sónu, the anél thud katá j rižní, the pes, kə nála túkə kanč, kə
et dic, quod vidisti somnium, ut adferat lac ab ursa, ut bibas, non erit (tum) tibi quidquam, nam

rižní chála les‘. aviľás khərə́ ánda o voš. ‚so j túkə, dále?‘ ‚meráŭ, aj dikľóm sónu,
ursa devorabit eum‘. venit domum e silva. ‚quid est tibi, mater?‘ ‚moriar, sed vidi somnium,

the anés mángə thud katá j rižní‘. ‚anó túkə, dále‘. gəľás and o voš, h' arakľóŭ la rižné.
adfer mihi lac ab ursa‘. ‚adferam tibi, mater‘. ivit in silvam, et invenit ursam.

*kamľás, the əmpuštíl la. voj das *čingár: ‚aš, manúša! so kamés?‘ ‚the des man thud‘. ‚do*
voluit, ut occideret eam. illa exclamavit: ‚sine, homo! quid vis?‘ ‚des mihi lac‘. ‚dabo

tu: sən tu šípu?‘ ‚sən man‘. ‚aŭ, haj duš‘. vo dušľóŭ la, h' angarďás kaj péste dij. ‚ále,
tibi: est tibi lagena?‘ ‚est mihi‘. ‚veni, et mulge‘. ille mulsit eam, et attulit ad suam matrem. ‚cape,

dále!‘ voj kərďás pe, the pel, haj šordóŭ les. tchára járə gəĺás and o voš, h' arakĺás e
mater!‘ illa finxit, ac si biberet, et effudit id. mane iterum ivit in silvam, et invenit
Lúje. ‚kon san tu?‘ ‚mé som e Lúje‘. ‚the avés mángə phen‘. ‚aj tu kon san?‘ ‚me som
Lunam. ‚quis es tu?‘ ‚ego sum Luna‘. ‚fias mihi soror‘. ‚at tu quis es?‘ ‚ego sum
o Səlvəvéstru‘. ‚apój tu san o šínu le deuléske, kə o dil pjeravél túkə de grížə, kə vi me
Silvester‘. ‚tum tu es filius baptismalis dei, nam deus gerit tui curam, etiam ego
som le deuléste‘. ‚the avés mángə phen‘. ‚avó túkə phen‘. gəĺás maj anglí, arakĺás e
sum dei‘. ‚fias mihi soror‘. ‚fiam tibi soror‘. ivit porro, invenit
Parašťují. ‚kon sán tu?‘ ‚me som e Parašťují‘. ‚aj tu kon san?‘ ‚me som o Səlvəvéstru‘. ‚tu
Parasceuam. ‚quis es tu?‘ ‚ego sum Parasceua‘. ‚at tu quis es?‘ ‚ego sum Silvester‘. ‚tu
san o fínu le deuléske; vi me som le deuléste‘. ‚the avés mángə phen‘. vo gəló khərə.
es filius baptismalis dei; etiam ego sum dei‘. ‚fias mihi soror‘. ille ivit domum.
léste dij dikĺóŭ les. ‚avél moró rakló‘. ‚the trádes les kaj balí səlbátiko, the anél túkə thud,
eius mater vidit eum. ‚venit meus filius‘. mitte eum ad suem silvestrem, ut adferat tibi lac,
kə kodé chála les‘. ‚se n'aštís, dále?‘ ‚n'aštíŭ. dikĺóm sónu, the anés mángə thud katá
nam illa devorabit eum‘. ‚semper aegrotas, mater?‘ ‚aegroto. vidi somnium, adfer mihi lac a
j balí e səlbátiko‘. ‚me (na) žanáu, dále, of anáŭ, of na, aj prəbolusaró‘. gəĺóŭ, arakĺóŭ
sue silvestri‘. ‚ego (non) scio, mater, utrum adferam, an non, sed tentabo‘. ivit, invenit
la balé. kamĺóŭ, the del la puškə. voj čingarďóŭ: ‚hoŭ, na de ma puškə! so kamés?‘ ‚the
suem. voluit, ut occideret eam sclopeto. illa exclamavit: ‚noli, ne occide me sclopeto! quid vis?‘
des man thud‘. ‚sən tu šə́pu? aŭ, thaj duš‘. əngərďás kaj péste dij. voj kərďás pe, the
‚des mihi lac‘. ‚est tibi lagena? veni, et mulge‘. attulit ad suam matrem. illa finxit, ac si
pel, haj šurďóŭ les. vo járə gəló and o voš. voj ďas o drum le zməŭésko péste. ‚jivé,
biberet, et effudit id. ille iterum ivit in silvam. illa admisit draconem ad se. ‚frustra,
kə na chaĺóŭ les e balí‘. ‚apój tráde les and ol plajiná ol rataĺí, kaj marə́m pe and
nam non devoravit eum sus‘. ‚tum mitte eum in montes cruentos, ubi feriunt inter se
ol šərə́ berbečícəkə, the anél túkə paí, paí žudó thaj paí əntjegomí, kə the na mérla
capitibus uti arietes, ut adferat tibi aquam, aquam vivam et aquam sanantem, si non morietur
othí, apój na merél‘. ‚dikĺóm sonú, the anés paí and ol plajiná ol rataĺí, kaj marə́m pe
ibi, tum non morietur‘. ‚vidi somnium, adfer aquam e montibus cruentis, ubi feriunt inter se
and ol šərə́ berbečícəkə, kə mángə nála kanč‘. vo gəĺás kaj Luj. ‚kaj žas, prála?‘ ‚žaŭ
capitibus uti arietes, nam (tum) mihi non erit quidquam‘. ille ivit ad Lunam. ‚quo is, frater?‘ ‚eo
and ol plajiná, the anáŭ paí morá dak‘. ‚na ža, prála, kočé merés‘. ‚ba, žaŭ, phéne‘. ‚ále
in montes, ut adferam aquam meae matri‘. ‚ne i, frater, ibi morieris‘. ‚hem, ibo, soror‘. ‚sume
túkə moró grastés, kaná žas, kə moró grast əngérla tu očí, thaj ále túko časórniku, kə von
tibi meum equum, quando ibis, nam meus equus feret te illuc, et sume tibi horologium, nam illi
marə́m pe de tehára ži k' o mezméri, haj k' o mezméri hodinín duj čásuri. haj kaná
feriunt inter se a mane usque ad meridiem, et in meridie quiescunt duas horas. et quando
arəsé othí k' ol ďešudúj čásuri, the les paí and e duj šípuri ánda duj chaingá‘. vo arəsĺás
venies illuc in duodecima hora, sume aquam in duabus lagenis e duobus puteis‘. ille venit
k' o mezméri othí, haj mekĺás pe telé, haj ĺas paí ánda duj šípuri, paí žudó thaj paí
in meridie illuc, et demisit se humi, et sumsit aquam in duas lagenas, aquam vivam et aquam
əntjegomí, thaj aviĺás palpalí kaj Lúji. haj pendás e Lúji: ‚per, thaj soŭ, thaj hodinisár,
sanantem, et venit retro ad Lunam. et dixit Luna: ‚decumbe, et dormi, et quiesce,
kə san trudimé‘. voj garadás kodó paí, haj šutjóŭ avér. vo uštiĺóŭ. ‚no, me žáp-tar,
nam es defessus‘. illa abscondidit illam aquam, et infudit aliam. ille surrexit. ‚age, ego abibo,

phéne, khərė'. ,Le morė grastés, thaj ža ənkəstó. dle ol galavė'. vo gəlás khərė kaj péste
soror, domum'. ,sume meum equum, et i equitans. sume saccos'. ille ivit domum ad suam

dij. léste dij diklóŭ les, kə avél ənkəstó, haj pendlás le zməňóskə: ,avél moró rakló ənkəstó'.
matrem. eius mater vidit eum, quod venit equitans, et dixit draconi: ,venit meus filius equitans'.

,the phenés, kə diklán sónu: the pándes léskə najá pal ol pchikė ekhá švarása tezéste, haj
,dicas, quod vidisti somnium: liges eius digitos post tergum reste serica, et

the šínla la, avéla vojníko, haj tu avé zuralí'. ,pánde, dále!' voj kərdlás ek švára tezéste
si ruperit eam, fiet heros, et tu eris robusta'. ,liga, mater!' illa fecit restem sericam

thulí, haj panglóŭ léskə najė pal ol pchikė. vo cərdóŭ, haj loliĺóŭ and o muj; cərdlás
crassam, et ligavit eius digitos post tergum. ille traxit, et factus est ruber in facie; traxit

p' o dújto, ašiĺás vənətu; cərdlás p' o tríto, kərdiĺás kaló. aj voj čingardóŭ: ,aŭ, zmėuna,
secundum, factus est lividus; traxit tertium, factus est niger. et illa clamavit: ,veni, draco,

haj šin léste kor'. o zmėu aviĺás léste. ,no, so the karáp túkə akaná?' ,šingər ma se
et scinde eius collum'. draco venit ad eum. ,age, quid faciam tibi nunc?' ,seca me totum

kotorá, haj šu ma and ol galaví, haj šu ma pe moró grast; kathár pjeradlás ma žudó,
in frusta, et pone me in saccis, et pone me in meo equo; unde tulit me vivum,

the pjeravél man muló'. šingardlás les kotorá, šutjóŭ les and ol galaví, haj šutjóŭ les p' o
ferat me mortuum'. dissecuit eum in frusta, posuit eum in saccis, et posuit eum in

grast. ,že, kaj pjeradlán les žudó, pjerán les muló'. o grast gəlás órtha kaj Lúji. e Lúji
equo. ,i, qua tulisti eum vivum, fer eum mortuum'. equus ivit recta ad Lunam. Luna

ənklistás avrí, haj diklóŭ les, haj ĺoŭ les andrė, h' akardóŭ e Tetráde, h' akardóŭ e
exiit foras, et vidit eum, et sumsit eum intro, et vocavit Tetradem, et vocavit

Paraštují, haj šuté les and ek balají bharí, haj chaladė les šukár, haj thodė les p' ek
Parasceuam, et posuerunt eum in alveo magno, et laverunt eum pulchre, et posuerunt eum in

meséle, haj thodóu les se thanéste, kotór kotoricéste, haj ĺəs o paí əntegomí, haj stropisardóŭ
mensa, et posuerunt eum totum in unum, frustum ad frustum, et sumserunt aquam sanantem, et asperserunt

les. tha 'ntjegosájĺoŭ; haj ĺas o paí žudó, haj stropisardóŭ les, haj žudiĺóŭ. ,ej, pharės
eum, et integer evasit; et sumserunt aquam vivam, et asperserunt eum, et revixit. ,heu, graviter

sovós'. ,sutánas de veči, the n' aviĺómas mi'. ,me žaŭ, phéne, kaj morė dij'. ,na ža,
dormiebam'. ,dormisses in aeternum, si non venissem ego'. ,ego ibo, soror, ad meam matrem'. ,ne i,

prála!' ,ba, žaŭ, phéne'. ,no, že deulésa. dle túkə moró chanró'. vo gəlás kaj péste
frater!' ,hem, ibo, soror'. ,age, i cum deo. sume tibi meum gladium'. ille ivit ad suam

dej. léste dej delábelas, thaj kəllas le zmənósa. vo gəlóŭ ándrə k' o zmėu. ,lašó j tumaró
matrem. eius mater canebat, et saltabat cum dracone. ille ivit intro ad draconem. ,bonus est vester

des!' ,naís'. ,no, so kərápə túkə, zmėuna?' ,šin ma kotoricá, haj šu ma and ol galavė, haj
dies!' ,gratias'. ,age, quid faciam tibi, draco?' ,seca me in frustula, et pone me in saccis, et

šu ma pe moró grast: kathár pjeradlás ma žudó, the pjerál ma vi muló'. sinulóŭ les
pone me in meo equo: unde tulit me vivum, ferat me etiam mortuum'. secuit eum

kotoricá, šutjóŭ les and ol galavė, haj šutjóu les pe lésko grast, h' ankaladóŭ ol jakhá le
in frusta, posuit eum in saccis, et posuit eum in eius equo, et effodit oculos

grastésko. ,žá-thar, kaj kamés'. o grast žálas, haj marlás pe le šərė and ol kopáče, haj
equi. ,abi, quo vis'. equus ibat, et impingebat se capite in arbores, et

se pjérlas p' o kotór mas and ol galavė. ol kórbi se chánas o mas. das puškė Səlvəstru
continuo cadebant frusta carnis e saccis. corvi continuo edebant carnem. occidit sclopeto Silvester

ekhė šošujés, thaj kušlóŭ les, haj cərdóŭ les p' e bust, haj peklóŭ les p' e jag. haj pendlás
unum leporem, et excoriavit eum, et fixit eum in veru, et assavit eum in igne. et dixit

40*

péskə dákə: ‚dáli, dík-ta órtha pre mánde'. léste dij dikľóu pre léste. vo maladón la p' ol
suae matri: ‚mater, specta recta in me'. eius mater spectavit in eum. ille percussit eam in
jakhá, haj chuklé lákə jakhá. haj ľas la vastéstar, əngərďás la kaj ek polubóku, penďás
oculos, et exsiluerunt eius oculi. et sumsit eam manu, duxit eam ad dolium, dixit
lákə: ‚dále, kaná pjeré kadó polubóku asfá, atúnč the jertíl tu o dil; thaj kaná che
ei: ‚mater, quando impleveris hoc dolium lacrimis, tum condonet tibi deus; et quando comederis
ek drəs kas, thaj pjére o polubóku asfá, atúnč the jertíl tu o dil, thaj the an tu jakhá'.
fasciculum foeni, et impleveris dolium lacrimis, tum condonet tibi deus, et habe tuos oculos'.
haj pandaďás la othí, haj vo gəló thar, haj mekľás la trin bərš. k' ol trin bərš anďás
et ligavit eam ibi, et ille abiit, et reliquit eam tres annos. in tribus annis revocavit
péskə a mínte. ‚me žau kaj moré dij, the dikáu, so kərél'. akaná pjerďás e polubóku,
sibi in mentem. ‚ego ibo ad meam matrem, ut videam, quid faciat'. nunc explevit dolium,
haj chaľás ek drəs le kaséste. ‚akaná o dil the jertíl tu, kə vi me jertín tu. žá-thar deulésa'.
et comedit fasciculum foeni. ‚nunc deus condonet tibi, nam etiam ego condono tibi. abi cum deo'.

---

5. *thou* steht für *thol, thovel;* rum. sъ pue pe masa.

23. *chanlas* steht statt des richtigen *chanas,* das weiter unten vorkömmt.

26. *les* wohl unrichtig für *len,* da von allen zwölf Drachen die Rede ist.

45. *Lúji, Tetráď, Paraštují* Montag, Mittwoch und Freitag werden als Heilige angesehen.

51. *n' aštís* eig. du kannst nicht, bist schwach, klruss. ne možeš.

90. *dík-ta* besteht aus dem Imperativ *dík* und einer Partikel *ta.*

XII. Der reiche und der arme Bruder.

Sas duj pral, jek čoró, aj jek barvaló. haj pendás lésko barvaló: ‚hájda mánca, pral,
Erant duo fratres, alter pauper, et alter dives. et dixit ei dives: ‚veni mecum, frater,
kaj moró dad'. haj kodó barvaló ľas péskə manró, aj čoró nas les. aj o barvaló chálas
ad meum patrem'. et ille dives sumsit sibi panem, et pauperi non erat. et dives edebat
manró, aj o čoró penďás: ‚de vi man ek kotór manró'. ‚the ďa ma 'k jak, do tu kotór
panem, et pauper dixit: ‚da etiam mihi unum frustum panis'. ‚si dabis mihi unum oculum, dabo tibi frustum
manró'. ‚do tu, prála'. haj ənkalaďás ek jak, haj ďoñ les ek kotór manró. haj gəlí
panis'. ‚dabo tibi, frater'. et exemit unum oculum, et dedit ei unum frustum panis. et iverunt
maj anglí, haj bokhájľoñ. ‚maj de ma ek kotór manró'. ‚maj də m' ek jak'. ‚do tu, prála'.
porro, et esurivit. ‚adhuc da mihi unum frustum panis'. ‚adhuc da mihi unum oculum'. ‚dabo tibi, frater'.
ak' ašiľás koró, haj ľas les lésko pral vastéstar, h' angardóñ les talá j umblaďí, haj
ecce factus est coecus, et prehendit eum eius frater manu, et duxit eum sub patibulum, et
mekľóñ les othí, haj gəló thar lésko pral. aj raťáka aviľí ol beng, haj thodé pe umblaďí,
reliquit eum ibi, et abiit eius frater. et vesperi venerunt diaboli, et consederunt in patibulo,
haj pušľás o beng o maj bharó: ‚so kərďán tu pe lúme, kathár phjerďán?' ‚me kərďóm,
et interrogavit diabolus maximus: ‚quid egisti tu in mundo, qua ambulasti?' ‚ego feci,
pandadúm o paí'. ‚aj tu so kərďán?' ‚la raklé le 'mparatóskərə níči na merél, níči na
interclusi aquam'. ‚et tu quid egisti?' ‚filia imperatoris neque moritur, neque
žuvél, númaj nəkəžəl'. ‚aj tu so kərďán?' ‚me kərďóm, kə pral pralésko ənkaladóñ ol jakhá'.
vivit, tantum excruciatur'. ‚et tu quid egisti?' ‚ego feci, ut frater fratri effoderet oculos'.

,vo the žanél, sən ek pərśŭ kathé, haj the thovél pe, vo dikəlas'. ,the žánas ol foruśéj the žan
,ille si scit, est rivus hic, et si lavat se, ille videret'. ,si scirent oppidani ire

and o plaj, thaj the vázden o bar, žálas o paí palpalí'. ,aj o tríto pendĺŏŭ, kə the žánel le
in montem, et tollere lapidem, flueret aqua iterum'. ,et tertius dixit, quod si scit

raklí le 'mparatóste, sən talá j láte lúžka ek bróskə, th' ankalál la avrí, haj the kərél skəldúška,
filia imperatoris, est sub eius lecto rana, si eximit eam foras, et si facit lavationem,

thaj the thol la bróska and e skəldúška, haj the najarél la, avéllas zuralí'. atúnč ol bažní
et si ponit ranam in lavatione, et si lavant eam, fieret sana'. tum galli

bašlí, haj ol beng gəlé thar. aj kodó gažó se cərdes pe ži koa pərśŭ, haj se pipisar-
cecinerunt, et diaboli abierunt. et ille homo continenter traxit se usque ad rivum, et continenter palpa-

dóŭ le vastésa, ži kaj raklóŭ o paí, haj thodás pe p' o muj, haj kərdilé léska jakhá. haj
vit manu, donec invenit aquam, et lavit se in ore, et facti sunt ei oculi. et

gəĺás and o fóro, kaj pandadĺ o paí'. ,so dína ma, the mekáŭ o paí?' ,so kamés, kodé
ivit in urbem, ubi intercluserunt aquam'. ,quid dabitis mihi, si emittam aquam?' ,quae petis, ea

dása tu'. ,no, hájdan mánca and o plaj, len tuməṅga druči sastrunĺ'. haj gəĺá and o
dabimus tibi'. ,agite, venite mecum in montem, sumite vobis vectes ferreos'. et iverunt in

plaj, haj vazdĺóŭ o bar, thaj gəĺás o paí péste se. ,no, akaná so mangés, manúša, kaj
montem, et sustulerunt lapidem, et fluxit aqua sibi continenter. ,age, nunc quid petis, homo, quod

mekĺán o paí?' ,de ma ek bríčka haj duj grast, thaj bríčka perdé loví'. haj diné les. vo
emisisti aquam?' ,date mihi currum et duos equos, et currum plenum pecuniae'. et dederunt ei. ille

gəĺás kaj raklí le 'mparatóste. ,so ďa ma, the karáŭ, the avél zuralí?' ,so kamés, kodé do
ivit ad filiam imperatoris. ,quid dabis mihi, si faciam, ut fiat robusta?' ,quae petis, ea dabo

tu'. ,thoŭ paí kaj jag, the thatól'. aj vo gəĺás, h' ankaladĺás la bróska, haj šutóŭ la and
tibi'. ,pone aquam ad ignem, ut calescat'. et ille ivit, et exemit ranam, et iecit eam in

e skəldúška, haj najardóŭ le raklé le 'mparatóskərə, thaj kérdiĺas maj zuralí thaj maj šukár,
lavationem, et laverunt filiam imperatoris, et facta est robustior et pulchrior,

sar sas. ,so mangés, kaj kərdán la zuralí thaj šukár?' ,de ma duj grast, thaj ek bríčka
quam erat. ,quid petis, quod fecisti eam robustam et pulchram?' ,da mihi duos equos, et unum currum

perdé lové; the des m' ek vizitéu ži khərə'. haj vo gəĺóŭ khəré, haj tradóŭ le šaurés kaj
plenum pecuniae; et da mihi aurigam usque ad domum'. et ille ivit domum, et misit servum ad

pésko pral, the 'mprumutíl e bánica. aj lésko pral puśĺás: ,so the kərés la bánica?' ,the
suum fratrem, ut mutuum daret modium. et eius frater interrogavit: ,quid ut facias modio?' ,ut

məsurisarás ol loví'. lésko pral ďoŭ les o bánica, haj gəló vi vo, haj puśĺás péska pralés:
metiamur pecuniam'. eius frater dedit ei modium, et ivit etiam ipse, et interrogavit suum fratrem:

,kathár len le, ol loví, th' ol grast?' ,othár, kaj mekĺán ma'. ,the 'ngərəz ma vi man othí
,unde sumsisti eam, pecuniam, et equos?' ,inde, ubi reliquisti me'. ,duc etiam me eo

kaj kodó than. kə j mánga míla, pral'. ,n' al túkə míla, músa j, the žas. no, hájda,
ad eum locum. mihi poenitentia, frater'. ,ne sit tibi poenitentia, necesse est, ut eas. age, veni,

prála'. haj von gəlé li duj ži kaj kodó than, kaj ankaladóŭ léska jakhá. ,de ma, prála,
frater'. et illi iverunt ambo usque ad eum locum, ubi effodit eius oculos. ,da mihi, frater,

kotór manró'. ,de ma ek jak'. ďoŭ les ek jak, haj ďoŭ les ek kotór manró. haj gəlé maj anglí.
frustum panis'. ,da mihi unum oculum'. dedit ei unum oculum, et dedit ei unum frustum panis. et iverunt porro.

,maj de ma, prála, ek kotór manró'. ,maj de ma ek jak'. ,do tu, prála'. haj maj ďoŭ les
,adhuc da mihi, frater, unum frustum panis'. ,adhuc da mihi unum oculum'. ,dabo tibi, frater'. et adhuc dedit ei

ek kotór manró. haj ĺoŭ les vastéstar, h' angardóŭ les talá j umbladí, haj mekĺóŭ les
unum frustum panis. et prehendit eum manu. et duxit eum sub patibulum, et reliquit eum

othí. haj vo gəló thar. avilé raťák' ol beng, haj bešlé pe umblaďí. aj o beng o maj bharó
ibi. et ille abiit. venerunt vesperi diaboli, et consederunt in patibulo. et diabolus maximus

pušľás: ‚so kərďán tumí, kaj phjerďán pe lúme?‘ jek penďóŭ: ‚na phenín, kə maj sas ek
interrogavit: ‚quid egistis vos, qua ivistis in mundo?‘ unus dixit: ‚ne dicite, nam iam erat unus

koró talá j umblaďí, thaj járə ašunďóŭ, so me ďam dúma, haj vo kərďás péska jakhá, haj
caecus sub patibulo, et iterum audivit, quae nos locuti sumus, et ille fecit sibi oculos, et

gəľás, haj ďas o drum le pajésko, haj uštiľás avér e raklí le 'mparatóste. ašén, the roďáŭ
ivit, et dedit cursum aquae, et surrexit iterum filia imperatoris. manete, ut quaeram

talá j umblaďí‘. haj araklé le korós. ‚sən ek koró kathé‘. haj pharadé les se kotorá. atúnčə
sub patibulo‘. et invenerunt caecum. ‚est caecus hic‘. et dilaniarunt eum totum in frusta. tunc

ol beng gəlé thar. o gažú muľóŭ.
diaboli abierunt. homo mortuus est.

7. *thodé pe umblaďí* consederunt in patibulo, richtig wol: *thodé pe pe umblaďí.*

9. *pandadúm:* man erwartet *pandaďóm.*

11. Man erwartet: *the žanélas, kə sən ek pəréŭ katjé, haj the thovélas pe, vo dikélas* si sciret, quod est rivus hic, et si lavaret se, videret. Die nächste hypothetische Periode ist richtig ausgedrückt; in der darauf folgenden steht wieder das Präsens statt des Imperfects, man erwartet: *the žanélas* u. s. w. *kə sən talá j láte lúžka* u. s. w. *th' ankalálas* u. s. w. *the kərélas* u. s. w. *thaj the thólas* u. s. w. *the najarélas la,* was zu *avélas* vollkommen stimmen würde.

19. *gəľás o paí péste se* wird übersetzt: es floss das Wasser über alles. Da jedoch eine Präposition *péste* nicht nachgewiesen ist, so ist der Satz wol so zu übersetzen: fluxit aqua sibi continenter, wo *péste* als ein dem Zigeunerischen sehr gewöhnlicher Dativus ethicus aufgefasst wird.

27. *o bánica* einen Scheffel: *o* ist rum.

29. *n' al* d. i. *na avél* ne sit, ne fiat.

36. *járə* iterum gibt keinen passenden Sinn.

37. *avér* hat sonst nicht die Bedeutung iterum.

XIII. Die verwünschte Stadt.

Sas ek rakló čoró, thaj služisarďóŭ jeftá bərš, thaj n' ašťilas the agonisíl pe kanč. haj
Erat quidam iuvenis pauper, et servivit septem annos, et non potuit demerere quidquam. et

gəľás and e lúme, haj gəľás and ek fóru, haj rakiľóŭ, haj thoďás pe tal' ek zədu, thaj sutóŭ.
ivit in mundum, et ivit in quamdam urbem, et pernoctavit, et decubuit sub quodam muro, et dormivit.

andá kodó zədu sas ek chəŭ, haj vo trizisájľoŭ, haj dikľás pe chəŭ, haj dikľás ek momelí,
in illo muro erat foramen, et ille expergefactus est, et spectavit per foramen, et vidit cereum,

haj šutás pe pa e chəŭ, haj gəľás and ek aulín. othé sas fóro bharó, haj othé sas əmparátu
et insinuavit se per foramen, et ivit in quoddam palatium. ibi erat urbs magna, et ibi erat imperator

and' o fóru, haj əmparátu muľás, haj vi əmparaťása muľás, haj sas le 'mparatós ek raklí,
in urbe, et imperator mortuus est, et etiam imperatrix mortua est, et erat imperatori filia,

haj voj oruduílas la ostása. aj kodó fóru sas afurisimí, th' ašilé bar ol manúš. aj kodó
et illa imperabat exercitui. et illa urbs erat excommunicata, et facti sunt lapides homines. et ille

rakló gəl'ás and aulín le əmparatóste, aj othé and aulín se bar ašil'é. aj vo mirisájl'oŭ, so
iuvenis ivit in palatium imperatoris, et ibi in palatio omnes lapides facti sunt. et ille miratus est, quid

te͡avél kadé, k' ol manúš sar ol manúš, aj von se bar. avil'ás ek méca, haj thod'ás pe
esset hoc, quod homines ut homines, sed illi omnes lapides. venit felis, et posuit in

meséle chabé. vo beš'l'ás palá j meséle, thaj chal'óŭ. pe ŕet avil'ás e méca, h' andóŭ léska
mensa cibum. ille consedit ad mensam, et edit. in nocte venit felis, et attulit ei

chabé, th' and'óŭ léska lilá, haj pend'óŭ léska, k' avél ek raj, haj pénla, ,the kəlés and
cibum, et attulit ei chartas, et dixit ei, quod veniet quidam dominus, et dicet, ,lude

o lilá, haj tu the kəlés túkə, haj vo šungardéla tu, aj tu the rəbdís, haj the dikés koā časórniku:
chartis, et tu lude tibi, et ille conspuet te, et tu perfer, et specta ad horologium:

kaná márna deš čásuri, atúnč the des les ek pálma'. atúnč avilé, so se j čar, ol benk,
quando sonabunt decem horae, tum da illi alapam'. tunc venerunt, quot omnes sunt herbae, diaboli,

haj mardé les, haj sučisardé les ži k' ol dešudúj čásuri, haj ol bažní delabají, thaj von
et verberarunt eum, et vexarunt eum usque ad duodecim horas, et galli cecinerunt, et illi

našlé. vo thod'ás and o pátu, haj sutóŭ. teharáka and'óŭ léska e méca chabé, haj vo chal'óŭ.
fugerunt. ille decubuit in lecto, et dormivit. mane attulit ei felis cibum, et ille comedit.

ratáka járə and'óŭ léska chabé, pend'óŭ léska, kə ,járə avéla túte, the kəlés túkə lésa, haj tu the
vesperi iterum attulit ei cibum, dixit ei, quod ,iterum veniet ad te, ut ludas tibi cum eo, et tu

kəlés túkə ži k' ol deš čásuri, haj the des les ek pálma, th' avéna túte, so se j čar, haj
lude tibi usque ad decem horas, et da ei alapam, et venient ad te, quot omnes sunt herbae, et

márna tu, haj sučína tu, haj tu the rəbdís ži k' ol dešudúj čásuri'. avil'ás léste o raj.
verberabunt te, et vexabunt te, et tu perfer usque ad duodecim horas'. venit ad eum dominus.

,haj, the kalás and o lilá'. haj kaldé ži k' ol deš čásuri. vo d'as les ek pálma, le
,heu, ludamus chartis'. et luserunt usque ad decem horas. ille dedit ei alapam,

bengés. avilé, so se j čar, haj mardé les, haj sučisardé les ži k' ol dešudúj čásuri, haj
diabolo. venerunt, quot omnes sunt herbae, et verberarunt eum, et vexarunt eum usque ad duodecim horas, et

našlí. vo thod'ás and o pátu, haj sutóŭ. teharáka ašund'óŭ, kə dénas dúma ol manúš and
fugerunt. ille decubuit in lecto, et dormivit. mane audivit, quod loquebantur homines in

o fóru. e méca teharáka and'óŭ léska chabé, h' andóŭ léska straj əmparaticéka. vo chal'óŭ,
urbe. felis mane attulit ei cibum, et attulit ei vestes imperatorias. ille comedit,

thaj l'oŭ le stráji pe péste, thaj gəl'ás andá dešudúj kiliúcə. othé sas e raklí əmparatóste
et sumsit vestes in se, et ivit in duodecim cellulas. ibi erat filia imperatoris

and o pátu: ek paš sas žudí, aj voj pendás: ,tu san moró əmparátu, haj me ti əmparatása;
in lecto: dimidium erat viva, et illa dixit: ,tu es meus imperator, et ego tua imperatrix;

aj maj but the n' avés mándi'. járə pe ŕet and'ás les e méca chabé, haj pend'óŭ léska: ,járə
sed amplius ne veni ad me'. iterum ad noctem attulit ei felis cibum, et dixit ei: ,iterum

avéla túti o raj, the kəlés and o lilá ži k' ol deš čásuri, k' ol deš čásuri járə the des ek
veniet ad te dominus, ut ludas chartis usque ad decem horas, ad decem horas iterum da

pálma. h' avéna túti, so se j čar, haj márna tu, haj sučína tu, aj tu the rəbdís'. avil'ás
alapam. et venient ad te, quot omnes sunt herbae, et verberabunt te, et vexabunt te, et tu perfer'. venit

léste kodó raj. ,haj, the kəlás and o lilá'. haj koldé ži k' ol deš čásuri. vo d'oŭ les ek
ad illum ille dominus. ,heu, ludamus chartis'. et luserunt usque ad decem horas. ille dedit ei

pálma. h' avilé, so se j čar, thaj márnas les, haj sučínas les, haj vo rəbdílas ži k' ol
alapam. et venerunt, quot omnes sunt herbae, et verberabant eum, et vexabant eum, et ille perferebat usque ad

dešudúj čásuri. k' ol dešudúj čásuri našlí. vo šučás pe and o pátu, haj sutóŭ. teharáka
duodecim horas. ad duodecim horas fugerunt. ille decubuit in lecto, et dormivit. mane

astardĭ the delában muzik-bánda, kərdé paráda, ‚kə sən amĭ əmparátu nivó‘. avilóŭ
coeperunt canere symphoniaci, fecerunt pompam militarem, ‚nam est nobis imperator novus‘. venerunt

ol minístruli léste, haj les vazdénas and ol vast. ‚sən amé əmparátu nivó‘. aj vo dekət
ministri ad eum, et eum tollebant in manus. ‚est nobis imperator novus‘. et ille prorsus

cérdel pe kaj əmparatása the žal, haj pendóŭ: ‚ažakarəl othí, kə me akanáš aváŭ‘. haj vo
trahit se ad imperatricem ut eat, et dixit: ‚manete hic, nam ego illico veniam‘. et ille

gəló láte. aj voj le šəréсa kaj grínda, haj žálas pára andá láko muj. aj vo puterdás o
ivit ad eam. et illa capite ad tectum, et ibat vapor ex eius ore. et ille aperuit

udár, haj voj numáj kərdás léska le vastésa, haj pelóŭ járə and o pátu, th' ašilás ž'
ianuam, et illa tantum fecit signum ei manu, et cecidit iterum in lectum, et facta est usque

and e kuštík bar, th' akardóŭ les péste. ‚žá-tar mándar, kə nič trébus ma. sóstar n' aža-
ad cingulum lapis, et vocavit eum ad se. ‚abi a me, nam non opus est mihi. quare non ex-

kardán, the n' áves mándi, the ispošóu morə pakáci? ále túko le grastés le dadésko, thaj
spectasti, ut non venires ad me, ut luerem mea peccata? sume tibi equum patris, et

léste sábie, thaj ále ek kísə, sóde kamé loví, na fəršóna pi‘. vo l'as pe, haj gəló, gəló thar
eius gladium, et sume crumenam, quantum vis pecuniae, non deficiet‘. ille profectus est, et ivit, abiit

and avér cənútu. othé márnas pe duj əmparáci, kə na kamélas the del la raklé palá lésko
in aliud regnum. ibi pugnabant duo imperatores, et non volebat dare filiam pro eius

šaó. o šaó kamélas pe lása. ‚the ašés mánca la bətəlíja, kaná na des la raklé‘. von márnas pe
filio. filius amabat se cum ea. ‚siste te mecum ad pugnam, quoniam non das filiam‘. illi pugnabant

jeftá bərš. aj kodó krulévič avilás and o kodó fóru, haj avilás kaj kérčma kaj jek
septem annos. et ille filius regis venit in illam urbem, et venit in cauponam ad quemdam

Harmánu. haj sas bok bharí, mérnas ol katáni bokhátar. aj kodó krulévič puššás le Ar-
Armenum. et erat fames magna, moriebantur milites fame. et ille filius regis interrogavit Ar-

manós: ‚so 'šunuól kathí and o fóru?‘ ‚na j mištóŭ, kathí batalíja bharí, jeftá bərš
menum: ‚quid auditur hic in urbe?‘ ‚non est bene, hic bellum magnum, septem annos

marəm pe vaš e raklí, h' ol katáni merén bokhátar‘. aj vo pendás: ‚že, h' akár le mándi‘.
pugnant propter puellam, et milites moriuntur fame‘. et ille dixit: ‚i, et voca eos ad me‘.

ol katáni avilé, vo čindóŭ manró thaj rakíje, haj pilé haj chalé. haj pendás le Armanóskə,
milites venerunt, et emit panem et crematum, et biberunt et ederunt. et dixit Armeno,

kə ‚me the kamáŭ, me šinóв kodolá óste‘. Ormánu gəlás kóa əmparátu. ‚əmparáte! avilás
quod ‚ego si volo, ego concidam illum exercitum‘. Armenus ivit ad imperatorem. ‚imperator! venit

ek krulévič, haj vo ləŭdisájl'on, kə vo kórkoro šínla kodé óste‘. ‚akhár les mándi‘. ‚so ləŭdi-
quidam filius regis, et ille iactavit se, quod ille solus concidet illum exercitum. ‚voca eum ad me‘. ‚quid iacta-

sájl'an? šiné tu kodolá óste?‘ ‚šináŭ‘. ‚the šiná la, apój daŭ la raklé palá tu, haj dap tu
sti te? concides tu illum exercitum?‘ ‚concidam‘. ‚si concides eum, tum dabo filiam tibi, et dabo tibi

'k paš morə əmpərəcíjə‘. aj vo sar gəlóŭ kaj batalíjə, haj melincasardóŭ p' o vast o čačó, haj
dimidium mei regni‘. et ille ubi ivit ad pugnam, vibravit ad manum dextram, et

šindóŭ ek paš óste; haj p' o vast o sténgo melincasardóŭ, haj šindás avér paš. h' aviló
concidit dimidium exercitus; et ad manum sinistram vibravit, et concidit alterum dimidium. et venit

khərə, haj das o əmparátu la raklé palá léste, haj kərdóŭ núnta. ‚puš-tá les, če putére si les,
domum, et dedit imperator filiam pro eo, et fecit nuptias. ‚interroga eum, quod robur sit ei,

th' ašindés adicə óste‘. aj vo pendás: ‚morə sábie šinél‘. aj voj tradóŭ lil palpalí: ‚kodé
quod concidit tantum exercitum‘. et ille dixit: ‚meus gladius caedit‘. et illa misit epistolam retro: ‚ille

sábie kórkoro šinél; aj tráde mánga avér sábie, haj me kadé trádo la túte‘. voj tradás e sábia
gladius solus caedit; et mitte mihi alium gladium, et ego hunc mittam tibi‘. illa misit gladium

léste, aj vo atúnč pendás: ‚the ašės mánca akaná la batalíjė'. aj vo gėlás ėn nėdėžde, aj
ei, et ille tum dixit: ‚consiste mecum nunc ad pugnam'. et ille ivit in spe, et
kodó šindás les kadalés, haj šingardóñ les se kotorá, thaj thodóñ les and ol galavé, haj
ille concidit hunc, et cecidit eum totum in frusta, et demisit eum in saccos, et
thodóñ les pe lésko grast, haj pendás: ‚kathár pjeradán les žudó, pjeráñ les muló'. o grast
posuit eum in eius equo, et dixit: ‚unde tulisti eum vivum, fer eum mortuum'. equus
ėngėrdóu les khėré, othí kaj kodé rají, kaj sas le baréste. voj čingardóñ: ‚ané les mándi'.
tulit eum domum, illuc ad eam dominam, quae erat lapis. illa clamavit: ‚adferte eum ad me'.
andé les láte, voj thodóñ les pe meséle, haj thodóñ les se kajthán, haj kėrdóñ les manúš,
attulerunt eum ad eam, illa collocavit eum ad mensam, et composuit eum totum una, et fecit eum hominem,
haj stropisardás les paisá muló, thaj ėntegosájloñ kajthán, haj stropisardóñ les paisá žudó,
et aspersit eum aqua mortua, et integer factus est una, et aspersit eum aqua viva,
thaj uštilás. ‚žá-tar palpalí. úle túkė katé kísė, kė so gėndisaré, se le lové ándra láte,
et surrexit. ‚abi retro. sume tibi hanc crumenam, quae cogitabis, tota pecunia in ea,
haj že járė kaj kodó Armánu, haj de les, sóde vo kaméla, haj the penés léskė, kė tu khėré
et i iterum ad illum Armenum, et da ei, quae ille volet, et dic ei, quod tu facies
tu grast. the les and amaré porí ek bal, haj the pandés tu kuštík, haj the des p' o
te equum. sume e mea cauda unum pilum, et liga tibi ut cingulum, et circumage te in
šėró'. haj kėrdóu pe grast. haj loñ les Armánu, k' angardóñ les p' o fóru. ėmparátu
caput'. et fecit se equum. et sumsit eum Armenus, et duxit eum in urbem. imperator
čindóñ les, thaj ėnklištás pe léste. vo maladóu les and e phu, thaj mulás. o grast las e
emit eum, et ascendit in eum. ille deiecit eum in terram, et mortuus est. equus sumsit
sábie and o muj, haj gėlás k' o Armánu. Armánu puterdás o bal, thaj vo ašilás járė
gladium in os, et ivit ad Armenum. Armenus solvit pilum, et ille factus est iterum
manúš. vo thodás le Armanós krúlu, haj gėló thar khėré kaj péste rají kaj anglunı́, haj
homo. illi constituit Armenum regem, et abiit domum ad suam dominam ad primam, et
kununisájloñ lása, thaj vo ašilás ėmparátu.
desponsatus est ei, et ille factus est imperator.

---

11. *the kėlés túkė* wörtlich: lude tibi, rum. tu sъ te žočI.

12. *avilé, so se j čur, ol benk* die Teufel kamen so zahlreich wie Gras, eig. wie alle Gräser.

14. *vo thodás* mit fehlendem *pe*, das oben gesetzt ist.

32. *ažakarėl* für *ažakarėn*.

38. *the del la raklé palá lésko šab* dass er das Mädchen zur Frau gebe.

45. Richtig *the kamós, šinós* si vellem, conciderem.

47. *šiñá* für *šinés* oder *šinésas*.

50. *puštá* ist *puš ta*, der Imperativ *puš* mit einer Partikel *ta*, interroga, und bezeichnet den Auftrag des Vaters der Braut. Der Auftrag wird ausgeführt.

61. *amaré* für das erwartete *moré*.

XIV. Der Eifersüchtige.

Sas ek neguctóri bharó, barvaló, haj sach les ek rají šukárė; na mekėlas la, the žála
Erat quidam mercator magnus, dives, et erat ei uxor formosa; non sinebat eam, ut iret
avrí. aj vo gėlás la korabiása pála j márfa pe Dúnerja avrésa neguctóri. haj avénas khėré,
foras. et ille ivit nave propter merces in Danubio cum alio mercatore. et veniebant domum,

cərdé kaj márdžina ol korábii, thaj priponisardé le kaj márdžina, the ratarén. von diné
traxerunt ad ripam naves, et ligarunt eas in ripa, ut pernoctarent. illi intrarunt
pe dúma. penďás jek: ‚kaméla pe ťi romní khəré?' aj vo penďás: ‚moré romní nič kamél
in sermonem. dixit unus: ‚amat se tua uxor domi?' et ille dixit: ‚mea uxor non amat
pe'. ‚no, so ďa ma man, the kamá ma lása?' ‚the kamé tu lása, me dap tu moré mošíje
se'. ‚age, quid dabis mihi, si amabo me cum ea?' ‚si amabis te cum ea, ego dabo tibi meum fundum
thaj vi moré márfa ku korábije'. ‚sar žané, kə me kamá ma lása?' ‚the phenés mángə
et etiam meas merces cum nave'. ‚quomodo scies, quod ego amo me cum ea?' ‚si dices mihi
láko sémnu, haj the les əngrustí somnakuní pe a láko naj. aj moré rají sə the marél tu,
eius naevum, et si sumes annulum aureum de eius digito, sed mea uxor est ut verberet te,
kaná pomenisaré lákə. me mekľóm páša láte hargáta, kə moré rají nič avrí n' ankláľ'. ‚me
quando mentionem facies ei. ego reliqui apud eam ancillam, ut mea uxor non foras eat'. ‚ego
kamó ma lása'. ‚že láte khəré, kə me trádo ťi korábije'. vo gəľás khəré. so the kərél, kə
amabo me cum ea'. ‚i ad eam domum, ego ducam tuam navem'. ille ivit domum. quid faciat, nam
n' aštíl the pašól láte. arakľás ekhá phuré. ‚phuré, so kəró, the laŭ e angrustí katá
non potest appropinquare ei. invenit quandam vetulam. ‚vetula, quid faciam, ut sumam annulum a
j rají?' ‚so ďa ma man? thaj me kəró, thaj ľa la'. ‚do tu škšél lij'. ‚kər túkə ek sekríj
domina?' ‚quid dabis mihi? et ego faciam, et sumes eum'. ‚dabo tibi centum florenos'. ‚fac tibi arcam
bharó, haj the kərés léskə ferjásta, haj the šos tu ándrə léste, haj kər túkə pandaipí andrál.
magnam, et fac ei fenestram, et ingere te in eam, et fac tibi claustrum intus,
haj me angəró tu láte'. əngərďás les and o sekríj tála láte paréte le khəréste, haj gəľás kaj
et ego feram te ad illam'. tulit eum in arca sub eius parietem domus, et ivit ad
rají. ‚rudí ma túkə, rají, the les moró sekríj andré le strajunínca, the na čorén moré
heram. ‚rogo te, hera, ut sumas meam arcam intro cum vestibus, ut non furentur meas
strájuri'. ‚an les and e tínda'. akharďás la hargáta, h' ažutisarďás la, h' angarďóŭ les and
vestes'. ‚fer eam in atrium'. vocavit ancillam, et adiuvit illam, et attulit eam in
e tínda. ‚rudí ma túkə, rají, the angaráŭ les túte and o khər, kə me tehára avó palá léste'.
atrium. ‚rogo te, domina, ut feram eam tibi in domum, ego mane veniam propter eam'.
‚nu, šuŭ les and ek kótu'. gəlí tar khəré e phurí. e rají raťí kərďás péskə najeripí, haj
‚age, pone eam in quodam angulo'. abiit domum vetula. hera noctu fecit sibi lavationem, et
šuťás e angrustí pe meséle, thaj najólas. aj vo dikľás pe ferestújka tála j čučí e čečí ek
posuit annulum in mensa, et lavabat se. et ille vidit per fenestellam sub mamma dextra
négu. e rají sutóŭ raťí and o pátu, haj e əngrustí bisterďás pe meséle, haj mudarďás e mumelí.
verrucam. hera dormivit noctu in lecto, et annulum oblita est in mensa, et exstinxit cereum.
aj vo puterďás pe, haj ľas e angrustí pe a meséle, haj šuťás pe járə and o sekríj, pandaďás
at ille aperuit se, et sumsit annulum de mensa, et ingessit se iterum in arcam, inclusit
pe othí. e phurí aviľás ži and o des tehára, h' ankalaďás pésko sekríj avrí. vo puterďás
se ibi. vetula venit usque ad diem mane, et tulit suam arcam foras. ille aperuit
pe, thaj anklistóŭ avrí, haj ľoŭ o sekríj, thaj gəló tar. vo gəľás and o drum kodoléste, h'
se, et exiit foras, et sumsit arcam, et abiit. ille ivit in viam ad illum, et
arakľóŭ les and o drum. ‚sután morá rajása?' ‚sutóm'. ‚če sémnu sən la?' ‚sən la tála
invenit eum in itinere. ‚dormiisti cum mea domina?' ‚dormivi'. ‚qui naevus est ei?' ‚est ei sub
j čučí e čečí ek négu: kaná na paťás ma, ákə vi angrustí'. ‚čečés sə. ále túkə korábije ku
mamma dextra naevus: si non credis mihi, ecce etiam annulus'. ‚recte est. cape tibi navem cum
se, h' aŭ khəré, haj do tu vi e mošíja'. vo gəľás khəré, haj na penďás la rajákə kanč,
omnibus, et veni domum, et dabo tibi etiam fundum'. ille ivit domum, et non dixit dominae quidquam,

haj kәrďás ek korábie cәnoní, haj šutóň la and e korábie, haj ďoň lákә drum pe Dúnere.
et fecit navem parvam, et posuit eam in nave, et dedit ei cursum in Danubio.
‚kaná tu kәrďán kadé, žá-thar pe Dúnere‘. vo ďas e mošíja se, h' ašiľás čoró, haj kәršlas
‚quoniam tu fecisti ita, abi in Danubio‘. ille dedit fundum omnem, et factus est pauper, et ferebat
paí le žәdovenίngә. aj voj gәľás pe Dúnere ek bәrš. atúnč kadé sas o bәrš, sar akaná o des.
aquam iudaeis. et illa ivit in Danubio unum annum. tunc ita erat annus, ut nunc dies.
chutilďás la ek phurú, haj cәrďách la kaj márdžina, haj puterďás e korábija, thaj ľas la
excepit eam senex, et traxit eam ad ripam, et aperuit navem, et sumsit eam
avrí, h' angarďás la péste. voj bešľás léste trin bәrš, thaj kátelas and e fúrka, thaj ťiďás
foras, et duxit eam ad se. illa mansit apud eum tres annos, et stamina nebat in fuso, et collegit
péske loví, haj ťinďás péskә strájuri raikaní muršәkaní, thaj uraďás pe, thaj šinďás péskә
sibi pecuniam, et emit sibi vestes magnificas viriles, et vestivit se, et decurtavit sibi
bal, haj gәľás palpalí kaj pésko rom. voj gәľás, thaj ratiľás tal ek ťéju, haj sutóň tal o ťéju.
crinem, et ivit retro ad suum maritum. illa ivit, et pernoctavit sub quadam tilia, et dormivit sub tilia.
andá kodó fóru korájľoň o әmparátu. voj dikľóň sonú: and o ťéju sas ek chәn, h' and
in ea urbe oculis captus est imperator. illa vidit somnium: in tilia erat foramen, et in
e chәň sas paí, haj the makšla pe o әmparátu kodolé paésa, vo dikšla. voj uštiľás
foramine erat aqua, et si unget se imperator illa aqua, ille videbit. illa surrexit
teharákә, thaj roďás әmprežúr, th' arakľás e chәň. haj sach la ek šәpušóru, haj ľas paí and
mane, et quaesivit circum, et invenit foramen, et erat ei lagunculа, et sumsit aquam in
o šәp, haj šutóň les and e pusetí, haj gәľás ánda kodó fóru kaj ek kәrčma, haj piľás triné
lagena, et immisit eam in fundam, et ivit in illam urbem in cauponam, et bibit trium
grijcarínde rakíje, haj pušľás le žәdovés: ‚so ašúnďol tuménde?‘ ‚amánde әmparátu korájloň,
crucigerorum crematum, et interrogavit iudaeum: ‚quid auditur apud vos?‘ ‚apud nos imperator oculis captus est,
haj del péste әmparacíje, kon kәrla léste, the dikšl‘. ‚me kәró les‘. o žídovu gәľás koá әmpa-
et dabit suum regnum, qui faciet ei, ut videat‘. ‚ego faciam ei‘. iudaeus ivit ad impe-
rátu, haj (әmparátu) penďóň léskә: ‚haj, žan, h' anén les mánde‘. әngәrdé les koá әmparátu.
ratorem, et (imperator) dixit ei: ‚heu, ite, et ducite eum ad me‘. duxerunt eum ad imperatorem.
‚kәré, the dikáň? dap tu moré әmpәrәcíe‘. voj ľoň (paí), haj makľóň les p' ol jakhá, haj
‚facies, ut videam? dabo tibi meum regnum‘. illa sumsit (aquam), et unxit eum in oculis, et
dikľóň. әmparátu thoďóň léskә e korúna and o šәró. ‚tu the avés әmparátu. man na j man
vidit. imperator posuit ei coronam in capite. ‚tu esto imperator. mihi non est
trjába, númaj the bešáň páša tu‘. uraďóň les әmpәrәtíceka, akharďás péskә osté, marďás
opus, tantum ut maneam apud te‘. vestivit eum imperatorie, vocavit suum exercitum, pulsavit
e dóba, kә sәn әmparátu nivó. aj voj dikľás péskә ras, kә kәršlas paí k' ol žídoži. ‚áp-ta
tympanum, quod est imperator novus. et illa vidit suum maritum, quod ferebat aquam iudaeis. ‚veni
urdí. de sar san, san čoró?‘ ‚ba, me na sómas čoró, me sómas barvaló; man sas man
huc. a quo es, es pauper?‘ ‚non, ego non eram pauper, ego eram dives; mihi erat
mošíje, haj sómas neguctóri bharó‘. ‚apój sar chasarďán ti mošíja?‘ ‚chasarďóm and o rә-
fundus, et eram mercator magnus‘. ‚ergo quomodo amisisti tuum fundum?‘ ‚amisi in spon-
mәšágu, kә moré romní kamľás pe avrésa, kә léskә ďom e mošíjә, haj la šuďóm la pe Dú-
sione, mea uxor amavit se cum alio, ei dedi fundum, et eam immisi in Da-
nere‘. әndátә voj traďás pála léste, th' andé les. ‚sar tu ľan e mošíja kathár kәkó manúš?‘
nubium‘. statim illa misit post eum, et duxerunt eum. ‚quomodo tu accepisti fundum ab hoc homine?‘
‚and o rәmašágu‘. ‚če rәmәšágu sas tu?‘ ‚the kamá ma lása‘. ‚apój kamľán tu lása?‘ ‚kamľóm
‚in sponsione‘. ‚quae sponsio erat tibi?‘ ‚quod amabo me cum ea‘. ‚ergo amasti te cum ea?‘ ‚amavi

41*

ma'. ,aj la če sémne sas la?' ,tála e čučí e čečí sach la ek négu'. ,prinžané kodó sémnu?'
me'. ,et qui naevi erant ei?' ,sub mamma dextra erat ei verruca'. ,cognosces illum naevum?'
,prinžanó'. voj atúnčĭ ankaladás e čučí. ,tu sánas mánca?' ,níči sómas'. ,apój sóste chocha-
,cognoscam'. illa tum exseruit mammam. ,tu eras mecum?' ,non eram'. ,ergo cur menti-
dán? haj, len les, haj šingarén les se kotorá'. haj mustrusardóñ péskə romés. ,tu sóstar
tus es? heu, arripite eum, et concidite eum totum in frusta'. et aspexit suum maritum. ,tu cur
na pušĺán ma atúnčĭ?' ,sómas dilú, thaj sómas cholérniku'. ,haj, cərden les telé, haj den
non interrogasti me tum?' ,eram stultus, et eram iratus'. ,heu, trahite eum deorsum, et date
les biš thaj panž, the setól god'. voj šudás ol stráji pe a péste, haj doñ le pe léste. ,tu
ei viginti et quinque, ut discat prudentiam'. illa deiecit vestes de se, et dedit eas in eum. ,tu
san əmparátu, haj me əmparatjása'.
es imperator, et ego imperatrix'.

— — — —

4. *kaméla pe* ist wörtlich durch *amat se* übersetzt: es bedeutet ,sie hat Liebschaften'.

5. *kamá ma* für *kamó ma, kamáu ma.*

8. *kaná pomenisaré lákə* wenn du ihr (von Liebe) erwähnen wirst.

14. *rudí ma túkə* für *rudíu ma túkə* und *rudíu* aus *rugíu* rum. rog, rugare. Die Syntax ist rum. mъ rogŭ cie. slav. molją ti sę.

20. Dem *puterdás pe* entspricht *pandaĺás pe.*

21. *ži and o des* bis zum Tage d. h. vor Tagesanbruch.

44. *de sar san* u. s. w. d. h. bist du arm, seit du auf der Welt bist?

XV. Der dem Teufel Verschriebene.

Sas ek manúš barvaló, haj gəló and o voš, haj doñ and ek jázeru le vurdonésa.
Erat quidam homo dives, et ivit in silvam, et cecidit in quoddam stagnum cum curru.
haj léste romní kərdás rakloró. aj vo na žangĺás. aj o beng ənklistóñ, haj pendóñ: ,so da
et eius uxor peperit filium. et ille non sciebat. et diabolus exiit, et dixit: ,quid dabis
ma, the ənkalaváp tu kothár?' ,so kamés. do tu'. ,the des ma. so sə tu khəré'. ,man
mihi, si extraho te inde?' ,quod vis, dabo tibi'. ,da mihi, quod est tibi domi'. ,mihi
sən ma grast, gurú'. ,kodó the des man. kaj na dikĺán'. ,do tu'. ,kər mángə kontrátu'.
sunt equi, boves'. ,id da mihi, quod non vidisti'. ,dabo tibi'. ,fac mihi pactum'.
kərdóñ léskə kontrátu. haj ankaladóñ les (o beng) and o glódu, haj (o manúš) gəló khəré.
fecit ei pactum, et extraxit eum (diabolus) e coeno, et (homo) ivit domum.
vo ži khəré bisterdás de kontrátu. o rakloró sas biššə-bəršəngo. ,kər mángə, dáli. ek túrta,
ille usque ad domum oblitus est pactum. puer erat viginti annorum. ,fac mihi, mater, panem,
kə me žáp-tar, kaj skriisardás man o dad'. haj gəló pal ol plajé dur, h' arəsĺás k' o khər
nam ego abeo, quo scripsit me pater'. et ivit trans montes longe, et venit ad domum
bengéngo. othé sas ek phurí and o khər, haj ek raklí le bengésti, haj pušĺóñ les: ,kaj žas,
diabolicam. ibi erat vetula in domo, et filia diabolica, et interrogavit eum: ,quo is,
raklé?' ,me aviĺóm k' o raj kothí, the služšú'. aj e raklí dikĺóñ les, haj čaĺóñ la. ,me
puer?' ,ego veni ad dominum huc, ut serviram'. et puella vidit eum, et placuit ei. ,ego
phenó túkə, kə kodó j moró dad. kérla pe moró dad ek grast, haj phénla, the ənklés
dicam tibi, quod ille est meus pater. faciet se meus pater equum, et dicet, ut ascendas

pe léste, the ənkunžurís e líme, haj kər túkə ek buláva sastrunī th' ek zgrébla sastruní, haj
in eum, ut obeas mundum, et fac tibi clavam ferream et pectinem ferreum, et

the marés la bulavása, kə na mekéla pe, haj the ənklés pe léste, haj kaná že, se and
percute clava, nam non demittet se, et ascende in eum, et quando ibis, continenter in

o šəró the marés'. ənkunžurisardás e líme, h' aviľás khəré, šutóŭ les and o grážďo, haj gəľás
caput percute'. obiit mundum, et venit domum, constituit eum in stabulo, et ivit

kaj raklí. ‚na šuľás tu moró dad?' ‚na šuľás, kə se and o šəró mardóm'. akhardóŭ les
ad puellam. ‚non deiecit te meus pater?' ‚non deiecit, nam semper in caput percussi'. vocavit eum

o beng, haj ľas ek polubóku máku, haj čordóŭ les and e čar, haj pendás léskə, the thídel
diabolus, et sumsit dolium papaveris, et effudit id in gramen, et dixit ei, ut colligeret

o máku se, the pherl o polubóku, ‚kə the na pheré, šináp ti kor'. vo gəľás kaj raklí,
papaver omne, et impleret dolium, ‚nam si non implebis, scindam tuum collum'. ille ivit ad puellam.

haj rujóŭ. ‚sóstar rovés?' ‚pendás tí o dad, the phjeráŭ o polubóku o máku; the na phjeró,
et flevit. ‚cur fles?' ‚dixit tuus pater, ut implerem dolium papavere; si non implebo,

šínla moré kor'. voj pendás: ‚na dará'. ənklisťás voj avrí. haj ďas šol, th' aviľás ol šóric.
scindet meum collum'. illa dixit: ‚ne time'. exiit illa foras, et dedit sibilum, et venerunt mures,

so se j čar haj patrín. haj pušľóŭ la: ‚so trébul tu, stəpánə?' ‚the thíden o máku, the
quot omnia sunt gramina et folia. et interrogarunt eam: ‚quid opus est tibi, domina?' ‚colligite papaver, ut

phern o polubóku'. haj gəlé ol šórič, haj liné po ek šíru máku. haj pherdóŭ o polubóku.
impleatis dolium'. et venerunt mures, et sumserunt singula grana papaveris, et impleverunt dolium.

dikľás o beng. ‚lašó san; ánkə the maj kərés ek prúba: e bálta the šuťarés la, haj the arís
vidit diabolus. ‚bonus es; adhuc fac unum periculum: paludem exsicca, et ara

la, thaj the semenís la, haj tehára the des ma kukurúzu péko: the na kəré, šináp ti kor'.
eam, et semina eam, et cras da mihi zeam tostam: si non facies, scindam tuum collum'.

vo gəľás kaj raklí, thaj rujóŭ. ‚pendás ti o dad, the šuťaráŭ e bálta. the daŭ les kukurúzu
ille ivit ad puellam, et flevit. ‚dixit tuus pater, ut exsiccarem paludem, ut darem ei zeam

péko tehára'. ‚na dará'. voj ənklisťás avrí. haj ľas o harámniku la jagáku, haj maladás
tostam cras'. ‚ne time'. illa exiit foras, et sumsit flagellum igneum, et percussit

ek dáta and e bálta, haj šutiľóŭ; p' o dújto maladás, th' arisájľoŭ; p' o trito maladás, semeni-
semel paludem, et exsiccata est; secundum percussit, et arata est; tertium percussit, seminata

sájľas; p' o štárto maladás, th' o kukurúzu pekjiľás. haj tehára ďoŭ les kukurúzu pekó. voj
est; quartum percussit, et zea tosta est. et mane dedit ei zeam tostam. illa

pendóŭ léskə: ‚amé sam trin raklé, kərľ amí se jek, akhárlu tu. the prinžanés, saví e maj
dixit ei: ‚nos sumus tres filiae, faciet nos omnes aequales, vocabit te, ut cognoscas, quae maxima

bharí, saví e mižločí, haj saví e cəgní. aj tu na san hárniko. the prinžanés, kə 'me avása
natu, quae media, et quae minima. et tu non eris aptus, ut cognoscas, nam nos erimus

se jek. me avó oprál, haj the les sáma kaj moré pənrə. kə me se maró and o ponró.
omnes aequales. ego ero in summo, et intende animum ad meos pedes, nam ego continenter supplodam pedem.

e mižločío avéla maškarál, aj e bharí karín tu. thaj kadé gəčisaré'. pendóŭ léskə (o beng)
media erit in medio, et maxima adversus te. et ita assequeris'. dixit ei (diabolus):

‚ánkə maj do tu ek prúba. o voš the šinés les se. haj the thoch les and ol sténžine ži te-
‚adhuc dabo tibi periculum. silvam caede totam, et pone eam in orgyias usque ad cra-

hára'. ‚vo gəľás kaj raklí, haj pušľóŭ les e raklí: ‚sə tu dad thaj dij?' ‚sən man'. ‚haj, the
stinum diem'. ‚ille ivit ad puellam, et interrogavit eum puella: ‚sunt tibi pater et mater?' ‚sunt mihi'. ‚heu,

našás, kə moró dad mudárla tu. le e asán, thaj le zgrébla, kə man sən ek koznó'. liné pe, haj
fugiamus, nam meus pater occidet te. sume cotem, et sume pectinem, mihi est pannus'. profecti sunt, et

našlé. uštiľás o beng, dikľás, kǝ na j šindó voš. ‚žan, h' akarǝn les mánde‘. ‚hohó, kǝ na
fugierunt. surrexit diabolus, vidit, quod non est caesa silva. ‚ite, et vocate eum ad me‘. ‚hem, non

j nič o rakló nič e raklí‘. ‚haj, žan palá lénde‘. gǝlé. aj von diklé, kǝ žan palá lénde.
est neque puer neque puella‘. ‚heu, ite post eos‘. iverunt, et illi viderunt, quod eunt post ipsos.

aj voj penďás léskǝ: ‚me kǝró ma ek lánu ďiŭ, haj tu the kǝrés tu, the ródes o ďiŭ. haj von
et illa dixit ei: ‚ego faciam me agrum tritici, et tu fac te, ut spectes triticum. et illi

pušéna tu: ‚na nakľóŭ ek raklí thaj ek rakló?‘ ‚ba, nakľóŭ, kaná semenisarós o ďiŭ‘.
interrogabunt te: ‚non praeterierunt puella et puer?‘ ‚heu, praeterierunt, quando seminabam triticum‘.

‚hájdan pálpalí, kǝ na rǝsása len‘. von gǝlé pálpalí. ‚níči rǝsľám‘. ‚and o drum n' arakľán
‚ite retro, nam non assequemur eos‘. illi iverunt retro. ‚non assecuti sumus‘. ‚in itinere non invenistis

kanč?‘ ‚araklám ek lánu ďiŭ thaj ekhá gažǝs‘. ‚žan pálpalí, kǝ o lánu voj sas, aj o
quidquam?‘ ‚invenimus agrum tritici et rusticum‘. ‚ite retro, nam ager illa erat, et

gažú sas vo‘. von járǝ diklé len. voj penďás le rakléskǝ: ‚me do ma p' o šǝró, thaj kǝró
rusticus erat ille‘. illi iterum viderunt eos. illa dixit puero: ‚ego circumagam me in caput, et faciam

ma kangǝrí phurí, haj tu de tu p' o šǝró, haj kǝré tu kǝlúgǝru phuró, haj pušéna tu:
me ecclesiam antiquam, et tu circumage te in caput, et facies te monachum senem, et interrogabunt te:

‚na naklí ek raklí thaj ek rakló?‘ ‚naklí, kaná urzǝsarďóm e kangǝrí‘. ‚e, hájda pálpalí,
‚non praeterierunt puella et puer?‘ ‚praeterierunt, quando incepi ecclesiam‘. ‚heu, ite retro,

kǝ nič rǝsása; kaná urzǝlas e kangǝrí! akaná j phurí‘. ‚n' arakľán kanč and o drum?‘
nam non assequemur; quando incipiebat ecclesiam! nunc est antiqua‘. ‚non invenistis quidquam in itinere?‘

‚arakľám ek kangǝrí thaj ek kǝlúgǝru‘. ‚e kangǝrí şas voj, h' o kǝlúgǝru sas vo. žo me
‚invenimus ecclesiam et monachum‘. ‚ecclesia erat illa, et monachus erat ille. ibo ego

kórkoro‘. von diklé len. ‚akaná avél moró dad, na skǝpisarása. šúdes zgrjábla‘. šuďás
ipse‘. illi viderunt eum. ‚nunc venit meus pater, non effugiemus. proiice pectinem‘. proiecit

e zgrjábla, haj kǝrdiľas ek voš de and e phu ž' and o čerí. vo ží kaj chaľás o voš, von
pectinem, et facta est silva a terra usque ad coelum. ille donec erosit silvam, illi

durilé dur. rǝsǝlas le. voj čingarďás: ‚šúde e asán‘. šuďóŭ e asán, haj kǝrdiľas ek stǝnka
abierunt longe. assequebatur eos. illa exclamavit: ‚proiice cotem‘. proiecit cotem, et factum est saxum

bar de and e phu ži and o čerí. vo (o beng) ží-kaj kǝrďóŭ chǝŭ and o bar, von durilé.
lapideum a terra usque ad coelum. ille (diabolus) donec fecit foramen in lapide, illi abierunt.

járǝ rǝsǝl le. ‚rǝsǝl amén o dad‘. šuďóŭ o koznú, haj kǝrdiľas ek paí bharó th' ek asáŭ.
iterum assequitur eos. ‚assequitur nos pater‘. proiecit pannum, et facta est aqua magna et mola.

von bešlé p' o málo. haj vo ďoŭ čingár: ‚kúrva, sar nakľán o paí?‘ ‚pánde o bar le
illi constiterunt in ripa. et ille exclamavit: ‚meretrix, quomodo transiisti aquam?‘ ‚liga lapidem

asavésko kaj kor, haj chúte and o paí‘. vo pangľás o bar kaj korǝ, haj chukľóŭ and o paí,
molarem ad collum, et insili in aquam‘. ille ligavit lapidem ad collum, et insiluit in aquam,

haj tasuľóŭ. voj penďás: ‚na ďará, kǝ moró dad tasuľóŭ‘. gǝľás kaj pésko dad la
et suffocatus est. illa dixit: ‚ne time, nam meus pater suffocatus est‘. venit ad suum patrem cum

rakľása. lésko dad bukurisájľoŭ. aj e raklí penďás le rakléskǝ: ‚me žaŭ, the pokutujíŭ ol
puella. eius pater laetatus est. sed puella dixit puero: ‚ego ibo, ut luam

bezechá morǝ dadéskǝ, kǝ me tesaďóm les: pe trin bǝrš žaŭ‘. ľas e ǝngrustí, haj pagľóŭ
peccati mei patris, nam ego suffocavi eum: in tres annos abeo‘. sumsit annulum, et fregit

ek paš, haj ďoŭ les ek paš. ‚garáŭ la, the na chasarǝs la‘. voj gǝľás pe trin bǝrš. vo
dimidium, et dedit ei dimidium. ‚custodi id, ut non amittas id‘. illa ivit in tres annos. ille

bisterďás pe láte, the ľas, thaj ǝnsoríl pe. phjérľach léskǝ abéŭ. voj aviľás, haj vo na
oblitus est eam, et paravit se, ut duceret uxorem. faciebat eius nuptias. illa venit, et ille non

prinžanďóŭ la. ‚pen ek paháru rakíje‘. voj piľás ek paháru léste rakíje, haj šuľás e paš
cognovit eam. ‚bibite poculum cremati‘. illa bibit poculum eius cremati, et fecit dimidium

əngrustí and o paháru, haj ďoŭ léste. vo kaná piľás, ľas la and o muj, haj ľoŭ la and
anuli in poculum, et dedit ei. ille ut bibit, sumsit id in os, et sumsit id in

o vast, haj dikľóŭ la, haj ľas péste paš. haj thoďóŭ kaj ek than. ‚ej, kadé j moré romní,
manum, et vidit id, et sumsit suum dimidium, et posuit in unum. ‚heu, haec est mea uxor,

kadé ənkalaďás ma kaṭ o meripé‘. haj musarďás kodé núnta, haj ľas péskə romní de anglál,
haec liberavit me a morte‘. et irritas fecit illas nuptias, et sumsit suam uxorem priorem,

thaj žudiľóŭ lása.
et vixit cum ea.

---

1. *barvaló*, wohl *čoró:* die Übersetzung hat in Übereinstimmung mit ähnlichen Erzählungen: arm.
2. *ďa* für *de, des.*
7. *pal ol plajé* hinter die Berge, asl. za gory.
23. *ťi o dad* fällt auf.
29. *maró and o ponró* rum. vojŭ bate ꙟn pičore.
45. *šúdes* wohl für *šúde,* wie unten steht.

B. LIEDER.

XVI. Gattenliebe.

O Tüdor Tudorël,
Theodorus Theodorides,
näch les, so kərël,
non erat ei, quod faceret,
häj de tərnorŏ
et a puero
ľäs rajë.
sumsit uxorem.
haj de šukär kaj säs,
et pulchra cum esset,
ol türči bíro bharó vazdë léskə.
turcae tributum magnum imposuerunt ei.
bitinďäs, so säch les,
vendidit, quae erant ei,
haj le birŏštar na potinďäs pe.
et tributo non solvit se.
haj säs le Tudorŏs
et erant Theodoro
jeftä-šəla bakrë,
septingentae oves,
ol pošomä boldinï
lana crispa
th' ol šəngä poleimï,
et cornua perfusa,
ek mïja lej jek kərläs.
mille florenos una valebat.
thaj ďöŭ le, haj niči potinďäs pe.
et dedit eas, et non solvit se.
haj säch le Tudurŏs
et erant Theodoro
jeftävardeš grazné lolë,
septuaginta equae rubrae,
dünga kalí p' o pšikŏ,
lineae nigrae in dorso,
ən bujëstru and e fúga j bharï,
in ferocia in cursu citatissimo,

häj dǒŭ le,
et dedit eas,

haj le birǒstar na potindǒŭ pe.
et tributo non solvit se.

haj säch le Tudurǒs
et erant Theodoro

aiǔlinä p' ol timiľi,
palatia in fundamentis,

häj dǒŭ le,
et dedit ea,

haj le birǒstar na potindǒŭ pe.
et tributo non solvit se.

haj säch le Tudurǒs
et erant Theodoro

jeftá 'savä tála j phŭ,
septem molae sub terra,

mśčinĭnas somnakäj thaj rup,
molebant aurum et argentum,

thäj dǒŭ le,
et dedit eas,

haj le birǒstar potindäs pe. —
et tributo solvit se. —

‚thaj büt musardǒm, thaj dǒm,
‚et multa insumpsi, et dedi,

aj morá rajë nä dom;
sed meam uxorem non dedi;

ŏnks musarǒ, thaj do,
adhuc insumam, et dabo,

nŭmaj and e murči ašǒ,
tantum in cute manebo,

haj morá rajë na dǒ'.
sed meam uxorem non dabo'.

---

1. *Tudorël* ist ein Diminutiv von *Tŭdor,* und bezeichnet wie die durch išťь gebildeten slavischen Eigennamen den Sohn des Tudor.

6. Der Tribut ist gross, damit Tudor gezwungen werde auch seine schöne Frau zu verkaufen.

8. Eigentlich: sich loszahlen, sich durch Zahlen befreien, klruss. spłatyty śa z čoho.

12. *poleimí* wie begossen mit Silber, wohl mit silbernen Ringen verziert.

18. Es soll wohl gesagt werden, dass die Stuten selbst im schnellsten Lauf wie toll waren.

22. Schlösser, Paläste mit hohen Fundamenten.

26. Unterirdische Mühlen, die Gold und Silber mahlen, sollen Tudor's unermesslichen Reichthum bezeichnen.

XVII. Der kranke Held Dojčin.

Obsräku Dünčila —
Pauper Dunčila —

e korä sar o gonǒ,
collum ut saccus,

ol jakhä sar ol tilële. —
oculi ut catilla. —

haj daräl o ьmparätu, —
et timet imperator, —

haj čalmäva sar e rǒata:
et tiara ut rota:

thaj se j lŭme ьngrozël pe —
et totus mundus terretur —

nasfalǒ de jeftá bërš.
aegrotus a septem annis.

aj e phën le Dunčilästi,
et soror Dunčilae,

kaj suvël voj k' o derdëfu,
quae suit ad machinam,

na žanăŭ, suvël or dessuvël,
nescio, suat an dissuat,

kɘ dekáŭ, kɘ asfä mekël.
sed video, quod lacrimas fundit.

o Dunčila o nasfalŭ:
Dunčila aegrotus:

‚aj tu, phenĕ, söste rovës?‘
‚at tu, soror, quare fles?‘

‚aj me sär na rovö,
‚at ego quomodo non fleam,

k' aviľás ľil kat o ɘmparätu,
venit folium ab imperatore,

kɘ dekɘnd sän nasfalŭ,
a quo es aegrotus,

čorăjľas o fŏru,
pauper facta est urbs,

haj bŭt hajdamáči kɘrďile‘.
et multi latrones exstiterunt‘.

aj vo penďás: ‚nä dará, phenë!
sed ille dixit: ‚ne time, soror!

kɘ me së potrivisarö:
ego omnia vincam:

aj že, phëne, and o gräždo,
sed i, soror, in stabulum,

th' än tu morɘ grastës‘.
et adduc tu meum equum‘.

haj gɘľöŭ and o gräždo,
et ivit in stabulum,

thaj anďöŭ le grastës,
et adduxit equum,

thaj e zɘn pe les šuthöŭ.
et sellam in eo posuit.

o Dončila pe léste ɘnklištöŭ.
Dončila in eum ascendit.

‚de ma, phenë, o buzdugänu‘.
‚da mihi, soror, clavam‘.

o buzdugänu ďöŭ les,
clavam dedit ei,

thaj and e zɘn šuthöŭ les,
et in sella posuit eum,

haj p' o drŭm kɘ pornisăjlas.
et in viam se dedit.

haj ľas o drŭm de a lŭngo
et sumsit viam per longitudinem

th' ol kɘžme se de a rɘndu.
et cauponas omnes ex ordine.

haj žálas o Dunčila žemɘnd,
et ibat Dunčila gemens,

thaj o gräst se buičɘnd.
et equus continuo ferox.

haj ľas o drŭm kɵ͡a ɘmparätu,
et sumsit viam ad imperatorem,

h' arɘsľäs kaj léste pŏrta.
et venit ad eius portam.

ɘmparätu kɘ dikľöŭ les:
imperator ubi vidit eum:

‚obsɘräči Dŭnčila!
‚pauper Dunčila!

kɘ dekɘnd san nasfalö,
a quo es aegrotus,

moró fŏro čorájľas‘.
mea urbs pauper facta est‘.

‚na dară, o ɘmparäte!
‚ne time, o imperator!

kɘ më mudaräŭ le‘.
ego occidam eos‘.

haj kɵ͡a gilɘu vo gɘľäs.
et ad latronum ducem ille ivit.

o gilɘu kaj mesële bešľás,
latronum dux ad mensam sedit,

haj le Dončilas mangľäs:
et Dončilam oravit:

‚aŭ, Dončila, haj tu chä‘.
‚veni, Dončila, et tu ede‘.

‚kɘ me nä 'viľóm, the chän,
‚ego non veni, ut ederem,

aj me aviľöm, the marăm ma‘.
sed ego veni, ut pugnarem‘.

aj o gilɘu k' ašundäs,
et latronum dux ubi audivit,

h' o paläš and o väst ľas.
gladium in manum sumsit.

aj o Dončilu nasfalŭ
et Dončila aegrotus

le buzduganös šuďäs,
clavam iecit,

haj lésko šɘrö pharaďöŭ,
et eius caput diffidit,

haj kɵ͡a ɘmparätu gɘľöŭ,
et ad imperatorem ivit,

thaj o šɘrö ɘngɘrďäs.
et caput attulit.

haj ɘmparätu kɘ dikľöŭ,
et imperator ubi vidit,

häj bukurisäjľoŭ,
laetatus est,
haj kaj mesële thodöŭ,
et ad mensam collocavit,
haj les chabë ks ďöŭ les.
et ei cibum dedit.
k' o Dunčila khsrë gsľás,
et Dunčila domum ivit,
ks pëste isprsvisarďäs.
nam sua perfecit.

Von dem kranken Dojčin werden Lieder gesungen unter den Bulgaren, Serben, Rumunen und Zigeunern. Die ersten versetzen die besungene Heldenthat nach Salonik. Das bulgarische Lied, 238 zehnsilbige Verse umfassend, hat epischen Charakter. Vor der Stadt hatte der schwarze Araber sein Zelt aufgeschlagen und brandschatzt die Bewohner: jeden Tag verlangt er zwei Öfen Brod, eine Kuh, ein Fass Branntwein, zwei Fass Wein und ein schönes Mädchen. Als die Reihe Dojčin's Schwester, Angelina, trifft, verlässt Dojčin sein Krankenlager, tödtet nach mancher anderen That den Dränger und stirbt. D. i K. Miladinovci. Bolen Dojčin. Seite 126—132. Auch das serbische Lied ist episch; es enthält 295 Verse. Der Schauplatz ist Salonik. Dojčin's Schwester heisst Andjelija und der Feind ist der Araber Uso (Hussein). Der Räuber wird besiegt und Dojčin stirbt. Vuk. Bolani Dojčin. II. Seite 460—469. Das rumunische Lied ist zu einer Romanze verengt: es umfasst 120 Verse. Dojčin, hier Dončilъ, Dončul genannt, kämpft mit Tataren, den Herrn des Budžak genannten Landstriches. Dojčin's Schwester heisst hier Ankuca. V. Alecsandri. Dončilъ. Seite 112—114. Das mitgetheilte Zigeunerlied stammt unzweifelhaft aus einer rumunischen Variante des nach meiner Ansicht ursprünglich bulgarischen Volksliedes, das aus Bulgarien einerseits zu den Serben, andererseits zu den Rumunen seinen Weg gefunden.

6. *se j lúme: j* für *e, i* ist der Artikel. *lúme* Welt ist rum. fem.

9. *kaj* und *voj* dient zum Ausdrucke des Relativs. Vergl. Syntax der slavischen Sprachen Seite 93.

26. *pe léste,* richtig vielleicht *pe les,* wie v. 25.

31. *ľas o drum de a lúngo* er gieng den Weg entlang.

33. *žemĺnd* gemens, vor Schmerz.

44. Für *bešľás* sedit erwartet man *beššlas* sedebat.

48. *marám ma* für *marán ma.* Vergl. *te chan* 47.

57. *haj* ist unübersetzt gelassen. Ebenso *ks* v. 59.

XVIII. Die Gefangenen.

Märl e balvál o römano,
Agitat ventus chamomillam,
din če marël, din če 'nfrunzël:
quo plus agitat, eo plus viret:
bešĺn ol raklï and o pandaipï,
sedent iuvenes in carcere,
haj ruďim pe k' ol katäne,
et flagitant a militibus,
the˘snkaläl li, the phjeräl li.
ut emittant se, ut sinant ire se.
von níči säma na thovën,
illi ne animum quidem advertunt,
haj maj zorës pändjel le
et firmius ligant eos
ekhë šolë the žalunŭ,
una reste serica,

sar moró väst de tulŏ.
ut mea manus crassă,
haj pändjelas küj kujéte,
et ligant cubitum ad cubitum,
haj phjiräl le and ol manüš.
et ducunt eos inter homines.
,delé patrïn and o ambrül o šukó,
,viride folium in piro arida,
uští, bädju, páša mä,
surge, homo, prope me (qui es),
the na däs p' ek lažäo;
ne incidas in aliquam turpitudinem;
uští, bädju, p' o päto,
surge, homo, in lecto (qui es),
the na däs p' ek pakäto;
ne incidas in aliquod peccatum;
uští, bädju, podisäŭ,
surge, homo, calcea te,
ákə j stráža kaj ferjästa,
hic est custodia ad fenestram,
na j lažäo niči dar
non est dedecus neque metus
sträža 'nd e metropolije'.
custodia in metropoli'.
,halilë! moré šukär,
,heus! mea dilecta,
jïkər o udär,
tene ianuam,
ži-kaj urjaŭ̈o ma,
donec vestiam me,
the thoŭ väst p' o bəltägu,
ut ponam manum in manubrio securis,
the tradäŭ la stražä and o gaŭ,
ut pellam custodiam in vicum,
apój the sovăŭ tüsa and o pátu,
deinde ut dormiam tecum in lecto,
the sovăŭ pe te čučë
ut dormiam in tuis mammis
ži and o dës o bharŏ'.
usque in diem magnum'.

---

1. Gesprochen *marl e balvál* für *maršl e balvál.* rum. vъntu bate.
3. *raklí* etwa junaci serb., παλικάρια neugriech.
4. *rudím* (statt *rudín*) *pe* rum. mъ rogŭ.
5. *ənkalál li, phjerál li* aus *-lán li.*
7. *pándjel le* aus *-djen le.*
10. Für *pándjelas* erwartet man *pándjel, pándjen le.*
11. *phjirál le* ist zu erklären nach der Bemerkung zu 5.
12.—20. Diese Verse werden der Geliebten eines der noch zu verhaftenden Räuber in den Mund gelegt. Das Liedchen beginnt nach dem Muster rumunischer Volkslieder, in denen häufig an ein aus der Natur entlehntes Bild der Gegenstand des Liedes angeknüpft wird: frunzъ verde, pъr uskat. Bei V. Alecsandri: frunzъ verde alunikъ 1. frunzъ verde salbъ móle 35. frunzъ verde pelinicъ 97 u. s. w.

XIX. Der Kampf mit den Tataren.

Žal o Urlän th' o Bežän:
It Urlan et Bežan:
o Bežän palpalí diklŏŭ,
Bežan retro spectavit,
h' and o müj čingardŏŭ:
et magna voce clamavit:
,äle, vére Urläne,
,heus, frater Urlan,
dïk-ta palpalí,
specta retro,
kə dikäŭ ek nüsru brəšəndësku'.
video nubem pluvialem'.

o Urlän palpalï diklöu:
Urlan retro spectavit:

,äle tu, vëre Bežäne!
heus tu, frater Bežan!

ks na j nüsro brsšsndësko,
non est nubes pluvialis,

avél ǒaste tsteröste:
venit exercitus tataricus:

tïde le grastés and ek dolögu,
adduc equum in habena,

the chötas ek psrlögu,
ut saliamus unum saltum,

the arssäs kaj ek mužila,
ut veniamus ad unum collem,

othë skspisaräsa'.
ibi evademus'.

kaj mužila 'rssľi.
ad collem venerunt.

o Urlänu čingarďäs:
Urlan clamavit:

,ha, vëre Bežäne!
,heus, frater Bežan!

aštisarë bi murö,
valebis sine me,

sar aštisarjäs mänca?'
ut vales mecum?'

,aštisarö'.
,valebo'.

puššäs le grastës:
interrogavit equum:

,häj, tu moró gräst!
heus, tu mi eque!

aštisarë k' ol purimäta,
valebis in senectute,

sar aštisarës k' ol terňimäta?'
uti vales in iuventute?'

,aj stspëne! kaná sömas tsrnoró,
,aha domine! cum essem iuvenis,

sas moró mäs sar e spüma
erat mea caro ut spuma

th' o kökalo sar e msdüha;
et os ut medulla;

aj akanä k' ol purimäta
at nunc in senectute

moró mäs sar o gänžu
mea caro ut funis e virgultis

th' o kökalo sar o spïn:
et os ut chalybs:

so aštisaräs k' ol tsrnimäta,
quae valebam in iuventute,

akanä jeftá psrc aštisarän,
nunc septuplum valeo,

ks man bharï lïndri 'rssľäs ma,
at mihi gravis somnus venit,

the soväu'.
ut dormirem'.

,söü, na ďarä!'
,dormi, ne time!'

thoďäs o šsró p' e mužila.
posuit caput in colle.

aj ǒaste le tstaröste
et exercitus tataricus

smpržurisarďöu le smprežür,
cinxit eos circumcirca,

so se j čär thaj patrïn.
quod omne est gramen et folium.

o Bežän and o muj čingarďöu:
Bežan magna voce clamavit:

,halïlë, vëre Urlän,
,heus, frater Urlan,

ks sodën dau mánde säma,
quotquot dedisti mihi custodiendos,

saňrën šindöm,
omnes occidi,

námaj jëk ašilöu godjavër,
nonnisi unus relictus est callidus,

haj n' aštik šinäü les'.
et non potest fieri ut occidam eum'.

o Urlánü oprë uštiľäs:
Urlan sursum surrexit:

,halïlë, vëre Bežäne!
,heus, frater Bežan!

snzär e sedžjäta mánde,
porrige sagittam mihi,

haj ferisäü mändar,
et cave me,

ks morë jakhä psnžsjimï,
nam mei oculi araneosi,

thaj moró gräst snvslinimï'.
et meus equus pavidus'.

o Urlän sedžjäta ľas,
Urlan sagittam sumsit,

he le Tstarös sedžetesarďäs,
et Tatarum sagitta percussit,
orth' and e čikät maladäs.
recta in frontem percussit.
haj pe pésks gräst snklisťi,
et in suum equum ascendit.
he pe péngo drüm gsli,
et in suam viam iverunt,
haj léngs känč na musarďi.
et iis nihil accidit.

5. *ta* in: *dík-ta* ist wohl eine Partikel, wie bereits bemerkt wurde.

11. Die eigentliche Bedeutung von *dológu* in: *and ek dológu* konnte nicht festgestellt werden. Auch *pərlógu* im v. 12 ist dunkel.

33. *ks* ist dem Zusammenhange nach nicht als ‚nam', sondern eher als ‚at' zu fassen: so ist es auch übersetzt.

39. *so se j čar thaj patrín* sagt, dass die Feinde so zahlreich waren oder so dicht standen wie Gras und Laub.

50. *psnžsjimí* mit Spinngewebe umzogen, von trüben Augen.

55. Statt *snklistí* sollte wohl der sing. stehen, der zu *pésks* passt, wie der plur. *gslí* zu *péngs*. *musarďí* ist eigentlich pessumdare, hier wohl zustossen.

XX. Die geraubten Pferde.

‚Ušťí, dáli, ksré jag.
‚Surge, mater, fac ignem,
so diké, the na darás'.
quod videbis, ne time'.
ľésti dej oprí ušťiľás,
eius mater sursum surrexit,
haj bharí jag ksrdás,
et magnum ignem fecit,
haj duj grastén kalén dikľás.
et duos equos nigros vidit.
‚de lengo drum, chal tó j dij'.
‚da eis cursum, deliciae matris'.
‚me léngo drum níči daŭ,
‚ego eis cursum non dabo,
makár me the maráŭ,
etsi ego moriar,
ks me and ol fóru žaŭ,
sed ego in urbem ibo,
thaj me len bithináŭ,
et ego eos vendam,
haj dúj-šsla lej laŭ,
et ducentos florenos accipiam,
haj túko poštín činàŭ,
et tibi pellem emam,
thaj koznó loló činó
et pannum rubrum emam
thaj čízma lolí'.
et calceum rubrum'.
haj vo and o fóru gsľóŭ,
et ille in urbem profectus est,
thaj len bithindóŭ,
et eos vendidit,
haj pálpalí khsré aviľóŭ
et iterum domum venit
kaj pesti dij.
ad suam matrem.
‚lašó tu des, dáli!'
‚bonus tibi dies, mater!'

Die Situation ist diese: ein Räuber hatte in der Nacht Pferde geraubt. Seine Mutter räth sie laufen zu lassen. Er aber zieht es vor sie in der Stadt zu verkaufen und der Mutter Geschenke zu bringen. Was auch ausgeführt wird.

9. *ol fóru*, richtig *o fóru*, wie unten.

16. *bithindóŭ*, richtiger wohl *bitindóŭ*.

XXI. Der Arme.

O burläku buťarël,
Homo miser vexat se,
phenén ol manüš, kɘ kɘlël.
dicunt homines, quod ludit.
aviľäs o burláku kaj gäzda.
venit miser ad herum.
‚de ma, gäzda, so the chäü'.
‚da mihi, here, quod edam'.
‚na j, burläku, so the däŭ,
‚non est, miser, quod dem,
per vi kadë, thaj söü,
decumbe etiam sic, et dormi,
le šɘrësa k' o prägu
capite ad limen
thaj le pɘnrënca kaj läjca'.
et pedibus ad scamnum'.
o burläku na peľöü,
miser non decubuit,
thaj o gažü uštiľöü:
et herus surrexit:
‚destül, burláku, the sovës,
‚satis, miser, ut dormias,
kɘ čäsul le vitënca the žas'.
nam tempus cum pecore ut eas'.
o burläku na peľäs,
miser non decubuit,
thaj oprë uštiľäs,
et sursum surrexit,
h' and o šɘrö charundäs,
et caput fricuit,
thaj dikľäs des parnö.
et vidit diem album.
näs les paí, na thodës pe,
non erat ei aqua, non lavit se,
näch les kɘré, na podisäjľas,
non erat ei calceus, non calceavit se,
näs les thalík, na uradës pe,
non erat ei vestis, non vestivit se,
ľas le vitën, thaj gɘľäs tar
sumsit pecus, et abiit
p' ol charë pal ol bakrë,
in valles post oves,
p' ol plajë pal ol gurü.
in montes post boves.
parnö jiü urëjľoü,
alba nix volavit,
o burläku ol ponrë vazdöü,
miser pedes sustulit,
haj péska dä kušľöü,
et suae matri maledixit,
söstar les kɘrdöü,
cur eum pepererit,
thaj lës na mudardöü.
et eum non occiderit.

1. *Burläku* ein Verlassener, ein Fremdling, ein Landstreicher. russ. burlakъ eig. Ruderknecht.

XXII. Die Befreiung.

Pe chär adönko —
In valle profunda —
män fäl ma,
mihi apparet,
öť nɘzɘrïl pe? —
aut fallit me? —
ek vurdön moksïceko,
currus mecanicus,
and o maškär le vurdonësko
et in medio currus
ɘngɘrén doü rän panglï,
vehunt duos dominos vinctos.
aj kön ɘngɘrël le?
et quis vehit eos?
o Armšäu Konstanťin
Armaš Constantinus
thaj o Közma o Damaskïn.
et Cosmas Damascenus.
aj käj ɘngɘrën le?
et quo vehunt eos?
and e ögna k' o lün.
in metalla ad sales.
e däj e phurï
mater senex

and o müj čingardäs:
magna voce clamavit:
‚Közma Damaskïne!
‚Cosma Damascene!
Armäš Konstanťine!
Armaš Constantine!
okoťë anglï
ibi porro
the¯äl tumínga a mïnte,
sit vobis in mente,
kaj chaïng e ľinu
ad fontem lenem
lëngə pral sovël,
sorum frater dormit,
thaj vö the uštëla,
et ille si surgit,
thaj tumïn šinëla.
vo concidet.
o gräst hrimintesarďöü.
equus hinnivit.
‚gräste, sóste hrimintisarďän,
‚eque, cur hinniisti,
thaj män uštadän?‘
et me expergefecisti?‘
‚əngərën ťe praľën‘.
‚vehunt tuos fratres‘.
vo uprë uštiľäs,
ille sursum surrexit,
th' and o drüm ənklistäs,
et in iter exiit,
h' and o müj čingarďäs:
et magna voce clamavit:
‚Közma Damaskïne!
‚Cosma Damascene!
mëg morə praľën,
mitte meos fratres,
kə thë choľäü,
nam si irascar,
šinäp tumïn‘.
concidam vos‘.
haj säbďija ľäs,
et ensem sumsit,
ol šeľï šinďäs,
vincula dissecuit,
haj péskə praľïn drum ďäs.
et suos fratres liberavit.

4. Ein Mokanenwagen. Mokanen sind kleine Gebirgspferde; diesen Namen führen sie vorzüglich in Siebenbürgen.

11. *ógna.* eig. *ókna* ein Salzbergwerk in der Moldau, in welchem Sträflinge arbeiten.

XXIII. Der Räuber denkt der Armen.

Kaj možila jarmarök:
In colle nundinae:
kerën skľinčup le Bojkösk̆ə
faciunt patibulum Bojko-ni
trinë kaštënca vošöskə
e tribus arboribus silvestribus
haj le šəlë le Brašovëskə.
et e cordis Coronensibus.
len le Bojkös kaj sprembäre.
sumunt Bojko-nem ad eundum.
ol logofëce pušlën les:
senatores interrogarunt eum:
‚phe lovë, Böjkule!‘
‚indica pecuniam, Bojko!‘
‚me lovë na phenö,
‚ego pecuniam non indicabo,
o uštalöü pašá mä.
carnifex iuxta me.
makár ol lovë phenö,
etsi pecuniam indicem,
na phenö koa barvalü,
non indicabo diviti,
aj phenö le koa čorö.
sed indicabo eam pauperi.
kə me 'l lovë prachosardöm
ego pecuniam defodi
talá j plaj bharö, buhlö,
sub monte magno, lato,
th' araköl le 'k čorö,
ut inveniret eam pauper,
the ťinël péskə gurü
ut emeret sibi boves

thaj gurumnë:
et vaccas:
le guruvënca arïla,
bobus arabit,
kat ol gurumnë thüd chála,
a vaccis lac edet,
haj män pomenïla,
et mei recordabitur,
mángs mištö avëla'.
mihi bene erit'.

Aus einem gereimten rumunischen Volkslied fast wörtlich in das Zigeunerische übertragen. *uštalšü* Henker nach dem rumun. buzátu labiosus, carnifex.

XXIV. Der Kozak.

Kurkë zorës de tehára
Dominica multo mane
thovél e raklorë muj parnó,
lavat puella faciem albam,
haj thovél pésk' asvénca,
et lavat suis lacrimis,
haj kssél péska balínca.
et terget suis crinibus.
luiné tehára chutildé le kozakós,
die lunae mane prehenderunt cosacum,
panglé léskз vast palpalí
ligarunt eius manus retro
haraulénca parní,
loris albis,
h' angardé les pe úlica.
et duxerunt eum per plateam.
,bólde tu, raklé,
,revertere, puella,
na kзr mánga žéle!'
ne fac mihi maerorem!'
,bezéch le grastésthar o súro,
,miser equus canus,
kз šúdel o raklés o ternó,
quod amittit puerum iuvenem,
o grast súro h' ol ašvarë težésko.
equus canus et frena serica.
kozákuna, kon thovéla pe to šзró?'
cosace, quis lavabit in tuo capite?'
,thovéna o šзró ol brзšзndá la majóskз,
,lavabunt caput imbres maii,
haj hulavéna les ol čóre kalí'.
et pectent id corvi nigri'.
,aj tu, čórз kalí, oprál vurés,
,heu tu, corve niger, alte volas,
arakhó moró pralés and óste?
inveniam meum fratrem in exercitu?
the dikáü les?'
quaeram eum?'
,sзn tu pral and e óste,
,est tuus frater in exercitu,
othé hodinïl;
ibi requiescit;
ol čóre ol kalí lésko šзró hulavén,
corvi nigri eius caput pectunt,
haj lésko mas čurundén,
et eius carnem rostro tundunt,
haj ol kókala šúden'.
et ossa disiiciunt'.

9. In: *bólde tu* ist *tu* als Accusativ zu fassen, eig. kehre dich um.

Die Geliebte will mit dem Kosaken ziehen, der zum Militärdienst abgeführt wird. Sie wird ermahnt umzukehren. V. 11—14 sind Worte des Mädchens. V. 15—19 Worte des Kosaken. Den Schluss bildet die Antwort des angeredeten Raben.

11. *bezéch le grastésthar o súro* eig. Schade um das Pferd das graue.

13. *h' ol ašvarë težésko* ist anakoluthisch an: *o grast súro* angeschlossen: es will gesagt werden: das Pferd mit den seidenen Zügeln.

14. *thovéla pe to šзró* eigentlich: auf deinem Kopfe waschen.

19. *the dikáü les?* heisst wohl: soll ich ihn suchen? wird es nicht vergeblich sein?

Berichtigungen. Nachträge.

I. 6. 7. 45. 46. 47. XIV. 11. *l'a* sumes ist unregelmässig für *la, las.* Dieselbe Unregelmässigkeit tritt auch bei *d'a* dabis VIII. 59. XII. 3. 21. XIV. 5. 11. XV. 2. neben *das* XVIII. 14. ein. Vergl. die Anmerkung zu I. 6. 27. 51. 54. *músaj: músa j.* 60. *k' ol la služnikása,* richtig vielleicht *ku la služnikása* für *ku la slúžnika.* Vergl. die Anmerkung zu dieser Stelle und *ko la patrinósa* cum folio X. 37. 66. *šinél,* richtig *šinén.* 67. *thovél,* richtig *thovén.* 71. Für *aj me gəčisard'ám* ist zu lesen *aj 'me (amé) gəčisard'ám* et nos assecuti sumus. 72. *atúnčj: atunči.* 74. *d'ach la drum,* richtig *d'ach les (le) drum* wegen des masc. *grast.*

II. 5. *kopáčj: kopáči.* et trahit: ut traheret. 6. *kopáčj: kopáči.* 11. *band'araŭ: band'aráŭ.* *štar žení* verhält sich zu *štar,* wie ambo zu duo. Vergl. *trin žéne* alle drei. *lí-duj* beide. *lí-štar* alle vier. *li-trín, lí-trin* alle drei; dagegen *(o)l trin* die drei VI. 34. 18. cibums: cibum. 32. *de me:* richtiger wohl *de ma.* 37. *phikó: pchikó.* 39. *músaj: músa j.* 42. *manca: mánca. lesa: lésa.* 53. *kərd'ás léskə ek fluerás:* richtig *kərd'ás péskə ek flúeru* fecit sibi fistulam. 54. Statt *róden* erwartet man *ródes.* 57. *kopáčj: kopáči.* 64. *kə* ist unübersetzt zu lassen. 67. *večj: veči.* 73. *chalas: chálas.* 81. Man beachte die seltenen Plusquamperfecte *zangl'ómas, mekl'ánas; sutánas, 'vil'ómas* X. 38. *sutánas, avil'ómas* XI. 81. 86. 87. *pérla, perlá* ist die III. sing., da nur an éinen Pfeil gedacht wird.

III. 5. 7. 20. *ək šəl: ək-šél.* 8. 51. *pral trušuléskə* ist russ. krestovyj bratъ, ähnlich dem serb. pobratim: der Name rührt davon her, dass zum Zeichen der Bruderschaft ein Austausch der an der Brust getragenen Kreuze statt findet. 12. Richtig vielleicht: ut occidam te. 13. ede cerasa. 14. meliora. 15. inquinata. 19. *pofti:* für *poftíŭ* ich bitte, etwa das Geschenk anzunehmen. 20. *kə 'khá: kə 'kha.* 33. *sutás* eigentlich: dormivit. *marél* im Sinne von feriat. 37. *žas-thar, ža-thar: žás-thar, žá-thar.*

IV. 2. *əmparatjása* ist wohl die genauere Schreibung für *əmparatása,* obgleich eine Scheidung zwischen tj und t nicht durchführbar ist. 10. *čingar̂: čingár̂. da?* matrem?: *da.* matrem. 16. *bariuna: bariuna,* d. i. *bařúna.* 21. *la* id ist unübersetzt zu lassen. 30. 33. 35. *na 'nd': na 'nd'.* 54. ei ist wegen des vorhergehenden *kroitorés* unübersetzt zu lassen. 66. *lénte:* richtig *lénde.* illae: illi. 67. *me 'k: m' ek* d. i. *ma ek.* 68. *amé dása palá léste* wir werden (sie) ihm zur Frau geben. 75. *me žo palá túti* ich werde dich heirathen. Vergl. die Anmerkung zu 68. 78. dedit: dederunt. 80. *grižísau: grižísaŭ.* 82. *ək-šəl: ək-šél.* 92. ei: eis. 94. *le:* wohl *la (mórte).* 96. *li trin: li-trín.* Vergl. 6.

V. 13. *léngo:* richtiger *lésko.* 31. *eñé phuč,* das auch VIII. 4. 13. *sñé phuč* vorkömmt, ist räthselhaft, da *eñá* novem bedeutet. Der Auslaut *e* gehört dem Local an, der, wie gelegentlich bemerkt wird, die Function des Instrumentals haben kann: *tuveré* II. 59. 79. *žap thar: žáp-thar.*

VI. 40. *ksléł:* man erwartet *kslén.* 42. eos: eum. 50. *ža thar: žá-thar.*

VII. 4. Vielleicht ist zu schreiben: *palá je balí.* 5. Die Analogie fordert *pštílach.* 31. 36. *thaj í man* etiam mihi statt des erwarteten *vi man.* 36. *kotočéj,* 28. *kolačéj.* 38. *mułas: mułás.*

VIII. 2. *ks* ist wohl nicht durch ut zu übersetzen. 19. 20. Der plur. *avliná* ist durch den sing. castellum zu übertragen. 55. In *pálpalí* ist neben dem Haupt- auch der Nebenaccent bezeichnet, was öfters eintritt: *děšudúj.* 58. *aj* ist durch ‚aber' zu übersetzen, *ks* unübersetzt zu lassen. 64. *akarsł le* steht für *akarsn le.* 73. Die Einschaltung von *les* eum ist entbehrlich. 76. nam ist zu streichen.

IX. 3. nam ist zu streichen. 12. *hájdan* ist eigentlich die II. plur. 17. pobis: nobis. 21. *žan thar: žán-thar.* 29. *somnakuní* bezieht sich auf *por* m. 30. *an ta: án-ta.* 33. *la čeriklé* und 34. 37. *le čeriklé.* 34. nam ist zu löschen. 39. iactavit: iactavit se, entsprechend auch in den folgenden zwei Zeilen. 48. fugiat: fugeret. 53. *pála j e mátka: pála je mátka.* Vergl. VII. 4. 56. *grazňan: grazňán.* 57. faciam eque?: faciam, eque? Anmerkung zu 15: *me* nos: *'me (amé)* nos. Zu 36. Die Aspiration des *t* ist wohl zu bezweifeln: der Imperativ lautet *šu* XI. 74. 84. *šun* XIV. 17.

X. 6. *thodás: thodłás.* 11. quoniam: ‚quoniam. 16. intus: intro. iaciunt: iecerunt. 20. rapuerant: rapuerunt. 23. *loň: łoň.* 26. intus: intro. 34. castella: castellum.

XI. 8. 9. Statt sumere ist ducere zu setzen. 24. 28. palatia: palatium. 31. Hinsichtlich der Bedeutung von *phen* russ. krestovaja sestra vergl. III. 8. 51. 33. ergo: age. 39. non erit tibi quidquam du wirst gesund sein. 47 nach *deuléste: haj gsłóň maj anglí, arakłóň e Tetrádí, haj pušłóň la: ‚kon san tu?' ‚me som e Tetrádí'. ‚aj tu kon san?' ‚me som o Sslvéstru'. ‚tu san o šínu le deulésko, vi me som le deuléste* et ivit porro, invenit Tetradem, et interrogavit eam: ‚quis es tu?' ‚ego sum Tetras'. ‚et tu quis es?' ‚ego sum Silvester'. ‚tu es filius baptismalis dei, etiam ego sum dei'. 87. nach *grastésko: thaj ol galavé pharadóň, haj doň o drum le grastésko* et saccos dilaceravit, et dedit cursum equo. 88. *p' o kotór:* der distributive Ausdruck deutet an, dass bei jedem Schritt ein Stück Fleisch zu Boden fiel. 93. Statt *the jertíl tu o dil* erwartet man *jertíň tu me* condonabo tibi ego.

XII. 2. *moró dad:* man erwartet *amaró dad,* wenn *pral* durch ‚Bruder', nicht durch ‚Freund' übersetzt wird. 5. *ds m'* (d. i. *ma) ek jak.* 14. *najarsl la* aus *najarsn la.* *avéllas: avélas.* 28. In *othí kaj kodó than* ist das Ziel der Bewegung durch ein Pronomen und durch ein Substantiv ausgedrückt.

XIII. 6. *ostása:* genauer vielleicht *ostjása.* 18. *le bengés* ist störend, man erwartet: *le rajés.* 20. *thodás* für *thodás pe.* 35. opus est: opus es. 51. *th' ašindés:* vielleicht *tha šindés.* 56. *kaj sas le barésste,* eigentlich: die zu Stein geworden war. Über den Ausdruck des prädicativischen Nominativs und Accusativs im Zigeunerischen vergl. man:

Über die Mundarten und die Wanderungen der Zigeuner Europa's II. Seite 22. des Separatabdruckes. Aus 57. 61. 62. 64. ergibt sich, dass die rum. Zigeuner den prädicativischen Instrumental nicht kennen. 61. Nach *des* fehlt *tu*.

XV. 16. *pherl* für *pherěl* implet. 20. *phern* für *pherěn* implent. 27. *kěrl': kərl* für *kěrəla*. 36. ut: ac si. 54. *bezechá morě dadéskə* die Sünden für meinen Vater, daher: ut luam peccata pro meo patre. 56. *léskə*, richtig *péskə* und daher suas.

XIX. 31. *aštisarás:* richtig *aštisarós* Imperfect.

Inhalt.

DIE

POETISCHEN AUSDRÜCKE

DER

JAPANISCHEN SPRACHE.

VON

Dr. A. PFIZMAIER,

WIRKL. MITGLIEDE DER KAIS. AKADEMIE DER WISSENSCHAFTEN.

VORGELEGT IN DER SITZUNG AM 5. FEBRUAR 1875.

Schluss aus dem XXII. Bande.

Classe *Ja.*

Ja-je-no siwo-dzi. ‚Der achtfache Salzweg‘. *Mata ja-je-no siwo-kaze-to-mo ja-je-ni wakare-no kokoro nasi. Tada faruka-ni towoki kokoro nari. Siwo dzi-wa umi-dzi nari.* Man sagt auch *ja-je-no siwo-kaze* ‚der achtfache Salzwind‘. Dieses hat nicht den Sinn der achtfachen Theilung. Es steht bloss in dem Sinne der weiten Entfernung. *Siwo-dzi* ‚Salzweg‘ ist der ‚Seeweg‘.

Jari-midzŭ. ‚Gesendetes Wasser‘. *Waza-to nagasi-kake-taru midzŭ nari. Niwa-no jari-midzŭ nado-to jomeri.* ‚Ist Wasser, das man absichtlich wegfliessen liess. Man liest: ‚das gesendete Wasser des Vorhofes‘ und anderes‘.

Ja-woto-me. ‚Die acht Mädchen‘. *Kagura-no mai-bime nari. Mata kagura-woto-me-to-mo ijeru nari.* ‚Sind die tanzenden Mädchen der für die Götter aufgeführten Musik‘. Man sagt auch *kagura-wotome* ‚die Mädchen der für die Götter aufgeführten Musik‘. In dem *Sio-gen-zi-kô* ohne Erklärung.

Ja-wo-jorodzŭ 代 *jo.* ‚Achthundertmal zehntausend Zeitalter‘. *Tada fisasi-ki koto-wo fanasi-te iû nari. Sô-zite fi-no moto-ni-wa ja-no kazŭ-wo motsi-i-keru koto o-osi. Ja-sima ja-ta ja-so-uzi nado-no tagui nari.* ‚Drückt bloss die Länge der Zeit aus. Im Allgemeinen ist in Japan der Gebrauch der Zahl ‚acht‘ sehr häufig. Es ist wie bei *ja-sima* ‚acht Inseln‘, *ja-ta* ‚acht Schuh‘, *ja-so-uzi* ‚achtzig Geschlechter‘ und anderen Ausdrücken‘.

Ja-wo-ka juku fama. ‚Das Meerufer, an welchem man achthundert Tage geht‘. *Tada to-oki fama nari. Mata ja-wo-ka juku fama-no masa-go-to-mo jomeri.* ‚Ist bloss ein weitgedehntes Meerufer. Man liest ferner: Der Sand des Meerufers, an dem man achthundert Tage geht‘. Verse:

Ja-wo-ka juku fama-no masa-go-wo siki-kajete tama-ni-nasi-tsŭru aki-no jo-no tsŭki.

‚Der den Sand des Meerufers, an dem man achthundert Tage geht, wieder breitet und den man zu einem Edelsteine gemacht hat, der Mond der Nacht des Herbstes'.

Ja-katsŭ-no kami. Ije-no kami nari. Uke-motsi-no kami-to iû miò-zin nari. ‚Ist der Gott des Hauses, der berühmte Gott *Uke-motsi*'.

Ja-jo. 屋 *Ja-ja-to jobi-taru nari. Ja-jo-ja made nado ijeri.* ‚Ist *ja-ja-to jobi-taru,* von Haus zu Haus gerufen. Man sagt *ja-jo-ja made* ‚bis von Haus zu Haus gerufen' und anderes'. Verse:

Ja-jo-ja made jama-fototogisŭ koto-dzŭten ware jo-no naka-ni sŭmi-wabi-nu-to-jo.

‚Bis von Haus zu Haus er gerufen, der Kuckuk des Berges wird das Wort überliefern, wie ich in der Welt wohnend elend geworden!'

Ibuseku-mo kokoro-ni mono-wo omofu kana ja-jo-ja ika-ni-to tofu fito-mo nami.

‚Düster, im Herzen sinn' ich nach! Ein von Haus zu Haus mit dem Rufe: wie geht es? fragender Mensch ist nicht da'.

Ja-jo si-gure. 雨 時 彌 *si-dai-si-dai-ni tsŭjoku furu si-gure nari.* ‚*Jja-si-gure* (wie oben) ist ein allmälig mit Heftigkeit fallender Rieselregen'. Verse:

Ja-jo si-gure mono-omofu sode-no na-kari-se-ba ki-no fa-no uki-ni nani-wo some-masi.

‚Der allmälige Rieselregen, wenn ein sinnender Aermel nicht vorhanden, bei der Vergänglichkeit der Blätter der Bäume, was wird er färben?'

Jajoi-jama. Mei-sio-ni arazŭ tada 生 彌 *ija-woi-no jama nari.* ‚Ist kein berühmter Ort. Es ist bloss der Berg des allmäligen Wachsens' (der Pflanzen).

Ja-take-kokoro. 心 梟 十 八 心 猛 彌 *nado kakeri. Bu-si-no uje-ni iû kotoba nari. Takeki kokoro mata* 上 高 *kò-ziò-naru kokoro nari.* ‚Wird *ja-so-keri-kokoro ija-take-kokoro* (wie oben) und auf andere Weise geschrieben. Bedeutet ein tapferes Herz und ein hohes Herz'.

Ja-ta-no karasŭ. ‚Der acht Schuh messende Rabe'. *Nitsi-rin-no koto nari. Nippon-ki-ni mije-tari.* ‚Ist soviel als das Sonnenrad (der Sonnenball). Ist in dem *Nippon-ki* zu sehen'.

Ja-so-udzi-fito. ‚Die Menschen der achtzig Geschlechter'. *Amata-no fito-no udzi nari. Bu-ke-no udzi fatsi-ziû ku-ge-no udzi ni-ziû awasete fiaku-siò-to iû. Mata nippon-ni-wa minamoto fei fudzi tatsibana-wo si-siò-to iû. Sono si-ke jori udzi wakarete ja-so-udzi-ni naru-to ijeri. Anagatsi fatsi-ziû-ni-wa kagirazŭ tada o-oku-no udzi naru-besi. Uta-ni-wa mono-no fu-no ja-so-udzi-fito-to jomeri.* ‚Sind die vielen Geschlechter der Menschen. Achtzig Geschlechter des Kriegerstandes und zwanzig Geschlechter des Fürstenstandes heissen zusammen die hundert Geschlechter. Ferner bedeutet es in Japan die vier Geschlechter Minamoto, Fei, Fudzi und Tatsibana. Man sagt, dass aus diesen vier Häusern durch Theilung achtzig Geschlechter werden. Dieselben sind nicht durchaus auf achtzig beschränkt, es sollen nur viele Geschlechter sein. In den Gedichten liest man: Die Krieger, Menschen der achtzig Geschlechter'.

Ja-so-kokoro. ‚Achtzig Herzen'. *O-oki kokoro-wo iû.* ‚Bedeutet viele Herzen'.

Ja-so-kuma. ‚Achtzig Bergränder'. *Mitsi-no fotori nado-ni kakure-no o-oki-wo iû. Oka-no takaki-wo iûte ja-so-kuma oka-to iû. Mata jama-no kuma-to-mo ijeri.* ‚Bezeichnet, dass zur Seite des Weges und an anderen Orten viele Verstecke sind. Indem man die grosse Erhebung eine Berghöhe bezeichnet, sagt man *ja-so-kuma-oku,* die Berghöhe der achtzig Bergränder. Man sagt auch *jama-no kuma,* der Rand des Berges'.

Ja-so-tomo-no o. ‚Achtzig befreundete Männer'. *Ja-so-wa o-oki nari.* 伴トモ *Tomo-no o-wa tomo-uzi-no otoko nari.* ‚*Ja-so* (achtzig) sind viele. *Tomo-no o* (befreundete Männer) sind Männer der befreundeten Geschlechter'.

Ja-tsŭka-fo-no ine. ‚Die Reispflanze der achtgriffigen Aehren‘. *Nagaku o-oi-naru ine nari. Ja-tsŭka-de nagaki ine-to-mo ijeri. Aki-no sŭje-tsŭ kata nari. Me-de-taki koto-ni jomeri.* 束 *Tsŭka-wa te-mi nigiri-taru fodo nari.* ‚Ist eine lange und grosse Reispflanze. Man sagt auch *ja-tsŭka-de nagaki ine*, die lange Reispflanze der Hand der acht Griffe‘. Ist der letzte Monat des Herbstes. Wird in der ‚erfreulichen Sache‘ gelesen. *Tsŭka* (Griff) ist so viel als man mit der Hand erfasst hat[1]‘.

Jatsŭ-kasa-ni naku uguisŭ. Jatsŭ-kasa-wa tani-wo jatsŭ-to i-i mine-wo kasa-to iŭ. 峰 谷 *tani-mine-ni naku uguisŭ-to iŭ koto nari.* ‚Was *jatsŭ-kasa* betrifft, so wird ‚Thal‘ *(tani)* durch *jatsŭ* ausgedrückt. ‚Berggipfel‘ *(mine)* nennt man *kasa*, Hut. Es ist so viel als sagte man: die in dem Thale und auf dem Berggipfel singende Nachtigall‘.

Ja-tsŭ mine. ‚Acht Berggipfel‘. 峯 八 *nari. Fukaku kasanari-taru jama nari.* ‚Ist *ja-tsŭ mine*, acht Berggipfel (wie oben). Bedeutet ein tiefes und mehrfach aufgethürmtes Gebirge‘.

Ja-tsŭ fo-no kizi. Ja-tsŭ fo-wa 峯 八 *to ijeri. Fukaki jama nari. Mata ja-take-no kizi-to-wa faru-wa tsŭma-goi-sŭru juje-ni ja-takeki kizi nari-to ijeri. Mata ja-tsŭ mine-no kizi-to-mo ijeri. Ja-tsŭ fo-ni onazi.* ‚*Ja-tsŭ fo* heisst *ja-tsu fo* (acht Berggipfel, wie oben). Es ist ein tiefes Gebirge. Ferner sagt man: Was *ja-take-no kizi* ‚pfeilkühne Fasan‘ betrifft, so ist er, weil er im Frühling sich paaren will, ein pfeilkühner Fasan. Er wird auch *ja-tsŭ mine-no kizi* ‚der Fasan der acht Berggipfel‘ genannt. Es ist mit *ja-tsŭ fo* gleichbedeutend‘.

Ja-tsŭ fo-no tsŭbaki. 峯 八 *jatsŭ fo-no* 椿 *tsŭbaki nari. Mata* 椿 大 *tai-tsin-wa ja-tsi-tose-nite fana-saku juje ja-tsi-jo-wo kome-si tama-tsŭbaki-to jomeri.* ‚Ist *ja-tsu fo-no tsŭbaki* (die Camelie der acht Berggipfel, wie oben). Weil ferner die grosse Camelie in achttausend Jahren blüht, liest man: Die achttausend Zeitalter eingebracht hat, die Edelsteincamelie‘.

Jatsŭko-ra. 等 臣 *to kaku-wa* 下 臣 *sin-ka-domo-no koto nari. Tada jatsŭko-to bakari-wa dô-boku-no koto nari.* ‚*Sin-tô* (die Diener, wie oben) geschrieben, ist es so viel als *sin-ka-domo* ‚Untergebene‘. *Jatsŭko* allein ist so viel als *dô-boku*, ein junger Knecht‘.

Ja-tsŭ fasi-no kumo-de-no koto. ‚Die Sache der Spinnenhände der acht Brücken‘. *Mi-kawa-no kuni-ni ja-tsŭ fasi-to iŭ tokoro ari. Fasi no ja-tsŭ aru nari.* 手 蛛 *Kumo-de-to-wa fasi-no fasira-wo tsŭjo-karasimen tame-ni sudzi-kajete utsi-watasi-taru ki-wo kumo-de-to-wa iŭ nari. Mata kumo-to iŭ musi-no te-wa ja are-ba ja-tsŭ fasi-to iŭ-ni josete kumo-de-ni mono-omofu-to jomeru-ni-ja. Ise-mono gatari-ni ko-ori-juku kawa-no kumo-de nare-ba fasi-wo ja-tsŭ wataseri-to ijeri. Kore-wa kumo-no te-no jŏ-ni midzŭ-no nagare-taru-ni-ja isasaka sono kokoro kawareri. Tada kumo-de-to bakari-mo jomeri.* ‚In dem Reiche *Mi-kawa* gibt es einen Ort Namens *ja-tsŭ fasi*, die acht Brücken. Es sind daselbst acht Brücken. Was *kumo-de* (Spinnenhände) betrifft, so nennt man die zur Befestigung der Brückenbalken schräg hingestellten Bäume *kumo-de* ‚Spinnenhände‘. Da ferner das Insekt Spinne acht Hände hat, liest man in Bezug auf die acht Brücken: ‚Mit Spinnenhänden daran denken‘. In der Geschichte von *Ise* heisst es: ‚Da der eistreibende Fluss eine Anzahl Spinnenhände war, brachte man acht Brücken an‘. Hier ist, indem das Wasser wohl nach Art der Spinnenhände geflossen, der Sinn ein wenig verändert. Man liest auch bloss *kumo-de*‘.

---

[1] Nach anderen Erklärungen hat *tsŭka* in der Verbindung *ja-tsŭka* die Bedeutung ‚Handbreite‘. Z. B. *ja-tsŭka fige*, ein vier Handbreiten langer Bart.

Jana-se-no nami. ‚Die Wellen der Stromschnelle des Wehres‘. *Jana-wa uwo-wo toru mono nari. Nami-to tsŭkete jomeru nari.* ‚*Jana* (Wehr) ist ein Gegenstand, mit dem man Fische fängt. Man liest es mit Hinzufügung von *nami*, Wellen‘.

Jana. ‚Das Wehr‘. *Jana-to iû mono-wa uwo-wo toru dò-gu nari. Utsŭ noboru-wa faru nari. Jana-to bakari-wa natsŭ nari. Kudzŭre-jana kudari-jana-wa aki nari.* ‚Was man *jana* (Wehr) nennt, ist eine Vorrichtung, um Fische zu fangen. *Utsŭ*, ‚es schlagen‘, *noboru* ‚darauf steigen‘ ist der Frühling. Bloss *jana* ‚Wehr‘ ist der Sommer. *Kudzŭre-jana* ‚eingestürztes Wehr‘, *kudari-jana* ‚herabgekommenes Wehr‘ ist der Herbst‘.

Janagi-wo woru. ‚Den Weidenbaum brechen‘. *Rijo-kô-no fito-no sen-betsŭ-ni janagi-wo wori-te na-gori-wo osimu nari. Tò-do-jori fazimareri. Si-ni nan-baku-nin janagi jodzŭ-to aru-mo kore nari.* ‚Bedeutet, dass die Reisenden zum Abschiede Weidenbäume brechen und der noch übrigen Zeit mit Schmerz gedenken. Dieses stammt aus China. Die Worte in den chinesischen Gedichten: ‚Die Menschen der südlichen Feldwege klammern sich an Weidenbäume‘ sind dasselbe‘. Verse:

Kimi-ga tame-ni ora-ba tsi-moto-no janagi kana.

‚Des Gebieters wegen was ich breche, sind tausend Weidenbäume!‘

Jarai-jari-te. 之 逐 *to kaku. Woi-jaru-to iû koto nari. Mata jarai-semeraru* 適 逐 *to kaku. Woi-semeraruru nari. Gen-zi-ni-mo jarawase-tamò-to ari. Mata jarai-to-wa fito-ni mono-wo jaru-wo iû. Tsŭki-si-gata-no kotoba-nite jarai-to iû-wa waga kata-je wokose-to iû koto nari.* ‚Wird *tsiku-si* (wie oben) geschrieben. Ist so viel als *woi-jaru* wegjagen. Auch *jarai-semeraru* wird *tsiku-seki* (wie oben) geschrieben. Es bedeutet *woi-semeraruru*, verfolgt und angegriffen werden. In dem Geschlechte Minamoto steht *jarawase-tamò* ‚geruhen wegzujagen‘. Ferner hat *jarai* die Bedeutung: einem Menschen etwas schicken. In der Sprache der Gegend von *Tsuku-si* ist *jarai* so viel als *waga kata-je wokose*, schicke mir‘.

Jamu koto-naki. 事 止 無 *to kaku. Sô-zite siku koto-naki nari. Mata jan-goto-naki fito-to-wa* 貴 高 *kò-ki-no fito-wo fòmete iû nari. Mata ja-goto-naki fito-to iû-mo onazi.* ‚Wird *mu-si-zi* (wie oben) geschrieben. Bedeutet: was im Ganzen nicht darzulegen ist. Ferner bezeichnet *jan-goto-naki fito* lobpreisend einen hohen und vornehmen Menschen. Auch *ja-goto-naki fito* ist hiermit gleichbedeutend‘.

Jamu-go-naku. 止 *Jamu-* 期 *go-naki nari.* ‚Bedeutet: ohne bestimmte Zeit des Aufhörens‘. Verse:

Fitori nomi fu-zi-no jama-kaze jamu-go-naku koi-wo nado-te-ka sŭru-ga naru-ran.

‚Allein nur der Wind des Berges Fu-zi, keine Zeit ist, wo er aufhört. Dass er liebt, warum wohl wird es geschehen?‘

Jò-mei-no sŭke. ‚Der den Namen ausbreitende Gehilfe‘. *Na-bakari kuni-no sŭke-ni nari-taru mono nari. Mata jò-mei-sa-kuwan-no sa-kuwan-wa sŭke-jori ge-kuwan nari.* ‚Ist ein Mann, der nur dem Namen nach ein Reichsgehilfe geworden ist. Was ferner die Obrigkeit zur Linken der den Namen ausbreitenden Obrigkeit zur Linken betrifft, so diese eine niedrigere Obrigkeit als der Gehilfe‘.

Jaja. ‚Ziemlich‘. *Jò-jò nari. Fana-no jaja tsiru-mo jò-jò tsiru nari. Jaja faru fukaku-mo jòjò faru fukaku nari. Ni-guwatsŭ zi-bun-wo iû. Jaja musebu-wa jaja-mo sŭre-ba musebu-to-mo sŭre-ba-to iû koto-ka.* ‚Bedeutet *jòjò*, allmälig. *Fana-no jaja tsiru-mo* ‚die Blüthen werden ziemlich verstreut‘ bedeutet: sie werden allmählig verstreut. *Jaja faru fukaku-mo* ‚ziemlich ist der Frühling tief‘ bedeutet: *jò-jò faru-fukaku* ‚allmälig ist der Frühling tief‘. Es bezeichnet die Zeit des zweiten Monats. *Jaja musebu* ‚ziemlich schluchzen‘ ist vielleicht so viel als der Ausdruck: *jaja-mo sûre-ba musebu-to-mo sûre-ba*, wenn man zuweilen schluchzt'.

Jagusami. 惱 *to kaku. Najamu nari.* ,Wird *najamu* (wie oben) geschrieben. Ist *najamu*, leidend sein'.

口 山 *Jama-gutsi siru ki. Sû-e-no jo-karan koto nari. Ten-seô-dai-zin no-tamai-some-si mi-kotoba nari. Issetsû juku sû-e jo-karu-beki koto-wa fazime-jori siruru nari. Gen-zi-ni-mo osanaki fito-no ki-jô-aru-wo makoto-ni jama-gutsi siru-kari-keri-to ijeri. Mata juku sû-e jo-karu-beki mono-wa osanaki jori mijuru sa-jô-no koto-wo jama-gutsi siruki-to iû nari. Mata jama-gutsi-jori mijuru-to iû-wa oku jukasi-ki-to iû koto nari. Mata iwaku jama-gutsi-wa jama-no* 入 *iri-fazime-wo iû nari. I-se go-sija-domo itsi-nen-me zô-jei aran ziû-guwatsû-ni jama-gutsi-matsûri ari. Sore-mo* 入 柚 *soma-iri-no fazime-wo iû nari. Mata taka-gari-ni-mo iû koto nari.* ,Ist so viel als *sû-e-no jo-karan*, das Ende wird gut sein. Es ist das Wort, welches die den Himmel erleuchtende grosse Gottheit zuerst sprach. Nach einer Erklärung bedeutet es: man kann von Anfang wissen, dass die Zukunft gut sein wird. Auch in dem Geschlechte Minamoto heisst es: ,Dass der junge Mensch verständig sei, war wirklich wie der Zugang zu dem Gebirge kennbar'. Ferner bezeichnet man ,bei Demjenigen, dessen Zukunft gut sein soll, ist es so, dass es sich von seiner Jugend an zeigt' durch *jama-gutsi siruki* ,der Zugang zu dem Gebirge ist kennbar'. Ferner ist *jama-gutsi-jori mijuru* ,von dem Zugang zu dem Gebirge aus gesehen worden' so viel als *oku jukasi-ki*, tief in der Erinnerung. Ferner sagt man: *Jama-gutsi* (der Mund des Berges) bedeutet den ersten Eintritt in das Gebirge. In dem ,ersten Jahre der Altäre von Jse, zehnter Monat, in welchem man aufbauen wird' steht *jama-gutsi-matsûri*, das Opfer des Gebirgsmundes. Auch dieses bedeutet den ersten Eintritt in das Holz. Ferner sagt man es auch von der Falkenjagd'.

Jama-sakura-do. ,Die Thüre der Bergkirsche'. *Sakura-no ki-nite tsûkuri-taru to nari. Sûgi-no to matsû-no to-no gotosi-to ijeri. Aru toki-ni sakura-no kage-ni musûbi-taru iwori nari. Mata sakura-no fukaku sigeri-te to-wo tate-taru gotoku-ni ko-bukaki-wo iû-to-mo ijeri.* ,Ist eine aus dem Holze des Kirschbaums verfertigte Thüre. Man sagt es wie *sûgi-no to* ,Cypressenthüre', *matsû-no to* ,Fichtenthüre'. In einer Erklärung ist es eine im Schatten der Kirschbäume zusammengefügte Hütte. Man sagt auch, es bedeute, dass die Kirschbäume in reicher Blätterfülle dicht stehen, als ob sie eine Thüre aufgestellt hätten'.

Jama-kata-tsûki-te. 盡 形 山 就 片 山 *nado kakeri. Ja-kumo go-setsû-ni-wa jama-no soba nari. Jû-kage-no jama-no fa kata-gata-ni tsûke-taru tai nari. Mata kure-fukaki-ni jama-mo mijezaru tokoro nari. Arui-wa jama-no kata-so-gi nado iû kokoro nari.* ,Wird *jama-kata-tsûki* (die Bergseite zu Ende, wie oben), *jama-kata-tsûki* (einer Bergseite sich nähern, wie oben) und auf andere Weise geschrieben. Nach der Erklärung der acht Wolken ist es die Seite des Berges. Es bedeutet in Wesenheit, dass die Abendschatten sich an die Seiten der Berggränze gelegt haben. Ferner ist es ein Ort, wo in dem tiefen Abenddunkel auch die Berge unsichtbar sind. Vielleicht hat es den Sinn von *jama-no kata-so-gi* ,das Bildniss der Berge' und ähnlichem'. Verse:

Jufu-ma-gure jama-kata-tsûki-te tatsû tori-no fa-oto-ni take-wo awase-tsûru kana.

,In der Abenddämm'rung an des Berges Seite gelangend, hat der sich erhebende Vogel mit dem Ton der Flügel den Falken nahe gebracht!'

Jama-kadzûra. 雲 曉 *to kaki-te jama-kadzûra-to jomu. Aka-tsûki-no kumo-no koto nari. Jo-no ake-gata figasi-no sora-ni fiki-gumo nari. Aka-tsûki-to iû dai-nite jama-kadzûra-to bakari jomeru uta o-osi. Mata fi-kage-to iû kusa-to-mo ijeri. Jû-kadzûra-wa zin-gi nari.* ,Wird *aka-tsûki-no kumo* (wie oben) geschrieben und *jama-kadzûra* (kriechende Bergpflanze) gelesen. Ist so viel als *aka-tsuki-no kumo*, Wolke des Tagesanbruchs. Sind die bei Anbruch des Tages an dem östlichen Himmel herbeigezogenen Wolken. Es gibt viele Gedichte, wo ,Tagesanbruch' der Gegenstand ist und *jama-kadzûra* (kriechende Bergpflanze) gelesen wird. Es wurde auch die Pflanze *fi-kage* (der Sonnenschatten, ebenfalls eine kriechende Pflanze) gesagt. *Jû-kadzûra* ,die kriechende Pflanze des Abends' ist der Erdgott'.

Jama-awi-no sode. ,Der Aermel des Bergindigo's'. *Awi-some-no awoki iro nari. Jama-ni zi-zen-to oi-taru awi-nite some-taru sin-zin-no koromo nari. Issetsû-ni jama-wo fanatsû-ni awi-nite sûri-taru sode nari. Zin-gi nari.* ,Ist die indigoblaufärbende grüne Farbe. Ist ein mit dem in den Gebirgen wild wachsenden Indigo gefärbtes Kleid der göttlichen Menschen. Nach einer Erklärung, in welcher man *jama* weglässt, ist es ein mit Indigo geriebener Aermel. Ist eine Sache der Götter'.

Jama-no to-kage. Jama-no to-oki kage nari. Tsûki-kage moranu jama-no to-kage-ni nado-to jomeri. Mata jama-no tsûne-ni kage-ni nari-taru tokoro nari. 山 *-no* 陰 常 *to kaku.* ,Ist der ferne Schatten der Berge. Man liest: ,Wo das Licht des Mondes nicht durchdringt, in dem fernen Schatten der Berge' und anderes. Ferner wird gesagt: Es ist die Stelle des Berges, die sich beständig im Schatten befindet. Es wird *jama-no to-kage* (der beständige Schatten des Berges, wie oben) geschrieben'.

Jama tosi-takaku. ,Der Berg von Jahren hoch'. *Jama-no gotoku takaku nari.* ,Bedeutet: hoch gleich einem Berge'.

Jama-fiko. ,Der Weise des Berges'. 彦 天 　 谺 *onazi-koto nari. Mono-no ko-e tani-ni fibiku-wo iû.* ,Ist mit *ten-jen* (der Weise des Himmels, wie oben), *ja* (Thal, wie oben) gleichbedeutend. Bedeutet, dass die Stimme eines Menschen wiedertönt'. Verse:

Jama-fiko-no kotafuru jama-no fototogisû fito-ko-e nake-ba futa-ko-e-zo kiku.

,Wo der Bergweise Antwort gibt, des Berges Kuckuk, wenn mit einer Stimme er singt, sind es zwei Stimmen, die man hört'.

Jama-no kefuri. ,Der Rauch des Berges'. *Mu-ziô-no kefuri nari.* ,Ist ein unbeständiger Rauch'.

Jama-tatsibana. ,Die Bergpomeranze'. *Bo-tan-no i-miô nari.* ,Ist ein verschiedener Name für ,Päonie'.

Jama-bime. ,Das Bergfräulein'. *Fa-mori-no kami-no koto nari. Fime nigori-te jomu-besi.* ,Ist so viel als die das Laub bewahrende Gottheit. *Fime* soll trüb gelesen werden'.

Jama-no 井 *wi-no akade. Jama-ni aru midzu-wa ki-no fa nado-ni udzumorete kume-ba nigoru-wo jama-no wi-no akade-to iûte akanu koto-ni jomi-narawaseri. Issetsû-ni jama-no wi-no asaki kokoro-to iû koto-ni-mo jomeri. Aka-wa* 伽 閼 *to kaki-te midzû-no bon-go nari.* ,Das in den Gebirgen fliessende Wasser, das von Laub und anderen Dingen verdeckt wird und beim Schöpfen trüb ist, nennt man *jama-no wi-no aka-de* ,das Hervorkommen des Wassers des Gebirgsbrunnens', wobei man im Lesen an die Sache von *akanu* (nicht satt sein, indem *akade* so viel als *akazû-te*) gewöhnt ist. Nach einer Erklärung wird es auch als ,seichtes Herz des Gebirgsbrunnens' gelesen. *Aka* wird *a-ka* (wie oben) geschrieben und ist das indische Wort für ,Wasser'.

Jama-buki-no iwanu-to iû koto. ,Die Sache des Wortes: die nicht sprechende Musspflanze'. *Sô-ziô ben-seô imada josi-mine-no mune-sada-tote zoku-nite ari-si toki kô-sijoku narabi-na-kari-keri. Mi-kado kore-wo kokoro-mi-tamawan-to-ni-ja nio-bô-no mane-wo site jama-buki-no iro-no koromo-wo fiki-kadzûki mi- sû-no utsi-ni watarase-tamô-wo mune-sada kore-wo ke-sò-si-tate-matsŭru-ni ajete mi-iraje-na-kari-si-ka-ba sono toki mune-tada-no jomeru.* ‚Als der Bonzenvorsteher *Ben-seô* noch *Josi-mine-no Mune-sada* hiess und ein Laie war, waren seine Begierden ungeregelt. Der Kaiser, vielleicht um ihn auf die Probe zu stellen, ahmte ein Frauenzimmer nach, verhüllte das Haupt mit einem Kleide von der Farbe der Musspflanze und liess ihn zu der Thürmatte gelangen. Als *Mune-sada* ihm seine Liebe erklärte und der Kaiser nicht einwilligen durfte, sagte *Mune-sada* das folgende Gedicht‘: Verse:

Jama-buki-no fana-iro-goromo nusi-ja tare toje-do kotajezŭ kutsi-nasi-nisiki.

‚In dem Kleide von der Farbe der Blüthen der Musspflanze, der Gebieter, wer ist er? Obgleich ich frage, was keine Antwort gibt, ist der Blumenbrocat des Jasmins‘.

Kore-jori jama-buki-wo iwanu iro-to ijeri. Kutsi-nasi-wa ki-iro-naru kinu nari. ‚Seitdem nennt man die Musspflanze ‚die nicht sagende Farbe‘. *Kutsi-nasi* ‚Jasmin‘ ist gelber Seidenstoff‘.

Jama-dori-no o-no kagami. ‚Der Spiegel des Schweifes des Bergvogels‘. *Ni-setsŭ ari. Fito-tsŭ-ni-wa* 鸞 *ran-to iû tori-wa kagami-ni wono-ga kage-wo utsŭsi-te naku-to ijeri. Fito-tsŭ-ni-wa jama-dori-wa si-jû issio-ne-zŭ. Jama-no wo-wo fedatete nuru-ga aka-tsŭki-ni o-dori-no fatsŭ-o-ni me-dori-no kage-no utsŭru koto aru-wo mite naku-wo kagami-to ijeri. Makoto-no kagami-ni-wa arazŭ-to iû nari. Arui-wa iwaku mukasi tonari-kuni-jori jama-dori-wo tate-matsŭri-te-keri. Naku koje-wo kiku fito urei-wo wasŭrù-to ijeri. Mi-kado kore-wo kai-tamò-ni sara-ni naku koto nasi. Amata-no niô-go-ni kono tori-wo nakase-tara-ba sono fito-wo kisaki-ni taten-to no-tamai-si-ni sama-zama narasen-to sŭre-do nakazŭ. Sono naka-ni fitori-no niô-go omojeraku tomo-wo fanarete aru juje-ni nakanu naran-to omoi-te kagami-wo kago-ni kake-tari-kere-ba jorokoberu ke-siki-nite wo-wo firogete naki-tari. Sate-zo kono niô-go-wo kisaki-to si tamai-si-to nari.* ‚Es gibt zwei Erklärungen. In der einen wird gesagt, dass der Vogel Ran (der Göttervogel) singt, indem er in einem Spiegel sein Bild abspiegeln lässt. Nach einer anderen schlafen das Männchen und das Weibchen des Bergvogels (des Fasans) nicht beisammen. Durch den Fuss des Berges getrennt schlafen sie, und wenn sie bei Tagesanbruch in dem Schweife des Männchens das Bild des Weibchens abgespiegelt sehen und singen, so nennt man dieses den Spiegel. Es ist kein wirklicher Spiegel. Einige sagen: Einst machte man von Seite eines benachbarten Reiches einen Bergvogel zum Geschenk. Man sagte, dass der Mensch, der seinen Gesang hört, den Kummer vergisst. Indem der Kaiser ihn ernährte, sang er nicht mehr. Als er den Gemalinnen verkündete, dass, wenn eine derselben diesen Vogel zum Singen bewogen hätte, er diese zur Kaiserin erheben würde, wollten sie ihn auf allerlei Weise zum Singen bewegen, allein er sang nicht. Eine Gemalin unter ihnen dachte sich: Weil er von seinen Gefährten getrennt ist, wird er nicht singen. Als sie somit einen Spiegel in den Käfig gehängt hatte, breitete der Vogel unter Zeichen von Freude den Schweif und sang. Demgemäss machte der Kaiser diese Gemalin zur Kaiserin‘.

Jama-dori-no oro-no fatsu-o. ‚Die allfälligen Schweiffedern des Bergvogels‘. *Wo-no naka-nite itsi-nagaki wo-wo iû nari. Niwa-tori-no naku o-to iû kokoro-ni onazi.* ‚So nennt man den äusserst langen Schweif in der Mitte des Schweifes. Hat dieselbe Bedeutung, wie das Wort *niwa-tori-no naku o*, der Schweif, mit welchem der Hahn kräht‘.

Jama-sina-no kutsŭ-no koto. ‚Die Sache der Schuhe von *Jama-sina*‘. *Ten-tsi ten-wò-no mi-sazaki-wa jama-siro-no kuni jama-sina-ni aru. Mukasi kono mi-kado mi-muma-ni mesarete jama-sina-no sato-ni mi-juki-ari-te sono mama kajeri-tamawazari-si tada mi-kutsŭ nomi todomari-ari-si-wo go-fô-sijo-to site mi-sazaki-wo tate-keru-to nari.* ‚Der Grabhügel des Kaisers Ten-tsi befindet sich zu Jama-sina in dem Reiche Jama-siro. Einst bestieg dieser Kaiser sein Pferd und begab sich zu dem Dorfe *Jama-sina*. Da er unterdessen nicht zurückkehrte und bloss seine Schuhe zurückgeblieben waren, hielt man die Stelle für den Ort, wo er gestorben und errichtete daselbst den Grabhügel‘.

Jama-no fa tsikaki. ‚Nahe an der Grenze der Berge‘. *Gen-zi-te-narai-ni wo-no-ni tsiû-ziò-no kimi kitari-te kajeru toki-no uta-ni.*

‚In der Schreibekunst des Geschlechtes Minamoto heisst es in dem Gedichte, das zur Zeit verfasst wurde, als der Gebieter, der Anführer der Leibwache nach *Wo-no* kam und zurückkehrte‘: Verse:

Fukaki jo-no tsŭki-wo aware-to minu fito-ja jama-no fa tsikaki jado-ni tomaranu.

‚Der den Mond der tiefen Nacht leider nicht sieht, der Mensch kehrt in dem Nachtlager nahe an der Gränze der Berge nicht ein‘.

Jama-nasi-no fana. ‚Die Blüthe der Bergbirne‘. *Tada nasi-no fana nari. Mata jama-no naki koto-ni i-i-nasi-taru o-osi Jama-nasi tsŭma-nasi ura-nasi idzŭre-mo naki-to iû kotoba-ni josete jomeri. Gen-zi-ni-mo jama-nasi-no fana-zo nogaren kata na-kari-keru-to ijeru-wa jama-mo naku-te nogaruru kata-mo naku uki-to ijeru nari.* ‚Ist bloss die Birnblüthe. Ferner wird es oft zu ‚es ist kein Berg da‘ gemacht (indem 梨 *nasi* ‚Birne‘ für 無 *nasi* ‚es ist nicht da‘ gesetzt wird). *Jama-nasi* (Bergbirne), *tsŭma-nasi* (Birne der Gattin), *ura-nasi* (Birne der Bucht) werden als Wörter gelesen, welche bezeichnen, dass irgend etwas nicht vorhanden ist. Was in dem Geschlechte *Minamoto* gesagt wird: ‚Eine Seite, wohin die Blüthe der Bergbirne entschlüpfen konnte, war nicht da‘ bezeichnet ungefähr: Da kein Berg da war, war auch keine Seite, nach welcher man entschlüpfen konnte‘.

Jama-bito. ‚Der Bergmensch‘. *Sen-nin-wo iû. Jama-bito-no koromo-wa tatsi-nû koto-naku furu juki-wa kurenai-naru-to nari.* ‚Bedeutet die Unsterblichen. Es heisst von ihnen: Die Kleider der unsterblichen Menschen sind nicht zugeschnitten und haben keine Naht. Der Schnee, der bei ihnen fällt, ist scharlachroth‘.

Jama-bito-no taki-gi-wo ojeru sama. ‚Die Art, wie unsterbliche Menschen auf dem Rücken Brennholz tragen‘. *Ko-kon-no zijo-ni o-o-tomo-no kuro-nusi-ga uta-no sama-ni tatojete ijeri. Take-fikuku sugata ijasi-ki-wo ijeru nari.* ‚Wird in der Einleitung zu der Sammlung alter und neuer Gedichte von der Art der Gedichte *O-o-tomo-no Kuro-nusi*'s als Vergleichung gesagt. Es bezeichnet: von Gestalt niedrig und von Aussehen gemein‘.

Jama-no kai. 山 *no* 峡 *to kaku. Jama-to jama-to-no aida nari.* ‚Wird *jama-no kai* (wie oben) geschrieben. Ist der Raum zwischen einem Berge und dem anderen‘.

Jama-ai. 際 山 *to kaki. Jama-no aida nari.* ‚Wird *jama-giwa* (Bergrand, wie oben) geschrieben. Ist der Raum zwischen den Bergen‘.

Jama-mado. ‚Das Bergfenster‘. *Jama-no aida nari.* ‚Ist der Raum zwischen den Bergen‘.

Jama-gatsŭ. Ijasi-ki tami nari. ‚Ist das gemeine Volk‘. In den Sio-gen-zi-kò ohne Erklärung.

Jama-tatsŭ. Soma-bito-wo iû. ‚Bedeutet einen Holzhauer‘.

Jama-matsŭri. ‚Das Bergopfer‘. *Kari-ni-mo soma-jama-ni-mo aru. Jama-wo matsŭru nari.* ‚Findet auf der Jagd und auf den Bergen des Brennholzes statt. Es bedeutet: den Bergen opfern‘.

Jama-no mi-kado. ‚Der Kaiser des Berges‘. *Fô-wò-no mi-koto nari.* ‚Ist so viel als der zurückgetretene Kaiser‘.

Jama-no kasegi. ‚Der Hirsch des Berges'. *Sika-no koto nari.* ‚Ist so viel als *sika,* Hirsch'.

Jamato-sima-ne. ‚Die Wurzel der Insel von Jamato'. *Awa-dzi-no koto nari. Issetsŭ jamato-zima-to iû-wa nippon-no koto nari. Sima nigori-te jomu jamato-zima dô-zen. Kore-wa sŭmi-te jomu-besi.* ‚Ist so viel als die Insel Awadzi. Nach einer Erklärung ist *jamato-zima* so viel als *nippon. Jamato-zima,* in welchem *sima* trüb gelesen wird, ist dasselbe. Hier soll es klar gelesen werden'.

Jamato-koto-no fa. ‚Die Blätter der Worte von Jamato'. *Uta-no koto nari.* ‚Ist so viel als die Gedichte'.

Jamato-koto jume-ni 女ニ 娘ヲ *rô-nijo-ni* 化 *ke-sŭru koto.* ‚Wie die Laute von Jamato im Traume sich in ein Mädchen verwandelt'. *Rô-nijô-no uta-ni*

Ika-ni aran 日 *fi-no toki-ni-ka-mo koje-siran fito fiza-no be waga makura sen.*

Koto-towanu ki-ni-wa ari-to-mo uruwasi-ki kimi-ga ta-nare-no koto-ni si aru-rasi.

‚In dem Gedichte des Mädchens heisst es': Verse:

‚Wie wird es sein? Zur Zeit des Tages vielleicht die Knieseite eines Menschen, der die Töne kennen mag, wird mein Kissen sein'.

‚In der Laune, wo man nach Dingen nicht fragt, während ich bin, möchte ich die Laute, die an des lieblichen Gebieters Hand gewöhnt ist, sein'.

Migiri tsŭzi-ma-no kuni jû-si-jama-no kiri-no mago-jeda-nite tsŭkureru jamato-koto ari. Jume-ni woto-me-ni ke-site sono kokoro-zasi-wo nobe katsŭ mata uta-wo jomeri. Sŭnawatsi o-o-tomo kiô-no kotaje-uta-mo uje-ni iû-ga gotosi. Sono toki kono woto-me jorokobu-to mite jume-zame-tari. Sono notsi kono jamato-koto-wo-ba ten-fei guwan-nen ziû-guwatsŭ nana-ka-ni tsŭkai-wo motte tate-matsŭru-to mije-tari. Tsiû-je dai-ziô fudzi-wara kiô-ni ari-si toki-no koto-to mije-tari. ‚Was das Obige betrifft, so gab es ein aus den ‚Enkelzweigen' des Loosbaumes des Berges *Jû-si* in Tsuzi-ma verfertigte japanische Laute. Dieselbe verwandelte sich im Traume in ein Mädchen und legte ihre Wünsche dar. Ueberdiess sagte sie ein Gedicht her. Es war nämlich, als ob der Reichsminister *O-o-tomo* auch ein Gedicht als Antwort dazu hersagte. Als er jetzt sah, dass dieses Mädchen sich freute, erwachte er aus dem Traume. Es ist zu ersehen, dass er später diese japanische Laute am siebenten Tage des zehnten Monates des ersten Jahres des Zeitraumes Ten-fei (729 n. Chr.) durch einen Abgesandten überreichen liess. Es ist als eine Sache aus der Zeit, in welcher der Reichsminister Fudzi-wara, der grosse Anführer der mittleren Leibwache, lebte, zu ersehen'.

Jamato-damasi-i. ‚Ein japanischer Geist'. *Waga kuni-ni umare-si kami kokoro nari.* ‚Hat den Sinn: ein in unserem Reiche geborener Gott'.

Jamafu. Jamô nari. Koi-no jamô-to-mo. ‚Ist *jamô,* erkranken. Bedeutet auch: aus Liebe erkranken'. Verse:

Kaku bakari koi-no jamafu-wa omo-kere-do me-ni kake-sasete awanu kimi kana.

‚Ein solches Erkranken aus Liebe, obgleich es schwer ist, o der vor das Auge nicht bringen lässt, nicht zusammentrifft, der Gebieter!'

Jabu-si-wakanu. Mei-zitsŭ-no fikari itaranu tokoro-mo naki-wo iû. ‚Bezeichnet, dass es keinen Ort gibt, wohin das Licht der glänzenden Sonne nicht dringt'. Die ursprüngliche Bedeutung dieses Ausdrucks wird nicht angegeben. Dieselbe ist offenbar: ‚das Dickicht nicht unterscheiden', was auch aus der Erklärung des folgenden Wortes *jabu-si* hervorgeht. *Waku* ist für *wakeru* ‚unterscheiden' in der alten Sprache beobachtet worden. Verse:

Fi-no fikari jabu-si-wakane-ba iso-no kami furi-ni-si sato-mo fana saki-ni-keri.

‚Als das Licht der Sonne keine Dunkelheit kannte, sind in Iso-no kami, dem Dorfe, wo es vorüberging, auch die Blumen erblüht‘.

Kono uta-wa jo-no nozomi kanawade mija-tsükaje-mo sede iso-no kami-to iû tokoro-ni ari-keru-wo niwaka-ni tsükasa tamai-taru jorokobi-ni jomeru uta nari. ‚Dieses Gedicht verfasste der Dichter in der Freude darüber, dass ihm, während er seine Hoffnungen nicht erfüllt sah, in dem Palaste nicht diente und an einem Orte Namens Iso-no kami sich befand, plötzlich das Amt eines Vorstehers verliehen wurde‘.

Jabu-si. Mono-no sigaki kage nari. Si-wa soje-taru nari. Tadasi 藪 *jabu-ni-wa arazü.* ‚Ist der dichte Schatten eines Gegenstandes. *Si* ist hinzugefügt worden. Es ist aber nicht *jabu*, Dickicht‘.

Ja-fune-kogu. ‚Ein Pfeilschiff rudern‘. *Faja-fune-wo kogi-juku nari.* ‚Bedeutet: ein schnelles Schiff rudern‘.

Jasasi-ki. 敷 訛 *to kaki-te zin-ziô-naru kokoro nari. Mata fadzükasi-ki kokoro-ni jomeri. Jasasi-mi-to iû-mo fadzükasi-ki nari.* ‚Wird *ke-fu* (wie oben) geschrieben und hat den Sinn von *zin-ziô* ‚gewöhnlich, gemein‘ auch ‚sanft‘. Man liest es auch in dem Sinne von ‚verschämt‘. Auch *jasasi-mi* bedeutet ‚verschämt‘.

Jasa-kami. Jaseru koto nari. ‚Ist so viel als *jaseru*, abgezehrt sein‘.

Jasasi-bamu. Famu-wa megumu kokoro nari. ‚*Famu* (sonst ‚essen‘) steht in dem Sinne von *megumu*, gütig sein‘. Keine weitere Erklärung. Hat augenscheinlich die Bedeutung: sanft und gütig sein. Mit dem obigen *jasasi-ki* zusammengesetzt.

帋 焼 *Jaki-sime.* ‚Das Zusammengebrannte‘. *Muma-no o-kami-wo kiri-fasami-te sono amari-wo jaki-te ta-ni tatsüru nari. Sono ka-wo kagi-te sika-no jama-da-wo arasanu nari.* ‚Hat die Bedeutung: Man beschneidet das Schweifhaar des Pferdes, brennt das Ueberflüssige und stellt es auf die Aecker. Wenn der Hirsch den Geruch davon spürt, verwüstet er nicht die Gebirgsäcker‘. Verse:

Asü-jori-wa jaki-sime-taten wo-jama-da-no waga waza naje-wo sika-mo koso fame.

‚Von morgen an möge mein Eigenthum, die Sprossen des Ackers des kleinen Berges, wo das Zusammengebrannte man aufstellen wird, der Hirsch nur verzehren‘.

Jami-no utsütsü. ‚Die Wirklichkeit der Finsterniss‘. *Jume-ni saje otori-taru nari. Mata jume-no sadaka-naru sama-naru kokoro nari. Mata utsütsü-nagara jume-no sama-naru koto-to-mo ijeri.* ‚Bedeutet: schlechter sogar als ein Traum. Ferner steht es in dem Sinne, dass ein Traum wahr ist. Ferner bedeutet *utsütsü-nagara* ‚im Zustande der Wirklichkeit‘ so viel als ‚traumartig sein‘. Verse:

U-ba-tama-no jami-no utsütsü-wa sadaka-naru jume-ni iku-ra-mo masarazari-keri.

‚Der Rabenflügel Edelsteinfinsterniss, ihre Wirklichkeit, um vieles besser als der wahre Traum ist sie nicht gewesen‘.

Jami-no nisiki. ‚Der Brocat der Finsterniss‘. *Joru-no nisiki-ni onazi. Jo-ni tsiû-sü.* ‚Ist mit *joru-no nisiki* ‚der Brocat der Nacht‘ gleichbedeutend. Wird bei *jo* erklärt‘.

Jamome-karasü. ‚Der Wittwenrabe‘. 烏 孀 *to kaku. Karasü-wa fû-fu-wo kajenu mono nari.* ‚Wird *jamome-karasü* (wie oben) geschrieben. Der Rabe ist ein Wesen, das den Mann und das Weib nicht wechselt‘.

Jasüme-dokoro. ‚Der Ort, wo man ruhen lässt. *Uta-no naka-no go-mo-zi-wo iû nari. Arui-wa fatsü go-mo-zi nari-to ijeri.* ‚Bedeutet die fünf Schriftzeichen in der Mitte des Gedichtes. Einige sagen, es seien die ersten fünf Schriftzeichen‘.

Jasŭraje-wa 休 *jasŭmu kokoro nari. Kumo-ni jasŭraje fototogisŭ nado-to jomeri.* ‚*Jasŭraje* (von *jasŭrò* ‚umherwandeln' abgeleitet) hat den Sinn von *jasŭmu,* ruhen. Man liest: ‚der in den Wolken ruhende Kuckuk und anderes'.

Jasŭ-ke-naki mi. Jasŭ-karanu mi-nari. ‚Bedeutet *jasŭ-karanu mi,* ein unruhiger oder unsicherer Leib'.

Jasŭku-ni. ‚In sicherem Zustande'. *Kuni wosamari-te an-zen-naru nari.* ‚Bedeutet, dass das Reich geordnet und ruhig und sicher ist'.

Jasŭ-ken. ‚Es wird sicher gewesen sein'. *Tada jasŭki nari.* ‚Bedeutet bloss *jasŭki,* sicher'.

Jasŭ-no watari. ‚Die sichere Ueberfahrt'. *Wòmi-no mei-sio nari. Mata ama-no kawa-wo-mo iû. Arui-wa ten-seô-tai-zin sŭmase-tamò tokoro-to aru.* ‚Ist ein berühmter Ort in Womi. Ferner bedeutet es den Himmelsfluss. Nach Einigen ist es der Ort, wo die den Himmel erleuchtende grosse Gottheit wohnt'.

Jasŭ-no tsi-mata. ‚Ein sicherer Feldweg'. *Mitsi-juki-bito nado o-oki nari.* ‚Bedeutet, dass es viele wandelnde und andere Menschen gibt'.

Classe *Ma.*

Ma-ite. Masi-te nari. ‚Bedeutet *masi-te,* zunehmend'.

Mai-kon. Man-jeô-ni are-wa mai-kon tosi-no wo nagaku-to jomi-tari. Ma-iri-kon-to-mo kokoro je-besi. Mata-wa meguri-kon nari. Ma-u-kon-to iû-wa ma-iri-kon nari. ‚In dem *Man-jeô* liest man *are-wa mai-kon tosi-no wo nagaku* ‚die Schnur der Jahre, in denen man kommen wird, ist lang. Es kann den Sinn von *ma-iri-kon* ‚in die Versammlung kommen werden' erhalten. Es bedeutet auch *meguri-kon,* herumgehen und kommen werden. Das Wort *ma-u-kon* hat die Bedeutung von *ma-iri-kon,* in die Versammlung kommen werden'.

Maro. 丸 *Maro-wa inisije nan-nio-to-mo tsû-site siô-seri. Mata ko-zin-no na-ni* 呂 麻 *ma-ro-no ni-zi-wo motsi-i-taru koto ari. Mata uje-ni mo-zi kuwajete* 丸 何 *ka-maro* 丸 可 *ka-maro-to ijeru koto ari. Koko-ni ijeru-wa tada mi-dzŭkara siô-site maro-to ijeri wonore nado iû-ga gotosi.* ‚*Maro* hiessen ehemals sowohl Männer als Weiber. Auch wurden für die Namen der ehemaligen Menschen die zwei Schriftzeichen *ma-ro* (wie oben) gebraucht. Ferner setzte man oben ein Schriftzeichen hinzu und sagte *ka-maro* (wie oben zweimal). Hier nannte man nur sich selbst, indem man *maro* sagte. Es ist wie *wonore* ‚selbst' und ähnliche Ausdrücke.

Maro-kasira. ‚Rundhaupt'. *Fô-si-wo iû.* ‚Bezeichnet einen Bonzenvorsteher'.

Ma-fo. ‚Das richtige Segel'. *Sŭgu-naru kokoro nari. Fune-no ma-fo-to iû-wa ziû-bun-ni naru-wo iû nari. Fito-no ma-fo-ni-mo mijenu-to iû-wa uruwasi-ku sawa-sawa mijenu nari.* 帆 眞 *Ma-fo-to bakari-wa siò-ziki-naru tei nari.* ‚Hat den Sinn des Geraden. *Fune-no ma-fo* ‚das richtige Segel des Schiffes' bezeichnet, dass das Segel ganz voll ist. *Fito-no ma-fo-ni-mo mijenu* ‚in dem richtigen Segel der Menschen nicht gesehen werden' bedeutet: etwas Schönes, das nicht oft gesehen wird. *Ma-fo* allein bedeutet das Aussehen des Richtigen und Geraden'.

Maborosi. 幻 *to kaku. San-gi ari. Fitotsŭ-ni-wa* 現ウツ *utsŭtsŭ-wo iû. Futa-tsŭ-ni-wa jume-utsŭtsŭ-wo iû. Mi-tsŭ-ni-wa* 者ジヤ 驗ケン *ken-zia-no ziûtsŭ-nite omô fito-no sŭgata-wo misŭru jò-no koto-wo ijeri.* ‚Wird *maborosi* (wie oben) geschrieben. Hat drei Bedeutungen. In der einen bezeichnet es die Wirklichkeit. In der zweiten bezeichnet es ein Traumgesicht.

45*

In der dritten ist es die Kunst der Zauberer und bezeichnet Dinge von der Art wie das Zeigen der Gestalt der Menschen, an die man denkt'.

Ma-dowo. ,Von Zwischenräumen fern'. 遠 間 *to kaku. Ma-dowo-koromo-wa sŭki-ma-katsi-ni ara-ara-siku wori-taru koromo nari. Mata ma-dzikaki-wa* 近 間 *ma-dzikaki nari.* ,Wird *ma-dowo* (wie oben) geschrieben. *Ma-dowo-koromo* (ein Kleid, bei welchem die Zwischenräume fern sind) ist ein Kleid, das mit weit aus einanderstehenden Zwischenräumen und grob gewebt ist. Auch *ma-dzikaki* bedeutet: ,von Zwischenräumen nahe' (wo die Zwischenräume nahe bei einander stehen).

居 圓 *Mato-wi.* ,Bei dem Runden verweilen'. *Tsŭki-ni-mo fana-ni-mo kosori-te atsŭ-mari-wiru nari. Mata* 射 的 *mato-wi-wa jumi-no koto nari.* ,Bedeutet die Versammlung Aller bei dem Monde und den Blumen. Ferner ist *mato-wi* (bei dem Ziele verweilen, wie oben), so viel als der Bogen'.

Mado-no utsi. ,Innerhalb des Fensters'. *Imada ka-sezaru onna nari.* ,Ist ein noch nicht verheirathetes Weib'.

Ma-tori. ,Der wahre Vogel'. *U-no koto nari.* ,Ist so viel als *u*, Wasserrabe'.

Matsi-kin-datsi. ,Die Fürsten der Strasse'. 卿 猊 *gun-kiô-to kaku.* 部 達 上 *kan-tatsi-me-wo iû nari.* ,Wird *gun-kiô* (sämmtliche Reichsminister, wie oben) geschrieben. Bezeichnet die Abtheilung der oberen Verkehrenden'.

Matsi. ,Die Strasse'. 坊 *to kaku. Futa-tsŭ-no matsi-wa tô-kû-bô nari.* ,Wird *bô* (wie oben) geschrieben. *Futa-tsŭ-no matsi* (die zwei Strassen) bezeichnet die Strassen des östlichen Palastes'.

Maga koto. ,Ein krummes Wort'. *Makoto-naranu kotoba nari. Sakasama-koto-wa sora-koto nari.* ,Bedeutet ein unwahres Wort'. *Sakasama-koto* ,ein verkehrtes Wort' bedeutet *sora-koto*, eine falsche Rede'.

Ma-gane-fuku ki-bi-no naka-jama. ,Der mittlere Berg von Kibi, wo man das wahre Eisen bläst'. *Bittsiû-no kuni kibi-no naka-jama-nite tetsŭ-wo wakasŭ nari. Sore-wo fuku-to ijeri.* ,Auf dem mittleren Berge von Kibi in dem Reiche Bittsiû siedet man Eisen. Dieses nennt man *fuku*, blasen'. Verse:

Ma-gane-fuku ki-bi-no naka-jama obi-ni seru foso-tani-gawa-no oto-no sajakesa.

,Die Klarheit des Tones des von dem mittleren Berge von Kibi, wo man das wahre Eisen bläst, zum Gürtel gemachten Flusses des dünnen Thales'.

Obi-ni seru foso-tani-gawa-to-wa tani-gawa-no jama-no kosi-wo megureru-wo obi-ni tato-jete ijeri. Teô-ka obi-ni ni-taru-to ijeru ku-no rui nari. ,Mit den Worten ,der zum Gürtel gemachte Fluss des dünnen Thales' wird der Thalfluss, der sich um die Lenden des Berges zieht, mit einem Gürtel verglichen. Es ist von der Art wie in dem Abschnitte, der sagt, dass der lange Fluss einem Gürtel ähnlich ist'. Verse:

Uguisŭ-no naku-ni tsŭgete-ja ma-gane fuku ki-bi-no jama-bito faru-wo siru-ran.

,Indem die Nachtigall singend es meldet, wird der Mensch des Berges von Kibi, wo man das wahre Eisen bläst, den Frühling erkennen'.

Ma-kaze. ,Der wahre Wind'. *Oite-no kaze nari.* ,Ist der Wind der Verfolger'.

Ma-tataku. ,Mit den Augen nicken'. *Tomosi-bi-no kijen-to site fikameku-wo iû.* 瞬 *to kaku.* ,Bedeutet das Flackern des Lichtes, wenn es verlöschen will. Wird *ma-tataku* (wie oben) geschrieben'.

Mata-ken. Man-jeô-ni-wa 全 *to kaku. Inotsi mata-ken nado-to jomeri. Sasi-atari-te iû kotoba nari.* ,In dem *Man-jeô* wird *mattaku ke* (wie oben) geschrieben. Man liest *inotsi mata-ken* ‚das Leben wird ganz gewesen sein' und Aehnliches. Es ist ein Wort, welches die Sache scharf und zutreffend bezeichnet'.

Madaki. Fajaki nari. Mata madasi-ki-to iû kokoro-ni-mo ijeri. ‚Bedeutet: frühe. Wohl auch in dem Sinne des Wortes *madasi-ki*, was noch immer ist'.[1]

Mata 寢 *ne.* 別 *Waki-te mata neru koto nari.* ‚Ist so viel als *waki-te mata neru*, absichtlich noch schlafen'.

Mare-mare-no fara-kara. ‚Seltene leibliche Brüder'. *O-oku-mo naki keô-dai-to iû koto nari.* ‚Bezeichnet Brüder, wie es deren nicht viele gibt'.

Ma-sode. ‚Der wahre Aermel', 袖 眞 *to kaku. Onna-no sode nari. Issetsü-ni tada utsükusi-ki sode-to fome-taru nari. Ma-wa* 眞 *ma-nite fomete soje-taru nari. Arui-wa moro-sode nari-to ijeri.* ‚Wird *ma-sode* (wie oben) geschrieben. Ist der Aermel des Weibes. Nach einer Erklärung wird bloss gepriesen, dass es ein schöner Aermel ist. *Ma* ist wahr (wie oben) und ist lobpreisend hinzugefügt worden. Einige sagen, es bedeute beide Aermel'.

Verschiedene Namen für *matsü*, Fichte:

喜 豐 *toki-wa.* In den hier gesetzten Zeichen: Reichliche Freude. Die eigentliche Bedeutung: 常 葉 *toki-wa*, die beständigen Blätter.

代 千 十 *To-tsi-jo-gusa.* ‚Die Pflanze der zehntausend Zeitalter'.

Okina-gusa. ‚Die Greisenpflanze'.

Mijako-gusa. ‚Die Pflanze der Hauptstadt'.

Koto-fiki-gusa. ‚Die harfenspielende Pflanze'.

Me-samasi-gusa. ‚Die mit dem Auge erwachende Pflanze'. Verse:

Jomo-sügara koto-fiki-gusa-ni woto-sü nari akasi-no ura-no joru-be fuku kaze.

‚Die ganze Nacht hindurch in der harfenspielenden Pflanze gibt einen Ton von sich der in der Bucht von Akasi zur Nachtzeit wehende Wind'.

Matsü-no sita momidzi. ‚Der Ahorn unter der Fichte'. *Matsü-mo sita-ba-wa akaku naru nari.* ‚Bedeutet, dass auch bei der Fichte die unteren Blätter roth werden'.

Matsü-ga ura sima. ‚Die Insel der Fichtenbucht'. *Ô-siû-no mei-sio nari. Matsü-sima-to-mo iû.* ‚Ist ein berühmter Ort in O-siû. Man sagt auch *matsü-sima* (die Fichteninsel)'.

Matsü-kaze-no ame. ‚Der Regen des Fichtenwindes'. *Matsü-kaze-no oto-wo ame-ni kiki-nasü nari.* ‚Bedeutet: den Ton des Windes in den Fichten nach dem Gehör für das Geräusch des Regens halten'.

Matsü-no fa-wo 食 *süku.* ‚Die Blätter der Fichte gerne essen'. *Sen-nin-wa matsü-no fa mata-wa kasümi nado-wo kurò nari.* ‚Bedeutet, dass die Unsterblichen die Blätter der Fichten oder den rothen Wolkendunst und ähnliche Dinge verzehren'.

Matsü-kaze-no nami. ‚Die Wellen des Fichtenwindes'. 濤 松 *Sô-tô tote matsü fuku kaze-wo nami-ni tagujete kiku nari.* ‚Heisst *sô-tô* (Fichtenwellen, wie oben) und bedeutet: den Wind in den Fichten hören, als ob es Wellen wären'. Verse:

Aki-kaze-no fuki-siku matsü-wa jama-nagara nami-tatsi-wataru ko-e-zo kikojuru.

‚Der Herbstwind weht weit umher, die Fichten, wenn auch auf den Bergen, lassen hören den Ton des Steigens und des Herüberdringens der Wellen'.

浦 松 *Matsüra-* 用 佐 *sa-jo-fime fire-furu jama-no koto.* ‚Die Sache des Berges, auf welchem die vornehme Tochter Sa-jo von Matsura das Halstuch bewegte'. *Issetsü-ni fire-*

未 [1] Das in dieser Erklärung gebrauchte Wort *madasi-ki* kommt sonst nirgends vor. In dem Sio-gen-zi-kò findet sich *madari*, aber ohne Erklärung.

furu-to-wa i-seô-wo fiki-tsükuroi-te kitto si-taru koto nari. Man-jeô ku-kuan-ni. ‚Nach einer Erklärung ist *fire-furu* (das Halstuch bewegen) so viel als an den Kleidern ziehen und sie sorgfältig richten. In dem neunten Capitel des Man-jeô heisst es:' Verse:

Towô-tsü-bito matsüra-sa-jo-fime tsüma-goi-ni fire furi-si-jori ojeru jama-no na.

‚Der ferne Mensch, die vornehme Tochter Sa-jo von Matsura, in Liebe zu dem Gatten da sie das Halstuch bewegte, davon trägt der Berg den Namen'.

Kore-wa kin-mei ten-wô-no mi-toki o-o-tomo-no sa-de-fiko-to iû fito ken-tô-si-nite morokosi-ni watari-keru toki sono tsüma sa-jo-fime na-gori-wo osimi-te matsüra-jama-ni nobori kinu-no fire-wo furi sono fune-wo maneki-si-ni jori-te sore-jori sono jama-wo fire-furu-jama-to nadzüke-fanberi. Sono koto-wo jama-no uje oku-ra-ga jomeru nari. Notsi-no fito-no tsüi-ka-no uta man-jeô-siû-ni amata ari. Matsüra-jama-wa fi-zen-no mei-sio nari. ‚Dieses bedeutet: Zu den Zeiten des Kaisers Kin-mei schiffte sich ein Mann Namens O-o-tomo-no Sa-de-fiko als Gesandter nach China ein. Seine Gattin, die vornehme Tochter Sa-jo bedauerte den Scheidenden. Sie stieg auf den Berg Matsura, bewegte den Zipfel eines Tuches und winkte dem Schiffe zu. Seitdem nannte man diesen Berg *fire-furu jama* ‚den Berg, auf welchem man das Halstuch bewegte'. Diesen Gegenstand besang Jama-no uje Oku-ra. Die nachträglich hinzugegebenen Gedichte späterer Menschen sind in der Sammlung Man-jeô in Menge vorhanden. *Matsüra-jama* ‚der Berg der Fichtenbucht' ist ein berühmter Ort in Fi-zen.

Matsüra-gawa aju-tsüru wotome-no koto. ‚Die Sache des nach dem Weissfisch angelnden Mädchens des Flusses Matsura'. *Man-jeô-siû go-kuan-ni jama-uje-no oku-ra-to iû fito matsüra-tama-sima-gawa-ni asobasi-ni aju-tsuru ama-wotome-go-wo miru-ni* 容花 *kua-jô narabi-naku janagi-no maju kobi-wo nasü. Tare-ga ije-no ko-zo-to ije-do tasika-ni iwazari-si-ka-ba uta-jomi-te tsükawasi-keru.* ‚Nach dem fünften Capitel der Sammlung Man-jeô lustwandelte ein Mensch Namens Jama uje-no Oku-ra an dem Flusse von Matsura-tama-sima und sah daselbst ein Fischermädchen, das nach dem Weissfisch angelte. Von blühendem Aussehen ohne Gleichen bewerkstelligte sie die Einschmeichelung der Weidenaugenbrauen. Da sie zwar sagte, dass sie die Tochter irgend eines Hauses sei, aber dieses nicht mit Bestimmtheit sagte, verfertigte er ein Gedicht und übersandte es ihr'. Verse:

Asari-süru ama-no ko-domo-to fito-wa ije-do miru-ni sirabenu soma-bito-no ko-wo.

‚Ein Kind des nahrungsuchenden Fischers dass sie ist, obgleich die Menschen sagen, wenn man sie sieht, stimmt sie nicht zu den Söhnen der holzfällenden Menschen'. (Oku-ra.)

Tama-sima-no kono kawa-kami-ni ije-wa are-do kimi-wo jasasi-mi arawasazü ari-ki.

‚In Tama-sima, an dieses Flusses Seite, obgleich mein Haus sich befindet, gegen den Gebieter freundlich, gab ich es nicht kund'. (Das Fischermädchen.)

Matsüra-gawa kawa-no se fikari aju-tsüru-to taraseru imo-ga mo-no süso nure-nu.

‚Von dem Flusse von Matsura die Stromschnelle des Flusses erglänzt bei dem Angeln des Weissfisches, der Saum des herabgelassenen Kleides der Schwester ist befeuchtet'. (Oku-ra.)

Matsüra-gawa nana-se-no jodo-ni jodomu-to-mo ware-wa jodomazü kimi-wo si-matan.

‚Der Fluss von Matsura in dem Wirbel der sieben Stromschnellen stillstehen mag. Ich, nicht stillstehend, werde den Gebieter erwarten'. (Das Fischermädchen.)

Nachträglich hinzugegeben:

Matsüra-gawa kawa-no se fajami kurenawi-no 裳 *mo-no süso nurete aju-ko kumu-ran.*

,Von dem Flusse von Matsura die Stromschnelle des Flusses eilt rasch dahin. Des saffrangelben Kleides Schleppe, befeuchtet werdend, mag den Weissfisch schöpfen'.

Kimi-wo matsü matsüra-no ura-no wotome-ra-wa toko-jo-no kuni-no ama-wotome-kamo.

,Die den Gebieter erwarten, die Mädchen von Matsura's Bucht sind die Fischermädchen des Reiches der beständigen Alter'.

Matsüra-no seki-to iû tokoro ari. Kore-wa mukasi matsüra-sa-jo-bime sümi-keru tokoro-no sato-no na-ni site seki-tokoro-ni arazü. Ima-ni matsürá-no seki-to iû sato ari. Matsüra-ni seki-wo tsükeru kore nari. Seki-no sato-to-mo sü-besi. Matsüra-bime-no uta-ni. ,Es gibt einen Ort Namens *matsüra-no seki*, der Grenzpass von Matsura. Dieses ist der Name des Dorfes, in welchem einst Sa-jo-bime wohnte. Es ist kein versperrter Ort. Gegenwärtig gibt es ein Dorf Namens Matsura-no seki. Man fügt dabei zu *matsüra* das Wort *seki*. Es kann auch *seki-no sato* ,das Dorf des Grenzpasses' sein. In dem Gedichte auf Matsura-bime (die oben erwähnte vornehme Tochter von Matsura) heisst es:' Verse:

Morokosi-no fune-wo-mo tomezü ika-naran matsüra-no seki-no jama-gawa-no midzü.

,Auch das chinesische Schiff, sie hält es nicht auf. Wie wird es sein bei dem Wasser des Bergflusses des Grenzpasses von Matsura?'

Matsüware. ,Umschlungen'. *Nare-mutsübu-wo iû nari.* ,Bedeutet: gewöhnt und verbunden sein'. Verse:

Joso-ni mite kajeran fito-ni fudzi-no fana fai-matsüware-jo jeda-wa wore-domo.

,An den Menschen, den ich auswärts gesehen und zu dem ich zurückkehren werde, o Blüthe der Färberröthe, kriechend schlinge dich, ob die Zweige auch brechen'.

Matsüri-gotsi-siru. Matsuri-goto-wo siru-to iû nari. Kotsi-wa koto-ni onazi. Mata matsüri-goto-bito-wo 政 主 *to kaki keri.* ,Bezeichnet so viel als *matsüri-goto-wo siru*, die Regierung führen. *Kotsi* ist mit *koto* ,Sache' gleichbedeutend. Auch *matsüri-goto-bito* ,ein Mensch der Regierung' wurde *siû-sei* (der Regierung vorstehend, wie oben) geschrieben'.

Ma-tsütsi-gata. 方 土 眞 *to kaku. Mei-do-wo iû nari.* ,Wird *ma-tsütsi-gata*, die Seite der wahren Erde, (wie oben) geschrieben. Bezeichnet die Unterwelt'.

Ma-naku toki-naku. ,Ohne Zwischenraum, ohne Zeit'. *Fima-no naki koto nari.* ,Ist so viel als *fima-no nasi*, keine Zeit haben'.

Man-zü-raku mi-kutsi-züsami-tamafu. ,Die Freude von zehntausend Frühlingen mit dem Munde rufen'. 樂 春 萬 *man-zü-raku-wa sübete fatsi-ku-no si nari. Sore-wo kan-on-ni utai-te ku-goto-no awai-ni man-zü-raku-to tonajeru nari.* ,*Man-zü-raku* (die Freude von zehntausend Frühlingen) sind alle (chinesischen) Gedichte mit acht Abschnitten. Man singt diese mit den Lauten von Han und ruft bei den Zwischenräumen jedes Abschnittes: *man-zü-raku*, die Freude von zehntausend Frühlingen!'

Ma-uto. 人 眞 *to kaku. Makoto-no fito nari. Fito-wo siô-site iû. Kimi-to iû koto-ni-mo motsiju.* ,Wird *ma-uto* (wahrer Mensch, wie oben) geschrieben. Bedeutet einen wirklichen Menschen und bezeichnet lobpreisend einen Menschen. Es wird auch zur Bezeichnung des Gebieters gebraucht'.

Ma-usi-bumi. ,Eine meldende Schrift'. 疏 陳 *to kaku. Mi-kado-je tate-matsüreru fumi nari.* ,Wird *dzin-so* (wie oben) geschrieben. Ist eine dem Kaiser überreichte Schrift'.

Ma-kunaki. Me-kubase nado süru koto nari. I-se mono-gatari-no me-kubase-no uta-no kokoro nari. Issetsü-ni ma-kunaki-tsükuru-to-wa karo-garo-siku tei-wo tsükuru nari. 入 *Iri-ma-kunaki-to-wa musi-no na nari. Kono musi fai-no gotoku firameki-tobu musi nari.* ,Ist so viel als *me-kubase-süru* ,das Auge auf etwas richten' und ähnliche (*süru* am Ende enthaltende) Ausdrücke. Es steht im Sinne des in der Geschichte von Ise vorkommenden *me-kubase-no uta* ‚ein Gedicht, in welchem man auf etwas die Augen richtet'. Nach einer Erklärung hat *ma-kunaki-tsŭkuru* die Bedeutung: eine verächtliche Geberde machen. *Iri-ma-kunaki* ist der Name eines Insekts. Es ist ein Insekt, das schwirrend wie eine Fliege fliegt'.

Makuri- 手 *de. Sode makuru nari. Sode-maku-to-mo sode-maki-fosŭ-to-mo jomeri. Kore-wa nure-taru-wo fosŭ nari. Makuri-de-wa tsŭne-ni iû ude-makuri naru-besi.* ‚Bedeutet: den Aermel aufstreifen. Man liest auch *sode-maku* ‚den Aermel aufrollen' und *sode-maki-fosŭ* ‚den Aermel aufrollen und trocknen. Das letztere bedeutet: ihn, wenn er feucht geworden, trocknen. *Makuri-de* ‚die aufgerollte Hand' kann das gewöhnliche *ude-makuri* (das Aufrollen, das Aufstreifen des Aermels) sein'.

Makura-goto. ‚Die Polstersache'. *Ake-kure makura-no be-ni woku sô-si-wo iû.* ‚Heisst das Pflanzenpapier, das man am Morgen und am Abend neben das Polster legt'.

Makura-ga-no ko-ga-no watari. ‚Die Ueberfahrt Ko-ga von dem Wohlgeruche des Polsters'. *Man-jeô-ni jomeri. Makura-ni simi-taru* 香 *ka-wa ko-ki-mono nari. Sare-ba makura-ga-no koki-to iû-jori ko-ga-no watari-to trŭdzŭke-tari.* ‚Wird in dem Man-jeô gelesen. Der in das Polster gedrungene Wohlgeruch ist *ko-ki*, Wohlgeruch. Indessen wird von dem Worte *makura-ga-no ko-ki* ‚der Wohlgeruch des Wohlgeruches des Polsters' das Wort *ko-ga-no watari* (die Ueberfahrt von Ko-ga) abgeleitet'.

Makura-no siru. ‚Das Polster es weiss'. *Afu koto-wo makura-jori sirazi-to jomeru-nari.* ‚Man liest: die Vereinigung weiss man nicht von dem Polster'.

Makura-no kami. ‚Der Gott des Polsters'. *Makura-ni-wa kami-no owasi-masŭ-to nari.* ‚Bedeutet, dass ein Gott in dem Polster seinen Wohnsitz hat'.

Ma-kuwasi-mi. Kuwasi-ki nari. 細 委 *to kaki-keru.* ‚Bedeutet *kuwasi-si*, genau, in Bezug auf die Einzelnheiten. Es wurde *i-sai* (wie oben) geschrieben'.

Ma-gusa karu. ‚Gras mähen'. *Muma-ni kô kusa nari Ma-gusa-karu otoko-to-mo tada kusa-karu nari.* ‚Sind die nährenden Pflanzen für das Pferd. Auch *ma-gusa-karu otoko* ‚der grasmähende Mann' bedeutet bloss *kusa-karu*, Gras mähen'.

Ma-ja-no amari. ‚Das Ueberbleibsel unter dem Regen'. *Noki-ba nari. Mata fisasi-wo iû. Issetsŭ-ni ma-ja-wa ijasi-ki ije nari ama-dare riô-fô-je otsŭru nari.* ‚Ist das Vordach. Ferner bezeichnet es das Wetterdach. Nach einer Erklärung ist *ma-ja* ein gemeines Haus. Der Regen der Traufe fällt daselbst nach beiden Seiten'.

Makete. ‚Indem etwas besiegt ist oder unterliegt. *Kakete-to iû kotoba nari.* ‚Ist das Wort *kakete* ‚indem etwas gebrochen ist oder abgeht'. Verse:

Faru makete kari kajeru-to-mo aki-kaze-ni momidzi-no jama-wo kojezarame-ja-wa.

‚Der Frühling ist unterlegen, die wilde Gans mag heimziehen, in dem Herbstwind den Berg der rothen Blätter wird sie wohl nicht übersetzen'.

Ma-busi. ‚Der Hinterhalt der Augen'. 翳 *to kaku. Kari-bito-no* 弓 *ju-gakusi-ni siba-wo sasŭ-wo iû-to nari. Mata ma-busi-sasŭ-to-wa ki nado ori-kake iwori-no jô-ni site tori kedamono-wo toru koto nari. Arui-wa kari-sŭru-ni ki nado ori-kazasi-te kakure-wi-taru tei nari. Sika-wo ukagô toki-no koto nari. Matsŭ-o-no nerai satsŭ-o-no nerai onazi-koto nari. Siba-wo fusi-to jomeri. Fusi-dzŭke-wa* 漬 柴 *nari. Mata aru setsŭ-ni kari-ni idzŭru fune-ni siba-wo sasi-te me-wo kakusŭ koto nari. Fito-no me-wo mite tori-no tatsŭ juje nari.* ‚Wird *i* (wie oben) geschrieben. Bezeichnet, dass die Jäger zum Bogenversteck Reisholz machen. Ferner hat *ma-busi-sasŭ* ‚einen Hinterhalt der Augen machen' die Bedeutung: Bäume und dergleichen brechen und aufhängen, es nach Art einer Hütte zusammenstellen und Vögel und wilde Thiere fangen. Vielleicht bedeutet es: auf der Jagd Bäume und dergleichen brechen, sich damit beschatten und versteckt bleiben. Es ist so viel als die Zeit, wo man nach Hirschen späht. *Matsū-o-no nerai* ‚das Spähen des wartenden Mannes‘, *satsū-o-no nerai* ‚das Spähen des Mannes der Ausbeute‘ ist das Nämliche. Man liest *siba-wo fusi*, in dem Reisholz sich verstecken. *Fusi-dzūke* bedeutet *siba-dzūke* (Einweichen von Reisholz,[1] wie oben). Ferner bedeutet es nach einer Erklärung: Auf dem Schiffe, in welchem man auf die Jagd fährt, Reisholz aufrichten und die Augen verstecken. Man thut dieses desswegen, weil die Vögel auffliegen, wenn sie das Auge des Menschen sehen.

Ma-u-kozū. Ma-iri- 來 *kozū nari.* ‚Ist *mai-iri-kozū*, nicht in die Gesellschaft kommen‘.

Makoto-no kotoba. ‚Das wahre Wort‘. *Sin-gon nari. Siakkiŏ nari.* ‚Bedeutet *sin-gon*, die Secte Sin-gon‘ (die Secte des wahren Wortes). Ist buddhistische Lehre‘.

Mate-gusi. ‚Der Nagelmuschelspeiler‘. *Ama-bito-no siwo fi-gata-no sūnago-no naka-nite mate-to iû mono aru-wo sūdare-no take fodo naru mono-wo motsi-te mate-no ana-je sasi-irete fiki-idase-ba mate tsūki-te idzūru tokoro-wo toru nari. Kore-wo mate-gusi-to-wa iû nari.* ‚Bedeutet: Wenn die Fischer in dem Sande der Ebbe das Thier Namens ‚Nagelmuschel‘ finden, stechen sie etwas, das von der Grösse des Bambus der Thürmatte, in die Oeffnung der Nagelmuschel. Wenn sie es herausziehen, kommt die Nagelmuschel daran hervor, und sie nehmen sie. Dieses nennt man *mate-gusi*, der Nagelmuschelspeiler‘. Verse:

Siwo fire-ba ama-no mate-gusi fima-mo nasi waga omofu koto siru fito-mo nasi.

‚Wenn die Salzfluth ebbt, hat die Nagelmuschel des Fischers nicht mehr Zeit. Der weiss, was ich denke, kein Mensch ist auch da‘.

Mate sibasi. Sibaraku mate nari. ‚Ist *sibaraku mate*, warte eine Weile‘.

Mate-no moto. 貧 窮 本 *to kaku.* ‚Wird *fin-kiû moto* (der Grund der Armuth und des Elends, wie oben) geschrieben‘. Sonst ohne Erklärung. Mit *madzūsi* ‚arm‘ zu vergleichen.

Masa-ki-no tsūna. ‚Das Epheuseil‘. *Neri-so-ni sūru nari. Masa-ki-no kadzūra-wo nedzi-te soma-ki-wo fiku tsūna-ni sūru nari.* ‚Man macht es zu gebeizten Pflanzen.[2] Man dreht den Epheu und macht ihn zu einem Seile, mit welchem man das Brennholz zieht‘. Verse:

Teru tsūki-wo masa-ki-no tsūna-ni jori-kakete akazū wakaruru fito-wo tsūnagan.

‚Den leuchtenden Mond an ein Epheuseil wird man hängen, und den ungesättigt sich trennenden Menschen anbinden‘.

Kagiri-naki omoi-no tsūna-no naku-ba koso masaki-no kadzūra-jori-mo najasame.

‚Wenn des endlosen Sehnens Seil nicht vorhanden, wird man mehr als Epheu nur geschmeidig machen‘.

Ma-sakari. Joku sakari-naru nari. ‚Bedeutet *joku sakari-naru*, stark in der Blüthe befindlich‘.

Ma-saguru. ‚Wirklich mit der Hand suchen‘. 弄 *to kaku.* ‚Wird *mote-asobu* (tändeln, wie oben) geschrieben‘. Sonst ohne Erklärung.

Masa-na-goto. 直 *Tada-dzi-ni naku-te jokaranu nari.* 事 無 正 *to kaku.* ‚Bedeutet: gerade nicht vorhanden und nicht gut sein. Wird *masa-na-goto* (wie oben) geschrieben‘.

Maju-kaki. ‚Die Augenbrauen jucken‘. *Mata* 痒カキ 根ネ 眉マユ *maju-ne-kaki-to-mo jomeri.*

[1] *Fusi-dzūke* ist eigentlich zusammengelegtes Reisholz, mit welchem man Fische fängt.

[2] *Neri-so* ‚gebeizte Pflanzen‘ ist bei der Classe *ne* erklärt worden.

Fito-ni 戀 *kofuraruru toki-wa maju-ne kajuki nari. Sare-ba maju-ne kaki fito-ja kofuran-to jomeri. Issetsü-ni maju-ne kaku-to-wa fito-wo min-to süru katatsi nari. Man-jeô-ni* 鼻 *fana-bi fimo toki nado ijeru mina onazi-katatsi nari. Fidari-no te jumi-toru kata-no maju-ne kaku nado ijeri. Mata maju-ne kaki fana-bi-fimo toku-wa fito-wo matsü kokoro nari.* ‚Man liest auch *maju-ne-kaki,* die Wurzeln der Augenbrauen jucken. Bedeutet: wenn man von einem Menschen geliebt wird, jucken die Wurzeln der Augenbrauen. Somit liest man: Die Wurzeln der Brauen jucken, ein Mensch wohl wird lieben. Nach einer Erklärung bedeutet *maju-ne kaku* ‚die Wurzeln der Augenbrauen jucken' die Gestalt desjenigen, der im Begriffe ist, einen Menschen zu sehen. In dem Man-jeô bedeutet *fana-bi fimo toki* ‚das Band *fana-bi* [1] lösen' und Aehnliches ebenfalls diese Gestalt. Man sagt: ‚An der Seite, wo die linke Hand den Bogen angreift, juckt die Wurzel der Brauen' und Anderes. Ferner hat ‚die Brauenwurzel juckt', ‚das Band *fana-bi* lösen' den Sinn: ‚einen Menschen erwarten'. *Kaki* steht hier überall für *kajuki,* jucken'.

Ma-si-midzü. ‚Das ächte klare Wasser'. 水 清 眞 *to kaku. Tada kijoki midzü-wo fome-taru nari. Ma-sode ma-fagi ma-siba nado mina ma-wa fomete ijeru nari.* ‚Wird *ma-si-midzü,* (wie oben) geschrieben. Bedeutet bloss, dass das klare Wasser gelobt wird. Auch in *ma-sode* ‚der wahre Aermel', *ma-fagi* ‚der wahre Weiderich', *ma-siba* ‚das wahre Reisholz' wird *ma* ‚wahr', zum Lobe gesagt'.

濱 白 眞 *Ma-siraku-no fama.* ‚Das ächt weisse Meerufer'. *Ki-siû-no mei-sio nari.* ‚Ist ein berühmter Ort in Ki-i'.

Masira. Saru-no koto nari. Masiko-to-mo ijeri. ‚Ist so viel als *saru,* Affe. Man sagt auch *masiko*'. In den Sio-gen-zi-kò ist *masiko* der Name eines Vogels, übrigens unerklärt.

Ma-sira-fu-no 鷹 *taka.* ‚Der ächtweisse Falke'. 白 眞 *nari.* ‚Ist *ma-sirasi* (wie oben), ächt weiss'. Verse:

Furu juki-ni tomo mure-karasü siru-be-site woke-domo mijezü ma-sira-fu-no taka.

‚In dem Schnee, der fällt, als Freunde die Rabenschaaren machen Bekanntschaft. Stellt man ihn auch hin, ist nicht zu sehen der ächt weisse Falke'.

Mafi-si-tamafu. 附 親 *to kaku.* ‚Wird *sin-fu* (in eigener Person hinzugeben, wie oben) geschrieben'. Sonst ohne Erklärung. Wahrscheinliche Bedeutung: das Handopfer *mai (mafi)* den Göttern reichen.

Mainasi. 幣 *nari. Mainaje fei nusa nigi-te sira-nigi-te awo-nigi-te idzüre-mo onazi koto nari.* ‚Ist *nigi-te* (wie oben), das Handopfer für die Götter. *Mainaje fei nusa nigi-te sira-nigi-te* (das weisse Handopfer), *awo-nigi-te* (das grüne Handopfer) bedeuten das Nämliche'. Ein Synonymum für dieses Wort ist auch *mafi (mai).*

Mamori-gatana. ‚Das bewahrende Schwert'. *Nio-bò-no motsü koto-to ijeri.* ‚Es wurde eine Sache genannt, welche Weiber besitzen'. In dem Sio-gen-zi-kò ohne Erklärung.

Masüra-o. Ijasi-ki otoko-wo-mo iû. Mata isameru otoko-wo-mo iû. ‚Bedeutet auch einen gemeinen Mann. Ferner bedeutet es einen muthigen Mann'.

Ma-sü-fo-no ito. ‚Der Faden des wahren Sapan'. *Wo-bana-no koto nari. Süsüki-no fo-ni ide-taru i-masü fò naru nari. Sare-ba* 今 *ima-sü-fò-to iû kokoro nari.* ‚Ist so viel als *wobana,* langes Riedgras. Bedeutet: Es ist die aus den Aehren des Riedgrases hervorgegangene weilende Seite. Es steht also in dem Sinne von *ima-sü-fò,* der jetzige Sapan'.

---

[1] Das Wort *fana-bi-fimo* kommt sonst nirgends vor. Es könnte ‚Feuerwerkband' bedeuten, wenn nicht das in Wörterschrift hinzugesetzte *fana* ‚Nase' diese Erklärung ungewiss machte.

Ma-sŭ-kagami. Issiaku-no kagami nari. 鏡 寸 十 *to kaku.* ‚Ist der einen Schuh messende Spiegel. Wird *ma-sŭ-kagami* (Spiegel der zehn Zolle, wie oben) geschrieben‘. Dieses Wort ist unzweifelhaft die Abkürzung von *ma-sŭmi-kagami* ‚der wirklich reine Spiegel‘, das auch für *ma-sŭ-kagami* gebraucht wird. Verse:

Jama-no fa-ni ma-sŭmi-no kagami kake-keru-to mijuru-wa tsŭki-no idzŭru-nari-keri.

‚Von welchem man sieht, dass an die Berggrenze einen ganz klaren Spiegel er gehängt hat, der Mond ist aufgegangen‘.

Classe *Ke.*

Kei-mei. Itonamu kokoro nari. ‚Hat den Sinn von *itonamu,* aufbauen‘.

Kei-sŭru. 啓 *kei nari. Go-zen-je ma-iri mono-mòsŭ-wo iŭ nari.* ‚Ist *kei* (wie oben), eröffnen. Bedeutet: sich an die hohe Stelle begeben und etwas sagen‘.

Kewai-ijasi-ku. ‚Von Erscheinung gemein‘. *Katatsi-no jokaranu nari. Kewai-ijasi-ku kotoba-dami-te utsi-nage-ni-to aru. Utsi-nage-wa bu-kotsŭ nari. Zoku-ni omoi-jari-no naki koto-wo iŭ.* ‚Bedeutet, dass das Benehmen nicht gut ist. Es heisst: *Kewai-ijasi-ku kotoba-dami-te utsi-nage-ni,* von Erscheinung gemein, die Worte fehlerhaft ausgesprochen und hingeworfen. *Utsi-nage* ‚hinwerfen‘ bedeutet: ungebildet. Es bezeichnet im gemeinen Leben den Mangel an Ueberlegung‘.

Keni. Sŭmi-te jomu toki-wa sore-jori masaru-to iŭ kotoba nari. Mata kenaru-to iŭ-mo 勝 *masaru-no zi-no kokoro-nite sore-jori masaru-to iŭ kotoba nari.* ‚Wenn es klar gelesen wird, ist es ein Wort von der Bedeutung: besser als dieses. Ferner steht auch *kenaru* in dem Sinne des Wortes *masaru* (besser sein, wie oben) und ist ein Wort von der Bedeutung: besser als dieses‘. Verse:

Jufu-zare-wa fotaru-jori keni mojure-domo fikari mine-ba-ja fito-no tsŭre-naki.

‚Das Abendlicht mehr als die Feuerfliegen mag entbrennen, den Glanz leider wird nicht seh'n der Mensch, der ohne Gefühl‘.

Oki-te min-to omoi-si fodo-ni kare-ni-keri tsŭju-jori kenaru 蕣 *asa-gawo-no fana.*

‚Als ich aufstehen und sie sehen wollte, waren eingetrocknet mehr als der Thau es ist, der Trichterwinde Blumen‘.

Geni. Nigori-te jomu toki-wa 現ゲン *ken-no zi-nite makoto-ni-to iŭ kokoro nari.* ‚Wenn es trüb gelesen wird, ist es das Zeichen *ken* (sichtbar, wie oben) und steht in dem Sinne von *makoto-ni,* wirklich‘. Verse:

Mu-ba-tama-no jo wataru tsŭki-no sŭmu sato-wa geni fisa-kata-no ama-no fasi-tate.

‚Wo der durch die Nacht der Edelsteine der Rabenflügel ziehende Mond hell scheint, das Dorf, in der That als des immerwährenden, festen Himmels Brücke aufgestellt ist es‘.

Ke-feri-tatan-to ito-osi-ku omoi-te. ‚Indem man es sehr bedauert, dass es durch Treten eine Verminderung erfahren wird‘. *Ke-osarete aran-ga ito-osi-ki-to iŭ nari.* ‚Bedeutet: es ist sehr bedauerlich, dass es niedergetreten sein wird‘.

Ketsi-sasŭ. 棊 *Go-wo utsŭ toki da-me sasŭ nari.* ‚Bedeutet im Würfelspiel eine Niete machen‘. *Ketsi* steht für 闕 *ketsŭ* ‚Lücke‘. *Ketsi-sasŭ* wörtlich: eine Lücke machen.

Ke-dzikaki. Tori nado-no fito-tsikaki-nari. Issetsŭ-ni tada tsikaki koto-nite 近チカ 氣ケ *to kaku.* 遠トヲ 氣ケ *ki-wa tada towoki-wo iŭ nari.* ‚Bedeutet, dass Vögel und andere Thiere in der Nähe des Menschen sind. Nach einer Erklärung ist es bloss so viel als *tsikasi*

46*

,nahe' und wird *ke-tsika* (die Luft nahe, wie oben) geschrieben. *Ke-towoki* (die Luft fern, wie oben) bedeutet bloss ,fern'.

Kedzi-me-naki. ,Ohne Abgrenzung'. *Saka-wi-mo mijezaru koto nari.* 等平 *to kaku. Mata* 目メ結ケチ *naki-to-mo kaku. Mata* 驗ケチメ *no zi nari-to-mo* 別メ差ケチ *nari-to-mo ijeri. Mata* 目メ闕ケチ *nite sŭki-ma-no tei nari-to-mo ijeri. Mata* 視ミ驗ケチ *to kaku toki-wa sirusi-to iû koto-ka.* ,Hat die Bedeutung, dass keine Grenze zu sehen ist. Es wird *fei-tô* (eben und gleichförmig, wie oben) geschrieben. Man schreibt es auch *ketsi-me naki* (ohne knüpfendes Auge, wie oben). Ferner sagt man, es sei das Zeichen *ketsi-me* (Bestätigung, wie oben), und auch, es sei *ketsi-me* (Ungleichheit und Unterschied, wie oben). Wenn es ferner *ketsi-mi* (die Bestätigung sehen, wie oben) geschrieben wird, ist es vielleicht so viel als *sirusi,* Kennzeichen'.

Ke-osaruru. 押褻 *to kaku. Fito-ni otori-taru kokoro nari. Issetsŭ-ni-wa fito-ni osaruru naru.* ,Wird *kegasi-osaruru* (beschmutzt und niedergedrückt werden, wie oben) geschrieben. Hat den Sinn: den Menschen nachstehen. Nach einer Erklärung bedeutet es: von den Menschen niedergehalten werden'.

Kegasi-ki jado. ,Ein schmutziges Nachtlager'. *Urusaku ibuse-ki ko-ije nari.* ,Ist ein widerliches und düsteres kleines Haus'. Verse:

Mugura-fu-no kegasi-ki jado-no koke-no uje-ni atara-dzŭki-wo-mo jado-si-tsŭru kana.

,Ueber dem Moose des schmutzigen Nachtlagers, wo das Labkraut wächst, hat man den neuen Mond auch einkehren lassen!'

Ke-tare-jo ke-nu-besi ke-tsi-si ke-tsi-te ke-ne-kasi idzŭre-mo kijeru nari. Omoi-ke-tare 音 *koto-ke-tare nado ke mo-zi-mo mina kijeru-no riaku nari.* ,Die Wörter *ke-tare-jo ke-nu-besi ke-tsi-si ke-tsi-te ke-ne-kasi* haben insgesammt die Bedeutung *kijeru,* schmelzen, erlöschen. Das Schriftzeichen *ke* in *omoi-ke-tare* ,in Gedanken zerschmolzen sein mögen', *koto-ke-tare* ,das Wort mag zerschmolzen sein' und anderen Ausdrücken ist überall die Abkürzung von *kijeru,* schmelzen, erlöschen'. Verse:

Idete ina-ba kagiri naru-beku tomosi-ke-tsi tosi fe-nuru-ka-to naku ko-e-wo kiku.

,Wenn ich austrete und fortgehe, muss ein Ende werden, und das Licht ist erloschen. Die Töne des Gesanges: Ist das Jahr vergangen? hör' ich'.

Ke-naru-ga uje-no juki. ,Der Schnee über dem Geschmolzenen'. *Kije-nu-ga uje-ni mata furu juki nari. Simo-ni-mo tsŭju-ni-mo ijeri. Mata ke-nu-ga uje-to-mo iû.* ,Ist der Schnee, der über dem geschmolzenen Schnee wieder fällt. Es wird auch von dem Reif und dem Thau gesagt. Man sagt auch *ke-nu-ga uje,* über dem geschmolzenen'.

Ke-na-ba ke-nanan. Kijena-ba kije-jo-to iû nari. ,Bedeutet: wenn es geschmolzen ist, schmelze es'.

Ke-u-wo sakasŭ-beki. Fana-wo sakasŭ-to iû-ga gotoku 興ケウ *wo sakan-ni sŭ-beki nari.* ,Gleich dem Worte *fana-wo sakasŭ* ,die Blumen erblühen lassen' bedeutet es *keô-wo sakan-ni sŭ-beki,* man kann die Fröhlichkeit blühend machen'.

Ke-u-garu. Kesi-karanu kokoro mata 興 *keô-aru kokoro-ni-mo ijeri.* ,Steht im Sinne von *kesi-karanu,* nicht glücklich. Ferner sagt man es im Sinne von *keô-aru,* fröhlich sein'.

Ke-utoku. 疎氣 *to kaku. Sŭgo-sŭgo osorosi-ki kokoro-ni motsiju.* ,Wird *ke-utoku* (die Luft fernstehend, wie oben) geschrieben. Wird in dem Sinne von *sŭgo-sŭgo osorosi-si* ,einsam und fürchterlich' gebraucht'.

Keja-kesi. 尤 *no zi nari. Sŭgure-taru-wo iû. Mata siruki-to iû kokoro nari. Issetsŭ jo-ni sŭgure-me-zamasi-ki kokoro nari. Sŭbete mono koto-ni sŭgure-taru-wo iû nari. Gen-zi fatsŭ-ne-no maki-ni keja-* 好 *keki mono-to kaki-keri. Omo-siroki mono-ni sŭgosi totoki-wo iû.* ‚Ist das Zeichen *motto-mo* (überaus, wie oben). Bedeutet das Ausgezeichnete. Ferner steht es in dem Sinne von *siru-ki* ‚als solches bekannt‘. Nach einer Erklärung hat es den Sinn von *jo-ni sŭgure-me-zamasi-si*, von überaus nüchternem Auge‘. Im Ganzen bedeutet es, dass etwas besonders ausgezeichnet ist. In dem Geschlechte Minamoto, in dem Kapitel des Frühlingsgesanges, wurde *keja-keki mono* (ein ausgezeichneter Mann, wie oben) geschrieben. Es drückt etwas Vornehmeres aus als *omo-siroki mono*, ein liebenswürdiger Mann‘.

Kekere-naku. 無心 *to iû. Adzŭma-kotoba nari.* ‚Bedeutet *kokoro-naku* (widerstrebend, wie oben). Ist ein Wort der östlichen Länder‘. Sonst ohne Erklärung.

Kefu-so-fe-ni. Kefu-zo-ni-ja. 尤 *to iû koto nari. Issetsŭ-ni saiwai-to iû kokoro-ni-mo tsû-zeri.* ‚Ist wohl *kefu-zo-ni*. Ist so viel als *motto-mo* (überaus, wie oben). Nach einer Erklärung wird es auch im Sinne des Wortes *saiwai* ‚Glück‘ verwechselt‘.

Kefu-ra. Kijo-ra-ni onazi. Go-in sô-tsû-nite 清 *no zi nari. Kua-rei-naru kokoro-ni iû.* ‚Ist mit *kijo-ra* ‚rein‘ gleichbedeutend. Ist ein Uebergang der fünf Laute und das Zeichen *kijo* (rein, wie oben). Wird im Sinne von *kua-rei-naru* ‚sauber, zierlich‘ gesagt‘. Das zur Erklärung gebrauchte *kijo-ra* ist in der alten Sprache mit *kijosi* (rein) gleichbedeutend.

Kefuri-no maju. ‚Die Augenbrauen des Rauches‘. *Tsŭkuri-maju nari.* ‚Bedeutet künstliche Augenbrauen‘.

Ke-goto. ‚Schmutzig immer‘. *I-siô-ni ke-fare-to iû.* 晴 *Fare-wa sikari. Ke-to iû-wa utsi-utsi-nite kiru koto-nite* 家ケ *no zi-ni-wa arazŭ* 褻ケ *no zi nari. Ron-go-ni kô-si motte ke-no fuku-ni sezŭ-to aru. Tsiû-ni ke-no fuku-to-wa watakusi-no fuku-ni site* 會公 *kô-kuai-no fuku-ni arazŭ-to ijeri. Ke-goto-to iû-wa fare-ni-mo aranu tabi-goto-ni-to iû nari. Teô-mei-ga se-mi-no wo-gawa-no uta-wo arui-wa nan-zite ka-jô-no koto-wo-ba imizi-ki fare-no* 會 *kuai-ni koso jomame. Kakaru ke-goto-ni jomi-taru-wa mu-nen-no koto-to ijeri-to nobe-tari.* ‚Bei Kleidern sagt man *ke-fare*, zum Beschmutzen und zum Staatmachen. *Fare* ist so (wie das obige Zeichen *fare*, Staat). *Ke* bedeutet: im Hause sich kleiden. Es ist nicht das Zeichen *ke* (Haus, wie oben), sondern das Zeichen *ke* (schmutzig, wie oben). In dem Lün-yü heisst es: Roth und Purpur macht man nicht zu Schmutzkleidern. In der Erklärung heisst es: *Ke-no fuku* (Schmutzkleid) ist ein Kleid zum häuslichen Gebrauche. Es ist kein Kleid für öffentliche Zusammenkünfte. *Ke-goto* bedeutet: nicht zum Staate dienend und für gewöhnlich. Es wird erzählt, dass von Einigen dem Gedichte Teô-mei's auf den Fluss So-mi-no wo-gawa Unmöglichkeiten vorgeworfen und gesagt wurde, dass man solche Dinge nur in der Weise einer äusserst feierlichen Zusammenkunft in Gedichten sagen möge. Dass es in der Weise eines Alltagskleides gesagt wurde, sei ein Unsinn‘.

Ke-sa-u-si-madowasaren. ‚Durch Schminken verlockt werden‘. *Ke-sa-u-wa* 粧假 *nari. Tsŭi-seô-seraruru kokoro nari. Arui-wa ke-u-man-si-madowasaren-to aru.* 慢ン 輕ケ *nari. Fito-ni ke-man-seraren-to omoi-te za-ni-wa ide-tamawanu nari. Amari-ni fito-ni tsŭi-seô-seraruru-wa mi-ga motsi kurusi-ki mono nari. Masi-te ke-man-seraren-wa mei-boku aru-mazi-ki nari.* ‚*Ke-sa-u* ist *ke-sô* (Schminke auflegen, wie oben). Es (das Ganze) hat den Sinn von: geschmeichelt werden. Bisweilen kommt *ke-u-man-si-madowasaren* vor. Dieses (das Wort *ke-u-man*) ist *ke-man* (geringschätzen, wie oben). Es bedeutet: indem man glaubt, dass man von den Menschen gering geschätzt werden wird, nicht zu dem Sitze gehen. Wem von den Menschen übermässig geschmeichelt wird, dessen Lage ist peinlich. Um so weniger kann derjenige in Ehren stehen, den man geringschätzen wird‘.

Ge-gija-u. Araware-taru koto nari. 形 現 *to kakeri.* ,Ist so viel als *araware-taru*, offenbar geworden. Wurde *gen-giò* (sichtbare Gestalt, wie oben) geschrieben'.

Ke-siki-wo toru. ,Die Gesichtszüge nehmen'. *Ki-gen-wo toru nari.* ,Bedeutet *ki-gen-wo toru*, sich einschmeicheln'.

Ke-siki-bamu. Sono ke-siki-sûru-wo iû. Mume-no fana jò-jò firake-gata-naru-wo ke-siki-bamu-to ijeri. ,Bedeutet: das Gesicht machen (das Aussehen von etwas haben). Es wird gesagt: Die Pflaumenblüthen machen das Gesicht einer Gestalt, die endlich sich öffnet'.

Ke-si-no ka. ,Der Wohlgeruch des Mohns'. *Go-ma-wo siù-sûru toki-ni ke-si-wo kuburu nari.* ,Bedeutet: wenn man das Feueropfer bringt, Mohn verbrennen'.

Ke-si-u. 怪ケ *no zi-wo kaku. Ajasi-ki nari. Ge-si-u-to nigore-ba ge-sû-rasi-ki nari. Gen-zi fawaki-gi-ni ke-si-u-wa aranu-ka-to aru.* ,Man schreibt das Zeichen *ke* (wunderbar, wie oben). Bedeutet *ajasi-si*, wunderbar. Zu *ge-si-u* getrübt, bedeutet es *ge-sû-rasi-si*, einem niedrigen Menschen ähnlich. In dem Besenbaume des Geschlechtes Minamoto heisst es: *ke-si-u-wa aranu-ka,* ist es nicht wunderbar?'

Ke-mono-zûmi. ,Thierkohlen'. *Keda-mono-no sûmi-to-mo ijeri. Mukasi morokosi-ni* 琇 羊 *jô-siû-to iû fito ke-mono-no katatsi-ni sûmi-wo jaki-te moku-zin-wo site saka-game-wo idakase kiaku are-ba kano moku-zin-wo site ke-mono-zûmi-no fi-nite sake-wo atatame-sasete kiô-to se-si koto ari. Rò-jei-no si-ni kin-zitsû nan-zo ziû-tan fotori fanaren-to ari.* ,Man sagt auch *keda-monò-no sûmi*'. ,Einst brannte in China ein Mann Namens Yang-sieu Kohlen von der Gestalt vierfüssiger Thiere. Er verfertigte hölzerne Bildsäulen von Menschen und liess sie die Weinkrüge in den Armen halten. Wenn er Gäste hatte, liess er diese hölzernen Bildsäulen mit dem Feuer von Thierkohlen den Wein wärmen und vergnügte sich damit. In dem (chinesischen) Gedichte auf den glänzenden Vortrag heisst es: In den nahen Tagen warum wird man sich trennen von der Seite der Thierkohlen?' Verse:

Jo-mo sûgara fito-koso-to fane keda-mono-no sûmi-no fi-wo nomi waga tomo-ni site.

,Die ganze Nacht zu Menschen schneid' ich ab, das Feuer der Thierkohlen nur zu meinem Gefährten machend'.

Ge-sû. Simo-be-wo iû nari. ,Bezeichnet *simo-be,* niedere Classe, Diener'.

Classe *Fu.*

Fudzi-tsûbo. ,Der Topf der Färberröthe'. *Dai-ri-no utsi-ni aru fana-wo musûbade-wa faru-ni narazû-to nari.* ,Bedeutet: So lange die in dem kaiserlichen Palaste befindlichen Blumen nicht blühen, ist kein Frühling'.

Furi-fajete. 態 *no zi-wo kaku. Waza-to-to iû koto nari.* ,Man schreibt das Zeichen *furi* (das Benehmen, wie oben). Ist so viel als *waza-to,* absichtlich'.

Furuki fusûma furuki makura. ,Die alte Bettdecke, das alte Polster'. 傷 哀 *Ai-siò-ni jomeri. Ken-sô-no ki-fi-ni wokure-tamai-te notsi-no si-ni jen-wò kawara fijete sò-je omosi ko-tsin ko-kin tare-to tomo-ni sen iû-ni jori-te tsûma-wo sen-date na-to si-taru ai-siò-ni motsi-i-fan-beru-ka.* ,Wird von dem Leid gelesen. Wird vielleicht nach den folgenden Worten des späteren (chinesischen) Gedichtes, welches Hiuen-tsung seiner theuren Königin zurückliess: ,Der Fächerände Ziegel ist erkaltet, des Reiffrosts Kleid ist schwer. Das alte Polster, die alte Bettdecke, zu wem werden sie die Gefährten sein?' von der Trauer um die kürzlich verlorene Gattin gebraucht'.

Furusaruru. Sûsameraruru koto nari. Sûteraruru-wo iû. ,Ist so viel als *sûsameraruru.* Es bedeutet *sûteraruru,* verworfen, zurückgesetzt werden'.

Bu-ka-u-no sato. 鄉 有 何 無 *to kaku. Sen-kiò nari.* ,Wird *bu-ka-u-no sato* (der Bezirk ohne: was gibt es? wie oben). Ist der Bezirk der Unsterblichen'.

季 二 *Futa-ki-dori.* ,Der Vogel der letzten Theile zweier Monate'. *Kari-no kotonaru na nari.* ,Ist ein verschiedener Name für die Wildgans'.

Futa-koje-no tori. ,Der Vogel mit zwei Stimmen'. *Fato-no kotonaru na nari.* ,Ist ein verschiedener Name für die Taube'.

Futa-tsû-no umi. ,Die zwei Meere'. 死 生 *seó-si-no* 海 苦 *ku-kai nari.* ,Sind die leidenvollen Meere des Lebens und des Todes'.

Futa-si-je. Ni-jò-to iû koto nari. ,Ist so viel als *ni-jò,* zweierlei Weise'.

Futa-mitsi-wo kakuru. ,Zwei Wege anhängen'. 心 外 *Kuai-sin aru nari.* ,Bedeutet: doppelherzig sein'.

Fu-dzûki. Sitsi-guatsû nari. Kono tsûki nana-ka-ni sio-nin si-i-ka-no fumi-wo motte futa-fosi-ni ta-muke-si arui-wa sio-ziaku-wo-ba sarasi-te fosi-ni kû-sûru juje fumi-dzûki-to-mo ijeri. ,Ist der siebente Monat des Jahres. An dem siebenten Tage dieses Monates reichen die Menschen geschriebene Gedichte und Lieder den zwei Sternen als ein Handopfer. Einige stellen beschriebene Tafeln aus und bieten sie den Sternen. Desswegen sagt man auch *fumi-dzûki,* der Monat der Schrift'.

名 佛 *Butsû-meó.* ,Der Name Buddha's'. *Ku-zi kon-gen iwaku ziû-ni-guatsû ziû-ku-nitsi-jori ni-ziû-itsi-nitsi made san-ka-nitsi nari. Arui-wa itsi-ja-mo rei ari.* ,Die Wurzel und die Quelle der öffentlichen Sache sagt: Es sind die drei Tage vor dem neunzehnten bis zu dem einundzwanzigsten Tage des zwölften Monats. Bisweilen ist die Vorschrift auch eine einzige Nacht'.

Funa-jodomi. ,Das Stillstehen des Schiffes'. *Fune-no nami-ni sokone-taru nari. Mata-to-mo fune-wo jodomi-jasûrò nari. Nippon-no fune-no fazimari-wa zin-mu ten-wò-no gio-u nari. Sono notsi siû-zin ten-wò-no mi-toki i-dzû-no kuni-je o-osete fune-wo tsûkurase-tamò nagasa ziû-ziò ari na-wo* 野 枯 *kare-no-to nadzûke-tari.* ,Bedeutet, dass das Schiff von den Wellen beschädigt ist. Ferner bedeutet es, dass das Schiff stehen bleibt. Die ersten Schiffe Nippon's entstanden unter der Herrschaft des Kaisers Zin-mu. Später, zu den Zeiten des Kaisers Siu-zin wurde dem Reiche Idzu befohlen, Schiffe zu bauen. Die Länge derselben betrug zehn Klafter. Man gab ihnen den Namen Kare-no (das verdorrte freie Feld, wie oben). Verse:

Watasi-mori funa-jodomi-sû-na tana-bata-no tosi-ni afu jo-wa tada ko-joi nomi.

,Fährmann! das Schiff stehe nicht still! Die Nacht, wo die Weberin dem Jahre begegnet, ist allein diese Nacht'.

月 風 *Fû-getsû-no mitsi-wo mamoru.* ,Den Weg des Windes und des Mondes bewahren'. *Mata fû-getsû-no mado-to-mo si-i-ka nado manabu koto-wo ijeru nari.* ,Man sagt auch *fû-getsû-no mado,* das Fenster des Windes und der Wellen. Bedeutet das Lernen von Gedichten, Liedern und anderen Dingen'.

Fukumeru. ,In dem Munde halten'. 含 *to kaku. Tsûbomeru koto nari. Fukumeri-si fana-no fazimete firaku-to jomeri.* ,Wird *fukumu* (wie oben) geschrieben. Ist so viel als *tsûbomeru,* Knospen treiben. Man liest: Die Blumen, die im Munde hielten, öffnen zum ersten Male sich'.

Fu-buki. Kaze-ni juki-no maziri-taru nari. Fana-no fu-buki-mo kaze-ni tsiru-wo iû. ,Ist Wind mit Schnee. *Fana-no fu-buki* ,der Schneesturm der Blumen' bezeichnet, dass die

Blumen in dem Winde zerstreut werden'. Ist die Zusammenziehung von *furi-buki,* herabfallen (wie Schnee) und wehen. In dem Sio-gen-zi-kò ohne Erklärung.

Fude-no umi. ,Das Meer des Pinsels'. *Sŭzŭmi-no koto nari. Fude-no fajasi-to-mo. Fude-kokoromuru-wa guan-zitsŭ kissio-no koto nari. Fude-no ato-to-wa bun nado-no koto-wo iû.* ,Ist so viel als der Tintenstein. Es heisst auch *fude-no fajasi,* der Wald des Pinsels. *Fude-kokoromuru* ,den Pinsel versuchen' ist so viel als das glückbringende Schreiben an dem ersten Tage des Jahres. *Fude-no ato* ,die Spur des Pinsels' ist so viel als *fumi* ,Schrift' und Aehnliches'.

Fude-tsŭ musi. ,Das Insect des Pinsels'. *Kiri-giri-sŭ-wo iû. Furuki fude-no ke-si-taru-ga naru-to nari'.* ,Bedeutet die Feldgrille. Sie heisst so, weil alte Pinsel in sie verwandelt wurden'. Verse:

Fude-tsŭ musi aki-mo ima-to-wa asa-dzi-fu-ni kata-orosi-naru koje jobaru nari.

,Das Insekt des Pinsels, im Herbst und auch jetzt, auf des seichten Riedes Felde mit der Stimme, die ein halbes Reibeisen ist, ruft es'.

文 *Fumi-ojeru kame..* ,Die auf dem Rücken Schriftschmuck tragende Schildkröte'. *Mei-wò-no tai-ni idzŭru-to nari.* 易 *Jeki-no koto nari.* ,Es heisst so, weil es in dem Zeitalter der erleuchteten Könige vorkommt. Ist so viel als die Verwandlungen'.

Fumi-narasi. Mitsi-wo fumi-nare-taru kokoro nari. Issetsŭ-ni 鳴 *narasŭ kokoro nari-to ijeri.* ,Hat den Sinn: gewohnt sein, den Weg zu betreten. In einer Erklärung wird gesagt, es habe den Sinn von *narasŭ,* tönen lassen' (das Ganze: im Auftreten ertönen machen). Verse:

Jo-ni sŭme-ba usa koso masare mi-josi-no-no iwa-no kake-mitsi 踏 *fumi-narasi-ten.*

,In der Welt wenn man wohnt, wird das Leid nur überwiegen. Den hängenden Weg der Felsen von Mi-josi-no macht man von Tritten ertönen'.

Fusi-siba. Nippon-ki-ni 柴 *siba-wo fusi-to jomeri. Tadasi fusi-siba-wa fusi-no ki-no siba nari-to ijeri.* 柴 伏 *Fusi-siba-no siba-si-to jomu-wa kasane-koto-ba nari.* ,In dem Nippon-ki liest man *siba* (Reisholz, wie oben) mit den Lauten *fusi.* Es wird jedoch gesagt, *fusi-siba,* bedeute *fusi-no ki-no siba,* Reisholz von liegenden Bäumen. Die Lesung *fusi-siba-no siba-si* ,das Reisholz des liegenden Reisholzes' ist ein wiederholtes Wort'. Verse:

Tsŭrasi-to-wa omofu mono-kara fusi-siba-no siba-si-mo kori-nu kokoro nari-keri.

,Trauervoll weil es nachdenkt, des liegenden Reisholzes Reisholz, in die Gedanken ist ihm gekommen, dass man es gefällt hat'.

Fusi-dzŭke. Siba-wo kiri-te kawa-ni tsŭkete uwo-wo josete toru koto nari. ,Bedeutet: Reisholz schneiden, es in einen Fluss legen und damit Fische fangen'. Verse:

Idzŭmi-gawa midzŭ-no mi-wata-no fusi-dzŭke-ni siba-ma-no koworu fuju-wa ki-ni-keri.

,In welchem der Zwischenraum des Reisholzes an dem Reisholzgefüge der Wasserstelle des Wassers des Flusses von Idzumi gefriert, der Winter ist gekommen'.

Midzŭ-no mi-wata-to-wa midzŭ-no ma-ma tokoro nari. Mi-wata mi-fata ni-jò-ni kaki-keri. Idzŭre-mo sŭmi-te jomeri. ,*Midzŭ-no mi-wata* bedeutet die Stelle, an welcher das Wasser bleibt, wie es ist. Man hat es auf zweierlei Weise: *mi-wata* und *mi-fata* geschrieben. Alles wird trüb gelesen'.

Fu-zi-no naru sawa. ,Der tönende Sumpf des Fu-zi'. *Fu-zi-san-no mine-ni sawa ari. Fi-to midzŭ-to juki-òte naru oto aru-to nari.* ,Bedeutet: Auf dem Gipfel des Berges Fu-zi befindet sich ein Sumpf. Wenn Wasser und Feuer einander begegnen, machen sie ein Getöse'. Verse:

Kumo-no wiru fu-zi-no naru sawa kaze kojete kijo-mi-ga seki-ni nisiki wori-keri.

‚Der Wind, den tönenden Sumpf des Fu-zi, wo die Wolken weilen, nachdem er überschritten, hat auf den Pass von Kijo-mi Goldstoff gewoben‘.

Fusi-mi-no ta-wi. ‚Der Feldbrunnen von Fusi-mi‘. *Fusi-mi-no* 田 *made nari.* ‚Ist Ta-made in Fusi-mi‘.

Fusi-midzû. ‚Das liegende Wasser‘. *Jaru kata-mo naki tamari-midzû nari.* ‚Ist das stillstehende Wasser, das man nicht weiter bringen kann‘.

Fu-si-no kusûri-wo motomu. ‚Das Arzneimittel der Unsterblichkeit suchen‘. *Mukasi sin-no si-kuô* 死 *si aru koto-wo kanasi-i zio-fuku-to iû mono-wo tsûkai-to site o-o-bune-ni dô-nan dô-nio kazû ziû-nin-wo nosete fô-rai-je fu-si-no kusûri-wo motome-ni jari-keru-ni sono koto fatasazû-site fune kuma-no-no asûka-ni tsûki-te zio-fuku-wa soko-nite si-si-keri. Jotte asûka-ni zio-fuku-no faka ari-to iû. Mata asûka-wo fô-rai nari-to-mo ijeri.* ‚Einst war Schi-hoang von Thsin betrübt, weil es einen Tod gibt. Er ernannte einen Mann Namens Siü-fö zum Gesandten. liess auf einem grossen Schiffe mehrere Zehende Jünglinge und Mädchen einschiffen und schickte sie nach Fung-lai, um das Arzneimittel der Unsterblichkeit zu suchen. Als sie dieses nicht zu Stande brachten, gelangte das Schiff nach Asuka in Kuma-no und Siü-fö starb daselbst. Desswegen sagt man, dass in Asuka das Grab Siü-fö's sich befinde. Ferner wird von Asuka gesagt, es sei Fung-lai‘.

Fu-dzio-ki. 歸 如 不 *to kaki-keri. Fototogisû-no koto nari.* 蜀 *Sioku-no kuni-no wô-wo-ba na-wo* 宇 杜 *to-u-to i-i-keru. Tabi-ni site si-site sono tamasi-i tori-to nari-te faru aki-ni naku. Kore-wo* 歸 思 *si-ki-tori-to nadzûku. Sare-ba sono naku ko-e furu-sato-wo koi-te fu-dzio-ki-fu-dzio-ki-to i-i-keri. Kono ko-zi-jori fotogisû-wo* 宇 杜 規 子 *si-ki-to-u* 魂 蜀 *sioku-kon* 魄 蜀 *sioku-faku-to-mo nadzuke-tari. Mon-zen-ni-wa tori-wa to-u-ga tamasi-i-jori idzûru-to ijeri. Fu-dzio-ki-to-wa sono mi* 鄉 他 *ta-kiô-ni site sini-tare-ba sore-wo kanasi-i jorodzû-no* 人 行 *kô-zin rio-kaku-ni kajeru-ni sikazû-sikazû-to süsümete urei-wo mojowosasimeru-to nari.* ‚Wurde *fu-dzio-ki* (nur heimkehren, wie oben) geschrieben. Ist so viel als der Kuckuk. Den König des Reiches Schö nannte man Tu-yü. Derselbe starb auf der Reise. Seine Seele wurde ein Vogel, und dieser singt im Frühling und im Herbst. Man nennt ihn den Vogel *Sse-kuei* (der Vogel, der sich nach der Heimkehr sehnt, wie oben). Jedoch seinen Gesang bezeichnet man als Liebe zur Heimath und durch *fu-dzio-ki-fu-dzio-ki* (nur heimkehren! nur heimkehren!). Von dieser alten Begebenheit hat man den Kuckuk auch Tse-kuei-tu-yü (der Name des Königs, wie oben), *sioku-kon* ‚die dunkle Seele von Schö‘ (wie oben) und *sioku-faku* ‚die lichte Seele von Schö‘ (wie oben) genannt. In der Auswahl der Schrift wird gesagt: Der Vogel ist aus der Seele Tu-yü's hervorgegangen‘. *Fu-dzio-ki* bedeutet: Da er in einem fremden Bezirke gestorben war, bedauert er dieses. Er ermahnt die zehntausend Wanderer und Reisenden mit den Worten: ‚Das Beste ist heimkehren! das Beste ist heimkehren! zur Heimkehr und macht sie Traurigkeit empfinden‘. Verse:

Kajeru-na-jo naku-ni-wa sikazi fototogisû.

‚Kehre nicht heim! Er singe nur, der Kuckuk‘.

Fusû wi-no karu-mo. 猪 *Wi-no fusi-dokoro-ni kusa-wo siki-te ne-taru nari. Fusû wi-no toko-to-mo iû.* ‚Bedeutet: nachdem man an der Lagerstätte des Schweines Pflanzen gebreitet hat, schlafen gegangen sein‘. Man sagt auch *fusû wi-no toko,* das Bett des liegenden Schweines‘. Die Bedeutung von *karu-mo,* das nicht erklärt wird, lässt sich nicht bestimmen.

Classe *Ko.*

Ko-wi. Taka-no ki-ni wiru koto nari. 居 木 *to kaku.* ‚Bedeutet, dass der Falke auf dem Baume sitzt. Wird *ko-wi* (auf dem Baume weilen, wie oben) geschrieben‘.

手 衣 *Koromo-de karuru.* ‚Der Aermel trocknet‘. *To-ozakaru koto-wo iû nari. Arui-wa nen-goro-naru utsi-no to-ozakari-juku nari.* ‚Bedeutet die Entfremdung. Bisweilen bedeutet es: die allmälige Entfremdung während der Freundlichkeit‘. Verse:

Tama-kusi-ge ake-maku-mo naki atara-jo-wo koromo-de karete fitori-kamo nen.

‚In der kein Wille, das Kammkästchen von Edelstein zu öffnen, die neue Nacht, in ihr trocknet der Aermel, und allein werd' ich schlafen‘.

袖 衣 *Koromo-de fitsû-to iû koto-wa nururu koto nari. Koromo-de-no de-wa soje-zi nari.* ‚*Fitsû* in dem Ausdrucke *koromo-de fitsû* ist so viel als *nururu,* feucht werden. *De* in *koromo-de* ‚Aermel‘ ist ein hinzugefügtes Schriftzeichen‘. Verse:

Koje-wa site namida-wa mijenu fototogisû waga koromo-de-no fitsû-wo karanan.

‚Bei dem, wenn seine Stimme tönt, die Thräne nicht zu seh'n, der Kuckuk wird meinen Aermel, den feuchten zu leihen nehmen‘.

Koromo-no tama. ‚Der Edelstein des Kleides‘. *Fo-ke-keô si-kuan-ni tokeru. Je-ri-fô-ziû-no koto nari. Kono kokoro-wa aru fito sake-ni jei-te ne-taru aida-ni fito ari-te koromo-no ura-ni atai kagiri-naki takara-no tama-wo kakete oki tari. Sore-wo sirazû-site ta-koku-je samajoi-juki-keru-ni kano kuni-no fito koromo-no ura-ni tama-aru koto-wo wosije-si-ka-ba jagate teô-zia-no mi-to nari-nu. Tama-wa sunawatsi fo-ke-nari. Jei-fusû fito-wa issai-siû-zeô nari. Tama-wo wosije-si fito-wa sia-ka nari. Teô-zija-to nari-taru fito-wa fo-ke-wo* 持 *dzi-site ziû-busse-si-wo iû nari.* ‚Wird in dem vierten Capitel des Buches der Secte Fo-ke erklärt. Ist so viel als *je-ri-fô-ziû,* die kostbare Perle des Kleidfutters. Der Sinn ist: Ein Mensch hatte sich mit Wein betrunken und schlief. Unterdessen legte ihm ein anderer Mensch in das Futter seines Kleides einen kostbaren Edelstein von unermesslichem Werthe. Jener war, ohne dieses zu wissen, nach einem fernen Reiche gewandert, und als ihn ein Mensch dieses Reiches aufmerksam machte, dass sich in dem Futter seines Kleides ein Edelstein befinde, wurde er sogleich die Person eines Aeltesten. Der Edelstein ist die Secte Fo-ke. Der Mensch, der betrunken liegt, sind sämmtliche Schüler. Der Mensch, der ihn auf den Edelstein aufmerksam machte, ist Schaka. Der Mensch, der ein Aeltester wurde, erfasste die Lehre Fo-ke und ward ein Buddha‘.

Koromo-wo kajesi-te nuru. ‚Das Kleid wechseln und schlafen‘. *Koromo-wo kajesi-te nuru toki-wa koi-siku omô fito-no jume-ni mijuru-to iû furuku tsûtaje-si koto-nite uta-ni-mo jomeri. Sode-kajesû-to iû-mo onazi.* ‚Dass man, nachdem man die Kleider gewechselt hat, schläft und dann der Mensch, an den man liebend denkt, im Traume erscheint, ist eine von Alters her überlieferte Sache und wird auch in Gedichten gelesen. *Sode-kajesû* ‚den Aermel wechseln‘ ist dasselbe‘. Verse:

Ito semete koi-si-ki toki-wa mu-ba-tama-no joru-no koromo-wo kajesi-te-zo nuru.

‚Qualvoll sehr und liebend wenn ich denke, das Kleid der Nacht der Edelsteine der Rabenflügel dann wechsl' ich und schlafe‘.

Siro-taje-no sode ori-kajesi kofure-ba-ka imo-ga sûgata-no jume-ni si-mijuru.

‚Den wundervoll weissen Aermel lass' ich herab und wechsl' ihn. Ob ich wohl liebe? Der Schwester Gestalt wird im Traume gesehen‘.

Koromo-no naruru. ‚Das Kleid gewöhnt sich‘. *Koromo-no si-orete mi-ni matô nari.* ‚Bedeutet: das Kleid wird schlaff und wickelt sich um den Leib‘.

Koromo-side-utsū. ‚Die Kleider mannigfach schlagen'. *Sigeku utsū koto nari.* ‚Bedeutet: häufig schlagen' (klopfen).

Koromo-no seki. ‚Der Grenzpass des Kleides'. *Mitsi-no ku-no mei-sio nari.* ‚Ist ein berühmter Ort des Reiches Mutsu'.

Koromo-de-no 森 *mori.* ‚Der Wald des Aermels'. *Matsū-no o-to arasi-jama-no aida nari. Jama-siro-no na-dokoro nari.* ‚Liegt zwischen Matsu-no O und Arasi-jama. Ist ein berühmter Ort in Jama-siro'.

Koro-ne. Obi-tokazū-site 丸 *maru-ne-sūru nari.* ‚Bedeutet: ohne den Gürtel zu lösen, fest schlafen'.

Ko-wa. Kore-wa-to iū kotoba nari. ‚Ist das Wort *kore-wa,* dieses'. Verse:

Wasūre-gusa ofuru no-be-to-wa miru-rame-to ko-wa sinobu nari notsi-mo tanomamu.

‚Wo die Vergessenheitspflanze wächst, die Wildnissseite, dass ich sie sehen werde, dieses ertrag' ich eben, später werd' ich's erflehen'.

Ko-wa taga tame. Kore-wa tare-ga tame-to iū koto nari. ‚Ist so viel als *kore-wa tare-ga tame,* dieses für wen' (hier Jemandem gehörend). Verse:

Ko-fata-gawa ko-wa taga tame-no kara- 衣 *koromo koro-mo fisasi-ki* 槌 *tsūtsi-no woto kana.*

‚Der Fluss von Ko-fata, hier auf Jemandes chinesischem Kleide des Schlägels lange Zeit währender Ton erschallt!'

Kowori-no seki. ‚Der Grenzpass des Eises'. *Kowori todzi-te midzū-no juki-jaranu-wo iū. Kowori-no makura-to-mo.* ‚Bedeutet, dass das Wasser, von dem Eise verschlossen, nicht fliessen kann. Es heisst auch *kowori-no makura,* das Polster des Eises'. Verse:

Midzū-tori-no uki-ne-no toko-no faru-kaze-ni kowori-no makura toke-ja sinu-ran.

‚Von dem Bette des vorübergehenden Schlafes des Wasservogels in dem Frühlingswind das Polster des Eises wohl wird sterben'.

Kowori-no fasi. ‚Die Brücke des Eises'. *Sinano-no kuni sū-wa-no midzū-umi-wa kowori-nure-ba sono uje-wo fito-no juki-kō-to nari. Sore-wo midzū-no fasi-to iū.* ‚Wenn der See von Suwa in dem Reiche Sinano gefroren ist, gehen die Menschen auf ihm einher. Dieses nennt man die Brücke des Eises'.

Koboruru. 溢 *to kaku. Tadasi* 滿 *no zi-ni-mo koboruru-to iū jomi ari. Tsūju-no* 滿 *koboruru-to iū-wa tsūne-no koto nari. Kobo-taru ije-to-wa jabure-taru ije nari. Mata-wa fasi-no kobore-to-mo.* ‚Wird *koboruru* (überfliessen, wie oben) geschrieben. Jedoch gibt es auch für das Zeichen *man* (voll, wie oben) die Lesung *koboruru.* Der Ausdruck *tsūju-no koboruru* ‚der Thau ist voll, überfliesst' ist etwas Gewöhnliches. *Kobo-taru ije* ist ein zerstörtes Haus. Es heisst auch *fasi-no kobore,* die Zerstörung der Brücke'. Verse:

Wo-bata-da-no ita-da-no fasi-no kobore-na-ba keta-jori jukan kofu-na wagimo-ko.

‚Die Brücke von Ita-da in Wo-bata-da, wenn sie zerstört ist, wird über die Querbalken wandeln meine liebende Schwester'.

Kowori-no kusabi. ‚Der Achsennagel des Eises'. *Kuruma-ni aru mono nari. Issetsū-ni kowori-no kuruma kakari-te kusabi-no gotoku naru nari.* ‚Ist eine Sache, die sich an dem Wagen befindet. Nach einer Erklärung bedeutet es: Das Eis hängt sich an den Wagen und wird gleich einer Wagenachse'. Verse:

川 越 *Kawa-gosi-no siba-tsūmi-kuruma ika-ga sūru kowori-no kusabi fuju-wa taje-se-zi.*

‚Der den Fluss übersetzende, mit Reisholz beladene Wagen, was soll er thun? Der Achsennagel des Eises wird im Winter nicht zernichtet'.

Kowori-no kaiko. ‚Die Seidenraupen des Eises'. *Ju-kiò-san-to iû tokoro-ni kowori-no kaiko ari. Simo juki-ni kore-wo owoje-ba ito-to naru sünawatsi koromo-ni wori-te kiru-ni fi-ni iru-to-mo jakezü midzu-ni iri-te-mo nurezaru-to nari. Tô-ba-no ku-ni fiò-zan kan-wo sirazü kua-so sio-wo sirazü-to ari.* ‚An einem Orte Namens Yün-khiao-schan gibt es Seidenraupen des Eises. Wenn man diese mit Reiffrost und Schnee überdeckt, werden sie Seide. Man webt daraus Kleider und kleidet sich in sie. Man mag dann in das Feuer treten, sie verbrennen nicht. Geht man auch in das Wasser, so werden sie nicht nass. In den Versen Tung-po's heisst es: Die Seidenraupen des Eises kennen nicht die Kälte. Die Feuerratten kennen nicht die Hitze'.

Goto nara-ba. Kaku-no gotoku nara-ba-to nari. ‚Bedeutet: wenn es so ist'. Verse:
Goto-nara-ba sakazü-ja-wa aranu sakura-bana miru ware saje-ni sidzü-kokoro-nasi.

‚Wenn es so ist, da bin ich, der ich die nothwendig sich öffnenden Kirschblüthen sehe, selbst ohne ruhigen Sinn'.

Goto-nara-ba ori-tsükusi-ten sakura-bana ware matsü fito-no kite-mo minaku-ni.

‚Wenn es so ist, sie alle werd' ich gebrochen haben, die Kirschblüthen, indess der Mensch, den ich erwarte, kommt und sie nicht sieht'.

Koto-nasi fu. 事 *Koto-naki sama-ni i-i-nasü nari.* ‚Bedeutet: etwas auf eine Weise darstellen, als ob es nichts wäre'.

Koto-zo to-mo naku. Nani-goto-wo i-i-ide-taru koto-mo naki nari. ‚Bedeutet, dass man irgend etwas nicht ausgesprochen hat'.

Kotoba-dami. Kotoba-namari-taru nari. ‚Bedeutet: die Worte falsch aussprechen'.

Koto-ni dete. Kotoba-ni idete nari. ‚Bedeutet: durch Worte zum Ausdruck gelangend'.

Koto-kusa. Gon-zatsü nari. Tsüne-ni iû koto-no fa nari. Koto-no fa-kusa-to-mo. ‚Bedeutet vermischte Reden. Ist das gewöhnliche *koto-no fa,* die Blätter der Worte. Man sagt auch *koto-no fa-kusa,* die Arten der Blätter der Worte'. Verse:

Jama-sato-ni toi-kuru fito-no koto-kusa-wa kono sümawi koso urajamasi-kere.

‚In dem Gebirgsdorfe die Menschen, die fragen und kommen, die Arten ihrer Worte, in diesem Wohnplatz nur mögen sie zu beneiden sein'.

Koto-wo kirasü. Kotoba-wo kirasü-to iû koto-nite zen-to-mo aku-to-mo i-i-idasi-te sadamenu nari. ‚Ist so viel als *kotoba-wo kirasü* ‚die Worte glitzern machen' und bedeutet: das Gute wie das Böse aussagen und nicht bestimmen'.

Koto-to 明 *ake-juku.* ‚Als Sache leer'. *Aja-niku-ni osimu kokoro nari. Mata waga mama-wo iû.* ‚Hat den Sinn von *aja-niku-ni osimu,* verdriessen und bedauern. Es bedeutet auch *waga mama,* eigensinnig'. Verse:

Faru-no iro-ni koto-to ake-juku kasümi-kana.

‚Mit des Frühlings Farbe als Sache leer wird der rothe Wolkendunst!'

Koto-dama. ‚Die Wortedelsteine'. *Kotoba-wo fome-taru nari.* ‚Bedeutet, dass man die Worte gepriesen hat'.

Koto-ni atari-te. ‚Der Sache entsprechend'. *Tsümi-ni atari-te nari.* ‚Bedeutet: dem Verbrechen entsprechend'.

Koto-tama-faru. Miò-nen-no faru-to iû koto nari. Issetsü-ni koto-tama-wa o-o-tsügomori-no jo takaki oka-ni agari-te mino-wo saka-sama-ni kite waga ije-wo mire-ba rai-nen-tsiû-no kikkiô koto-gotoku mijuru-to nari. ‚Ist so viel als der Frühling des nächsten Jahres. Nach einer Erklärung bedeutet *koto-tama*: Wenn man in der Nacht des dreissigsten Tages des

Monates auf einen hohen Hügel steigt, den Regenmantel verkehrt anlegt und nach dem eigenen Hause blickt, so ist alles Glück und Unglück des künftigen Jahres zu sehen'.

Koto-jo-fime. Tana-bata nari. ,Ist das Sternbild der Weberin'.

Koto-fiki-gusa. ,Die harfenspielende Pflanze'. *Matsü-no i-miô nari.* ,Ist ein verschiedener Name für die Fichte'.

Koto-no sita-fi. ,Die Wasserröhre der Harfe'. *Koto-no fara-no* 方 *kata nari.* ,Ist die Seite des Bauches der Harfe'.

燈 御 *Go-dô.* ,Die kaiserliche Lampe'. *Mi-kado-no foku-sin-ni tomosi-bi-wo tate-matsüri-tamò koto nari. Ima-wa sono gi tajete nasi. Kita-jama-rei-gan-si-to iû tokoro-nite takaki mine-ni fi-wo tomosi-te foku-sin-ni* 供 *kû-si-tamò nari.* ,Bedeutet, dass der Kaiser dem Nordstern eine Lampe darbietet. Gegenwärtig ist dieser Gebrauch abgeschafft. An einem Orte, der das Kloster der göttlichen Felsen von Kita-jama genannt wird, zündet man auf einem hohen Berggipfel eine Lampe an und bringt dem Nordstern ein Opfer'. Verse:

Ta-muke-süru fosi-no fikari-ni magafu kana mine-ni kakaguru aki-no tomosi-bi.

,Mit dem Lichte des Sternes, dem man das Handopfer bringt, vermengt ist die auf dem Berggipfel erhöhte herbstliche Leuchte!'

Kotsi-taku. 巨 *no zi nari. Mono-no o-oki-naru koto nari.* ,Ist das Zeichen *ko* (gross, wie oben). ,Bedeutet, dass etwas gross ist'. Verse:

Aki-no ta-no fo-muke-no josüru kata-jori-mo ware-wa jori-namu kotsi-ta-kari-to-mo.

,Mehr als die nähernde Seite der Darbietung der Kornähren des herbstlichen Feldes werd' ich mit gestützt haben, so gross ich auch bin'.

Kori-zü-ma. Mono-ni kori-nu nari. Sü-ma-wa tabi-tabi-to iû koto nari. ,Bedeutet: sich durch eine Sache nicht abschrecken lassen. *Sü-ma* ist so viel als *tabi-tabi,* oftmals'. Verse:

Kori-zü-ma-ni mata-mo naki na-no tatsi-nu-besi fito niku-karanu jo-ni si sümaje-ba.

,Ohne abgeschreckt zu sein, muss noch der verlorene Name erstanden sein, wenn ich in dem Zeitalter, wo die Menschen nicht verhasst sind, wohne'.

Koru. 凝 *nari. Kumo koru iwa-ne koru mina omoreru kokoro nari.* ,Ist *koru* (gefrieren, wie oben). In *kumo koru* ,die Wolken gefrieren', *iwa-ne koru* ,die Felsenwurzeln gefrieren' hat es den Sinn von *omoreru,* schwer sein'.

Ko-gane-bana saku. ,Die goldenen Blumen blühen'. *Ko-gane-no koto made nari. Man-jeô-siû ziû-fatsi-no kuan-ni siò-mu ten-wò-no ten-fei-siò-fô guan-nen mitsi-no ku-no kuni wo-ta-to iû jama-ni site fazimete ko-gane-wo fori-idasi-te fanberu toki jomi-te tate-matsüri-keru. Naga-uta-no kajesi-uta mi-kasira-no utsi-ni.* ,Bezieht sich auf das Gold. In dem achtzehnten Capitel des Man-jeô-siû wird, als man zu den Zeiten des Kaisers Siò-mu, im ersten Jahre des Zeitraumes Ten-fei-siò-fô (749 n. Chr.) auf dem Berge Wo-ta in dem Reiche Mitsi-no ku zum ersten Male Gold ausgrub, ein Gedicht überreicht. In den drei entgegnenden Gedichten des langen Gedichtes heisst es:' Verse:

Süberaki-no mi-jo sakajen-to figasi-naru mitsi-no ku jama-ni ko-gane-bana saku.

,Damit des Kaisers erhabenes Zeitalter glorreich sei, blühen im Osten auf dem Berge von Mitsi-no ku goldene Blumen'.

Ko-gane-no fa. ,Die Blätter des Goldes'. *Judzüri-fa-wo iû.* ,Bedeutet den Baum *judzüri-fa*' (den Baum der nachgiebigen Blätter).

Kojo-naku. 越 無 *to kaku. Koto-no foka-to iû kokoro nari.* ,Wird *koje-naku* (ohne Ueberschreiten, wie oben) geschrieben. Hat den Sinn von *koto-no foka,* ausserordentlich'. *Kojo-naku* steht für *koje-naku.*

Kore saje. Sore saje no-be-ni onazi. Idzüre-mo mi-soje kiki-soje-taru koto nari. ‚*Kore-saje* ‚dieses hier sogar‘ und *sore-saje* ‚dieses sogar‘ ist mit *no-be* ‚freies Feld‘ gleichbedeutend. Diese Ausdrücke sind so viel als *mi-soje kiki-soje-taru*, im Sehen hinzugefügt, im Hören hinzugefügt‘.

Ko-zome. 濃 *Koku some-taru nari.* ‚Ist *koku some-taru*, tief gefärbt‘.

木 *Ko-dzümi.* ‚Holzhaufen‘. *Midzü-ni joru akuta-no koto nari. Man-jeô-ni mije-tari. Issetsu ki-no kiri kudzu nari. Ko-dzumi ukabu soma-jama-gawa-to jomeri.* ‚Ist so viel als das an dem Wasser liegende Kehricht. Es ist in dem Man-jeô zu sehen. Nach einer Erklärung sind es die Ueberbleibsel vom Holzfällen‘. Man liest: Auf dem der Holzhaufe schwimmt, der Fluss des Brennholzberges‘. Verse:

Aki-kaze-no tsi-je-no ura-wa-no ko-dzümi naru kokoro-wa jori-nu notsi-wa sirane-do.

‚Das der Holzhaufen des Wirbels der Bucht der tausend Zweige des herbstlichen Windes ist, das Herz hat sich verlassen, weiss es auch das Spätere nicht‘.

Kon-ron-zan. ‚Der Berg Kuen-lün‘. *Sen-ka nari. Kono jama-wa isi-naku site tama-wo motte tori-wo utsü-to nari.* ‚Ist das Haus der Unsterblichen‘. Auf diesem Berge gibt es keine Steine, und man schiesst die Vögel mit Edelsteinen‘.

Ko-u-zi. Kutabire-taru nari. 困 *no zi nari.* ‚Bedeutet: ermüdet. Ist das Zeichen *kon*‘ (ermüdet, wie oben).

Kono fa-no fumi. ‚Die Schrift der Baumblätter‘. *Mukasi mijako-no fotori-ni aru otoko wonna-wo sari-keri. Kono wonna kaki-no otsi-ba-wo firoi-te uta-wo kaki-tsükete noki-no ito-midzü-ni nagasi-keru.* ‚Einst hatte ein Mann in der Gegend von Mijako ein Weib verlassen. Dieses Weib las die abgefallenen Blätter des Feigenbaumes auf und liess sie, nachdem sie darauf Gedichte geschrieben, auf dem Fadenwasser des Vordaches (d. i. auf dem Wasser der Dachtraufe) fortschwimmen‘. Verse:

Jama-zato-ni ko-no fa-no fumi-wo waga tsüma-ni mi-jo tote nagasü noki-no ito-midzü.

‚In dem Gebirgsdorfe die Schrift der Blätter der Bäume, zu der Gattin Siehe! sagend, wo man schwimmen lässt, des Vordaches Fadenwasser‘.

Kono ne-nuru. ‚Dieses geschlafen haben‘. *Asita-to iwan makura-kotoba nari.* ‚Ist ein Polsterwort, welches *asita* ‚der Morgen‘ bedeuten wird‘. Verse:

Matsi-waburu toki-si-mo are-na kono ne-nuru jume-ni-mo fana-no omo-kage-zo tatsü.

‚Die Zeit, wo man wartet und fleht, sie mag sein! In dem Traume dieses Ausschlafens auch erhebt sich das Bild der Blumen‘.

Aki tatsi-te iku-ka-mo arane-do kono ne-nuru asa-ke-no kaze-wa tamoto süzüsi-mo.

‚Der Herbst ist erstanden, viele Tage sind es nicht. Doch in dem Winde des Tagesanbruchs dieses Ausschlafens ist der Aermel auch kalt‘.[1]

Ko-no fa-no ame. ‚Der Regen der Baumblätter‘. *Ki-no fa-no kaze-ni naku ko-e-wo ame-ni kiki-nasü nari. Matsü-kaze-no ame-ni onazi.* ‚Bedeutet: der Ton des Windes in den Blättern der Bäume hört sich wie Regen an. Ist mit *matsü-kaze-no ame* ‚der Regen des Fichtenwindes‘ gleichbedeutend‘.

Ko-no sita jami. ‚Die Finsterniss unter den Bäumen‘. *Si-go-guatsü zi-bun ko-kage sigeri-te kuraki-wo iû nari.* ‚Bedeutet, dass im vierten und fünften Monate des Jahres der Schatten der Bäume dicht und finster ist‘. Verse:

[1] *Kono ne-nuru* wird bloss durch Sylbenschrift ausgedrückt und nicht erklärt. Die hier gegebene Bedeutung ‚dieses geschlafen haben‘ ist nur eine muthmassliche.

Sa-tsŭki-jama ko-no sita jami-ni tomosŭ fi-wa sika-no tatsi-do-no siru-be nari-keri.

‚In der Finsterniss unter den Bäumen des Berges des Sumpfmonats das Feuer, das man anzündet, ist ein Merkzeichen des Standortes des Hirsches geworden'.

Ko-no fa-goromo. ‚Das Kleid aus Baumblättern'. *Tai-ko-wa ko-no fa-wo tsŭdzuri-te koromo-ni si-taru-to nari.* ‚Bedeutet: In dem hohen Alterthum heftete man Baumblätter zusammen und machte daraus Kleider'.

Ko-no fa-no oki. ‚Das Fahrwasser der Baumblätter'. *Gô-siû-no midzŭ-umi-ni aru mei-siò nari.* ‚Ist ein berühmter Ort in dem See von Omi'.

Ko-no mi-dori. ‚Der Fruchtvogel'. *Saru-no i-meô nari.* ‚Ist ein verschiedener Name für *saru*, Affe'. Verse:

Arasi fuku fuka-jama-no oku-no ko-no mi-dori sakebu koje nomi kumo-ni sawari-te.

‚Wo der Sturmwind weht, in dem Innersten des tiefen Gebirges ist das Geschrei des Fruchtvogels nur, indem es an die Wolken stösst'.

Goku-netsi-no sa-u-jaku. ‚Die Pflanzenarznei der äussersten Hitze'. *Goku-netsi natsŭ-no sio-ki nari. Sa-u-jaku-wa* 藥 草 *nite firu-to iû mono nari. Gen-zi-ni aru kotoba nari. Firu-wa sio-ki-wo saru mono nari.* ‚*Goku-netsi*[1] ist die Hitze des Sommers. *Sa-u-jaku* ist *sò-jaku* (Pflanzenarznei, wie oben) und bedeutet den Gegenstand *firu*, Knoblauch. Ist ein in dem Geschlechte Minamoto vorkommendes Wort. Der Knoblauch ist ein Gegenstand, der sich der Hitze entzieht'.

Ko-gure. 晩 木 *to kaku. Ki-no kakure nari. Ko-gakure-wa ko-kage-ni mi-wo kakururu nari.* ‚Wird *ko-gure* (Baumdämmerung, wie oben) geschrieben. Ist ein Versteck in den Bäumen. *Ko-gakure* bedeutet: in dem Schatten der Bäume sich verbergen'. Verse:

Arasi fuku ko-gure-no juki-wo utsi-farai kefu koje-nuru-ja sa-ja-no naka jama.

‚Wo der Sturmwind weht, der Baumdämmerung Schnee streif' ich ab. Heute wohl überschritten ward der Berg inmitten der wahren Nacht'.

Ko-ja. Ko-jo-to iû kotoba nari. Kore-wo 關 見 *ko-ja-to iû tokoro-no na-ni josete jomeri.* ‚Ist das Wort *ko-jo*, komm! Dieses wurde nach einem Orte Namens *ko-ja* (wie oben) gelesen'.

Ko-ja-ta. Are-fate-taru furu-dô-wo iû. ‚Bedeutet eine ganz wüste alte Halle'. Die eigentliche Bedeutung der Sylben *ko-ja-ta* ist ungewiss. Das Wort mag *ko-jakata* ‚alter Palast' ausdrücken'. Verse:

Fito towanu 片 *kata-jama-kage-no ko-ja-ta-ni-wa fotaru bakari-zo fi-wa tomosi-nuru.*

‚In der alten Halle des Schattens des einseitigen Berges, wo die Menschen nicht fragen, hat die Feuerfliege nur ein Licht angezündet'.

Koma-gajeri. Oi-te futa-tabi wakaku naru koto nari. Mata-wa kusa-no karete mata awo-mi-taru kokoro nari-to ijeri. 返 若 *to kaku.* ‚Ist so viel als im Alter zum zweiten Male jung werden. Man sagt ferner, es habe den Sinn, dass eine Pflanze verdorrt und wieder grün geworden ist. Wird *waka-kajeru* (wieder jung werden, wie oben) geschrieben'. *Koma* steht in der Bedeutung ‚klein'. Verse:

Tsŭju simo-no kejakeki waga mi oi-nu-to-mo mata koma-gajeri kimi-wo si matan.

‚Als Reif und Thau ausgezeichnet mein Leib mag gealtert sein. Er wird wieder jung: den Gebieter werd' ich erwarten'.

[1] Steht für 熱 極 *goku-netsŭ*, äusserste Hitze.

Koma-mukaje. ‚Dem Füllen entgegen gehen‘. *Koma-mukaje fatsi-guatsü ziû-go-nitsi nari. Kiri-wara-no maki-no koma-wo dai-ri-je tate-matsüru nari. Afu-saka-made tsioku-si tatte fiki-mukajete kajeru nari.* ‚Das Abholen des Füllens findet am fünfzehnten Tage des achten Monats statt. Die Hirten von Kiri-wara verehren dem kaiserlichen Palaste ein Füllen. Man ernennt einen kaiserlichen Gesandten bis Afu-saka. Derselbe geht entgegen und kehrt zurück‘.

Koma-no mijabi. ‚Die wechselnde Neigung des Füllens‘. *Sô-jaku-wo kôru kokoro nari. Muma-no ai nari.* 駒 *no* 情 *to kaku.* ‚Hat den Sinn: die Stute begehren. Ist die Liebe des Pferdes. Wird *koma-no nasake* (die Leidenschaft des Füllens, wie oben) geschrieben‘. Verse:

Faru kure-ba mijabi-ni aruru murà-koma-no kaze-wo fajami-te ibafu-naru-ran.

‚Wenn der Frühling kommt, die in wechselnder Neigung wilden Füllen, dem Winde voraneilend, werden wiehern‘.

Koma-mo süsame-zü. ‚Das Füllen hat keine Freude‘. 愛不駒 *to kaku. Kusa-wo famanu nari.* ‚Wird *koma süsamezü* (wie oben) geschrieben. Bedeutet, dass es das Gras nicht frisst‘. Verse:

O-o-araki-no mori-no sita kusa oi-nure-ba koma-mo süsamezü karu fito-mo nasi.

‚Wenn die Gräser unter dem Walde von O-o-araki alt geworden sind, hat das Füllen auch keine Freude, und kein Mensch ist, der sie mäht‘.

Koke-musiro. ‚Der Moosteppich‘. *Koke-no awo-awo-to ide-taru-wo musiro-ni mi-tatete jomeri.* ‚Man sieht in Gedichten das überall grün hervorgekommene Moos für einen Teppich an‘.

Koke-goromo. ‚Das Mooskleid‘. *Jo-süte-bito-no kiru koromo nari. Koke-no tamoto-to-mo jomu.* ‚Ist das Kleid, in welches sich der Bonze kleidet. Man liest auch *koke-no tamoto,* der Aermel des Mooses‘. Verse:

Nani-to naku kike-ba namida-zo kobore-nuru koke-no tamoto-ni kajofu matsü-kaze.

‚Ohne Grund als ich ihn hörte, war von Thränen überflossen der durch den Aermel des Mooses dringende Fichtenwind‘.

Kokoro-no matsü. ‚Die Fichte des Herzens‘. *Fito-no kokoro-no fen-zezaru-wo matsü-no iro-kajenu-ni tatojete jomeri. Mata kokoro-no sügi-to iû-mo onazi. Arui-wa sügi-wo sügi-taru koto-ni josete-mo jomeri.* ‚Man vergleicht in Gedichten die Unwandelbarkeit des Herzens eines Menschen mit der Fichte, deren Farbe nicht wechselt. Der Ausdruck *kokoro-no sügi* ‚die Cypresse des Herzens‘ ist dasselbe. Einige lesen es, indem sie *sügi* ‚Cypresse‘ auf *sügi-taru* ‚vorübergegangen‘ beziehen‘.

Kokoro-no asa. ‚Der Hanf des Herzens‘. *Kokoro-no sügu-naru koto nari. Asa-no naka-no jomogi-to iû koto-waza-no kokoro-nite mata kokoro-no jomogi-to-mo jomeri. Kore-wa magari-taru kokoro-ni tatoje-tari.* ‚Ist so viel als: das Herz ist gerade. Es steht in dem Sinne des Sprichwortes: der Hanf inmitten des Beifusses. Man liest auch *kokoro-no jomogi,* der Beifuss des Herzens. Dieses wird als Gleichniss in dem Sinne von *magari-taru* ‚gebogen sein‘ gesagt‘. Verse:

Jo-no naka-no asa-wa ato-naku naru-mo usi kokoro-no utsi-no jomogi nomi-site.

‚Der Hanf in der Welt hat keine Nachkommen, und es ist traurig, indessen in dem Herzen der Beifuss nur ist‘.

Sikari-tote süguki kokoro-mo jo-ni motasü maziru jomogi-no asamasi-no mi-ja.

‚Da es so ist, ein gerades Herz auch in der Welt besitzt des sich einmengenden Beifusses armer Leib?‘

Kokoro-no oni. ‚Der Dämon des Herzens'.

Kokoro-no jami. ‚Die Finsterniss des Herzens'.

Kokoro-no kuma. ‚Die Uferbank des Herzens'.

Kokoro-no kiri. ‚Der Nebel des Herzens'.

Kokoro-no umi. ‚Das Meer des Herzens'.

Kokoro-no midzŭ. ‚Das Wasser des Herzens'. Die obigen Ausdrücke sind ohne Erklärung. Verse:

Waga tame-ni utoki ke-siki-no tsŭku-kara-ni katsŭ-wa kokoro-no oni-mo mije-keri.

‚Indess für mich der entfremdete Anblick nahe steht, ist dabei auch der Dämon des Herzens erschienen'.

Fito-no 親 *ko-no kokoro-wa jami-ni arane-domo* 子 *ko-wo omofu mitsi-ni majoi-nuru kana.*

‚Obgleich die Herzen der Verwandten der Menschen in Finsterniss nicht sind, hat man auf dem Wege des Denkens an die Söhne sich verirrt!'

綱 *Tsŭna-wa se-ni fi-ma-naku kawaru asŭ-ka-gawa fito-no kokoro-no midzŭ-ja nagaruru.*

‚Wo das Seil der Stromschnelle, ohne Zeit zu haben, wechselt, in dem Flusse von Asu-ka das Wasser wohl des Herzens der Menschen fliesst'.

Aki-no jo-no tsŭki-no fikari si kijo-kere-do fito-no kokoro-no kuma-wa terasasazŭ.

‚Das Licht des Mondes der Herbstnacht, hell ist es zwar, doch auf der Uferbank des Herzens der Menschen leuchtet es nicht'.

Kokoro-no arasi. ‚Der Sturmwind des Herzens'. *Fito-no kokoro-no arasi-no gotoku fagesi-ki nari.* ‚Bedeutet, dass das Herz des Menschen heftig wie der Sturmwind ist'.

Kokoro-irare. ‚Das Herz mangelt'. *Kokoro-no aranu fodo* 切 *setsŭ-naru nari.* ‚Bedeutet: so peinlich, dass das Herz nicht vorhanden ist'.

Kokoro-gaje. ‚Das Herz wechseln'. *Waga kokoro-wo fito-ni tori-kaje-ba-ja-to-no kokoro nari. Issetsŭ waga kokoro-wo fito-no kokoro-ni nasi-te koi-siki fodo-wo sirase-taki-to iŭ nari.* ‚Bedeutet: das eigene Herz mit demjenigen eines Menschen wechseln. Nach einer Erklärung bedeutet es: das eigene Herz zum Herzen eines Menschen machen und ihm kundgeben wollen, wie sehr man ihn liebt'.

Kokoro-no tsŭki. ‚Der Mond des Herzens'. *Kijoki kokoro nari.* ‚Bedeutet ein reines Herz'.

Kokoro-dzŭkara. Kokoro-kara nari. ‚Bedeutet *kokoro-kara,* von Herzen'.

Kokoro-no sime. ‚Das Schnüren des Herzens'. *Kami-je kokoro-wo fakobu-wo iŭ. Zin-gi nari.* ‚Bedeutet: zu den Göttern das Herz tragen. Ist Sache des Gottesdienstes'. Verse:

Kami-kaze-ja jama-da-no fara-no saka-ki-ba-ni kokoro-no sime-wo kakenu fi-zo naki.

‚Der Götterwind! An die Blätter des heil'gen Baumes des Feldes von Jama-da das Schnüren des Herzens, kein Tag ist, wo ich es nicht hänge'.

Kokoro-no ike. ‚Der Teich des Herzens'. *Jaru kata naki nari.* ‚Bedeutet: man hat nichts, wohin man senden könnte'.

Kokoro-no ura. ‚Die Wahrsagung des Herzens'. *Juku-sŭje-no aramasi koto nari. Issetsŭ waga kokoro-nite juku-sŭje-wo si-an-site fakaru nari. Kokoro-no utsi-nite uranŏ kokoro-motsi nari.* ‚Ist im Allgemeinen so viel als die Zukunft. Nach einer Erklärung bedeutet es: in seinem Herzen an die Zukunft denken und erwägen. Es ist die Stimmung, in welcher man im Innern des Herzens wahrsagt'.

Kokoro-wo kumu. ‚Das Herz schöpfen'. *Sŭi-riŏ-sŭru nari.* ‚Bedeutet: vermuthen'.

Kokoro-no tsiri. ‚Der Staub des Herzens‘. *Udzümore-taru kokoro nari.* ‚Bedeutet: ein vergrabenes Herz‘.

Kokoro-no ame. ‚Der Regen des Herzens‘. *Fare-jaranu koto nari.* ‚Ist so viel als nicht heiter werden‘.

Kokoro-no seki. ‚Die Versperrung des Herzens‘. *Kokoro-wo todomuru nari.* ‚Bedeutet: das Herz zum Stillstand bringen‘.

Kokoro toki-meku. ‚Das Herz lebt in der Zeit der Fülle‘. *Kokoro ugoki ziô-ki-si-taru nari.* ‚Bedeutet: das Herz bewegt sich und das Blut ist in Wallung‘.

Kokoro-jurubi. Kokoro jurusü nari. ‚Ist *kokoro jurusü*, das Herz ist schlaff‘. *Jurubi* steht für *jurumi*, schlaff sein‘.

Kokoro todomenu. ‚Das Herz nicht zum Stillstand bringen‘. *Otsi-tsükanu kokoro nari.* ‚Ist das nicht ruhig gewordene Herz‘.

Kokoro-ni nokoru. ‚In dem Herzen bleibt übrig‘. *Kokoro-ni kakaru koto nari.* ‚Ist so viel als in dem Herzen hängen bleiben‘.

Kokoro-no nigori. ‚Die Trübung des Herzens‘. *Go-zioku nari. Nigori-ni somanu kokoro mote-to-mo jomeri.* ‚Sind die fünf Trübungen. Man liest auch: mit dem nicht trüb gefärbten Herzen‘.

Kokoro utsükusi. ‚Schön von Herzen‘. *Kokoro-ni omô koto ari-mama-ni iû nari. Kokoro utsükusi-to-wa i-i-nagara amari utsi-toke-sügi-taru-to ari. Kore-mo ari-no mama-ni utsi-toke-sügi-taru nari.* ‚Bedeutet: was man im Herzen denkt, so wie es ist, sagen. Es kommt vor: Während er sagte: ‚Schön von Herzen‘, war er äusserst unbefangen. — Auch dieses bedeutet: wie es wirklich war, unbefangen gewesen sein‘.

Kokoro-no koma. ‚Das Füllen des Herzens‘.

Kokoro-no muma. ‚Das Pferd des Herzens‘.

Kokoro-no saru. ‚Der Affe des Herzens‘.

Mina kokoro-sawagasi-ki-wo tatojete jomeri. 馬ハ 意イ *I-ba* 猿エン 心シン *sin-jen-no kozi-wo ijeri.* ‚Die obigen Ausdrücke werden als Gleichnisse von der Aufregung des Herzens gelesen. Sie deuten auf die alte Begebenheit von dem Pferde des Willens und dem Affen des Herzens‘.[1]

Kokoro-no kumo. ‚Die Wolke des Herzens‘. *Midare-taru koto-ni iû.* ‚Wird von Verwirrung und Unruhe gesagt‘.

Kokoro-wa nagi-nu. ‚Das Herz ist windstill geworden‘. *Nagusamu kokoro nari. Issetsü kokoro-jawaragu nari.* ‚Hat den Sinn von *nagusamu*, getröstet sein. Nach einer Erklärung bedeutet es *kokoro-jawaragu*, von Herzen sanft sein‘. Verse:

O-o-jodo-no fama-ni ofu-tefu miru-kara-ni kokoro-wa nagi-nu katarawane-domo.

‚Die an dem Meerufer des grossen Wirbels wachsen sollen, zwischen den Wasserfichten ist das Herz still geworden, obgleich ich mich nicht besprochen‘.

Kokoro-ai-no kaze. ‚Der Wind der Begegnung des Herzens‘. *Kita minami-no kaze-wo iû. Minami kita-wa in-jô nari.* ‚Bedeutet den Nordwind und den Südwind. Süd und Nord sind das Yin und Yang‘.

Kokoro-no tsüju. ‚Der Thau des Herzens‘. Verse:

Aki-wa tada kokoro-no tsüju-ni arane-domo mono-nagekasi-ki koro-ni-mo aru-kana.

---

[1] Ueber diese Begebenheit wird nichts gesagt.

,Der Herbst allein, des Herzens Thau obgleich er nicht ist, eine beklagenswerthe Zeit ist er doch!‘

Kokoro-ba. ,Die Herzblätter‘. *Ito-nite fana momidzi-wo musŭbi-te* 文 *mon nado-wo sojete wokuru nari. Issetsŭ-ni awo-gumi nari. Kumi-to-wa fi-kage-kusa-wo motte kamuri-no fitai-ni musŭbu mono nari. Fi-kage-kusa-wa ta-muke-kusa-tote ko-boku-ni kakaru koke nari. Mata gen-zi-no* 繪 *je-awase-no maki-ni-wa fako-no kazari-no* 紋 *mon-ni kin-gin-nite matsŭ take nado iro-iro-ni tsŭkuri-taru mono-wo ijeri.* ,Bedeutet: mit Seide, Blumen und Ahorn knüpfen, Stickwerk und Aehnliches hinzugeben und es als ein Geschenk schicken. Nach einer Erklärung ist es ein grünes breites Band. *Kumi* ,breites Band‘ ist ein Gegenstand, den man mit der Pflanze des Sonnenlichts an den Stirntheil der Mütze bindet. *Fi-kage-kusa* ,Pflanze des Sonnenlichts‘ ist die Pflanze der Opfergabe. Es ist das Moos, welches an alten Bäumen haftet. Ferner bedeutet es in dem Geschlechte Gen, in dem Capitel der Zusammenstellung der Gemälde, die anstatt der breiten Bänder der Verzierung der Koffer aus Gold und Silber auf verschiedene Weise verfertigten Fichten, Bambusse und ähnliche Gegenstände‘.

Kokono-kasane. ,Das neunfach Wiederholte‘. *Dai-ri-no koto nari. Kokono-je-no fukaki-wo iû.* ,Ist so viel als der kaiserliche Palast. Bezeichnet die neunfache Tiefe‘. Verse:

Kimi-ga sŭmu kokono-kasane-no fana sakari arasi-no kaze-mo kikanu faru kana.

,Wo der Gebieter wohnt, des neunfach Wiederholten Blumen gedeih'n. In welchem man den Sturmwind nicht hört, der Frühling!‘

Kokono-tsŭ-no kasŭmi. ,Die neun rothen Nebel‘. *Sen-keô-ni jomu.* ,Wird in dem ,Bezirke der Unsterblichen‘ (so heisst ein gewisses Buch) gelesen‘.

Koje-no nori. ,Die Vorschrift der Stimme‘. *Mi-da-no siô-miô nari.* ,Ist der Name, mit welchem man Mida (Amida) benennt‘.

Koje-fajari-ka. ,Die Stimme laufend‘. *Sita-baja-ni mono-iû nari.* ,Bedeutet: mit geläufiger Zunge sprechen‘.

Ko-tefu-ni ni-tari. 來 *Kitare-to iû-ni ni-taru-to nari.* ,Ist *kitare-to iû-ni ni-taru,* es ist, als ob man sagte: komm!‘ Verse:

Waga jado-no mume saki-tari-to tsŭge-jara-ba ko-tefu-ni-tari tsiri-nu-to-mo josi.

,Die Pflaumenbäume meiner Herberge blüh'n, wenn man diess meldet, ist es, als ob man sagte: komm! Sind sie auch verblüht, ist es gut‘.

Tsŭki-jo josi jo josi-to fito-ni tsŭge-jara-ba ko-tefu-ni ni-tari matasŭ si-mo arazŭ.

,Die Mondnacht ist gut, die Nacht ist gut, wenn man diess den Menschen meldet, ist es, als ob man sagte: komm! Es ist nicht, dass man warten lässt‘.

Ko-tefu-ni-mo ni-taru mono kana fana-sŭsŭki koi-si-ki fito-ni misŭ-be-kari-keru.

,O dass es wäre, als ob man sagte: komm! Das blumige Riedgras dem geliebten Menschen habe ich zeigen sollen!‘

Ko-tefu-no jume. ,Der Traum des Schmetterlings‘. *Mukasi sô-zi-to iû fito jume-ni teô-to nari-te momo-tose-no fana-ni tawafure-asobi-si-to nari. Sono toki ware-wo wasŭrete teô-no kokoro-ni nari-si-to nari.* ,Einst wurde ein Mensch Namens Tschuang-tse im Traume ein Schmetterling. Er spielte und vergnügte sich mit den Blumen der hundert Jahre. Um die Zeit vergass er auf sich selbst und erhielt das Herz eines Schmetterlings‘. Verse:

Momo-tose-no fana-ni asobi-te sŭgi-site ki kono jo-wa tefu-no jumi-nite ari-keru.

,Mit den Blumen der hundert Jahre sich vergnügend, zieht man hinüber und kommt. Diese Welt ist der Traum eines Schmetterlings gewesen‘.

Ko-awi-no obi. ‚Der Gürtel des kleinen Indigo's‘. *Ko-awi-wa murasaki-iro nari.* ‚*Ko-awi* ‚kleiner Indigo‘ bedeutet purpurfarben‘.

Ko-saka-no mitsi. ‚Der Weg der kleinen Bergtreppe‘. *Saka-no mitsi nari. Fon-setsü-ni ki koru mitsi nari.* ‚Ist der Weg der Bergtreppe: Nach der ursprünglichen Erklärung ist es der Weg, auf welchem man Holz fällt‘. Verse:

Masüra-o-ga ko-saka-no mitsi-mo fodo tajete juki furi-ni-keri koromo-ga se-jama.

‚Der Weg der Bergtreppe des tapferen Mannes war um die Zeit abgeschnitten, der Schnee ist gefallen auf dem Berge des Rückens des Kleides‘.

Koki-tarete. ‚Schöpfend sich herablassen‘. *Ja-kumo-ni-wa futa-futa-to tsiû-serare-tari. Juki nado kaki-tarete furu kokoro-ka. Mata ine-ni-mo ijeri.* ‚Ist in den acht Wolken sehr zweideutig erklärt worden. Vielleicht hat es den Sinn von *juki nado kaki-tarete furu*, Schnee und Aehnliches kratzend sich herablassend, fällt. Es wird auch von den Reisähren gesagt‘. Verse:

Akenu tote kajeru mitsi-ni-wa koki-tarete ame-mo namida-mo furi-zo kobotsi-tsütsü.

‚Indem man nicht öffnete, auf dem Rückwege, schöpfend sich herablassend, der Regen und die Thränen fielen und netzten‘.

Ko-me-ja. 來 *Ko-mai-to iû kotoba-no te-ni-fa nari.* ‚Ist das Te-ni-fa, des Wortes *ko-mai*, kommen‘ (wie in eine Gesellschaft). Verse:

Ko-me-ja-to-wa omofu mono-kara fi-gurasi-no naku jufu-gure-wa tatsi-matare-tsütsü.

‚Weil man dachte, dass man kommt, wurde die Abenddämm'rung, in der die Abendgrille singt, sofort erwartet‘.

Komerarete. ‚Indem eingedrungen wird‘. *Kasümi kiri ame nado-ni furi-komerarete-to iû nari.* ‚Bezeichnet: indem von Seite des Wolkendunstes, des Nebels, des Regens und ähnlicher Dinge eingedrungen wird‘. Verse:

Mi-watase-ba faru-no kasümi-ni komerarete idzüre naru-ran mi-josi-no-no jama.

‚Als ich hinüberblickte, da von Seite des Wolkendunstes des Frühlings ward eingedrungen: welches mag sein der Berg von Mi-josi-no?‘

Kosi-no sirusi. ‚Das Kennzeichen der Lende‘. *Sirusi-no obi nari.* ‚Ist ein kennzeichnender Gürtel‘.

Kosi-wore-uta. ‚Ein Gedicht mit gebrochenen Lenden‘. *Uje-no ku sita-no ku-no tsüdzükanu nari.* ‚Ist ein Gedicht, in welchem der obere Vers und der untere Vers sich nicht fortsetzen‘.

Koi. ‚Liebe‘. 戀 *to kaku. Ko-kon-siû-ni fazimete koi-no be-wo wakare-tari. Man-jeô-ni sô-mon-to iû.* ‚Wird *koi* (wie oben) geschrieben. In der Sammlung aus alter und neuer Zeit wurde zum ersten Male die Classe der Liebe abgesondert. In dem Man-jeô heisst es *sô-mon,* sich gegenseitig hören‘.

Koi-gusa. ‚Die Pflanze der Liebe‘. *Tada koi-no koto nari.* ‚Ist bloss so viel als *koi,* Liebe‘. Verse:

Koi-gusa-wo tsikara-guruma-ni nana-kuruma tsümi-te kofuraku ware kokoro-kara.

‚Die Pflanze der Liebe auf Lastwagen, auf sieben Wagen wenn man gehäuft hat, lieb' ich von Herzen‘.

Koi-no jama. ‚Der Berg der Liebe‘. *Koi-no tsümoru-wo jama-ni tatojete iû.* ‚Die Anhäufung der Liebe wird mit einem Berge verglichen‘.

Koi-midzü. ‚Das Wasser der Liebe‘. *Namida-wo iû.* ‚So nennt man die Thränen‘.

Koi-no jatsŭko. ‚Der Sclave der Liebe'. *Koi-ni tsŭkawaruru kokoro nari. Jatsŭko-wa simo-be nari.* ‚Hat den Sinn: von der Liebe zu Diensten verwendet werden. Der Sclave ist ein Diener'. Verse:

Masŭra-o-no satori-kokoro-mo ima-wa nasi koi-no jatsŭko-no ware-wa sinu-besi.

‚Das Herz, mit dem ich als tapferer Mann mich fühle, ist jetzt nicht da. Als Sclave der Liebe muss ich sterben'.

Sitai-kuru koi-no jatsŭko-no tabi-nite-mo mi-no kuse nare-ja siwo todoroki-wa.

‚In Sehnsucht kommend, der Sclave der Liebe, auf der Reise auch mag seine Gewohnheit sein der Salzfluth ruheloses Rollen'.

Koi-sŭ-tefu. Koi-sŭru-to iû nari. ‚Ist *koi-sŭru-to iû*, was man lieben nennt'.

Komori- 江 *je-no fatsŭ-se.* ‚Fatsu-se von Komori-je'. *Mata komori-ku-to-mo. Fatsŭ-se-to iwan makura-kotoba nari. Issetsŭ-ni* 江 *no-zi-wa* 口 隱 *komori-ku-no* 口 *kutsi-no zi-wo kaku. Ajamari-taru nari-to ijeri. Ajamari-nagara* 用 *motsi-i-kitaru juje setsŭ-setsŭ o-osi. Si-sai-aru koto-to-zo.* ‚Man sagt auch *komori-ku.* Ist ein Polsterwort, das den Berg Fatsu-se bedeuten wird. In einer Erklärung wird für das Zeichen *je* (wie oben) das Zeichen *kutsi* (wie oben) in *komori-ku* (wie oben) geschrieben. Es heisst, man habe sich geirrt. Weil selbst das Irrthümliche in Gebrauch kommt, sind die Erklärungen vielfach. Die Sache hat somit ihren Grund'.

Komori. ‚Die Verborgenheit'. *Fatake-wo iû nari.* ‚Bezeichnet den Garten'.

Ko-mo-tari. Ko-wo motsi-tari-to iû nari. ‚Ist der Ausdruck *ko-wo motsi-tari,* einen Sohn erhalten haben'.

Komo makura. ‚Matte und Kopfkissen'. *Kagura-no utai-mono nari. Issetsŭ komo-wo makura-ni sŭru nari.* ‚Ist ein Gesang der gottesdienstlichen Musik. Nach einer Erklärung bedeutet es: Schilfblumen zum Kopfkissen machen'.

Ko-zŭje-mo jura-ni furu jaki. ‚Der auf den Baumwipfeln uferlos fallende Schnee'. *Jura-to-wa man-man-taru nari.* ‚*Jura-to* bedeutet *man-man-taru,* uferlos wie ein breiter Strom'. Verse:

Iwa-se-no-ja tori fumi-tate-si fasi-taka-no ko-zŭje-mo jura-ni juki-wa furi-tsŭtsŭ.

‚Auf die Baumwipfel des jungen Falken, der den Vogel der Stromschnelle der Felsen durch Tritte gestellt hat, uferlos ist der Schnee gefallen'.

Ko-zŭje-no aki. ‚Der Herbst der Baumwipfel'. *Ku-guatsŭ-no koto nari.* ‚Ist so viel als der neunte Monat des Jahres'.

Classe *Je* und *E.*

Jebi-kadzŭra. ‚Die wilde Weinrebe'. *Onna-no tsŭkuri-kadzŭra-wo iû.* ‚Bedeutet die künstlichen Schlingpflanzen (einen Kopfschmuck) der Weiber'.

Ei kiki-tamafu-ja. ‚Ei! geruhst du zu hören?' *Ei-to-wa fito-no je-kikanu-wo togamuru kotoba nari. Zai-ke-no tonari-no awase-ni mono-i-i-kawasŭ koto nado nari. Gen-zi-ni ijeru-wa o-ose-no koto nari.* ‚*Ei* ist ein Wort, in welchem man den Menschen Vorwürfe macht, dass sie nicht hören. In dem Anschlusse der Nachbarn zu Hause ist es so viel als ‚die Sprache wechseln' und Aehnliches. Wo es in dem Geschlechte Gen gesagt wird, ist es so viel als *o-ose,* Auftrag'.

Jeni. 緣 *to kaku. Jeni-wa fukasi nado jomeri. Mata jeni-si-to-mo iû. Je-wo* 江 *je-ni josete jomi-tari.* ‚Wird *jen* (Verhältniss, Freundschaft, wie oben) geschrieben. Man liest *jeni-wa fukasi* ‚das Verhältniss ist innig' und Aehnliches. Man sagt auch *jeni-si*. Man hat *je* in Bezug auf *je* (Strom, wie oben) gelesen'. Verse:

Midzü-tori-no faka-naki ato-ni tosi-wo fete kajofu bakari-no jeni (je-ni) koso ari-kere.

‚Der Wasservogel, auf unbeständigen Spuren indem er die Jahre verbracht, hat ein Verhältniss, durch das er verkehrt, er wohl nur gehabt' (oder in dem Sinne von *je-ni:* ist es in dem Strome, mit dem er verkehrt, wohl nur gewesen).

Jeda-wo tsüranuru. ‚Die Zweige neben einander setzen'. *Ren-si nari:* Bedeutet *ren-si*, Brüder'.

Jeda-no fikari. ‚Das Licht der Zweige'. *Tomosi-bi-wo iû.* ‚Bedeutet die Lampe'.

E-zo siramu. Je-siranu nari. ‚Ist *je-siranu,* nicht erfahren können'.

E-tsübo. ‚Der Lachtopf'. *E-kubo-no koto nari. E-kubo-ni iri-te warò-to iû.* ‚Ist so viel als *e-kubo,* das Lachgrübchen. *E-kubo-ni iri-te* ‚in den Lachtopf eingehend' bedeutet: lachen'.

Je-narazü. ‚Nicht zu erlangen'. *Je-mo iwarezü utsükusi-ki koto omo-siroki koto nando nari. Mata tada-naranu koto-ni-mo ijeri.* ‚Bedeutet eine unaussprechlich schöne Sache, eine angenehme Sache und Aehnliches. Es wird auch von einer ungewöhnlichen Sache gesagt'.

Jen-züru. Uramuru nari. ‚Bedeutet *uramuru,* unwillig sein'. Ist das chinesische 怨 *jen,* unwillig sein.

Jen-zi ma-gaki. Tsüwi-dzi-no koto nari. ‚Ist so viel als *tsüwi-dzi,* ein Erdwall'. *Ma-gaki,* Zaun. Die Bedeutung von *jen-zi* völlig ungewiss. Verse:

Sümi-sütete tosi-furu jado-wo kite mire-ba jen-zi-ma-gaki-no kata-kudzüre-site.

‚Die Wohnung aufgebend, die langjährige Herberge im Kommen als ich sah, stürzte des Erdwalls eine Seite zusammen'.

Jen-no nori-bito. ‚Der Mensch der Vorschrift der Dienstleistung'. *Jen-no giò-zia nari. Ka-no fu-ni tsiû-sü.* ‚Ist Jen-no giò-zia. Wird bei der Classe *ka* erklärt'.[1]

江 *Je-no koje.* ‚Die Stimme des Stromes'. *Nami-no oto nari.* ‚Ist der Ton der Wellen'.

E-gu-no wakare. ‚Das getheilte Heidekraut'. *Siò-guatsü nana-ka-ni motsiju.* ‚Man bedient sich dessen am siebenten Tage des ersten Monates des Jahres'. Verse:

Juki kije-ba je-gu-no wakare-wo tsümu-beki-ni faru saje fare-nu mi-jama-be-no sato.

‚Als der Schnee schmolz, sollte das getheilte Heidekraut man häufen, und der Frühling eben klärte sich in dem Dorfe von Mi-jama-be'.

Je-ja-wa. Je-iwanu-to iû kokoro nari. ‚Hat den Sinn des Wortes *je-iwanu,* nicht sagen können'.

E-bu-no jo. ‚Die Welt des Sammelhauses der Leibwache'. *Siû-mi-jama-no minami-ni aru kuni nari.* ‚Ist ein Reich im Süden des (fabelhaften) Berges Siu-mi'.

E-bu-no süke. ‚Der Gehilfe des Sammelhauses der Leibwache'. *Kon-je-dzükasa tsiû-seô-siò kô-kiò kuan-nin nado nari. Sin-zen-ni owite motome-ko-wo mò-to nari.* ‚Bedeutet den Vorsteher der nahen Leibwache, den kleinen Anführer der Mitte, die Fürsten und Reichsminister, die obrigkeitlichen Personen und Aehnliches. Zufolge der Gegenwart der Götter bedeutet es: den Motome-ko (einen Gesang der gottesdienstlichen Musik) tanzen'.

Je-si-mo wasürenu. Je-wasürenu nari. ‚Bedeutet *je-wasürenu,* unvergesslich'.

---

[1] Das Wort der Classe *ka* wird nicht angegeben. Jen-no giò-zia war ein Mann an dem Hofe des Kaisers Mon-bu.

Je-zima-ga ura. ‚Die Bucht von Je-zima'. *Awa-dzi-no mei-sio nari.* ‚Ist ein berühmter Ort in Awa-dzi'. Verse:

Sa-jo-tsi-dori fuke-wi-no ura-ni oto irete e-zima-ga iso-ni tsŭki kata-buki-nu.

‚Der Brachvogel der wahren Nacht, in die Bucht von Fuke-wi Töne indem er bringt, hat auf dem Sandufer von E-zima der Mond sich geneigt'.

Jebisŭ-kokoro. ‚Das Barbarenherz'. *Osorosi-ku araki nari.* ‚Bedeutet: fürchterlich und wild'.

Ei-naki. *Sake-ni ei-te* 泣 *naku koto nari.* ‚Ist so viel als *sake-ni ei-te naku,* vom Weine berauscht, weinen'. Verse:

Tada-ni wi-te katarai-sŭru-wa sake nomi-te ei-naki-sŭru-ni nawo sikazŭ nari.

‚Ruhig weilen und Gespräche führen ist noch immer nicht so gut als Wein trinken und, wenn man berauscht ist, weinen'.

Classe *Te.*

Teri-saki-gusa. ‚Der leuchtende Lebensbaum'. *Bo-tan nari.* ‚Ist die Päonie'.

Teru fi. ‚Die leuchtende Sonne'. *Nitsi-rin-wo iû. Mata ten-si-wo nitsi-ni tatoje-tate-matsŭri-te-mo iû. Mata teru fi-no kure-si-to-wa ten-si fô-gio-no toki-ni môse-ba imu-beki kotoba nari.* ‚Bedeutet das Sonnenrad (die Sonne). Man sagt es auch, indem man den Himmelssohn mit der Sonne vergleicht. Ferner ist *teru fi-no kure-si* ‚die leuchtende Sonne ist untergegangen', zur Zeit des Todes des Himmelssohnes ausgesprochen, ein Wort, welches man vermeiden soll'.

Te-tama-mo jura-ni. *Nippon-ki-ni* 瓏 玲 玉 手 *to kaki keri. Te-mo tajugu nari. Issetsŭ-ni fata-woru fi-to iû mono-wo riô-fô-je tori-watasŭ nari.* ‚In dem Nippon-ki wurde *te-tama-mo jura-ni* (wie oben) geschrieben. Bedeutet *te-mo tajugu,* die Hand auch ausdehnen. Nach einer Erklärung bedeutet es: das Weberschiff nach beiden Seiten hinüberbringen'.

Te-narai-no kimi. ‚Der Gebieter der Uebung im Schreiben'. 舟 浮 *Uki-fune-no koto nari. Kono kimi wo-no-no* 尼 *ama-ni tsŭrerarete wo-no-ni sŭmai-tamajeri. Tsŭre-dzŭre-no amari sŭ-zŭri-ni mukai te-narai-site omô-koto-wo uta-ni-mo jomi-tamajeri.* ‚Ist so viel als Uki-fune. Dieser Gebieter war von der Nonne von Wo-no begleitet und wohnte in Wo-no. Im Uebermasse der Langweile kehrte er sich gegen den Tintenstein, übte sich im Schreiben und drückte seine Gedanken in Gedichten aus'.

Ten-dai. ‚Der Berg Thien-tai in der chinesischen Provinz Tschĕ-kiang'. *Waga kuni-nite-wa jei-san nari.* ‚In unserem Reiche ist es der Berg Jei-san'. Die Aussprache *jei-san* für das Wort *ten-dai* wurde einmal bemerkt.

De-siwo. ‚Die Fluth des Aufgangs'. *Tsŭki-no idzŭru zi-bun-ni sasŭ siwo nari.* ‚Ist die Fluth, welche zur Zeit des Mondaufgangs steigt'.

Te-mo sŭ-ma. *Te-mo jasŭmenu koto nari.* *Te-mo sŭ-ma-ni ufuru sa-naje nado jomeri.* ‚Ist so viel als *te-mo jasŭmenu,* die Hand nicht ruhen lassen. Man liest: Indess sie die Hand nicht ruhen lassen, Sprossen, die wachsen' und Aehnliches'.

Te-zŭsami. *Te-nagusami nari. Mote-asobi-taru koto nari.* ‚Bedeutet *te-nagusami,* Unterhaltung. Ist eine Sache, mit der man sich vergnügt hat'.

Classe *A*.

A-iro ko-iro. Anata konata-to iû kotoba nari. ‚Ist das Wort *anata konata*, dort und hier‘. Verse:

Fi-tatsi naru a-iro ko-iro-no jama kojete sika naku kuni-no fate-to koso kiku.

‚Die in Fi-tatsi sind, die Berge, die dort und hier, überschreitend wo der Hirsch brüllt, des Reiches Ende dass dieses ist, hört man nur‘.

Awa-dzŭke. Awa-tatasi-ki nari. Issetsŭ awa-awasi-ki-wa fito-no kokoro-asaki-wo iû nari. ‚Ist *awa-tatasi*, aufgeregt, lärmend. Nach einer Erklärung bedeutet *awa-awasi* die Seichtigkeit des menschlichen Herzens‘.

Aware-gai. ‚Das mitleidige Unterstellen‘. *Taka-ni masi-je-wo kò nari.* ‚Bedeutet: dem Falken mehr Futter unterstellen‘. Verse:

Fasi-taka-no asŭ-no kokoro-ja kawari-nan kefu je-si tori-no aware-gai-site.

‚Des jungen Falken morgiges Herz wohl wird verändert sein, indem man dem heute erlangten Vogel mitleidig unterstellt‘.

Awa-wo. Jori-awase-taru ito nari. ‚Bedeutet zusammengedrehte Fäden‘.

Awa-tatasi. Sawagu tei nari. ‚Ist die Aufregung, das Lärmen‘.

カ ヘ ア *Ajeka. Utsŭkusi-ku fi-wadzŭ-ni jowaki tei nari.* ‚Bedeutet einen schönen und schwächlich zarten Leib‘. Das ähnliche oder mit diesem übereinstimmende Wort ガ エ ア *ajega* wird in den ‚Archaismen‘ auf andere Weise erklärt‘.

Ado-tarete. 跡 重 *siû-siaku-to kaku. Fotoke bo-satsŭ-no kami-to araware-tamò nari.* ‚Wird *siû-siaku* (die Fussspuren herablassen, wie oben) geschrieben. Bedeutet, dass Buddha und die Bosat sich als Götter zeigen‘.

Adzi-mura. Fama-be-ni aru tori nari. Sora-no kumoru fodo tsi-mo futa-tsi-mo fito-tsŭra-ni tobu nari. ‚Bedeutet die Vögel an dem Meerufer.[1] Dieselben fliegen tausend, auch zweitausend in Einer Reihe, so dass der Himmel verfinstert wird‘. Verse:

Narumi-gata oki-ni mure-wiru adzi-mura-no sŭgata-wa kaze-no sawagu nari-keri.

‚Die an der Bucht der Seite von Narumi in Schaaren weilenden Vögelschaaren, ihr Aussehen ist des Windes Toben geworden‘.

Adzi-mura-koma. ‚Die Füllenschaar‘. *Kuò-win-no koto nari.* ‚Ist so viel als *kuò-win*, das glänzende Yin‘ (die Zeit).

Ari-si mukasi. ‚Das Einst, welches gewesen‘. *Kumo-no uje-wa ari-si mukasi-ni kawarane-do-to jomeri.* ‚Man liest: Was über den Wolken, hat mit dem Einst, welches gewesen, zwar nicht gewechselt‘.

Ari-ja nasi-ja. 有 *Aru-ka* 無 *naki-ka-to iû nari.* ‚Bedeutet die Worte *aru-ka naki-ka*, ist es da? ist es nicht da?‘

Ari-si 世 *jo-ni keni. Ari-si jo-ni masari-te-to iû nari. Keni* 勝 *no zi nari.* ‚Bedeutet *ari-si jo-ni masari-te*, besser als die Welt, die gewesen. *Keni* ist das Zeichen *keni*‘ (besser als, wie oben).

Ariso-umi. 海 磯 有 *to kaku. Umi-no sô-miò nari.* ‚Wird *iso-aru umi* (das Meer, welches ein Sandufer hat, wie oben) geschrieben. Ist ein allgemeiner Name für das Meer‘.

---

[1] Die eigentliche Bedeutung von *adzi* ist ganz ungewiss. Es könnte angenommen werden, dass *adzi-mura* für *atsŭ-mura* ‚dichte Schaar‘ gesetzt ist.

Ari-no süsabi. 與 入 *to kaku. Issetsü-ni ari-to iû musi-no faka-naku mono-wo fiki-aruru-wo iû nari.* ,Wird *iri-keô* (das eintretende Vergnügen, wie oben) geschrieben. Nach einer Erklärung bedeutet es, dass das Insekt Ameise *(ari)* unmerklich Gegenstände hereinzieht'. *Süsabi* steht für *süsami,* verwildert, bethört oder für etwas eingenommen sein. *Ari* müsste nach der Schreibweise von *ari-no süsabi* für *iri* ,eintreten' und *fiki-aruru* in der Erklärung für *fiki-iruru* ,hereinziehen' gesetzt sein. Verse:

Aru toki-wa ari-no süsabi-ni katarawade naku-te-zo fito-wa koi-si-kari-keru.

,Zu einer Zeit hat er eintretend kein Gespräch geführt und ist gestorben, der Mensch, er ist mir theuer gewesen'.

•*Ari-nasi-no kumo.* ,Die Wolke des Seins und Nichtseins'. *Aru-ka-to mire-ba kije-juku kumo nari.* ,Ist die Wolke, die vergeht, wenn man sieht, ob sie da ist'.

Ari-no mani-mani. Ari-no mama nari. ,Bedeutet *ari-no mama,* eben wie es ist'.

Ari-towosi. 通 蟻 *to kaku. Na-ni tsiû-sü.* ,Wird *ari-towosi* (das Hindurchbringen der Ameisen, wie oben) geschrieben. Wird bei *Na* erklärt'.[1]

Ari-ka. Mono-no aru tokoro nari. ,Ist der Ort, wo eine Sache sich befindet'.

Ari-furu. Jo-ni furu nari. Mata jo-ni ari-fete-to-mo ijeri. Mata jo-ni ari-furu-wa jo-ni ari waburu naru. ,Bedeutet: in der Welt verbringen. Man sagt auch *jo-ni ari-fete,* in der Welt verbringend. Ferner hat *jo-ni ari-furu* die Bedeutung: in der Welt sein und beten'.

Aru-ni-mo aranu. Aru-ni arare-nu nari. ,Bedeutet: es kommt nicht vor, dass es gibt'.

Awo-jagi-no kadzüra-ki-jama. ,Der Berg der grünen Weiden, Kadzura-ki'. *Jama-ni oi-taru janagi-ni-wa arazü. Awo-jagi-no kadzüra-to iû kake-taru makura kotoba nari.* ,Es sind keine Weiden, die auf dem Berge wachsen. *Awo-jagi-no* ,grüne Weiden' ist ein angehängtes Polsterwort von der Bedeutung *kadzüra,* Schlingpflanze'.

Awo. ,Das Grüne'. *Ke-dai-to iû mono-wo iû. Ijasi-ki fito mino-no jô-ni site kiru mono nari.* ,Bedeutet den Gegenstand *ke-dai* (nachlässig). Ist der Gegenstand, in welchen die gemeinen Menschen sich wie in einen Regenmantel kleiden'. Verse:

Si-gure-suru inari-no jama-no momidzi-ba-no awo kari-si-jori omoi-some-te-ki.

,Das Grüne der Ahornblätter des Berges Inari, wo der Rieselregen fällt, seitdem man entliehen, hab' ich zu gedenken begonnen'.

Miqiri-wa idzümi siki-bu inari-ni môde-keru-ni ta-naka-no miô-zin-no o-maje-nite si-gure-no si-keru-ni kusa-karu warawa-no awo-to iû mono-wo kari-te utsi-kadzüki-te môde-keru. Notsi-ni kano warawa idzümi siki-bu-no moto-ni kono uta-wo jomi-te motsi-ki-si-to nan. ,In Bezug auf das Obige: Als Idzumi Siki-bu sich zu dem Berge Inari begeben hatte und unterdess vor dem glänzenden Gotte von Ta-naka ein Rieselregen fiel, borgte er das ,Grüne' eines grasmähenden Jünglings aus, verhüllte sich damit und begab sich an den Ort. Später verfertigte jener Jüngling an dem Wohnsitze Idzumi Siki-bu's dieses Gedicht und brachte es mit'.

Awo-ni-josi. Nara-to iwan makura kotoba nari. 吉 丹 青 *to-kakeri.* ,Ist ein Polsterwort, welches die Stadt Nara bedeuten wird. Wird *awo-ni-josi* (grün und mennigroth glücklich, wie oben) geschrieben'.

Aka-bosi. Miô-ziô nari. Aka-bosi utafu-wa utai-mono nari. ,Ist der Morgenstern. *Aka-bosi utafu* ,den Morgenstern singen' ist ein Gesang'.

[1] Bei *nana-wada-no tama,* der Edelstein der sieben Krümmungen.

Aka-ne-sasū. ‚Auf die Krappwurzel zeigen‘. *Fi-to iū-beki makura-kotoba nari.* ‚Ist ein Polsterwort, welches ‚Sonne‘ bedeuten kann‘. Verse:

Aka-ne-sasū asa-fi-no sato-no fi-kage-gusa tojo-no akari-no kazasi naru-besi.

‚Auf die Krappwurzel zeigend, die Morgensonne, ihres Dorfes Epheupflanze, des reichen Lichtes Schirm kann sie sein‘.

Akara-gasiwa. ‚Der rothe Pistazienbaum‘. *Tada kasiwa nari.* ‚Ist bloss *kasiwa*, der Pistazienbaum‘.

Aka-tsūki-kusa. ‚Des Tagesanbruchs Pflanze‘. *Tsūri-gane-no kotonaru na nari.* ‚Ist ein verschiedener Name für die Glocke‘. Verse:

Funa-bito-no aka-tsūki-kusa-ni nare-nure-ba jume-mite akasū nani-wa-dzū-no matsū.

‚Die Schiffer, an des Tagesanbruchs Pflanze wenn sie gewöhnt sind, sind das, was bis zum Morgen sie träumen, die Fichten des Fahrwassers von Nani-wa‘.

Aga fotoke. Waga fotoke nari. Mata waga mi-wo aga mi-to ijeri. ‚Ist *waga fotoke*, unser Buddha. Auch für *waga mi* ‚der eigene Leib‘ sagt man *aga mi*‘.

A-ka-wi-musūbu. Den Wasserbrunnen binden‘. *Siaku-keô nari*‘. ‚Ist buddhistische Lehre‘.

Akarafi-ku. Akaki koto nari. Mata akiraka nari. Akarafi-ku iro-taje-no 子 *ko-to jomeri. Mosi kurenawi-no fakama nado-no koto-ka tadzūnu-besi. Joru-wa sūgara-ni akarafi-ku fi-mo kuraki made-to jomeri. Fimemoso fi-no akaki josi nari. Ja kumo on-toki-ni fi-no kureru nari-to ari.* ‚Ist so viel als *akasi*, roth. Es bedeutet auch *akiraka*, hell. Man liest *akirafi-ku iro-taje-no ko*, ‚der Sohn von wundervoll rother Farbe‘. Man muss hier vielleicht ‚saffranrothe Beinkleider‘ und ähnliche Dinge suchen. Man liest: ‚Die ganze Nacht und bis der rothe Tag dunkel wird‘. Es heisst so, weil die Sonne den ganzen Tag roth (hell) ist. In der Erklärung der acht Wolken heisst es: Es bedeutet den Untergang der Sonne‘.

Agari-taru 世 *jo.* ‚Das aufgestiegene Zeitalter‘. *Ziò-ko-no koto-wo iū.* ‚Bezeichnet die Sache des hohen Alterthums‘.

Aka-tsūki-no jami. ‚Die Finsterniss des Tagesanbruchs‘. *Ziū-ni mi-ka kasira-no ake-gata-wo iū nari.* ‚Bezeichnet die Morgendämmerung der zwölf dritten Tage‘.

Akanu koto-wa arazi. ‚Es ist nicht, dass man nicht satt ist‘. *Man-jeô-ni fu-soku-naku nari-taru koto-wo iū kotoba nari.* ‚Ist in dem Man-jeô ein Wort, welches bezeichnet, dass man keinen Mangel mehr hat‘.

Akara-me. 目 傍 *to kaku. Akara-me-mo sezū-wa joso-mi-mo sezū nari.* ‚Wird *katawara-me* (das Auge zur Seite, wie oben) geschrieben. *Akara-me-mo sezū* bedeutet: nicht seitwärts blicken‘.

Ada-bito. ‚Ein feindlicher Mensch‘. *Kokoro-tadasi-karanu fito nari.* ‚Ist ein Mensch, dessen Sinn nicht rechtschaffen ist‘.

Atara-jo. Man-jeô-ni 夜 悋 夜 惜 夜 新 *to kakeri. Itadzūra-ni aken koto-no osiki nari.* ‚In dem Man-jeô wurde *rin-ja* (geizige Nacht, wie oben), *siaku-ja* (schonende Nacht, wie oben) und *sin-ja* (neue Nacht, wie oben) geschrieben. ‚Bedeutet das Bedauern, dass man etwas umsonst unternommen haben wird‘.

Ada-ne. ‚Feindlich schlafen‘. *Fitori-ne nari. Sô-site ada-wa* 仇 *ada-nite makoto-naki koto faka-naki koto-ni jomeri.* ‚Bedeutet allein schlafen. *Ada*, im Allgemeinen *ada* (Feind, wie oben) wird in Gedichten für ‚Unwahrheit‘ und ‚Vergänglichkeit‘ gelesen‘.

Ada-nami. ‚Vergängliche Wellen‘. *Koi-ni josete jomeri.* ‚Wird in Bezug auf die Liebe gelesen‘.

Are-maku. Aruru koto nari. ‚Ist so viel als *aruru*, wüst werden'.

Adzüma-koto. ‚Die östliche Harfe'. *Wa-kon nari.* ‚Ist die japanische Harfe'.

Ana-kama. 姦 悲 *to kakeri. Kasikamasi-ki-to iû kotoba mata arakazi-masi-to* 制 *sei-si-taru kotoba nari.* ‚Wurde *fi-kan* (wie oben) geschrieben. Ist ein Wort, welches ‚lärmend' bedeutet, ferner ein vorläufig und im Allgemeinen hergestelltes Wort'. Verse:

Ana-kama-ja sasa-no iwori-no ame kaze-ni nawo fure-fure-to kawadzü naku ko-e.

‚Wie lärmend! An der Hütte von kleinem Bambus Regen und Wind, in ihnen deutlicher noch ertönt des Frosches Quaken'.

Ana-fara-guro-to iû kotoba. ‚Das Wort: sehr schwarz von Bauch'. *Ororosi-ku araki fito-to iû kokoro nari.* ‚Es hat einen Sinn, der einen fürchterlichen und wilden Menschen bezeichnet'.

Ana-ta-ana-ta. Ana-kasiko-kasiko-to iû nari. ‚Bedeutet *ana-kasiko-kasiko*, sehr fürchterlich, fürchterlich'. Verse:

Fana saka-ba josi-no-no jama-no fito-tsü mori ana-ta-ana-ta-ni arasi fuku naje.

‚Wenn die Blumen blüh'n, einen Wald des Berges von Josi-no, sehr fürchterlich, fürchterlich blasend, mag der Sturmwind verlieren'.

Kono fito-tsü mori-wa kumo-no koto nari. Fuku-naje-wa fuki-usinaje-to iû nari. ‚Dieser ‚eine Wald' ist so viel als die Wolken. *Fuki-naje* steht für *fuki-usinaje*, blasend verlieren mögen'.

Ana-me-ana-me. ‚Ein Ausruf des Schmerzes'. *Mu-miò-seô-ni iwaku nari-fira-no ason uta-makura-to-mo min tote süki koto josete figasi-no kata-je juki-keri. Mitsi-no kuni-ni itari-te jasü-sima-to iû tokoro-ni ja-dori-tari-keru. Joru no-no naka-nite uta-no uje-no ku-wo jei-süru koje ari. Sono kotoba-ni iwaku aki-kaze-no fuku-ni tsükete-mo ana-me-ana-me-to iû. Ajasi-ku obojete koje-wo tadzüne-tsütsü. Kore-wo miru-ni sara-ni fito nasi tada si-nin-no kasira fito-tsü ari. Asita-ni nawo kore-wo miru-ni kano doku-ro sono kasira-no me-no ana-jori süsüki nan fito-moto oi-ide-tari. Sono süsüki-no kaze-ni nabikeru-wo to-no kaku kikoje-kere-ba ajasi-ku obojete atari-no fito-ni kono koto-wo tô. Aru fito katari-te iwaku wo-no-no ko-matsi kono kuni-ni kudari-te kono tokoro-nite inotsi owari-keri. Sünawatsi kano kasira kore nari-to iû. Koko-ni nari-fira aware-ni kanasi-ku oboje-kere-ba namida-wo osajete sita-no ku-wo tsüke-keri. Wo-no-to-wa iwazi süsüki oi-tari-to tsüdzüke-keru. Sono no-wo tama-tsükuri-wo-no-to-zo i-i-keru.* ‚In den namenlosen Abschriften heisst es: Nari-fira-no Ason reiste, um berühmte Orte zu sehen und indem er das ihm Gefallende sammelte, nach den östlichen Gegenden. Als er in das Reich Mitsi (Mutsu) gelangte, kehrte er in einem Orte Namens Jasu-sima ein. In der Nacht hörte er, dass mitten in dem freien Felde eine Stimme den oberen Abschnitt eines Gedichtes hersagte. Die Worte lauteten: ‚In des Herbstwinds Wehen hinzufügend *ana-me, ana-me*'. Er verwunderte sich und suchte nach der Stimme. Als er auf die Stelle blickte, war daselbst gar Niemand. Es befand sich dort nur ein Todtenkopf. Als er am Morgen den Ort noch mehr betrachtete, war aus den Augenhöhlen jenes Schädels ein Stengel langes Riedgras hervorgewachsen. Da man auf allerlei Weise hörte, wie dieses Riedgras im Winde sich neigte, staunte er und befragte die Menschen in der Nähe darum. Ein Mensch sagte: Wo-no-no Ko-matsi stieg zu diesem Reiche herab und beschloss an diesem Orte sein Leben. Jenes Haupt ist somit er. — Nari-fira unterdrückte jetzt, da Jener Trauer und Schmerz fühlte, die Thränen und fügte den unteren Abschnitt hinzu. Dieser lautete als Fortsetzung: ‚Wo-no heisst es nicht: das lange Riedgras ist gewachsen'. Man nannte diese Wildniss Tama-tsukuri Wo-no'.

Anazi fuku. Inu-wi-jori fuku kaze nari. ‚Ist der aus Nordwest wehende Wind'.

Ana-ja. Sakebu koje nari. ‚Ist der Ton des Schreiens'.

Ana-tafuto. 尊 安 *to kaku. Ara-tatto-ja-to iû kotoba nari. Butsû-zin nado sin-sûru nari.* ‚Wird *an-son* (wie oben) geschrieben. Ist das Wort *ara-tatto-ja*, neu geehrt! Bedeutet: an Buddha, an die Götter und andere Wesen glauben'.

Ana-tanomi-gata. Ara-tanomi-gata-ja-to iû nari. ‚Bedeutet *ara-tanomi-gata-ja*, die Seite der neuen Zuversicht'.

Ara-de kumu. ‚Die neue Hand zusammenbinden'. *Kumi-gaki-wo si-taru nari.* ‚Bedeutet, dass man die Mauer einer Verbindung (Genossenschaft) aufgeführt hat'.

Ara-mi-saki-bime. ‚Das Fräulein der wüsten hohen Gegenwart'. *Ara-mi-saki-gami-to-mo. Fû-fu-no naka-wo samatagete asiku sûru kami nari. Mata ara-mi-kage-wa fito-no naka-wo tsigòru kami nari. Waga motsi-taru kagami-wo tate-matsûre-ba kami jorokobu-to ijeri.* ‚Es heisst auch *ara-mi-saki-gami*, der Gott der wüsten hohen Gegenwart. Ist die Gottheit, welche dem Einvernehmen zwischen Mann und Weib Hindernisse bereitet und es verschlechtert. Auch *ara-mi-kage* ‚der wüste hohe Schatten' ist eine Gottheit, welche sich dem Einvernehmen zwischen den Menschen entgegensetzt. Es heisst, wenn man den Spiegel, der uns gehörte, darreicht, so freut sich die Gottheit'. Verse:

Masû-kagami ta-muke-ni si-tsûtsû inoranan ara-mi-saki-bime iro-imo-zo suru.

‚Den zehnzölligen Spiegel macht' ich zum Handopfer, ich werde beten. Der wüsten hohen Gegenwart Fräulein tritt auf als jüngere Schwester'.

Arasi ma-kaze. ‚Der heftige wahre Wind'. *Niwaka-ni fuki-tari-taru kaze nari.* ‚Ist ein Wind, der plötzlich zu wehen angehoben hat'.

Ara-kane. ‚Rohes Metall'. *Tsûtsi-to iû makura-kotoba nari.* ‚Ist ein Polsterwort, welches ‚Erde' bedeutet'.

A-u-jo-u-ni-tari. Gen-zi mono-gatari-ni mi-te-no sûdzi-wa a-u-jo-u-ni-tari-to ijeri. A-u-wa 奥 *no zi-nite a-u-nake nado iû-wa ô-naki kokoro nari. Oku-to iû-wa anata nari. Sûje-tsûmu-no siû-seki mukasi-jò naru-wo iû nari.* ‚In der Geschichte des Geschlechtes Minamoto heisst es: Die Linien seiner Hand waren *a-u-jo-u*. *A-u* ist das Zeichen *ofu*, *oku* (die Tiefe, das Innere, wie oben). *A-u-nake* und ähnliche Wörter haben den Sinn von *ô-naki*, ohne innerste Tiefe. Das Wort *oku* ist *anata*, jene Seite. Es (der ganze vorangestellte Ausdruck) bedeutet, dass die ‚zuletzt gepflückte' (*sûje-tsûmu-no*) Handschrift von alter Art war'. Die ‚Handschrift' sind wohl die Linien der Hand, die eine alte Schriftgattung bildeten. *A-u-jo-u* wäre somit zu erklären durch 樣 奥 *ofu-ja-u*, die Art des Tiefen oder Inneren (d. i. des Jenseitigen, des Alterthums).

Ano woto. ‚Jener Ton'. *Asi-oto-to iû koto nari.* ‚Ist so viel als das Wort *asi-oto*, der Ton der Füsse' (d. i. der Tritte).

Aja-nikuki. Fito-no nikuki nari. Mata aja-niku-wa usiro-tsigai-naru kokoro nari. 句 結 *to kaku. Ai-naku-no kokoro nari. Issetsû-ni zoku-ni iû amari sitsûkoki-to iû kokoro nari. Aja-to bakari-mo jomeri.* ‚Bedeutet, dass ein Mensch verhasst ist. Ferner steht *aja-nikù* im Sinne von *usiro-tsigai-naru*, es ist nachgerade das Gegentheil. Wird *kekku* (im Gegentheil, wie oben) geschrieben. Es hat den Sinn von *ai-naku*, ohne Liebe. Nach einer Erklärung hat es den Sinn des im gemeinen Leben üblichen *amari sitsûkosi*, überaus ungebildet. Man liest auch *aja* allein'.

Aja-na. Aja-nasi-no si mo-zi riaku-si-taru nari. Issetsû tai-setsû-naru tei nari. ‚Ist *aja-nasi* ‚unabhelflich' mit Weglassung des Zeichens *si*. Nach einer Erklärung bedeutet es ‚Wichtigkeit'.

Aja-me. Aru setsŭ-ni kutsi-nawa-no kotonaru na nari. ‚Ist nach einer Erklärung ein verschiedener Name für *kutsi-nawa,* Schlange‘.

Ajasi. Ki-kuai-naru kokoro mata 賤 *ijasi-ki kokoro futa-kokoro nari. Gen-zi jû-kawo-ni fana-wa fito-meki-te ajasi-ki kaki-ne-ni saki-fanberu-to mi-zŭi-zin-ka mòsi-taru-wa ijasi-ki kokoro nari.* ‚Hat zwei Bedeutungen. Es bedeutet ‚wunderbar‘ und steht auch im Sinne von *ijasi-si,* gemein. An der folgenden Stelle der Kürbisse des Geschlechtes Minamoto: ‚Der nahe Angestellte sprach: ‚Die Blumen haben das Aussehen von Menschen und erblühen an der gemeinen Mauerwurzel‘ hat es den Sinn von *ijasi,* gemein‘.

Ajasi-ki mi-tsŭ-no mitsi. ‚Die drei wunderbaren Wege‘. *Dzi-goku ga-ki tsiku-seô san-dzŭ-wo iû nari. Siù-ra-wo kuwajete* 趣 四 *si-siù-to i-i* 天 人 *nin-ten-wo sojete* 趣 六 *roku-siù-to-mo roku-dò-to-mo iû. Dzi-goku-wo e-gaki-taru fei-bu-no ê-wo mite jomi-fanberu.* ‚Die Hölle, die hungrigen Dämonen und die Thiere heissen die drei Wege. Fügt man das Siù-ra (die Hölle der Werkzeuge zum Umwälzen der Steine) hinzu, so sagt man: die vier Gänge. Gibt man den Menschen und den Himmel hinzu, so sagt man: die sechs Gänge, auch: die sechs Wege. Bei dem Anblicke der Gemälde der Windschirme, auf welche die Hölle gemalt war, verfertigte man ein Gedicht‘. Verse:

Asa-masi-ja tsŭrugi-no jeda-mo owamu made nani-wo kono mi-no nasaru-naru-ran.

‚Wie elend! Bis die Zweige der Schwerter wachsen, welche Sache wird dieser Leib wohl zu verrichten haben?‘

‚Ferner auf den Weg der hungrigen Dämonen‘. Verse:

Kawa-to mite nome-ba fonofo-to naru mono-wo idzŭku-wo sasi-te ja-se wataru-ran.

‚Als einen Fluss sieht man es. Wenn man es trinkt, o dass es Flammen würden! Wohin deutend, wird die acht Stromschnellen man übersetzen?‘

‚Ferner auf den Weg der Thiere‘. Verse:

Saki-no jo-ni nori-wo asi-to-ja sosiri-kemu nani-wa fori-je-ni asaru faru-koma.

‚Das in dem früheren Alter die Vorschrift als schlecht geschmäht haben wird, das an dem Grabenstrome von Nani-wa Nahrung suchende Füllen des Frühlings‘.

‚Ferner auf die Hölle der Werkzeuge zum Umwälzen der Steine‘. Verse:

Kaki-tsŭmete ne-tasa-mo ne-tasi mo-siwo-gusa omowanu kata-ni kefuri-tatsi-keri.

‚Kratzend und kneipend, in Schläfrigkeit auch schläfrig. Von der Salzpflanze des Hornblatts, auf einer Seite, an die man nicht denkt, ist Rauch aufgestiegen‘.

Kokotsi sinu-beku omoi-kere-ba. ‚Bei dem Gedanken an die Sterblichkeit‘. Verse:

Mune-ni mitsŭ omoi-wo dani-mo farezŭ-site kefuri-to naran koto-zo kanasi-ki.

‚Indess die Brust voll, die Gedanken sich gar nicht erheitern, die Sache, dass man zu Rauch werden wird, die traurige‘.

Aja-musiro. ‚Gestreifter Teppich‘. *Utsŭkusi-ku aja-wo ori-taru musiro nari. Aja-nuno onazi-kokoro nari.* ‚Ist ein Teppich, dessen Streifen schön gewebt sind. *Aja-nuno* ‚gestreiftes Tuch‘ hat den nämlichen Sinn‘.

Ama-mitsŭ-kami. ‚Der den Himmel erfüllende Gott‘. *Kita-no-no mi-kami ama-mitsŭ ten-zin-wo mòsi-tate-matsŭru nari. Meô-zin nari.* ‚Den erhabenen Gott der nördlichen Wildniss nennt man *ama-mitsŭ ten-zin,* den den Himmel erfüllenden Gott des Himmels. Es ist ein berühmter Gott‘.

Amagiru. 霧 天 遮 天 *nado kakeri. Amagirasi-to-mo jomeri. Juki nado-no sora-wo fedate-kasŭmeru tei nari.* ‚Wurde *ama-kiri* (Himmelsnebel, wie oben), *ama-sajegiru* (den Himmel hemmen, wie oben) und auf ähnliche Weise geschrieben. Man liest auch *amagirasi.* Bedeutet, dass Schnee und dergleichen den Himmel abschliesst und in Nebel hüllt'.

Ama-no to. ,Die Thüre des Himmels'. *Tada sora-no koto nari.* 明 *Akeru-to iû-ni jotte* 戸 *to-to ijeri.* ,Ist nur so viel als *sora,* Himmelsfeste. Mit Bezug auf das Wort *akeru* ,öffnen' und ,tagen' sagt man *to,* Thüre'.

Ama-sakaru fina. ,Die vom Himmel sich trennende Landstadt'. 日 *Fi-to tsûdzûkeru makura-kotoba nari. Mata mijako-wo fanaruru-wo-mo iû nari. Mata to-oki kuni-wa ten-ni sakai-te mijuru* 間 *aida ama-sakaru-fina-to ijeru nari.* ,Ist ein mit *fi* ,Sonne' verbundenes Polsterwort. Es bezeichnet auch: sich von der Hauptstadt trennen. Ferner wird ein fernes Reich, während es dem Himmel entgegengesetzt erscheint, ,die vom Himmel sich trennende Landstadt' genannt'.

Ama-biko. ,Der Himmelsjunker'. *Sora-ni mono-no fibiku oto nari. Jama-biko-ni onazi.* ,Ist der Wiederhall eines Gegenstandes in der Luft. Ist mit *jama-biko* ,Bergjunker' gleichbedeutend'.

Ama-gatsû. ,Das Himmelskind'. *Nin-giô nari. San-sai made mi-ni sojete motsû mono nari.* ,Ist eine Puppe. Dieselbe ist ein Gegenstand, den man bis zum dritten Lebensjahre an dem Leibe behält'.

Ama-no sa-jo-fasi. ,Die Brücke der wahren Nacht des Himmels'. *Ama-no kawa-ni tana-bata-no watari-tamô fasi nari.* ,Ist die Brücke an dem Himmelsflusse, über welche die Weberin setzt'.

Ama-dori. ,Der Regenvogel'. *Tsûba-me nari-to-mo tsûba-me-jori o-oki-naru-nite asi-naki tori nari. Ame-no furu fi tobu tori nari. Kumo-ni sû-wo kakete ko-wo umu-to ijeri.* ,Ist die Schwalbe und auch ein Vogel, der grösser als die Schwalbe ist und keine Füsse hat. Es ist der Vogel, der an dem Tage fliegt, an welchem es regnet. Man sagt, dass er sein Nest an die Wolken hängt und daselbst Junge hervorbringt'.

雨 *Ama-bari.* 雨 *Ame-no faruru koto nari.* ,Ist so viel als *ame-no faruru,* nach dem Regen heitert es sich auf'.

Ama-no fara fu-zi. ,Der Fu-zi der Ebene des Himmels'. *Fu-zi-no jama-wa sora-to fitosi-ku takaki juje ama-no fara-to tsûdzûke-tari.* ,Weil der Berg Fu-zi mit dem Himmel von gleicher Höhe ist, hat man ihn mit *ama-no fara* ,die Ebene des Himmels' verbunden'.

Ama-no ja-tsi-mata. ,Die achttausend Strassen des Himmels'. *Sora-no koto nari.* ,Ist so viel als *sora,* Himmelsfeste'.

Ama-bito. ,Fischer'. 人 海 *to-mo* 蜑 *to-mo* 士 海 *to-mo kaku.* ,Wird *ama* (wie oben dreimal) geschrieben.

Ama-no sajedzûri. ,Das Zirpen des Fischers'. *Ama-bito-no mono-iû koto nari.* ,Ist das Gespräch der Fischer'.

Ama-no mate-kata. Mata-wa ama-no maku kata-to-mo. Riô-setsû ari. Tosi-nari-kiô setsû-wa ama-no mate-kata nari. Kijo-fô setsû-wa 蜑 *ama-no maku kata nari. Siwo-no fi-kata-ni kai-wo firô nari-to iû nari. Maku kata-wa fi-kata-ni siwo-ni simeri-taru sûna-wo mata maki-tsirasi-te ima siwo-no mitsi-taru-ni mata simesi-te karaku site jaku nari. Ja-kumo go-seô-ni-wa mate-kata-wo motsijuru nari. Arai-wa iwaku mate-kata-wa siwo-fama-wo narasû dô-gu nari.* ,Man sagt auch *ama-no maku kata.* Es gibt zwei Erklärungen. Nach der Erklärung des Reichsministers Tosi-nari heisst es *ama-no mate-kata,* die Nagelmuschelseite des Fischers. Nach der Erklärung Kijo-fo's heisst es *ama-no maku kata,* die säende Seite des Fischers. Es wird gesagt, es bedeute: zur Zeit der Ebbe Muscheln auflesen.

Maku kata ‚die säende Seite' bedeutet: Man streut zur Zeit der Ebbe durch die Salzfluth feucht gewordenen Sand wieder umher und nachdem ihn die gegenwärtige Fluth wieder befeuchtet hat und er trocken geworden ist, brennt man ihn. In den Abschriften der acht Wolken bedient man sich des Wortes *mate-kata.* Einige sagen, *mate-kata* sei ein Werkzeug zum Ebnen des Salzufers'.

Ka-rin-riô-sai-ni iwaku. ‚In der trefflichen Begabung des Liederwaldes heisst es:' Verse:

Ise-no umi-no ama-no mate-kata itoma-nami nagaraje-ni-keru mi-wo-zo uramuru.

‚Die Nagelmuschelseite des Fischers des Meeres von Ise, ohne Zeit zu haben, hasst den Leib, der am Leben gewesen'.

Migiri-wa umi-be-ni famaguri-to môsû mono sûna-no naka-ni ari-te sûna-wo faki-idaseru sono fô-wo mite ama-mate-gari tote kano-no saki-no fosoki-wo futa-mata-ni si-taru-nite kore-wo sasi tori-dori-sûru juje-ni itoma-nasi-to-wa ijeru nari. ‚Hinsichtlich des Obigen: An dem Meerufer findet sich in dem Sande der Gegenstand *famaguri* ‚Tellmuschel'. Die Fischer betrachten die Seite, wo sie den Sand herausgefegt haben, und nachdem sie, zum Behufe der Nagelmuscheljagd, aus dünnen eisernen Spitzen eine Gabel gebildet haben, stechen sie gegen diese Seite auf allerlei Weise. Desswegen heisst es: ohne Zeit zu haben'.

Ama-no saka-te. ‚Die verkehrte Hand des Himmels'. *Fito-wo siû-so-sûru toki te-wo utsi-te ten-ni ôgi-te norô koto nari. Zin-zi-ni mi-te-gura-to iû-mo. Mija-bito itsi-dô-ni te-wo utsû koto nari. I-mono-ni-mo ama-no saka-te-wo utsi-te nan noroi-oru-to ari. Mata ama-no umi-no naka-jori agaru toki saka-te-wo utsi-te agaru-to ijeri.* ‚Bedeutet: Wenn man die Menschen verwünscht, auf die Hand schlagen, zu dem Himmel emporblicken und sie so verwünschen. Unter den göttlichen Dingen heisst es auch *mi-te-gura.* Es bedeutet: die Menschen des Palastes schlagen zu gleicher Zeit auf die Hand. Auch in der Geschichte von Ise heisst es: Sie schlugen auf die Hände und verweilten unter Verwünschungen. Auch wenn der Fischer von dem Meere ans Ufer steigt, sagt man: er schlägt die verkehrte Hand und steigt ans Ufer'.

Ama-no tagu nawa. ‚Das Seil, welches der Fischer hinaufzieht'. *Siwo-ni kutsi-taru nawa-wo ama-no firoi-te taguru koto nari. Koburi ni musûbi-te-wa iû-ni ojobazû. Keburi-mo naku-te ama-no tagu nawa-to iû-wa fiki-faje-taru nawa-wo ama-no iso-ni idete taguri-joseru koto nari.* ‚Bedeutet, dass der Fischer das in dem Seewasser verfaulte Seil aufliest und hinaufzieht. Von *keburi-ni musûbi-te* ‚mit Rauch knüpfend' ist es nicht nöthig, zu sprechen. Der Ausdruck: ‚Indess kein Rauch da ist, das Seil, welches der Fischer hinaufzieht' bedeutet: Der Fischer tritt an das Ufer und zieht das aufgehäufte Seil hinauf'. Verse:

Nani-wa-je-ja ama-no tagu nawa fosi-wabi-te kefuri-mo simeru sa-midare-no koro.

‚Der Strom von Nani-wa! Das Seil, das der Fischer hinaufzieht, indess man es trocknet, indess man anfleht, der Rauch auch befeuchtet es um die Zeit des fortgesetzten Regens'.

Ama-wo-bune-fatsû-se. ‚Das Fatsu-se des kleinen Himmelsschiffes'. *Mukasi ame-no iwa-fune-wo tome-si tokoro nari. Mata ama-wo-fune-fatsûru nado-to jomeri. Issetsû-ni-wa* 蜑 *ama-wo-bune-to-mo ijeri.* ‚Ist der Ort, an welchem man ehemals das Felsenschiff des Himmels stillstehen liess. Man liest auch ‚das kleine Himmelsschiff zerhauen' und Aehnliches. Nach einer Erklärung bedeutet es auch: das kleine Fischerschiff'.

Ama-no siû. 蜑 *Ama-no nin-ziû nari.* ‚Ist die Anzahl der Fischer'.

Ama-no süte-kusa. ‚Die von den Fischern verworfenen Pflanzen‘. *Ama-bito-no siwo-jaki-taru fai-wo itadzüra-ni süru-wo iû nari.* ‚Bedeutet, dass die Fischer die Asche, aus welcher Salz gebrannt wurde, für nichts achten‘.

Ama-no kawa kajofu uki-ki. ‚Das mit dem Himmelsschiffe verkehrende Treibholz‘. *Mukasi kan-no bu-tei tsiô-ken-to ijeru sin-ka-wo site ama-no kawa-no mina-kami-wo kiwame-sase-tamô-ni tsiô-ken uki-ki-ni nori-te ama-no kawa-ni itari sioku-dzio-ni ai-te mi-kado-no o-ose-wo katari-te koko-ni kitari-taru sirusi-wo kô-ni sioku-dzio fata-mono-no isi-wo torase-tari. Motsi-te kajeri kono josi-wo sô-süru-ni mi-kado mokoto-to si-tamawazü isi-wo tei-ziô-ni süte-wokare-si-wo tô-fô-saku-to ijeru mono kore-wo mite ika-nare-ba sioku-dzio-no fata-mono-no isi-wa koko-ni kitari-si-zo-to odoroki-si-ka-ba mi-kado fazimete kore-wo sin-zi-tamai-si-to nari. Kono ko-zi-wo tori-te jomeri.* ‚Einst hiess Kaiser Wu von Han einen Diener Namens Tschang-kien die Quelle des Himmelsflusses erforschen. Tschang-kien stieg auf ein Stück Treibholz und gelangte zu dem Himmelsflusse. Er traf mit der Weberin zusammen, theilte ihr den Auftrag des Kaisers mit und bat sie um ein Zeichen, dass er hierher gekommen sei. Die Weberin hiess ihn einen Stein ihres Webstuhls nehmen. Er nahm diesen und kehrte zurück. Als er diese Sache an dem Hofe meldete, hielt es der Kaiser nicht für wahr, und der Stein wurde in den Vorhof geworfen, woselbst er liegen blieb. Ein Mann Namens Tung-fang-sŏ sah ihn und rief erschrocken: Wie ist der Stein des Webstuhls der Weberin hierher gekommen? — Jetzt erst glaubte es der Kaiser. Auf diese alte Begebenheit wurde ein Gedicht verfasst‘. Verse:

Ama-no kawa kajofu uki-ki-ni koto-towan momidzi-no fasi-wa tsiru-ja tsirazü-ja.

‚Die an das mit dem Himmelsflusse verkehrende Treibholz Fragen stellen wird, die Brücke der rothen Blätter, zerfällt sie? zerfällt sie nicht?‘

雨 *Ama-dzütsümi.* ‚Die Regenhülle‘. *Ama-siô-zoku-süru kokoro-ka.* ‚Hat vielleicht den Sinn: einen Regenanzug tragen‘. Verse:

Kari-gane-no fa-mo siboru-ran ma-süge ofuru ina-sa-foso-je-ni ama-dzütsümi-se-jo.

‚Wo die wilde Gans die Flügel auswinden wird, an dem dünnen Strome von Ina-sa wo die wahre Binse wächst, trage du die Regenhülle‘.

Ake-goto. Kami-ni-mo fotoke-ni-mo ta-muke-süru koto nari. Aru onna tana-bata-ni uta jomi-te ta-mukeru-wo mite fito-no asiku satasi-kere-ba jomi-keru. ‚Ist so viel als den Göttern oder Buddha ein Handopfer reichen. Ein Weib verfertigte ein Gedicht und reichte es der Weberin als ein Handopfer. Als dieses die Menschen sahen und es ihr übel nahmen, verfertigte sie ein Gedicht‘. Verse:

Tana-bata-ni kasan-to omofu ake-goto-ni sono 夜 *jo naki na-no tatsi-ni-keru kana.*

‚Von dem ich glaubte, dass ich der Weberin es leihen würde, das Handopfer, hierdurch ist der Name, der diese Nacht nicht war, erstanden!‘

Ake-no sowo-bune. Akaku sai-siki-si-taru fune nari. Ake-wa akaki nari. Fo mo-zi wo-to jomu-besi. ‚Ist ein roth und buntfarbig gebautes Schiff. *Ake* ist *akasi*, roth. Das Schriftzeichen *fo* (in dem Theile ホソ *sofo*) muss *wo* ausgesprochen werden‘. In dem Sio-gen-zi-kô heisst dieses Wort *ake-no tsufo-bune* [1], was offenbar ein Fehler. *Sowo* ist ein verschiedenes Jomi für 粧 *sa-u* oder *sija-u*, schminken‘.

[1] Sowohl in der lithographirten als in der neuen japanischen Ausgabe vom Jahre 1861. Das Wörterbuch *Jei-tai-setsû-jô-mu-sin-zô* hat jedoch ホソ *sofo.*

Ake-no tama-gaki. ‚Die rothe Edelsteinumzäunung'. *Akaki i-gaki nari.* ‚Ist ein rother Zaun um einen Tempel'.

Afu-na-afu-na. Nen-goro-naru kokoro nari. Mata makoto-ni-to iû kokoro. ‚Steht in dem Sinne von: freundlich. Es steht auch in dem Sinne des Wortes *makoto-ni,* in Wahrheit'.

Afu-go. 期 會 *to kaku. Afu toki-no koto nari. Mata awan kagiri nado iû kokoro nari. Sore-wo mono-ninò* 杁 *afu-ko-to iû mono-ni josete jomu koto-mo ari.* ‚Wird *afu-go* (wie oben) geschrieben. Ist so viel als *afu toki,* die Zeit der Zusammenkunft. Man liest es auch in Bezug auf den zum Tragen von Lasten dienenden Gegenstand *afu-ko,* Tragebaum'. Verse:

Fito kofuru koto-wo omo-ni-ni ninai-mote afu ko naki koso wabi-si-kari-kere.

‚Die Menschen, das Lieben als schwere Last auf dem Rücken indem sie tragen, ohne Tragebaum nur mögen elend sie gewesen sein'.

Afu sa kiru sa. Ô sama kuru sama nari. Mata to-sũru-mo kaku sũru-mo-to iû kokoro-mo ari. ‚Bedeutet *ô sama kuru sama,* gehen und kommen. Ferner hat es den Sinn des Wortes *to-sũru-mo kaku-sũru-mo,* auf jene und auf diese Weise sein'.

Afumi-no ja. No mo-zi soje-taru-nite tada afumi nari. ‚Das Zeichen *no* ist hinzugefügt, und das Wort bedeutet bloss *afumi,* die Provinz Ômi'.

Ako. 居 中 御 *Mi-naka-wi-to iû-ni onazi koto nari.* 休 — *Ikkiû-wa ako-ga fara-jori umaru-to ijeru kore nari. Kono ako-wa go-ko-matsũ-in-no kijo-tokoro-wo sũru onna nari. Kijô-tokoro-wa* 部ァ 膳ゼ *zen-bu-sũru tokoro nari.* ‚Ist mit dem Worte *mi-naka-wi* ‚in dem kaiserlichen Inneren wohnen' gleichbedeutend. Es ist dasselbe, das in dem Satze: ‚Ikkiû ward von einer Bewohnerin des kaiserlichen Inneren geboren' gesagt wird. Diese Ako war ein Weib, welches bei dem Kaiser Go-ko-matsu-in die reine Stelle bekleidete. Die reine Stelle bedeutet: eine Stelle bei der Abtheilung der Lebensmittel bekleiden'.

Ago-tonofuru. Ami-no gu-wo siraburu nari. Mata 子 網 *a-go-wa uwo-no tsi-isaki-wo toru nari.* ‚Bedeutet: das Geräthe des Netzes herrichten. Ferner hat *a-go* (wie oben) die Bedeutung: kleine Fische fangen'.

Ate-naru fito. ‚Ein Mensch als Augenmerk'. *Sũkure-taru-to iû nari. Utsũkusi-ku zin-iô-naru sũgata-to iû nari. Mata fû-riû nari. Mata joki koto-wo ate-to iû. Mata ate-faka-to iû-mo utsũkusi-ki nari.* ‚Bedeutet: ausgezeichnet. Ferner bedeutet es ein schönes und gefälliges Aeussere. Es bedeutet ferner *fû-riû,* artig. Ferner nennt man eine gute Sache: *ate* (Ziel, Augenmerk). Ferner hat *ate-faka* die Bedeutung *utsũkusi,* schön'.

Azare-taru sũgata. ‚Ein (wie Fische oder Speisen) verdorbenes Aeussere'. *Zoku-ni iû siare-taru sũgata nari. O-o-nawosi sũgata-wo azare-taru o-o-kimi sũgata-to ijeri.* ‚Ist das im gemeinen Leben übliche *siare-taru sũgata,* ein gefälliges Aeussere. Das Aussehen des Kleides der grossen Würdenträger nennt man das gefällige Aussehen des grossen Gebieters'.

Asaki ne-zasi. ‚Das seichte Wurzeltreiben'. *Ijasi-ki fara-ni umare-taru nari.* ‚Bedeutet: von einer gemeinen Mutter geboren sein'.

Asa-ke taku fi. ‚Das beim Tagesgrauen angezündete Feuer'. *Asa-no iwi taku nari.* ‚Bedeutet: den Morgenreis brennen'.

Asa-nage. Teô-seki-to iû kotoba nari. Mata asa-nige-to iû-mo onazi-kokoro nari. ‚Ist ein Wort, welches ‚Morgen und Abend' bedeutet. Auch *asa-nige* hat dieselbe Bedeutung'.

Asa-nagi jufu-nagi kai-fen-ni iû kotoba nari. Asa-na jufu-na tada asa-jufu nari. ‚*Asa-nagi* ‚Morgenstille', *jufu-nagi* ‚Abendstille' sind Wörter, welche man von dem Meerufer gebraucht. *Asa-na jufu-na* hat bloss den Sinn von *asa-jufu,* Morgen und Abend'.

Asa-kare-wi. Ten-si-ni asita-ni tate-matsüru go-zen nari. Mata tada kare-wi-to-wa fositaru 食 *iwi nari. I-mono-ni kare-iwi-no uje-ni namida otosi-te-to aru-mo* 飯 乾 *kare-iwi-wo iû nari.* ‚Ist die Speise, welche man am Morgen dem Himmelssohne darreicht. Ferner bedeutet *kare-iwi* allein auch getrocknete Reisspeise. In der Geschichte von Ise heisst es: Er liess auf den getrockneten Reis die Thränen fallen‘. Auch dieses bedeutet: getrockneter Reis‘.

Asa-mojoi. 催 朝 *to kaku. Ki-to iû makura-kotoba nari. Ki-to tsüdzükezü-site-wa jomu-be-karazü. Asi mojete joki* 木 *ki-to iû koto nari. Man-jeô-no setsü nari. Issetsü-ni asa-mojoi-wa iden-to süru kokoro nari. Funa-mojoi-ni onazi.* ‚Wird *asa-mojoi* (Vorbereitung des Morgens, wie oben) geschrieben. Ist ein Polsterwort, welches *ki*[1] bedeutet. Ohne dass *ki* damit verbunden ist, darf man es nicht aussprechen. Es ist so viel als *asi mojete joki ki,* ein guter Baum, wenn das Schilf sprosst. Es ist Erklärung des Man-jeô. Nach einer Erklärung hat *asa-mojoi* den Sinn: im Begriffe sein, herauszukommen. Es ist wie bei *funa-mojoi,* Vorbereitung des Schiffes‘.

Asa-ka-gata. 潟 香 淺 *ban-siû-no mei-sio nari.* ‚*Asa-ka-gata* (wie oben) ist ein berühmter Ort in Ban-siû‘.

Asa-i. 寢 朝 *to-mo* 居 朝 *to-mo kaku. Asa-ne-süru nari.* ‚Wird *asa-ne* (am Morgen schlafen, wie oben) und *asa-wi* (am Morgen weilen, wie oben) geschrieben. Bedeutet: am Morgen schlafen‘.

出 戸 朝 *Asa-to-de. Asa toku to-wo tatsi-ideru nari.* 出 戸 夜 *jo-to-de-wa joru tatsi-ide-taru nari.* ‚Bedeutet: am Morgen frühzeitig zur Thüre herausgehen. *Jo-to-de* bedeutet: bei Nacht herausgekommen sein‘.

Asa-nagi. Asita-ni umi-no sidzüka-naru nari. Jufu-nagi-wa jû-no nami sidzüka-naru nari. ‚Bedeutet, dass am Morgen das Meer ruhig ist. *Jufu-nagi* ‚Abendstille‘ bedeutet, dass die Wellen des Abends ruhig sind‘.

Asa-dzüku fi. Asa-fi nari. ‚Ist die Morgensonne‘.

Asa-biko. ‚Der Morgenjunker‘. *Fi-no koto nari.* ‚Ist so viel als die Sonne‘.

Asa-borake. 朗 明 *to kaku.* 明 *Ake-watasi-taru ke-siki nari.* 開 朝 *tsabiraki-to-mo jomu.* ‚Wird *mei-rô* (wie oben) geschrieben. Ist der Anblick des Ueberganges zum Tagesanbruch. Man liest auch *asa-biraki,* das Oeffnen des Morgens‘. *Borake* ist aus *fogaraka* ‚hell‘ entstanden‘.

Asa-gasiwa. ‚Die Morgenpistazie‘. *Kasiwa-no fa-no maki-taru-wo nuru-to iû.* ‚Von den zusammengerollten Blättern der Pistazie sagt man, dass sie schlafen‘. Verse:

Asa-gasiwa nuru-ja kawa-be-no sino-no me-ni omoi-te nure-ba jume-ni mije-tsütsü.

‚Wo die Morgenpistazie schläft, das Flussufer, als beim Morgengrauen daran denkend ich schlief, ist im Traume erschienen‘.

麻 *Asa-no sa-goromo.* ‚Das schmale Hanfkleid‘. *Nuno-no sebaki koromo nari.* ‚Ist ein enges Leinwandkleid‘.

Asa-kura-utafu. ‚Die Morgenscheune singen‘. *Kagura-no utai-mono nari.* ‚Ist ein Gesang bei der gottesdienstlichen Musik‘.

Asa-bata. ‚Der Morgengarten‘. *No-be-wo iû nari. Atsürafu juki-to-wa atsüku furu juki nari.* ‚Bedeutet das wüste Feld. *Atsürafu juki* ‚der trügende Schnee‘ (in dem folgenden Gedichte) bedeutet einen dicht fallenden Schnee‘. Verse:

---

[1] *Ki* ist hier bloss in Sylbenschrift angegeben.

Asa-bata-ja atsürafu juki-wo kaki-wakete kimi-ga tsi-tose-no ne-nobi-wo-zo süru.

,In dem Morgenarten den trügenden Schnee scharrend und zertheilend, streckt der Gebieter in dem Schlafe der tausend Jahre sich'.

Asa-fatsü-ne. ,Der erste Laut des Morgens'. *Fadzükasi-ku-to iû kokoro nari. Mata* 泣 *naku koto-wo ijeri.* ,Hat den Sinn des Wortes *fadzükasi-ku*, verschämt. Ferner bedeutet es so viel als *naku* weinen'. Verse:

Tama-no wo-wa taje-na-ba taje-ne asa-fatsü-ne waga naku nami-wo fito-ni sirase-zi.

,Der Edelsteine Schnur, zerreisst sie, so zerreisse sie. Des Morgens ersten Laut, die Thränen, die ich weine, geb' ich nicht den Menschen kund'.

Das in diesem Gedichte gesetzte *nami* scheint die Abkürzung von *namida* ,Thräne' zu sein.

Asa-ku sa manu. Neko-no kotonaru na nari. ,Ist ein verschiedener Name für *neko*, Katze'. Die Herleitung dieses Wortes wird nicht angegeben und lässt sich auch nicht errathen.

Asaruru. 端有 *to kaku. Fito-no naka asi-ku naru-wo iû.* ,Wird *u-tan* (wie oben) geschrieben. Bedeutet, dass die Beziehungen zu den Menschen schlecht sind'.

Azami-ajeri. 敢嘲 *to kaku. Fito kozori-te azakeri-warò nari.* ,Wird *azakeri-ajete* (zu verspotten wagen, wie oben) geschrieben. Bedeutet, dass alle Menschen spotten und lachen'. *Azami* steht für *azakeri*, verspotten.

Asari isari-no sia-betsü. ,Der Unterschied zwischen *asari* und *isari*' (fischen). *Aru fito iwaku asari-to iû isari-to iû-wa onazi koto nari. Kore-ni jori-te asita-ni süru-wo asari-to nadzüke jû-be-ni süru-wo-ba isari-to ijeri. Kore adzüma-no ama-no* 狀口 *kô-ziò nari-to mu-miò-seô-ni ijeri.* ,Einige sagen, die Wörter *asari* und *isari* (fischen) seien ein und dieselbe Sache. Dem zufolge würde: es am Morgen thun, *asari* genannt. Es am Abend thun, hiesse *isari*. In den namenlosen Abschriften wird gesagt, dieses seien Ausdrücke der östlichen Fischer'.

Asa-mo-gawa-no miò-zin. ,Der glänzende Gott des Flusses Asa-mo'. Ist ein Gott des Districtes Fo-za in dem Reiche Tan-go.

Aki-no mija. ,Der Palast des Herbstes'. *Tsiû-gû mata-wa kisaki-no koto-wo môsü nari.* ,Bedeutet soviel als eine Gemalin des Himmelssohnes oder auch die Kaiserin'.

Aki-tsü kuni. Nippon-no koto nari. Mata aki-tsü-ba-no sügata-no kuni-to-mo ijeri. Aki-tsü-ba-to-wa ton-bô-no koto nari. ,Ist so viel als Nippon. Man sagt auch *aki-tsü-ba-no sügata-no kuni*, das Reich von der Gestalt der Libelle. *Aki-tsü-ba* ist so viel als *ton-bô*, Libelle'.

秋 *Aki-simare. Aki-si-mo are-ba-to iû nari.* ,Ist das Wort *aki-si-mo are-ba*, als der Herbst auch war'.

Aju-no kaze. Kosi-no zoku-go-ni figasi-kaze-wo aju-no kaze-to iû. Beni-kokoro ai-no kaze-to-mo iû. ,In der gemeinen Sprache des Reiches Kosi nennt man den Ostwind *aju-no kaze*, der Wind des Weissfisches. In dem mennigrothen Herzen sagt man auch *ai-no kaze*, der Wind der Begegnung'.

雨 *Ame-wo fana-no fu-bo-to jomeru uta.* ,Ein Gedicht, in welchem man den Regen als Vater und Mutter der Blumen liest'. *Si-ni jasinai-jete-wa wono-dzükara fana-no fu-bo-tari.* ,In den (chinesischen) Gedichten heisst es: Als es ihm (dem Regen) möglich war zu ernähren, war er der Blumen Vater und Mutter'. Verse:

Kefu-jori-wa ko-no me-mo faru-no sakura-bana oja-no i-same-no faru-same-no sora.

50*

Von heute an das Erwachen des Vaters der Baumknospen und der Kirschblüthen des Frühlings ist des Frühlingsregens Himmel'.

雨 *Ame-mojo-ni. Ame-no furan-to sūru ke-siki nari. Sora-mojo-ni-to-mo iū. Mojo* 催 *mojowosū nari.* ,Ist der Anblick der Landschaft, wenn es regnen will. Man sagt auch *sora-mojo-ni,* in dem Vorbereiten der Luft. *Mojo* ist *mojowosū,* vorbereiten'.

Ami-tori. ,Der Netzvogel'. *Fototogisū-no i-miò nari.* ,Ist ein verschiedener Name des Kuckuks'.

蘆 *Asi-* 手 *te-mo-zi.* ,Die Schriftzeichen der Schilfhand'. *Asi-no fa nari-ni mo-zi-no sūgata-wo kaku nari.* ,Bedeutet, dass die Blätter des Schilfes nach ihrem Aussehen die Gestalten von Schriftzeichen zeichnen'.

Aziro-beô-bu. ,Ein Bambusmattenwindschirm'. *Seô-zi-no jò-ni site aziro-wo kumi-ito-nite todzi-taru mono nari. Mata aziro-ta-mama-to-wa kuruma-wo iū nari.* ,Sind Bambusmatten, die nach Art eines Fensterladens mit Seidenflechten geheftet sind. Ferner hat *aziro-ta-mama* ,die Handweise der Bambusmatte' die Bedeutung des Wagens'. Verse:

Fana sakari asiro-ta-mama-no fima-zo naki fajasi-mo utsi-te ki-kiū-wa sūre-do.

,In Fülle sind die Blumen, indess, den Zwischenraum der Handweise der Bambusmatte nicht lassend, der Sturmwind schlägt, wie eilig sie auch seien'.

Asi-be. ,Die Schilfseite'. *Asi-no oi-taru migiwa nari. Asi-be-wo sasi-te tadzū naki-wataru-to jomeru.* ,Ist die Wassergränze, an welcher das Schilf wächst. Man liest: Auf die Schilfseite zeigend, setzt der Storch klappernd hinüber'.

占 足 *Asi-ura.* ,Die Fusswahrsagung'. 他 *Ta-je ide-juku-ni juku-ka juku-mazi-ki-ka tatsi-jasūrò nari.* ,Bedeutet: Wenn man zu einem anderen Orte hinausgeht, auf und ab wandeln, unschlüssig, ob man gehen solle oder nicht'. Verse:

Tsūki-jo jo-mi kado-ni ide-tatsū asira-site juku toki saje-ja imo-ni awazaran.

,In der Mondnacht, bei dem Austritte zu der Unterwelt Thor fusswahrsagend wenn ich gehe, werd' ich der Schwester nicht einmal begegnen'.

Asira steht in diesen Versen für *asi-ura.*

Aziro. ,Ersatz für das Netz'. *Fiwo-wo toru mono nari. U-dzi-gawa ta-na-gawa nado-ni jomeri. Aziro-utsi-wa fuju nari. Fiwo-wo* 日 *fi-wo feru koto nado-ni josete jomeri.* ,Ist ein Gegenstand, mit welchem man den Eisfisch fängt (eine Art Reuse). Man liest es von dem U-dzi, dem Ta-na und anderen Flüssen. *Aziro-utsi* ,die Reuse schlagen' bedeutet den Winter. Man liest *fiwo* ,Eisfisch' in Bezug auf *fi-wo feru* ,die Tage verbringen' und auf andere Dinge'. Der hier erwähnte Eisfisch ist ein kleiner Weissfisch, der im Winter mit dieser Reuse gefangen wird.

Asi-no maro-ja. ,Das runde Schilfhaus'. *Asi bakari-nite fuki-taru ko-ja nari. Mata mune nado-mo tatezū-site tsi-isaki ije naru-ni* 屋 丸 *maro-ja-to iū kokoro nari-to ijeri. Issetsū-ni ta-wo mamoru iwo nari-to ijeri.* ,Ist eine bloss mit Schilf gedeckte Hütte. Ferner sagt man: Weil es ein kleines Haus ist, bei dem man keine Balken und ähnliche Dinge aufstellt, so steht es im Sinne von *maro-ja,* rundes Haus. In einer Erklärung wird gesagt, es sei eine Hütte zur Bewachung der Felder'.

Asi-dzūtsū. ,Die Röhre des Schilfes'. *Asi-no jo-no naka-ni aru usū-jò-no jò-naru mono nari. Take-no naka-ni-mo aru. Usū-ki fito-je nado iū koto-ni josete jomeri.* ,Ist ein in den Gelenken des Schilfes befindlicher Gegenstand wie dünnes Papier. Es findet sich auch in dem Bambus. Man liest es in Bezug auf dünne, einfache und andere Dinge'.

Asūwa-no kami-ni ko-siba-wo sasū. ,Dem Gotte von Asuwa kleines Reisholz hinstellen'. *Simôsa-no kuni asūwa-mija-to môsū jasiro-wa kami-no tsikai-nite ko-siba-wo tate inoru koto-no aru josi. Ka-rin-riô-sai-ni ide-tari. Aru setsû-ni asûwa-no kami-to-wa kama-no kami-no koto nari-to ijeri.* ‚An dem Altare Asuwa-mija (der Tempel von Asuwa) in dem Reiche Simôsa stellt man bei dem göttlichen Schwur kleines Reisholz auf und betet. Das Wort ist in dem trefflichen Stoffe des Liederwaldes vorgekommen. In einer Erklärung heisst es, der Gott von Asuwa sei so viel als der Gott des Herdes‘.

Classe *Sa.*

Saiwai-no mi. ‚Der Leib des Glückes‘. *Mine-wo iû nari.* ‚Bedeutet *mine*, Berggipfel‘.

Sawa-fikome. Simo-wo iû nari. ‚Bedeutet *simo*, Reiffrost‘. Die ursprüngliche Bedeutung dieses Wortes ist wahrscheinlich: den Sumpf einschliessen. Verse:

Sawa-fikome woku waga jado-no mase-no utsi-ni kawara-jomogi-no kataku kare-nuru.

‚Wo den Reiffrost man hinlegt, innerhalb des Zaunes meiner Herberge ist der Beifuss der trocknen Stelle des Flusses unmöglich verdorrt‘.

Sa-wa. Sara-ba-to iû kotoba nari. Ima-wa sa-wa nado nari. ‚Ist das Wort *sara-ba*, wenn es so ist. Hat die Bedeutung wie in *ima-wa sa-wa* ‚jetzt, wenn es so ist‘ und anderen Ausdrücken‘.

Sawo-no uta. ‚Ein Ruderstangenlied‘. *Fune-sasû fito-no utô nari.* ‚Ist der Gesang der Ruderer‘.

Sa-wo-fime. Faru-wo mamoru kami nari. Zin-gi-ni arazû. ‚Ist die den Frühling bewahrende Göttin. Es ist keine Erdgottheit‘.

Sato-bitaru. Sato-nare-taru kokoro nari. Sato-bitaru inu-no ko-e nado jomeri. ‚Hat den Sinn von *sato-nare-taru*, an das Dorf gewöhnt. Man liest: ‚Des an das Dorf gewöhnten Hundes Stimme‘ und Aehnliches‘.

Sato-nareru. ‚Sich an das Dorf gewöhnen. *Mata sato-naruru-to-mo iû. Sato-nare-somuru fototogisû-to jomeri.* ‚Es heisst auch *sato-naruru.* Man liest: Der Kuckuk, der an das Dorf sich zu gewöhnen beginnt‘.

Sato-kagura. ‚Die Göttermusik des Dorfes‘. *Kin-tsiû-no foka si-fô-no zin-zia-nite okonawaruru kagura nari.* ‚Ist die gottesdienstliche Musik, die ausserhalb des kaiserlichen Palastes, an den göttlichen Altären der vier Gegenden aufgeführt wird‘.

Satori- 母 *fawa.* ‚Die verständige Mutter‘. *Mon-ziû-no koto.* ‚Ist so viel als *mon-ziû*, die Muschel der gestreiften Perlen‘.

Satsi. 幸 *to kaku. Umi-no satsi nado iû saiwai-aru kokoro nari.* ‚Wird *saiwai* (Glück, wie oben) geschrieben. *Umi-no satsi* (die Ausbeute des Meeres) und anderes hat den Sinn von: Glück haben‘.

Sari-ge-naki. Se-zoku-ni sasara-ge-mo naki nari. Mata sa-aranu tei nari. ‚Ist das im gemeinen Leben übliche *sasara-ge-mo nasi* (nicht das Geringste[1]). Es bedeutet auch dass es nicht so ist‘.

Sa-nuraku. Sa-nuru 寢 小 *to kaku. Sûkosi kari-ne-si-taru nari.* ‚*Sanuru* wird *sa-nuru* (wie oben) geschrieben. Bedeutet: wenig und leicht geschlafen haben‘. Verse:

Sa-nuraku-wa tama-no woo bakari na-no tatsû-wa fu-zi-no taka-ne-no naku sawa-no goto.

‚Hat man wenig geschlafen, die Schnur der Edelsteine hindurch, ist das Erstehen des Namens dem tönenden Sumpfe auf des Fu-zi hohem Gipfel gleich‘.

---

[1] Dieses Wort konnte nirgends aufgefunden werden.

Sa-nurete. Sükosi nurete nari. ‚Bedeutet: ein wenig befeuchtet‘.

Saru-ga-u-ga masi-ku. Saru-gaku-meki-taru-to iû koto nari. Saru-gaku-no okori-wa siò-toku tai-si fada-no kawa-katsü-ni o-o-sete roku-ziû-roku-ban-no men-wo tsükuri fito-bito-ni dai-ri-no si-sin-den-no maje-nite mai-wo mawaseraru toki-ni tai-si sono kagura-no 神 *no zi-wo wakete* 樂 申 *saru-gaku-to nadzüke-tamai-si nari.* ‚Ist so viel als *saru-gaku-meki-taru*, es war wie Affenmusik‘. Was den Ursprung der Affenmusik betrifft, so erliess der Nachfolger Siò-toku[1] an Fada-no Kawa-katsu den Befehl und verfertigte die sechsundsechzigste Maske. Als man in dem kaiserlichen Palaste, vor der Halle Si-sin durch Leute den Tanz tanzen liess, theilte der Nachfolger das in dem Worte *kagura* ‚Göttermusik, vorkommende Zeichen 神 und gab der Sache den Namen *saru-gaku*‘ (wie oben). Das hier gebrauchte Wort 申 *saru* bedeutet an sich nicht ‚Affe‘, sondern ist das cyclische Zeichen *saru*, Affe. *Saru-ga-u* ist eine veränderte Aussprache für *saru-gaku*, Affenmusik oder Musik des Zeichens *saru*.

丸 猿 *Saru-maru tai-fu-ga faka.* ‚Das Grab des Grossen Saru-maru‘. *Ta-no kami-no sita-ni so-dzüka-to iû tokoro ari. Soko-ni saru-maru tai-fu-ga faka ari. Soko-no* 券 *ken-ni kaki-nose-tare-ba mina fito-sireri.* ‚Unter Ta-no kami liegt ein Ort Namens So-dzuka. Daselbst befindet sich das Grab des Grossen Saru-maru. Da es in die dortigen Urkunden eingetragen wurde, ist den Menschen alles bekannt‘. Der Grosse Saru-maru wird in dem Sio-gen-zi-kò unter dem Worte *saru-maru-tòge* ‚Bergübergang Saru-maru‘ ein Sänger *(ka-sen)* genannt.

Sa-wori-obi. 帶 織 小 *to kaku. Fosoki obi nari.* ‚Wird *sa-wori-obi*, kleingewebter Gürtel (wie oben) geschrieben. Ist ein dünner Gürtel‘.

Sa-wo naguru ma. ‚Die Dauer des Werfens der Spule‘. *Fata-woru* 梭 *sa-to iû mono-wo riò-fò-je nage-towosü aida-to iû koto-nite fodo-naki kokoro nari. Si-ni kuò-in sotsü-sotsü ippi sa-to ijeru-mo* 卒 *sossotsü-wa fajaki-koto-nite kuò-in-no süguru koto sa-wo towosü-ga gotosi-to ijeru nari. Tada sa-wo naguru ma-no jume-to ije-ba mu-ziò nari.* ‚Ist die Zeit, während welcher man die Weberspule nach beiden Seiten durchwirft und steht im Sinne von ‚unverzüglich‘. In den (chinesischen) Gedichten heisst es auch: ‚Das glänzende Yin eilfertig ist eine fliegende Spule‘. *Sossotsü* ist so viel als *fajasi*, schnell. Es bezeichnet: das Vorübergehen des glänzenden Yin (die Zeit) ist gleich dem Hindurchbringen der Spule. Wenn man sagt: ‚ein Traum nur von der Dauer des Werfens der Spule‘, so bedeutet dieses das Vergängliche‘.

Sawo-ni. 青 小 *to kaku. Siroki koto kiwamari-te awoku mijuru nari.* ‚Wird *sa-awo* (klein grün, wie oben) geschrieben. Bedeutet: Wenn das Weisse auf das Aeusserste getrieben ist, sieht es grün aus‘. Steht für *sa-awo-ni*.

場 下 *Sagari-ba.* ‚Der niederhängende Schauplatz‘. *Kami-no süso nari. Sage-gami-no koto-ni-ja.* ‚Ist der Saum des Haupthaars. Vielleicht so viel als *sage-gami*, herabhängendes Haupthaar‘.

Saka- 羽 *ba kaku.* ‚Den verkehrten Flügel kratzen‘. *Modzireru fa nari.* ‚Sind verdrehte Flügel‘. Verse:

Fasi-taka-no mi-jori-no saka-ba kaki-kumori arare-furu no-no mi-kari-sürasi-mo.

‚Der junge Falke, den links anliegenden verkehrten Flügel kratzend, umwölkt sich. Die erhabene Jagd des Feldes, wo der Hagel fällt, macht er auch mit‘.

[1] Siò-toku-tai-si. Derselbe führte den Buddhismus in Japan ein.

Saka-juku. 榮 *no zi-wo kaku. Sakajuru koto nari.* ‚Man schreibt das Zeichen *sakaje* (wie oben). Ist so viel als *sakajuru*, gedeihen'.

Saka-ki-ba-ni kake-si kagami. ‚Der an die Blätter des Götterbaumes gehängte Spiegel'. *Ama-teru o-ongami iwa-to-ni komorase-tamai-si toki ja-wo-jorodzü-no kami-gami saka-ki-no kami-tsü jeda-ni tama-wo kake naka-tsü jeda-ni kagami-wo kake sita-tsü jeda-ni fei-wo kakete kagura-wo sô-si-tamai-si-to nari.* ‚Als die den Himmel erleuchtende grosse Gottheit sich in der Felsenthüre verschloss, hängten die achthundertmal zehntausend Götter an die oberen Zweige des Götterbaumes Edelsteine. An die mittleren Zweige hängten sie einen Spiegel. An die unteren Zweige hängten sie Handopfer und führten die Göttermusik auf'.

Saka-ki-ba-utafu. ‚Die Blätter des Götterbaumes singen'. *Kagura-no utai-mono nari.* ‚Ist ein Gesang der gottesdienstlichen Musik'.

貞 *Sada. Süguru-to iû kotoba nari. Go-ziû-ni süguru-wo sakari-süguru-to iû kotoba nari.* ‚Ist ein Wort, welches *süguru* ‚übertreffen' bedeutet. Ist ein Wort von der Bedeutung: glänzend übertreffen, indem man Fünfzig übertrifft'.

Sa-zo-na. Geni-mo-to iû koto nari. Sa-zo aran nari. Mata omoi-fakaru kokoro nari. ‚Ist so viel als das Wort *geni-mo*, in der That. Bedeutet *sa-zo aran*, so wird es sein. Ferner hat es die Bedeutung: in Gedanken erwägen'.

Satsü-o. Kari-bito-ni jomeri. ‚Wird für *kari-bito* ‚Jäger' gelesen'. Steht für *satsi-wo* ‚Mann der Ausbeute'. Von dem obigen *satsi*, Ausbeute.

Satsüki-no tama. ‚Der Edelstein der Azalea'. *Kusü-dama-no koto nari. Ku-ni tsiû-sü.* ‚Ist so viel als *kusü-dama*, der Arznei-Edelstein. Wird bei *ku* erklärt'. Der Himmelssohn schenkt am fünften Tage des fünften Monats diesen Edelstein seinen Dienern. An einer fünffarbigen Seidenschnur an den Arm gehängt, schützt er gegen böse Dämonen. Das Wort *kusü-dama* ist in dem Sio-gen-zi-kò enthalten, aber ungenügend erklärt.

Sane-kon. Kasanete kitaran-to iû koto nari. Mata 來 眞 *to kaki-te makoto-ni kitaran-to iû kokoro-mo ari.* ‚Ist so viel als das Wort *kasanete kitaran*, wiederholt kommen werden. *Sin-rai* (wirklich kommen, wie oben) geschrieben, hat es auch den Sinn des Wortes *makoto-ni kitaran*, wirklich kommen werden'. *Sane-kon* steht für *kasane-kon*, wiederholt kommen werden. Wo ihm die Bedeutung ‚wirklich kommen' beigelegt wird, scheint 核 *sane* ‚Samenkorn' für 實 *mi* ‚Frucht' (*makoto* ausgesprochen ‚wirklich') gesetzt zu sein.

Sa-naje-tsüki. ‚Der Monat der frühen Schösslinge'. *Go-guatsü-no i-miò nari.* ‚Ist ein verschiedener Name für den fünften Monat'.

Sa-naku-te-mo. Sa-jò-naku-te-mo iû koto nari. ‚Ist so viel als das Wort *sa-jò-naku-te-mo*, indem es auf solche Weise auch nicht da ist'.

Saranu-dani. Sa-aranu-dani-mo-to iû kokoro nari. ‚Steht im Sinne des Wortes *sa-aranu-dani-mo*, nur nicht so'.

Sarasi-wi. ‚Der blossgelegte Brunnen'. *Roku-guatsü-ni ido-no midzü-wo kajete sarajuru nari.* ‚Bedeutet: im sechsten Monate des Jahres das Wasser des Brunnens erneuern und den Brunnen reinigen'.

Sarai-no kaze. ‚Der Wind der Harke'. *Furi-tsumori-taru juki-wo fuki-tsirasü-wo iû.* ‚Bedeutet, dass der Wind den gefallenen und in Haufen liegenden Schnee verweht'. Verse:

Furu-jori-mo sarai-no kaze-no süsamasi-ki josi-no-no jama-no sü-so-no-no sato-wa.

‚Seit es schneit, weht der Harkenwind, der kalte durch das Dorf von Su-so-no in dem Gebirge von Josi-no'.

Saranu wakare. ‚Die nicht weggehende Trennung‘. *Nogare-jenu wakare-nari.* ‚Ist die unvermeidliche Trennung‘. Verse:

Jo-no naka-ni saranu wakare-no naku-mo gana tsi-jo-mo-to inoru fito-no ko-no tame.

‚In der Welt die unausbleibliche Trennung, o wäre sie doch nicht! ‚Tausend Alter auch!‘ betet man um der Menschensöhne willen‘.

Samu-karasi. Samu-karu-ran-to iû nari. ‚Ist das Wort *samu-karu-ran*, es wird wohl kalt sein‘.

Sa-u-sogi-tatsŭ. Sawagi-tatsŭ nari. ‚Ist *sawagi-tatsŭ,* in Unruhe gerathen‘.

Sa-u-toki. Isogasi-ki kokoro nari. Fito-wo motenasŭ tote tori-fajasi-taru kokoro nari. ‚Hat den Sinn von *isogasi,* eilig. Hat den Sinn, dass, um die Menschen zu unterhalten, Musik aufgeführt wurde‘.

Saku-fa-no fuje. Siaku-fatsi-no koto nari. Gen-zi-ni saku-fa-no fuje jo-fukaku kiku-to kakeri. ‚Ist so viel als *siaku-fatsi,* eine Flöte von einem Schuh und acht Zoll Länge. In dem Geschlechte Gen wird geschrieben: Die Flöte Saku-fa hört man in tiefer Nacht‘. In dem Sio-gen-zi-kò wird dieses Wort *sasa-fa-no fuje* geschrieben, was unrichtig zu sein scheint, da *saku-fa* nichts anderes ist als *siaku-fatsi* mit veränderter Aussprache. 八 尺 *Siaku-fatsi* ‚Schuh acht‘ bezieht sich auf die oben angegebene Länge.

Sa-kuziri. Tsŭno-nite si-taru kiri nari. Mono-no musŭbore-wo toku mono nari. ‚Ist ein aus Horn verfertigter Bohrer. Derselbe dient zum Auflösen verknüpfter Dinge‘. Sonst *kuziri,* Knotenlöser.

Sakura-gari. ‚Die Kirschenjagd‘. *Sakura-wo tadzŭnuru nari.* ‚Bedeutet: Kirschen suchen‘.

Sakura-no i-miò. ‚Verschiedene Namen für *sakura,* Kirschbaum‘.

Faru-tsŭge-kusa. ‚Die meldende Frühlingspflanze‘.

Jume-mi-kusa. ‚Die Pflanze des Traumgesichts‘.

Ake-bono-kusa. ‚Die Pflanze der Morgendämmerung‘.

Josi-no kusa. ‚Die Pflanze von Josi-no‘.

Futsŭ-ka-kusa. ‚Die Pflanze zweier Tage‘.

Sakura-ta. ‚Das Kirschenfeld‘. *Sakura o-oku saki-taru tokoro-wo iû.* ‚Bedeutet einen Ort, an welchem viele Kirschbäume blühen‘.

Sakura-do. ‚Die Kirschthüre‘. *I-dokoro nari. Sakura-nite si-taru to nari. Jama-sakura-to ja-no bu-ni tsiû-sŭ.* ‚Bedeutet den Wohnsitz. Es ist eine aus Kirschbaum verfertigte Thüre. *Jama-sakura-to* ‚die Thüre der Bergkirsche‘ wird in der Classe *ja* erklärt‘.

Sakura-asa. ‚Der Kirschhanf‘. *Sakura-no saku koro asa-wo maku juje nari.* ‚Man sagt so, weil man zur Zeit der Blüthe der Kirschbäume Hanf säet‘.

Sakura-go-no koto. ‚Die Sache Sakura-go's‘. *Mukasi-* 見 櫻 *sakura-go-to iû musŭme ari. Futari-no onoko-ni omoi-kakerare-keru. Kono onoko-domo inotsi-wo sŭtete arasoi-kere-ba musŭme omoi-keru-wa mukasi-jori fito-musŭme-no mi-to site ni-mon-ni juku koto-wo kikazŭ. Sare-ba tote otoko-no kokoro-mo jawaragi-gatasi. Tada waga mi-wo usinawan-ni-wa sikazi-tote fajasi-no naka-ni wake-iri-te ki-ni kubi-wo kakete munasi-ku nari-nu. Futari-no onoko namida-wo nagase-domo kai-naku-te jomeru.* ‚Einst lebte ein Mädchen Namens Sakura-go (das Kirschkind). Dasselbe ward von zwei Männern geliebt. Als diese Männer, das Leben nicht achtend, mit einander stritten, dachte sich das Mädchen: Von jeher hat man nicht gehört, dass ein einziges Mädchen zu zwei Thoren gegangen wäre. Da es so ist, kann auch das Herz des Mannes nicht erweichen. Es kann nicht anders sein, als dass ich meines Leibes verlustig werde. — Hiermit drang sie in den Wald und erhängte sich an einem Baume. Die zwei Männer vergossen Thränen, konnten sich aber nicht helfen und verfertigten ein Gedicht'. Verse:

Faru sare-ba kazasi-ni sen-to waga omoi-si sakura-no fana-wa tsiri-ni-keru kamo.

,Von denen wir dachten, dass im Frühling zu einem Schirm wir sie machen würden, die Blüthen des Kirschbaums, sie sind verstreut!'

Imo-ga na-ni kake-taru sakura-bana saka-ba tsüne-ni-ja kofin ija-tosi-no fa-ni.

,Die dem Namen der Schwester angehängt sind, des Kirschbaums Blüthen, wenn sie sich öffnen, immer wohl werd' ich lieben an dem Rande von mehr und mehr Jahren'.

Sakura-bito. ,Ein Kirschenmensch'. *Fana-bito-to iû gotosi. Mijabi-jaka-naru kokoro nari.* ,Ist gleich dem Worte *fana-bito*, ein Blumenmensch. Hat den Sinn von *mijabi-jaka-naru*, fein, zierlich'.

Sakura-no mija. ,Der Palast der Kirschbäume'. *Ise* 宮 内 *nai-kû-no mi-koto nari.* ,Ist so viel als der innere Palast von Ise'.

Sakura-dani. ,Das Kirschenthal'. *Mei-do-wo iû. Òmi-no mei-sio-ni are-domo ai-zeô-ni arazare-ba imi-te jomu-be-karazü.* ,Bedeutet die Unterwelt. Da es zwar in Òmi einen berühmten Ort (dieses Namens) gibt, in ihm aber nichts Trauriges vorgefallen ist, so vermeidet man das Wort und darf es nicht lesen'.

Sake-no koto. ,Die Sache des Weines'. *Kami-ni tate-matsüru toki-wa mi-wa-to iû. Mata* 十 三 *mi-ki-to-mo ijeri. I-miô-wo take-no fa-to-mo nagare-no idzümi-to-mo ijeri. Mata sümi-taru-wo fiziri-to i-i nigoreru-wo ken-zin-to iû.* ,Wenn man ihn den Göttern darreicht, heisst er *mi-wa*. Er heisst auch *mi-ki*. Die verschiedenen Namen sind auch: *take-no fa* ,die Bambusblätter' und *nagare-no idzümi*, die fliessende Quelle. Ferner nennt man den geklärten Wein: *fiziri*, der Höchstweise. Den trüben nennt man *ken-zin*, der weise Mensch'. Verse:

Sake-no na-wo fiziri-to i-i-si inisije-no o-oki otodo-no koto-no jorosi-ki.

,Die den Wein mit Namen den Höchstweisen nannten, die grossen Diener des Alterthums, es ist ihre Sache, die rechte'.

Mata kami-zake-to iû-ni riô-setsü ari. Fito-tsü-ni-wa 酒 神 *kami-zake-to iû. Mata fito-tsü-ni-wa kutsi-nite kome-wo* 嚼 *kami-kudaki-te mukasi-wa sake-wo tsükuri-taru-ni jotte nari.* Ferner gibt es für das Wort *kami-zake* zwei Erklärungen. Nach der einen ist es *kami-zake* (Götterwein, wie oben). Nach der anderen heisst es desswegen so, weil man ehemals Wein verfertigte, indem man mit dem Munde den Reis zerbiss'. *Kami-zake* wäre nach der letzteren Erklärung: gebissener Wein.

Sazare-isi-no iwawo-to naru. ,Der Kies wird zu Felsen'. *Sazare-isi-wa komaka-naru isi nare-ba sore-ga* 長 *teô-site iwawo-to naran made-to iwai-kotobuku nari. Mata sazare-isi-no naka-no omoi-to-wa isi-wo ute-ba fi-no idzüru mono nari. Sono isi-no naka-ni fi-no aru koto-wo omoi-no fi-ni josete o-oku koi-ni jomi-tari. Sazare-isi-wa* 石 細 *to kakeri.* ,Bedeutet: so langes Leben wünschen, bis die kleinen Steine, aus denen der Kies besteht, gross gewachsen zu Felsen werden. Ferner hat: ,der Gedanke in dem Kies' die Bedeutung: wenn man den Stein schlägt, kommt Feuer hervor. Das Vorhandensein des Feuers in den Steinen bezieht man auf das Feuer des Gedankens und es wird häufig von der Liebe gelesen. *Sazare-isi* ,Kies' wird *komaka isi* (kleine Steine, wie oben) geschrieben'.

Saza-nami-no kuni. ‚Das Reich der gekräuselten Wellen‘. *Òmi-wo iû nari.* ‚Bedeutet das Reich Òmi‘.

Saza-nami-utafu. ‚Die gekräuselten Wellen singen‘. *Kagura-no utai-mono nari.* ‚Ist ein Gesang der gottesdienstlichen Musik‘.

Sazare-midzŭ. ‚Ein kleines Wasser‘. *Sŭkosi-nagaruru midzŭ nari.* ‚Ist ein Wasser, das wenig fliesst‘.

Sazare-wogi. ‚Der kleine Weiderich‘. *Fa fosô-site tsi-isaki nari.* ‚Bedeutet, dass die Blätter dünn und klein sind‘.

Sa-sa-jaka. ‚Niedlich‘. 許 ≥ 細 *to kaku. Sa-sa-jaka-naru ije sa-sa-jaka-naru kaki sa-sa-jaka-naru warabe nado iû idzŭre-mo tsi-isaku utsŭkusi-ki nari.* ‚In *sa-sa-jaka-naru ije* ‚ein niedliches Haus‘, *sa-sa-jaka-naru kaki* ‚eine niedliche Ringmauer‘, *sa-sa-jaka-naru warabe* ‚ein niedlicher Knabe‘ und anderen Ausdrücken hat das Wort überall die Bedeutung: klein und schön‘.

Sasa-take-no o-o-mija-bito. ‚Der Mensch des grossen Palastes von dem kleinen Bambus‘. *Mata sasŭ take-to-mo ijeri. O-o-mija-bito-to iû makura-kotoba nari. Issetsŭ-ni fa fosoki take-wo sasa-take-to iû.* ‚Man sagt auch *sasu take*, der stechende oder mit dem Finger zeigende Bambus. Ist ein Polsterwort, welches *o-o-mija-bito* ‚der Mensch des grossen Palastes‘ bedeutet. Nach einer Erklärung heisst ein Bambus mit dünnen Blättern: *sasa-take*‘.

Sasame-juki. Komaka-ni usŭku furu juki nari. ‚Bedeutet einen in kleinen Flocken und dünn fallenden Schnee‘.

Sasa-no kuma. ‚Die Uferbank des kleinen Bambus‘. *Sasa-no sigeri-te kage-kuraki nari.* ‚Bedeutet, dass der kleine Bambus blätterreich und dunkelschattig ist‘.

Saki-sa-magaki. 垣 檜 *Fi-gaki-wo iû nari.* ‚Bedeutet *fi-gaki*, eine Umzäunung von Lebensbäumen‘. *Saki-sa* ist die Zusammenziehung von *saki-kusa*, Lebensbaum.

Saka-ra-aru fito. Mono-wo joku iû fito nari. ‚Ist ein Mensch, der gut spricht‘.

Samenu jume. ‚Der Traum, aus dem man nicht erwacht‘. *Neru-ga utsi-ni miru jume-ni arazŭ. Fakanaki jo-wo tatojete ijeru nari.* ‚Ist nicht der Traum, den man im Schlafe träumt. Es bezeichnet durch ein Gleichniss die vergängliche Welt‘.

Sasi-nagara. Futa-kokoro ari. Sa-nagara to iû kokoro. Tada sasŭ-to iû koto-ni-mo. ‚Hat zwei Bedeutungen. Steht im Sinne von *sa-nagara*, eben jetzt, gerade so. Es steht auch im Sinne des einfachen *sasŭ*, mit dem Finger zeigen‘.

Sasi-kumi. Sasi-jori-ni-to iû koto nari. Jagate-no koto nari. ‚Ist so viel als das Wort *sasi-jori-ni*, dem gemäss. Ist so viel als *jagate*, sogleich‘.

Sasi-iraje. Fito-no mono-i-i-kake-taru fen-zi nari. ‚Ist die Antwort, die ein Mensch mündlich gegeben hat‘.

Sasi-gusi-no aka-tsŭki. ‚Der Tagesanbruch des aufgesteckten Kammes‘. *Kusi-wa aka-no tsŭku mono nare-ba aka-tsŭki-to iû kotoba-ni josete ijeri.* ‚Da der Kamm eine Sache ist, an welcher Schmutz haftet *(aka-no tsŭku)*, wird er auf das Wort *aka-tsŭki* ‚Tagesanbruch‘ bezogen‘.

Sabi- 江 *je.* ‚Ein rostender Strom‘. *Midzŭ-ni nigori-taru je nari.* ‚Ist ein Strom, der durch sein Wasser getrübt ist‘.

Sa-mo ara-ba are. ‚Wenn es so ist, sei es‘. 他 任 *to kakeri. Utsi-makase-taru kokoro nari.* ‚Wird *nin-ta* (wie oben) geschrieben. Hat den Sinn von *utsi-makase-taru*, einem Anderen übertragen haben‘.

Sase-mo. Sasi-mo-gusa. Idzure-mo jomogi-no koto nari. ‚Beides ist so viel als *jomogi*, Beifuss‘.

Sasŭrafu. Juki-meguri-taru kokoro. Mata sasŭraje-bito-wa ru-nin nari. ‚Hat den Sinn von *juki-meguri-taru*, umhergewandelt sein. Ferner bedeutet *sasŭraje-bito* einen Verbannten‘. In dem Sio-gen-zi-kò *sasorafu.*

Classe *Ki.*

Ki-wiru uguisu. 居 木 *Ki-wiru uguisŭ nari.* ‚Bedeutet: die auf dem Baume sitzende Nachtigall‘.

馬 ヒ ホ キ *Kiwoi-uma.* ‚Ein Pferderennen‘. In dem Sio-gen-zi-kò *kisoi-muma* und unter den gottesdienstlichen Gegenständen verzeichnet. Die Wörter フ ソ キ *kisofu,* フ ホ キ *kifofu (kiwô),* auch フ オ キ *ki-ô* ‚wetteifern‘ werden miteinander verwechselt‘.

梗 桔 *Kitsi-ka-u.* ‚Die blaue Glockenblume‘. *I-miŏ-wo fitoje-kusa-to iû.* ‚Ein verschiedener Name ist *fitoje-kusa,* die einzelne Pflanze‘. Sonst *ki-kiŏ* und *ari-no fira-gi,* der flache Baum der Biene‘.

霧 *Kiri-tatsi-bito.* ‚Ein Mensch des aufsteigenden Nebels‘. *Ja-kumo issetsŭ-ni fedate-taru fito-wo iû. Mata kiri-kiri je-wasŭrenu-to iû kokoro-ni-mo ijeri.* ‚Nach einer Erklärung der acht Wolken bedeutet es einen abgesonderten Menschen. Es wird auch im Sinne von *kiri-kiri je-wasŭrenu* ‚durchaus unvergesslich‘ gesagt‘.

桐 *Kiri-ni sŭmu tori.* ‚Der in dem Loosbaum wohnende Vogel‘. *Fô-wò-no koto nari. Go-siki-no tori nari. Go-dô-ni arazare-ba sŭmazŭ tsiku-zitsŭ-ni arazare-ba* 食 *wosi-sezŭ* 泉 醴 *rei-sen-ni arazare-ba nomazŭ* 代 聖 *sei-tai-ni arazare-ba idezŭ-to nari.* ‚Ist so viel als *fô-wò*, Paradiesvogel. Es ist der fünffarbige Vogel. Derselbe wohnt nirgends sonst als in dem Loosbaum. Er verzehrt nichts als die Bambusfrüchte. Er trinkt nichts als die Quelle des süssen Weines. Er kommt niemals zum Vorschein als in einem höchstweisen Zeitalter‘.

Kiri-fu-no sŭsŭki. ‚Das lange Gras des abgeschnittenen Ausschnitts‘. 葉 *Fa-ni fu-wo kiri-taru jò-ni kata-no tsŭki-taru-wo iû nari.* ‚Bedeutet, dass an den Blättern die Seiten geschwunden sind, als ob Ausschnitte abgeschnitten wären‘.

Kiri-tsŭbo. ‚Der Loosbaumtopf‘. *Kin-ri-no utsi-ni aru den-no na nari. Kiri-wo ujerare-taru-ni jotte kiri-tsŭbo-to-wa ijeru nari.* ‚Ist der Name einer Halle in dem kaiserlichen Palaste. Weil sie mit Loosbäumen bepflanzt ist, nennt man sie den Loosbaumtopf‘.

霧 *Kiri-no magaki.* ‚Der Zaun des Nebels‘. *Kiri-no tatsi-fedate-taru nari.* ‚Bedeutet: durch den sich erhebenden Nebel abgeschieden sein‘.

Kiri-girisŭ utafu. ‚Das Singen der schwarzen Grille‘. *Kagura-no utai-mono nari.* ‚Ist ein Gesang der gottesdienstlichen Musik‘.

Ki-nu-ki-nu. Aka-tsŭki-no wakare-wo iû nari. ‚Bedeutet die Trennung bei Tagesanbruch‘. Die eigentliche Bedeutung von *ki-nu-ki-nu* ist ganz ungewiss. Es kann die Wiederholung von *ki-nu* ‚es ist gekommen‘ sein.

Kijomawari. Siŏ-zin-sŭru koto nari. ‚Ist so viel als in Reinheit das Opfer darbringen‘. *Kijomawari* ist die Dehnung von *kijomari,* rein sein‘.

Kijo-ra. Tada kijoki koto nari. ‚Ist bloss so viel als *kijosi,* rein‘.

Kijo-taki-gawa. ‚Der Fluss des reinen Wasserfalls‘. *Jama-siro-no miŏ-sio ata-go-no fumoto nari.* ‚Ist ein berühmter Ort in Jama-siro, der Fuss des Berges Ata-go‘.

Kita-no mine. ‚Der Berggipfel des Nordens‘. *Jei-san nari.* ‚Ist der Jei-san‘ (der Berg Fi-jei-san in Òmi).

Kita utsi. Kaze-no nari. ‚Ist der Name eines Windes‘.

Kita-no okina. ‚Der Greis des Nordens‘. 翁 塞 *Sai-ô-no koto nari. Sô-zin-no ku-ni nin-gen-ban-zi sai-ô-ga uma* 枕 推 *tai-tsin* 中 軒 *ken-tsiû ame-wo ki-i-te nemuru. Kono ku-no kokoro-wa nin-gen-ban-zi zen-mo zen narazŭ aku-mo kanarazŭ si-mo aku narazŭ jorokobu-be-karazŭ kanasimu-be-karazŭ-to ijeru nari. Je-nan-zi-ni iwaku* 土 塞 *sai-do-ni okina ari muma-wo usinò. Mina fito kore-wo toburò-ni okina-no iû aku-mo nan-zo kanarazŭ si-mo aku naran. Sŭ-getsŭ ari-te kono muma ziûn-me-wo fiki-i-te kitaru. Fito mina kore-wo jorokobu. Okina-no iû zen-mo nan-zo kanarazŭ si-mo zen naran-to. Sono ko konomi-te muma-ni noru otsi-te fidzi-wo ori-nu. Fito mina kore-wo toburò. Okina-no iû aku-mo nan-zo aku naran. Fito-tose-site ko-koku o-oi-ni midaru sô-nen-no mono mina tatakai-si-sŭ. Komo ko fitori fidzi-no ore-taru juje-ni ikusa-ni idezŭ-site inotsi-wo tamotsŭ koto-wo je-tari.* ‚Ist so viel als der Greis von Sai. In den (chinesischen) Versen der Menschen von Sung heisst es bei den zehntausend Dingen des Menschengeschlechts: ‚Das Pferd des Greises von Sai löste sich von dem Pfahl. Inmitten des Vordachs hört er den Regen und schläft‘. Der Sinn dieser Verse ist: Unter den zehntausend Dingen des Menschengeschlechts ist das Gute nicht gut, das Böse muss auch nicht böse sein. Man darf sich nicht freuen, man darf sich nicht betrüben. Bei Hoai-nan-tse heisst es: Auf dem Gebiete von Sai lebte ein Greis. Derselbe verlor ein Pferd. Als die Menschen ihm ihr Bedauern ausdrückten, sprach der Greis: Wie sollte das Böse nothwendig böse sein? — Nach einigen Monaten kam dieses Pferd und brachte ein anderes schnelles Pferd. Die Menschen bezeigten ihm desswegen ihre Freude. Der Greis sprach: Wie sollte das Gute nothwendig gut sein? — Sein Sohn ritt gern auf dem Pferde. Er fiel herab und brach sich den Arm. Die Menschen drückten ihm desswegen ihr Bedauern aus. Der Greis sprach: Wie sollte das Böse nothwendig böse sein? — In einem Jahre war in dem Reiche Hu grosser Aufruhr, alle jungen Männer fielen in dem Kampfe. Dieser Sohn allein, der nicht zu dem Heere gegangen war, weil er den Arm gebrochen hatte, konnte das Leben bewahren‘.

驅 競 *Kisoi-gari.* ‚Um die Wette einherjagen‘. *Go-guatsŭ itsu-ka momo-kusa-wo toru koto nari.* ‚Ist so viel als am fünften Tage des fünften Monats die hundert Pflanzen (Arzneipflanzen) nehmen‘.

Kitsŭ. Tada kitsŭne-no koto nari. ‚Ist bloss so viel als *kitsŭne*, Fuchs‘.

Ki-na ketsŭ. Aki-no sora nari. ‚Ist der herbstliche Himmel‘. Die ursprüngliche Bedeutung dieses Wortes ist ungewiss. Es mag *ki-na ketsŭ* ‚gelbe Thorwarte‘ bedeuten.

Kin-fû. Aki-kaze nari. ‚Ist der Herbstwind‘. Die ursprüngliche Bedeutung ungewiss.

Kindzi-ra. 等 汝 *Nandzi-ra-to iû-ni onazi.* ‚Ist mit dem Worte *nandzi-ra* ‚ihr‘ gleichbedeutend‘.

Kin-wa koga-no sirabe. ‚Der Einklang des Fasses auf der Harfe‘. *Kin-ni-wa itsŭ-tsŭ-no sirabe aru nari.* ‚Bedeutet, dass es auf der Harfe fünf Einklänge gibt‘.

Ki-uta. Kine-uta nari. Kome siraguru tote onna-domo-no utò nari. ‚Bedeutet *kine-uta*, Mörserlied. Ist das Singen der Weiber, wenn sie den Reis (durch Stossen in einen Kessel) weiss machen‘.

木 *Ki-no mitsi-no takumi.* ‚Der Künstler des Weges des Baumes‘. *Ban-zeô-no koto nari.* ‚Ist so viel als *ban-zeô*, der Lehrling der Zimmerkunst‘.

季 *Ki-no mi-doku-kiò.* ‚Das erhabene Bücherlesen des letzten Monats‘. *Tai-fan-nija-kiò-wo faru aki momo-siki-nite kò-serare-faberu nari.* ‚Bedeutet, dass die Bücher der grossen Vorschrift im Frühling und Herbst in dem kaiserlichen Palaste erklärt werden‘.

Kiku-no fana. ‚Die Blume des Chrysanthemums'. Verschiedene Namen sind:

Kusa-no aruzi. ‚Der Herr der Pflanzen'.

Momo-jo-kusa. ‚Die Pflanze der hundert Nächte'.

Okina-gusa. ‚Die Greisenpflanze'.

Fosi-mi-gusa. ‚Die Pflanze des Sternsehens'.

Kata- 見 *mi-gusa.* ‚Die Pflanze des Sehens der Gestalt'.

Fatsü-mi-gusa. ‚Die zuerst gesehene Pflanze'. *Fuju-no kiku nari.* ‚Ist das Chrysanthemum des Winters'.

Ko-gane-kusa. ‚Die Goldpflanze'.

Te-nare-gusa. ‚Die an die Hand gewöhnte Pflanze'.

Otome-gusa. ‚Die Mädchenpflanze'.

千 *Tsi-* 代 *jo-* 見 *mi-gusa.* ‚Die Pflanze des Sehens der tausend Zeitalter'.

Jowai-gusa. ‚Die Alterpflanze'.

Nokori-gusa. ‚Die übrigbleibende Pflanze'.

Kiku-uru-nuno. ‚Das goldblumenverkaufende Tuch'. *Mukasi jo-wo süte-taru fito faru-no fana aki-no kiku momidzi nado-wo uri-te jo-wo wokuri-si-to nari. Sümi-josi-no nuno-wo-mo iû.* ‚Ehemals verkauften die Menschen, welche der Welt entsagt hatten, Blumen des Frühlings, Goldblumen und rothe Blätter des Herbstes nebst Aehnlichem und verbrachten so das Leben. Man nennt dieses auch das Tuch von Sumi-josi'.

Kiku-no kise-wata. ‚Die bekleidende Baumwolle der Goldblume'. *Ku-guatsü kokono-ka-no tame-ni simo-ni ate-zi tote fatsi-guatsü-no koro-jori kiku-ni wata-wo kiseru nari.* ‚Damit sie nicht wegen des neunten Tages des neunten Monats vom Reiffrost leide, bekleidet man vom achten Monate angefangen die Goldblume mit Baumwolle'.

Kiku-no midzü. ‚Das Wasser der Goldblume'. 陽重 *Teô-jô-ni kumu sake-no na nari.* ‚Ist der Name des Weines, den man an dem Tage Teô-jô (dem neunten Tage des neunten Monats) schöpft'.

Ki-bune-gawa. ‚Der Fluss von Ki-bune'. *Jama-siro-no mei-sio nari. Kura-ma-no nisi-no kata nari.* ‚Ist ein berühmter Ort in Jama-siro. Ist die Westseite des Berges Kura-ma'.

Kikoje-aguru. Dai-dai-je kikojeru nari. ‚Bedeutet: in dem kaiserlichen Palaste zu Ohren bringen'.

Kije-kajeri. ‚Schmelzend zurückkehren'. *Tsüju-no kijete mata woku nari.* ‚Bedeutet, dass der Thau vergeht und sich wieder anlegt'.

Ki-sara-gi-no wakare. ‚Die Trennung des zweiten Monates des Jahres'. *Fotoke-no wakare-to-mo. Ne-fan-je-no koto nari.* ‚Heisst auch *fotoke-no wakare,* die Trennung Buddha's. Ist so viel als *ne-fan-je,* der Tod Buddha's'.

Ki-ki-u. Isogu kokoro nari. ‚Hat den Sinn von *isogu,* eilen'.

聞 *Kiki-süje-tori. Kisi-no koto nari.* 聞鳥 *Tori-kikofu-süru-to-mo.* ‚Ist so viel als *kisi,* Fasan. Man sagt auch *tori-kikofu-süru*'. Die eigentliche Bedeutung beider Wörter ungewiss.

Kisi-dzükasa. ‚Der Vorsteher der Uferhöhe'. *Kisi-no kiwa nari. No-dzükasa-ni onazi.* ‚Ist die Gränze der Uferhöhe. Ist mit *no-dzükasa* ‚Gränze des freien Feldes' gleichbedeutend'.

Kimi-to fito. ‚Gebieter und Mensch'. *Kun-sin nari.* ‚Bedeutet Gebieter und Diener'.

Kisi-no janagi-no ke-siki bakari. ‚Nur der Anblick der Weidenbäume der Uferhöhe'. *Janagi-wa* 情非 *fi-zeô-ni site sika-mo kokoro ari. Kaze-ni sitagai-te* 氣 *ki-wo siru.*

Kan-bu-tei-no 前 殿 *den-sen-no janagi-wa fito-fi-ni mi-tabi oki-fusi-keru. Juje-ni* 柳 人 *zin-riû-to nadzûke-keru.* ‚Der Weidenbaum ist unbeseelt und hat dabei einen Sinn. Er folgt dem Winde und kennt die Luft. Die Weidenbäume vor der Vorhalle des Kaisers Wu von Han erhoben sich und legten sich an einem Tage dreimal. Desswegen gab man ihnen den Namen: Menschen-Weidenbäume‘.

Ki-sin-mo 感 *kan-wo nasû.* ‚Dämonen und Geister sind gerührt‘. 鬼 *Ki-wa fito-no tamasi-i* 神 *sin-wa ten-no tamasi-i nari. Nin-dô-mo ten-dô-mo kan-sûru-to iû koto nari.* ‚Ki (Dämon) ist die Seele des Menschen. *Sin* (Geist) ist die Seele des Himmels. Ist so viel als: der Weg des Menschen und der Weg des Himmels sind gerührt‘.

Kisi-no fitai. ‚Die Stirn der Uferhöhe‘. *Tada kisi-no koto nari.* ‚Ist bloss so viel als *kisi*, Uferhöhe‘.

Kibifa. Nippon-ki-ni 稚〻 *to kaki-keri. Osanaki kokoro nari.* ‚In dem Nippon-ki wurde *kibifa* (wie oben) geschrieben. Hat den Sinn von *osanasi*, jung‘.

Kisû kaku. Kisû-to iû kai-wo kaki-idasi-te toru nari. Mate-no jô-nite sûgata-wa aredomo fada-no araki nari. Issetsû-ni-wa famaguri-no koto nari-to-mo ijeri. ‚Bedeutet: die Muschel *kisu* herauskratzen und nehmen. Obgleich diese Muschel eine Gestalt nach Art derjenigen der Nagelmuschel hat, ist ihr Fleisch rauh. In einer Erklärung wird gesagt, es sei so viel als *famaguri*, Tellmuschel‘. *Kisû* ist sonst der Name eines Fisches (der Spierling).

Classe *Ju.*

Jurusi-iro. ‚Die erlaubte Farbe‘. 紫 紅 *Kô-si-no fukaki iro-wo kin-ziki-to ijeri. Asaki-wo jurusi-iro-to iû. Sei-kin-ni ojobazû tare-mo* 用 著 *tsiaku-jô-sûre-ba nari.* ‚Die tiefe rothe und purpurne Farbe nennt man eine verbotene Farbe. Die lichter ist, heisst eine erlaubte Farbe. Sie kommt in den Verboten nicht vor, weil Jedermann sie trägt‘. Verse:

Jurusi-iro-ni saku-to-mo orazi jado-no mume.

‚In erlaubter Farbe mögen sie blühen, man bricht nicht des Nachtlagers Pflaumenbäume‘.

Juru-keki kaze. ‚Der lasse Wind‘. *Sidzûka-ni sûkosi fuku kaze nari.* ‚Ist ein still und schwach wehender Wind‘.

Juwobika-ni. 寬 *no zi-wo kaku. Jurujaka-nari.* ‚Man schreibt das Zeichen *kuan* (wie oben). Bedeutet *jurujaka*, langsam, lässig‘.

Jukari-iro. ‚Die Farbe des Verhältnisses der Freundschaft‘. *Murasaki iro nari.* ‚Ist die Purpurfarbe‘.

Juta-no tajuta. Nami-ni jurarete tajutô nari. Mata uki-midare-to iû kokoro nari. ‚Bedeutet: von den Wellen bewegt schwanken. Es steht auch in dem Sinne von *uki-midare*, in Unordnung schwimmen‘.

Yu-dake-no koromo. Sitsi-siaku-ni tatsû nari. Firo-maje-to-mo iû-to-zo. Kami-no mi-zo-wo iû nari. ‚Bedeutet ein im Masse von sieben Schuh zugeschnittenes Kleid. Heisst auch *firo-maje*, die breite Gegenwart. Bedeutet das Kleid der Götter‘.

Juda-keki sakira. 舌 寬 *to kaku. Kuô-tsi-no kokoro nari. Sakira-wa ben-zetsû-no sûgure-taru nari.* ‚Wird *kuan-zetsû* (freigebige Zunge, wie oben) geschrieben. Hat den Sinn: ausgebreiteter Verstand. *Sakira* bedeutet: überlegene Beredsamkeit‘.

Juragu. Noburu-to iû kokoro nari. Juragu tama-no wo-to-wa inotsi-wo noburu-to iû koto nari. ‚Hat den Sinn des Wortes *noburu*, strecken, verlängern. *Juragu tama-no wo* ‚die verlängerte Edelsteinschnur' ist so viel als: das Leben verlängern'.

Juku-to ku-to. Juku-to 來 *to nari.* ‚Ist *juku-to kuru-to,* gehen und kommen'.

Juku-te. Waza-to-ni aranu mitsi-no tsüide nari. Mitsi-juki-buri-ni onazi koto nari. ‚Ist eine nicht absichtliche Gelegenheit des Weges. Ist dasselbe wie *mitsi-juki-buri,* auf dem Wege wandelnd auf etwas stossen'.

Juku midzü-ni kazü kaku. ‚Auf wandelndes Wasser Zahlen schreiben'. *Midzü-n mono-wo kaku gotoku ato-naku-te faka-naki koto-wo tatojete iû nari.* ‚Bedeutet: etwas, das so spurlos vorübergeht, als ob man auf das Wasser Zahlen schriebe'.

Jufu-ke-tofu. Ura-wo kiku koto nari. ‚Ist so viel als die Wahrsagung hören'.

Jufu-kage-kusa. ‚Die Pflanze des Abendschattens'. *Jû-no kusa nari. Na-wo sasi-taru kusa nasi.* ‚Ist die Pflanze des Abends. Es gibt keine Pflanze, deren Namen es anzeigt'.

Jufu-sümi-bito. ‚Der wohnende Mensch des Abends'. *Kagura utò fito nari. Joi-ni-wa jufu-sümi-bito-to i-i-te jo fukete-wa sa-jo-sümi-bito-to iû.* ‚Ist ein Mensch, der bei der gottesdienstlichen Musik singt. Am Abende heisst er *jufu-sümi-bito.* In tiefer Nacht heisst er *sa-jo-sümi-bito,* der wohnende Mensch der wahren Nacht'.

Jufu-si-de. ‚Vier Hände der Baumwolle'. *Fei-no koto nari.* ‚Ist so viel als *fei,* Handopfer'.

Jufu-dzüku fi. 日 附 夕 *to kaku. Jû-fi nari. Jufu-dzüku-jo-wa jû-dzüki-jo nari. Jufu-fa jama-wa jû-be-no jama-nari. Jufu-gori-wa jû-be-ni tsüju juki simo-no kori-taru koto-wo iû nari.* ‚Wird *jû-dzüku fi* (die am Abend sich anschliessende Sonne, wie oben) geschrieben. Ist die Abendsonne. *Jufu-dzüku jo* ist *jû-dzuki-jo,* die Nacht des Abendmondes. *Jufu-fa jama* ‚der Berg der äussersten Seite des Abends' ist der Berg des Abends. *Jufu-gori* ‚das Gefrorene des Abends' bedeutet, dass am Abend Thau, Schnee und Reif gefroren sind'.

Jufu-zare. Tada jû-be-no koto nari. Aki-zare fuju-zare faru-zare nado-no kotoba jufu-zare-no foka-ni-wa konomu-be-karazü. ‚Ist bloss so viel als *jû-be,* Abend. Für Wörter wie *aki-zare* (Herbst), *fuju-zare* (Winter), *faru-zare* (Frühling) und ähnliche Wörter darf man, *jufu-zare* ausgenommen, keine Vorliebe haben'.

Jufu todoroki. ‚Das Rollen des Abends'. *Koi-süru fito jû-gure-ni muna-sawagu koto nari.* ‚Bedeutet, dass der liebende Mensch in der Abenddämmerung aufgeregt ist'.

Juki-te umaruru. ‚Gehen und geboren werden'. 生 往 *Wò-zeô-goku-raku nari.* ‚Bedeutet: fortgehen und in dem Paradies geboren werden'.

Juki-mojo-ni. 催 雪 *Juki-mojowosü nari. Ame-mojo-ni onazi.* ‚Ist *juki-mojowosü,* Schnee vorbereiten. Ist mit *ame-mojo-ni* ‚Regen vorbereiten' gleichbedeutend'.

雪 *Juki-fadzükasi-ki.* ‚Der Schnee ist beschämt'. *Siroki koto nari.* ‚Ist so viel als weiss'. Verse:

Asa-zimo-no juki-fadzükasi-ki kusa-ba kana.

‚Im Morgenreif, vor denen der Schnee beschämt ist, die Blätter der Pflanzen!'

Juki-süri. Juki-òte süre-ò nari. Fune nado-ni ijeri. ‚Bedeutet: sich begegnen und sich aneinander reiben. Wird von Schiffen und ähnlichen Dingen gesagt'.

雪 *Juki-wo itonamu.* ‚Den Schnee aufbauen'. *Juki-wo mote-asobu koto nari.* ‚Ist so viel als mit dem Schnee spielen'. Verse:

Kazofure-ba ko-tosi-no kure-wa sirarure-do juki kaku fodo-no itonami-mo nasi.

‚Wenn ich es zähle, der Abend dieses Jahres, obgleich er gekannt wird, hat der Schnee auch so viele Aufbauungen nicht‘.

Juki-no mi-jama-ni naku tori. ‚Der auf dem Schneeberge singende Vogel‘. *Kore-wa* 寒苦鳥 *kan-ku-teô-to iû tori nari. Juki-jama-ni sümi-te samuki-wo kurusimu tori nari. Kiô-ni iwaku kan-ku ware-wo semu jo-ake-ba sümi-ka-wo tsükuran-to ari. Kono tori joru-wa kaku-no gotoku naki-te ake-na-ba sümi-ka-wo tsükuri-te kono kan-ku-wo nogaru-besi-to naku. Mata firu-ni nare-ba kon-nitsi* 死 *si-wo sirazü miô-nitsi si-wo sirazü nan-no juje-ni sümi-ka-wo tsükutte mu-zeô-no mi-wo an-on-narasimen-to naku iû kokoro-wa keô-ja si-nan asü-ja si-nan-mo siranu mi-ni nani-no juje-ni-ka sümika-wo tsukuri-te mu-zeô-no mi-wo an-on-sen-ja-to naki-keri-to nari. Kono kiô-mon-no kokoro-wo.* ‚Dieses ist der Vogel *kan-ku-teô,* der Vogel des Ungemachs der Kälte. Es ist der Vogel, der auf dem Schneeberge lebt und von Kälte gequält wird. In dem Buche heisst es: ‚Das Leiden der Kälte quält mich. Wenn der Tag graut, werd' ich den Wohnsitz bauen‘. Dieser Vogel singt so in der Nacht. Er singt: Wenn es tagt, werde er den Wohnsitz bauen und diesem Leiden der Kälte entkommen können. Ist es aber am Tage, so singt er: ‚Heute den Tod kenn' ich nicht, morgen den Tod kenn' ich nicht. Wesswegen werd' ich den Wohnsitz bauen, den vergänglichen Leib sichern?‘ Der Sinn ist: Ob ich heute sterben werde, ob ich morgen sterben werde, weiss ich nicht. Wesswegen habe ich gesungen: ich werde mir einen Wohnsitz bauen, den vergänglichen Leib sichern? Im Sinne des Textes dieses Buches heisst es‘: Verse:

Asa-na asa-na juki-no mi-jama-ni naku tori-no koje-ni odoroku fito-no naki kana.

‚Die vor der Stimme des auf dem Schneeberge Morgen um Morgen singenden Vogels erschrecken, keine Menschen sind da!‘

Sô-zite juki-jama-wa ne-fan kiô fan-ge tô-sin-jori sümi-tori made-mo mu-ziô-wo tonôru jama nari. ‚Im Ganzen ist der Schneeberg das *ne-fan* (der Tod Buddha's). Es ist der Berg, der in dem Buche, von ‚Fan-ge wirft den Leib weg‘ bis *sümi-tori* (Kohlenkorb), den Namen *mu-ziô* (die Vergänglichkeit) trägt‘.

Juki-no tama-midzü. ‚Das Edelsteinwasser des Schnees‘. *Tokuru kokoro nari.* ‚Steht in dem Sinne von *tokuru,* gelöst, geschmolzen sein‘. Verse:

Jama-fukami faru-to-mo siranu matsü-no to-ni taje-taje kakaru juki-no tama-midzü.

‚In des Berges Tiefe, an die Thüre der Fichten, die nicht wissen, dass es Frühling ist, entschieden sich hängt das Edelsteinwasser des Schnees‘.

Juki-mi-gusa. ‚Die im Schnee gesehene Pflanze‘. *U-no fana-no i-miô nari.* ‚Ist ein verschiedener Name für *u-no fana,* die Blume des vierten Monats‘.

Juki-zima. ‚Die Schneeinsel‘. *Iki-no mei-sio nari. Jettsiû-ni-mo onazi na nari.* ‚Ist ein berühmter Ort in Iki. Auch in Jettsiû kommt der nämliche Name vor‘. Verse:

Koi-siku-wa nado-ka towanan juki-zima-no iwawo-ni sakeru jamato nade-si-ko.

‚Um das, was sie ersehnt, warum würde fragen die auf dem Felsen der Schneeinsel erblühte Nelke von Jamato?‘

Juki-no taka-fama. ‚Das hohe Meerufer des Schnees‘. *Sa-do-no mei-sio nari.* ‚Ist ein berühmter Ort in Sado‘.

Juki-no sidzüri. ‚Die Stille des Schnees‘. *Juki-no toke-kakari-te tsütsi-ni aru-wo iû nari. Mata ki-jori otsi-te tsütsi-ni aru-wo-mo iû.* ‚Bedeutet, dass der Schnee zu schmelzen beginnt und auf der Erde liegt. Bedeutet auch, dass er von den Bäumen fällt und auf der Erde liegt‘.

Juki-ki sa-fo-bana. ‚Die gehende und kommende Blume von Sa-fo‘. *Siò-bi-no koto nari.* ‚Ist so viel als *siò-bi*, Rose‘.

Ju-ju-siki. Futa-tsŭ-no kokoro ari. Tsigò kokoro. Mata ima-imasi-ki kokoro nari. ‚Hat zwei Bedeutungen. Es steht im Sinne von *tsigò*, verschieden sein. Ferner hat es den Sinn von *ima-imasi*, heillos‘.

Jume-no tada-tsi. ‚Der gerade Weg des Traumes‘. *Ajumane-do sŭgu-ni juku aida* 路 直 *tada-tsi-to ijeru nari. Issetsŭ-ni tasika-naru jume-to iŭ koto nari. Sa-koromo-ni ke-sa-wa rei-naranu tada-tsi-ni majoi-to ari.* ‚Man sagt, es sei der gerade Weg, während man nicht einherschreitet, aber gerade auf ihm geht. Nach einer Erklärung ist es so viel als ein wahrhafter Traum. In dem ‚engen Kleide‘ heisst es: Diesen Morgen auf dem geraden Wege, der nicht nach den Gebräuchen ist, sich verirrend‘.

Jume-dono. ‚Die Vorhalle des Traumes‘. *Siò-toku tai-si* 定 禪 *zen-ziò-si-tamai-si tokoro nari.* ‚Ist der Ort, den der Sohn des Kaisers Siò-toku für einen Erdaltar bestimmte‘.

Jume-jume. ゝ努 *to kaku. Sŭkosi-no koto nari.* ‚Wird *nu-nu* (wie oben) geschrieben. Ist so viel als *sŭkosi*, wenig‘.

Jume-gatari. Jume-wo mono-gatari-sŭru nari. ‚Bedeutet: den Traum erzählen‘. Verse:

Fikari-iden akatsŭki tsikaku nari-ni-keri ima-zo mi-si jo-no jume-gatari-sŭru.

‚Aus der das Licht hervorgehen wird, die Morgendämm'rung ist bereits nahe. Jetzt den Traum der Nacht, den sie geträumt hat, erzählt sie‘.

Jume-no uki fasi. ‚Die schwimmende Brücke des Traumes‘. *Tada jume-no koto nari.* ‚Ist bloss so viel als *jume*, Traum‘. Verse:

Faru-no jo-no jume-no uki fasi to-daje-site mine-ni nokoruru joko-kumo-no sora.

‚Die schwimmende Brücke des Traumes der Frühlingsnacht zu Zeiten zerrissen an dem Himmel der auf dem Berggipfel übriggebliebenen schrägen Wolken‘.

Jume-wo kabe-to iŭ-wa nuru toki miru-ni jotte nari. Kabe-mo nuru mono nare-ba nari. ‚Dass man den Traum *kabe* ‚Mauer‘ nennt, ist desswegen, weil man ihn um die Zeit träumt, wo man schläft. Es ist auch desswegen, weil die Mauer ein schlafender Gegenstand ist‘. *Nuru* (Wurzel *ne*) bedeutet: schlafen. *Nuru* (Wurzel *nuri*) bedeutet: tünchen.

Jumi-ni nase. ‚Mache zum Traume‘. *Koi-no amari-ni ò koto-wo-mo katami-ni wasŭre-taki-to nari.* ‚Bedeutet: wenn man das Uebermass der Liebe erfahren, gegenseitig vergessen wollen‘. Verse:

Wasŭre-nu-ja sa-wa wasŭre-keri afu koto-wo jume-ni nase-to-zo i-i-te nokore-si.

‚Hab' ich vergessen? Wenn es so ist, hab' ich vergessen. Was ich erfahren, mache zum Traume! Dieses zu sagen, blieb übrig‘.

Ju-sŭru. Kawa-umi-ni kami-arai ju-aburu koto-to ari. Gen-zi-ni ju-sŭru-no nagori-ni-ja-to ari. ‚In den ‚Flüssen und dem Meere‘ kommt ‚das Haupthaar waschen und baden‘ vor. In dem Geschlechte Gen heisst es: Nach dem Baden‘. Demnach hätte *ju-sŭru* die Bedeutung: baden. *Jusŭru* (Wurzel *jusŭri*) hat sonst die Bedeutung schütteln. In der ersten Bedeutung würde es mit *ju* ‚heisses Wasser‘ zusammengesetzt sein.

Classe *Me*.

Me-ni minu tori. ‚Der mit dem Auge nicht gesehene Vogel‘. 蚊 *Ka-no matsŭge-ni* 巣 *sŭ-wo kakuru tori nari.* ‚Ist der Vogel, der sein Nest an die Augenwimpern der Mücke hängt‘.

Me-wo sobamu. ‚Mit dem Auge seitwärts blicken‘. *I-konari-te miru tei nari.* 目 側 *to kaki-keri.* ‚Ist die Art zu blicken, wenn man Hass empfindet. Wurde *me-sobamu* (wie oben) geschrieben‘.

Me-wataru tori. ‚Der vor dem Auge vorbeiziehende Vogel‘. *Kuò-in-no fajaku sŭguru kokoro nari. Mu-ziò-no kokoro-ni motsi-i-fanberu-besi. Tori-no me-no maje-wo tobu koto-no ito-fajaki-ni tatojete ijeru nari.* ‚Hat den Sinn, dass Tage und Nächte schnell vorübergehen. Kann im Sinne des Vergänglichen gebraucht werden. Ist ein Gleichniss von einem Vogel, der vor den Augen sehr schnell vorüberfliegt‘.

Me-garuru. ‚Von dem Auge getrennt sein‘. *Mono-no towoku naru koto nari. Megarenu-to ije-ba sono mama aru nari.* ‚Bedeutet, dass eine Sache fern ist. Sagt man *me-garenu* ‚von dem Auge nicht getrennt sein‘, so bedeutet es *sono mama aru,* sein wie es früher gewesen‘.

Me-zome. ‚Von Augen gefärbt‘. *Me-jui-no koto nari.* ‚Ist so viel als *me-jui,* von Augen gebunden‘ (eine Art Flor, auch *ka-no ko* genannt).

Medzŭraka-naru. 奇 珍 *to kaku. Jŭ-sen-kutsŭ. Kono kotoba-wa sin-kô kuò-gô-no matsŭra-nite aju-no tsŭri-ni kakareru-wo go-ran-site medzŭra-to o-oserare-si-jori fazimaru nari. Matsŭra-mo fazime-wa medzŭra-to i-i-si nari.* ‚Wird *tsin-ki* (kostbar und wunderbar, wie oben) geschrieben. Aus der Höhle der umherschweifenden Unsterblichen. Dieses Wort stammt von der Kaiserin Sin-kô. Dieselbe sah in Matsura einen Weissfisch an der Angel hängen und sagte *medzŭra,* kostbar! Auch Matsura hiess anfänglich Medzura‘.

Me-narasŭ. ‚Das Auge gewöhnen‘. *Mono-wo mi-naruru kokoro nari.* ‚Hat den Sinn, dass man sich gewöhnt, etwas zu sehen‘.

Me-naku-ni. ‚Ohne dass das Auge ist‘. *Mije-naku-ni-to iŭ-ni onazi.* ‚Ist mit *mije-naku-ni* ‚ohne dass gesehen wird‘ gleichbedeutend‘.

Me-kurabi. 世 *Jo-ni tatsi-meku nado iŭ kotoba nari.* ‚Ist ein Wort, welches ‚das Aussehen haben, als ob in der Welt erstände‘ und Aehnliches ausdrückt‘. Der eigentliche Sinn ungewiss. Ebenso kommt *kurabi* sonst nirgends vor.

Me-jasŭ-karu-besi. Me-ni miru-ni mi-jasŭsi-to nari. ‚Bedeutet: indem man mit den Augen blickt, blickt man ruhig‘.

Me-zasi. Ama-no isari-sŭru kago nari. Issetsu-ni me-no warawa nari-to iŭ. ‚Ist der Korb, mit welchem die Fischer fischen. In einer Erklärung heisst es, es bedeute *me-no warawa,* ein junges Mädchen‘.

Me-zamasi-gusa. ‚Die nüchterne Pflanze‘. *Matsŭ nari. Kokoro-to-mo ijeri.* ‚Ist die Fichte. So wird auch das Herz genannt‘.

Me-mo aja-ni. Me-de-taru kokoro nari. Mata aja-no mon utsŭkusi-ki-wo iŭ nari. ‚Hat den Sinn von *me-de-taru,* bewundern. Ferner bedeutet es, dass die Zeichnung des Damastes schön ist‘.

Me-mo faru-ni. 遙 目 *Me-faru* 張 芽 *me-faru futa-tsŭ-no kokoro ari. Fito-tsŭ-ni-wa me-no faruka-naru nari. Tsŭra-juki-no to-sa nikki-ni-mo matsŭ-bara me-mo faru-baru nari-to kakeri. Mata kusa-ki-no me-wo faru kokoro-ni-mo jomeri.* ‚Hat zwei Bedeutungen: *me-faru* (Auge fern, wie oben) und *me-faru* (Knospe spannen, wie oben). In der einen ist es *me-no faruka-naru,* das Auge in der Ferne schweifend. In dem von Tsura-juki verfassten Tagebuche von Jo-sa wird geschrieben: *Matsŭ-bara me-mo faru-baru nari,* die Fichtenebene liegt vor dem Auge fern. Es wird auch in dem Sinne von *kusa-ki-no me-wo faru* ‚die Pflanzen und Bäume spannen die Knospen‘ gelesen‘.

Classe *Mi*.

見 *Mi-fajasü. Mote-fajasü koto nari.* ‚Ist so viel als *mote-fajasü*, durch Musik bekannt geben, lobpreisen'. Verse:

Jama-taka-mi fito-mo süsamenu sakura-bana itaku na-wabi-so ware mi-fajasan.

‚Auf des Berges Höhe von Menschen nicht bewundert, die Kirschblüthe, schmerzlich klage nicht: ich werde sie besingen'.

身 *Mi-wa narawasi.* ‚Für den Leib Gewohnheit'. *Zoku-ni iû nareta-ni naru-to iû koto nari.* ‚Ist so viel als das im gemeinen Leben übliche *nareta-ni naru*, gewohnt werden'. Verse:

Ta-makura-no süki-ma-no kaze-mo samu-kari-ki mi-wa narawasi-no mono-ni-zo ari-keru.

‚Der Wind der Zwischenräume des Handpolsters war auch kalt, der Leib wurde dessen gewohnt'.

Sato-wa are-nu munasi-ki toko-no atari-made mi-wa narawasi-no aki-kaze-zo fuku.

‚Das Dorf ist verödet, an dem leeren Bette selbst weht, an den ich gewöhnt bin, der herbstliche Wind'.

Mi-ni itadzüki. ‚Ungemach für den Leib'. *Fito-no jamai-wo ukete najamu koto nari.* ‚Ist so viel als: der Mensch erkrankt und hat zu leiden'.

Mi-ni ofu. Mi-ni sô-wô-to iû koto nari. ‚Ist so viel als *mi-ni sô-wô*, dem Leibe angemessen'.

保 三 *Mi-fo-no ura.* ‚Die Bucht von Mi-fo'. *Süruga-no mei-sio.* 海 入 *Niû-kai matsü-bara ari. Minami-wa je-ziri-ni tsüdzüki-tari. Fu-zi-no jama joku mijuru bu-sô-no kei-tsi nari.* ‚Ist ein berühmter Ort in Suruga. Wo man sich einschifft, liegt Matsu-bara. Im Süden setzt er sich nach Je-ziri fort. Es ist eine Landschaft sonder Gleichen, in welcher man den Berg Fu-zi gut sieht'.

Mi-to-siro. Kami-no tsükarase-tamô ta nari. Mi-to-siro-nisiki-wa 帳 戶 *to-teô nari.* ‚Ist das Feld, welches die Götter bebauen. *Mi-to-siro-nisiki* ‚der weisse Goldstoff der erhabenen Thüre' ist der Vorhang der Thüre'.

Midori-no fora. ‚Die grüne Grotte'. *Sen-tô-wo môsi-tate-matsüru nari.* ‚So nennt man die Grotte der Unsterblichen' (den Palast des abgetretenen Kaisers).

Mitsi-juki-buri. ‚Auf dem Wege wandelnd anstossen'. *Mitsi-juki tsü-ide nari.* ‚Ist die Gelegenheit bei dem Wandeln auf dem Wege'.

Mitsi-motome-gusa. ‚Die den Weg suchende Pflanze' *U-no fana nari.* ‚Ist die Blume des vierten Monats'.

Mitsi-no kuni-gami. ‚Das Papier des Reiches Mitsi'. *Mitsi-oku-kuni-jori idzüru* 紙 檀 *dan-si nari. Majumi-no kami nari.* ‚Ist das aus dem Reiche Mitsi-oku (Mutsu) kommende Spindelbaumpapier. Es ist das Papier von Spindelbaum'.

Mi-tsi-tose. 千 三 *Mi-tsi-tose nari.* ‚Bedeutet dreitausend Jahre'.

身 *Mi-wo tsümi-te. Ware-wo tsümi-te fito-wo kajeri-miru nari.* ‚Bedeutet: sich selbst zusammennehmen und auf Andere zurückblicken'.

身 *Mi-wo siru ame.* ‚Der den Leib kennende Regen'. *Namida-ni arazü sawari-no ame nari.* ‚Bedeutet nicht die Thränen, sondern den Regen des Hindernisses' (den Regen, der ein Hinderniss ist).

Mi-wa-süre. Kami-no matsüri nari. Mi-wa-to-wa kami-ni tate-matsüru sake-wo iû. ‚Ist das Opfer für die Götter. *Mi-wa* heisst der den Göttern dargereichte Wein'.

52*

Mi-gakure. Midzŭ-ni kakururu koto nari. ‚Ist so viel als *midzŭ-ni kakururu,* sich in dem Wasser verbergen‘.

Midzŭ-kage. Midzŭ-no kage nari. Midzŭ-kage-kusa-wa ine-no koto nari. ‚Ist der Schatten des Wassers‘. *Midzŭ-kage-kusa* ‚die Pflanze des Wasserschattens‘ ist so viel als *ine,* die Reispflanze‘.

Mi-kawa-no midzŭ. ‚Das Wasser des kaiserlichen Flusses‘. *Tai-dai-no mizo-wo nagaruru midzŭ nari.* ‚Ist das in den Wassergräben des kaiserlichen Palastes fliessende Wasser‘.

Mi-kasa-no 杜 *mori.* ‚Der Wald der drei Schirme‘. *Tsiku-zen mei-sio nari o-o-no-naru mi-kasa-no mori-to jomeri. Mata jama-to-mo jomeri.* ‚Ist ein berühmter Ort in Tsiku-zen. Man liest: ‚In O-o-no der Wald der drei Schirme‘. Man liest (anstatt *mori,* Wald) auch *jama,* Berg‘.

Mi-ka-u-si-ma-iru. Go-siô-no kô-si-wo age-orosi-sŭru koto-wo mi-kô-si ma-iru-to iŭ. Gen-zi-no kotoba nari. ‚Das Gitter des kaiserlichen Palastes erheben und herablassen, nennt man *mi-kô-si ma-iru,* das Zusammenkommen an dem erhabenen Gitter. Ist ein Wort des Geschlechtes Gen‘.

Mi-kasa-masŭ. Midzŭ idete nagare-wo masi nari. ‚Bedeutet: mehr Wasser herausfliessen lassen‘.

Mi-kage-no mori. ‚Der Wald des kaiserlichen Schattens‘. *Tsŭ-no kuni nari.* ‚Befindet sich in dem Reiche Setsu‘.

Mi-dake-sijau-zi. Josi-no kin-bu-jama-ni iru-ni-wa tsi-ka-no siô-zin nari. 進ジ精シヤウ嶽ダケ御ミ *to kaku. Fon-zon-wa dô-rai-tô-si mi-roku-butsŭ nari.* ‚Ist die reine Andacht der tausend Tage, wenn man in das Gebirge des goldenen Gipfels in Josi-no tritt. Wird *mi-dake-siô-zi* (das reine Emporsteigen der kaiserlichen Berghöhe, wie oben) geschrieben. Der ursprüngliche Geehrte (der an dem Orte verehrte Gott) ist der zukünftige Wegweiser Mi-roku-but‘. *Siau-zi* steht für *siô-zin.*

Midari. 例 違 心 *to kaku. Wadzŭrai nari.* ‚Wird *kokoro i-rei* (das Herz unwohl, wie oben) geschrieben. Bedeutet Unwohlsein‘.

Midare-saje-gaki. ‚Ein verworrener und verstopfter Zaun‘. *Wasŭre-gusa-nite kumi-taru kaki nari.* ‚Ist ein mit Taglilien durchschlungener Zaun‘.

Midzŭ-no aja-wori. ‚Das Damastgewebe des Wassers‘. *Nagaruru nami-no mon-aja-ni ni-taru-wo iŭ.* ‚Bezeichnet, dass die Wellen des fliessenden Wassers mit Stickwerk und Damast Aehnlichkeit haben‘.

Midzŭ-naki sora. ‚Der wasserlose Himmel‘. *Sei-ten-no una-bara-no gotoku kumo-wa nami-ni ni-tari.* ‚Bedeutet: der heitere Himmel ist gleich der Meeresfläche und die Wolken haben Aehnlichkeit mit Wellen‘.

Mi-tsŭ wa-sasŭ. ‚Drei Räder machen‘. *Mi-tsŭ wa-gumu-to-mo iŭ.* 組 輪 三 *to kaku. Oi-kagamari-taru nari. Issetsŭ-ni fiza-to kasira-to otogai-to mi-tsŭ issio-ni joru-ni jotte mi-tsŭ wa-gumu-to iŭ nari. Mata kosi-no kagamu koto nari.* ‚Man sagt auch *mi-tsŭ wa-gumu,* drei Räder schlingen. Wird *mi-wa kumu* (drei Räder schlingen, wie oben) geschrieben. Bedeutet, vom Alter gekrümmt sein. Nach einer Erklärung sagt man *mi-tsŭ wa-gumu* ‚drei Räder schlingen‘ weil drei Dinge: Knie, Kopf und Kinn sich zusammen anlehnen. Es ist auch so viel als: die Lenden sind gekrümmt‘.

Mi-dzŭra-jui. ‚Das Binden des Haarschopfs‘. *Bin-dzŭra riô-fô-je jui-taru nari.* ‚Bedeutet, dass der Haarschopf nach beiden Seiten gebunden ist‘.

Mi-tsŭ ba jo-tsŭ ba. Mi-tsŭ mune jo-tsŭ mune nari. ‚Bedeutet: drei Balken der Dachfirste, vier Balken der Dachfirste‘.

Mi-tsŭ-no tomosi-bi. ‚Die drei Leuchten'. *Fi tsŭki fosi-no koto nari.* ‚Ist so viel als die Sonne, der Mond und die Sterne'.

Mi-tsŭ-no fazime. ‚Die drei Anfänge'. *Siò-guatsi tsŭi-tatsi nari. Tosi tsŭki fi mi-tsŭ-no fazime nare-ba nari.* ‚Ist der erste Tag des ersten Monats. Er heisst so, weil er der Anfang dreier Dinge: des Jahres, des Monats und des Tages ist'.

Mi-tsŭno-gasiwa-no koto. ‚Die Sache der dreihörnigen Pistazie'. *Ka-rin-riò-sai-ni ide-tari.* ‚Kommt in dem vortrefflichen Bauholze des Lindenwaldes vor'. Verse:

Kami-kaze-ja mi-tsŭno-gasiwa-ni koto-toi-te tatsŭ-wo ma-sode-ni tsŭtsŭmi-te kuru.

‚Der Götterwind! Die dreiförmige Pistazie um die Sache frag' ich. Die stehende in den wahren Aermel wickl' ich und wind' ich'.

Migiri 栢角三 *mi-tsŭno-gasiwa-to-wa mi-tsŭ-ba-gasiwa-to iû nari. I-se-no dai-zin mija-nite mi-tsŭ-gasiwa-wo tori-te uranò koto ari. Kore-wo naguru-ni tatsŭ-wa kanò tatanu-wa kanawanu nari. Sate tatsŭ-wo tori-te sode-ni tsŭtsŭmi-te iwò nari. Mata nippon-ki-ni-wa* 栢綱御 *mi-tsŭna-gasiwa-to kakeri. Jen-gi-siki-ni-wa* 栢綱御 *mi-tsŭno-gasiwa-to kaku. Koku-si-ni-wa* 栢角三 *to kakeri. Mata mi-tsŭtsŭ-gasiwa-to-mo* 水 *midzŭ-no kasiwa-to-mo jomeri.* ‚Die oben genannte dreihörnige Pistazie ist die Pistazie der drei Blätter. In dem Tempel des grossen Gottes von Ise nimmt man die dreifache Pistazie und wahrsagt. Man wirft sie, und wenn sie steht, wird es erfüllt. Wenn sie nicht steht, wird es nicht erfüllt. Man nimmt jetzt die stehenden, wickelt sie in den Aermel und betet. In dem Nippon-ki wird auch *mi-tsŭna-gasiwa* (die Pistazie des kaiserlichen Seiles, wie oben) geschrieben. In den Mustern der verlängerten Freude wird *mi-tsŭno-gasiwa* (die Pistazie des kaiserlichen Seiles, wie oben) geschrieben. In den Geschichtschreibern des Reiches schreibt man *mi-tsŭno-gasiwa* (die Pistazie der drei Hörner, wie zweimal oben). Man liest auch *mi-tsŭtsŭ-gasiwa* ‚die Pistazie der drei Röhren' und *midzŭ-no kasiwa*, die Pistazie des Wassers'. In dem zweiten für ‚Pistazie des kaiserlichen Seiles' gesetzten Worte *mi-tsŭno-gasiwa* steht *tsŭno* ‚Horn' für *tsŭna*, Seil. *Mi-tsŭtsŭ-gasiwa* steht nur in Sylbenschrift, ebenso das in der Erklärung gebrauchte *mi-tsŭ-gasiwa*, daher die ursprüngliche Bedeutung dieser Wörter nicht ganz gewiss.

Mi-tsŭ-no kuruma. ‚Die drei Wagen'. *Fito-tsŭ-ni-wa* 車羊 *jô-sia-tote fitsŭzi-ni fikase-taru tsi-isaki kuruma nari. Fito-tsŭ-ni-wa* 車鹿 *roku-sia-tote siku-ni fikase-taru kuruma nari. Fito-tsŭ-ni-wa* 車牛 *giû-sia-tote ko-usi-ni fikase-taru kuruma nari. Idzŭre-mo omoki mono-wo o-oku tsŭmu kuruma-ni arazŭ. Kore-wo buppô-no seô-zeô-ni tatoje-tari. Jô-sia-wa seô-mon siû-giò-no satori-ni tatoje-tari. Roku-sia-wo-ba jen-gaku siû-giò-no satori-ni tatoje-tari. Giû-sia-wo-ba bo-satsŭ siû-giò-ni tatoje-tari. Notsi-ni* 白太 *tai-faku giû-sia-wo fikasŭru-ni koto-gotoku omoki-wo owasimuru-ni jasŭsi. Kore-wo dai-ziô fokke-ni tatoje-tari. Sŭnawatsi fokke-kiò dai-ni-kuan-ni idaseru mi-tsŭ-no kuruma kua-taku-no tatoje nari. Kuwasi-ku-wa wo-no bu omoi-no ije-no deô-ka-ni tsiû-sŭ.* ‚Der eine heisst der Schafwagen und ist ein kleiner Wagen, den man durch Schafe ziehen lässt. Der andere heisst der Hirschwagen und ist ein Wagen, den man durch Hirsche ziehen lässt. Der dritte heisst der Rinderwagen und ist ein Wagen, den man durch Kälber ziehen lässt. Sie alle sind keine Wagen, auf welche man schwere Dinge in Menge lädt. Sie werden mit dem kleinen Aufsteigen der Lehre Buddha's verglichen. Der Schafwagen wird mit der Einsicht des geordneten Wandels des nach der Stimme Hörenden verglichen. Den Hirschwagen vergleicht man mit der Einsicht des geordneten Wandels des durch das Verhältniss der Freundschaft Erwachenden. Den Rinderwagen vergleicht man mit dem geordneten

Wandel der Bosats. Indem man zuletzt einen Kälberwagen des grossen Weiss ziehen lässt, lässt man alles Schwere tragen und ist dabei ruhig. Dieses vergleicht man mit der Secte Fokke. Es sind nämlich die in dem zweiten Capitel des Buches der Secte Fokke vorgebrachten drei Wagen ein Gleichniss von dem brennenden Hause. Dieses wird ausführlich in der Classe *Wo,* in dem Abschnitte *omoi-no ije* ‚das Haus der Gedanken' erklärt'.

Mi-tsü-no sakai. ‚Die drei Gränzen'. Ist so viel als das in dem Sio-gen-zi-kò bei den Gegenständen der Zahlen und Masse vorkommende 界 三 *san-gai.*

Mi-tsüki-sügo-dori. ‚Der vorüberziehende Vogel des dritten Monats'. *Fototogisü nari. Natsü mi-tsüki-no fodo naki-watare-ba nari.* ‚Ist der Kuckuk. Derselbe heisst so, weil er im Sommer, im dritten Monate singend hinüberzieht'.

Midzu moranu 中 *utsi.* ‚Während das Wasser nicht durchsickert'. *Omoi-ai-taru utsi nari.* ‚Bedeutet: während man an einander gedacht hat'.

Midzü-wo makasüru. ‚Das Wasser überlassen'. *Midzü-wo si-kakuru nari.* ‚Bedeutet: das Wasser hinleiten'. Verse:

Ma-süge ofuru ara-ta-ni midzü-wo makasüre-ba uresi-gawo-ni-mo naku kawadzü kana.

‚Wo das wahre Riedgras wächst, dem wüsten Felde das Wasser wenn man überlässt, mit freudigem Angesicht quakt er dann, der Frosch!'

Midzu-guki. ‚Der Wasserstengel'. *Fude-wo iû nari. Midzü-guki-no ato-wa fude-no ato-wo iû nari.* ‚Bedeutet den Pinsel. *Midzü-guki-no ato* ‚die Spur des Wasserstengels' bedeutet die Werke des Pinsels'. Verse:

Utsütaje-ni süzüri-no midzü-to omofu-na-jo namida-ni kaku-zo midzü-guki-no ato.

‚Bei der Anklage glaube nicht, es sei des Tintensteines Wasser! Mit Thränen wird geschrieben des Wasserstengels Werk'.

Mina-kutsi-matsüri. ‚Das Opfer der Wassermündung'. *Faru nari. Ta-no mina-kutsi-ni fei-wo tatete matsüru nari.* ‚Ist der Frühling. Bedeutet: an die Wassermündungen der Felder Handgaben stellen und opfern'.

Mi-nare. Midzü-ni naruru nari. Sore-wo mi-naruru-ni tori-nasi-te jomeri. ‚Bedeutet: sich an das Wasser gewöhnen. Man liest dieses, indem man es zu *mi-naruru* ‚sich gewöhnen zu sehen' macht'.

Mi-nagara. Mina-nagara-to iû koto nari. Mata miru koto-ni-mo ijeri. ‚Ist so viel als *mina-nagara*, während alle sind. Es wird auch vom Sehen *(mi-nagara,* während man sieht) gesagt'.

Mina-to siramu. ‚Die Wasserthüre (der Hafen) wird weiss'. *Aka-tsüki-gata umi-no siramu-wo iû.* ‚Bedeutet, dass an der Seite der Morgendämmerung das Meer weiss wird'.

Minami-matsüri. ‚Das Opfer des Südens'. *San-guatsü nari. Ja-fata rin-zi matsüri nari.* ‚Ist der dritte Monat des Jahres. Ist das Opfer der bevorstehenden Zeit der acht Fahnen'.

Midzü-muma-ja. ‚Der Pferdestall des Wassers'. *Funa-dzi-no muma-ja nari. Midzü-muma-ja-ni-wa aruzi-mòke-no naki nari. Mote-nasi-senu-wo süi-jeki-to iû. Gen-zi-ni-mo süi-jeki jo-fuke-nu-to ijeri.* ‚Ist der Pferdestall des Schiffsweges. Bedeutet, dass in dem Pferdestalle des Wassers keine Bewirthung ist. Den Gast nicht unterhalten, nennt man *süi-jeki,* die Wasserpost. Auch in dem Geschlechte Gen heisst es: Es ist spät in der Nacht der Wasserpost geworden'.

身 *Mi-no siro-goromo.* 蓑 *Mino-no kawari-ni ame juki-no toki-ni kiru mono nari. Issetsu* 身 *mi-no* 代 *kawari nari.* ‚Ist ein Kleid, mit dem man sich statt des Regenmantels bei

Regen und Schnee bekleidet. Nach einer Erklärung ist es *mi-no kawari,* die Stelle vertretend'.

Mi-no notsi-no ko-gane. ,Das Gold nach dem Leibe'. *Faku-si mon-siû-ni sin-go ko-gane-wo udzû-takaku-te foku-to-wo sakafu ko-mo seô-zen isson-no sake-ni sikazû-to ijeri.* ,In der Sammlung der Schriften des Geschlechtes Pe heisst es: Nach dem Leibe (d. i. nach dem Tode) Gold aufhäufen und das Nössel des Nordens verstopfen, dieses ist nicht so viel als vor der Geburt ein Fass Wein'.

Mi-no sato. ,Das Dorf der Worfschaufel'. *Jama-siro-no mei-sio nari. Fa-muro-no fen nari.* ,Ist ein berühmter Ort in Jama-siro. Liegt zur Seite von Fa-muro'.

Mi-kudzû taku. ,Den Bodensatz des Wassers brennen'. *Mo-wo kari-te taku koto nari.* ,Ist so viel als das Hornblatt abschneiden und verbrennen'.

Mi-jama-ki-no mojuru. ,Die Bäume des tiefen Gebirgs brennen'. *Fukaki jama-wa moro-moro-no ki sigeri-te sûri-ò fodo-ni fi idete mojuru nari. Sore-wo koi-no fi mo-zi mata-wa omoi-no fi-ni josets jomeru o-osi.* ,Bedeutet: In dem tiefen Gebirge stehen die Bäume in Fülle, und wenn sie sich an einander reiben, kommt Feuer hervor und sie brennen. Dieses liest man häufig in Bezug auf das Schriftzeichen *fi* in *kofi* (Liebe) und auf *fi* (Feuer) in *omofi,* Gedanke'. Verse:

Mi-jama-ki-no arasi-ni taje-nu omoi-dani fitari-wa mojenu mono-to koso kiku.

,Des hohen Gebirges Bäume sind im Sturme zerrissen. Dass der Gedanke sich allein nicht entzündet, hört man nur'.

Mijako-no te-buri. ,Die Handweise der Hauptstadt'. *Mijako-no furumai nari.* ,Ist die Sitte der Hauptstadt'. Verse:

Ama-sakuru fina-ni itsu-tose sûmi-wi-site mijako-no te-buri wasûrare-ni-keri.

,In der vom Himmel sich trennenden Landstadt, fünf Jahre nachdem man geweilt, ist die Handweise der Hauptstadt vergessen worden'.

Mijau-kau. 香名 *Mei-kò nari. Fotoke-ni tate-matsûru.* ,Ist *mei-kò,* berühmter Wohlgeruch. ,Derselbe wird Buddha dargereicht'.

Mija-basi. ,Die Palastbrücke'. *Mi-kawa-no mei-sio nari.* ,Ist ein berühmter Ort in Mi-kawa'.

Mi-mare mizû-mare. Miru-mo minu-mo-to iû kotoba nari. ,Ist das Wort *miru-mo minu-mo,* sehen und nicht sehen'.

Mi-komori. 籠水 *Midzu-komori nari. Midzû-ni kakure-siranu-to iû kokoro-ka.* ,Ist *midzû-komori,* in dem Wasser verborgen. Vielleicht in dem Sinne, dass etwas in dem Wasser verborgen und unbekannt ist'.

重〜三ヘ *Mi-je-no obi.* ,Der dreifache Gürtel'. *Futa-je mawari-no obi koi-juje mi-ga fosori-te mi-je-ni mawaru josi-wo jomeru nari.* Man liest, dass der zweimal um den Leib gehende Gürtel dreimal herumgeht, weil der Leib aus Liebe dünn geworden ist'. Verse:

Fito-je nomi imo-ga musûbi-si obi-wo sûra mi-je-ni jufu-beku waga mi-wa nari-nu.

,Den einmal nur die Schwester geknüpft hat, den Gürtel selbst, dass ich dreimal ihn binden kann, so ist mein Leib geworden'.

Misawo-dzûkuru. ,Beharrlichkeit hervorbringen'. *Sirazû kawo nari.* 操 *Misawo-ni mote-nasi-tsûkete-to ijeru-mo tsûne-ni kawaranu kokoro nari. Issetsû matsû-no misawo-to iû-mo simo juki-wo-mo sirazû tokiwa nare-ba nari. Mata* 棹水 *mi-sawo-to kaku toki-wa fune-no mi-nare-zawo nari.* ,Bedeutet: sich unwissend stellen. Es wird auch gesagt *misawo-ni mote-nasi-tsûkete,* mit Beharrlichkeit behandelnd und hinzufügend. Dieses hat den Sinn: niemals sich verändern. Nach einer Erklärung hat das Wort *matsû-no misawo* ,die

Beharrlichkeit der Fichte‘ den Sinn: Reiffrost und Schnee nicht kennen. Es ist, weil die Fichte beständig dauert. Wenn ferner *mi-sawo* (Wasserstange, wie oben) geschrieben wird, ist es die an das Wasser gewöhnte Ruderstange des Schiffes‘.

Mi-saki-no matsü. 前 御 *Mi-saki-no tai-matsü nari.* ‚Sind die Fackeln der hohen Gegenwart‘.

Misago wiru ara-iso. ‚*Misago-wa* 砂 水 *misago nari. Tori-no misago-ni arazü.* ‚*Misago* ist der Sand des Wassers. Es ist nicht der Vogel *misago*‘ (Meeradler). Die Bedeutung des Ausdruckes ist: das wüste Meerufer, wo der Sand des Wassers verbleibt. *Misago* steht für *midzü-isago*, der Sand des Wassers.

Mi-ki-gusa. ‚Die Pflanze des Götterweines‘. *Fako-baje-to iü kusa nari.* ‚Ist die Pflanze *fako-baje*, Hühnerbiss‘. Verse:

Waga jado-no kaki-ne-ni ofuru mi-ki-gusa-no fana-mo sakari-ni nari-ni-keru kana.

‚Die an der Mauerwurzel meines Nachtlagers wachsende Pflanze des Götterweins, ihre Blüthen sind eine Fülle geworden!‘

Mimi-to-gawa. ‚Der von Ohr scharfe Fluss‘. *Ni-deô-no minami-ni nagaruru o-gawa nari. Süje-sato-ije-no uta-awase-ni.* ‚Ist ein Flüsschen im Süden des zweiten Viertels. In der Vereinigung der Lieder von Suje-sato-ije heisst es:‘ Verse:

Mina-tsüki-ni mimi-to-gawa-nite misogi-site inoru koto-wo-ba kami-zo kiku-ran.

‚In dem Wassermonat, in dem Flusse von Mimi-to dass man reinigt und betet, werden die Götter hören‘.

身 *Mi-ziroku. Mi-wo ugokasü nari. Gen-zi-ni-mo utsi-mi-ziroku-to ijeri.* ‚Bedeutet: den Leib bewegen. Auch in dem Geschlechte Gen heisst es *utsi-mi-ziroku,* den Leib stark bewegen‘.

野 嶋 三 *Mi-sima-no. Jettsiü mei-sio nari. Futa-kami-jama-no fen nari.* ‚Ist ein berühmter Ort in Jettsiü. Befindet sich zur Seite des Berges Futa-kami‘.

法 修 御 *Mi-si-fo. Siô-guatsü jô-ka-jori ziü-jokka made kin-tsiü-nite okonawaruru nari.* ‚Ist das Fest, das vom achten Tage bis zu dem vierzehnten Tage des ersten Monats in der verschlossenen Abtheilung des kaiserlichen Palastes gefeiert wird‘.

Mi-mosüso. Koromo-no koto nari. Mata mi-mosüso-gawa ise-mija-gawa-no koto nari. ‚Ist so viel als *koromo,* Kleid. Ferner ist *mi-mosüso-gawa* ‚der Fluss Mosuso‘ so viel als der Fluss des Palastes von Ise‘.

Mi-sü-mo-gusa. ‚Der Beifuss der Thürmatte‘. *Fisi-to iü mono nari. Ike numa nado-ni aru mono nari.* ‚Ist der Gegenstand *fisi,* Wasserlinse. Es ist ein Gegenstand, der sich in Teichen und ähnlichen Gewässern befindet‘. Verse:

Ko-ja-no ike-no kisi fuku kaze-no jufu-magure nami-ni kata-joru mi-sü-mo-gusa kana.

‚In der Abenddämm'rung des an dem Ufer des Teiches der Hütte wehenden Windes an die Wellen lehnt sich der Thürmatte Beifuss!‘

Mi-sü-gusa. ‚Die Pflanze der Thürmatte‘. *Komo-to iü kusa nari. Kono kusa kutsi-te fotaru-to naru.* ‚Ist die Pflanze *komo,* das Blumenschilf. Wenn diese Pflanze verfault, wird sie zu Feuerfliegen‘. Verse:

Satsüki-ame-ni ike-no mi-sü-gusa kutsi-ni-keri ko-joi-wa sigeku fotaru tobi-kafu.

‚In des fünften Monats Regen ist die Thürmattenpflanze des Teiches verfault. Diese Nacht in dichten Mengen fliegen Feuerfliegen umher‘.

Mi-sü-no afui. ‚Die Malve der Thürmatte‘. *Kamo-no matsüri-no fi südare-ni-mo afui-wo kakuru nari.* ‚Bedeutet, dass man an dem Tage des Opfers von Kamo auch an die Thürmatte Malven hängt‘.

Classe *Si*.

Si-wi-no ko-ja-te. *Si-wi-no ki-no ko-jeda nari.* *Si-wi-no ko-ja-te-no juki omo-mi-to jomeri.* ‚Ist *si-wi-no ki-no ko-jeda,* die Zweige des Buchbaums. Man liest *si-wi-no ko-ja-te-no juki omo-mi,* die Zweige des Buchbaums sind schwer von Schnee‘.

Si-wi-siba-no sode. ‚Der Aermel von Buchenreisig‘. *Mo-ni komoru toki* 著 *kiru mono nari.* ‚Ist das Kleid, welches man trägt, wenn man in der Trauer sich verbirgt‘. Verse:

Faka-naku-te tama-kiwari-ni-si taratsi-o-no juje-ni-zo ki-taru siwi-siba-no sode.

‚Dessen Seele vorübergehend und erschöpft, um des Vaters willen bin ich gekleidet in des Buchenreisigs Aermel‘.

四 *Si-win.* ‚Die vier Endlaute‘. 句 八 *Fakku-no* 詩 律 *rissi nari.* *Gen-zi wotome-no maki-ni fakase-domo* 韻 四 *si-win-no* 詩 *si-wo tsŭkuru josi-wo ijeri.* ‚Ist ein melodisches Gedicht von vier Abschnitten. In dem Geschlechte Gen, in dem Capitel der Mädchen wird gesagt, dass die Gelehrten das Gedicht der vier Endlaute verfertigen‘.

Siro-taje. *Tada-siroki-wo fomete ijeru nari.* *Taje-wa* 妙 *no zi-nite utsŭsiki koto nari.* ‚Ist bloss ein lobpreisender Ausdruck für *sirosi*, weiss. *Taje* ist das Zeichen *taje* (wundervoll, wie oben) und so viel als *utsŭsi-si,* schön‘.

Siro-taje-no sode. ‚Der wundervoll weisse Aermel‘. *Siroki-wa koromo-no moto-iro nari.* ‚Weiss ist die ursprüngliche Farbe der Kleider‘.

Siba-naku tori. 鳥 鳴 數 *Siba-naku tori nari.* *Siba-siba kitari-te naku-wo ijeri.* ‚Ist *siba-naku tori,* der oft singende Vogel. Bedeutet, dass der Vogel häufig kommt und singt‘. Verse:

Waga kado-ni tsi-dori siba-naku oki-jo oki-jo waga fito-jo-dzŭma fito-ni sirasŭ-na.

‚Was vor meiner Thüre der Brachvogel häufig singt: ‚Steh auf! steh auf!‘ Meine Gattin der einz'gen Nacht lass' es nicht die Menschen wissen‘.

芝 *Siba-utsŭri.* ‚Von dem Rasen übersiedeln‘. *Sinobi-tatsŭ kokoro nari.* ‚Hat den Sinn: heimlich sich erheben‘. Verse:

Kata-oka-ni siba-utsuri-site naku kigisu tatsi-fa-oto-tote taka-karanu-ka-wa.

‚An derselben Uferhöhe von dem Rasen übersiedelnd der singende Fasan, indess er auffliegend mit den Flügeln rauscht, fliegt er wohl nicht hoch‘.

柴 *Siba-no sode-gaki.* ‚Der Aermelzaun des Reisholzes‘. *Ije-no sasi-iri nado-ni tsi-isaku si-taru siba-no kaki nari.* ‚Ist ein aus verkleinertem Reisholz gebildeter Zaun an dem Eingang und anderen Orten eines Hauses‘. Verse:

Kure-nure-ba jo-mo-no kusa-ki-wo jama-kaze-no wonore siworuru siba-no sode-gaki.

‚Wenn es Abend wird, von den Pflanzen und Bäumen der vier Seiten ist der Gebirgswind feucht an des Reisholzes Aermelzaun‘.

Siba sase-tamaje. *Sibaraku matase-tamaje-to iŭ nari.* ‚Ist das Wort *sibaraku matase-tamaje,* geruhe, eine Weile warten zu lassen‘.

Siba-tatsŭ nami. *Siba-siba tatsŭ nami nari.* ‚Bedeutet *siba-siba tatsŭ nami*, die häufig sich erhebenden Wellen‘.

Siba-bune. ‚Das Reisigschiff‘. *Siba-tsŭmi-taru fune nari.* ‚Ist ein mit Reisholz beladenes Schiff‘.

柴 *Siba-kuruma.* ‚Der Reisigwagen‘. *Tsŭkane-taru siba-wo taka-ne-jori marobasi-kudasŭ-wo iŭ.* *Siba-tsŭmi-taru kuruma-ni-wa arazŭ.* ‚Bedeutet: zusammengebundenes Reisholz von einem hohen Berggipfel herabrollen. Es ist kein mit Reisholz beladener Wagen'. Verse:

Mine-takaki usi-no wo-jama-ni iru fito-wa siba-kuruma-nite kudaru nari-keri.

,Die auf dem hochgipfeligen Berge des Kuhschweifes weilenden Menschen, dass auf Reisigwagen sie herabsteigen, ist geschehen'.

Siwo-doke-si. Nure-siwo-tare-taru nari. Ana-siwo-doke-no sode-no ke-siki-ja-to jomeri. Mata josi-no-gawa kai-no sidzüku-no ito-siwo-doke-si-to-mo ijeru nari. ,Bedeutet feucht und bethränt. Man liest: *ana-siwo-doke-no sode-no ke-siki-ja,* o des sehr feuchten und bethränten Aermels Augenschein! Ferner wurde gesagt *josi-no-gawa kai-no sidzuku-no ito-siwo-doke-si,* die Muschel des Flusses von Josi-no tröpfelnd, sehr feucht und bethränt ist sie'.

ヽ ホ ヒ *Siwo-wo. Siworuru koto nari.* ,Ist so viel als *siworuru*, befeuchtet sein'.

Siwo-zai. Siwo-ai nari. ,Ist *siwo-ai*, der Eintritt der Fluth'. *Sai* steht in dieser Zusammensetzung für *ai* ,begegnen', etwa wie *same* für *ame* ,Regen' in der Zusammensetzung *mura-same*, Platzregen'. Verse:

Siwo-zai-ni irako-ga sima-je kogu fune-no imo noru-ran-ka araki fama-be-ni.

,Das mit Eintritt der Fluth nach der Insel von Irako rudernde Schiff! Die Schwester wird wohl fahren an des wüsten Ufers Seite'.

Siwo-zimu. ,Die Salzfluth dringt ein'. *Nararu koto nari.* ,Ist so viel als *nararu*, sich gewöhnen'.

Siwo-ziri-no jama. ,Der Berg der Reibeschüssel'. *Fu-zi-wo iû.* ,Bezeichnet den Berg Fu-zi'. Nach dem Sio-gen-zi-kò ist *siwo-ziri* ein unbekanntes Geräthe. Einige sagen, es bedeute *süri-batsi*, eine Schüssel, in der man Gegenstände zerreibt. Es kommt in der Geschichte von Ise vor.

汐 *Siwo-gosi.* ,Die Salzfluth übersetzen'. *Umi-gosi-to iû kokoro nari.* ,Steht im Sinne von *umi-gosi*, das Meer übersetzen'.

Siwo-gumori. ,Die Fluth ist umwölkt'. *Siwo-no sasu toki kumoru nari.* ,Bedeutet, dass der Himmel zur Zeit des Eintritts der Fluth sich umwölkt'.

Sitoto-ni nururu. ,Als Sperling nass werden'. *Tsujoku nururu koto nari. I-mono-ni mino-mo kasa-mo tori-ajezu sitoto-ni nurete-to ari. Issetsu-ni katabira nado-no mi-ni tsuku fodo nari-to itsi-deô zen-kô-no o-oserare-si-to sô-gi ijeri-to-zo.* ,Ist so viel als stark nass werden. In der Geschichte von Ise heisst es: Er getraute sich nicht, Regenmantel und Schirm zu nehmen und wurde nass wie ein Sperling. Nach einer Erklärung sagte Sô-gi, an der Seitenthüre des Erdaltares des ersten Viertels habe man gesagt, es sei in dem Masse, dass das Hemd und andere Kleidungsstücke an dem Leibe haften'. Verse:

Asa-giri-ni sitoto-ni nurete jobu ko-dori sa-wo-no jama-jori naki-wataru miju.

,Von dem Morgennebel wie ein Sperling befeuchtet, des rufenden Kindes Vogel, von dem Berge Sawo wie er singend herüberkommt, wird er gesehen'.

Sidoro-modoro. 跎々 蹉々 *to kaku. Midare-taru koto nari.* ,Wird *sa-ta* (wie oben) geschrieben. Ist so viel als *midare-taru*, in Unordnung gerathen sein'.

Sidzi-no fasi-gaki-no koto. ,Die Sache der Randschrift des Schragens'. *Kuruma-ni* 榻 *sidzi-to iû mono ari. Kore-wo motsi-te ori-nobori-suru nari. Mukasi otoko-no jobai-keru onna-no ari-keru-ga momo-jo kano sidzi-no uje-ni maro-ne-wo site kokono-so-tsi-mari kokono-tsü jo-made-wa kazü-wo tori-te sidzi-no fasi-ni kaki-taru koto-wo iû nari. Sigi-ni fane-gaki-wa ko-kon-siû-ni iri-tare-ba siò-setsu naru-besi. Tada sidzi-no fasi-gaki-mo furuku-jori i-i-kuru koto nare-ba süte-gataki-ni jotte idzüre-nite-mo jori-kitareru-ni sitagai-te tomo-ni motsiju-beki nari.* ‚An dem Wagen befindet sich ein Gegenstand Namens *sidzi* (langes Bett oder Schragen). Mit Hilfe desselben steigt man herab und hinauf. Es bedeutet: Einst war ein Weib, um die ein Mann gefreit hatte. Dieselbe schlief durch hundert Nächte angekleidet auf jenem Schragen. Bis zu der neun und neunzigsten Nacht berechnete sie die Zahl und schrieb sie auf den Rand des Schragens. Da *sigi-no fane-gaki* ‚das Flügelkratzen der Schnepfe' in die Sammlung des Alterthums und der Gegenwart aufgenommen wurde, so muss es eine richtige Erklärung sein. Da aber *sidzi-no fasi-gaki* ‚die Randschrift des Schragens' etwas von Alters her Ueberliefertes ist, kann man es nicht verwerfen. Man muss also, woher es auch stamme, damit einverstanden sein und es mit jenem zugleich gebrauchen'. Verse:

Aka-tsûki-no sigi-no fane-gaki momo-fa-gaki kimi-ga konu jo-wa ware-zo kazû kaku.

‚Bei Tagesanbruch der Schnepfe Flügelkratzen, das hundertmalige Flügelkratzen, die Nächte, wo der Gebieter nicht kommt, ihre Zahl schreib' ich'.

Omoi-ki-ja sidzi-no fasi-gaki kaki-tsûmete momo-jo-mo onazi maro-ne-sen-to-wa.

‚Ich hab' es ersehnt! Die Randschrift des Schragens gepresst schreibend, durch hundert Nächte auf gleiche Weise angekleidet dass ich schlafe'.

Gaki in *sidzi-no fasi-gaki* bedeutet *kaku,* schreiben. In *sigi-no fane-gaki,* das weiter unten noch vorkommt, wird es in Wörterschrift wiederholt durch 播 *kaku* ‚kratzen' ausgedrückt. Dieses zum Verständniss dessen, was oben von der richtigen Erklärung gesagt wird.

Siri- 糸 *ito nagaku fiki-te.* ‚Die Seidenfäden des Hintertheils lange ziehend'. *Siri-wa* 裾 *kio nari. Kio-wa koromo-no suso nari. Naosi-no sita-gasane-site kio-wo fiki-tamò nari.* *Siri* ‚Hintertheil' ist *kio* (wie oben). *Kio* ist der Saum des Kleides. Es bedeutet: den Saum, der die Schleppe des geraden Kleides ist, ziehen'.

Sirusi-no kefuri. ‚Der kennzeichnende Rauch'. *Sûma-to awa-dzi-ni kajô fune-ni fi-wo tatsûru. Sore-wo mite tagai-ni fune-wo tatsûru nari.* ‚Bedeutet: Auf den mit Suma und Awa-dzi verkehrenden Schiffen stellt man ein Feuer auf. Wenn man dieses sieht, stellt man gegenseitig die Schiffe auf'.

Siru ki. 著 *to kaku. Sore-to sirare-taru nari.* ‚Bedeutet: es ist bekannt, dass es dieses ist'.

Si-woru. Sekkan-sûru koto nari. I-mono-ni kura-ni komete si-wori-tamò-to ari. ‚Ist so viel als *sekkan-sûru,* züchtigen. In der Geschichte von Ise heisst es: Er steckte ihn in die Kammer und züchtigte ihn'.

Si-wori. 栞 *to kaku. Fukaki jama-ni iru toki ki-wo wori-te juku mitsi-mitsi-ni tate sore-wo mite jama-dzi-ni majowanu jò-ni kajeru nari.* ‚Bedeutet: Wenn man in das tiefe Gebirge tritt, bricht man Baumzweige ab und stellt sie an den Wegen, wo man geht, auf. Indem man sie sieht, kehrt man auf den Gebirgswegen, ohne sich zu verirren, zurück'.

Si-oni. Si-on nari. Oni-no siko-gusa-tote aki saku fana nari. Sô-zite fane-zi-wo ni-ni jomu koto ka-sio-nite o-oki koto nari. Ran-no fana-wo rani-no fana-to i-i tan-ba-no kuni-wo tani-ba-no kuni-to jomi 盆 *bon-wo boni-to jomu tagui-wo iû nari.* ‚Ist die Pflanze *si-on.* Dieselbe heisst auch *oni-no siko-gusa.* Es ist eine Blume, die im Herbste blüht. Uebrigens kommt es in den Büchern der Lieder oft vor, dass man das abgeschnittene Zeichen *(n)* als *ni* liest. Es ist von der Art wie *rani-no fana* ‚die Luftblume' für *ran-no fana, tani-ba-no kuni* ‚das Reich Tanba' für *tan-ba-no kuni, boni* ‚das Todtenfest' für *bon* gelesen wird'.

Sikasü-ga. Sasü-ga-to iû koto nari. Sa-to si-to go-in ai-kajô nari. ,Ist so viel als *sasü-ga*, in der That. *Sa* und *si* gehen als Endlaute in einander über'.

Sika-narai-te-zo. Sò-narò-to iû kotoba nari. ,Ist ein Wort von der Bedeutung von *sò narò*, auf diese Weise lernen'.

Sika-nari. Sò nari-to iû kotoba nari. ,Ist ein Wort von der Bedeutung von *sò-nari*, es ist so'.

Sikasü-ga-no watari. ,Gerade eine solche Ueberfahrt'. *Mi-kawa mei-sio nari.* ,Ist ein berühmter Ort in Mi-kawa'.

Sika-ma-no katsi. Fari-ma-no sika-ma-jori some-idasü ka-tsin-some nari. Ka-tsin-some-wa ai-zome nari. ,Ist das Färbemittel *ka-tsin*, welches man aus Sika-ma in Fari-ma ausgeführt hat. Die Färbung *ka-tsin* ist eine indigoblaue Färbung'.

賀志 *Si-ga. Gò-siû-no mei-sio nari.* ,Ist ein berühmter Ort in Gò-siû'.

Si-ka-no sima. ,Die Insel von Si-ka'. *Tsiku-zen-no mei-sio nari. Kai-tsiû-ni faru-baru-to ide-taru sima-ni mon-ziû owasi-masü nari.* ,Ist ein berühmter Ort in Tsiku-zen. Auf der aus dem Meere in weiter Ferne hervorragenden Insel hat der (buddhistische) Gott Mon-ziû-bo-sats seinen Wohnsitz'.

Sita-tsü iwa-ne. ,Die unten befindlichen Felsenwurzeln'. *I-se-nai-gû-no tatase-tamò tokoro-wo iû nari.* ,Bedeutet die Stelle, wo man den inneren Palast von Ise erbaut hat'.

Sita-matsi. Sita-gokoro-ni fito-wo matsü nari. ,Bedeutet: einen Menschen mit Geneigtheit erwarten'.

舌 *Sita-toki.* ,Schnell von Zunge'. *Kutsi-no fajaki koto nari.* ,Ist so viel als *kutsi-no fajasi*, schnell von Rede'.

Si-tari-gawo. ,Das Gesicht der That'. *Site-motsi-gawo-to iû koto nari.* ,Ist so viel als *site-motsi-gawo*, das festhaltende Gesicht des Thäters'.

Sidzuku. Isi nado-no nami-ni jurarete araware-kajeru-wo iû nari. Mata sidzüku isi-wa nami-utsi-giwa-no isi nari. Issetsu-ni sidzuku isi-to-wa sidzumi-mo sezü agari-mo senu isi nari. ,Bedeutet, dass Steine und andere Gegenstände, von den Wellen bewegt, wieder sichtbar werden. Ferner bedeutet *sidzuku isi* die Steine an der Grenze des Wellenschlages. Nach einer Erklärung hat *sidzüku isi* die Bedeutung: Steine, welche weder untersinken noch in die Höhe kommen'.

Sidzü-fata. 賤 *Sidzü-ga woru* 機 *fata nari. Midare-taru kokoro-ni jomeri.* ,Ist ein gemein webender Webstuhl. Wird in dem Sinne von Unordnung gelesen'.

Sidzü-fata-obi. Sidzü-ga fata woru toki kosi-ni maku obi nari. Kosi-ni fito-je fiki-mawasi-te musübu nari. ,Ist ein Gürtel, den man um die Lenden windet, wenn auf dem Webstuhl gemein gewebt wird. Man windet ihn einfach um die Lenden und bindet ihn'.

Sidzu-no wo-tama-maki. ,Die gemeine Spule'. 苧 *Wo-wo umi-taru feso maku mono nari. Ijasi-ki fito-ni josete jomeri.* ,Ist der Gegenstand, um welchen man den Knäuel Garn aus gesponnenem Hanfe windet. Man liest es in Bezug auf einen gemeinen Menschen.

Sidzu-tori. ,Der gemeine Vogel'. *Fototogisü-no i-miò nari.* ,Ist ein verschiedener Name für *fototogisü*, Kuckuk'.

Sidzü-kokoro naku. Sidzüka-naru kokoro-no naki nari. ,Ist *sidzüka-naru kokoro-no nasi*, man hat kein ruhiges Herz'.

Sidzü. 賤 *to kaki-te ijasi-ki mono-wo ijeri. Sidzü-no me mata-wa sidzu-no wo nado nari.* ,Wird *ijasi* (wie oben) geschrieben. Bedeutet einen gemeinen Menschen. So in *sidzü-no me* ,ein gemeines Weib, *sidzü-no wo* ,ein gemeiner Mann' und anderen Wörtern'.

Sira-tsükusi. Miwo-dzükusi-ni onazi. Midzü-no sen-zin-wo siru tame nari. Kawa-nite-mo süru koto nare-domo o-oku-wa je-ni jomeri. ,Ist mit *miwo-dzükusi* ,Wassermesser' gleichbedeutend. Derselbe dient dazu, die Seichtigkeit und Tiefe des Wassers zu erfahren. Obgleich man ihn auch in Flüssen anbringt, liest man das Wort doch meistens von Strömen' (Ausmündungen der Flüsse in das Meer).

Sira-nufi-no tsŭku-si (siranu fi-no tsŭku-si). Riŏ-gi ari. Issetsŭ-wa 縫 白 *sira-nufi nari. Issetsŭ-ni-wa siranu* 火 *fi nari. Tsŭku-si-no makura-koto-ba nari. Mukasi kei-kô ten-wô fune-ni nori-tamai-te asi-kita-kowori-jori fi-no kuni-ni itaru-to ijeri. Ja-tsŭ siro-to iû umi-ni fi-no mije-keru-wo idzûre-no fi-zo-to toi-tamô-ni tare-bito-no tomosi-taru fi-to-mo sirazaru josi mŏsi-keru-jori jagate sono tokoro-wo* 火 知 不 *siranu fi-no tsŭku-si-to ijeri.* ‚Hat zwei Bedeutungen. Nach einer Erklärung bedeutet es *sira-nufi*, die weisse Naht. Nach einer anderen Erklärung bedeutet es *siranu fi*, das unbekannte Feuer. Es ist ein Polsterwort für das Reich Tsuku-si. Man sagt: Einst bestieg Kaiser Kei-kô ein Schiff und gelangte von dem Districte Asi-kita zu dem Reiche des Feuers. Als auf dem Meere Ja-tsu Siro (dem Meere der acht Stellvertreter) ein Feuer zu sehen war, fragte er, was für ein Feuer dieses sei. Man sagte ihm, man wisse nicht, von wem das Feuer angezündet worden. Daher nannte man sogleich diesen Ort *siranu fi-no tsŭku-si*, das Tsukusi des unbekannten Feuers'.

Sira-tama-fime. ‚Das Fräulein des weissen Edelsteines'. *Kasŭmi-wo iû nari.* ‚Bedeutet den rothen Wolkendunst'. Verse:

Faru-jama-ni sira-tama-fime-no tatsŭ toki-wa mi-maku fosi-ge-ni fana-wo koso mime.

‚Auf dem Frühlingsberge des weissen Edelsteins Fräulein wenn sich erhebt, bei dem Wunsch zu sehen wird die Blumen nur sie sehen'.

Sira- 川 *kawa. Jama-siro-no mei-sio nari.* ‚Ist ein berühmter Ort in Jama-siro.

Sira-nami. ‚Weisse Wellen'. *Nusŭ-bito-no koto nari. Mata midori-no fajasi-to-mo iû. Sô-zi-ni faku-fa rioku-rin-to ide-tari. Naga-ake kai-dô-no ki-ni iû waka-sŭgi-to iû tokoro-wo sŭgi-te joko-ta-jama-wo toworu kono tokoro-wa* 楡 白 *faku-ju-no kage-ni arawarete rioku-rin-no fito-wo si-kiru tokoro-to kikojure-ba* 益 *jaku-naku obojete isogi-juku.* ‚Ist so viel als *nusŭ-bito*, Räuber. Man sagt auch: der grüne Wald. Kommt bei Tschuang-tse vor, wo es heisst: Die weissen Wellen, der grüne Wald. Die Geschichte des von Naga-ake verfassten Seeweges sagt: Nachdem man an einem Orte Namens *waka-sŭgi* (die jungen Cypressen) vorüber gekommen, drang man zu dem Berge von Joko-ta. Da man hörte, dass dieses der Ort sei, wo man die Menschen des grünen Waldes, wenn sie in dem Schatten der weissen Ulmen sich zeigen, niederhaut, dachte man, es sei nutzlos und ging schnell weiter'. Verse:

Faja-sŭgi-jo fito-no kokoro-no joko-ta-jama midori-no fajasi kage-ni kakurete.

‚Das Herz der Menschen der schnell vorbeiziehenden Welt, in dem Schatten des grünen Waldes des Berges von Joko-ta birgt es sich'.

Sira-kasane. ‚Das weisse Doppelte'. *Ten-ziô-bito si-guatsŭ tsŭi-tatsi-jori kiru natsŭ-goromo nari. Siroki kinu-no awase nari.* ‚Ist das Sommerkleid, welches die Menschen der Vorhalle, von dem ersten Tage des vierten Monats angefangen, tragen. Es ist ein gefüttertes Kleid von weissem Seidenstoffe'.

Sira-tori-no to-ba. ‚Das To-ba des weissen Vogels'. *To-ba-to iû makura-kotoba nari.* ‚Ist ein Polsterwort, welches To-ba (einen Ort in Jama-siro) bedeutet'.

Sira-sa-kumo. ‚Weisse schmale Wolken'. *Sŭkosi-dzŭtsŭ tatsŭ kumo nari.* ‚Sind die um ein Kleines sich erhebenden Wolken'. Verse:

Jama-no fa-ni joko-giri-wataru sira-sa-kumo tsŭki-ni-mo magafu fajaku kenu-besi.

‚Die an dem Ende des Berges schräg hinüberziehenden weissen schmalen Wolken, mit dem Monde verwechselt, können schnell zergangen sein'.

Sino-no fa-gusa. ‚Die Pflanze der Blätter des kleinen Bambus'. *Sasa-no koto nari. Mata iwaku sasa-ni nite karuru kusa nari.* ‚Ist so viel als *sasa,* kleiner Bambus. Ferner sagt man, es sei eine Pflanze, welche dem kleinen Bambus ähnlich ist und gemäht wird'.

Sino-ni. Sigeku mono-wo omô nari. Mata sinobi-sinobi-ni mono-omô kokoro-ni-mo ijeri. ‚Bedeutet: vielfach überdenken. Wird auch in dem Sinne gesagt, dass man ganz im Geheimen überlegt'.

Sino-bu-modzi-zuri-no koto. ‚Die Sache des verdreht Geriebenen von Sino-bu'. *Ka-rin-riô-sai-ni ide-tari.* ‚Kommt in dem vortrefflichen Stoffe des Liederwaldes vor'. Verse:

Mitsi-oku-no sino-bu-modzi-sŭri tare-juje-ni midaren-to omofu ware naranaku-ni.

‚Das verdreht Geriebene von Sino-bu in Mitsi-oku, wessen wegen denkt man, dass es in Verwirrung ist, indem es diess von selbst nicht ist?'

Migiri-wa ô-siû-no sino-bu kowori-ni modzi-zŭri-tote 髪 *kami-wo midasi-taru jô-ni sŭri-taru mono-wo sino-bu modzi-zŭri-to iû nari.* ‚Was das Obige betrifft, so führt das sogenannte *modzi-zŭri* ‚das verdreht Geriebene', ein Gegenstand (Kleiderstoff), der in dem Districte Sino-bu in Ô-siu auf eine Weise gerieben wird, als ob man das Haupthaar in Unordnung brächte, den Namen *sino-bu modzi-zŭri,* das verdreht Geriebene von Sino-bu'. Verse:

Kasŭ-ga-no-no waka-murasaki-no sŭri-goromo sino-bu-no midare-kagiri sirarezŭ.

‚Bei dem jungen purpurnen, geriebenen Kleide des Feldes von Kasu-ga ist von Sino-bu die Gränze der Verwirrung nicht bekannt'.

Migiri musasi-no-no waka-murasaki-to koso i-i-narawasi-tare-do kore-wa kasŭ-ga-no-sato-nite jomeru uta nare-ba kasŭ-ga-no-no waka-murasaki-ni tsŭdzŭke-fanberi. Musasi-no-wa keô-wa na-jaki-so-no uta-mo ko-kon-ni-wa kasŭ-ga-no-to kaki-kaje-tari. Omô tokoro aru-naru-besi. ‚Zu dem Obigen: Man ist nur gewohnt, *musasi-no-no waka-murasaki* ‚der junge Purpur des Feldes von *Musasi* zu sagen. Da dieses eben ein Gedicht ist, das in dem Dorfe des Feldes von Kasu-ga verfasst wurde, so wurde es mit *kasŭ-ga-no-no waka-murasaki* ‚der junge Purpur des Feldes von Kasu-ga' verbunden. Auch in dem Gedichte *musasi-no-wa keô-wa na-jaki-so* ‚das Feld von Musasi verbrenne heute nicht' wurde in der Sammlung des Alterthums und der Gegenwart auf veränderte Weise *kasŭ-ga-no,* ‚das Feld von Kasu-ga' geschrieben. Dieses soll zu bedenken sein'. Verse:

Omoje-domo iwade sino-bu-no sŭri-goromo kokoro-no utsi-ni midare-nuru kana.

‚Obgleich ich es denke, indem ich es nicht sage, ist das geriebene Kleid von Sino-bu in dem Inneren des Herzens in Verwirrung!'

Mitsi-oku-no sino-bu modzi-zuri sinobi-tsŭtsŭ iro-ni-wa ide-si midare-mo-zo sŭru.

‚Das verdreht Geriebene von Sino-bu in Mitsi-oku hat sich verstellt. Die Unordnung, die in die Farbe geschossen ist, auch erregt es'.

Kinofu mi-si sino-bu-no midare tare naran kokoro-no fodo-no kagiri sirarenu.

‚Die ich gestern gesehen, die Unordnung von Sino-bu, wie viel Jemand im Herzen sie haben wird, die Gränze ist nicht bekannt'.

Migiri-no kijo-sŭke-no uta-wa u-dzi sa-dai-sin-no sŭje-no ko-ni tsiû-na-gon dai-siô kane-naga fuju-no kasŭ-ga-matsŭri-no tsŭkai-ni tate-tamai-si tomo-no fito-bito iro-iro-no fana-wo wori-te kirame-keru-utsi-ni saki-no u-ma-no sŭke nori-tsŭna-ga ko kijo-tsŭna-ga sino-bu-zŭri-no kari-ginu-wo ki-tari-keru-ga kokoro ari-te mije-kere-ba saki-no sa-kiô dai-fu tsŭgi-no fi nori-tsŭna-no moto-je i-i-jari-keru uta nari. Sŭje-no jo-ni-mo okasi-ki koto-wa ide-ki-ni-keri-to namu. ‚Was das obige Gedicht Kijo-suke's betrifft, so brachen die von dem jüngsten Sohne des grossen Dieners von U-dzi zu Abgesandten des mittleren Rathes, des grossen Anführers Kane-naga für das Winteropfer von Kasu-ga ernannten Gefährten allerlei Blumen und glänzten mit ihnen. Unterdessen hatte Kijo-tsuna, der Sohn Nori-tsuna's, des früheren Gehilfen des Vorstehers der Pferde zur Rechten, sich in ein Jagdkleid aus Geriebenem von Sino-bu gekleidet, wobei er eine Absicht hatte. Als er sich sehen liess, schickte der Grosse, der frühere Beruhiger der Hauptstadt zur Linken den folgenden Tag an Nori-tsuna ein Gedicht. Es ist dieses das obige Gedicht. Dasselbe ist noch in dem letzten Zeitalter als etwas Sonderbares zum Vorschein gekommen'.

Sinobi-kuruma. ,Ein geheimer Wagen'. *Siò-zoku-senu kuruma nari.* ,Ist ein nicht verzierter Wagen'.

Sino-da-no mori tsi-je-no koto. ,Die Sache der tausend Aeste des Waldes von Sino-da'. *Sino-da-no mori-ni-wa kusŭ-no ki-no fito-moto fabikori-te tsi-je-ni wakare-taru-to ijeri. Kore-ni jori-te sino-da-no mori-ni-wa tsi-je-to iû koto-wo jomeri.* ,Man sagt, dass in dem Walde von Sino-da ein Kampherbaum sich ausbreitete und in tausend Aeste getheilt war. In Folge dessen liest man: tausend Aeste in dem Walde von Sino-da'.

Siku-siku furu ame. *Sikiri-ni furu ame nari.* ,Ist ein fortwährend fallender Regen'.

Si-gure-mo ajenu. ,Der Rieselregen wagt es nicht'. *Sŭkosi si-gurete fare-juku nari.* ,Bedeutet: nachdem ein wenig Rieselregen gefallen, heitert es sich auf'.

Zijau-zŭ-mekasi-ki. *Tada ziò-zŭ-rasi-ki nari.* ,Ist bloss *ziò-zŭ-rasi-si,* geschickt, erfahren'.

Sima-bosi. ,Der Inselstern'. *Tsŭki-no i-miò nari.* ,Ist ein verschiedener Name für den Mond'. Verse:

Sa-jo fukuru midori-no sora-ni kaze fuke-ba ito-do saje-masŭ sima-bosi-no kage.

,In tiefer Nacht, wenn den grünen Wolkenhimmel der Wind durchweht, ist überaus kühl des Inselsternes Licht'.

Si-de-no tabi. ,Die Reise nach dem Si-de'. *Mei-do nari. Ziû-wò-kiò-ni* 手 死 *si-de-no jama-to ari. Mata fototogisŭ-wo si-de-no ta-osa-to ijeri.* ,Ist die Unterwelt. In dem Buche der zehn Könige kommt der Berg Si-de (der Berg der Todeshand) vor. Auch der Kuckuk heisst *si-de-no ta-osa,* der Feldälteste der Todeshand'. Verse:

Tsŭne-jori-mo mutsŭ-mazi-ki kana fototogisŭ si-de-no jama-dzi-no tomo-to omoje-ba.

,Mehr als gewöhnlich ist er freundlich, der Kuckuk, wenn er denkt, dass Gefährten des Bergweges der Todeshand es sind!'

Sigi-no fane 播 *-gaki.* ,Das Flügelkratzen der Schnepfe'. *Mukasi ada-naru otoko-wo tanomu onna ari-keri. Konu jo-no kazŭ-wa o-oku kitaru jo-no kazŭ-wa sŭkuna-kari-kere-ba kano konu jo-no kazŭ-wo kaku koto-wa aka-tsŭki-no sigi-no fane-wo* 播 *kaku jori-mo o-o-kari-si-to nari.* ,Einst war ein Weib, das sich einem falschen Manne anvertraute. Da die Nächte, in welchen dieser nicht kam, viele an Zahl, die Nächte, in welchen er kam, wenige an der Zahl waren, schrieb sie die Zahl der Nächte, in welchen er nicht kam, öfter als die Schnepfe des Tagesanbruchs die Flügel kratzt'.

Siki-tsŭ-no ura. ,Die Bucht von Siki-tsu'. *Setsŭ-no mei-sio nari. Siki-tsu-no ura-ni makari-te asobi-keru-ni fune-ni tomari-te jomi-fanberi-keru.* ,Ist ein berühmter Ort in Setsu. Als der Dichter nach der Bucht von Siki-tsu abreiste und daselbst lustwandelte, übernachtete er in dem Schiffe und verfertigte ein Gedicht'. Verse:

Fune-nagara ko-joi-bakari-wa tabi-ne-sen siki-tsŭ-no ura-ni jume-wa samu-to-mo.

,In dem Schiffe diese Nacht auf der Reise werd' ich schlafen, in der Bucht von Siki-tsu aus dem Traume mag ich auch erwachen'.

Sime-jufu. 結標 *to man-jeô-ni kakeri. Waga mono-to* 領 *reô-si-taru kokoro nari.* ‚Wird *feô-kiû* (als Wahrzeichen binden, wie oben) in dem Man-jeô geschrieben. Hat den Sinn, dass etwas als die eigene Sache beherrscht wird‘.

Simimi. Sigeki koto nari. ‚Ist so viel als *sigeki*, mannichfach‘.

Sizima. 言無 *to kaku. Mono-iwanu nari. Mata fito-no mono-iû-ni kajeri-goto-senu koto nari.* ‚Wird *mu-gon* ‚ohne Wort‘ (wie oben) geschrieben. Bedeutet: nicht sprechen. Ferner ist es so viel als auf die Rede der Menschen nichts erwiedern‘.

Simoto-jufu kadzūra-ki-jama. ‚Mit Bast binden, der Schlingpflanzenfeste Berg‘. 城葛 *Kadzūra-ki-to iû makura-kotoba nari. Ki-no jeda-wo kadzūra-nite jû-wo simoto-to iû.* ‚Ist ein Polsterwort, welches *kadzūra-ki* ‚Schlingpflanzenfeste‘ (der Name eines Berges in Jamato) bedeutet. Die Zweige der Bäume mit Schlingpflanzen binden, nennt man *simoto*, Bast‘. Verse:

Teru tsūki-no tabi-ne-no toko-ja simoto-jufu kadzūra-ki-jama-no tani-gawa-no midzū.

‚Des leuchtenden Mondes Bett, worin auf der Reise er schläft, ist das Wasser des Thalflusses des mit Bast bindenden Berges von Kadzura-ki‘.

Simo-majofu. ‚In Reiffrost verloren‘. *Tsūjoku furi-taru simo nari.* ‚Ist ein starker Reiffrost‘. Verse:

Simo-majofu wo-da-no kari-fo-no sa-musiro-ni tsūki-to-mo wakazū ine-gate-no sora.

‚In Reiffrost verloren, auf dem schmalen Teppich der geschnittenen Aehren des kleinen Feldes erkennt man nicht, dass es der Mond ist an dem noch schlafenden Himmel‘.

Simo ja-tabi oku. ‚Der Reiffrost fällt achtmal‘. *Saka-ki-ni kagiru nari. Saka-ki-wa fatsi-sen-zai-no siûn-siû-wo furu-to nari. Kono simo-to iû-wa sei-zô-wo furu koto-ni-ja.* ‚Beschränkt sich auf den Götterbaum. Es ist, weil der Götterbaum die Frühlinge und Herbste von achttausend Jahren durchlebt. Dieses Wort ‚Reiffrost‘ ist wohl so viel als ‚den Reiffrost der Sterne durchleben‘ (d. i. die Jahre verbringen). Verse:

Simo ja-tabi woke-do kare-senu saka-ki-ba-no tatsi-sakaju-beki kami-no ki-ne-kamo.

‚Die, wenn der Reiffrost auch achtmal fällt, nicht verdorren, des Götterbaums Blätter, auf der Stelle in ihrer Fülle können sie sein durch die Beschwörerin der Götter!‘

Simo-woku jume. ‚Der Traum von dem Fallen des Reiffrostes‘. *Kuro-nusi-to iû fito tsūge-no-to iû tokori-ni tomari-keri. Jô-jô jo-no ake-juku-ni kasira-wo motagete mire-ba katawara-no jabu-ni sika ari-keri. Sono naka-ni o-zika-no ari-keru-ga iû jô kojoi ware koso jume-wo mi-tari tsūre sono jume-ni senaka-ni simo-no furu-to mije-si-to i-i-kere-ba me-zika-no iû jô joku-joku tsūtsūsimu-besi. Kari-nado-no aran-to sūru jaran kamajete awazi-to sū-besi. Awa-ba kawa fagarete siwo-no ma karen-ga mijuru jaran-to i-i-te sika oki-te juki-keri. Sore-wo kuro-nusi fu-si-gi-ni omoi-te ato-wo sitagai-te mire-ba asa-datsi-sūru kari-udo mi-tsūkete kono sika-wo i-korosi-te kawa-fagi siwo-utsi nado-si-keru-to-zo. Kono kokoro-nite tsūge-no-wo jume-no-to iû. Saru-ni jori-te jume-no-no sika-to iû nari. Kono koto nippon-ki-ni ide-tari.* ‚Ein Mensch Namens Kuro-nusi übernachtete an einem Orte Namens Tsuge-no. Als der Tag kaum zu grauen begann, erhob er das Haupt und blickte um sich. In dem Dickicht zur Seite befanden sich Hirsche. Unter diesen befand sich ein Hirschbock, der sagte: Heute Nacht habe ich einen Traum gehabt. Immer kam es mir in diesem Traume vor, als ob Reiffrost auf meinen Rücken fiele. — Eine Hirschkuh sagte hierauf: Du musst dich besonders gut in Acht nehmen. Es sollen Jagden stattfinden, und du musst dafür sorgen, dass du in keine Berührung kommst. Kommst du in eine Berührung, so hat es den Anschein, dass dir die Haut abgezogen wird und im Salze vertrocknet. — Hierauf erhoben sich die Hirsche und gingen fort. Kuro-nusi hielt dieses für ein Wunder und folgte ihnen. Als er hinblickte, fand ein frühe aufstehender Jäger diesen Hirsch. Er erschoss ihn, zog ihm die Haut ab und erweichte sie im Salze. In diesem Sinne gab man Tsuge-no den Namen Jume-no (das Traumfeld). Demgemäss sagt man: Der Hirsch des Traumfeldes. Diese Sache kommt in dem Nippon-ki vor'.

Simo-tsŭ jami. ,Die untere Finsterniss'. *Fatsŭ-ka i-go-no jami nari.* ,Ist die Finsterniss nach dem zwanzigsten Tage' (des Mondes).

Classe *Fi.*

Firo-maje. ,Das breite Vordere'. *Kami-no firo-maje-to-mo ijeri. Sin-zen nari.* 前 廣 *to kakeri.* Man sagt auch *kami-no firo-maje*, das breite Vordere der Götter. Bedeutet *sin-zen*, die Vorderseite des Tempels. Wird *firo-maje* (wie oben) geschrieben'.

Firo-fa-kadzŭra. ,Die breitblätterige Schlingpflanze'. *Uri-no koto nari.* ,Ist so viel als *uri*, Melone'.

Fito-moto-juje-ni. ,Eines Stammes wegen'. *Jukari-wo iû nari.* ,Bedeutet das Verhältniss der Freundschaft'.

Fito-fa otsŭru. ,Ein Blatt fällt'. *Aki-nari. Idzŭre-no ki-nite-mo aru-be-kere-do go-tô itsi-jeô otsi ten-ka aki-wo siru-to are-ba kiri-no koto naru-beki josi mòsi-narawasi-fanberu.* ,Bedeutet den Herbst. Dieses sollte bei allen Bäumen geschehen. Da es aber heisst: ,Ein Blatt des Loosbaums fällt, und die ganze Welt erkennt den Herbst', so ist man gewohnt zu sagen, dass es der Loosbaum sein müsse'. Verse:

Otsi-nagara tsiru-wa kaze-naki fito-fa kana.

,Das im Fallen verstreut wird ohne den Wind, ist das einzelne Blatt'.

Fito-jari-naranu. ,Was keine Schickung der Menschen (eines Anderen) ist'. *Waga kokoro-kara-to iû nari. Fito-jari-no mitsi-wa fito-no jaru koto nari.* ,Ist das Wort: aus eigenem Antriebe. *Fito-jari-no mitsi* ,der Weg der Schickung der Menschen' ist so viel als *fito-no jaru*, die Menschen (Andere) schicken (veranlassen) es'.

Fito-no fi. ,Der Tag des Menschen'. *Siò-guatsŭ tsüi-tatsi-wo tori-no fi-to sŭ. Futsŭ-ka-wo inu mi-ka-wo wi jokka-wo fitsŭzi itsŭ-ka-wo usi muju-ka-wo umà nanu-ka-wo fito jò-ka-wo* 穀 *koku-to sŭ. Kono fi kaze fukanu-wo fô-nen-no ura-to sŭ. Muju-ka-made-wo* 畜 六 *roku-tsiku-no fi-to site nanu-ka-wo fito-no fi-to iû nari.* ,Aus dem ersten Tage des ersten Monats macht man das Huhn. Aus dem zweiten Tage macht man den Hund, aus dem dritten das Schwein, aus dem vierten das Schaf, aus dem fünften das Rind, aus dem sechsten das Pferd, aus dem siebenten den Menschen, aus dem achten die Kornfrucht. Wenn an diesem Tage der Wind nicht weht, sagt man ein fruchtbares Jahr vorher. Bis zu dem sechsten Tage sind es die sechs Hausthiere. Den siebenten Tag nennt man den Tag des Menschen'.

人 *Fito-tanome. Fito-wo sŭkasŭ jò-naru-to iû koto nari. Sora-tanome-mo onazi-kokoro nari. Tatoje-ba onna-no to-gutsi-ni tateru-wo min-to sŭre-ba tatsi-kakure mi-zi-to sŭre-ba araware nado sŭru jò-no koto-wo iû nari.* ,Ist so viel als das Wort: auf einen Menschen hindurch sehen. Hat denselben Sinn wie *sora-tanome,* nach dem Himmel hindurchsehen. Bezeichnet, dass Dinge sichtbar werden, wie wenn man ein an dem Thüreingange stehendes Weib sehen will, sich sofort versteckt und thut, als ob man nicht sähe'.[1] Verse:

O-o-ara-ki-no mori-no 木 *ko-no ma-wo mori-kanete fito-tanome-naru aki-no jo-no tsŭki.*

,Durch die Bäume des Waldes von O-o-ara-ki zu dringen nicht im Stande, nach den Menschen hindurchblickt der Mond der herbstlichen Nacht'.

Migiri-no kokoro ki-no ma-no tsŭki-no mije-tsŭ kakure-tsŭ-sŭru-wa fito-wo sŭkasŭ jô naru-to iû nari. ,Der Sinn des Obigen ist: Indem der Mond zwischen den Bäumen bald sich zeigt, bald sich verbirgt, hat es den Anschein, als ob er auf die Menschen hindurchblickte'.

Fito-no kikaku-ni. Fito-no kiku-ni-to iû koto nari. ,Ist so viel als *fito-no kiku-ni,* indess die Menschen hören'.

人 *Fito-waraje-ni. Fito-no warô-ni-to iû koto nari. Mono-warai-ni onazi.* ,Ist so viel als *fito-no warô-ni,* indess die Menschen lachen. Ist mit *mono-warai* ,lächerlich' gleichbedeutend'.

人 *Fito-me-dzŭtsŭmi.* ,Der Damm des Menschenauges'. *Fito-no miru me-wo tsŭtsŭmu-ni i-i-kakete jomeri.* ,Man liest, dass man das Auge, mit welchem der Mensch sieht, beschuldigt, wie ein Damm einzuhüllen'. Verse:

Omoje-domo 人 *fito-me-* 堤 *dzŭtsŭmi-no taka-kere-ba kawa-to mi-nagara je-koso watarane.*

,Ich gedenke zwar, doch da des Menschenauges Damm hoch ist, kann ich, indess ich sehe, dass ein Fluss es ist, nur nicht hinübersetzen'.

Fito-no kuni. ,Das Reich der Menschen'. *I-koku-wo sasi-te iû.* ,Bezeichnet ein fremdes Reich'.

Fito-saka-amari. 斗 余 尺 — *to kaku.* ,Wird *issiaku-jo-bakari* (über einen Schuh, wie oben) geschrieben'.

Fito-mura. Kinu 匹 — *fito-mura.* ,Bedeutet ein Stück Seidenstoffes'.

Fitori-gotsi. Fitori-goto-to onazi. ,Ist mit *fitori-goto* ,Selbstgespräch' gleichbedeutend'.

Fitoje-gusa. ,Die einfache Pflanze'. *Ki-kiô-no i-miô nari.* ,Ist ein verschiedener Name für *ki-kiô,* die blaue Glockenblume'.

Fito-jo-gusa. ,Die Pflanze einer Nacht'. *Sŭmire-gusa-no koto nari. Mukasi aru fito mitsi-wo juku-ni majoi-te firoki no-ni fi-wo kurasi-te kusa-no naka-nite tori-no kaiko-wo firoi-nu. Kore-wo sode-ni ire-tsŭtsŭ. Kusa-no makura-wo fiki-musŭbi-te sono jo-wa no-ni fusi-owannu. Jume-ni miru jô firoi-taru kaiko-wa* 生 前 *zen-sei-no ko nari. Kono no-ni udzŭmu-beki josi mite jume-same-nu. Jume-no gotoku jagate udzŭmu. Sono notsi-no asita-ni miru-ni fa-fito-tsŭ aru kusa-ni murasaki-no fana saki-nu. Ima-no sŭmire kore nari.* ,Ist so viel als *sŭmire-gusa,* das Veilchen. Einst wanderte ein Mensch auf dem Wege und verirrte sich. Nachdem er auf einer weiten Ebene den Tag bis zu dem Abend verbracht, las er aus dem Grase ein Vogelei auf. Er steckte dieses in seinen Aermel. Er band ein Pflanzenkissen zusammen und lag diese Nacht auf dem Felde. Es träumte ihm, dass das aufgelesene Ei ein Kind des früheren Lebens war. Er sah, dass es in dieser Ebene vergraben werden sollte und erwachte aus dem Traume. In Uebereinstimmung mit dem Traume vergrub er es sogleich. Als er am nächsten Morgen sich umblickte, war auf einer einblätterigen Pflanze eine purpurne Blume erblüht. Diese war das heutige Veilchen'.

---

[1] *Tanome* scheint nicht von *tanomu* ,sich verlassen' abgeleitet zu sein, und ist dessen ursprüngliche Bedeutung ganz ungewiss. *Ta-no me* könnte ,das Auge der Hand' (das Sehen durch die Hand) bedeuten, was jedoch nur Vermuthung ist.

Fito-ni-mare oni-ni-mare. Fito-ni-mo are oni-ni-mo are-to iû kotoba nari. ‚Ist das Wort *fito-ni-mo are oni-ni-mo are,* es mögen Menschen sein, es mögen Dämonen sein'.

Fito-no kuni-no 香 *ka.* ‚Der Wohlgeruch des Reiches der Menschen' (des fremden Reiches)'. *Fan-gon-kô nari. Kan-no ri-fu-zin si-site notsi mi-kado teô-ai-no omoi nawo jamazü-site fan-gon-kô-wo taki-kare-ba kefuri-no utsi-ni maborosi-no gotoku omo-kage-no mije-keru-to nari.* ‚Bedeutet *fan-gon-kô,* der Wohlgeruch der zurückkehrenden Seele. Als zu den Zeiten der Han die hohe Frau von dem Geschlechte Li gestorben war, hatte die Liebe des Kaisers zu ihr noch immer kein Ende. Als er den Wohlgeruch der zurückkehrenden Seele brannte, erschien in dem Rauche wie durch Zauberkunst ihr Bild'.

Fito-fi-no jado. ‚Das Einkehrhaus eines Tages'. *Sia-ba-se-ka nari.* ‚Bedeutet diese Welt'.

Fitsi-te. Tsüjoku nure-taru nari. ‚Bedeutet: stark befeuchtet'. Verse:

Sode-fitsi-te musübi-si midzü-no koworeru-wo faru tatsü kefu-no kaze-ja toku-ran.

‚Der Aermel ist befeuchtet, das gebundene Wasser, das gefroren, wird der Wind des heutigen Tages, an dem der Frühling ersteht, wohl lösen'.

Fidzi-gasa-no ame. ‚Der Regen des Armschirms'. *Niwaka-ni furi-idete kasa-mo tori-ajenu fodo-nite sode-wo kadzüku-wo iû nari.* ‚Bezeichnet, dass der Regen so plötzlich fällt, dass man sich nicht getraut, den Regenschirm zu nehmen, sondern sich mit dem Aermel bedeckt'.

Firu-me. ‚Das Tagesauge'. *Issetsü ama-terasü o-o-mi-kami-no mi-koto nari. Mata tsüki-no firu-me-to-wa firu-no jô-ni akasi-to iû koto nari.* ‚Ist nach einer Erklärung so viel als die den Himmel erleuchtende grosse Gottheit. Ferner ist *tsüki-no firu-me* ‚das Tagesauge des Mondes' so viel als: nach Art des Tages erhellen'.

火 *Fi-wo ketsi-taru* 世 *jo.* ‚Die Welt, in der das Feuer verlöscht ist'. *Butsü-niû-metsü-no koto nari.* ‚Ist so viel als der Tod Buddha's'.

Fi-kata-fuku. ‚Der Ostwind weht'. *Tada kaze-no koto nari.* ‚Ist bloss so viel als *kaze,* Wind'.

Fita. Naru-go-no tagui nari. Ita-ni nawa-wo kakete jama ta-no sika-wo odorokasü mono nari. Aki nari. ‚Ist eine Art Scheuche. Man hängt einen Strick an ein Bret und erschreckt die Hirsche der Berge und Felder. Bedeutet den Herbst'.

Fi-da-takumi. ‚Der Künstler von Fi-da'. 匠 彈 飛 *to kaku. Ban-zeô-no koto nari.* ‚Wird *fi-da-takumi* (wie oben) geschrieben. Ist so viel als *ban-zeô,* Jemand, der das Zimmerhandwerk lernt'.

Fitai-no 髮 *kami-siku.* ‚Das Stirnhaar breiten'. *Koi-süru wonna-wa kami-no tsidzimu koto-wo iû.* ‚Bezeichnet, dass bei dem liebenden Weibe das Haupthaar sich kräuselt'.

Fi-tatsi-obi. ‚Der Gürtel von Fitatsi'. *Fi-tatsi-no kuni-ni ka-zima-no miô-zin-to môsü kami-no matsüri-no fi onna-no ke-sô fito-no amata aru toki-ni na-nori-wo nuno-no obi-ni kaki-tsükete kami-no o-maje-ni woku nari. O-o-karu naka-ni sü-beki otoko-no na kaki-taru obi wono-dzükara uragajeru nari. Sore-wo tori-te ne-gi-ga je-sase-taru-wo onna mite sa-mo-to omô otoko-no na aru obi nare-ba jagate o-maje-nite sore-wo kiki-te otoko-to tsigiri-wo komuru nari. Tatoje-ba ura nado-no jô-naru koto nari.* ‚Wenn an dem Tage des Opfers für den glänzenden Gott von Ka-zima in dem Reiche Fitatsi viele Menschen sind, an welche ein Weib denkt, so schreibt sie die Namen auf Gürtel von Tuch und legt sie vor dem Gotte nieder. Der Gürtel, auf welchem der Name des Mannes, der es unter Vielen sein soll, geschrieben ist, wendet sich von innen nach aussen. Der Priester nimmt diesen und lässt ihn zukommen. Wenn das Weib ihn ansieht und es der Gürtel mit dem Namen des Mannes ist, auf welchen sie auf diese Weise denkt, hört man dieses sogleich vor dem Gotte und bringt die Verbindung mit dem Manne herein. Dieses ist eine Art Wahrsagung'.

Fitatage. 叩 *to kaku. Kamabisŭki nari.* ,Wird *tataku* (klopfen, wie oben) geschrieben. Bedeutet *kamabisŭsi*, geräuschvoll'.

Fita-omote. Tada-ni tai-men-sŭru koto nari. ,Ist so viel als *tai-men-sŭru*, von Angesicht sehen'.

Fi-taki-ja. ,Ein Haus, in welchem man Feuer anzündet'. 供 神 *Sin-gu-wo sitatamuru nari.* ,Bedeutet: das den Göttern Dargereichte niederschreiben'.

Fi-nabi-taru. I-naka-meki-taru nari. ,Bedeutet: ein ländliches Aussehen erhalten haben'.

Fi-nato-siramu. Asa-fi-no idzŭru-tote jama-no meguri akaku mijuru-wo iû nari. ,Bedeutet, dass die Morgensonne aufgehen will und der Umkreis der Berge roth erscheint'.[1] Verse:

Towo-tsika-no tabi-bito ima-wa tatsi-nu nari figasi-no jama-no fi-nato-sirame-ba.

,Nah' und fern die reisenden Menschen haben sich jetzt erhoben, da der östlichen Berge Umkreis am Morgen sich röthet'.

Fi-ra-no ne-watasi. Fi-ra-wa gò-siû nari. 根 *Ne-watasi-wa ne-worosi-to onazi. Kaze-no na nari.* ,*Fi-ra* ist die Provinz Gò-siû. *Ne-watasi* ,die Wurzeln hinüber tragen' ist mit *ne-worosi* ,die Wurzeln niederlegen' gleichbedeutend. Ist ein Name des Windes'. Verse:

Arasi fuku fi-ra-no taka-ne-no ne-watasi-ni aware sigururu kami-na-dzŭki kana.

,Der Sturmwind bläst, bei dem Wurzelversenden des hohen Berggipfels von Fi-ra leider niederrieselt der götterlose Monat!'

Fira-no. ,Das ebene Feld'. *Kita-no-no nisi nari. Nin-toku-ten-wò-wo iwai-tate-matsŭru nari.* ,Ist der Westen von Kita-no (in Jama-siro). Man verehrt daselbst den Kaiser Nin-toku'.

Fi-no tamesi. ,Die Probe des Eises'. *Tai-dai-ni fatsŭ-faru midzŭ-wo koworasete fô-nen kiû-nen-wo fakaru nari. Kowori atsŭ-kere-ba fô-nen-no* 相 *sò nari. Usŭki-wa kiô-nen-to sŭ.* ,Bedeutet: Im kaiserlichen Palaste lässt man im Anfange des Frühlings Wasser gefrieren und bestimmt dadurch, ob das Jahr ein fruchtbares oder ein Missjahr sein werde. Wenn das Eis dick ist, so ist dieses das Zeichen eines fruchtbaren Jahres. Dünnes Eis bringt ein böses Jahr'.

Fima-juku koma. ,Die durch die Zwischenräume wandelnden Füllen'. *Kuò-in-no koto nari. Tsŭki-wo kuro-koma-ni tatoje fi-wo siro-muma-ni tatô. Sono koma-no mono sŭki-ma-wo sŭguru koto-no fajaki-wo kuò-in-no utsŭri-jasŭki-ni tatojete iû mu-ziò nari.* ,Ist so viel als *kuò-in,* Tage und Nächte. Den Mond vergleicht man mit einem schwarzen Füllen. Die Sonne vergleicht man mit einem weissen Pferde. Es bedeutet die Vergänglichkeit, bei der man die Schnelligkeit, mit der die Füllen die Zwischenräume überschreiten, mit der Wandelbarkeit der Tage und Nächte vergleicht'.

Fi-sau-naki. 相 貧 無 *to kaku. Fuku-fuku-siki katatsi-nari. Gen-zi-no kotoba nari.* ,Wird *fin-sò-naki* (ohne ärmlichen Anblick, wie oben) geschrieben. Bedeutet *fuku-fuku-si,* in glücklichen Umständen.[2] Ist ein Wort des Geschlechtes Gen'.

---

[1] Bei diesem und einigen vorhergehenden Ausdrücken lässt sich der ursprüngliche Sinn der Zusammensetzung nicht bestimmen.

[2] Dieses die muthmassliche Bedeutung des hier zur Erklärung gebrauchten, sonst nirgends vorkommenden Wortes *fuku-fuku-si-si.*

Fisasi-no kuruma. ‚Der Wagen des Wetterdaches‘. *Kuruma-no maje-ni fisasi aru-wo iû nari.* ‚Bezeichnet, dass der Wagen an der Vorderseite ein Wetterdach hat‘.

Fisa-kata-no jama. ‚Der lange währende feste Berg‘. *Siû-mi-wo iû nari.* ‚Bezeichnet den Berg Siu-mi‘.

Fiki-sirofu. Anata kanata-to naga-biku nari. ‚Bedeutet: hierhin und dorthin lange ziehen‘.

Fime-woku. ‚Das Fräulein legt nieder‘. *Kakusi-woku nari.* ‚Bedeutet in ein Versteck legen‘.

Fime-fina-dori. ‚Das Fräuleinküchlein‘. *Fi-bari-no i-miô nari.* ‚Ist ein verschiedener Name für *fi-bari,* Lerche‘. Verse:

Faru-no no-ni fime-fina-dori-no agaru nari kasümi-no utsi-ni koje kikoje-tsütsü.

‚Auf dem Felde des Frühlings das Fräuleinküchlein steigt. In dem rothen Wolkendunst ward seine Stimme gehört‘.

Fiziri-no mi-ko. ‚Der höchstweise Kaisersohn‘. *Gen-zi-ni u-dzi-no mija-no koto-wo ijeri.* ‚Bezeichnet in dem Geschlechte Gen die Sache des Palastes des Berges U-dzi.

Fiziri-me. Fizümi 也 *nari-wo iû nari. Fizümi-to iû-ni onazi. Tsüre-dzüre-gusa-ni go-ban-no tsüno-ni isi-wo tatete faziku-ni mukai-naru isi-wo mamori-te faziku-wa atarazü waga* 元 手 *te-moto-wo joku mite koko-naru fiziri-me-wo sügu-ni fazike-ba tate-taru isi kanarazü ataru-to ari.* ‚Bezeichnet dasjenige, was schief ist. Ist mit dem Worte *fizümi* ‚schief‘ gleichbedeutend. In dem Tsure-dzure-gusa heisst es: Wenn man in dem Winkel des Damenbrettes einen Stein aufstellt und beim Schnellen den gegenüberstehenden Stein beobachtet, gelingt das Schnellen nicht. Wenn man das, was unter der eigenen Hand ist, gut betrachtet, das hier befindliche Schiefe gerade schnellt, so trifft der aufgestellte Stein gewiss‘.

Fiziri-no 御 *mi-* 代 *jo.* ‚Das erhabene Zeitalter der Höchstweisen‘. *Sei-wô-no mi-koto nari. Morokosi-nite-wa geô-siün bun-bu fi-no moto-nite-wa en-ki ten-riaku-no mi-koto-wo môsu-ni-ja.* ‚Ist so viel als die höchstweisen Könige. In China sind es Yao und Schün, die Könige Wen und Wu. In Japan sind es wohl die Zeiträume En-ki (900 bis 922 n. Chr.) und Ten-riaku (947 bis 956 n. Chr.).

Fiziki-mo. ‚Die Sache des Seetangs‘. *Umi-no kusa nari. Sore-wo fiki-siku mono-ni kakete ijeri. I-mono-ni iû ke-sô-si-keru onna-no moto-je fiziki-mo to iû mono wo jaru toto.* ‚Ist eine Seepflanze. Dieses sagt man in Bezug auf *fiki-siku mono,* eine Sache, die man herbeizieht und breitet. In der Geschichte von Ise heisst es: In die Behausung des Weibes, an das man denkt, schickt man den Gegenstand *fiziki-mo*‘. Verse:

Omoi-ara-ba mugura-no jado-ni ne-mo si-nan fiziki-mono-ni-wa sode-wo si-tsütsü-mo.

‚Wenn ein Gedenken ist, wird in des Labkrauts Nachtlager man schlafen, hat man die Sache des Seetangs auch zum Aermel gemacht‘.

Fibiragi-wiru. Kono kotoba-wa tori-no fa-wo furui-taru jô-ni siô-zoku-wo fiki-tsükuroi-te fokori-taru tei nari. ‚Dieses Wort bedeutet: nach Art eines Vogels, der die Flügel schüttelt, seinen Anzug in Ordnung bringen und sich stolz geberden‘.

Fi-mo-kagami. ‚Der Spiegel der Eisfläche‘. *Kowori-no koto nari. Tokuru-to iû-jori* 紐 *fimo-ni josete jomeri.* ‚Ist so viel als *kowori,* Eis. Weil man sagt, dass es sich löst, wird es in Bezug auf *fimo* ‚Band‘ gelesen‘. Verse:

Kage-kijoki iwa-ma-no midzü-no fimo-kagami tokete-mo faru-ni mukafu kefu kana.

‚Der Bandspiegel des von Wiederschein klaren Wassers, zwischen den Felsen sich lösend, dem Frühling entgegen gekehrt ist er heute!‘

Classe *Mo.*

Morokosi-no josi-no-no jama. ‚Der Berg des chinesischen Josi-no'. *Morokosi-ni josi-no-to iû tokoro aru-ni-wa arazû. Tada josi-no-no oku fukaki-wa kara-je juku bakari towoki-to iû nari.* ‚Es ist nicht der Fall, dass es in China einen Ort Namens Josi-no gibt. Es bedeutet bloss, dass man zu dem abgelegenen Josi-no so weit hat, als ob man nach China reiste'.

Morokosi-no uta. ‚Ein chinesisches Lied'. 詩 *Si-wo-mo osi-komete ijeri. Mata kara-uta-to-mo ijeri.* Man sagt so mit Einschluss der chinesischen Gedichte. Man sagt auch *kara-uta'.*

Moro-kadzûra. ‚Beide Schlingpflanzen'. *Onna-no kiò-dai-wo iû. Issetsû-ni afui-gusa nari-to-mo ijeri.* ‚Bedeutet die Schwestern. In einer Erklärung heisst es, es bedeute auch die Pflanze *afui,* Malve'.

Moro-busi. Moro-tomo-ni fusû nari. ‚Bedeutet *moro-tomo-ni fusû,* beisammen liegen'.

Moro-muki. ‚Zu Beiden gewendet'. *Kusa-ba-no kanata konata-je mukai-taru sama nari. Kusa-ba moro-muki-to jomeri.* ‚Bedeutet, dass die Blätter der Pflanzen hierhin und dorthin gewendet sind. Man liest *kusa-ba moro-muki,* die Blätter der Pflanzen nach beiden Seiten gekehrt'.

藻 *Mo-ni sûmu musi.* ‚Das in dem Hornblatt wohnende Insect'. *Na-wo ware-kara-to iû juje-ni koi-ni fito-no toga-ni-wa arazû-to iû-ni josete jomeri.* ‚Weil es mit Namen *ware-kara* ‚aus eigenem Antriebe' heisst, liest man es in Bezug auf das Wort, dass es in der Liebe die Schuld anderer Menschen nicht ist'. Verse:

Ama-no karu mo-ni sûmu musi-no ware-kara-to ne-wo koso nagame jo-wo-ba urami-zi.

‚Das in dem Hornblatt, das der Fischer schneidet, wohnende Insect, freiwillig nur verlängert es den Schlaf: der Welt grolle es nicht'.

Fito-wo nawo urami-tsûru kana ama-no karu mo-ni sûmu musi-no na-wo wasûre-tsûtsû.

‚Den Menschen noch immer hab' ich gegrollt! Den Namen des in dem Hornblatt, das der Fischer schneidet, wohnenden Insects hab' ich vergessen'.

Kokoro-wa mo-ni sûmu musi-no ware-kara-to ne-ni koso-wa nagame jo-wo-ba urami-zi-to iû nari. Ware-kara-to iû musi-wa mo-ni tori-tsûki-taru tsi-isaki kai nari. Sono musi-no waga kokoro-kara mo-ni tori-tsûki-te are-ba fito-ni kararete si-sûru-to-mo sara-ni jo-wo-mo fito-wo-mo uramu-mazi-ki-to nari. ‚Der Sinn ist: Das in dem Hornblatt wohnende Insect blickt freiwillig im Schlafe nur vor sich hin und soll der Welt nicht grollen. Das Insect *ware-kara* (aus eigenem Antriebe) ist eine sich an dem Hornblatt festhaltende kleine Muschel. Da dieses Insect freiwillig sich an dem Hornblatt festgehalten hat, darf es, wenn es von den Menschen abgemäht wird und stirbt, durchaus nicht der Welt und den Menschen grollen'.

Moto-tsû ka-ni. 元 *Moto-no* 香 *ka-ni-to iû nari. Tsû-wa soje-taru nari.* ‚Ist das Wort *moto-no ka-ni,* mit dem ursprünglichen Wohlgeruche. *Tsû* ist hinzugefügt'. Verse:

Moto-tsû ka-ni niwoje jomogi-ga jado-nonme.

‚Mit dem ursprünglichen Wohlgeruch duftend die Pflaumenbäume des Nachtlagers des Beifusses'.

Jado-nonme steht in diesen Versen für *jado-no ume.*

Moto-ara-no 萩 小 *ko-fagi. Moto-no ara ki-fagi nari.* ‚Ist *moto-ara-no ki-fagi,* der von Stamm rauhe Baumweiderich'. Verse:

Aki-fagi-no furu-je-ni sakeru fana mire-ba moto-no kokoro-wa wasüre-zari-keri.

‚Die auf den alten Zweigen keimenden Blüthen des Herbstweiderichs wenn man sieht, hat das ursprüngliche Herz nicht vergessen'.

Aru fon-ni nan-site iû fagi-wa itsi-nen-dzütsü-nite karete waka-baje-jori fana-wa saku-wo furu-je-ni saku-to iû ikan. Kotajete iû kono fagi-wa kara-fagi-to iûte 栽 木 *ki-fagi nari. Jumi nado-ni-mo tsükuru fodo-no ki nari. Wô-siû mija-ki-no-no fagi nari. Ko-züje-ni awo-je ide-kite fana-no saku nari. Sare-ba mija-ki-no-no moto ara-no ko-fagi-to ijeri.* ‚In einem Buche wird dieses für unmöglich gehalten und gesagt: Da der Weiderich ein Jahr um das andere verdorrt und die Blüthen aus den jungen Sprossen hervorkommen, wie lässt sich da sagen, dass die Blüthen aus den alten Zweigen hervorkommen? — Man antwortet: Dieser Weiderich heisst der chinesische Weiderich und ist der Baumweiderich. Es ist ein Baum von der Art derjenigen, die man zu Bogen und anderen Gegenständen verarbeitet. Es ist der Weiderich von Mija-ki-no in Wô-siû. Auf seiner Spitze kommen grüne Zweige hervor und auf diesen keimen die Blüthen. Es heisst somit der von Stamm rauhe Baumweiderich von Mija-ki-no in Wô-siû'. Verse:

Mija-ki-no-no moto-ara-no 栽 木 *ko-fagi tsüju omomi kaze-wo matsü koto kimi-wo koso matsü.*

‚Der von Stamm rauhe Baumweiderich von Mija-ki-no schwer von Thau, sein Warten auf den Wind ist nur das Warten auf den Gebieter'.

Motome-ko. 子 求 *to kaku. Kagura-no utai-mono nari.* ‚Wird *motome-ko* (Sohn des Suchens, wie oben) geschrieben. Ist ein Gesang der gottesdienstlichen Musik'.

Moto-tsü fito. Moto-bito nari. Tsü-wa soje-taru nari. ‚Ist *moto-bito*, der ursprüngliche Mensch. *Tsu* wurde hinzugefügt'.

Moto-tatsü mitsi. ‚Der ursprüngliche Weg, auf welchem man sich erhebt'. *Waga ije-no si-waza nari.* ‚Ist die Beschäftigung des eigenen Hauses'.

Moto-jui-no simo. ‚Der Reiffrost des Haarbandes'. *Sira-ga-no koto nari.* ‚Ist so viel als *sira-ga*, weisses Haupthaar'.

Moto-jui-gusa. ‚Die Haarbandpflanze'. *Tsi-maki nari.* ‚Bedeutet *tsi-maki*, ein in Schilfblätter gehüllter Reiskuchen'.

Moru sira tama no ko e. ‚Der Ton der durchsickernden weissen Edelsteine'. *Rô-koku-no midzü-no ko-e nari.* ‚Ist das Geräusch des Wassers der Wasseruhr'.

Moru jama. ‚Der bewahrende Berg'. *Mori-jama-to-mo iû. Sato-no na nari. Gô-siû-no mei-sio nari. No-dzi-no kita nari.* ‚Man sagt auch *mori-jama.* Ist der Name eines Dorfes. Ist ein berühmter Ort in Gô-siû. Derselbe liegt im Norden von No-dzi'.

Mo-ka-sa-ka-bune. Mo-ka-sa-ka-wa-to-wa fune-no atsümari-taru nari. Issetsü-ni-wa uwo-toru fune nari-to ijeri. ‚*Mo-ka-sa-ka* bedeutet die versammelten Schiffe. Nach einer Erklärung bedeutet es ein Schiff für den Fischfang'. Die ursprüngliche Bedeutung von *mo-ka-sa-ka* ist ganz ungewiss.

Mo-naka. ‚Die Mitte'. *Aki-no mo-naka-wa fatsi-guatsü-no ziû-go -ja nari. Kiri-no mo-naka midzü-no mo-naka. Kore-wa tada naka-no koto nari. Tadasi midzü-no mo-naka-wa* 藻 *mo-ni josete jomeri.* ‚*Aki-no mo-naka* ‚die Mitte des Herbstes' ist die fünfzehnte Nacht des achten Monats. *Kiri-no mo-naka*, die Mitte des Nebels. *Midzü-no mo-naka*, die Mitte des Wassers. Dieses ist bloss so viel als *naka*, in der Mitte. Jedoch *midzü-no mo-naka* ‚die Mitte des Wassers' wird in Bezug auf *mo* ‚Hornblatt' gelesen'. Verse:

Midzü-no omo-ni teru tsüki nami-wo kazofure-ba ko-joi-zo aki-no mo-naka nari-keru.

,Auf der Fläche des Wassers als der leuchtende Mond die Wellen zählte, ist es heute Nacht des Herbstes Mitte geworden'.

Mo-naku. Wazawai nari. Koromo-no 裳 *mo-ni josete jomeri.* ,Bedeutet *wazawai*, Unheil. Wird in Bezug auf *mo* ,unteres Kleid' gelesen'.

Mono-ifi-saga-nikuki 世 *jo.* ,Die Welt, deren Reden unglücklich ist'. *Ru-zai-no mi-nite kakaru sŭki-goto-sŭru-na-to mono-i-i-saga-naki fito-no i-i-ja morasan-to fabakari-omoi-tamò-to gen-zi-ni aru.* ,In dem Geschlechte Gen heisst es: In seiner Verbannung denkt er mit Furcht, dass die Worte der von Rede unglücklichen Menschen, welche sagten: ,lasse dich dergleichen nicht gelüsten', verlauten würden'. Für die Worte der Ueberschrift steht in diesem Citate *mono-i-i-saga-naki fito.* Ebenso in dem Index.

Mono-ka-wa. Mono-no kazŭ-ka-wa-to iû nari. ,Ist das Wort *mono-no kazŭ-ka-wa*, ist es die Zahl der Dinge?'

Mono-kara. Mono-nagara-to iû koto nari. Tsŭki jadore-to-wa nure-nu mono-kara-to jomi-tari. ,Ist so viel als das Wort *mono-nagara*, während etwas ist. Man liest *tsŭki jadore-to-wa nure-nu mono-kara*, dort wo der Mond einkehrt, während es feucht geworden'.

Mono-ifi-sirazu. ,Nicht zu sprechen wissen'. 斷 道 語 言 *to kaku. Mono-iwarenu-to iû koto nari.* ,Wird *gon-go-dò-dan* (der Weg der Worte ist abgeschnitten, wie oben) geschrieben. Ist so viel als das Wort *mono-iwarenu*, unaussprechlich'.

Mono-no ke. 怪 物 *to kaku. Iki-reô si-reô nado-no fito-wo tatari-sŭ nari.* ,Wird *mono-no ke* (Seltsamkeit der Dinge, wie oben) geschrieben. Bedeutet, dass Geister der Lebendigen, Geister der Todten und ähnliche Dinge den Menschen heimsuchen'.

Mono-no ne. ,Der Klang der Dinge'. *Kuan-ken-no koto nari.* ,Ist so viel als *kuan-ken*, Rohr und Saite' (Aufspielen von Musik).

Mogura. 葎 *Mugura-ni onazi.* ,Ist mit *mugura* ,Labkraut' gleichbedeutend.'

Moja-moja-no seki. ,Der Gränzpass von Moja-moja'. *Wô-siû nari. Muja-muja-ni onazi. Mu-ni tsiû-sŭ.* ,Ist in Wô-siû. Ist mit *muja-muja* gleichbedeutend. Wird bei *mu* erklärt'.

臥 蕖 *Mo-busi-tsuka-* 鮒 *funa.* ,Der in dem Hornblatt liegende Bars der Handbreite'. *Tada funa-no koto nari.* ,Ist bloss so viel als *funa.* Bars'.

Mote-najami-gusa. ,Die Leidenspflanze'. *Mote-atsŭkai-taru tei nari. Nani-goto-nite-mo se-ken-ni fito-ni atsŭkò koto nari.* ,Ist das, womit man zu thun hat. Bedeutet, dass der Mensch sich mit irgend einer Sache in der Welt zu schaffen macht'.

Mogi- 木 *ki.* ,Ein abgepflückter Baum'. *Jeda-no naki ki nari. Nawo iwa-jama-ni jomeri. Issetsŭ fa-mo jeda-mo mogi-tate-taru kokoro nari.* ,Ist ein Baum ohne Zweige. Man liest es noch von Felsengebirgen. Nach einer Erklärung hat es den Sinn: mit abgepflückten Blättern und Zweigen aufgestellt'.

Mojuru. ,Brennen'. *Omoi-wo fi-ni josete jomu.* ,Man liest so, indem man die Sehnsucht auf das Feuer bezieht'. Verse:

Moje-fatete fai-to nari-nan toki-wo koso fito-no omoi-no jaman 期 *go-ni seme.*

,Wo er ausgebrannt und Asche sein wird, die Zeit nur mag der Mensch zur Zeit, wo sein Sehnen aufhören wird, machen'.

Momidzi-sŭru. Momidzuru. Momidzi-tsutsu. Momidzi-ni keri-na.

Mina kô-jeô-suru koto nari. Momidzinu-wa kô-jeô-senu nari. ,Die obigen Wörter sind so viel als *kô-jeô-suru*, rothe Blätter bekommen'. *Momidzinu* bedeutet *kô-jeô-senu*, keine rothen Blätter bekommen'.

Momidzi-no fasi. ‚Die Brücke der rothen Blätter'. *Ama-no kawa-ni jomeri. Tana-bata-ni wataseru fasi nari.* ‚Wird von dem Himmelsflusse gelesen. Ist die Brücke, die von der Weberin übersetzt wird'.

Momidzi-dori. ‚Der Vogel der rothen Blätter'. *Sika-no i-miô nari.* ‚Ist ein verschiedener Name für *sika*, Hirsch'.

Mo-siwo-no makura. ‚Das Salzkissen des Hornblatts'. *Mo-ni siwo simi-taru makura nari.* ‚Ist ein Kissen, bei welchem Salz in das Hornblatt gedrungen ist'.

Mo-siwo-gusa. ‚Die Salzpflanze des Hornblatts'. *Tada siwo-jaku-no koto nari. Sore-wo mono-kaku koto-ni josete iû nari.* ‚Ist bloss so viel als *siwo-jaku*, Salz brennen. Man sagt dieses in Bezug auf das Schreiben'. Verse:

Wa-ka-no ura-no nami-no kazû-ni-wa more-ni-keri kaku kai-mo naki mo-siwo-gusa kana.

‚Aus der Zahl der Wellen der Bucht des japanischen Liedes ist durchgesickert die so nutzlose Salzpflanze des Hornblatts!'

Mo-siwo- 火 *bi.* ‚Das Salzfeuer des Hornblatts'. *Siwo-wo jaku tote* 藻 *mo-taku nari.* ‚Bedeutet: um Salz zu brennen, das Hornblatt anzünden'.

Momo-ko-ike. ‚Hundert kleine Teiche'. *Ten-dziku-nite-wa kuni-no na nari. Nippon-nite-wa tai-dai-nite momo-no tarai-ni midzû-wo irete momo-ko-ike-tote tana-bata-ni ta-mukeru nari.* ‚In Indien ist es der Name eines Reiches. In Japan bedeutet es, dass man in dem kaiserlichen Palaste in hundert Waschbecken Wasser giesst, auf diese Weise hundert kleine Teiche bildet und der Weberin das Handopfer bringt'.

Momo-tsi-dori. ‚Hunderttausend Vögel'. *Jorodzû-no tori-to kokoro-je-besi-to ijeri. Issetsû iû uguisû nari. Uguisû-wa moro-moro-no tori-no fazime nare-ba tsûdzûmete uguisû fito-tsû-ni moro-moro-no tori-wo komé-tari-to-mo ijeri. Tada den-ziû aru tori nare-ba ta-jasûku jomu-be-karazû. Mata sûi-fen-ni tsi-dori-no fito-tsû tateru-wo mite.* ‚Es heisst, es könne als die zehntausend Vögel verstanden werden. Nach einer Erklärung ist es die Nachtigall. Man sagt, da die Nachtigall der erste aller Vögel ist, habe man durch Abkürzung die einzige Nachtigall in sämmtliche Vögel eingeschlossen. Da es aber ein überlieferter Vogel ist, kann man es in Gedichten nicht leicht sagen. Ein Dichter sah auch an der Seite des Wassers einen einzelnen Regenpfeifer' *(tsi-dori,* wörtlich: tausend Vögel). Verse:

Tomo-wo nami kawa-se-ni nozomi tatsi-wi-naku momo-tsi-dori-to-wa tare-ga i-i-ken.

‚Ohne Gefährten, auf die Stromschnelle des Flusses blickend, steht er und singt. Wer möchte sagen, dass es hunderttausend Vögel sind'.

In diesen Versen wird *tsi-dori* mit *momo-tsi-dori* verwechselt.

Momo-kagari. ‚Die hundert Feuerkörbe'. *Ina-dzûma nari. Ina-tsûrugi-to-mo iû.* ‚Ist der Blitz. Man sagt auch *ina-tsûrugi*, das Schwert der Reispflanzen'.

Mozû-no kusa-guki-no koto. Die Sache der Pflanzenstengel des Neuntödters'. *Ka-rin-riô-sai-ni iû man-jeô-siû sô-mon-no uta-ni.* ‚In dem vortrefflichen Stoffe des Liederwaldes heisst es: In der Sammlung des Man-jeô ist ein Gedicht des gegenseitigen Hörens'. Verse:

Faru-sare-ba mozû-no kusa-guki mijezû-to-mo ware-wa mi-jaran kimi-ga atari-wo.

‚Wenn es Frühling ist, mögen des Neuntödters Pflanzenstengel nicht zu sehen sein: ich werde sehen den Ort, wo der Gebieter'.

Ken-seô iû mozû-no kusa-guki-to-wa mozû-no kusa-kuguru-wo iû nari. Kuguru-wo kuki-to jomu' koto man-jeô-siû-no 類 聚 *siô-rui-domo fiki-nose-fanberi. Kijo-sûke-no wô-gi-seô-ni-wa mozû-no wi-taru kusa-no kuki nari-to ijeri. Waga ije-wa kano kusa-guki-no sûdzi-ni atari-taru sato-ni aru-to wosije-taru koto-wo môsi-fanberi. Kono setsû-ni jore-ba ware-wa mi-jaran kimi-ga atari-wo-to koi-no uta-ni man-jeô-ni nose-fanberu-mo sono tajori-aru-ni ni-tari. Jakuno go-seô-ni iû kore-wa aru jô-no josi iû fito are-domo sio-sen mozû-no aru kusa-guki-wo sasi-te siru-be-ni i-i-keru-wo notsi-ni tadzûnuru-ni sono ato-nasi-to ijeru nari-to nose-fanberi. Sono tajori-aru-ni ni-tari. Mata tosi-jori ason ise-jori asa-sûje-no moto-je okuri-si uta-ni.* ‚Ken-seô sagt: *Mozû-no kusa-guki* bedeutet *mozû-no kusa-kuguru*, der Neuntödter taucht unter die Pflanzen. Dass *kuki* ‚Stengel' für *kuguru* ‚untertauchen' gelesen wird, haben die Bestätiger der Sammlung des Man-jeô aufgenommen. In der Aufzeichnung der tiefen Weise von Kijo-suke heisst es, es seien die Stengel der Pflanzen, unter welchen der Neuntödter sich aufhält. Der Verfasser sagt zur Verständigung, das eigene Haus befinde sich in dem Dorfe, welches in der Gegend jener Pflanzenstengel liegt. Wenn man sich an diese Erklärung hält, so scheint es begründet zu sein, dass die Worte: ‚ich werde sehen den Ort, wo der Gebieter' unter die Lieder der Liebe in dem Man-jeô eingetragen wurde. In den Aufzeichnungen der acht Wolken heisst es: Obgleich es Menschen gibt, welche dieses für Thatsächliches ausgeben, ist am Ende, wenn man später sucht, was als Merkmal der Pflanzenstengel, unter welchen der Neuntödter sich befindet, angegeben worden, hiervon keine Spur vorhanden. Es scheint, dass dieses begründet ist. Auch in dem Gedichte, welches Tosi-jori Ason von Ise an Asa-suje schickte, wird gesagt': Verse:

Toje-kasi-na tama-kusi-no fa-ni mi-kakurete mozû-no kusa-guki me-dzi narazû-to-mo.

‚O dass du fragtest! In den Blättern der Edelsteinulme verborgen, mag es der Gesichtskreis der Pflanzenstengel des Neuntödters auch nicht sein'.

Migiri ken-seô-ga iû aru setsû-ni ko-no fa sigeri-te sirusi-no kusa mijezû-to iû kokoro ari. Tosi-jori-wa sono kokoro-nite jomeru-ni-ja-to ijeri. Mata mozû-no kusa-guki-wa mozû-wa fototogisû-no kutsû-nui-nite ari-keru-ga kutsû-wo tori-te kajesazari-si-ni jotte sono kawari-ni kajeru jô-no mono-wo kusa-no kuki-ni sasi-fasami-woku-wo iû-to ijeri. Kore-wo mozû-no faja-nije-to-mo ijeri. Kaku-no gotoku-no 設 諸 *sio-setsû tasika-naru fon-setsû nasi-to ije-domo notsi-no fito motsi-i-te jomeru uta-ni-mo aru-ni-ja. Tabi-no koi-to iû kasira-nite.* ‚Zu dem Obigen sagt Ken-seô: Nach einer Erklärung hat dieses den Sinn, dass die Blätter der Bäume dicht und die kennzeichnenden Pflanzen nicht zu sehen sind. Es sei die Frage, ob es Tosi-jori in diesem Sinne gesagt habe. Ferner sagt man hinsichtlich der Pflanzenstengel des Neuntödters, der Kuckuk sei ein Schuhnäher gewesen. Der Neuntödter habe Schuhe genommen und sie nicht bezahlt. Desshalb habe er Gegenstände, die einen Ersatz bieten konnten, zwischen die Stengel der Pflanzen gelegt. Dieses nenne man auch *mozû-no faja-nije*, das schnell dargereichte Geschenk des Neuntödters. Obwohl dergleichen Erklärungen keine sicheren Erklärungen des Textes sind, haben die späteren Menschen davon Gebrauch gemacht, und sie kommen wohl auch in einem Gedichte vor. So in dem Gedichte: Die Liebe der Reise'. Verse:

Kari-ni musûbu iwori-mo juki-ni udzûmorete tadzûne-zo waburu mozû-no kusa-guki.

‚Die leichthin gebundene Hütte auch, im Schnee ist sie begraben. Im Suchen unglücklich ist man bei des Neuntödters Pflanzenstengeln'.

Watakusi iû aru-setsû-ni mozû-no kusa-guki-to-wa futari-no sin-dziû-ni jaku-soku-se-si koto nari. Mukasi 公 郭 *kuakkô-wa sioku-no kuni-no mi-kado-nite aru-to ije-domo otsi-burete kutsû-wo tsûkuri-te uri-te* 命 身 *sin-miô-wo tsûnagi-keru-ni aru toki siwo-uru akindo kutsû-wo kai-te atai-wo nasû koto nasi. Sikaru-ni siwo-uri faka-naku naru toki iû jô-wa ware nippon-ni itari-te mozû-to iû mono-ni naru-besi. Kimi-wa fototogisû-to nari-te o-ide-aran toki kutsû-no atai-no tame jorodzü-no musi kawadzü nado-wo kusa-ni sasi-te oku-besi-to iû. Saru-ni jotte mozü-no faja-nije-to-mo ijeru-wa kono koto-wo iû nari.* ‚In einer besonderen Erklärung heisst es: ‚Pflanzenstengel des Neuntödters' ist das Versprechen, das sich zwei Menschen im Herzen geben. Einst lebte ein gewisser Kuŏ-kung[1]. Obgleich er Kaiser des Reiches Schŏ war, verarmte er und verfertigte Schuhe, die er verkaufte und dadurch sein Leben fristete. Einmal kaufte ein mit Salz handelnder Kaufmann Schuhe und erlegte nicht den Preis. Als somit der Salzverkäufer verschwand, sagte er: Ich werde nach Japan kommen und ein Neuntödter werden. Wenn du ein Kuckuk wirst und dorthin gehst, werde ich als Bezahlung für die Schuhe die zehntausend Insecten, Frösche und andere Dinge zwischen die Pflanzen legen. Dass man auf diese Weise auch *mozü-no faja-nije* ‚das schnell dargereichte Geschenk des Neuntödters' sagt, bezeichnet diese Sache'. Verse:

Adzi-ki-naki kokoro-no oku-no tsigiri kana fito-ni-wa iwazi mozü-no kusa-guki.

‚O die Vereinbarung in der Tiefe des unglücklichen Herzens! Den Menschen sagt man nicht die Pflanzenstengel des Neuntödters'.

Vordere Verse:

Somata-to bakari mozü-no kusa-guki.

‚An jener Stelle nur sind des Neuntödters Pflanzenstengel'.

Hinzugefügte Verse:

Fototogisü mataruru jama-ni ko-gakurete.

‚Indess der Kuckuk auf dem Berge, wo er erwartet wird, in den Bäumen sich verbirgt'.

Classe *Se.*

Sei-wa-no sora. ‚Der klare und heitere Himmel'. 和清 *to kaku U-no tsüki-no sora nari.* ‚Wird *sei-wa* (wie oben) geschrieben. Ist der Himmel des dritten Monats'.

Setsi-ri-mo süda-mo. Setsi-ri-wa kokû-wò nari. Süda-wa sin-ka nari. Fiku uta ju-no bu-ni kuwasi-ku tsiû-sü. ‚*Setsi-ri* bedeutet den König des Reiches. *Süda* ist der Diener. Das angeführte Gedicht wird in der Classe *Ju* ausführlich erklärt'[2].

Seri-tsümi-si mukasi-no fito. ‚Der Mensch des Alterthums, der Petersilie pflückte'. *Mukasi kado-mori-no ko tsiò-zia-no itsüki-musüme-wo omoi-kakete jamai-ni nari-keru-ga ano fime-gimi seri-wo konomi-tamò-to kiki-te semete omoi-no amari sawa-ni idete seri-wo tsümi-te kokoro-wo nagusami-si ko-zi nari.* ‚Ist die alte Erzählung: Einst verliebte sich der Sohn eines Thorwächters in das begünstigte Mädchen eines Reichen und wurde krank. Da er hörte, dass jene Gebieterin die Petersilie liebe, ging er wenigstens, im Uebermasse der Sehnsucht, zu dem Sumpfe hinaus, pflückte Petersilie und erleichterte sein Herz'. Verse:

Seri-tsümi-si mukasi-no fito-mo waga goto-ja kokoro-ni mono-no kanawazaru-ran.

‚Der Petersilie pflückte, der Mensch des Alterthums, ihm ging wohl, so wie mir, eine Sache nicht nach seinem Sinne'.

Se-ta-no naga-fasi. ‚Die lange Brücke von Se-ta'. *Gò-siû-no mei-sio nari. Awa-dzü-no minami nari.* ‚Ist ein berühmter Ort in Gò-siû. Derselbe befindet sich im Süden von Awa-dzu'.

---

[1] *Kuŏ-kung*, der Fürst der Vorstadt. Mit der Aussprache *fototogisü* hat dieses Wort die Bedeutung: Kuckuk.

[2] In der Classe *Ju* wird ein solches Gedicht nicht angeführt, wohl aber in der Classe *Na*, bei dem Worte *na-raku-no soko.*

Setsüta. Simo-otoko nari. ‚Bedeutet einen Bedienten'. Sonst ohne Erklärung. Ein Wort von ungewisser Ableitung. Sonst hat *setsü-ta* die Bedeutung: Schneeschuhe'.

Sere-u-no sato. O-o-bara-no utsi nari. ‚Liegt in O-o-bara'. Steht für *seri-fu-no sato,* das Dorf, in welchem Petersilie wächst. Verse:

O-o-bara-ja 生 芹 *sere-u-no sato-no tsüki-wa mitsü itsü-ka waga mi-mo sümu-bekaru-ran.*

‚O-o-bara! In dem Dorfe von Sere-u der Mond ist voll. Eines Tages muss auch ich daselbst wohnen'.

Sen-zi-gaki. 書 旨 宣 *to kaku. Mi-kado-no o-ose-gaki nari.* ‚Wird *sen-zi-gaki* (Schreiber des verkündeten höchsten Willens, wie oben) geschrieben. Ist ein Befehlsschreiben des Kaisers'.

Sen-mijau-jomu. ‚Den verkündeten höchsten Befehl lesen'. *Mi-kado-no o-ose-wo fumi-ni tsükuri-te jomi-noburu nari.* ‚Bedeutet: den Befehl des Kaisers in eine Schrift bringen und durch Lesen bekannt machen'.

Sen-sü-be-nami. Sen-kata-naki nari. ‚Bedeutet *sen-kata-nasi,* es gibt kein Mittel'.

Se-u-soko-garu. 文 *Fumi-jari-ta-garu nari. Seô-soko-wa* 息 消 *to kaki-te* 文 *fumi-no koto nari.* ‚Bedeutet, eine Schrift schicken wollen. *Seô-soku* wird *seô-soku* (auslöschen und aufhören, wie oben) geschrieben und ist so viel als *fumi,* Schrift'.

Se-ko-nawa. ‚Ein Jägerseil'. 繩 子 勢 *to kaku. Sisi-gari-no toki nawa-wo fiki-te oi-idasü nari.* ‚Bedeutet: zur Zeit der Hirschjagd ein Seil ziehen und (das Wild) heraustreiben'.

Seki-iruru. ‚Verschliessen und hineinleiten'. *Midzü nado-ni iû.* ‚Wird vom Wasser und ähnlichen Dingen gesagt'. Verse:

Kono koro-wa nagaruru midzü-wo seki-irete ko-kage süzüsi-ki naka-gawa-no jado.

‚Um diese Zeit das fliessende Wasser verschliesst und leitet man hinein, wo kühl der Bäume Schatten, bei dem Nachtlager von Naka-gawa'.

Seki-mukaje. ‚Das Entgegengehen an dem Grenzpasse'. *Rio-kaku-wo okuri-mukòru-wa si-fò-no seki-wo kagiru nari.* ‚Bedeutet: als Grenze für die Begleitung und das Abholen der Reisenden die Grenzpässe der vier Gegenden bestimmen'.

Semete sa-wa. Semete sara-ba nari. ‚Ist *semete sara-ba,* wenn es wenigstens so ist'.

Semi-no moro-ko-e. Semi amata naku nari. ‚Bedeutet, dass viele Grillen singen'.

Semi-no fa-goromo. ‚Das Kleid der Grillenflügel'. *Usüki natsu-goromo nari.* ‚Ist ein dünnes Sommerkleid'.

Classe *Su.*

Süi-gai. Take-nite süzüsi-ku si-taru kaki nari. ‚Ist ein durch Bambus kühl gemachter Zaun'.

Süi-fan. ‚Wasserspeise'. 飯 水 *to kaku. Ju-dzüke-mesi nari. Gen-zi-ni ari.* ‚Wird *süi-fan* (wie oben) geschrieben. Ist in heisses Wasser eingeweichter, gekochter Reis. Steht in dem Geschlechte Gen'.

Sübe- 神 *kami. Mi-kado-wo kami-ni iwai-tate-matsüri-taru nari.* ‚Bedeutet, dass man dem Himmelssohne als einem Gotte geopfert hat'.

Sügaru-naku. 鳴 蜾 *to kaku. Sika-no i-miò nari. Mata sika-no ko-no koto nari. Mata süzüka-to-wa me-zika-wo iû. Sügaru-to-wa o-zika-wo iû nari.* ‚Wird *sügaru naku* (der Hirsch schreit, wie oben) geschrieben. Ist ein verschiedener Name für *sika,* Hirsch. Ist ferner so viel als *sika-no ko,* Hirschkalb. Auch *süzüka* bedeutet *me-zika,* Hirschkuh. *Sügaru* bedeutet *o-zika,* Hirschbock‘.

Sü-gaku. ‚Daz Netz zeichnen‘. *Kumo-no ito-wo fiku nari.* ‚Bedeutet: die Spinne spinnt Fäden‘.

Su-gane-dori. ‚Der Vogel des blossen Goldes‘. *Ki-zi-no i-miò nari. Ki-zi-wa ko-wo osimi-te no-be-wo jakeru toki-ni-mo tatazü-site jake-sinuru nari. Jake-no-no ki-gisü-to ijeri.* ‚Ist ein verschiedener Name des Fasans. Der Fašan liebt seine Jungen. Wenn das Feld angezündet wird, fliegt er nicht auf, sondern stirbt in dem Feuer. Man nennt ihn den Fasan des angezündeten Feldes‘. Verse:

Aware-ni-mo ko-wo omofu-tote sü-gane-dori no-be-wo jaku fi-ni fai-to nari-nuru.

‚Mit Zärtlichkeit weil der Jungen er gedenkt, ist des blossen Goldes Vogel in dem das Feld verbrennenden Feuer zur Asche geworden‘.

Sügafi-sügafi. Utsi-tsigai-utsi-tsigai-ni nareru-to iû kotoba nari. ‚Ist ein Wort von der Bedeutung von *utsi-tsigai-utsi-tsigai-ni nareru,* sich gewöhnen, fortwährend von einander verschieden zu sein‘.

Sügata-musi. ‚Das Insect der Gestalt‘. *Tanuki-no i-miò nari.* ‚Ist ein verschiedener Name für *tanuki,* Dachs‘.

Südaku. 集 聚 *to kaku. Atsümari-te ko-e-aru nari.* ‚Wird *atsüwaru* (versammelt sein, wie oben zweimal) geschrieben. Bedeutet: versammelt sein und eine Stimme haben‘. Verse:

Mugura-fu-te are-taru jado-no ure-taki-wa kari-ni-mo oni-no südaku nari-keri.

‚Wo das Labkraut wuchs, in dem wüsten Nachtlager, dem traurigen war einstweilen noch das Summen der Dämonen‘.

Sü-no ko-datsü mono. 縁 子 簀 *Sü-no ko jen nari.* ‚Ist ein gedeckter Gang mit einem Fussboden von Bambus‘.

Sükujoka. 健 *to kaku. Tsüjoku tasika-naru nari.* ‚Wird *ken* (wie oben) geschrieben. Bedeutet: stark und sicher‘. Sonst *sükujaka.*

Sügu-sügusi-ki. ‚Von gerader Art‘. 品 *Sina-naki nari.* ‚Bedeutet *sina-nasi,* ohne Classe und Rang‘.

Sü-guro-no süsüki. ‚Das reinschwarze lange Gras‘. *Jake-taru fai-no jo-no naka-ni iri-te kuroku naru-wo iû nari.* ‚Bezeichnet: In die Welt der gebrannten Asche treten und schwarz werden‘.

Sü-gosi. Südare-gosi nari. ‚Ist *südare-gosi,* über die Thürmatte hinaus‘. Verse:

Ara-kari-si nami-no kokoro-wa tsüra-kere-do sü-gosi-ni jose-si ko-e-zo koi-siki.

‚Das Herz der rauh gewordenen Wellen, ward es auch betrübt, ist die über die Thürmatte geschickte Stimme, die geliebte‘.

Sü-e-wa to-ni. 末 *Sü-e-wa* 外 *to-ni nari.* 外 *no zi-wo to-to jomeri.* ‚Ist *sü-e-wa to-ni,* das Ende aussen. Das Zeichen *guai* (aussen, wie oben) wird *to* gelesen‘. Verse:

Jama-zato-no waga mi-wa kasümi komerarete kaki-ne-no janagi sü-e-wa to-ni miju.

‚Das Gebirgsdorf, in den Wolkendunst selbst nachdem es gestellt worden, sind von den Weiden der Mauerwurzel die Spitzen aussen zu sehen‘.

Sü-e-tsümu fana. ‚Die Blume, die man am Ende pflückt‘. *Beni-no fana-no koto nari. Süje-jori tsümu mono nare-ba nari.* ‚Ist so viel als die Blüthe des Saffrans. Sie heisst so, weil man sie von der Spitze pflückt‘.

Süje-no matsü-jama-no koto. ‚Die Sache des Berges der letzten Fichten‘. *Ka-rin-riò-sai-ni ide-tari.* ‚Kommt in dem vortrefflichen Stoffe des Liederwaldes vor‘. Verse:

Kimi-wo woki-te adasi-kokoro-wo ware mota-ba sŭje-no matsŭ-jama nami-mo koje-nan.

‚Von dem Gebieter lassend, ein falsches Herz wenn ich habe, werden den Berg der letzten Fichten die Wellen auch übersteigen‘.

Migiri-wa mukasi nan-nio-no ari-keru-ga sŭje-no matsŭ-jama-wo sasi-te kano jama-ni nami-no koje-nan toki-zo wasŭru-beki-to tsigiri-keru-ga fodo-naku site koto-gokoro tsŭki-te keru-ni-jori-ni fito-no kokoro-gawaru-wo-ba nami-kosŭ-to iû nari. Kano jama-ni makoto-ni nami-no kojuru-ni arazŭ. Aida-no faruka-ni noki-taru-ni tatsŭ nami-no kano matsŭ-jama-no uje-jori kojuru jô-ni mijuru-wo aru-beku-mo naki koto nare-ba makoto-ni ano nami-no kojen toki-zo kokoro-gawaru-besi-to tsigiri-te tsigai-taru kotoba nari. ‚Was das Obige betrifft, so waren einst ein Mann und ein Weib, welche auf den Berg der letzten Fichten deuteten und mit einander übereinkamen, dass sie dann vergessen dürften, wenn jenen Berg die Wellen übersteigen würden. Nach kurzer Zeit wurden sie anderen Sinnes. Desswegen sagt man, wenn der Mensch seinen Sinn ändert, dass die Wellen übersteigen. Es ist nicht der Fall, dass jenen Berg die Wellen wirklich übersteigen. Da es bei dem weiten Zwischenraume unmöglich sein kann, dass es aussieht, als ob die sich erhebenden Wellen über die Höhe jenes Fichtenberges stiegen, so wurden die Worte des Uebereinkommens, dass man dann seinen Sinn ändern könne, wenn wirklich jene Wellen übersteigen würden, nicht gehalten‘. Verse:

Tsigiri ki-na katami-ni sode-wo sibori-tsŭtsŭ sŭje-no matsŭ jama nami kosasi-to-wa.

‚Das Uebereinkommen ist zu nichte! Gegenseitig den Aermel haben wir ausgewunden, damit die Wellen des Berges der letzten Fichten übersteigen‘.

Ika-ni sen sŭje-no matsŭ-jama nami kosa-ba mine-no sira-kumo kije-mo koso sŭre.

‚Wie wird es sein? Den Berg der letzten Fichten wenn die Wellen übersteigen, mögen des Berggipfels weisse Wolken auch nur zerschmelzen‘.

Nami kojuru koro-to-mo sirazŭ sŭje-no matsŭ matsŭ-ran-to nomi omoi-keru kana.

‚Ob die Zeit auch ist, wo die Wellen übersteigen, nicht wissend, die letzten Fichten, sie dachten nur: wir werden wohl warten!‘

Mata morokisi-no fito-wa 礪 山 *san-rei* 帶 河 *ka-tai-to tsikai-wo sŭru nari. Iû kokoro-wa jama-wa to-isi fodo-ni nari kawa-wa obi-no gotoku fosoku naru-to-mo kimi-to ware tsikai-si koto-wa kawarazi-to ijeru nari. Kono matsŭ-jama-no nami-wo tsikai-si-ni ni-taru koto nari.* ‚Auch die Menschen von China schwören einen Eid: Der Berg ein Schleifstein, der Fluss ein Gürtel! Der Sinn der Worte ist: Der Berg mag so gross wie ein Schleifstein sein, der Fluss dünn gleich einem Gürtel, was ich dem Gebieter geschworen habe, bleibt unverändert. Es hat Aehnlichkeit mit diesem Schwure bei den Wellen des Fichtenberges‘.

Sŭsafu. 雨 *Ame-sŭsafu-wa furu koto nari.* 雨 *Ame furi-sŭsafu furi-jamu koto nari.* ‚*Ame-sŭsafu* ist so viel als *furu,* regnen. *Ame-furi-sŭsafu* ist so viel als *furi-jamu,* es hört auf zu regnen‘.

Sŭsamu. Amata-no kokoro ari. Mono-wo 愛 *ai-sŭru koto* 興 *keô-sŭru koto-ni-mo ijeri. Sŭsamenu* 愛 *ai-senu nari. Sŭsameraruru-wa sŭteraruru koto nari.* ‚Hat mehrere Bedeutungen. Es ist *ai-sŭru* ‚schonen‘ und wird auch im Sinne von *keô-sŭru* ‚sich vergnügen‘ gesagt. *Sŭsamenu* ist *ai-senu,* nicht schonen. *Sŭsameraruru* ist so viel als *sŭteraruru,* verworfen werden‘.

Sugi-gate. 難 過 *to kaku. Sŭgi-jarazŭ-to iû koto nari.* ‚Wird *sŭgi-gate* (schwer vorübergehen, wie oben) geschrieben. Ist so viel als *sŭgi-jarazŭ,* nicht vorübergehen‘.

Sǔki-goto. Iro-konomi-no koto nari. ,Ist so viel als *iro-konomi* ,das Gelüsten'.

Sŭmi-zome-no jufu-be. ,Der mit Tinte gefärbte Abend'. *Jû-be-no iro usŭ sŭmi-iro-naru-wo iû. Ko-kon naga-uta-ni sŭmi-zome-no jufu-be-ni nare-ba-to ari.* ,Bezeichnet, dass die Farbe des Abends matt tintenfarben ist. In den langen Gedichten des Alterthums und der Gegenwart heisst es: Als es an dem tintengefärbten Abend war'.

墨 *Sŭmi-gare.* ,Die Tinte vertrocknet'. *Fumi-no mo-zi furuku site akiraka-ni mijenu-wo iû.* ,Bedeutet, dass die Buchstaben einer Schrift alt und nicht deutlich zu sehen sind'.

Sŭmi-josi-no kami. ,Der Gott von Sumi-josi'. *Kono mi-kami-wa juki-ki-no fune-wo mamori-tamò juje-ni zin-kô kuò-kô sin-ra-wo tairage-tamò toki fune-wo motte nusà-to si-tamò.* ,Weil dieser Gott die absegelnden und ankommenden Schiffe beschützt, brachte ihm die Kaiserin Zin-kô, als sie Sin-ra eroberte, ein Schiff als Handopfer'.

Sŭzŭ-ko sasŭ. ,Die Schelle herrichten'. *Taka-no kotoba nari. Sŭzŭ-no kutsi-ni ki-wo sasi-te nakanu jò-ni sŭru nari. Tori-wo odorakasazi-to-no tame-nari.* ,Ist ein Wort der Falknerei. Bedeutet, dass man ein Holz an die Mündung der Schelle in einer Weise befestigt, dass sie nicht klingt. Man thut dieses, um den Vogel nicht zu erschrecken'.

Sŭzŭ-fune. ,Ein Schellenschiff'. *Fune-ni sŭzŭ-wo tateru koto nari. Gen-zi sŭ-ma-je omomuki-tamai-si mi-toki to-ba-jori fune-ni mesare-keru-ni sono fune-no fotori-ni sŭzŭ-wo taterare-tari. Sô-zite kô kiò den-ziò-bito-no noraruru fune-ni-wa sŭzŭ-wo tateru nari.* ,Ist so viel als auf ein Schiff Schellen stellen. Als das Geschlecht Gen nach Suma reiste und von To-ba aus auf ein Schiff gerufen wurde, stellte man an den Seiten dieses Schiffes Schellen auf. Im Allgemeinen bedeutet es, dass man auf den Schiffen, auf welchen Fürsten, Reichsminister und Menschen der Höfe der Vorhalle fahren, Schellen aufstellt'. Verse:

Sŭzŭ-fune-no jose-kuru oto-ni odoroki-te sŭ-ma-no uje-no-ni kigisŭ naku nari.

,Vor dem herankommenden Tone des Schellenschiffes erschreckend, auf dem oberen Felde von Su-ma der Bergfasan singt'.

Sŭzŭsi-ki tama. ,Der kühle Edelstein'. *Mukasi morokosi-ni jen-to iû kuni-no mi-kado atsŭki toki-ni mukaje-ba sŭzŭsi-ku naru tama-wo je-tamajeri. Sono tama-no mono-wo terasŭ-wo tsŭki-ni tatoje-tari. Rò-jei-ni jen-no seô-wò seô-riò-no tama sa-getsŭ-ni atatte wono-dzukara je-tari-to ijeri.* ,Als einst der Kaiser des Reiches Yen in China heisses Wetter erlebte, erlangte er den kühl werdenden Edelstein. Die Art wie dieser Edelstein die Gegenstände erleuchtete, ward mit dem Monde verglichen. In den mit lauter Stimme herzusagenden Gedichten heisst es: Der die Kühle herbeiwinkende Edelstein des Königs Tschao von Yen brachte es dahin, dass er dem Monde des Sandes gleichkam'. Verse:

Sora farete isago-wo terasŭ tsŭki-no iro-wo sŭzŭsi-ki tama-no kage-ka-to-zo miru.

,Bei heiterem Himmel die Farbe des den Sand erleuchtenden Mondes, als das Licht des kühlen Edelsteines wohl sieht man sie'.

Sŭzŭme-iro-toki. ,Die sperlingfarbige Zeit'. *Jû-gure nari.* ,Ist die Abenddämmerung'.

Sŭzŭ-musi. ,Die Schelleninsecten'. *Zi-ziû-no kara-na nari.* ,Ist der chinesische Name für *zi-ziû*, das aufwartende Gefolge'. *Sŭzŭ-musi* bedeutet ursprünglich die Grille.

Sŭzŭsi-ki mitsi. ,Der kühle Weg'. *Goku-raku-se-kai-ni umaruru nari.* ,Bedeutet: in dem Paradiese geboren werden'.

Sŭzŭro-kite. Katatsi-wo tsŭkuru jò nari. Kokoro-no ukare-taru nari. ,Bedeutet: sich schmücken. Bedeutet: das Herz ist entzückt'.

Sŭ-zŭri. ,Der Tintenstein'. *Sŭ-zŭri-wa mon-ziû-no me nari-to ijeri. Juje-ni manako-isi-to iû. Kore-ni jotte sŭ-zŭri-no omo-ni mono-wo kakanu mono nari.* ,Man sagt, der Tintenstein sei das Auge des Gottes Mon-ziu. Desswegen heisst er *manako-isi*, der Augenstein. Dem zufolge schreibt man nichts auf der Fläche des Tintensteines'.

Süsüke-bana. ,Die von Kohle geschwärzte Blume'. *Jû-gawo-no fana-no koto nari.* ,Ist so viel als die Kürbisblüthe'.

Süsütare. Süsüke-taru nari. ,Ist *süsüke-taru*, mit Kohle geschwärzt sein'.

Süzü-kure-gusa. ,Die Pflanze des kühlen Abends'. *Matsü-no i-miò nari.* ,Ist ein verschiedener Name für *matsü*, Fichte'. Verse:

Naku semi-wa jama-no takami-ni kikoju-naru 涼 *süzü-kure-gusa-no kaze-no jufu-gure.*

,Die singende Feldgrille auf des Berges Höhe wird gehört in der Abenddämmerung des Windes der Pflanze des kühlen Abends'.

Verbesserungen.

Abtheilung I. S. 72 Z. 26 statt: *owofu* lies: *omofu.*

S. 92 Z. 14 statt: und derselbe um einen Führer, der ihm den Weg zu dem Könige von Kò-rai zeigen sollte, bat lies: und derselbe den König von Kò-rai um einen Führer bat.

Abtheilung II. S. 342 Z. 1 statt: wieder breitet und den man zu einem Edelsteine gemacht hat lies: wieder gebreitet und zu Edelsteinen gemacht hat.

S. 348 Z. 4 v. u. statt: auf den Bergen des Brennholzes lies: auf dem Berge des Brennholzes.

Zeitfracht Medien GmbH
Ferdinand-Jühlke-Straße 7
99095 Erfurt, Deutschland
produktsicherheit@kolibri360.de